精靈的田野

第二版

中華文化史與本土心理學

陳復 ── 著

五南圖書出版公司 印行

目次

兩種不同的實在論
《精靈的田野：中華文化史與本土心理學》推薦序一／黃光國 01
登月乎？望月乎？
《精靈的田野：中華文化史與本土心理學》推薦序二／劉威德 11
華學復興
《精靈的田野：中華文化史與本土心理學》推薦序三／張蘭石 31
深化探索中華文化史的新路徑
《精靈的田野：中華文化史與本土心理學》自序／陳 復 35

第一章　中華文化的特點：談文化的心理意義　001
第一節　心理諮詢與文化心理　002
第二節　對於文化的基本認知　010
第三節　中西不同的文化心理　021
第四節　修養工夫與心理諮詢　032
第五節　智慧諮詢的心理背景　041

第二章　中華文化的源頭：本土心理學的詮釋　049
第一節　仰韶文化與龍山文化　050
第二節　中華文化的兩大系統　060
第三節　德性不滅的華人社會　070
第四節　中華文化的內向性　079
第五節　中西心理諮詢的差異　088

第三章　中華文化的五觀：中道不二的生命態度　103
第一節　來去自如的信仰觀　104
第二節　兼容並蓄的民族觀　117
第三節　民胞物與的政治觀　129
第四節　承先啓後的經濟觀　142
第五節　天下一家的道統觀　152
第四章　文化心理的原型：多元並立的先秦思想　169
第一節　孔子前的文化典籍　170
第二節　孔子對文化的闡發　190
第三節　形名的突破與發展　205
第四節　老莊與楊朱的思想　216

第五章　不同的內外整合：性善與性惡的大爭論　227
第一節　孟子與荀子的思想　228
第二節　荀子對晉學的影響　240
第三節　韓非子的思想抉擇　246
第四節　戰國晚期的儒學　251
第六章　天人關係：先秦時期文學與藝術的發展　263
第一節　文學的萌芽階段　264
第二節　漢字如何發展書法　268
第三節　書法的演變歷程　275
第四節　繪畫與信仰的關係　280
第七章　從兩漢到魏晉：儒道兩家思想的交替發展　289
第一節　西漢早期的黃老思想　290

第二節　董仲舒開啓儒學思潮　295
第三節　大一統的文化心理　301
第四節　道教與玄學的興發　307

第八章　盛衰交替：兩漢魏晉文學與藝術的風華　315
第一節　文學與書法的發展　316
第二節　繪畫成爲專業領域　326
第三節　畫論的萌芽與興盛　334
第四節　南北朝的不同畫風　339

第九章　大唐氣象：文化各精神層面的興旺發展　349
第一節　唐朝的制度創舉　350
第二節　佛道在社會的發展　358
第三節　文學與書法的突破　368

第四節　繪畫反映文化心理　376
第五節　書院教育的萌芽　396

第十章　儒學復興：宋朝士庶交融的文藝生活化　403
第一節　新儒學萌芽的背景　404
第二節　書院講學的興盛　416
第三節　文學與書法的內化　423
第四節　文人畫的高度發展　431

第十一章　解放與解脫：心學對明朝社會的劇烈影響　447
第一節　心學孕育的背景　448
第二節　心學與書院的發展　457
第三節　文學的自我與自性　471
第四節　書法的解放與解脫　487

第五節　繪畫體現自性風　502

第十二章　轉道成知：中體西用思想的蛻變與發展　523

第一節　中西文化的交流　524

第二節　六大關係主義論　543

第三節　天人合一的思想　556

第四節　中華文化的未來　569

書跋　洪荒因有精靈而成山川　582

參考文獻　583

中華文化史與本土心理學

杜忠誥教授題字

本書獻給我的先師韋政通先生（一九二七—二〇一八）

兩種不同的實在論

《精靈的田野：中華文化史與本土心理學》推薦序一

作者⊙黃光國

在閱讀陳復教授的這本《精靈的田野：中華文化史與本土心理學》時，立刻使我想到，在二〇一四年六月出版的《本土心理學研究》上，南京大學教授翟學偉所寫的一篇靶子論文〈中國與西方：兩種不同的心理學傳統〉。更清楚地說，在當前中國的大學裡，從事主流「科學心理學」研究的人，跟研究中國心理學史的人，形成了兩種分裂的傳統，如何整合這兩種不同的傳統，構成本土心理學者最爲嚴峻的挑戰。爲了解決這樣的難題，該刊特地邀請了六位長期研究本土心理學的學者，從不同的視角，提出他們的見解。

一、兩種實在論

事隔九年，這個問題尚未獲得根本解決，陳復教授就寫成這本數十萬言的鉅著。在這本書中，他無視本土心理學者對於相關議題的討論，打破時空的限制，以他對中國文化史的豐富知識爲底蘊，旁徵博引，任意揮灑，走學院派路線的本土心理學者關切的議題，在這本書中似乎已經不再構成問題。這是怎麼回事？難道這種心理學傳統已經整合完成了嗎？

這裡我必須指出的是：陳教授這本書中所謂的「本土心理學」，其實並不是學院派心理學者所要建構的本土心理學，而是以他所主張的「心學」（nousology）作爲基礎，想要推廣一種「智慧諮詢」或「心理諮詢」。從這本書的論述可以看出：這種諮詢的目的是要運用他對中華文化史的豐富知識，來幫助諮詢者解決問題，本質上仍然是翟教授論文中所說的一種中國式的「踐行心理學」。

陳教授努力推廣的「智慧諮詢」係建立在「雙重實在論」的基礎之上。所謂「雙重實在論」是指「歷史實在論」和「精神實在論」。本書有關「中華文化史」的論述基礎是「歷史實在論」；有關「本土心理學」的基礎，則是「精神實在論」。在此不能不指出的是：陳教授所謂的「雙重實在論」其意義跟西方哲學所說的「實在論」（realism）並不相同。

二、科學發展的步驟

在說明科學哲學的演化系譜時，我經常引用印裔英籍哲學家巴斯卡（Key Bhaskar, 1944-2014）的批判實在論（Critical Realism）（見圖1），並以一張圖，說明「實證論」（positivism）和「實在論」的知識論工作（見圖2）。在《一個實在論者的科學理論》

一書中，巴斯卡曾經以一張圖來說明科學演化的三個步驟：（Bhaskar, 1975: p.144-146）。古典經驗論的傳統（包含實證主義）僅止於第一步，新康德學派的傳統看到第二步的必要，但它卻沒有像先驗實在論那樣，旗幟鮮明地說清楚第三步所蘊涵的意義。

從「批判實在論」的這三個步驟可以看出：科學哲學的發展曾經經歷過三次大的典範轉移：「古典經驗論」（classical empiricism）以休謨（David Hume, 1771-1776）作爲代表。這一派的思想家認爲：知識的終極對象是原子事實（automatic facts），這些事實構成我們觀察到的每一事件，它們的結

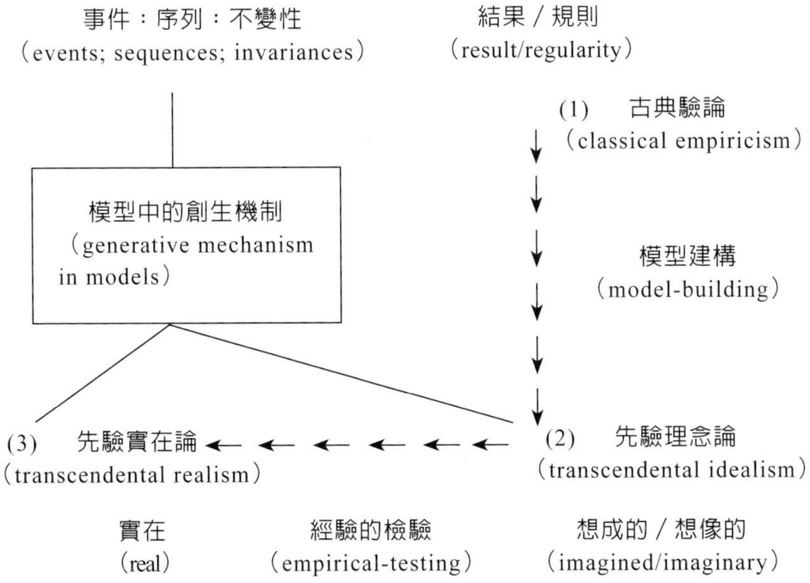

圖 1　科學哲學的典範轉移

資料來源：取自 Bhaskar（1975, p.174）

合能夠窮盡我們認識自然所必要的客觀內容。「知識」和「世界」兩者表面的許多點，有同構的對應關係（isomorphic correspondence）。

三、實證論與實在論

由古典經驗論的背景分歧出的是「實證主義」。實證主義者採取了「極端經驗論」的立場，認爲藉由感官經驗所獲得的事實（empirical facts），就是唯一的「實在」（reality），科學家不必在「經驗現象」背後，追尋任何造成此一現象的原因或理由。實證主義者的這種「本體論」立場，讓他們相信：科學方法「證實」過的知識就是「眞理」，因此他們在「方法論」上主張「實證論」，邏輯實證論者更旗幟鮮明地主張：「一個命題的意義，就是證實它的方法」（Schlick, 1936）。

和「實證主義」立場相反的，是康德提出的「先驗理念論」（transcendental idealism），及大多數「後實證主義」者所衍生出的各種不同版本。依照這一派的觀點，科學研究的對象是實在的（real），其「本體」（noumenon）卻是「超越」（transcendent）而不可及的，永遠不可爲人所知。人類感官能知覺到的，僅是表徵「實在」的現象而已（見圖2）。由於實在的「物自身」（thing-in-itself）永不可及，科學家從事科學活動的目標，是要用他創造的想像力（creative imagination），以「先驗的理念」（transcendental ideas）建構理論，描述自然秩序或模型。這種目標是人爲的建構，

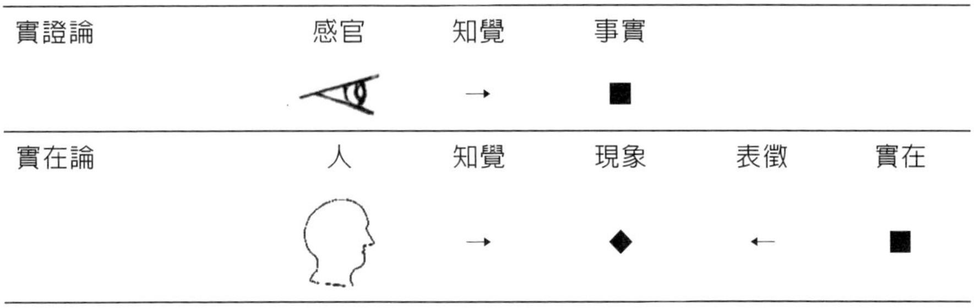

圖 2 「實證論」和「實在論」的知識工作

它們雖然可能獨立於特定的個人，但卻不能獨立於人類的活動，所以必須經得起科學學術社群用各種不同的「實徵研究方法」（empirical research methods）來加以檢驗。

正是因爲：科學研究對象的本體（即「物自身」）是超越而永不可及的，科學家所建構的理論僅是「接近眞理」而已，不代表「眞理」，它必須經得起科學社群的成員用各種不同的方法來加以「否證」（Popper, 1963），因此它的方法論立場是「否證論」，而不是「實證論」。

四、創生的機制

第三種立場是批判實在論者所主張的「先驗實在論」（transcendental realism）。它的本體論雖然也採取「實在論」的立場，但它卻認爲：科學研究的對象，既不是「現象」（經驗主義），也不是人類強加於現象之上的建構（理念論），而是持續存在並獨立運作於我們的知識之外的實在結構（real structure）。科學活動的目標在於找出產生現象的結構性「創生機制」（generative mechanism），這種知識是在科學活動中產生出來的。依照這種觀點，科學既不是自然的一種「表象」（epiphenomenon），自然也不是人類製作出來的產品。「知識」和「世界」兩者都是有結構、可分化、並且不斷在變異之中的；後者獨立於前者而存在。

巴斯卡（一九七五）認爲科學演化的第三步驟就是他所主張的「批判實在論」，其知識論爲「先驗實在論」（transcendental realism），目的在於找出現象之後的「創生性機制」（generative mechanism）。圖1中，不論是「先驗理念論」或是「先驗實在論」，他們在「本體論」方面都是主張「實在論」，跟「實證論」者採取「極端經驗論」(radical empiricism) 截然不同。

巴斯卡將其知識論稱爲「先驗實在論」（Bhaskar, 1975）。他之所以明確標示「先驗」一詞的主要理由，在於支持此一學說的論證方式，乃是「先驗論證」。所謂「先驗論證」，是「從一個已經發生的現象，推論到一個持久性的結構」，或是「從實際上的某一個事物，推論到更根本的、更深處的、奠定該事物之可能的某一事物」。用巴斯卡本人的話來說，所爲「先驗論證」乃是一種「追溯論證」（retroactive argument），是「從某現象的描述、回溯到產生該現象之某事物（或某條件）的描述」（Bhaskar, 1975: p.30-36）。

五、雙重實在論

陳復教授主張的「雙重實在論」並沒有這樣的意涵。從本書的論述來看，他是把中華文化和本土心理學以往的若干研究結果看作是「實在的」，視其行文脈絡的需要，而適意引述。這樣的論述方式當然存在有許多可以論辯的空間，可是，對於「弘揚中華文化」而言，卻是有其貢獻的。

在《宋明理學的科學詮釋》一書中（黃光國，二〇二三），我很清楚地指出：在儒學發展史上，傳承儒家思想有四種主要的道路，包括：王陽明的道德進路、朱熹的宇宙論進路，以牟宗三爲代表的哲學進路，以及我所主張的科學進路。以儒、釋、道三家思想做爲核心的中華文化傳統，本來就是十分重視「實踐」的學問，所以王陽明的道德進路主張「知行合一」，很容易被一般社會大眾所接受。

更清楚地說，在「儒門淡薄，收拾不住」的今日，只要陳復教授所主張的「智慧諮詢」或「心學心理學」能夠幫助人們解決問題，而且能夠吸引到一批追隨者，它在翟教授所謂的「踐行心理學」中便應當佔有一席之地。中華本土社會科學會的同仁即使採取「科學的道路」，其研究成果也必須要能夠爲「踐行心理學」所用，在我們講求「中西會通」的今日，我們必須牢牢記住：「實踐檢驗眞理」，「不管白貓、黑貓，能夠抓住耗子的才是好貓」。是爲序。

西元二〇二三年三月二日黃光國謹識

參考文獻

Bhaskar, R. A.(1975). *A realist theory of science*.Atlantic Highlands, NJ: Humanities Press.

Popper. K.(1963).*Conjectures and refutations: The growth of scientific knowledge*.London: Routledge & Kegan Paul.

Schlick, M. (1936). *Meaning and verification*. The Philosophical Review, 45, 339-369. doi: 10.2307/2180487

黃光國教授

思源學者，美國夏威夷大學社會心理學博士，曾任國立臺灣大學心理學系教授、總統府國策顧問、教育部華人本土心理學研究追求卓越計畫總主持人、教育部國家講座教授、國家科學委員會心理學門召集人、亞洲社會心理學會會長、亞洲本土及文化心理學會會長，現任臺灣大學心理學系榮譽教授、世界本土諮商心理學推動聯盟榮譽主席、中華本土社會科學會榮譽理事長。研究專長：主要研究方向係科學哲學與方法論、本土社會心理學並結合中西文化，以科學哲學爲基礎，開展華人本土社會科學。著有《人情與面子》、《知識與行動：中華文化傳統的社會心理學詮釋》、《社會科學的理路》、《儒家關係主義：哲學反思、理論建構與實證研究》、《反求諸己：現代社會中的修養》、《內聖與外王：儒家思想的完成與開展》與英文論文一百多篇，史丹佛大學依 Scopus 論文影響數據提供「全球頂尖百分之二科學家」（World's Top 2% Scientists 2020）名單，其係全臺灣心理學領域被列名者第一名。

尊卑等課題應獨立深入研究的必要性，主要仍是以現代科學派典作爲治學的方法論。耳濡目染逐漸內化，雖知道科學方法的一些限制，也漸習以爲常。

陳復教授卻在本書當中嚴詞針貶當今動輒稱爲科學的學術界風氣。他說：「華人要對這些議題做根本性的反省，不然我們就會發現自己深受西洋文化影響，卻沒有深究到底受到哪種影響，我們都喜歡講『科學』，但我們到底在講哪種科學，尤其我們對科學的認知，西洋學術的最新發展早已不再是如此，我們卻還當作是寶貝，這不是很荒謬的現象嗎？」，此論振聾發聵，引人人深思。

二、兩條思路線索縱橫鋪陳學思經緯

先從本書的第一條思路，即中華文化史說起，須知中華文化信史約歷五千年，文化史是歷代先人生活出來的歷史紀錄，人物有王侯貴族、販夫走卒、有漁樵耕讀、仕紳商賈……；文化生活涵括服儀裝束，飲食住屋，出行旅途，節慶禮俗，乃至書畫器物藝術。華夏九州，兼容諸多民族地方風物，歷代治亂興替，日新又新，變動不止。但是有一條鮮明的華夏文化脈絡常數，那是愼終追遠，繼往開來的華夏文化人性本質。中國文化歷史綿延數千年，一直都是在常數與變數，個性與群性，自天子王侯以致於庶民百姓圍繞著中華文化公轉與自轉。姑且可以稱之爲文化遞嬗發展的萬有引力現象。華夏地區以中華文化爲核心，歷代先人，八方民族，留給當今無盡的有形與無形的文化資產，歷史教人不忘本，司馬遷《太史公書》窮天人之際，通古今之變，成一家之言。班固《漢書》究其終始強弱之變，明鑒戒焉。但是，現代人也不必也不需要活著古人的面目，一代人做一代人的事。吾輩需要思索一個根本的議題：如何將「中華文化的老根厚植在當代的臺灣」？

再來談談本書的第二條思路，即心理學的本土化，心理學是一門研究人性的科學，探討心理學的本土化，或者是本土化的心理學，都離不開這個文化歷史的系統觀。陳復教授鉅著《精靈的田野：中華文化史與本土心理學》，將中華文化的客體性與心理學的主體性鎔鑄於一爐，其艱難與可貴，可以說是「能者不敢為，不能者不能為」，其所需要的深厚學養，仁智兼備及勇氣膽識與弘毅道心，皆非一時一地的學者所能企及，此書作者足堪為流傳後世的典範鴻儒！中華文化的現代化就是心理學的本土化方法。文化是人群生活方式的集大成，人群生活方式就是心理學的研究課題。文化史如同心理學史，其流變總不離「守正創新」的法則，文化是有些人的生活方式，這些人的生活方式，剛開始只是一小部分，若這些人活得夠久，影響夠深，就會形成一種文化。找到這些人生活方式的核心價值，就能建立當代的心理學。從文化歷史中，找尋這些活著的人的人性結構與機制，就能建立心理學的本土化與現代化，代代傳承都是如此。不需仿古，只需要想清楚，例如歷史上男女的社會地位與資源分配曾經極為不平等，作為那個時代人的生活文化，流傳非常久遠，甚至也形成普世的社會認知基模，不以為男女有何不平等？這就是那個年代的性別心理學。時間的河慢慢地流，流傳到後來開始有一些人不相信這種文化，這些不相信這種性別不平等文化的人也影響深遠漸漸擴大，就變成了新的心理學所謂性別平等的心理學。

但如今這個世界眞的還有一些地方相信性別不平等，這就是那個地方的人的文化，也是那個地方的人的本土心理學。又比如保護動物的生命，歷史上從來也不是什麼重要的文化方式，孟子曾說「君子遠庖廚」，是說不忍心看到牛羊被殺烹煮之際發抖害怕的樣子，但人與動物的關係流傳到近代，動物的權利甚至比人命還値錢，甚至要設立國家動物園來保護動物的生存權。這些例子證明心理學發展的當代性，與當前活著的人的生活方式息息相關。心理學不存在書本裡面而是存在活著的人的生活中，生存下來就能繼續創造文化，活出當代的風貌。

三、析釐心理學史流變與文化史遞嬗的關聯

西元一八七九年馮德（Wilhelm Maximilian Wundt, 1832-1920）於德國萊比錫建立了心理學實驗室，揭櫫心理學邁入科學心理學的里程碑，他將心理學從哲學中獨立出來，並試圖以系統科學研究的方式，來研究人類的心理活動：感覺、意志、情感、知覺等與認知心理有關的課題。實驗取向則著重可以觀察的行爲資料蒐集與分析，這是與馮德在醫學、生理心理學與物理學的專業有關。相對來說，在西方探討人性亦如同中國諸子百家論述心性，淵源流長。哲學取向的心理學在西方可以上溯至希臘三哲之蘇格拉底、柏拉圖與亞里

斯多德的哲學心理學說。在中華文化思想史的哲學心理學則淵源於儒、釋、道的龐大思想體系。陳教授撰寫本書主要還是立論於中華文化史以及其中對於心理學和人性本質的哲學心理學取向探究，而有別於於馮德的科學心理學與實驗心理學取向探究。哲學心理學的特性是對於人類心性的辯證，科學心理學的特性是對於人類可觀察行爲事物的實證。因此，余將論述範疇規範於「心理學是一門探討人性的科學」，以兼顧哲學心理學與科學心理學的特性。大抵上，學者治學皆須兼顧物理與心理，融合實證觀察與思維辯證，而不會只取捨單一途徑。只是不同脈絡學術之間會有所偏重，或是偏重於實證的物體探討，或是偏重於辯證的心體探討，故於之論述，在言不盡意的語言限制下，爲溝通之便，略之以「實證於物論」及「辯證於心論」來鋪陳本序。

既然心理學是一門研究人性的科學，余學習的途徑偏重「實證於物論」甚於「辯證於心論」，余時常懷疑「滿街都是聖人」與「人人都能成佛」是虛誕妄作。然而本書作者陳教授乃是陽明心學之仰慕者與傳承者，是心學之信者且爲行者。儒學傳至宋明轉化爲理學，再傳至王陽明轉化爲心學，不亦可視爲是儒學的守正創新？其主張心即是理，心外無物，以做聖賢爲志向，提倡致良知，與知行合一。所謂致良知，知是行之始，行是知之成。我聽說他早期也學朱熹的格物致知，並且去用於格竹子，歷七日無所成而生大病。王陽明是把「實證於物論」用於做「辯證於心論」的功夫，當然失敗！這猶如拿尺去度量體重。主張屬於「辯證於心論」者，只能看出領悟竹子的氣節、謙虛之類的德行與人生哲學，而看不到竹子的維管束徑寬、葉綠素分布、當然也看不到竹子屬於禾科的分類。因爲那是物理學的專長而不是心學的專長。

現代的科學心理學就是受到自然科學方法論的影響，從哲學心理學希臘三哲與中古宗教心理學分離出來，提倡實證於物探討客體。現代科學心理學自一八七九年，馮德創建萊比錫心理學實驗室，其後啓發了結構論與功能論者，奠定今世實驗心理學與認知心理學的基礎。提倡以實驗方法探討將感官與知覺的功能，人類與動物皆可作爲科學研究的對象。更傾向於是物體探究，有別於哲學心理學辯證方法的心體探究者。實證取向的科學心理學受到自然科學的影響，更重視以實踐是檢驗眞理的主要標準甚至是唯一標準。

身與心的關係是心理學也是哲學的重大課題。笛卡兒思考這個問題，提出我思故我在作爲結論，中華文化史中，歷代聖賢也多數持《中庸》的觀點，「天命之謂性，率性之謂道，修道之謂教」，中華文化歷來將「天」視爲萬物之源，人的心識與身體皆由上天賦予，固有孟子與荀子對於人性善惡的觀點，孟子主張「四善端」人皆有之，荀子主張「人性本惡，其善者僞也」的觀點，影響中國人的生活深遠，身心關係的討論其實也是著在於論善惡。意思是說，人的自然稟賦叫做「性」，順著本性行事叫做「道」，孟子主張按照「道」的原則修養叫做「教」，而衍伸出浩然正氣，先義後利的教化。荀子的主張，則演變出以刑名當作行爲的教化。可以說，孟子是偏向於認知論者，講究內在察覺省思。以心理學的主張流變來論，可以說荀子是具有環境論者的色彩，倡導以環境制度規劃來塑造人的行爲。

中國文化歷史是中華民族生活的豐富積累，時間源源流長，空間華夏海內外，內容包羅萬象。代代「守正創新」，每隔大約三百年，就會活出新一代人的面貌。上古至周，春秋戰國至先秦，兩漢魏晉，南北朝胡漢大融合開創隋唐，五代十國亂後開啓宋元明，西洋叩關激盪的清至民國。中國文化歷史幾經融合解構，統一分裂，每一世代的分合之後，中國大地上的人民都勇敢堅韌的創新出新的生活方式。爲了個人的薪火或是香火可以永續，代代其實都在進行本土化。比如，語言是文化的載具之一，而中國歷史上對於胡語溝通的文學記載，可以查詢到唐朝張籍〈隴頭〉這一詩：「去年中國養子孫，今著氈裘學胡語。」這種景象不就是清末至民國時期，中國人受到西洋與東洋文化影響，價值觀、人生觀、世界觀，三觀的創新再出發嗎？只是這次的再出發，似乎走得更遠了，面臨中西學的「體用之爭」，而甚至有「全盤西化」的抉擇。當前學校教育的語言教學也力推 EMI（English as Media of Instruction），爲推動他日英語成爲臺灣的官方語言而鋪墊。更多新的世代學說英語以英語溝通會不會造成文化殖民或者忘本？回顧漫長中華文化史，胡漢夷狄這些曾經的歧視性用詞，這些多元民族的語言文化，最終也是以順應當代人生活方式，按照認知發展心理學家皮亞傑（J.P. Piaget, 1896-1980）的說法，智力即爲生命適應的形式，而在人類認知智力發展的過程中不變的是組織與適應的功能；具有可變功能的是認知結構或基模。認知失調是認知發展的機制，認知失調有助於認知基模的發展，以適應新的生活環境。心理學的本土化也是文化受到挑戰與考驗中，必然會發生的課題。至於此發展將往何處去？絕非繫乎一二人之心，乃繫乎全體當代人的生活抉擇，猶如大時代的浪潮必然會沖刷出新的海岸風貌。

四、心理學的本土化可以採取教育心理學的三化取向

前面提到余之師尊張春興教授著有《教育心理學—三化取向的理論與實踐》。要言之爲目的教育化、對象全人化、方法本土化。此書對三化取向的教育心理學予以重新詮釋。目的教育化者旨在培育優秀的理想教師。使教師有能力在對學生知識教學中啓發其智慧。對象全人化則爲使教師能配合學生全人格發展與社會多元化需要而教學。方法本土化者旨在使教師能夠配合該地區學生家庭背景、學生能力以及未來生涯規劃而教學。

本書在第十二章分條析論在明清兩代，自明成祖至崇禎皇帝的開啓學術通路，清朝康雍乾中西學的互相的熱烈交流，至清末道咸同光宣的科學技術與產業經濟落敗，終至受列強壓迫喪權辱國的百餘年歷史。而歸因於教育體制的路線之爭與內容之辯。這使得教育的規準值得深思。教育的規準是英國學者皮德斯（R. S. Peters, 1919-2011）的倡議，揭櫫以合認知性、合價值性、合自願性，做爲檢視教育的標準。而其中對於合認知性尤其深入淺

出。他首先推崇具有客觀普遍的知識，而基於個人信念與主觀性的知識則次之，兩者皆無者則不合教育的認知性。

自馮德以來的科學心理學也是著重可以客觀觀察描述的知識，而與哲學心理學分道揚鑣。張春興教授提倡教育心理學的本土化，講的也是教學方法的因地制宜，而非另提倡探究族群文化等區域特性的本土心理學內容。時因當今便捷的科技早已經融化了地區人類活動形式的障蔽。比如當代的萬聖節、耶誕節蔚為韓國、日本、臺灣青少年的時尚流行文化並且融合成為一種經濟產業，無法抗拒，也無法警示，就如前人世世代代基於慎終追遠的儒家思想，過著清明節、中元節與天公生日、佛誕日與媽祖生日。合志願性是教育的規準，當兩個節日擺在眼前，慶祝方式的態度是繫於當代人的重要性選擇，這也是合價值性的規準。

本書作者從自性的探索，將關係著重在自性的認識，由內部再架構出「本我關係主義」，自性的涵養首先是本我關係主義的議題，但自性本體直通宇宙本體，接著就會往外探索「物我關係主義」、「人我關係主義」與「天我關係主義」，再加上屬於外部較間接的「人物關係主義」與「天物關係主義」，整個關係主義的內涵纔能完整呈現。然後闡述格致誠正修齊治平的大學之道，也可稱為君子的教育之道，如此可謂是心理學的本土化內容路線。然而，猶記得皮德斯的教育規準嗎？具有規範性的信念知識，往往來自於演繹法，有時欠缺凡所有人類皆適用的普世知識。君子是一種人或人品修養，但君子不能代表所有人，不是所有人都是純粹的君子，企圖將所有人教育成爲君子或許是不切實際的信念。身處在此平行宇宙語多極化多元價值的當今社會，尤其行不通。演繹方法儘管推理得密不透針，完美無瑕，順理成章，但有三個必須跨過的門檻：合認知性、合價值性、合自願性，否則就是花瓶，只能供著欣賞，而無法接地氣，讓當代人類流傳與推廣。當代的科學心理學往往借用大數據，蒐集普世人類的行爲數據，根據數據與數據演算，描述預測甚至控制人類的行爲。所有的本土區域行爲，都可以視爲是全人類行爲的殊相而已，而跨越地區族群文化的人類普遍行爲，則是心理學界的共同研究課題。比如，在二〇二〇年疫情全球爆發時，美國發生仇恨亞洲人的社會心理現象，其中綜合了社會認知、偏見、歧視等心理而表現爲無差別的對亞洲人的攻擊行爲，包括網路的負面謾罵聲亮與人身安全的肢體攻擊。當代心理學家無分國界與文化地區都可以投入關心這個社會心理的認知與社會態度研究課題。

作者在書中指出：「認識中華文化史其實重點在把握住『一』這一本質，意即把握住『心體』這個核心，然後由此開展出的中華文化，就會把各個領域打成一片，而不至於只是各種瑣碎的現象。」以中華文化史的儒釋道思想家總是傾注心力在闡述物性與心性的「主體性」，而非心理與物理的「客體性」。主體性的闡明可致使天人合一於精神的理一分殊觀。至於天下萬物的生成之理，也是採用這種理一分殊的心性與物性觀來涵攝世界觀，如此就能明白諸如《心經》「色不異空，空不異色」，這種看似「說不清」卻「能明白」的表達方式。本書作者進而預見當人工智能將要大幅改變人類的生活的時代，主張通過學習來深化自己對心體的認識，尤其掌握到技術背後的人性根本，從而擁有開發技術型知識的創新思維，就可以超脫被各種 APP 分殊技能宰制的命運。尤其是當 ChatGPT 這種 AI 運算工具，可以進行語言文字與圖像創作。傳統上認爲只有人類才能進行的設問、解答與創作，如今面臨 ChatGPT 的橫空出世，人類存在價值焦慮感，尤其發人深省。此外，甚至環境永續的資源兩難困境物理議題，也在本書中提示避免成爲環境保護主義者的教條式思維。因此，本書作者在中華文化的未來構思中，提倡把中華思想轉型成本土心理學，把握中華思想的本來面目在於「體證心體」，以對話來自當今科學與科技優勢的「實證物體」，方能瞭解這個貫穿中華文化思想與中國人心理的本來面目。

五、藝術創作心理與審美心理的本土化

在就中華文化史中，藝文面向的心理而論，陳教授不愧是真善美的極致追求者與實踐者。陳教授也喜歡寫書法、彈古琴，適巧余亦有此好。做此序期間，余正臨寫趙孟頫的〈洛神賦帖〉，同時練彈古琴曲〈鷗鷺忘機〉和〈普安咒〉。每每於用墨落筆的字裡行間，撫按琴絃的節奏行止之際，揣摩省思本書的珠璣。因此對於作者以大幅篇章探討書畫藝術史的沿革，讀得津津有味。余習書法近二十年，追隨南投縣書法家陳連忠老師，自秦篆、漢隸、晉唐草行楷、宋明行草諸家乃至清代篆隸復古創新諸帖皆曾用心臨習。深表

贊同作者闡述書法有三個層面的內容：第一，書法是中華文化的載體；第二，書法是漢字內蘊的藝術；第三，書法是涵養自性的工夫。第一項以書法作爲文化載體眞是淵源流長。兩漢的石碑、魏晉的墓誌銘都是當時名家的詩文與書法，記錄當時的文化事蹟。甚至，偶然讀到南宋蟋蟀宰相賈似道被鄭虎臣殺於木棉庵，及至明朝抗倭名將俞大猷，他還在木棉庵前的石亭中立下石碑，並親書「宋鄭虎臣誅賈似道於此」。而賈似道的文才書法在文化史上也都不值得一提了！書法竟然可以用來如此褒貶人物，這也是一項最獨特的文化載具了！作者進而主張以書法應用於心理諮詢，心理諮詢以書法做心理諮詢需要先能把握中華文化的精髓，方能信手拈來幫忙案主，因此作者暢談具有書法與繪畫內蘊的本土心理學。

心理學融合各種藝術形式應用於助人工作，舉凡沙畫、音樂、舞蹈等皆有其妙用。單論藝術的學習從心理學觀點可以探討學習者的動機、方法與成就。余以爲學習者的動機可以分爲三個層次，曰：志向、志趣、興趣。以書法爲志向者須痛下苦功追求卓越，以書法爲興趣者近乎拿毛筆寫字，雅愛好文房四寶，時有時無，亦不求境界。至於以書法爲「志趣」者，則介於其中，仍須按部就班下功夫，循序漸進取得具體成效，成就可以達到業餘專家的標準，但是心態則沒有藉書法出人頭地的壓力。學習書法的策略與方法可以分爲二個層次，曰：「得法」與「不得法」。得法者可以寫出接近碑帖範本的字，不得法者則是「號稱臨碑帖」卻仍「只是按自己意思書寫」雖勤勞而無助益，故余師總是諄諄教誨：「認眞」勝於「勤練」。而啓功先生則言簡意賅：學好書法須要正確而重複的練習。余以爲「人各有體」其實是個假議題，邀請幼兒園學童來寫毛筆，市井百姓來寫毛筆，每個人也都可以開開心心寫出「自己的字體」。在寫得開心這一個層次上，書法一點都不難。書法成就則相對是目標導向的，則猶如教育心理學講的學習目標達成的程度，個別化與適性化的目標設定，再尋求適切的學習方法，最終藉由可信有效的評量規準來檢視目標的達成程度。

書法、古琴、繪畫、舞蹈等藝術文化的鍛鍊都在教育心理學都可以視爲是技能的學習，儘管書法有中華第一藝術的美稱，歷代書論有如汗牛充棟。但是行爲學習在本質上就是動作技能的學習。動作技能的學習必須藉由熟能生巧，此爲世俗常識。心理學家則細分爲定向、模仿、整合與熟練四階段。達到四層次：「無意地不能」、「有意地不能」、「有意地能」與「無意地能」。上乘的藝術文化都有經典的標誌型人物，鍾張二王、米蔡蘇黃、趙祝文董等書法家都屬之！以心理學家的觀點，學得不及格、學不到位都是屬於未達成學習目標，若因習寫不成而自況爲是「避免爲奴書」、「寫自己的體」，那也許只是另一種消除學習焦慮的防衛機轉罷了！

猶如對於古琴曲的指法與音準節奏練習，能將不準確或練習不足說成是彈奏自己的心聲嗎？當然不能！是故，書法有其唯心論，亦有其唯物論，唯心論的書法可以建構一套自圓其說的論述體系，而唯物論的書法則更講究技能操作與感官的經驗。書聖王羲之的老師衛夫人曾經說過一段著名的書法論斷：「善書者不鑒，善鑒者不書。」余以爲就是因爲唯心與唯物論的思維主張所致。王陽明用唯心論去格竹子，當然格不出唯物論者的答案。竹子的物理（纖維管束、葉綠素、病蟲害……）就比如是書法點畫提按的正確重複的訓練，也是近代書法大師啓功先生的箴言。竹子的性理（謙虛、氣節、柔韌……）就比如是書法賞析的意韻態神等形容詞，是由欣賞者的心性修養闡述。至於書法的心正筆正，甚至於以書法家人格忠奸評價其書法價值，那就更懸案了！儘管一般論者也是如此附和！說李鴻章的喪權辱國簽訂不平等條約，其字就貶值。說蔡京是奸相，其字也不值得一提！皆是將唯心論用於唯物論的辯證。一般把書法當興趣的人，要成爲奴書的資格都還搆不上，爲何？只因功夫未到家！至於把書法當成雅趣，那就與時俱進，跟上流行，當代的不少的書法只是用毛筆的線條塗抹在各種材質，抒發個人的筆翰樂趣罷了！又有何不可呢？何須強學當過安史之亂的顏魯公寫〈祭侄稿〉？又何須效筆經烏臺詩案貶謫黃州的蘇東坡寫〈寒食帖〉呢？今人學寫古帖並能轉化爲當前時代的生活書法，也可以視爲是書法文化內涵的守正創新。而歷史上那些人的那些事影響到當代這些人的這些事，不也是文化史與心理學的流變交感嗎？

六、天蠶變化蛹成蝶的自我超越

作者在書末回看其自身這三十年來「學三變」的歷程：從人文學的研究轉到心靈學的探索，經由科學哲學的重要轉折，最終發展出本土社會科學的知識論證，從來沒有拋開對於人類精神議題的關注，而且深信人類終將因科技研發產品的過度供給，轉而更往內在探索，發展出心靈覺醒的世紀。眞正關注恢復中華文化的主體性，與西洋學術採取平等的角度來交流與對話，不再有任何學術殖民的態度，總體目標重點指向如何讓中華文化通過華人的心靈覺醒而獲得復興。眞有孟子的氣魄，何其浩蕩何其豪壯！

讀其書寫此序，時而心有戚戚，又有時不敢苟同，月亮已出東山，中華文化先賢出了屈原寫出〈天問〉篇章，更多的是李白與蘇東坡，與月亮談心。而西洋文化則誕生了哥白尼與牛頓，弄清楚了宇宙星辰的對應關係。阿波羅火箭據信曾載太空人登了月球，終於中國人也從望月懷遠轉而想登月了，嫦娥已經在月球轉了。望月懷遠是文化，體現了心體的經驗與感悟；登月探秘也是文化，致力於發明工具以實證物體的本質法則。望月不擾登月，登月也無礙望月，只要不競爭不比賽，那不同文化間就互相尊重吧！假如要比賽，那就來吧！東西方也不是沒有互相較量過，對嗎？中華文化的士人重視心體的感悟與天人關係交感，所以強項是在心法與頓悟或超脫。因此可以生生不息，循環數千年。西方文化的科學家重視物體的分析與組成和運行。所以強項是在方法與工具的研究發明。因此可以控制主宰環境，卻也同時干擾或破壞了環境。潘朵拉的盒子揭開了就蓋不回去，如今探討中華文化史與本土心理學，爲人類文化發展與文明演進，無可避免地必須在心體與物體探究之間有對話、共變與辯證發展。

七、登月乎？望月乎？謀共善永續

此際正是月圓之日，陳教授三十年的學思歲月，其路漫長修遠，上下求索，歷經三變，而蘊釀此濃醇鉅作，足以傳世之作。振其聾發其聵，爲兩百年來的文化屈辱與學術殖民，構築一座輝煌的燈塔。指引迷途的書生，歧路的學者，一條學術正脈。讀此大作猶如窺探宇宙，網羅上下四方，古往今來，爲尋常書寫小序，於我何難之有？然爲此勘探釐析天地人的奇書作序，則直教人白頭搔更短。昨天是二十四節氣的大雪日，也是初十四日近乎月圓。於是頓悟以登月與望月的比喻，來透析統整陳教授之大作的經緯。望月：中國人靠著李白蘇東坡望月懷遠，慰藉後人與月亮和平共度了幾千年。登月：西方人則靠著哥白尼和牛頓，影響後人近百年就登上了月球。今晨散步田園的時候，又想到了書信和電信的比喻，中國人靠著杜甫，家書抵萬金烽火連三月，如此也魚雁往返，過了幾千年。西方人靠著法拉第，還有愛迪生，發明了電話，如今溝通零距離零時差。

社會心理學家米爾格倫（Milgram, 1933-1984）設計了權力服從實驗（Obedience to Authority Study），這是非常著名的科學實驗，實驗的目的是探討受測者在面對權威者下達違背良心的命令時，人性所能發揮的覺醒與拒絕力量。結果發現百分之六十二點五的參與者都按下了四百五十伏特的致命懲罰按鈕。對比孟子主張人性四善端：惻隱之心人皆有之！順從權威加諸他人痛苦是人性，惻隱之心幫助弱者也是人性，當代社會心理學家採取歸納客體唯物的研究方法論，探討當代人的行爲。相較於儒學以演繹唯心自性辯證的研究方法論，亦可以互相參採爲探討當代人的人性本質與行爲模式。

需切記！文化是人們的生活方式，心理學是研究人性的學問，姑且稱之爲科學。既然是人就有人性，人性是好奇的，人性是追求價值的，人性是追求自願的，人性也是務實具體的。試問，世界上是先有人，或是先分東西方？人群開枝散葉而後才有分東西方文化生活方式，沒錯吧？當地球村民生活的距離越來越近，人們變成住在區區的地球村，再去分東西南北方，這恐怕終究不合時宜。歷史上，文化的風格可以分成東西南北方，至於當代和未來，人們對生活的追求和愛好，則必須順著人性的心體，駕馭文明工具以對治物體。人性之好惡如水性，就低處不擇地而流。

我的結論是順著心體與天性感悟，讓人的物體經驗喜愛自由。登月也好，望月也罷！魚雁書信也行，網路通信亦何妨？生存下來就能繼續創造文化，與時俱進，日新又新，生生之謂易！讀陳復兄的大作，直到最後一章，余掩卷嘆息，中華文化與本土心理學將欲何往？油然想起弘一大師的偈語：「問余何適，廓爾忘言。華枝春滿，天心月圓。」

西元二〇二三年二月二十三日國立雲林科技大學劉威德謹識

劉威德教授

國立臺灣師範大學教育心理與輔導博士，曾任國立雲林科技大學教授兼雲林科技大學諮商輔導中心主任、國際事務處副處長、教育部學生事務與輔導工作委員會召集人，並曾任國家科學委員會審查委員、勞動部性別平等委員會委員、經濟部工研院計畫主持人、亞洲職業教育訓練期刊（JAVET）總編輯，張春興教授世紀心理學叢書編審。現任國立雲林科技大學教授兼通識教育中心主任、亞洲職業教育訓練學會（AASVET）副會長。主要研究方向係心理計量學的方法論發展與各領域的應用，以心理計量學爲基礎探討人類學習與行爲的歷程與模式，認同踐行中華文化並應用當代教學科技，持「以天下爲教室與天下人共學天下學問」的信念，採取遠距數位化的方式，弘揚推展心理學的普及。著有《當代應用心理學》、《社會心理學》、《環境心理學》及其他學術論文數十篇，並在Coursera、Ewant與CNMOOC網路平臺公開教授心理學領域數位課程。

華學復興
《精靈的田野：中華文化史與本土心理學》推薦序三

作者⊙張蘭石

陳復教授撰寫的《精靈的田野：中華文化史與本土心理學》一書從文化史闡發中華心學，接續了韋政通教授的思想史研究與黃光國教授的本土心理學理論建構，實屬當代臺灣人文社科界的跨域研究典範。這本以「中華文化史」作為切入點的學術作品，與蘭石曾讀過的思想史書寫，大不相同，初讀便令人感到趣味，學術領域似乎天差地別的兩個學門，文史哲的「中華文化史」與理科的「心理學」已融合在這本書中。此書並非如過去一般的文史哲專著，為「圈子內的課題」而「上窮碧落下黃泉，動手動腳找東西」；也不像當前主流心理學論述般，迷失在笛卡爾以降的「離根理性」中，單就個人的生長歷程來解析人們的心境、心思與心理。誠然，若不了解中華文化史，便無以開展中華本土心理學，復興傳統心學智慧；若不能對接本土心理學的建構，何以驗證文化史的視野。

本書憑藉理論高度而全觀、呈現了中華文化的悠久、宏闊的歷史視野，並引導讀者深刻地探源溯流，探討了中華文化之型態學與衍生學，點到爲止地落實在當代課題而具啓發性。例如，陳復教授隻眼獨具地由「夷夏二元論」看見中華文化生生不息的內在機制，且藉榮格心理學來轉移西方心理學典範，並創見「三種（三層次）集體潛意識」（此說初次發表於陳復《轉道成知：華人本土社會科學的突圍》一書）與「自性的曼陀羅模型」，深度剖析中華文化與華人的「自性」，從而建構了他的「中體西用」的知識論策略——「轉道成知」，意即將傳統優良文化中的「道」藉由這策略而轉化爲能夠裨益當代社會的「知」。在他獨特的中華文化史觀中，呈現了本土心理學的定位與方向。從文化史的宏觀到本土心理學的建構，這麼奇特的一本書，對應的是怎樣的思想主體呢？千古文章意爲高，《精靈的田野：中華文化史與本土心理學》這書是扎實跨域、充滿創意而立意深遠的，文如其人，若非基於對陳復教授長期的認識，蘭石恐難足夠把握此書立意。

結識人們眼中精思善辯的陳復已經很多年了，即使公務與家事兩頭忙，仍常聚談心靈哲學、人文社會與科學新知，一聊一下午，卻似乎沒聽過其談過私事、風花雪月或苦水八卦，所以深知他那極特殊的靈魂，無比清澈幽深，熟稔於世間實務卻又毫不流俗，讓知音感到仁心至誠，這就是那個在弱冠之年便覺悟天命的陳復。今年，才在陳復教授向縱谷跨域書院學子解說自己的學思背景中，第一次聽聞了他的私事，驚歎其所記憶的幼年眷村的點點滴滴。人們對童年記憶多是模糊破碎而難以成片，即使回溯催眠大多也只溯及兩歲左右。陳復卻能清楚記得一歲不到時慈母在耳畔唱著童謠：「小老鼠，上燈臺，偷油吃，下不來……。」這不是關於記憶力，而是關於自覺。

眷村是一九四九中華民族大遷徙的典型聚落，陳復本名正凡，少年陳正凡傳承大江大海的世代記憶，承擔文化中國花果飄零的大事因緣，弱冠便自悟天命而更名「復」字。於今體會他的更名，竟覺得符應於華夏心學復興的契機。《程氏易傳．復傳》云：「一陽復於下，乃天地生物之心也。先儒皆以靜為見天地之心，蓋不知動之端乃天地之心也。非知道者，孰能識之？」生於春分卯時的陳復，眞誠的赤子心充滿了精進不息的開創性。陳復既能成為陽明心學的復興者，又能深刻地與禪者印心，更與科學家對話；不只是個陽明學專家，不是消極地讓陽明學說來詮釋自己的人生境遇或安置自己的存在意義，他是反過來詮釋王陽明的人，在他對中華心學的熾熱闡揚與教育實踐中，體現著具有高度思想主體性與創造力的當代陽明。

這年頭，堅持智慧理念與實務願景的教育家實屬難得。學者當中，克己復禮、踏實務實而步步踏出新局的人，亦不多見。華學百年沉寂，非志節絕倫且驚才絕艷者不能謀其復興。陳復教授半生學術涉略既深且廣，從人文思想到科學教育，揭櫫陽明心學，會通諸子百家。圍坐論道於縱谷書院的學子之間，其發言始終不緩不急，眼神猶如禪師般凝然沉定，不隨話題流轉與論點順逆而閃爍或遲疑，看不出什麼話題是他特別專長或不熟的。幾回話題來到華嚴學，猶記得陳復只是專注而平靜地聽著學子們自在熱烈的發想。其實，在陳復舊作中，早已深入論述那些被激辯的華嚴思想。陳復豈好辯哉？他半生二十餘本著作之所辯，絕非一時快意，自有大事因緣。在《精靈的田野：中華文化史與本土心理學》中，他闡釋了孔子的「述而不作」，那深藏在「聖默然」裡頭的是無比的開創性。在此書所描述的悠遠歷史中，隱含著他對當代認知的辯證。文章千古事，得失寸心知，辯與不辯，異曲同工，而中華心學復興的火種已傳遞於讀者當中。

蘭石半生涉獵自然科學與宗教超自然，年前略知此書的寫作計畫，便已感佩其苦心孤詣與至誠貢獻。細讀此書，更榮幸承陳復教授邀約作序，與有榮焉，特此誌記一大事因緣。

張蘭石副教授

北京大學哲學博士，國立臺灣大學造船工程學士與碩士。曾任中華超心理學會理事長，現任中華生命電磁科學會理事與中華本土社會科學會理事。曾任教於福州大學社會學系、Buddhist College of Singapore 與閩南師範大學應用心理學系，並曾任玄奘大學中文系主任、中文研究所所長與生命禮儀學位學程主任，現任教於國立東華大學洄瀾學院縱谷跨域書院學士學位學程。致力於傳統智慧的實際修習與學術研究，主要研究領域是佛學、人類學、宗教心理學與科學哲學。曾發表 The Dialectical Mandala Model of Self-cultivation 等相關中英文論文十餘篇。

深化探索中華文化史的新路徑

《精靈的田野：中華文化史與本土心理學》自序

作者⊙陳　復

這本書《精靈的田野：中華文化史與本土心理學》完稿並獲得出版，象徵著我從華人本土社會科學的角度來發展本土心理學已獲得新的突破。這本書與《聖人的丹爐：中華思想史與本土心理學》實屬姊妹作，都係我在新冠肺炎疫情爆發前曾在大陸舉辦系列演講，跟大家暢談華人本土心理諮詢該如何發展，並由我的弟子邵明負責記錄我的全部演講內容，將其謄錄成文字，本書就出自「中華文化史與本土心理學」這門同名講座，該稿件再經我重新梳理其觀點的細部脈絡，使其轉化成各位讀者此刻閱讀的內容，很感激我的弟子徐州工程學院心學教育研究中心劉莞主任在過程中認眞幫忙校對全文。我畢生主張談中華文化不能忽略自性這一核心觀點，否則就會變成教條主義，過去在臺灣社會的中華文化復興運動浪潮誠然有巨大的貢獻（諸如整理文獻與培養人才），可惜帶來流弊，讓臺灣社會產生反彈，釀就現在整個社會瀰漫全面反對中華文化的浪潮，其癥結就在於當年的思維主軸只有教條而沒有自性，如果從自性來詮釋中華文化，則應該關注於人的自我如何在修養過程中蛻變，並在人類各種精神領域中獲得開展，發掘其間的人性心理變化歷程，就顯得特別重要。因此，本書特別從這個角度來探討心理議題，並將其視作本土心理學最根本的議題。

本書主標題稱作「精靈的田野」，乍聽甚奇，但「精靈」其實是指生命最本原的自性，這是出自王陽明先生在《傳習錄．下卷》第六十一條說：「良知是造化的精靈。這些精靈生天生地、成鬼成帝，皆從此出，眞是與物無對。」陽明先生講的「良知」就是自性的同義複詞，無數的文化菁英，畢生用各自的領悟，將「形而上的道」與「形而下的術」打通成一片，在思想、文學、書法、繪畫與教育這些文化的田野間耕耘，從而發展出各種有關於自性的深刻內容，其間的脈絡都是有關「中華文化史與本土心理學」想探討的重點。我是個實在論者，主張沒有心體就沒有實在，這是宇宙與世界兩者的存在交織點，我主張「雙重實在論」的學術觀點：這是指「精神實在論」（spirical realism）與「歷史實在論」（historical realism），精神實在論側重於人對心體的修養，修養本身使得實在獲得創生；歷史實在論側重於人對語言的紀錄，紀錄本身使得實在獲得創生，這兩者具有互動性，意即任何歷史紀錄都需要有精神修養的證實，這是體證的事實；反過來說同樣如此，任何精神修養都需要有歷史紀錄的證實，這是論證的事實，這兩者的交相共構，就是「尊德性」與「道問學」結合出心體的實在性。

如果有任何學者想要反駁敝人主張的雙重實在論，就需要詳細考察這些精靈的田野，否證其間的雙重實在性，如果無法徹底否證（因局部否證只具有個案性不具有普遍性），則敝人主張「中華文化的核心內涵在自性」，這一實在論就會因本書的出版而獲得成立。並且，由於本土心理學的研究長期都只是針對某些表面化的華人社會現象，藉由問卷統計或量表調查來呈現其數據傾向，而不探討中華文化本身的精神內涵，從中認識人的心理內容，甚至尋覓療癒生命的路徑，敝人對此深覺值得反思。學者本身的異化，不啻使得本土心理學的理論探討不復存在，探討本土心理學如果不著重於自性的角度來認識「天，人，物，我」交織出的六種關係主義，依然帶著濃厚的個人主義思維在討論自我意識的生成變化，則「中華文化的心理學」與「西洋文化的心理學」究竟有什麼實質差異呢？本土心理學應該要被視作全球心理學的主流思潮，這本書企圖從根本層面來做出調整，重新釐清何謂本土心理學，並從五大田野來指出中華文化如何呈現自性，甚至在過程中探索各種華人本土心理諮詢（敝人稱作智慧諮詢）的作法，讓未來有志從事本土心理治療工作的諮詢師有一本教科書，藉此深化知識與拔高視野。

承蒙黃光國教授、劉威德教授與張蘭石教授幫敝人撰寫推薦序。敝人跟吾師黃光國教授相識已有漫長的歲月，從早年反覆聆聽其有關科學哲學的課程，到後來我們師生二人交相辯論四年，我們或許並未眞正說服彼此，卻通過彼此獲得大幅成長，讓各自的學術觀點變得更厚實，這段歷程與情誼，未來應該會在學術史留下一段佳話。光國教授在推薦序說：「本書有關『中華文化史』的論述基礎是『歷史實在論』；有關『本土心理學』的基礎，則是「精神實在論」。在此不能不指出的是：陳教授所謂的『雙重實在論』其意義跟西方哲學所說的『實在論』（realism）並不相同。」這段話讓我讀來拍案叫絕！我不得不承認光國教授是學術領域的老行家，他一語道破本書的核心旨趣，而我自己竟然在他道破前都沒有意識到：「中華文化史」與「本土心理學」各來自於我前兩個實在論的主張，這是屬於我個人在撰寫本書的過程中屬於個人潛意識層面的蘊思。我完全同意光國教授主張科學哲學要作爲華人本土社會科學發展過程中的研究法，我們都知道認識科學哲學的重要性，差異是在「依循科學哲學典範」抑或「再創科學哲學典範」，我們有著不同的細部意見，但我已能深刻感受光國教授我的主張有著深刻認識。

劉威德教授是心理計量學的名家，他精通古琴與書法，對於中華文化的浸潤與造詣都屬一流，他竟然寫出長達萬言的推薦序來回應這本書！這實在令我深感其盛情厚意。威德教授特別談到其先師張春興教授主張「三化取向的教育心理學」：目的教育化、對象全人化、方法本土化，來反思科學心理學與哲學心理學兩者的差異，並指出張春興教授倡導教育心理學的本土化，重點在指出教學方法的因地制宜，但不需要提倡探究族群文化等區域特性的本土心理學內容。敝人面對張春興教授可謂私淑弟子，對其開拓教育心理學的苦心孤詣有著深刻認同，這裡純粹就學理來反思該觀點：科學心理學與哲學心理學如果被區隔成兩種類型的心理學，其前提來自於科學哲學典範對科學的認知差異，當我們只從實證論的角度來認知何謂科學，則費依阿本德（Paul Karl Feyerabend，1924-1994）主張「科學無政府主義」（scientific anarchism），意即秉持著「行得通就行」（anything goes）的原則將變得不再行得通，更無法發展出「多元主義方法論」（methodological pluralism），這並不符合敝人平素主張的「費依阿本德演化原則」（The Three Evolving Principles of Feyerabend），更會對科學無政府主義的實踐帶來不利影響。

本土心理學並不是華人的專利領域，全球心理學的完整輪廓，應該從本土心理學的角度出發，讓每個社會都能關懷各自的在地經驗，從中思考文化與心理的相互影響關係，尤其如果我們不探討文化心理學議題，則從本體論、知識論到方法論，將很難突破西洋學術的知識霸權對於何謂研究典範的既有框架，華人在文化心理學中極具特色的修養心理學將根本無法獲得討論與成立，這是我個人的親身經驗，當我從科學哲學的角度根本質疑既有典範的合法性，相關論文陸續獲得刊登於頂尖期刊，這纔讓著重自性的修養心理學成爲被討論的學術領域。更何況我們不能只承認某種既有對於人的認知圖像，不符合該圖像者就不被承認可展開討論，果眞如此，則心理學將始終只會圍繞著自我議題來討論，而不能往自性議題的角度深化發展，這將無法呈現人類整體的精神進化歷程。我與劉威德教授係知交，我們各在「科學心理學」與「哲學心理學」卓有樹立，儘管敝人覺得並不需要對此二者做出概念區隔，但不論是登月或望月，我們常乘著清風中各彈著古琴，兩人對話終日不絕，相信這些議題我們還會持續討論下去，就讓我們來日提著一壺濁酒相會於山林間，繼續將這些議題盡付諸於笑談中。

敝人很感謝張蘭石教授寫推薦序，蘭石教授是華嚴學專家，在宗教心理學與科學哲學都有極其獨到的見解，我們早年都受業於黃光國教授，攜手創辦中華本土社會科學會，因緣際會中，我們後來更成爲縱谷跨域書院學士學位學程並肩奮鬥的同道。蘭石教授詳查敝人談「夷夏二元論」如何在辯證發展中統合出我們認識的中華文化，更發現敝人對集體潛意識如何影響人的心理有細緻梳理，實在令我深感動容。《精靈的田野：中華文化史與本土心理學》與《聖人的丹爐：中華思想史與本土心理學》這兩本姊妹作各邀請到兩位書法大師來幫忙題字，前書係杜忠誥教授，後書係廖慶華教授，兩位學人都是我時相請益的書法老師，承蒙他們對敝人的深厚期許，著實令拙作生色增光。人生在世，難得遇上一知己，我的人生路上，卻能遇到多位在各領域頂尖的良師益友相伴成長，實屬三生有幸，這不禁令我想起劉禹錫在〈陋室銘〉所說：「談笑有鴻儒，往來無白丁。」值此中西文化對抗與整合正處於混沌難解的時刻，希望這本書的出版，能對「興滅國，繼絕世」產生些許動能，華人只有認識自身的文化與心理，纔能進而意識到整個人類文化發展的洪流中，我們該做出如何開創性的貢獻。

第一章

中華文化的特點：談文化的心理意義

第一章

第一節　心理諮詢與文化心理

我們慣常理解的「心理諮詢」（psychological counseling）是個舶來品，在華人社會中一直很難被深耕發展，這是什麼原因呢？人們過去探討心理諮詢的議題，不大會考量文化因素，誤認爲全人類的心理具有同一性，人類在生理層面具有同一性，但當心理層面與生理層面交集來看，則會因文化差異而使得心理層面呈現差異性。普世性的抽象思維型態，其根源來自西洋文化的上帝觀，並深受古希臘哲學的影響。不討論文化對心理的長期影響，並不能眞正深入瞭解社會中的心理問題。人類的心理都深受各自文化的影響，如果做諮詢只是著重於某些特定的治療技術，企圖打開當事人的內在世界，從而獲得屬於他個人背景的資訊，卻對這些資訊後面的脈絡並不瞭解或無法釐清，這就會形成「知其然不知其所以然」的狀態。因此，這本書對「本土心理學」有如下定義：本土心理學即是文化心理學，此因心理學本土化的深度發展過程中，需要釐清各種文化現象反映出人的心理，該心理探討的角度不只包括心理顯意識，更包括心理潛意識的層面，藉此對於文化與心理如何交織生成彼此有更清晰的認識，這就是我們說的本土心理學，其中華人本土心理學最核心的關注點就是自性議題。譬如說，華人女性在面對婚姻的過程裡，普遍會有著「即將進入夫家」的恐懼感，這是種心理意識，大家都知道有這種現象，卻未曾從文化角度來思考：爲何華人女性結婚就得要「進入夫家」，而不是兩人結婚，相互尊重但並不深度參與彼此的原生家庭呢？這就關聯到華人的婚姻始終是「父系家族的婚姻」，而不是「兩人家庭的婚姻」。甚至當女性進去該家庭與家族後，在那種高壓中會形成各種難解的情緒，其不只會呈現在顯意識中，更會內化到潛意識中，從而又影響到自己與先生甚至孩子的關係（譬如會對先生與孩子不斷碎碎念，或者如泣如訴跟人抱怨自己如何可憐），這其實是華人社會極普遍的婚姻現象，這同樣是華人女性在婚姻中不知不覺產生心理問題的最普遍原因。現在的華人年輕女性，考慮到婚姻對女性的不利因素，索性不結婚，做個單身上班族，反而樂得輕鬆自在。我們不意識到這種文化問題，卻去談如何解決夫妻關係或親子關係，妄想解決少子化現象，或者只是政策性去單向鼓勵生育，其實會有極大困難，無法帶來實質效益。

我們要展開通盤性的思考，瞭解中華文化怎樣對人產生積極引導，又如何對華人產生約束，仔細探討文化的兩面性（這從來都是事實的存在），纔能深度認識華人的心理狀態。我們面向華人做心理諮詢，通過證照考核的諮詢師，是否有足夠的人生閱歷且不說，當其不大認識中華文化，對於影響華人心理的深層意識無感（尤其是潛意識層面），這是現在心理諮詢領域人盡皆知卻被視作理所當然的常態現象。但有很多人不是不知道在華人社會從事心理諮詢需要認識中華文化，只是不知道怎麼樣把心理諮詢跟中華文化連結起來，這主要源於當前學術領域切割過於瑣碎，人沒有機會培養相關學術背景的緣故。但其實把文化研究應用到心理諮詢中，這應該是很自然的事情，只要我們願意理解傳統文化，並將其與當前社會做出相應調整，從而發展出相應的心理諮詢技術即可。就像西洋心理諮詢最早源自天主教信眾對於神父的告解，這是其核心價值的轉化，我們從自身的文化脈絡來思考，如果我們能把中國原來的書院講會的型態推展到心理諮詢領域，這同樣會形成華人特有的本土心理諮詢，只是具體技術該如何實施，這就需要我們仔細琢磨。

中華文化只是當前人類四大主文化系統（其他三者包括基督教文化、伊斯蘭文化與印度文化）中的一支，這四大主文化系統影響的範圍都超過單一國家的主權疆域，而且這些主文化系統中還有大量的區域文化與民族文化，這些都共構成各類亞文化系統（或子文化系統），這些區域或民族又各自構成「想像的共同體」，有些會組成國家（譬如越南），有些則只是城市（譬如香港），有些則是綜合兩者的城市國家（譬如新加坡）。有些國家既在中華文化圈中，又長年發展出自己的特色（譬如日本有著神道文化），有些國家則置身在伊斯蘭文化、印度文化與中華文化三種文化能量交會影響的狀態裡（譬如馬來西亞社會）。如果能細緻瞭解不同區域與民族的特點，就能更通盤瞭解不同的文化對人心理的影響，發展出適應各種不同亞文化系統的本土心理諮詢。敝人很喜歡做田野調查，譬如說即使在中國境內，雲南西雙版納的傣族人就不同於漢人，這來自敝人的親身見聞：他們的居所相當有特色，其通常住在高腳屋裡，一樓中空，只有幾根柱子在支撐，二樓是生活起居的地點，裡面只有兩個隔間（客廳與臥室）。一間臥室有四個門，一家人只要沒有成年全部都住在一起。客廳中立有一根「福氣柱」，傣族人認爲如果請客人抱一抱，就能把家裡的福氣帶給客人；臥室裡還有一根「升天柱」，家人如果去世，就會通過那根柱子上到天界跟祖先相見。

傣族人是母系社會，婚姻是女人選擇男人，男人則會「嫁給」女人，如果哪個男人看見某個女孩家的臥室，就要嫁到她家去，而且男人嫁過去不是來享福，得要經過三年的考核，這就是「試婚」，其中兩年要做各種苦工，如果女人覺得該男人工作不認眞，就會命令他離開。最有趣的現象莫過於男人在眞正結婚前，尚未被女人認可兩人在一起，晚上睡覺不能進臥室，只能自己打地鋪在外面的客廳睡，而且腳都要朝著門口，象徵著這個男人隨時都有可能「被請離」。不過，據說他們現在有放寬條件：如果這個人被認爲是有文化的人（通常意謂著有比較高的學歷），那麼打工一年半就可通過考驗。但無論怎樣，女人永遠有「休夫」的權柄，男人則是被選擇的角色。傣族是在村寨裡共同生活，女人成家後，可分得相當數量的橡膠樹，她們更可獲得土地，但是沒有我們通常認知的那種金錢概念，如果獲得來自漢人的錢財，都統一交給村寨管理，然後再統一用於公共建設的相關設施，這簡直就是種後來被認知的「人民公社」，但這樣的制度在傣族存在已有兩千年，如果村寨中有男人被休，個人產生心理適應的問題，這顯然不大可能是漢族男人會有的心理問題，我們因此就可從中看出不同族群間文化心理的差異性。

再者，同樣是在雲南的克木人，他們比傣族還要原始，據說到今天還喜歡穿著樹皮製作的衣服，被列為「未識別民族」（unrecognized ethnic groups），人數現約有三千人，因此敝人在這裡稱其人而不稱其族。克木人的部落不准外人進去。他們多數人不會講漢語，而且語言系統極為簡單，如果他們想要表示友好，就會握著拳頭說「呼哈、呼哈」，如果想要表示敵對，就會握著拳頭反過來說「哈呼、哈呼」，講話時發音經常出現相當明顯的彈舌音。他們沒有金錢的概念，全部的生活重點就是食物，過著火耕與游耕的生活，其喜怒哀樂都來自於這些具體需要。中國這麼大，有各種各樣的民族，其間有非常大的差異。他們任何人如果有什麼心理問題，恐怕都會呈現出各自亞文化的特徵，譬如前面談到傣族因為是母系社會，因為婚姻關係的兩性不平等，男人比較容易出心理問題，你如果完全不瞭解其文化背景，就很難理解傣族男人心中被壓抑的感覺，又如何能給他做心理諮詢呢？再者，克木人壓根就沒有現代人的知識系統，該如何有現代人特有的心理問題，因此需要心理諮詢師的幫忙？他們可能更需要自己的巫師來輔導解決生活中包括疾病在內的各種困難。因此，要認識一個人的心理，就要設身處地，從他背後文化的角度和脈絡去思考，這時候你纔能有一種比較清晰的認識。心理諮詢師面對著當事人，如果要瞭解他的生命背景，就不能不瞭解影響他的文化，敝人同意個案始終來自於通案，通過對通案的瞭解，於是對個案的處理就比較能精確的對應，但這種通案不能來自於任何「空中樓閣的理論」，更需要加進文化的因素來實際驗證，纔不會脫離現實。

再拿華人主流社會的例子來說，現在華人的孩子要面臨著各種各樣的考試，以至於青春期就暴露出基於考試壓迫感產生的心理障礙。從文化層面來看，這種現象自有可理解的脈絡。古時候的華人很重視科舉，平民子弟只有通過科舉纔能提高自己的社會地位。這時候你就會發現：考試的高壓不是單純來自於任何家庭或個人，而是一種來自於文化對個人集體非理性的施壓，意即有著「光耀門楣」的集體潛意識（collective subconsciousness）（榮格著，成窮、王作虹譯，二〇一四：頁三八—三九），這使得華人的孩子都要承受這種個人莫名所以的期待。但現代社會中，考試不是唯一改變社會地位的途徑，可是華人受科舉考試這種文化集體潛意識的影響（敝人將榮格（Carl Gustav Jung, 1875-1961）的集體潛意識更細緻區隔成文化集體潛意識、原始集體潛意識與萬物集體潛意識，請見後面的討論），自始至終還是覺得考試是一件無比重要的事情，導致人總是無法用多元的眼光來對待考試，這影響到考試制度常很難根本變革。當人眞正瞭解自己的文化，纔有辦法對文化開展深沈省思，不至於盲從，這就是我們爲什麼要特別著墨探討「中華文化史與本土心理學」的原因。茲因漢族是中華社會的主體民族，我們探討中華文化史的相關議題時，首先會著重在漢文化的心理現象來探討，只是敝人同時會輔佐討論少數民族文化背後心理現象。

並且，如果我們更進而反思「漢族」這一民族概念內蘊的模糊性，我們就會發現說自己在討論「漢族文化」其實並不精確，因爲漢族其實是個集合體，自身在不同地域間有各種族群差異，彼此語言各有異同，更重要者，「中華文化」並不等於「漢族文化」，根據東漢文字學家許慎（約五八—約一四七）在《說文解字》裡就說：「中，內也。從口一，下上通也。」反映出人的內在生命貫通，這就是有德者的精神狀態。《說文解字》並指出：「華，榮也。從艸垂。」這表示「華」這個字意指結實豐碩，形容繁盛茂密的意思。《禮記・樂記》說：「和順積中，而英華發外。」這意謂著如果我們將「中」與「華」兩個字的意思整合，就會得知人如果能用謙和平順的態度累積自己的內在，往外在綻放出深厚的能量，這就是我們在指稱「中華」的實質意涵，由此可知，「中華」兩字更具有「內聖外王」的意涵。敝人主張從「中華本質論」來看中華文化，而不是只從「中華現象論」來看中華文化，意即「中」是指內聖，「華」是指「外王」，中華文化其實就是聖王文化，意即能滿足人的內在與外在的平衡，產生內在覺察與外在事功兼容於一體的文化（詳細內容請見敝人撰寫的《聖人的丹爐：中華思想史與本土心理學》這本書），如果將這一概念用來指稱王朝，則該王朝要有內外整合的能量，絕不能只有軍事強盛卻文化不昌盛，甚至即使軍事不強盛，文化都不能不昌盛，否則無法稱作「中華」，譬如《宋史・列傳》第八十七記載北宋時期李安燾（一〇二三—一一〇四）出使高麗時有這樣的記載：「燾笑答曰：『尊中華，事大國，禮一也，特以罕至有加爾。朝廷與遼國通好久，豈復於此較厚薄哉！』」他將「中華」這一概念指宋朝，來作為「大國」這一概念的遼朝作對比，可見王朝是否能被稱「中華」，關鍵不在於軍事的強弱，而在於文化的高度，而文化作為精神層面的詞彙，其精華就在於心靈議題，因此，敝人覺得探討「中華文化」的側重點，應該放在人如何通過心靈涵養來從事生命實踐，讓社會獲得永續發展。

文化雖然呈現出複雜的樣貌，但其實各有不同的脈絡，每個文化都自成體系（不論是顯性或隱性的體系），牽一髮而動全身，不瞭解該文化卻輕易更改某個環節，或許可博取改革者的美名，卻常會伴隨著各種副作用，使得後面接著出現更複雜的問題，等待其他人來繼續更改。我們要觀看文化的垂直面與水平面，從時間軸與空間軸來反思其寬闊的整體性，而不要著眼在某個枝節，纔能看到文化猶如有機體般，展現出勃勃生機。再者，文化不斷在發展變化，但萬變不離其宗，每個文化總有一個核心的主軸，使得這個文化能保持其獨特性和創造性。有關中華文化史的著作，常見的內容都是從時間流的角度在講各種不同的民族和不同的民俗，這些現象其實只是一種枝節層面，瞭解枝節知識或無不可，但有時會反而喪失對中華文化通盤性的瞭解。我們認識中華文化史，並不是要認識各種繁複的文化現象，而是要瞭解產生這些現象的架構，與其支撐的主軸，這些架構要被勾勒出來，就需要對主軸有清晰的掌握，掌握主軸的辦法很簡單，就是拿自己的生命來印證與體會，讓外在的知識跟內在的心靈對話，形成由衷的體會，這同樣是我們這本書希望幫忙讀者完成的目標。

中華文化相對於其它文化，因在廣大且封閉的土地裡孕育出來，稱作廣大則顯然不會有人疑惑，稱作封閉則是什麼意思呢？這是指三面環山與一面環海的地理環境，相對封閉的條件，使得其有利於孕育出自成系統的文化，並且很容易發展出政治與社會在各種環節的控制，這使得中國常能迅速完成內部統一，並對於內部統一與否比其它國家更在意。這種特性使得中國歷朝喜歡並擅長通過政治的能量去促成稍有不同的地理空間獲得整合（諸如丘陵、盆地與高原），同樣使得其抵抗與防禦周邊政治侵襲的能量特別強大，從而可持續保持文化的進展。而且，相對於很多文化誕生於面積肥沃的土地上，在迅速強大後很容易陷入腐朽，最後遭到入侵而滅亡，中華文化因是在相對比較貧瘠土地上產生，人如果不從事於農業耕作，並沒有取不盡與用不竭的資源任人獲得，人民因農耕生活，養成堅韌不拔與團結互助的性格，總是在不斷面對新的挑戰和新的機會，不容易腐化，因此比較能形成持久的自我更新。但是中華文化這一百六十餘年來遇到重大的瓶頸與空前的挑戰，就是如何面對和消化西洋文化對自己的影響，繼而能再度經由兼容並蓄，從中彰顯中華文化自身的獨特性。

第二節　對於文化的基本認知

「文化」這一概念最早出自《易經》的「人文化成」，《易傳・賁卦・彖傳》說：「觀乎天文，以察時變；觀乎人文，以化成天下。」受到英文的影響，日本漢學家特別引用《易經》中這一詞彙來對應指稱英文的「culture」，並且使用「文明」一詞來對應指稱英文的「civilization」。英文的「culture」源自於拉丁文「cultura」，其原意本來有土地耕作、神明祭祀與精神修養的意思；英文的「civilization」源自於拉丁文「civilis」，意指「城市化」和「公民化」，主要跟城市維繫公民的政治制度與法律規範有關（韋政通，一九九六：頁八—一一）。不過，「文化」這一概念主要還是來自德文「kultur」，該詞彙具有思想、藝術與宗教的意涵，而與政治、經濟與社會區隔開來。這種用法影響到英文，但因英國早期存在帝國主義（imperialism）心態，對其他不同文化在知識層面的意義比較漠視，使得英文的「culture」這一詞彙發育緩慢，並與「文明」混著使用（趙立彬，二〇一四，頁二二：二六）；「文明」最早同樣見於《易經，乾．文言》：「見龍在田，天下文明。」還有在《易經．賁．象傳》說：「文明以止，人文也。」這本來是在解釋乾卦九二爻與賁卦象之辭，意謂著人開始進入到生活開化狀態，天下將會因此有光明前景。成書於戰國晚期到西漢早期的《禮記．樂記》則表示：「是故情深而文明，氣盛而化神。」意思是說：心境幽深，其表露的外在文飾纔會清晰簡潔；氣息旺盛，其展現的感化效益纔會妙用無窮。

由此可知，不論是從英文或中文的詞彙來說，文明的意思都偏向在外在物質層面，其範圍更廣；文化的意思則偏向在指內在精神層面，其範圍較窄，因此文明可向外傳播，形成放射性互動交錯的狀態。譬如「東亞文明」比較能全面指稱東亞社會各種現象，但若稱作「東亞文化」，其指稱就會有比較窄化，或可專門用來指稱傳統經典內蘊的精神教育帶給人的生命素養。文化是由內部精神累積而產生，我們主要想探討華人集體內在的精神，如何凝聚形成文化主體性，並對物質產生各種影響，據此，我們著重探討的議題是「中華文化史」而不是「中華文明史」，因中華文明的概念範疇大於中華文化，但我們無意於探討各種器物層面的沿革與發展，這並不是說不重要，而是指文明雖然內含著文化，但重點在指向器物層面，諸如兵馬俑與三星堆都是一流的工匠技法，但其內容不是專屬於中華文化史與本土心理學需要對話的範疇。而且，敝人並不同意將中西文化用二分法割離成「中華文化側重於精神」與「西洋文化側重於物質」兩端來討論，因為中西文化都各有自身的精神層面與物質層面。

這裡舉個例證來說。臺灣社會長年銷量最大的車種是日本車而不是歐美車，其中的原因跟人體工學不無關係。日本人會依據東亞人民的身形特點來設計汽車，並且日本車有個最大特點，就是快開的時候引擎反而會很省油，這背後跟東亞社會人們常有的節儉性格有關聯，總希望工具能物廉價美，而不是華而不實（擺闊卻不實惠），因此日本車在臺灣的銷售經久不衰。這就能看出物質屬性的東西其實受到文化思維的影響，但我們現在只是從相對角度來說「文化推展出文明」，文明卻不見得能發展出相應的文化，譬如指導西洋社會經歷工業革命（industrial revolution）背後的科學精神（包括科學概念、科學方法與科學態度），其各種工業技術研發出工業產品，但是歐美外的社會，使用這些工業技術和工業產品，並不見得就能跟著擁有跟西洋文化同樣的科學精神，舉例來說，常見大洋洲各島國的人民能使用各類工業產品，卻不見得能自行研發相關的工業技術，更很難針對這些技術前端的原理做相關研究，這就是科學精神層面的文化尚未在該社會中獲得發展的緣故。

清末民初時期，華人被西洋的船堅砲利強烈震撼，面臨國將不成國的處境，大家希望能立刻富國強兵，拼命向西洋購買先進的武器裝備，可是如果華人自己去製作，很難製作出像西洋人那般高質量的產品，這種困境曾經長期困擾海峽兩岸的政府。這就如同現在常見臺灣某些手機業者只是在從事下游代工工作，其不見得能研發手機，手機內的面板驅動晶片與電源管理晶片都屬於精密科技，如果沒有高端研發團隊，就不能在手機的核心技術上做出突破。這個問題完全不能有「差不多先生」的態度，只有培養科學精神纔能徹底解決，這種科學精神就來自西洋文化的抽象思維，尤其跟基督教信仰高度相關。西洋人認爲人永遠無法變成上帝（甚至無法理解上帝），只能不斷企圖逼近上帝，因此形成探求眞理（truth）的心態，這種心態背後就是「主客對立」的思維。但如果只從工具理性的角度來思考眞理議題，意即只想解決某個具體問題，卻不願意著墨於無法立即看見成效的理論，就很難在核心領域獲得開展。

文化的影響範圍不能受到政治疆域的侷限，譬如不能拿今天中國的政治版圖來思考中華文化，否則會看不清中華文化的廣闊面與深刻度，甚至就直接把中華文化等同於政治中國內的文化現象，譬如將當前大陸社會常見政府會要求各級幹部「基於國家榮譽而犧牲個人權益」的官本位現象直接當成中華文化從古至今都存在的現象；再譬如當前臺灣社會不再承認自己屬於「自由中國」，甚至政府與政黨都有「臺獨」或「獨臺」的傾向，從這些主事者的言論中可看出其「去中國化」的態度，從其拉幫結派來保護自己人的態度來看，其行徑雖然不符合中華大傳統裡的士人在朝廷互動的型態，卻極符合《水滸傳》中庶人參與江湖幫派該遵循的道義，這使得我們不能只從其言論的表面就誤認爲其已徹底「離開中國」。而且，瞭解文化不能停留在瑣碎而表面的現象中，還要瞭解其背後貫穿的精神。中華文化的精神主軸是「德性」，德性並不僅是種倫理關係，其背後更有一整套人面對「天，人，物，我」的思維，該思維的特徵就是「主客合一」，意即主體與客體彼此沒有對立與區隔。中華文化這種特徵跟西洋文化有很大的差異，從德性的角度去認識中華文化，纔有機會更瞭解「中國」的眞實義，這同樣是敝人會在「自性的曼陀羅模型」（mandala model of self）有關人生四大象限中，在「實踐」與「欲望」這兩大生命世界外，將「德性」與「知識」並列爲微觀世界中的兩大要素，兩者雖然同屬概念範疇，然而前者的生活性更強，後者的抽象性更高。當我們只是觀看政權的興亡，就只能從具體政治事件來觀看表面的成敗，卻不知道其背後的文化心理因素。對華人社會而言，掌權者如果沒有生命涵養，包括待人處事不能有寬厚的視野、格局與氣度，展現仁愛的風格，就不能獲得人民的信任，該政權即使能靠著窮兵黷武取得暫時的勝利，最終都會衰弱或淪亡。

當然，前面已指出：文明內還是可看見文化的特徵。譬如播放電影的技術和設備是物質性的展現，可是電影中的劇情，包括演員在表演中，流露的情感反映的人生價值觀，甚至畫面展現的風土人情，這些都具有文化特徵。電影的技術和設備固然是種文明，但電影的內容卻深受文化影響。譬如敝人看過好幾部印度電影，包括《三個傻瓜》（3 Idiots）、《心中的小星星》（Taare Zameen Par）與《我和我的冠軍女兒》（Dangal），都是被稱作「印度的良心」的阿米爾罕（Aamir Khan）主演，我發現電影情節裡會插入歌舞，而且一開始常只是在現實生活裡跳舞，慢慢就來到一個世外桃源的地點，周圍雲霧繚繞宛如天界，當跳舞的環節結束，就再回到現實世界。通過這種不斷在現實世界和超越世界間來回轉換的鏡頭，你會發現印度人一直在做天人合一的永恆對話，這就反映出印度文化的一大特點。而且，不只演電影的人會跳舞，敝人知道在印度，看電影的人更會跳舞，據說印度人進電影院主要是想抒發自己工作帶來的負面情緒，電影的設計讓觀眾不只是眼睛在接受聲光的刺激，連身體都跟著情境融合，這使得印度的寶萊塢（Bollywood）拍攝的典型電影都穿插著五段到六段風格華麗的歌舞；印度電影院內座位都會設計得很寬敞，影片時間則很漫長，因爲每個人來看電影都同時要來跳舞，藉此放鬆精神，這纔是他們會買票來電影院的根本原因，由此看出電影技術本身只是文明的物質呈現，電影的內容與觀看電影的過程卻反映出精神層面的文化。

大陸有部電影叫《我不是潘金蓮》，其電影畫面很有中華文化的特色，電影最開始的鏡頭，是一個好像鑲嵌在長方形古典窗花中的圓，然後在這個圓裡面來展開電影情節，並且常常有很多山水的場景；還有《大紅燈籠高高掛》裡面展現出的那種中國北方婦女壓抑的內心世界，這種細膩與微妙的情感，需要人有眞實的經驗，不是隨便換一位外籍華裔演員就能演出來這種心情。敝人看過好萊塢電影《喜福會》（The Joy Luck Club），劇中在演一九四九年後，好些華人移民到美國，繁衍生息形成第二代到第三代的移民生活，但這些在美國長大的華裔，沒有在中國本土生活的經驗，不瞭解上一代人的生命世界，於是形成兩代人在相互衝突中重新認識彼此。這部電影拍的很認眞，但是因爲演員都是美籍華人，當他們演自己在美國大都市生活中的愛恨情仇，很容易演得令人跟著哭或跟著笑，引發深刻的共鳴感；但當他們去演中國本土的戰亂形成的顚沛流離時，總覺得他們的臉龐和生活在中國本土的人不大像，因爲這些美籍華人演員，早已沒有中國本土的人民百年來飽經風霜特有的臉部線條，這同樣是文化差異在電影上的體現。

李安（一九五四—）導演的電影，正好可反過來說明同樣的問題，即便李安本人長期住在美國，拍的電影卻有著永恆的中國風。李安是滲透到歐美的電影世界裡面展現中國風的第一人。譬如他導演的《理性與感性》（Sense and Sensibility），你會看到明明電影裡呈現的是英國社會裡的英國人，穿的是英式的服裝，而且看起來是屬於上層社會的英國人，講的是英文，卻在舉手投足間表露出一種只有華人經由內心反思纔有的壓抑與煎熬；再譬如李安拍的《斷背山》（Brokeback Mountain），演的是美國西部的故事，取景是在加拿大，但那些景觀竟然美如中國的山水畫，說明他竟然可把北美的山水拍成中國的山水。如果沒有長期浸潤中華文化的情懷，他絕對拍不出這樣的畫面。由此可知拍照或攝影這件事，絕不是單純的物理行爲，你會懷著怎樣的眼光和角度去拍，背後就是不同的文化，不同的精神和思維在起作用。我們如果能在生活的主軸線上，不要只想著娛樂，而同時要帶著研究的心態，就會有很多省思與啓發，這就像是《禮記．樂記》說：「君子樂得其道，小人樂得其欲，以道制欲，則樂而不亂；以欲忘道，則惑而不樂。」君子會藉由智慧來獲得喜樂；小人會藉由欲望來獲得喜樂，但如果拿智慧來降服欲望，則獲得的喜樂就不會帶來混亂；如果拿欲望來丟掉智慧，則會獲得疑惑，反而無法帶來喜樂。帶著研究的心態來展開各種有趣的事情，這種態度並不會讓你想要的娛樂消失，卻可細緻梳理出事情的脈絡，畢竟「萬物靜觀皆自得」。因此，縱然電影的技術和設備這些外部的物質屬於文明，但是它內部的精神還是文化在引領。文化帶有三個特徵：第一是有自覺性。意即文化是一種有人自覺參與產生出來的創造歷程；第二是有視野性。意即文化是一種人類集體累積的高度所產生的視野；第三是有價值性。意即文化是一種帶給人準繩而讓人安身立命的存在。

文化常通過神話來記錄與傳播。在先秦典籍中，神話題材的內容主要記錄在《山海經》、《莊子》、《楚辭》、《穆天子傳》、《淮南子》與《列子》這六部作品中。現在看見的《山海經》、《楚辭》與《莊子》這三本書，都是楚文化的作品，從先秦諸子的寓言開始，當六朝的志怪小說、唐朝的詩歌甚至宋元以後的小說，都能看見《山海經》中的形象做原型的內容。美國神話學家約翰坎貝爾（Joseph John Campbell, 1904-1987）在其著作《指引生命的神話》（Myths to Live By）中說：「神話是公開的夢，夢是私人的神話。」（黃珏蘋譯，二〇一六：頁II）探索民族神話與個人心理兩者間的淵源，不難發現神話並不是一般人觀念中「怪力亂神」或「荒誕不實」的故事，而是來自人類共通的心靈，提供個人實存的意義。這可解釋爲何在當前科學主義盛行的時空背景中，世上依舊充滿神話色彩的電影、文學與藝術，人們對自己內在的神話依然有著迫切的渴望（周大爲，二〇一九：頁三）。榮格認爲超越時空與反覆出現的相同主題反映出人類普遍體驗中出現的各種情況，剛開始他將這些神話形象來顯現的心理主題稱爲「初始形象」（urbild），西元一九一九年後他將這種神話形象命名爲「原型」（archetypus），榮格覺得這就是「集體潛意識的主旨」（dominantesde l'inconscient collectif）（洪允姬，二〇二一：頁五六）。榮格集體潛意識的概念，能幫忙當事人與人類文化中的原型背後內蘊的精神潛能相通，當事人因此能打破自我侷限，個體因而能與自身不可比較的獨特點相結合，因此而「實現自己」（王秀絨，二〇一一：頁四）。

我們不要忽略一個民族的神話，神話重點不是它記錄事件的眞假，而是它有沒有精確反映出這個民族的文化心理，神話背後都內蘊著文化心理的結構。譬如屬於華夏系統的遠古神話有「女媧補天」、「共工觸山」、「神農嘗草」、「夸父逐日」與「刑天舞戚」；屬於東夷系統的遠古神話有「后羿射日」、「嫦娥奔月」、「倉頡造字」、「杜康釀酒」與「螺祖育蠶」，這些神話都反映出不同部落民族的生活經驗與思維型態。遠古神話常起源於有語言無文字的環境中，我曾閱讀親自去田野調查生活在西雙版納的基諾族，他們有語言無文字，他們的記事方式就是我們沒有漢字前的狀態，通過他們，我們可暸解到華人早期生活的經驗，那個經驗我們稱作「結繩記事」。可是基諾族他們是「刻木記事」或「刻竹記事」。但是敝人認爲，中原地區早期除結繩記事外，接著發展出刻木記事或刻竹記事，如此纔能合理解釋後來竹簡會產生的前因，《周易．繫辭下》：「上古結繩而治，後世聖人易之以書契，百官以治，萬民以察。」只是可能因爲早期的木片或竹片不易保存，所以我們沒有刻木記事或刻竹記事遺留下來的記錄。所謂刻木記事或刻竹記事就是在生產或生活的過程裡，有些重大事件需要記錄下來。基諾族就會用一些特殊又簡單的符號來傳達資訊，比如說在竹子上劃一個叉，或者幾道槓，作爲數量的符號，然後會把竹子從中間刨開，兩個人各執一半作爲一種憑證；或者在一棵樹上砍三刀，表示這棵樹已被認領；或者用不同的樹葉或花草組成不同的符號作爲記號，譬如說用來標記自己跟情人約會的地點和時間；或者是有時候把雞毛捆在竹子上，來作爲表達事情很緊急要解決的一種信號。神話有它的複雜性，刻木記事或結繩記事，沒辦法把重大的事件完整記錄下來，所以這些事件一定是經過口耳相傳，但這就像玩傳話遊戲，往往傳到最後內容都被扭曲到面目全非，所以當這個部落把這些重大的事情一代一代的傳下去時，過程中有些內容會失眞。

重點是說，神話所隱含的心理狀態，跟某些社會現象交織出「事實」，這些眾所周知的「事實」，其反映著如何的文化心理，都需要思考和詮釋。我們可進而思考：神話中的事件和其隱含的潛意識心理，如何影響到今天人們的顯意識。譬如說有些婦女生不出孩子，西北各省的人會去奶奶廟跟碧霞元君祈福；東南各省的人會去城隍廟跟城隍夫人祈福；但不論住在哪裡，相當多數的婦女，不論出自哪一省，如果要求子，都會去跟女媧娘娘祈福，這些行爲的背後就來自「女媧造人」這一遠古的神話對人產生潛意識暗示的心理意義，女媧已經成爲婦女求子的共同守護神。當我們說現代人「已不相信神話」，那要問不相信的內容到底是什麼，因爲常見聲稱自己不信的人，其實事到臨頭還是會有求神的行徑，這時候你就會發現他平日聲稱的不信其實會打折。「神話」這兩個字太過於籠統，好像意謂著「某個神做的事或說的話」，難免會引人疑惑，可是當人遇到眞實的問題，譬如生死關頭（尤其是家人或愛人面臨死亡），他在心理潛意識結構層面的眞相就會顯露出來。臺灣宜蘭有個蘭陽博物館，曾做過一個關於扶鸞文化的展覽，它向宜蘭各地宮廟去借扶鸞的鸞筆，還有鸞書、神像與神位等，把它們全部展出，然後很仔細的做出說明，敝人當時觀看深感震撼，很高興臺灣社會已有如此高的成熟度，使得扶鸞信仰在臺灣，不只是社會的民俗現象，同時還能被博物館作爲展示的主題，而不會再被傲慢的知識分子當做

「封建迷信」來排斥，更何況扶鸞本來是士大夫階層在明清時期常參與的信仰型態，不經思辨的排斥其實只是種「反傳統的信仰」。透過對扶鸞的研究，可讓我們瞭解華人的心理，瞭解華人心裡期待、困惑和希求的內容是什麼。從這個角度來看，扶鸞其實就是在中華文化的脈絡裡形成的一種心理諮詢型態，其讓廣大的臺灣社會民眾獲得生命的療癒。

第三節 中西不同的文化心理

自然環境的差異，同樣會對人的生活型態造成影響，生活型態則影響到文化。從人面對自然環境從事的產業來看，文化只有三種類型：第一種是遊牧文化，第二種是農耕文化，第三種是商業文化。遊牧文化發源在高寒的草原，農耕文化發源在河流灌溉的平原，商業文化發源在近海的島嶼，但敝人並沒有主張「地理決定論」（geographical determinism），當這些文化逐漸變成人的生活習慣，人其實會克服地理環境的差異，持續在不同地理環境過著相同的生活。這三種文化形成三種生活型態，其中遊牧文化和商業文化這兩類常會合流，農耕文化則是獨立的一類。人類三大最古老的文化，現在可見的典型樣態，莫過於出身於游牧文化的伊斯蘭文化、出身於商業文化的基督教文化與出身於農耕文化的中華文化，其中伊斯蘭文化與基督教文化則在信仰系統實屬同源。來自歐洲的商業文化例如北歐的維京人，他們因爲海洋生活形成商業文化，其實在早期甚至是海盜文化，但歐洲的文化並不是只有一種，西歐的內陸直到東歐則發展出遊牧文化，這兩種文化都是在歐洲形成，其屬於同一文化脈絡下產生的兩種細部的區別。生活在濱海或草原的環境所形成的文化主體，跟生活在大片平原上所形成的文化主體，其人民背後的心理意識型態肯定很難一樣。作爲心理諮詢師須要瞭解到文化的這種差異性，纔能知道人的心思到底關注什麼內容。遊牧跟商業起源於內部資源的不足，需要向外去尋求，於是就呈現出一種流動的生活狀態。農耕自給自足，不假於外求，它可持續在同一個土地反覆不斷的耕耘，於是呈現出穩定和保守的生命經驗。草原與濱海地帶因內部資源不足，生活在其間的人自然不斷向外擴張，產生強烈的征服欲望。這種征服欲望是西洋文化心理的核心狀態。因爲這種征服欲望，對很多事物都想要意識到如何把握，或將其概念化，或想要把它給工具化，這就是「物化」，意即把對象設想成「與己對立自存的物質」。西洋文化裡的科學就是在這樣的思維型態發展出來，其客體化的學問源自於這種征服欲望。

遊牧民族最早的工具是馬，商業民族最早的工具是船，他們要把馬和船當作一個對象，不用這個「物」，就沒辦法克服大自然而獲得生存。中國本土沒有大量養馬的環境（在先秦時期除山東與江蘇外更不太使用船），於是中國歷朝常常面臨的困境就是打仗的時戰馬不足，常常要想辦法去引進優秀的馬匹，而優秀的馬一般都不產於中國本土，譬如在漢朝時，常常需要從西域引進「汗血寶馬」（據說這種馬從肩膀附近的位置會流出像血一樣的汗液，至於原因，專家的說法不一，有說是毛色產生的錯覺，有說是寄生蟲叮咬所滲出的微量血液，有說是馬在奔跑時血管擴張因此呈紅色），當然有時候會去引進蒙古馬。遊牧民族每個人從童年就跟馬共同生活，騎馬的技藝無不非常高超，可從馬背上跳下來拿東西或射目標，完事再一躍而上。這種馬背上的生活所形成的作戰技能，長期都是善於農耕的漢人很難匹敵的困境。但不論是遊牧還是漁獵，都得要跟嚴酷的自然環境對抗，對於在這種環境中生活的民族來說，他們常不會覺得上天對自己具有無盡的善意，而是喜怒無常很難捉摸，人固然不能獲罪於天，同樣不能凡事只依靠上天的旨意，人與天存在著沒有盡頭的緊張關係，甚至帶有某種程度的對抗關係，這使得人要懷著積極進取的態度去奮鬥，就會有不斷向前，進而不斷開拓空間的意識。就像冷戰時期美國和蘇聯的軍備競賽，甚至其空間爭奪都開展到外太空。遊牧民族這種對外部的敵意，雖然早經轉化，但即便到今天都依然存在，這就是爲什麼西洋人總是喜歡在國際上挑起事端，藉由塑造外部敵人來引發自身奮鬥的動能，包括過去美國鬥垮蘇俄，現在則想要鬥垮中國，這背後來自西洋人的文化集體潛意識，他們必須要有敵人纔會知道自己奮鬥的目標，這使得西洋民族的內心深處，無論是世界觀或人生觀，都有一種非常強烈的對立感。他們面對自然就是天人對立，面對人類就是敵我對立，這使得其哲學或心理學的理論主軸傾向就是主客對立。

農耕民族是與自身的土地深度連結，從生至死都是恆常黏著的狀態，日出而作，日落而息，順應著自然，生老病死祖祖孫孫都安住在這裡，農業社會中的人心中不求空間的擴張，不會去想人生有無限的向前，而會覺得當下應該知足，只要繼續維持下去就是幸福，這種心態會希望「天長地久福祿永終」，這是華人往年在家門口常會貼的對聯。敝人岳母家住在苗栗縣頭份市，這是個極傳統的客家居落，街道上不只有人家的門上會貼這類的對聯，有些店面諸如賣祖先神位的神桌店；賣祭祀用品的金香舖；或者自產自銷的傳統茶莊，裡面顧店的人常都是老先生或老太太，他們經營這間店動輒超過五十年，有沒有人來買自己的東西，他們都不太在意，他們做生意不喜歡討價還價，他們只是守著自己畢生相信的價值，過著平安與如常的生活，跟資本主義的生產與消費型態完全不一樣。而且，農耕社會關注著時間的綿亙與恆常，這使得他們關注子嗣的傳承，這不只是指生育議題，更包括宗祠、祖譜、家屋與墳墓的籌畫，其目的在告慰死者與安頓生者，並讓兩者獲得聯結，更能解釋爲何中國長期關注著記錄歷史的成敗興衰，成爲舉世罕見的歷史大國。因此，清朝時期龔自珍（一七九二—一八四一）在《古史鉤沉．論二》說：「滅人之國，必先去其史；隳人之枋，敗人之綱紀，必先去其史；絕人之才，湮塞人之教，必先去其史；夷人之祖宗，必先去其史。」意思是說：要滅亡他人的國家，必然要先消除他們的歷史；要毀滅他人的政權，或要破壞他人的規範，必然要先消除他們的歷史；要斷絕他國的人才，堵塞他國的教育與文化，必然要先消除他們的歷史；誅殺他人的祖宗，必然要先消除他們的歷史。這段話說得極有道理，並能解釋當前臺灣社會爲何會從政府到民間都在修改歷史課本並消滅歷史課數的深層心理原因，畢竟生活在臺灣的人，只有保持「歷史感淡漢」，意即不再有垂直軸的歷史意識，甚至將「中國」這一概念徹底解構，纔能不再受到中華文化的影響。

當然，農耕民族同樣有向外開拓的時候，雖然中華文化是在一個相對封閉的地理環境裡孕育而成，可是對外來文化同樣不斷在接觸與吸收，總體上是一種接納的態度，來自「西方」的文化中，第一次對中國產生較大影響的國家是印度，第二次是波斯與阿拉伯，第三次纔是歐洲各國。中國有著很發達的航海技能，但沒有向外侵略的野心，更沒有產生資本主義生產型態去推動商業的發展，這使得中國的海上事業長期沒有蓬勃的發展，最多是秉持著「宣揚國威」的禮儀狀態來呈現，例如鄭和（一三七一—一四三三）下西洋，明朝在航海技術與船隊規模這些領域均領先於同一時期的歐洲各國，創造出世界航海史上的奇蹟，可是沒有像西洋人那樣進行殖民戰爭，從中擴張領土或發展殖民經濟，這只有回到農耕社會的角度來理解。農業民族重視的是有定期、定量與定額的生產，整個生活狀態非常的穩固，不喜歡更拒絕會帶來劇烈動盪的生活。敝人觀察雲南西雙版納的傣族人依舊還過著極傳統的農耕生活，他們沒有存錢的習慣，因爲他們覺得生活的重點不是金錢，而是生命的生生不息，傣族的稻作生產中有一種技術稱作「寄秧」，這種技術的重點在栽秧前，會讓秧苗在田間長二十天左右，再將其大把栽到有水田裡，再經二十天後拔起，去鬚根和尖葉，移植到犁耙已完成的本田中，經過兩次栽培的秧苗不僅生長肥壯，更能提高產量，還能防旱保苗，因爲西雙版納地區旱季與雨季太過於分明，插秧時常遇到旱季，多數田中還沒有水，就採用「寄秧」這種自然農法，等到有水再分栽（閻莉與張春玲，二〇一一）。從西元一九八〇年代至今，經由政府的鼓勵，好些傣族人會在淩晨兩三點去「刮橡膠」，那是他們日復一日甚至年復一年在從事的經濟生活，藉此供應汽車輪胎的需求，但他們沒有私人的金錢觀，全部財產共有，並不屬於任何個人，西雙版納有上百個傣族的村寨，儘管農耕生活已經有變化，但直到現在還是過著集體共居的生活，可見文化對人的影響何其強大。

遊牧民族與農耕民族漫長的交流過程中，多半是前者基於經濟因素而侵略後者。因爲遊牧民族常覺需要不斷擴張生存空間，農耕民族被侵略後，則會覺得日子過得不安穩，於是接著想變強來反擊回去，這就常形成不斷循環的歷史。遊牧民族和商業民族追求富強的心態，使得他們常具有鮮明的財富觀，希望不斷去刺激與強化追逐財富的欲望。他們認爲財富越豐富，就越容易能將利滾利，從中獲得更可觀的財富，於是導致財富越豐富就越覺不足的心理，於是就要永遠追逐下去。西洋文化有很多探險類的電影，譬如好萊塢有印第安納瓊斯博士（Dr. Henry Walton Indiana Jones）的系列電影，裡面常有的鏡頭，就是歷經千難萬險，最後打開珠寶箱，裡面都是奪目的金銀財寶，然後探險者們無不睜著大大的眼睛，興奮的看著箱子，有人甚至無法自拔而做出傷害他人的舉措，這就是他們的財富觀在電影裡的體現。雖然現在已經很難簡單說哪個社會是哪種型態，但文化集體潛意識對人的影響不可輕看，源自於遊牧民族的這種心態，相較於農業社會與天地自然緊密連結在一起，尋求與萬物和諧共處的心態非常不同。就像大陸現在一直在宣導要營造和諧社會，那就是回到中華文化的本來面目，不像曾經有段時間常會鼓勵人與人要彼此鬥爭，與天鬥跟與人鬥還說其樂無窮。對傳統中國社會來說，追求和諧是日常的狀態，鼓勵鬥爭不是日常的狀態，前者是常態，後者是變態，記得田餘慶（一九二四—二〇一四）有一本著作《東晉門閥政治》，就在寫皇權政治與門閥政治在常態與變態間不斷轉化的過程（田餘慶，一九九六：頁三四〇—三六二），他的論點是皇權政治是常態，門閥政治則是變態，門閥背後是士族，士族在經濟層面的發展與皇權政治形成的矛盾，總是不同程度存在著，但是只要皇權比較穩固，士族在政治層面還是願意效忠皇權，他們傾向於把自己的宗族利益寄託於皇朝政治，這種求穩固的態度，背後就是農業社會對和諧的追求。

商業文化與遊牧文化常常導致人的動盪不安，但與天爭實屬環境中的不得不然，因此這種文化脈絡裡的西洋社會最終會在十九世紀末業產生出心理諮詢這個行業。反過來說，如果華人還是活在古時候純農耕那樣安土重遷的社會裡，同樣不會產生心理諮詢這個行業，就像剛剛講的傣族，大陸的政府可保護少數民族維繫那樣的生活，可是漢人作爲中國的主體民族，卻因受到西洋文化劇烈的衝擊，自身早已不是原本農耕的生活狀態了。農耕時代的華人會去求神拜佛；大家族的生活型態中彼此互相關懷與幫忙；士大夫如果不在朝會，更常會聚集在民間開講會。這些都是取得心理平衡的方法。但現在的中國已變成商業社會，甚至進入到後工業化時代，於是產生現代人共同的困境：孤寂。作爲現代人，由於個體成爲思考的主體，什麼事情都要獨立支撐，很難沒有孤寂的感覺，於是對心理諮詢師的需求就產生了。當然，現代化並不必然就是西洋化，甚至美國化，中華文化能不能在實現現代化的過程裡，避免產生或擴大這種現代性的困境，這就是我們這個時代的重要課題。西洋文化有一種自認普世性的看法，譬如相信《聖經》裡的上帝對全人類而言是普世性的信仰，並沒有任何文化差異，而且西洋文化相信只要掌握工具就可運用到各種事情上，其間並沒有文化差異的問題，這種否定本身就想要傳播其文化具有普世性，當人有這種心態就會有高低的比較，優等民族對低等民族的殖民就不是侵略而是施恩，如此纔能徹底完成征服，使得其完成被殖民者須完成早經認知與架構「現代化」（modernization）的進程，如果承認文化有著深層差異，不同民族間就需要互相瞭解與互相尊重，現代化進程並不是只有一種可能，就沒有誰征服誰的任何理由了。

中華文化相信文化差異的存在，於是從中華文化脈絡下發展出來的心理諮詢，它會有不同意義的普世性，這種普世性就體現在尊重差異所形成的「君子和而不同」（《論語．子路》第十三）。因此，從中華文化的角度來看，不只應該要有美國、法國與德國的本土心理諮詢，更會有日本、韓國與越南的本土心理諮詢，甚至會有中國各地區或各民族基於文化脈絡的差異產生的本土心理諮詢，這本應該是再正常不過的現象，卻直到目前爲止，持續被心理諮詢工作者忽略中。其實，我們應該要留意到西洋文化此刻正面臨的衰落：例如西洋各國已經很難有人想要去當牧師或神父。或者法國一份獨立報告揭露法國天主教會，長期包庇成員對兒童的性侵案，過去七十年來超過三十三萬名兒童曾被神職人員和教會成員性侵（吳宗宜，二〇二一），這背後的深層原因是西洋人對自身的文化沒有信任感，並不相信自己的信仰能拯救自身的生命。可是如果不再期待上帝對人的救贖，那麼人對自己救贖的方法是什麼呢？這就是西洋現在正在面臨的一個根源性的困境。反過來看華人是何其幸福，我們在完成現代化的過程裡同樣產生心理問題，可是我們有極其厚實的文化資產，大量的先聖先賢提供永恆的智慧給後世：我們作爲一個「早熟」的文化，自周朝開始，就已經不再像商朝那樣有著濃郁的上帝信仰或者鬼神信仰，而是開闢出一條自強不息的人文信仰的道路，這個文化資產一直不斷在潛意識裡呼喚著我們，告訴我們本來大可不產生心理問題，因爲我們的文化本身就蘊含著療癒生命的能量，但當我們出現心理問題，我們就更應該從這些文化資產中尋覓療癒生命的能量。

從對天的信仰來看，會有兩種信仰：一種是上帝的信仰，一種是對本體的信仰。前者是對成文法的教義最終需要完全不質疑的相信，因爲其相信文字來自於上帝的恩典，上帝會給人救贖，這是一般認知的信仰狀態，然而由於時空背景的變異，這種信仰很難會不讓人變成教條主義者，畢竟信的是文字，而不是實質精神；後者則是只是爲信仰打開一扇門，這門裡的內容，有著不同層次的境界，需要人自己來鋪陳與展開，經典的文字對於本體的信仰者來說，只起到一種「參考書」的作用，其還可細部區隔成體證和論證，論證的過程裡，會對很多觀念通過語言來建構知識，而獲得條理清晰的架構，體證則沒有言語，只有深度的冥契，冥契同樣會有循序漸進的深化，兩者的路徑不同：論證是有語言的反思，體證是無語言的內察。從某個意義上說，我們在談悟道這件事情，值得談的是說我們到底在談「悟道」還是「悟見」，如果是悟道，其實不應該有語言，不屬於任何見解的比較；如果是悟見，則有「昨非而今是」的恍然大悟，悟見還是要通過語言，語言的細膩化會使得悟見的內容更加細緻。悟道如果是指「頓悟」，則不會有悟見；悟道如果是指「漸悟」，則會有悟見的過程，這時候體證與論證並行不悖。儒家思想從先秦發展到明末，其總體發展是人文信仰變得日益深刻，譬如明朝中葉的心學就是在體證與論證有大幅發展，從做工夫的角度來看，學習心學是因仰而信到因悟而信，該悟有體悟更有論悟，這是一個不斷提煉信仰純粹度的過程，心學是引領人做工夫朝向本體，而不是給出綱領性的文字要人去信，這使得心學無法成爲宗教。

宗教常會聲稱其教義來自於神的指示，可是那些教義的具體內容會因爲時空的變化而有很多變化，如果不顧時空的變化還是堅持相信，結果造成信仰者內心的撕裂與迷茫，這就是現在相信《聖經》與《古蘭經》難免會面臨的困境。譬如《聖經》與《古蘭經》都有「不淨動物」的清單，像是倒嚼不分蹄的動物、無鰭無鱗的海鮮，或有翅膀爬行的昆蟲，甚至天空飛的鷹類、烏鴉或蝙蝠，這些東西根本不是漢人通常會去吃的食物，因此漢人讀到這些經文就會感到無法理解，或者其信仰者如果要遵守絲毫不感覺困難。大多數的基督教信徒已不跟著摩西（Moses，1520B.C.-1400B.C.）實施飲食律法，他們的共同神學觀點是覺得經歷耶穌（Jesus, 4B.C.-30）的死亡和復活後，那些所謂的「舊有約定」的限制就已經不再適用了。飲食的禁忌原本極可能只是因爲地理環境的需要，從而產生的一種文化上的態度，但起源於某個地理環境的宗教，卻會傳播到不同地理環境中，原本的正確卻會因爲時空背景已有變異，而沒有做出相應調整，譬如印度教認爲牛是聖物不能吃，穆斯林則認爲豬不潔不能吃，可是印度教徒可吃豬肉，穆斯林可吃牛肉，該如何分辨出哪個宗教的教義是絕對正確的眞理？如果無法有個究竟對錯，那大家相聚在同一個空間中，就會產生文化的衝突，這就是印度國內兩大宗教信眾會衝突不斷，甚至印度與巴基斯坦兩國長年不和的文化因素。

西洋文化自從上帝被徹底質疑後，曾經掀起一股反思的浪潮，形成很多豐富的思想，這些思想曾從中華文化裡得到極其關鍵的啓發，譬如法國思想家伏爾泰（Voltaire, 1694-1778）對於孔子與儒家思想的激賞，其《風俗論》第一章就談中國，藉此表達人類文化首先從中國開始，打破拿歐洲歷史來權充整個世界歷史的「歐洲中心主義」（eurocentrism）這一史學觀，開創人類文化史或者說是世界文化史研究的先河，包括神學後來發展出後現代神學在內，都是來自於「東方」（orient）對自身的衝擊，可惜終究沒有繼續發展下去，其中的核心原因在於，在西洋人長期的文化脈絡裡，所謂的「東方」過去是指中東地區，後來變成印度和東南亞，擴張到東亞是極晚的事情，但東亞社會後來已經不是西洋人學習的對象，而是救贖的對象，「東方」本來就是個具有殖民意涵的概念，西洋人向來並不清楚中華文化的實質內容，華人受到西學東漸的全面影響，對自己的文化的認識同樣不太深刻，甚至常跟著西洋文化的敘事脈絡處於自我否定的狀態中，這使得敝人在行文的過程中，儘量避免使用「東方」這種不精確的概念。我們不能閃躲面對當前的思想大潮：只有華人完成對自己文化的認識，認眞整合最後一塊文化拼圖，當華人願意把自己的文化梳理得脈絡清晰，並且讓西洋人瞭解到中華文化有何優點與缺點，而且可跟西洋文化進行對話，那麼我們不僅有機會完成具有現代性的中國學術，甚至還可能拯救西洋文化的危機，這就是中西會通的意義。

第四節 修養工夫與心理諮詢

約西元前三世紀，匈奴在中國西部與北部邊塞逐漸強大起來，並時常南下侵擾中國。匈奴與漢朝的關係，反映出遊牧和農耕兩種文化的對峙。漢朝沒辦法讓匈奴完全進入農耕狀態，於是就只有兩條路：一是隔絕，藉由修築萬里長城，把匈奴隔離在長城外；二是招徠，把南匈奴人移入到內陸和邊疆，給予和漢朝子民一樣的對待，讓其學習農耕生活。在當時漢朝的觀念裡，匈奴不歸化，就無法完成和諧社會的理想。中國傳統的對外政策，常在融洽，而不在擴張。自匈奴的崛起，北方遊牧民族不斷侵略南方農耕社會，這就是中國歷史自漢朝後兩千年來的南北格局。因此，農業社會重視團體的和諧共生，這是人與天的關係翻版；游牧社會與商業社會重視個人的利益，強調人與人的競爭，這同樣是人與天的關係翻版。中華文化不能完全說就是從農業社會發展出來的文化，因爲中國的少數民族中同樣有游牧民族，而且中國的歷史是農業社會與游牧社會衝突與融合的歷史，這兩者有如陰陽交替般相互在影響。因此，從這個角度擴大來觀察中西文化的差異，兩者不是完全無法調和的差異，畢竟我們的討論要避免絕對化，團體利益中同樣有個人利益，個人利益中同樣有團體利益，關鍵在於產業型態釀就的生活差異，與其過度關注產業型態對個人帶來的影響，不如更多去關注人自身在面對這些客觀條件裡，如何做出符合團體與個人獲得共生的決策。這些決策是否具有普遍性，如果有，這種普遍性如何影響中國的歷史，甚至影響中西文化的交流，這裡面的議題很值得我們認眞探索。

只有從這個角度出發，我們纔能看見中國在科技層面曾經長期領先世界各國，直到十八世紀清政府下令禁止耶穌會士來華傳教爲止。這意謂著華人不是沒有西洋人的思維型態，儘管西洋人的那種眞理觀（theory of truth）或認識論（epistemology）不是中華文化的主流，卻不能否認中西文化本來就具有的溝通性。如果中西文化並不是衝突的問題而是產業選擇的問題，那中華文化的復興就不單純只是華人面對生活的抉擇問題，而是究竟哪一種面對人生的態度對人類還有存在價値，能幫忙人類解決當前世界共同在面臨的危機，意即當人來到工商業社會或甚至後工業社會中，該如何面對心靈的困惑與茫然，並與自然環境和諧共處，而不是繼續懷抱著競爭的態度害人害己。這是如何能在工商業的生產型態內，發展出農業社會內省自觀的生活態度的複雜議題，有待於全部關注人類前景的有識者不斷去釐清。

中國在面對外來侵略者的敵意時，它的常態文化所展現出的特色就是不會容忍被來犯者欺負，但是如果自己勝利了，同樣不會想要征服失敗者，表現出「得饒人處且饒人」的態度，甚至有時候會以德報怨，這就能解釋蔣中正（一八八七—一九七五）面對日本侵華戰爭失敗後，不顧國共內戰即將開打，卻願意花時間將兩百萬日本軍民送回日本，還不想佔領其領土的心理原因。敝人的老師韋政通先生（一九二七—二〇一八）曾經歸納中華文化的十大特徵，其中「崇尚和平」與「重德精神」應該很符合前面說的態度（韋政通，一九九六：頁四二—四五；頁五八—六一）。生活在中華文化中的人，常比較喜歡一種心理上的勝利，魯迅（一八八一—一九三六）批評這是「阿Q精神」。但這種批評的背後有著時代特殊因素，清朝晚期國家衰弱，人如果「自我感覺良好」的確顯得跟現實脫節，但如果中國已經這麼強盛，還是這種溫和的態度，就沒辦法再用阿Q精神來輕易解釋，只能說是該文化底蘊特有的「大家風範」。中華文化的這種特點，在開展中華本土心理諮詢的過程裡同樣可獲得展現，諮詢的重點不是提供解答，而是要有一個對話的過程，讓當事人的心理運作機制獲得平衡。譬如說很多婦女發現在跟她的婆婆相處時，因爲婆婆早年受虐的經驗，就會在不知不覺間想要虐待她，常常會很嚴厲的要求兒媳婦符合自己的標準，然後兒媳婦會受到很大的冤屈，心理就會不平衡。可是該不平衡或許不是直接要求婆婆在對自己的態度上有改變，反而是她開始體會到婆婆需要有人能理解她的苦，從而使婆婆的內心恢復平衡。諮詢師如果能完成這件事，讓婆媳關係能轉化成彼此談心與相互理解的關係，這對於家庭關係的和諧會有極大的改善。並且，當兒媳婦自身的內心能獲得平衡感，這同樣有可能會影響到婆婆對待她的態度。

華人本土心理諮詢最精湛的特點在常有種「無技法的技法」，這就是修養工夫，稱作「無技法」，並不是指其完全沒有任何技法，而是指重點不在具體技法本身的操作，而是該修養工夫會因當事人的生命狀態而有各種內在對治細節的變化，從而使得技法跟著變化無窮。通過做修養工夫，讓我們能帶著內觀的生命，清楚知道眼前究竟在發生什麼，該如何應對，做出合宜的舉止。我們的生命裡明明有很多困惑，卻因爲不知道解決這些困惑的路徑在哪裡，於是不得不承受這些困惑帶來的苦惱，有時候是求不得苦，有的時候是離別傷感，有的時候是壯志未酬，更多的時候是深感無奈。人生在世，如果終其一生活得不明不白，那恐怕是最令人深感悲哀的狀態。我們在這人世間經歷各種考驗，常捲在一種外在的紛紜和糾葛中。這其實有來自外在的社會環境或自然環境的影響，就自然環境層面來說，全球氣候明顯異常已有超過二十年的時間，氣候的忽冷忽熱，或該冷時極熱或該熱時極冷，很難不對人的身心帶來負面影響；就社會環境層面來說，這些年來美國帶頭與中國在經濟、政治、社會與文化等各個層面發生衝突，藉此維繫自己作爲世界龍頭的霸主位置，這其實對於兩岸同胞甚至全球華人都帶來「選邊站」的問題，彼此情感撕裂不說，更讓人時常處於精神焦慮的狀態中。儘管因為大陸政府基於中國特色的社會主義，對於各項民生議題會特別關注，使得其社會相對來說比較平穩，但大陸人民置身在工商業社會或甚至後工商業社會中，同樣很容易在自己的生活和工作中，面臨各種緊張的人際關係或複雜的情感糾葛，在完成事情的過程裡面臨難解的困境，做工夫就是幫忙我們的內在始終保持清明，支撐我們秉持著智慧來生活。

回到生命的本質來看，人的內外其實本來一體，外部的實踐與內在的德性，這兩者本來就是高度在對話與交融，呈現出共生的關係。做工夫如果沒有個做工夫的對象，不知做工夫有個內外環節，那就會陷於茫然中，工夫的對象就是本體，《中庸》說：「喜怒哀樂之未發，謂之中；發而皆中節，謂之和。中也者，天下之大本也；和也者，天下之達道也。」（《中庸》第一章）在喜怒哀樂各種情緒未發前，我們都有一個評估機制，讓我們知道情緒該如何發，或者不發，或者在未發前自行消解，甚至重點不在情緒的發或不發，而是這個機制會轉化出解決問題的能量。這個機制就是「心體」（nous），意即「心靈實體」，它是中國的人文精神聖聖相傳所形成的思想中軸線，更是儒釋道的共法，「中國」的「中」字就由此而出，使得中國意謂著「心靈的國度」，探討心體的學問就是「中道」。據此而論，「中國」被英譯成「China」殊為不當，因「Chin」就是「秦」的發音，這是來自西洋人士最早聽見中國的王朝就是「秦朝」，但秦朝是個重視霸道的王朝，絲毫沒有「中道」的精神，還不如面對外國人，直接翻譯成「Zhong」更具有心體義，「中華」

則不應該翻譯成「Chinese」，而應該翻譯成「Zhonghua」，更能精確指出其內聖外王的深意。現在的華人只相信有身體，卻不相信有心體，不相信有心體，卻願意拋開自我來相信某個宗教，這背後其實來自對中華思想的陌生與排斥，呈現自我異化狀態，詳細內容可閱讀拙著《聖人的丹爐：中華思想史與本土心理學》。心體議題的討論原本是中國社會在宋明時期的公共語言，更是整個社會的共識。敝人在這本書中會常使用「心體」與「自性」（self）這兩個概念，如果更細緻區隔的話，自性是指心體的性質，心體是指自性的機制，兩者在面向外在議題的討論時可交替使用，面向內在議題的討論時須細緻對待。做工夫如果不相信有心體，那麼做各種動作都只是在做樣子，根本無法瞭解如何透過心體來完成工夫，或如何藉由工夫來體認心體，最明顯的例證就是道德虛無化或道德教條化的問題，最終就會產生各種「禮教殺人」或「禮教吃人」的悲劇。做工夫重點不是要遵循一種固定的格套，誤把做好某個具體的動作視作工夫，譬如很多人覺得做工夫就是靜坐，然而「靜坐」二字遠遠不能描寫工夫的豐富性，而且會產生某種誤導，誤認做工夫就是盤腿坐在那裡如槁木死灰，這固然是一種工夫，但同時更會導致不適於盤腿靜坐的人跟著誤認自己不能做工夫。

做工夫的關鍵不是靜坐而是靜心。當人處在靜心的內觀狀態中，眼前所看的視野會發生細微的變化，例如空氣的粒子會變得細緻，對眼前的景象會有種空靈與清新的感受，繼而形成一種清澈的了然與明白，使得你跟這個觀看的對象間形成一種更深層的交匯與締結。敝人有位知交，曾經因被虎頭蜂螫，人感覺極度不舒服，打過針敷過藥後，個人處在靜心的內觀狀態中，卻在夜晚張開眼睛，看見眼前的景象全都變成粒子化，諸如桌子、檯燈或書櫃，會逐漸消失在光中，卻再浮現於眼前，當下她體認到量子物理學講的波粒二象性（wave–particle duality）並不是虛言。例如我們有時會吃到很精緻的菜餚，就會覺得那是「工夫菜」，原因在於做這道菜的廚師是用自己的眞情實意來做菜，他對此曾做過千錘百鍊的工夫，我們吃的時候感受到廚師細膩的心思與精緻的手藝，這種「道」與「藝」的結合，纔會讓你覺得好吃。做工夫正就是如此，從廣義上來講，日常生活裡的任何動作都有工夫的意義，記得《莊子．外篇．知北遊》中，虛擬的東郭子問莊子（莊周，西元前三六五—西元前二九〇）道在哪裡：「東郭子問莊子曰：『所謂道，惡乎在？』莊子曰：『無所不在。』東郭子曰：『期而後可？』莊子曰：『在螻蟻。』曰：『何其下邪？』曰：『在稊稗。』曰：『何其愈下邪？』曰：『在瓦甓。』曰：『何其愈甚邪？』曰：『在屎溺。』東郭子不應。」莊子回答道的展現無所不在，不只在螻蟻，在稊稗，更在瓦甓與屎溺。這說明日常生活中遇到的有生命或無生命，細微甚或卑賤的存在，無一不是體會與實踐的場域，無論怎樣的動作，只要在這個動作中能認眞揣摩與感受自己的心體，帶著誠懇的態度來面對，這種「一心專注」本身就是做工夫，更細緻來講我們會稱作觀念工夫。

面對心體做工夫，還是要有一些特別要注意的事項，因爲如果人體是個自成系統的小宇宙，天地就是個自成系統的大宇宙，天人合一的奧秘，關鍵就是氣的流通促成整個身體的運作川流不息，從而不再「內外有別」，藉由忘懷身體而感受到天與人的合一。從這個角度來講，是不是工夫，就在於這個動作能否幫忙你的整個精神充滿盎然的生氣，身心有沒有呈現出一種飽滿的狀態，如同宇宙的恆常擴張。絕大多數人都活在日常生活裡的愛恨情仇中，懷著自認的誠意，直來直往裡跟人交流，卻沒有意識到自身的每個行爲都會對周遭產生影響，從家庭至工作，甚至只是輕微的肢體語言，都會影響到自己身邊的人，甚至引發巨大的波瀾，這其實很符合混沌理論（chaos theory）中說的「蝴蝶效應」（butterfly effect）。但人常只能在局部層面完成實績，譬如有人可能有著很高的學歷或地位，工作很有成就，但家庭關係卻是支離破碎，他卻對此毫無辦法，甚至反過來因身心俱疲，家庭的問題反過來逐漸啃蝕掉工作的成果，最終導致事業一蹶不振。其實人的起心動念間，意識關注在哪裡，禍福就已經蘊含在其中，很多人看不透意念本身對生命的影響，自然意識不到修身的重要性，於是終生在無明裡受苦。

儒釋道三種教化都無不重視工夫，工夫有觀念工夫與實踐工夫，前面已說過觀念工夫，能促成人當下一念覺醒的狀態就是觀念工夫；實踐工夫則是持續做著某個動作來反觀身心的狀態，譬如瑜珈動作會藉由身體來影響腺體，從而感受到宇宙的合一感。當你相信心體本身的存在，當下你就進入到觀念工夫裡，你就會發現山川大地、日月星辰與花鳥竹石等任何事物都成爲我們內觀的對象，於是我們就可明白《中庸》爲什麼會說「致中和，天地位焉，萬物育焉。」（《中庸》第一章）。心體就是「中」，當我們能把握心體，生命呈現祥和，這就是「致中和」，天地萬物都跟著各就各位並獲得生長化育。但「願意相信心體」和「實質相信心體」兩者間畢竟還是有著「差之毫釐，失之千里」的差異，這時就需要通過做實踐工夫來讓個人循序漸進的獲益，終至於獲得實質的相信。實踐工夫藉由對身體具體的操作來讓我們感受著心體的存在，當有一天我們操練得比較綿密和細緻時，就會發現生活裡無時無刻不是工夫，當念念都是工夫，對某個具體工夫的執著反而就可自然而然放下了。因此，實踐工夫是幫我們完成從願意相信心體到實質相信心體的重要橋樑。

藉由做工夫可讓我們的心體獲得平衡，在心理諮詢中，相對於具體技術而言，內心的平衡是更重要的事情。華人本土心理諮詢當然有具體的技術，並且可使用西洋心理諮詢的技法來應用於諮詢中，但技術其實不是重點，諮詢師本身的修養工夫纔是重點。執著於技術的操作時，要警覺自己是不是在受西洋文化的不當影響而不自知：譬如你想要運用工具去掌控人的問題，通過獲得各種工具的支撐來換取心安，而不是真的能幫忙人。舉例而言，過度相信阿德勒（Alfred Adler, 1870-1937）有關家庭的出生排序（birth order）對人的心理影響，拿其理論來解釋不同排行面對某件事情的反應，卻沒有注意到當事人實際置身的文化環境，這就很容易產生判斷的誤差。如果按照阿德勒的觀點，家中的長子通常會得到相當大量的關注，且在弟妹出生前是獨子的地位，當有老二出生後，通常會感到老二奪取父母對自己的愛，譬如老大常常會聽到父母不知不覺這樣說：「你是姐姐，要讓弟弟！」因此對弟弟妹妹懷有敵意，但你仔細觀察華人社會，就會發現實際情況並不然，有時候哥哥姐姐獲得的資源更大於弟弟妹妹，老大常會更有責任感，意識到要將資源（包括經驗）轉給弟弟妹妹，彼此被教導要「相親相愛」，哥哥姐姐對弟弟妹妹有照顧的責任，弟弟妹妹對哥哥姐姐有禮讓的態度，這來自儒家思想「兄友弟恭」的素養早已形成家庭文化，如果諮詢師覺得當事人面對這種素養，可能反而變成某種壓抑，他首先就需要瞭解這種文化現象。如果我們能不再去強調獲得工具，而是保持自己內心的平衡，眞實觀看眼前的受苦者，這時候就很難不發現：如果要進入到華人的心理世界，就需要認識到中華文化的發展歷程。

第五節　智慧諮詢的心理背景

錢穆先生（一八九五－一九九〇）在其著作《中國文化史導論》中說：「在近代英美發育成長的一種公民競選制度，是一種偏重於『經濟性的個人主義』之表現。而中國隋唐來的科舉制度，則爲一種重於『文化性的大群主義』平民精神之表現，偏經濟性的比較適宜於工商競爭的社會，偏文化性的則比較適宜于農業和平的社會。」（錢穆，二〇一一：頁一五三－一五四）這是從文化的角度來指出民主制度並不具有普世性。如果觀察所謂民主國家的競選，當不難發現常常是有錢人纔能競選公職，沒錢人如果要參選，就要聽從背後支持他的財團，而且這種競選因公民素養不高的關係，最後往往流於膚淺，只是聽取某些易於辨識的口號就能讓人歸隊投票，甚至變成「選美大賽」，只要形象看來不錯就可獲得更多選票，選民通常不會深度檢視其具體政見。任何一位公民常需要有平和的心態纔能去思考文化議題，但更多時候，公民常只會想要趕快解決自己經濟層面的問題，根本不可能靜下心來思考文化議題，如果人還在忙著面對自己生存問題（譬如沒有工作或工作賺的錢無法養家），他當然要趕快想辦法解決這些日常生活瑣事，但錢要賺到什麼程度纔不再有困擾，這點確實因人而異。的確有人每天只要三餐吃飽就覺得自己沒有生存問題了，接著他就想去追求更有意義的生活，但多數人常終其一生都是精神的「可憐人」，心理常掙扎在物質匱乏感裡，在賺錢的數字達不到自己預設的標準，即便在外人看來該人已屬有錢人，但他本人依然常感心理緊張，覺得自己始終沒錢。

如果我們關注的焦點不是放在生死底線掙扎的困擾，而能把精神用來探索更根本的生命意義，這時文化議題就會浮現在我們的面前。瞭解文化的重要性在於「文化心理常會影響生活其間的每個人」，使得個人即使有個體差異，卻更有整體傾向，使得個人的抉擇總離不開該傾向。如果只從個體來看個體，常會覺得某些個人會有這種受苦的經驗令人很茫然；如果從整體來看個體，則該受苦經驗就能獲得更深刻的理解，譬如華人社會每個人都無不因高度關注著「孝道」這一議題，甚至常因孝順與否而深受其苦（當然同樣在蒙福），面對華人共有的孝道議題，我們固然可有各種不同的理解與作法（譬如居家陪伴或榮耀雙親），但就是不能不孝順。當我們理解到文化對人的影響，則獲得中華文化史這樣的背景知識，每個人在解決自己和他人的問題時，就會知道用文化的手法來解決文化所形成的問題，其實效益甚大。古人不做事的時候，就是認眞閱讀經典，敝人覺得這個作法對於我們面對當前充滿焦躁不安的工商社會，對治所謂的心理問題，有相當的實用性。畢竟太陽底下無新鮮事，人的一生不見得會發生什麼驚濤駭浪的大事，可是我們卻有機會藉由經典，瞭解華人幾千年來的生活智慧，從中解決個人的生活難題，如果我們對經史子集養成終生閱讀與研究的習慣，這對一生做人處事受用無窮，這是唾手可得的精神資源。因此，敝人談的智慧諮詢其實是種深度心理學（depth psychology），意即人要跟文化接軌，直通聖賢與祖先累世發展出的智慧，纔能解決個人具體的問題，其技術就是藉由閱讀經典來認識自己的傳統，具體的範疇就是認識思想與文化，因此敝人纔會倡導認識「中華思想史」與「中華文化史」來深化開展華人本土心理諮詢工作。

文化心理學家史威德（Richard Shweder）曾提出很著名的觀點，他覺得文化心理學主張「一種心智，多種心態；普世主義，考量分殊」（one mind, many mentalities; universialism without uniformity.）（Shweder et al., 1998: p.871），其「心智」指「人類認知歷程實際或可能的概念內容的整體」（totality of actual and potential conceptual contents of human cognitive process）；其「心態」指「被認知與被激發的心智子集合」

（that cognized and activated subset of mind），意即心態或許呈現各種樣貌，其內在的心智並無不同，不同文化都在塑造人類心理「共同的深層結構」，反映出人類共同的心理機能，如此就能獲致「人類心理學」或「全球心理學」的目標。但這個看法如果要眞能獲致成立，就需要先瞭解各自文化的「心態」，心態都不認識，這時候要談「心智」無異於緣木求魚。面對中華文化的傳承與傳播，根據敝人觀察，當前華人社會有兩極化的心態：大陸社會對此學趨之若鶩，常見人埋頭於經典中，由於只是採取背誦而不理解的作法，始終讀不出所以然，使得好些人深受國學所苦，這主要是因他對經典沒有經過反思和消化，尤其沒有經過自己生活經驗重新展開的詮釋，敝人看見有些培訓機構會拿培養孩子素養的名義來教經典，實質在開展教條壓迫兒童的教育，這的確是在拿道德殺人，戕害孩子的身心發展；臺灣社會則對中華文化棄若敝屣，常見好些人都沒有掙脫五四情結，動輒對於國學有夾帶想像且脫離現實的嚴厲批評，好像這些內容全都是妨礙人身心健康的吃人禮教，眞實的情況則是人自身對於這些傳統未經反思與消化，形成自己心靈的營養。如果要面對現實，我們就無法否認自己作爲生活在工商社會的現代人，與古人的生活型態已經產生巨大的落差，但生活型態的差異只是種表象，問題是華人思維型態導致的心態始終沒有太大的差異，只是如何具體因應卻出現適應困難，纔產生各種精神困擾，這使得我們使用白話文來解釋經典並探討其實用性就變得極其重要。當你從當前時空的角度來學習古書，由原來什麼都聽不懂，到後來覺得有些內容能跟自己的生活經驗結合，而且自己理解的範圍越來越拓寬，這就意謂著你慢慢開始踏上一條精神成長的路，你會感覺到古典文化和你個人經驗的關係不再遙遠，甚至反而能相互印證。

《孟子．萬章下》說：「以友天下之善士為未足，又尚論古之人；頌其詩，讀其書，不知其人，可乎？是以論其世也，是尚友也。」孟子的意思是說，如果同天下的傑出人士交朋友還不夠，於是就去評論古時候的豪傑，誦讀他們作的詩歌與書籍，藉此增進瞭解，如果這些還不夠，還要仔細研究他們置身的時空背景，這纔是真正與古人結交。當這樣全面而認真的研究古人（包括研究他們的思想），「尚友古人」就開始成為事實，這會讓你慢慢對古人的詩書（意即經典）開始產生感覺，更重要的是對生命開始產生感覺。人從生到死，註定是在慢慢變老，可是在變老的過程裡，自己的生命是否越來越充實，是否心靈變得日益深刻，展現出一種智慧的光芒？這會影響人對自己的衰老是否感到恐懼。常見有些女性化妝時常喜歡塗一層很厚的化妝品，甚至去整容，企圖讓外在的美麗駐留，這當然值得尊重，但這樣費神化妝不僅辛苦，當年華老去，想留住美麗著實並不容易，不過，如果我們換個角度來想，充實精神產生的氣質，比起肉體的美麗更容易帶來恆久的效益。充實精神會讓人的腦神經突觸增加，神經細胞間連絡的橋樑變得更緊密，讓人的整個身心狀態都煥然一新，這就是為何有文化的人和沒文化的人，一出現在人面前，就會帶給人明顯的觀感差異，包括眼神反映出的心靈訊息都完全不一樣，人與人互動出來的結果自然跟著不同。

作為一名有志發展華人本土心理諮詢工作的智慧諮詢師，其知識的專業和心理的敏銳是首要的素養，當然，諮詢師還是要挑選自己擅長的領域，展開相應的工作型態，譬如你特別對學生的考試困境有經驗，或者特別對婦女家暴處境有經驗，或者特別對家庭的財務問題有經驗，就可著重在自己關注的領域去發展。諮詢師要懂得區別「吸納知識」和「建構知識」這是兩回事，吸納知識是往外汲取經驗，當然需要廣博的吸納，建構知識則是往內汲取經驗，需要專精的建構，人的時間有限，每個人最擅長的狀態各有不同，如能確定自己專精的領域，纔能知道自己該如何吸納與該如何建構，全身心投入進去。尤其諮詢師不能妄自菲薄，就像在李白在〈將進酒〉中說：「天生我材必有用。」你要相信知識領域雖然極其浩瀚，但人不需要因知識浩瀚就「望洋興嘆」，不敢再去做任何探索，你要選擇最能回應你內在需求的角度來發展自身的潛能，哪怕自己是社會閱歷不深看起來很天眞的青年，你只要善用自己的特質，就能特別給兒童做心理諮詢，對兒童來說，你這種人就是個「大小孩」，彼此互動不會有距離感，這就是將缺點變成優點的例證。人只有尊重自己的生命特質，纔能比較容易發掘出適合自己的專業領域，這其實不是特意求來，反而是諮詢師自身有怎樣的生命頻率，往往很容易吸引到有相對應生命經驗的當事人來跟你做諮詢。

不過，敝人要特別指出：諮詢師不見得要跟當事人有著完全相同的生命經驗，從而能有「共情」，纔能給當事人做諮詢，很多事情應該舉一反三，重點是要對他人、對事情甚至對自己都要有敏銳的觀察，心懷慈悲與智慧來展開諮詢工作。譬如說，諮詢師本人並不是說自己得要有被家暴的經驗，纔能給受家暴的婦女做諮詢，人的心理可能會呈現出A、B、C、D與E五種情境，你要去探索該五種情境是否有著相通的脈絡，從中把握住該脈絡直指的根本問題，譬如諮詢師不見得有被家暴的經驗，卻有被霸凌的經驗與被搶劫的經驗，這三種情境各自不同，但都有「被掠奪」與「被欺負」的痛苦感，這就是相通的脈絡，諮詢師應該通過這種相通脈絡，從個人的經驗出發，直指人的根本問題在於遭到這種經驗後的挫敗感，並跟當事人探討如何恢復自信。再譬如臺灣和大陸兩個社會的考試制度不同，臺灣人和大陸人參加具體某項考試的經驗不見得一樣，但考生常「因考試而受苦」的經驗本身並無不同，這時候你把握住這種經驗本身，諮詢師就能回答當事人面臨的困擾。再或者這名諮詢師自己根本沒有通過高考的經驗，可是他同樣經過奮鬥，在社會裡取得很高的成就，這時候他就可對這位一直考不上大學的當事人探討人生是否可有不同的選擇，難道只有念高校纔能證明自己是個有價值的人嗎？但重點是諮詢師要成為自己由衷認同的樣子，再引領當事人去探討未來，就比較能獲得當事人的信任感。常見有些心理諮詢師其實從年輕時就是一個「怪人」，他自己心理有問題，只因對自己精神狀態的好奇，就讀心理學專業，然後取得相關資格證照，接著就開業給人做諮詢，可是這並不能證明他自己的心理問題就已然獲得解決。人如果長期處在這種「帶病治病」的狀態，他很可能會給當事人傳遞病態的訊息，這就西洋心理諮詢來說並沒有什麼關係，因其「主客對立」的思維，已預設諮詢師個人的心理問題不會影響當事人，但對我們本土心理諮詢來說卻是極不恰當的狀態，諮詢師的精神鍛鍊未成，如何眞正有資格給當事人做心理諮詢呢？

第二章

中華文化的源頭：本土心理學的詮釋

第二章

第一節　仰韶文化與龍山文化

在「人不是人」前，該人有沒有意識？不只人有意識，全體哺乳類動物都有意識，其實全部生命（包括動物與植物在內）都有意識，這種未曾分化，沒有彼此的整體意識，呈現出該生命習而不察的本然狀態，因此並沒有顯意識的實質存在，只可稱作「萬物集體潛意識」，萬物集體潛意識對人的深層影響，其實常就是後世的人會想要追尋「天人合一」的心理源頭，儘管當時的人並不會有這種「天人合一」的顯意識，並且這種可謂「返祖型的天人合一」，只是人類早期心靈的原型（archtype），並不能跟中華思想高度發展的天人合一相提並論。我們常用「電光石火」來訴說時間的短暫，有如閃電擊物閃光或石頭擊發星火，其實，在人類文化進展的過程中，人懂得如何使用火與光，並將石頭變成石器（尤其是食器），這是至關緊要的里程碑，象徵著人類逐漸離開動物的狀態，蛻變成我們開始認識的人類。懂得使用火意謂著熟食，當人類吃熟食，食物的攝取過程中就出現質變，不僅熟食能將食物保存更久的時間，避免人類吃腐食引發的細菌感染，這讓人類開始有衛生條件可言，人類的壽命更因此自然而然延長，更有多餘的時間與精神去創造或發明各種工具，其間首先就是石器的發明。拿生產工具來作爲史前的分期狀態，人類第一個具有意義的分期是石器時期，這可區隔成舊石器時期與新石器時期，這兩個石器時期的差別主要在於製作石器技術的不同。舊石器時期距今兩百五十萬年前到一萬年前，又可區隔成早期、中期跟晚期，舊石器早期的人類稱作直立人（homo erectus），又稱爲直立猿人，這種人依然帶有猿類的特徵，如頭骨低平、眉骨粗壯與吻部前伸，但同樣有現代人特徵，如已雙足直立，且腦容量比猿類大，可見其處於中間地帶。在中國，北京人、藍田人、元謀人、巫山人與澎湖人都屬於直立人這一狀態。這些早期人類僅能運用敲擊的辦法來製作石器，只是先將石頭敲碎，從中選擇有尖端的石塊來狩獵，運用石頭有凹槽的狀態來盛裝食物，這就是最早的食器了。

直到大約距今一百五十萬年前至二萬年前，舊石器時期來到晚期，逐漸出現發達的藝術品，譬如岩洞藝術，這個時期的人類在器具的製作上越來越趨向精細與輕巧，製作的材料不再侷限於石頭，像是動物的骨頭或植物的木頭都成爲製作的材料，只是這些材料比石器來得容易毀壞，但工具的多樣性象徵著人類智能正不斷開展。舊石器晚期前，全球人類基本的生活都是漁獵型態，這是大家共同且最早在從事的產業，在社會結構沒有太大的差異，人類常基於生存所需，不停從一個地點遷到另一個地點，不斷採集植物或狩獵動物，因生存完全依靠自然環境供應，人不能長久待在任何一個相同的地點，由於生活漂泊無依，更無法凝聚出大型的部落，這意謂著較具複雜性的「社會」還無法產生，因此，這個時期的人類還沒有發展出文明尤其是文化的條件。當人尚未組成社會，沒有辦法構成文化前，其心理尚處於未與世間萬物分化的狀態，人已有某種意識的智能，卻未與萬物區別開來，甚至感受著萬物對自身生命有著高度的連結與影響（譬如說很具體的動物崇拜或植物崇拜），這種意識稱作「原始集體潛意識」，並對後世人類心理持續帶來深遠的影響，譬如火的使用不只跟煮食有關，甚至跟安全有關，當人懂得引燃火與保存火，就能保護自己不受野獸的攻擊，並能住在山洞中點火聚溫，但反過來說，當人沒有辦法拿到火，在深夜中面對黑，人反而開始產生恐懼感，本來不懂得使用火，人的意識沒有萌芽，還沒有恐懼不恐懼可言，但一經比較就會影響人的心理，這種恐懼感的影響，直到現在都常見存在於人心中，甚至是拍攝恐怖電影的靈感素材，這就是原始集體潛意識帶給人的深刻影響。

當冰河時期結束，氣候逐漸回暖，人類在距今一萬年前開始來到新石器時期，這首先是自然環境的改變，使得地球上人類的生活開始產生質變。從舊石器到新石器，不僅是生產工具型態的突破，人類在這個階段因爲發生生物的演化，還有學習經驗的積累，更開始產生文化的進展。新石器時期開始把石器磨得更尖銳，或者把凹槽磨得更深，開始有原始的工藝品產生，這種工藝品最典型（或者說是最重大）的成果就是陶器，陶器的出現，其製作與使用，意謂著文化在新石器時期開始出現，因爲要燒製陶器更需要高溫，這表示人類對於火的使用逐漸臻於精熟。在談論人類的文化時，談到文化的定義，如果我們拿製作工具的技術當做起點，當然舊石器時期可視作人類文化的起點，但學者觀察舊石器時期，調查全球人類文化各遺址，都會發現舊石器時期遺址有關燒陶的成果具有粗糙的同質性，跟每個當地具體的文化尚沒有直接的邏輯關係，而且當時人類使用的原始工具，大概全球人類都沒有什麼差異，因此我們很難從這裡去論斷文化的差異性，這顯示出人類的心智只有跟哺乳類動物產生明顯的區別，人類彼此間卻沒有什麼區隔，這種已有人類意識的普遍狀態，彼此卻沒有細部差異的意識，正就是敝人會將其稱作「原始集體潛意識」的原因。但來到新石器時期，這是個很明確的指標，文化從這裡開始產生具體差異，尤其是燒陶的技術發展，使得陶器不只是種日常生活用品，更體現早期人類對於藝術意識的萌芽。敝人覺得中華文化的源頭，其實從來都不應該被簡化稱作「一元論」或「多元論」，無論站在兩者任一種論點的角度，都沒有突破政治疆域的限制來看問題，畢竟你是站在當前中國政治疆域範圍的角度來往前思考「中國文化的起源」，而不是基於中華文化本身的特徵來探索中華文化的起源，甚至如果從文明這種包含精神與物質的角度來立論，探討起源議題，更應該要著重於物質如何體現精神的探究。如果讓我們跨越政治疆域的限制，其實更接觸到文化源頭的狀態，更精確來說應該會是「東西二元論」，但這種二元論並不是只有對抗性而沒有交融性，這要從《易經》的角度來理解與認識。東西二元論已經是文化性的選擇，而不是生物性的自然發展，這個觀點過去曾被主張，後來被多元論推翻，但敝人覺得多元論的說法只是種政治角度的觀察（基於現實政治疆域），而不是文化角度的觀察。

中國有文字的歷史起碼超過三千五百年，究竟華人在如此漫長的歲月長河中，對宇宙與人生曾經思考過什麼重大議題呢？我們身為華人如果對此置若罔聞，甚至不知道華人面對靈性議題曾在商末有著重大轉折，就會呈現無知與無感的生命狀態，甚至退轉回去產生宗教信仰。我們平日關注自己身處這個時空裡，正影響社會的各種議題，就更不能不明白：這些議題的生成背後有著根本原因。根據敝人的研究，早在新石器時期開始，人類對宇宙與人生就已經產生最天然的根本關注，該問題主要指向「生死議題」，因爲有生就有死，然而生死問題的關注，激發某些敏銳的人開始展露出思想的深度。讓我們從新石器革命產生的變化來說起，「東西二元論」的「東」與「西」各指著文化起源的地區，河南省往北到河北省南部，這就是我們說的「西部」。山東全省到河北省的東部，這就是我們說的「東部」，這就是中華文化最早的兩大源頭。西部生活著仰韶文化的夏人，東部生活著龍山文化的夷人。仰韶文化的遺址首度發現於河南省三門峽市澠池縣仰韶村，龍山文化的遺址首度發現於山東省濟南市章丘區龍山街道城子崖，該地區過去稱作歷城縣龍山鎮，因此各自按照村鎮的名字來命名。新石器時期的人類開始有兩大產業形成，農耕跟畜牧，這意謂著人類的糧食來源更爲穩定，而此前只有純粹的漁獵，使得人類會不斷漂泊無依，尋覓可靠的食物，雖然農耕跟畜牧發展後，人類還是有漁獵，但生活與產業的重心已經逐漸轉移至前兩者。中國西部的文化系統偏向農業型態，東部雖然同樣有農業，卻沒有漁獵和畜牧來得發達。這並不是誰比較優越或誰比較低劣的差別，而就是一種有關於文化的生活型態選擇，這意謂著客觀環境條件已經不能完全控制人的精神選擇，反過來說，人的精神選擇開始主導物質發展，這就是「人類開始被視作有文化」的指標，其具體影響莫過於當生活穩定下來，人與人就會開始有聯結，懂得互相合作，不只共同從事產業的維生工作，更開始聚集居住，這就會出現具有社會性意義的部落。只要開始有部落經驗，人類就開始有社會集體顯意識，這包括出現部落的領袖與巫師，並有著維繫部落的生活規範，更有著家庭機能的出現。這些差異化經驗的積累，對後世人類各自產生潛移默化的影響，敝人稱作「文化集體潛意識」，譬如華人長期對於領袖有著高度的服從性，並會有團體意識高於個人意識的想法，這種傾向不論在大陸社會或臺灣社會都很常見，只要某個人隸屬的團體領袖一發言，如果該人並沒有想要脫離團體或顛覆領袖，他就會靜默表示服從，這種社會顯意識凌駕個人顯意識的現象，應該就是部落時期出現的文化集體潛意識帶來的長期影響，如果人與人不緊密合作，個體很難克服環境的限制，帶給部落整體的幸福，而部落的整體幸福同樣會帶給個人幸福。

隨著新石器時期的發展，有些農業部落出現地域性的文化發展。人類開始發展出社會組織與都市規劃，在部落裡常呈現住宅區、陶窯區與墓葬區三個區域，這不只呈現出生活共同體的意識，更意謂著生活與工作的區隔，還意謂著人開始有死亡的意識，面對死亡，如何安慰生者與死者，會將死者埋葬，這反映的不只是信仰的產生，更是個文化議題。再者，我們早在新石器時期就已發現具有中國皇室格局的房屋，譬如在仰韶半坡有「前堂後室」建築結構，這應該就是宮室常會採取「前朝後寢」的淵源，可見仰韶文化的早熟，已有某種行政組織的存在。新石器中期是文化的萌芽期，華北地區的仰韶文化距今約七千年至五千年，該地點歷來被稱作「中原」，但會被視作西部文化系統，則主要與相對而言於有個東部文化系統有關，該地理位置屬於平原與河流交錯，利於農業生產，更產生大型部落，考古時常發現農耕用品諸如石鏟跟石臼，仰韶文化部落的遺址土壤堆積得很厚實，說明此時農業的生產水準已經相當高，人類能在同一地區長期居住，其村落有規劃出格局，大體上的範圍是南北較長與東西較窄的不規則圓形。居住區在部落的中心，包括許多方形及圓形的房屋、儲藏糧食的窖穴跟高架的屋宇。仰韶文化製作的陶器主要呈現紅色，這些紅色陶器上常彩繪有幾何型圖案或動物型花紋，這是仰韶文化最明顯特徵，因此會被視作彩陶文化，在仰韶文化的遺址裡發現一種符號性文字，稱爲「陶文」，最早在西安半坡遺址出土，這應該是尚未成熟的文字。

在談到東部文化系統前，我們首先要談河姆渡文化，但該一文化卻與傳統所謂的東部文化系統的地理位置不大一樣，因河姆渡文化是中國長江下游地區的新石器早期文化，估計時間落在西元前五〇〇〇年至前三三〇〇年，意即距今約七千年前到五千年前左右。浙江省寧波市餘姚縣的河姆渡遺址首先發現於民國六十五年（一九七六）。河姆渡文化已有稻作農業，其農具是骨耜，家畜主要有豬與狗，體態肥胖的陶豬和方口陶缽上刻的豬紋，大體是家畜飼養依附於農業的反映，體現出豬狗這些家畜跟人類的緊密關係。考古時發現一柄葉的連體木槳，說明已有舟楫，除交通外，可能使用於漁撈活動中。原始手工業的陶器以夾炭的黑陶最富特點，尤其在早期，無論炊器和飲食容器，都屬這種陶質，這是一大特色，河渡姆文化在工藝技術上比較原始，器物都是手製，不太規整，但骨器製作比較發達，普遍使用於生產和生活，磨製普遍精細，顯示出當時的精湛技藝。同時，河姆渡遺址的木作工藝相當突出，出土的許多建築木構件上鑿卯帶榫，標誌著當時木作技術的重大突破，後來中國建築普遍使用這種工法。河姆渡文化盛行的栽樁架板高於地面的干欄式建築，這可防潮並避免蚊蟲或蛇蠍侵擾，普遍見於新石器時期的建築，這種類型的建築後來常見於貴州、廣西、雲南、海南與中南半島，被稱作高腳屋或吊腳樓，日本的神社與穀倉就具有這種特徵，敝人曾查閱《臺海使槎錄》卷五至卷七，其收錄的〈番俗六考〉，還有卷八〈番俗雜記〉，加上《番社采風圖》中的照片，發現臺灣社會住於北部的平埔族同樣具有這種特徵，甚至臺灣現在商業街道常見的騎樓，同樣是這種風格的持續發展。

河姆渡文化的發現，常被視作突破中華文化一元論（源自於黃河流域）並轉向中華文化多元論的重要指標，但回到前面所言，我們討論起源議題，絕不可忽略物質如何體現精神這一事實來立論，從其黑陶製作技術來看，敝人判斷依然屬於東部文化系統的範疇，更可證成東西二元論的成立。這種黑陶文化的分布，即使跨過海峽東岸遠在臺灣都不例外，譬如在雲林縣斗六市南聖宮有番仔溝遺址即有黑陶出土，有關臺灣史前考古與黑陶文化的關係，詳可參考劉益昌〈臺灣史前黑陶互動關係體系的初步研究〉一文（二〇一二）；並且，後來新發掘的南科考古遺址，其南關里遺址已發現距今四千八百年有種植稻米；五間厝遺址則同樣發現黑陶文化，這些證據都可說明具有中華文化東部文化系統的特徵，臧振華就指出最早的南島語族是居住於大陸福建和東南沿海的新石器時期原住民，大約在五千至六千年前，開始向臺灣移民（臧振華，二〇一二：頁一—二四）。敝人覺得東部文化系統的主體民族係東夷人，而東夷語就是南島語族的祖語，隨著東夷人逐漸往東來到朝鮮、日本與臺灣，往南來到東南半島，或往整個南太平洋發展，成爲後世認知的南島語族，大陸學者吳安其就表示在東夷語的底層，可發現南島語族的特性（吳安其，頁二九四—二九七），但是他將東夷人與古朝鮮人的語言區隔開來對待，顯見其認知的「東夷人」這一概念的時間範圍太晚出，尚沒有注意到這是居住於東部文化系統的祖族。如果東夷人這一概念係後設概念，不論如何晚出，都比「南島語族」這一概念的後設性來得更具有概念精確性（請仔細思考在大陸居住的新石器時期先民怎麼能被稱作「南島語族」這種不倫不類的概念呢？「南島」（Austronesia）這一字彙由兩個字根「austro」與「nesia」組成而成，「austro」源自於拉丁文字根「austrālis」，原意係指「南方」的意思；「nesia」則源自於希臘文字根「nesos」，原意係指「島嶼」的意思，兩字根合併則意指位於南太平洋上的島嶼，這跟中國大陸並無地理的實質關係，實屬具有誤導性與混淆性的概念），至於福建省連江縣馬祖列嶼的亮島島尾一號遺址，馬祖考古隊挖掘計畫主持人陳仲玉表示距離現在七千九百年前的亮島人墓葬型態屬於常見的屈肢葬，不僅係閩江流域發現最早的新石器時期人骨，更是南島語族目前所發現最早的人骨，顯示大陸東南沿海的新石器時期居民可能就是南島語族在分化前母系血緣的共祖（王鎮中，二〇一二；陳仲玉，二〇一三），這是最新的考古證據，但「原南島語族」（proto-Austrone-sian）的祖居地不應該只有在大陸東南沿海，更早祖居在大陸東北沿海一帶，意即東夷人纔是原南島語族的共祖，他們逐漸因「夷夏對抗與融合」的過程中，因生活空間的擠壓而隨著不同時間擴散到海內外。

龍山文化距離現在估計四千五百年到四千年前，時間上相當於夏朝，過去常將其視作東部文化系統的指標，但敝人覺得龍山文化屬於新石器時期晚期，將其當作東部文化系統的象徵實在太晚，這種說法並未將黑陶文化視作一個整體，而將河姆渡文化納進來，畢竟我們刻意將黃河流域與長江流域的先民生活做出區隔，而將河姆渡文化獨立出去，從三分的角度來說中華文化多元論，這樣並沒有實質意義。龍山文化同樣有農業，人們會使用磨製石器從事農耕，如石鏟、石鐮或石刀，在遺址發現有粟、麥的倉庫跟磨製的石器，但此時的農業仍是實驗性質，在生活中是糧食的部分來源，而不是大量生產的狀態。考古時發現大量的魚骨、貝骨還有海螺，大型船跟羊骨，顯然他們的生產型態偏重於漁獵與畜牧。甚至有些人埋葬的時候，身上的四周都放有海螺，考古學家認爲這象徵著某種信仰，顯見當時的人已有陪葬品的概念。由早期山東省多沼澤的地形來看，經營農業的條件不如河南省來得便利，自然會著重於漁獵跟畜牧維生。山東地區土地較潮濕不適合耕作，卻適合種植桑樹，桑樹上面會長蠶，傳說是黃帝的妻子嫘祖，教人如何從蠶身上取絲，製作絲織品。這時候輪製陶器的技術開始發展，龍山文化的早期與中期遺址中常見蛋殼黑陶，這是黑陶技術的最高成就，西元一九七六年呈子遺址（位於山東省濰坊市諸城市皇華鎮呈子村）出土蛋殼高柄杯，這是標誌型器物。隨著產業技術的分工發展與社會財富的增加，貧富的差距拉大，社會階層逐漸分化，開始有領袖與平民的差異，而大型宮殿建築的出現，更象徵著領袖階層地位的鞏固。從歷史觀點來說，自黃帝到夏朝都屬於龍山文化，並在二里頭文化的遺址（該遺址位於河南省洛陽市偃師區翟鎮二里頭村而得名）就已經有大型宮殿的出現。當時散佈在各地的氏族部落，基於作戰與安全防衛需要，建立起聯盟關係，推舉氏族聯盟的領袖，在負責協調聯絡或發號施令的中心地區周圍高築城牆，設置政府與軍隊，這項重大的變革常被視作是「城市革命」。興建城牆的工程需要極大的資源與時間，這得要有很成熟的行政組織，充分運用各種人才跟物資，纔能完成龐大的建築工程。城市的出現標誌著王朝（而不是後設概念且屬於現代定義的國家）即將形成，目前已經發現的龍山文化古城遺址，如王城崗遺址（位於河南省鄭州市的登封市告成鎮）正是屬早期的商朝建築。

第二節　中華文化的兩大系統

如同前面所言，敝人覺得中華文化起源於東西二元論，這種「二元論」並不是只有對立而沒有融合，正好相反，東部與西部兩大文化有如陰陽兩極在對抗中逐漸交融成中華文化。有關東西二元論的說法，其最早說法來自傅斯年先生（一八九六—一九五〇）的著作《民族與古代中國史》中有一個章節〈夷夏東西說〉，他在這一章節的開場白裡說：「自東漢末以來的中國史，常常分南北，或者是政治的分裂，或者由於北方為外族所統制。但這個現象不能倒安在古代史上。到東漢，長江流域纔大發達。到孫吳時，長江流域纔有獨立的大政治組織。在三代時及三代以前，政治的演進，由部落到帝國，是以河、濟、淮流域為地盤的。在這片大地中，地理的形勢只有東西之分，並無南北之限。歷史憑藉地理而生，這兩千年的對峙，是東西而不是南北。現在以考察古地理為研究古史的一個道路，似足以證明三代及近於三代之前期，大體上有東西不同的兩個系統。這兩個系統，因對峙而生爭鬥，因爭鬥而起混合，因混合而文化進展。夷與商屬於東系，夏與周屬於西系。」（傅斯年，二〇一二：頁二）敝人同意這種「夷夏東西說」，但對於其使用「帝國」這一詞彙則覺得需要再商榷，因為「帝國」這一詞彙具有征服性，但這並不是中華文化的根本特徵（請見後面詳說）。並且，當我們將「夷商」視作一體，「夏周」視作一體，合理的懷疑應該是說：果眞如此，傳統有所謂夏商周被稱作「三代」，「夷」並不是王朝名，「夏」則是王朝名，難道西部文化系統比東部文化系統更早有王朝的概念，並開始設立王朝這種政府組織嗎？其實正是如此，從仰韶文化遺址在半坡發現有「前堂後室」這一建築結構，且龍山文化遺址都已屬於新石器晚期來看，西部的確比東部更早發展出政府組織，夏朝的率先出現並不令人意外。

再者，楊寬先生（一九一四—二〇〇五）表示：「中國上古民族文化不外東西二系，在史前期，彩陶文化由西來，黑陶文化由東往，以兩文化之交流融合，乃生殷墟之高度文化。入於有史時代，其形勢猶然。殷本東夷，與外族最大之戰爭，莫過於高宗伐鬼方之役，鬼方與獯鬻玁狁昆夷犬戎，並一族之變名，乃西戎之大族；周本亦羌戎之族，《書．牧誓》稱庸蜀羌髳微盧彭濮人皆從武王伐紂，皆西方民族也。」（楊寬著，顧頡剛主編，一九九三：頁一四八）這種學說同樣主張東西二元論，並精確指出黑陶文化與彩陶文化的差異應該視作辨識兩大文化差異的關鍵指標，他並指出商朝文化源自於東夷，卻因兩大文化的交融，而發展出商朝的文化，這點確有道理，夏朝的設立早於東夷部落，但東夷人受到夏朝的啓發而建立商朝，這的確是歷史脈絡的合理發展。由各種考古發現得知，東夷文化最早極有可能發源於今天的山東地區，而在山東發現很多後來的商王朝曾在這裡活動的痕跡，顯示出商人與東夷人頗有淵源，更不用說商朝始祖契的誕生跟鳥有關，見《史記．殷本紀》第三：「殷契，母曰簡狄，有娀氏之女，爲帝嚳次妃。三人行浴，見玄鳥墮其卵，簡狄取吞之，因孕生契。」少皞部落就是東夷族中最有名的鳥夷，商族應該確由少皞部落發展出去，其後獨立爲大族；商王室的子孫在現在的山東省建立約有七個國家，其中有五個在魯地，只有來（現在山東省龍口市）與不其（現在山東省青島市）兩國在齊地，而這裡全都是東夷人生活的空間（陳復，二〇〇九 a：頁七）。從地理位置與生活型態來合理估計，東夷文化就是龍山文化的繼續發展。

夷與夏這兩種文化自新石器時期即有不同的發展傾向，西部的夏人係農耕爲主，東部的夷人雖然同樣有農業，但不如漁獵與遊牧發達。他們彼此間常會爆發激烈的軍事衝突，藉由戰爭確立誰是共主與誰是臣屬。從神話學的角度來推測，自上古時代，中華文化的形成就已經呈現出非常複雜的歷程。黃帝部落本身原本都不是農業民族，因《史記・五帝本紀》第一記載：「黃帝居軒轅之丘，而娶於西陵之女，是爲嫘祖。」黃帝會住於「軒轅之丘」，重點不是這個地點，因爲這有可能不是任何具體地點，其中「軒」與「轅」都有「車」的部首，合理推測黃帝部落係不斷移動且居無定所的遊牧民族，但由於夏族從黃帝部落中獨立出去且改爲農耕形態，政治統治能量越來越強大，大部的黃帝部落就開始歸順於夏，成爲諸夏部落的一員，剩餘的某些黃帝部落則繼續過著游牧生活，這就是戎與狄的源頭。而炎帝民族與黃帝民族本來在血緣上並沒有根本差異，只是逐漸分化成不同的部落群體，而逐漸拉開兩者的差異。因此，同樣是游牧民族，蠻與夷是一個系統，戎與狄是一個系統，這是最早在中國生活的兩大類游牧民族。本來戎狄系統裡的黃帝部落打敗農耕的炎帝部落，並打敗蠻夷系統裡的蚩尤部落，成爲全部農耕民族與遊牧民族的共主，由於黃帝部落的統治得當，因此包括蠻夷系統裡的東夷人都跟著歸順，使得「黃帝」這個名號甚至成爲東夷人的精神象徵，後來戎狄系統裡率先出現開始過農業生活的夏族，致使黃帝部落開始衰落，東西兩大文化就逐漸轉型成夷夏衝突與融合的格局。周人就是在這個過程裡，同大部的黃帝部落共同向夏族學習，轉型成農耕民族，成爲諸夏民族的成員之一，而本來血緣相通的戎人則不願意向夏族學習，繼續過著游牧生活。這就能合理解釋早年周人與戎人生活範圍犬牙交錯的主因（陳復，二〇〇九a：頁八－九）。

我們需要知道在秦統一前與秦統一後，中華文化發生劇烈的變化與轉折。從文化與地理交織的角度來思考，秦統一前的中國屬於東西格局；秦統一後的中國屬於南北格局。東西格局的中國，長期存在著兩大部落集團的衝突與交融，這兩大部落集團後來藉由神話被簡化稱作炎帝與黃帝，其實，兩大部落集團的差異主要不是血緣帶來的人種差異；而是產業帶來的文化差異，兩大部落集團最早期都在從事於漁獵，後來炎帝部落主要從事於農耕；黃帝部落原本並不是農業民族，其主要從事於畜牧，黃帝民族是夏族的前身，後來其中夏族獨立出去且改爲農耕，政治統治能量越來越強大，尤其當成立夏朝後，大部的黃帝部落就開始歸順於夏，成爲諸夏部落，剩餘的某些黃帝部落則繼續過著游牧生活，這就成爲戎與狄的源頭。周國從屬的周族，其同樣屬於黃帝民族，因聚落擴大而畫出獨立的支部落，故而周族屬於諸夏部落集團的成員，周族在遷至岐山前，有個長期累積的大問題，就是該族一直與戎狄雜處，彼此常有爭執，古公亶父忍讓無法換取和平，只得帶領子民由豳移至岐山下，於是與姜族開始交會。姜族雖同屬於諸夏部落集團的成員，不過它出身於炎帝民族，炎帝民族早於黃帝民族，卻因衰落而被後者打敗，取替做農牧民族的共主。其後姜族頓失母族屏障，部分族人可能因此流離失所，而與當地戎人雜居，逐漸有戎化的現象，故而被諸夏稱呼做「姜戎」。被稱作「姜戎」的姜族後來幫忙周族遷至周原，兩族開始長期聯姻的關係，或許空間較廣闊，與戎狄不至於完全混居，周族自此具有立國的規模。

常常有種誤解：所謂的「蠻夷戎狄」是古代漢族人對周邊遊牧民族的鄙稱，我們當該釐清的是，古人反對「蠻夷戎狄」，並不立足於血緣的角度，而是立足於文化的角度，認為無論原本這個民族的血緣為何，只要認同中華文化就都是華夏族中的一員，如果不認同中華文化，即便原本在血緣上是華夏族，依然會被視作是蠻夷戎狄，這就是韓愈在〈原道〉中說：「孔子之作《春秋》也，諸侯用夷禮則夷之，夷而進於中國則中國之。」（見《五百家注昌黎文集》卷十一）而且「蠻夷戎狄」這四個字最早的形成，都只是在描寫人的生活實況，譬如南蠻，《說文解字》說：「蠻，南蠻，它種。」這個「它」字就是蛇類的意思，南蠻人基於生活中的畏懼而信仰蛇神，這是個生活民俗，如同在臺灣社會中，排灣族的傳統圖騰就有百步蛇，相傳百步蛇是排灣族人的祖先，百步蛇是排灣族貴族的專屬紋飾，百步蛇圖紋大量出現在排灣族的木石雕刻、日常用品與貴族服飾。「蠻」這個字的甲骨文，中間有人盤坐狀，下面掛著一條蛇，左右各有兩串絲，這意味著南蠻已經有絲織品，黃帝的妻子嫘祖知道教人養蠶吐絲，而黃帝就是東夷系統的部落共主，前面指出廣義的東夷人則包括南蠻，估計嫘祖應該是結盟的部落領袖，因此「蠻」的造字只是在闡釋長江以南地區人民的生活實況。再來看東夷，《說文解字》說：「夷，東方之人也，從大從弓。」從甲骨文上來看就是顯而易見的：一個大大的人，手上掛著弓。根據考古出土東夷人的遺骸顯示，東夷人的身材普遍高大，正就是後來山東大漢的起因（陳復，二〇〇九a：頁三二—三九），孔子更因係商朝後裔子孫，具有東夷血統，長得極其高大。再來看西戎，《說文解字》說：「戎，兵也。從戈甲。」再引《禮記．王制》說：「西方曰戎。」《大戴禮記．千乘》則說：「西辟之民曰戎。」西戎人就是後來秦國人的前身，秦國在陝西，原本是遊牧民族，驍勇善戰，豪邁與浪蕩就是他們的生活傳統。甲骨文「戎」的造字就是一個人與一把戈，這同樣還是在說西戎人的生活實況。最後，我們來看北狄，《說文解字》說：「狄，北狄也，本犬種，狄之爲言，淫辟也。」甲骨文的造字是一把火與一隻狗，北狄人大概生活在現在長城而北的河北、熱河、內蒙古甚至遼東半島一帶。中國北部氣候乾冷，人們飼養狗來看管牛羊，並需要火來供暖，其語言比較冷僻不可解（陳復，二〇〇九a：頁六八—六九）。

東西兩大文化的對抗與融合，歷時從新石期時期開始，直到秦朝統一六國爲止，詳細內容可見敝人《商周交會在齊國：齊文化與齊學術的研究》甲編與乙編兩本書（陳復：二〇〇九a；二〇〇九b）。中間歷經的重大轉折就在周文化，徐復觀先生（一九〇四—一九八二）指出，周人在宗教層面，雖然屬於商朝的系統，但，在周人的領導人物裡，卻能看出有一種新精神的躍動。這種新精神的躍動，纔使傳統的宗教有新的轉向，這使得整個文化有新的發展。周人革掉商人的命（政權），成爲新的勝利者，但通過周初文獻看出，他們並不像一般民族戰勝後常有趾高氣昂的氣象，而是《易傳》說的「憂患意識」。

這憂患意識不同於作爲原始宗教動機的恐怖與絕望。一般人常在恐怖絕望裡感覺自己的卑微，而放棄自己的責任，聽憑外在的神爲自己作主，這是脫離自己意志裡的理性導引，由於這實際是在觀念的幽暗世界裡的行動，其本身沒有任何道德評價可言。由卜辭描寫「殷人尚鬼」的生活正是如此。商朝作爲東夷人發展出去的王國，自認屬於被上帝「選中的子民」（the Chosen People），其靠著神權統治萬民，長期有著殺人殉葬於王室的習俗，因爲對王室而言，一般百姓都是「選民的奴隸」，並不被承認具有獨立自主的意識。然而，這種思想在商末開始受到挑戰，社會普遍的新共識就是上天會放棄一個長期蒙天眷顧的商朝，只因它不被人民接納與信賴，可見人事的奮勉纔是興衰的關鍵因素，這種思潮已經是周朝自認能滅掉商朝而得統治萬民，這是老天對新朝的「受命」（授與天命），但，他們開始體認這個天命沒有德性不會恆在，統治者必須要不斷體察民意，否則國脈會重蹈商朝斷滅的後果（陳復，二〇〇九a：頁七八）。因此在《尚書・康誥》說：「天乃大命文王，殪戎殷，誕受厥命。」後來周公（姬旦，生卒年不詳）還藉由周成王（姬誦，西元前一〇五六—西元前一〇二五）的命令，告誡負責帶領殷民後裔被封至衛國的康叔念茲在茲，不要覺得天命常在誰身上，他說：「惟命不于常，汝念哉！無我殄享。明乃服命，高乃聽，用康乂民。」周朝承襲商朝的天命思想，殷人取替夏族而做共主的天命，至此重回周朝的手裡（杜正勝，一九九二：頁二五一—二五四），我們由此看出周文化在承襲商文化的影響的同時，其意識層面已經發生新的巨大變化，變成只有關注於百姓福祉纔能長保天命（陳復，二〇〇九a：頁七九），這就是憂患意識。憂患意識最大的特徵，來自於當事者對吉凶成敗深思熟慮而來的遠見，在這種遠見裡，主要發現吉凶成敗與當事者的行爲有很密切關係，並且承認當事者對行爲應負主體的責任。憂患正是由這種責任感而來，要靠自身的奮勉來突破困難而尚未突破時的心理狀態。因此這憂患意識是人類精神開始直接對事物發生責任感的表現，就精神層面來說，這就是開始有人的自覺的表現。徐復觀先生還表示，在憂患意識的躍動裡，人的信心的根據，漸漸由神而轉向自己本身行爲的謹愼與奮勉，這種謹愼與奮勉，就表現在「敬」的觀念裡，這是直承憂患意識的警惕性而來的精神斂抑與集中，與對事的謹愼與認眞的心理狀態。這正是中國人文精神最早的出現，「敬」成爲道德的性格，變做這種人文精神的動能，使周人在制度做飛躍性的革新，並把商人的宗教做本質的轉化（徐復觀，一九九四：頁一五－二四）。

周文化在形成的過程裡，長期就有「賢賢－上功」或「親親－上恩」這兩種不同治國策略的路線辯論，其最重要的辯論者就是開創周文化的兩大功臣——姜太公（生卒年不詳）與周公旦。周朝創立後，姜太公被封到齊國，周公旦被封到魯國，姜太公任用夷人當地的賢士來替齊國做事，並由實際的績效與否來做賞罰的依據，這種不依靠血緣裙帶關係來做事的態度，既是空前未有的創舉，更使得齊國迅速壯大起來，這種措施被稱爲「尊賢上功」；周公則摒除夷人，依據親疏任用自己周人的貴族來替魯國做事，靠著血緣裙帶關係來確立管理政治的信任感，由於魯國對宗法制度的嚴格落實，使其國祚綿恆悠久，這種措施則被稱爲「親親上恩」。由於齊魯兩國都在山東，政治手段卻有高度的差異，因此文獻常將這兩人的立國措施連結討論，例如《呂氏春秋．長見》記載：「呂太公望封於齊，周公旦封於魯，二君者甚相善也。相謂曰：『何以治國？』太公望曰：『尊賢上功。』周公旦曰：『親親上恩。』太公望曰：『魯自此削矣』」這段對話的意思是說：姜太公封在齊國，周公旦封在魯國，兩位君主彼此非常友好。他們互相討論說：「怎樣治理國家？」姜太公說：「尊重賢能的人，重視功業的開創。」周公旦說：「親近親人，重視恩惠的給予。」齊國後來果然成爲非常強大富庶的國家，但國位傳到二十九世時被篡位；魯國一直極弱不振，卻直到三十四世纔被楚國吞併。姜太公說：「魯國如果這樣來發展一定會衰弱。」齊魯兩國乍看不同的治國方略，其實並沒有完全對立起來，而只是程度的差異。這兩種態度在實踐過程中往往無法截然分離，猶如太極中陰陽的兩面互相輪轉，都是來自於周文化的脈絡。相對於商文化重視鬼神，周文化更重視的是人本身，體現在周朝會給賢人做官的機會，商朝則包括臣僚在內主要都由宗族人士擔任，這來自他們自認是上帝的選民，因此有資格作爲上帝的代理人來統治人間。相對於血緣，周朝文化更重視的是智慧，故會重視對親人的教育，希望血脈關係能轉化出道脈關係，這使得周文化自身不斷蛻變並成爲中華文化的核心源頭（陳復，二〇〇九 a：頁八五－九六）。

第三節　德性不滅的華人社會

錢穆先生係敝人的太老師，敝人素來敬重其人格與學問凝聚出來的觀點，他在《中國文化史導論》第二章〈國家凝成與民族融和〉中表示，西周封建制度包含著兩個系統：一個是家族系統的政治；一個是歷史系統的文化。家族系統通過封建產生空間上的拓展；歷史系統的文化是屬於時間上的綿延（錢穆，二〇一一：頁二八－二九）。封建制度的作用就是要把天下視作爲一個大家庭，在該秩序中完成統治的穩固。這促成華人後來喜歡稱兄道弟，總是希望把人與人的關係家庭化，甚至在大學中都還有學長姐與學弟妹這些概念的稱謂，來讓彼此的關係變得更緊密，這來自華人對家總有種溫暖感與永恆感的眷戀，這屬於對「共同體的想像」，其實就是西周封建制度形成長期的文化集體潛意識，對華人心理持續產生的影響。在心理諮詢的過程中，我們會發現人與人只要願意建立模擬家人的關係，諮詢關係就比較容易發展出流暢的溝通狀態。通過民族的融合與國家的凝成，中國上古時期的歷史計有五個階段：第一個階段是禪讓制度，這是唐虞時期；第二個階段是王朝制度，各族共認的王朝，父子相傳或兄弟相及，這是夏商時期；第三個階段是封建制度，諸侯由王朝所建立，而非王朝由諸侯共同尊認。這是西周時期；第四個階段是聯盟制度，由諸侯中互推霸主，團結對外，王朝存在卻沒有實際的統治權柄，這是春秋戰國時期；第五個階段是郡縣制度，全國只有一個王朝，不再有諸侯存在，由中央統治各郡縣，這是秦朝建立後的發展。錢穆先生覺得在國家體制逐漸完成的過程裡，民族的界限就逐漸消弭（錢穆，二〇一一：頁三五－三六），該國家體制是就廣義而言，說明中國最早如何完成大一統的政治體制。

西周時期中國已經有統一的政府，只是其屬於封建制的統一，但在大陸社會使用「封建」這一詞彙帶有負面意義，已經扭曲「封建」的本意。「封建」的英文係 **feudalism**，中世紀歐洲的封建制度和西周的封建制度各有自己嚴謹的定義：歐洲封建制度有三大最基本的特徵：領主、封臣和采邑，封建制度的結構由這三大元素配合。領主是擁有土地的貴族，封臣是擁有領主分封給他們土地的人，這些被分封出去的土地就是采邑。封臣要替領主戰鬥，領主則給予封臣采邑作爲回報。領主、封臣和采邑間的關係與責任，共構成歐洲封建制度的基石。西周封建制度則是「分封眾建」，《左傳．僖公二十四年》說：「昔周公弔二叔之不咸，故封建親戚，以蕃屏周。」意思是說：周公意識到二叔（管叔與蔡叔）的不賢（咸），因此把親戚（包括親信在內）分封出去，建立諸侯國，用來屏障周王室。這表示封建制度本來是指周王室把自己疆域內土地劃給諸侯管理的政治制度，諸侯擁有分封土地的全部資源與其收益，只要每年向周王室進貢，並在周天子有事時幫忙出征。諸侯的土地在其死後可由周王室收回重新配置，但實際作法是世襲給嫡長子。因此，在中華文化的本來脈絡中，封建制的統一只是在客觀描寫西周時期的政治制度，可作為對比的是後來秦始皇（嬴政，西元前二五九—西元前二一〇）所實施的郡縣制的統一。因此「封建」本來是個嚴謹的詞彙，不應被理解成帶有負面意涵，藉此批評某個人食古不化或保守頑固，這種說法已經讓原意扭曲，變得沒有實質意義，更會對於華人心理產生不恰當的認識。

如果沒有對中國大一統的政治有深刻且相應的瞭解，想要瞭解華人的心理同樣會有困難，可能會覺得華人好像太過於逆來順受，尤其對於政府的控制跟管理，習慣性視作理所當然，而且無可質疑，甚至覺得自己犧牲掉某些自由都無所謂。各位可能會覺得這種風格是大陸華人的日常，但臺灣華人何嘗不如此？我們這些年來面對新冠肺炎的肆虐，聽命於政府單位的各項統一規範，卻不太有人會去質問這些規範是否符合憲法，有沒有限縮或妨礙人的自由？甚至，只要能「保衛大臺灣」，現在的政府與政黨，不論什麼光怪陸離的政策，多數時候都不會引發多數人質疑，甚至會無條件支持。西洋人對這一點完全無法理解，這使得他們對於是否戴口罩一直採取每個人自由心證的放任態度，但華人這種服膺於領導的思維，需要從華人的文化集體潛意識來理解：華人長期經歷戰亂，卻早在兩千年前就已經有大一統的經驗，皇帝通過設置郡縣，在縣長這一層就能直接布達命令與管理人民，這是高度集中的統治型態。這種統治歷史使得中國的社會特別需要有「領導」，而領導需要有德性。有德性的領導，大家纔會服從，進而願意犧牲個人的不適感，從而形成紀律嚴明的團隊，如果領導不具有德性，則個人就會擴大自己的不適感，多數人民到達忍無可忍的時候，終究會激發民怨集體推翻他，如同秦始皇暴虐無道，就有陳勝與吳廣在大澤鄉揭竿起義，終至於漢朝的建立，展開相對寬鬆的黃老統治。《孟子・梁惠王上》記載梁襄王（魏襄王，魏嗣，？—西元前二九六）與孟子的見面：「卒然問曰：『天下惡乎定？』吾對曰：『定于一。』『孰能一之？』對曰：『不嗜殺人者能一之。』」孟子已針對何謂「大一統」做出很精確的解釋，那就是不喜歡殺人的王者，最終纔能完成眞正的一統，這就是仁民愛物的德性。相對於制度，華人更相信人的德性，制度只是配合人而設立的措施，這使得華人對於紙面上的規章制度通常不會很在意，而比較在意這個人的實際做法。這個人如果有德性，就會形成風行草偃的接納效應；反過來說，如果沒德性，就不會獲得他人的認可，但西洋人認爲文字是比照個人與上帝的契約關係，因此非常在意文字究竟在說什麼內容，總要將其定義得清晰且條理，不容有任何漏洞。

有人會憂慮華人對制度的相對不重視（或者說常習慣於便宜行事），會導致社會秩序的不穩定，但，首先中國如此龐大的政治疆域能獲得統治，歷朝就是靠著嚴謹的制度在維繫，便宜行事常呈現在亂世而不是盛世。就事實來觀察，華人相信德性，並重視德性來作爲維繫社會的紐帶，這不見得會比靠制度維繫社會來得更動盪不安，因爲華人認爲人纔是全部問題的根本，解決問題先從人本身開始著手。美國這麼重視制度，法律制訂得鉅細靡遺，建國兩百年多年到今天逐漸開始衰落，這不過只是中國一個王朝從開始到結束的時間而已。中國在一百六十年前，因科技太落後，被西洋各國的船堅炮利打得一敗塗地，這固然是中華文化的主軸裡從來沒有西洋人的那種科技思維與研發成果所致，但更癥結的因素在於中華文化在清朝時期已經不具有「內聖外王」的本質，只在現象層面固著於某些道德規範的維繫。道德規範畢竟只是種教條，並不是來自心體的德性，這來自於敝人所說「明朝人的困惑」（詳細內容請見《聖人的丹爐：中華思想史與本土心理學》第九章明朝心學的狂飆與困境（下））。現在的情況已經與一百六十年前大不一樣，華人在科技上已經在突飛猛進，且中國的科技只要保持相當的水準，不再有強烈的外患，國家興衰的關鍵因素就會重新回到德性議題。讓華人恢復修養德性的意識，反倒是現在的中國在維護社會秩序最應重視的層面，畢竟從中華本質論而不是中華現象論的角度來看，這纔是中華文化歷久不衰的泉源能量，中國社會始終是「德性不滅」的社會。如果華人的心靈感到痛苦，需要做心理諮詢，常見的核心問題莫過於當事人的領導在管理層面出現問題。譬如說，在家裡父母是領導，但父母在教養孩子時出現問題；或者太太把先生當成領導，可是先生在對待太太的態度出現問題；或者在職場裡，領導管理的技術很差，導致整個公司運作很混亂，於是員工對領導的管理風格產生怨懟情緒。華人總是期待領導有德性，但領導如果沒有德性，作為下屬本人，比較有智慧的做法就是「反求諸己」，自己來修德性，不只靜待有德性的領導人出現，或甚至時機一到，就直接站出來「撥亂反正」，取替「敗德者」，自己成為某個部門的新領導人。

如果你不能改善環境，最起碼你還能夠改善你自己。從某個相對比較層次的角度來看，社會秩序與個人幸福尙有一段距離，領導者有無德性，終究只是每個人身外的事情，當天下無道，華人就會採取明哲保身的態度，覺得世局發展至此，跟自己已沒有太大關係，他冷眼笑看世局，最起碼做到自我保護即可。孔子（孔丘，西元前五五一－西元前四七九）說：「道不行，乘桴浮于海。」（《論語．公冶長》第七）並說：「天下有道則見，無道則隱。」（《論語．泰伯》第八）顯見其未嘗沒有退隱的想法。如果人置身無道的環境裡，那就讓自己處於隱藏的狀態，不要太凸顯自己，這時就可多做些修養內在生命的事情，徹底讓自己變成一個「世內高人」或「世外高人」都無不可，譬如多讀些經典，平日寫書法、彈古琴或練太極等，這些事情可能看起來跟你外在的工作沒有太直接的關係，卻能眞實滋養你的生命。工作對很多人而言，可謂是一種在現實中獲得生存的辦法，因爲人只要想活著養家餬口就不得不工作，如果這個工作處於「無道」的狀態，那就保持一種深度的安靜，不生波瀾，把自己職責範圍內的事情處理完即可，避免被無道的事情牽扯精神，這樣就可有更大的精神來做更有意義的事。作爲一個具有修養意識的心理諮詢師，當然要鼓勵當事人通過修養德性來解決他面對生命的各種困惑，但不要把修養德性平面化，誤認只是簡單做好人做好事就圓滿了，修養德性其實是擴充心量，更是從中獲得遼闊的視野，這需要去開拓自己文化知識的含金量，更要通過自我內在的鍛煉，來提高自己對心體的領悟。

《禮記．大學》說：「古之欲明明德於天下者，先治其國；欲治其國者，先齊其家；欲齊其家者，先修其身；欲修其身者，先正其心；欲正其心者，先誠其意；欲誠其意者，先致其知，致知在格物。物格而後知至，知至而後意誠，意誠而後心正，心正而後身修，身修而後家齊，家齊而後國治，國治而後天下平。」德性修養最後訴諸的是心懷天下，而不是心懷國家。自來中華社會原本不會太強調「愛國主義」，而是一種「天下主義」的社會，「愛國」其實是被列強侵略後激生的民族意識，然而，如果我們知道包括「中華民族」這一概念都是清末大思想家與教育家梁啓超先生（一八七三—一九二九）發明的詞彙，我們對於這種後設的詞彙或許就不會太執著，而更可意識到「中華」兩字本來內含的普世性意義。華人只在意人的素養，不會太在意這個人的國籍。對華人來說，凡是生而爲人，最終都應該要踏上修養德性的道路，否則無論信任何宗教都無法獲得保證，甚至反而會被人輕視（譬如會評價你信某個宗教怎麼做人卻如此差）。從這個角度來說，中華文化具有深刻的普世性，對於全球人類都能帶來深刻的啓發，華人總覺得一個人生前不修養身心，死前去受洗，就可獲得去往天堂的門票，這會是一件非常荒謬的事情（儘管就該宗教脈絡而言自有其合理性），但修養德性從來都不是一件深不可測的事情，只是應該在活著的時候，落實於日常生活間，如果從行爲層面來說，修養其實就是指人跟自己的對話（未發前的自覺），還有人與社會的對話（已發後的內省），這些要能形成平衡與協調，人的資質或有高低，但只要有修養意識，這都屬於內在鍛煉的過程。

中華文化對於人的長期影響，其實會發展出人不見得要相信宗教，可是華人心裡對倫理有著如信仰般的堅持，敝人童年時期數度看見有親戚想跟我父親宣教或傳教，他總會回答：「我沒有信教，但我常覺得自己比好些信教的人更虔誠，尤其更真實在面對自己的生活與工作。」這種堅定的態度讓敝人童年時期深感訝異，或許信教者反而會覺得他很自負，但他個人的確如此兢兢業業與勤勤懇懇一輩子，後來我逐漸明白這就是儒家人文精神在其身上的體現。華人認爲自己因對某個人或某件事有義務感，而形成他對某個倫理畢生有著承擔，甚至至死方休（譬如孩子會孝順父母、父母會關注孩子，或夫妻任一者會陪伴癱瘓的伴侶終生），深受西洋文化影響的人，對於這點會很難理解，覺得人生這樣太悲情甚至太悲劇，這反映出華人其實並沒有西洋人那樣在意個人自由，其心中更關注著生命的幸福，即使這種幸福感會伴隨著重大的犧牲，有如宿命般都在所不辭。西洋人常常權利和義務互相處於緊張關係，而華人常常是義務跟自由互相融合。華人不會特別在意肉身的自由，而是在承擔義務的過程裡獲得心靈的自由。

譬如說，大陸的華人很容易就能接受天網這種監測系統布置在自己生活的城市中，該系統有關人臉辨視準確率達百分之九十九點八以上，把中國全人口的人臉過濾一遍只要一秒鐘即可，這種系統使得個人毫無隱私，當然國家安全、社會安全與個人安全同樣獲得徹底的保障。可是西洋文化就會純粹站在個人主義（individualism）的角度出發來討論人權和自由，不允許國家對個人隱私有絲毫的侵犯，即便有些影響隱私的行爲最終旨在保障個人利益，美國或西歐各國的人都不會允許讓自己的隱私受到絲毫影響。從西洋文化的脈絡來看，自由是從個體出發而形成的權利，這個權利不見得是天生就有，常要通過抗爭來獲得，因此，儘管自然法學派將人天生就有追求自由的權利稱作「天賦人權」（拉丁文 jus nafural，正確應該翻譯成自然權利），其理論觀點被載入到西元一七七六年美國的《獨立宣言》與西元一七八九年法國的《人權宣言》中，但孫中山先生（一八六六—一九二五）卻替歷史講出合理的實話，他覺得民權是革命獲得的成果，反對盧梭（Jean Jacques Rousseau, 1712-1778）主張的「天賦人權說」（孫中山，一九四七：頁一三三），意即他主張「革命民權說」。中國歷史上的思想家不太會特別提到自由議題，或有人提倡劇烈的社會變革，卻更常見這種變革（或者說變法）往往終歸失敗。如果眞的發生劇烈的社會變革，通常是人民活不下去了，政府暴虐無道，於是人民推翻這個政府建立新的王朝。中國政治史的演進通常都來自於諸如影響生存這樣非常底線的問題，這並不是人權意識低落，而是華人常覺得人權並不是根本議題（這種議題是現代逐漸發展出來的意識），人更在意活著要有活著的尊嚴和價值，華人更重視的是「人道」，人道意識比人權意識更深植於人的心理，如果有人基於人權卻傷害人道（譬如個人在任何聲稱正義的抗爭過程中傷害無辜者的生命，或國家基於保護人權的理由卻對他國發動侵略戰爭），這時候民眾反而會有反彈。當然，對於人權議題，因為教育的緣故，加上現代社會著重法治，華人相對來說比過去更重視個人的權利是否有獲得保障這類議題，這顯示出人權觀正在與時俱進的發展。對於人道的重視體現在修養工夫是否做得高深，看待生命是否能具有全局的視野，從而很自在的活著，畢竟人如果只強烈在意個人的權利，不見得能活出這種豁達自在的人生。

第四節　中華文化的內向性

這裡想要特別釐清中華文化的內向性。我們可從「帝國」這一概念開始來梳理。人們喜歡把羅馬帝國（the Roman Empire）與同一時期的漢朝做對比，並喜歡稱漢朝爲「漢帝國」。「帝國」（empire）這一概念有征服性與奴役性，意即征服者與被征服間有著奴役與被奴役的關係，漢朝時期的中國是農業社會，農業社會具有內向性，並沒有征服者的意識，如何能把漢朝稱爲漢帝國呢？錢穆先生對此已有前瞻性的看法，他早就指出「帝國」這一說法的問題，但他接著稱漢朝屬於「國家」（nation）卻同樣有問題（錢穆，二〇一一：頁九），因爲這一詞彙還隱含著民族的意涵，然而中國素來有「天下」的概念，著重於文化角度而不是血緣角度來思考差異，卻直到民國時期受到西學影響，纔有清晰的民族概念。中國歷史上只有元朝和清朝這兩個實施民族壓迫政策的王朝可稱作爲帝國，並且這兩個王朝都是由游牧民族建立，其征服性格強烈，其它秉持著中華文化爲主體的王朝都不適合稱作帝國，更不是國家，此主要因「帝國」係「國家」的進階版，當國家開始對外擴大纔能視作帝國，中國的「王朝體制」具有自己的獨特性，跟「國家體制」並不能輕易劃上等號。羅馬帝國滅亡後的西洋中古時期（四七六－一四五三），和中國漢朝滅亡後的魏晉南北朝時期（二二〇－五八九），兩者間有著本質的不同，前者或許可被稱做「黑暗時代」（dark age），後者則完全不能：羅馬滅亡跟希臘滅亡一樣，其遇到新的征服者，來自北方的蠻族。這些蠻族完全以一種新的民族樣貌出現，史稱「蠻族入侵」（Barbarian Invasions），就此成爲西洋歷史的主幹。羅馬人則在數量上成爲被壓倒的劣勢而逐漸消失，尤其西羅馬帝國的統治開始動搖，西洋文化在此後就變得和過去完全不一樣，從此歐洲的政治形態發生非常劇烈的變動。可是漢朝的滅亡並不是因有任何新征服者的出現，而只是在內部掀起政治形態的動盪。

魏晉南北朝時期依然是漢人作爲當時政治、社會與文化等各方面的主幹民族，而且孔子的思想依舊是當時的主流。儘管魏晉南北朝時期，中華文化揉合進佛教思想，但佛教並沒有徹底取替儒家思想成爲社會的主流，甚至佛教自身都轉型成中國化佛學；儘管當時有「五胡亂華」，但是胡人同樣接受中華文化的教育，甚至逐漸採取華夏的政治制度來改變自身，使得其終究還是呈現中國內部的政治問題和社會問題。西晉到東晉的轉變，使得很多來自北方的士族流亡到南方，他們常討論的議題就是自己身在南方，而祖先在北方，甚至父母或親人生死都不知音訊，因此該如何祭祀的倫理議題，這顯示南北在相當長的一段時期內，產生很深的文化隔閡，再如北宋末年至南宋初年，有一位喚做孟元老（生卒年不詳）的人，他有本《東京夢華錄》的書，他細緻刻畫汴京（河南省開封市）曾經的風華與後來的殘破，尤其如何在金朝軍隊的鐵蹄裡被蹂躪成一座殘破的空城，反映出當繁華落盡，這些宋人心理有著如何深的哀痛。但金朝雖然是女真人建立的王朝，其還是實施中國的政治體制，並且在淮河往南還有大片南宋王朝存在著大片疆域。中國的政治變動，只有兩次涉及到文化的根本改變：一個是商朝滅亡，周朝建國；一個是明朝滅亡，清朝建國。這兩個時期的轉折都影響至鉅，此外都只是王朝名稱的更替，王朝體制則未曾改變，都不涉及文化的根本改變。

中國的歷史有著始終一貫的文化傳統在延續發展，這種文化傳統常會被士人視作「道」，即使其間內涵或有擴充或變化，都不能傷害到「道」的本身，這被視作「智慧的命脈」。因此，中國在歷史上有此主體的意識，不斷在文化層面融進更多新鮮的元素，不斷豐富自己的內涵，形成由內而外的自然擴展，不常對政治體制有徹底的推翻和重建，例如西洋人所說的「革命」（revolution），王朝更替，只是換一班人馬來領導，內容或有調整，但結構從來未曾根本變化。這是中西歷史形態的一個很大的差異，更影響到兩者歷史觀的差異。西洋人認爲歷史是隨著時間不斷在變動和進化，後一個時期常比前一個時期要更顯得文明。華人看待歷史，總是喜歡從轉化與延續的視野去看，沒有對立性很強的歷史觀，並且更看重治亂興衰帶給人的戒鑑，這纔是我們需要學習歷史的根本原因。但，這種差異就是爲何黑格爾（Georg Wilhelm Friedrich Hegel, 1770-1831）覺得中國沒有哲學與歷史（黑格爾著，賀麟、王太慶譯，一九五九：頁一一八—一三二）的癥結。對此，馬克思（Karl Heinrich Marx, 1818-1883）不只同意，他對中國歷史的不同階段不討論（其實是不熟悉），進而在書中稱其「亞細亞生產模式」（asiatic mode of production）。這是由馬克思於西元一八五九年在其著作《政治經濟學批判》的序言中提出（中共中央馬克思恩格斯列寧斯大林著作編譯局譯，一九九八：頁四一三）。與其說這是來自對歷史的觀察，不如這是來自對歷史的想像。馬克思還把人類社會的發展型態（階段）劃分成五種：原始公社制（primitive communal system）、奴隸佔有制（slave owning system）、封建制度（feudalism）、資本主義（capitalism）與社會主義（socialism），而中國社會在這些型態外。他會這樣想，就是因爲中西對於何謂「歷史」有著非常關鍵性的認知差異。後來秉持共產主義（communism）史觀的大陸學者，卻不同意馬克思把中國列在這五個發展階段外，而認爲中國歷史要跟著套到這五個階段裡來說，但不論哪種作法都偏離中國歷史的實際脈絡。

對於西洋人而言，沒有革命就無法構成歷史。西洋的每個歷史階段都來自於對前面一個階段的推翻，不只包括政治，甚至西洋學術中的哲學大師，都經常要拿推翻前一個大師的論點，來作爲自己發展思想的資歷。可是華人對待歷史的看法有如曼陀羅的轉化，前一階段和後一階段並不是壁壘分明的狀態，而是承前啓後的發展下去。西洋人看歷史，是偏向於空間和權利的向外擴張；華人看歷史，是偏向於時間與智慧的生生不息，這是中西兩大文化面對歷史最根本的差異（錢穆，二〇一一：頁一三）。這使得西洋人常常形成「自我」跟「他者」的對立；華人則相信萬有一體，最終要完成天人合一。從這個意義上來看，華人學習心理諮詢就不能不去認識中華文化史，因爲，如果你是一個西洋人，你對於自己置身於社會容易有著「永恆的焦慮」，其背後就是「自我」跟「非我」的對立性：當你懷著自我爲軸心點出發來思考問題，「我」怎樣去打敗「我」外面的人，或者打敗「我群」外面的團體，促使你想像中的「我」不斷拓展。西洋人對於這種「我的拓展」非常在意，這就是現在美國政府爲何會憂慮自己的霸權正面臨威脅的原因，並且一直在尋覓對自己構成威脅的敵人（敵國），藉由徹底打敗「異己」來壯大「自己」。可是華人一直是懷著渾然一體的狀態去發展，譬如面對俄烏戰爭，美國覺得俄國攻打烏克蘭，對自己的霸權地位產生莫大的威脅，俄國則覺得烏克蘭北大西洋公約組織的五度東擴，纔是對自己的生存發展產生莫大的威脅，中國則覺得兩國戰爭有其歷史背景與現實因素，中國希望和平，但尊重各國的主權獨立與領土完整，在記者會中持續採取「不干涉他國內政」的態度，尤其希望各國對此議題能藉由溝通取得共識，但並不希望自己出頭擔任調解者，這種態度本身就不是侵略性的個人主義思維，而是種來自和諧性的關係主義（relationalism）思維，對於關係主義的具體內容，我們會在本書最後一章做闡釋。

再舉個例證來說，不論是臺灣還是大陸，很多人常在念大學過程裡，往往不是自己在選擇專業，而是父母或師長提供他各種指引，讓他基於各種現實因素來做選擇，而不要做出太理想化的抉擇。如果是一個西洋人，他會覺得這個人一點主見都沒有，聽命於父母或師長實屬完全不尊重自己的興趣，可是華人對於這種現象習以爲常，甚至不以爲怪，這背後就是華人渾然一體的文化認同使然。在華人社會的家庭與家族中，成員彼此間有很深的情感連結，由對父母的連結移轉成對師長的連結，這種連結有優點同樣有弊端，人與人的深度連結可形成緊密的關係，但同樣很容易會形成紛爭。譬如在華人社會常有種現象：父母一死，兒女就會形成財產的紛爭，都覺得父母的財產應該留給自己。這種現象在西洋社會不是沒有，但大多數西洋人會認爲父母的財產是父母自己賺來的物質資源，跟自己沒有什麼關係。西洋人認爲他自己的財產要自己去掙來，父母的財產並沒有天經地義的道理要留給自己。在西洋社會，父母的財產通常會生前捐給學校或機構，這在西洋社會是自然而然的正常現象，此因西洋人覺得事業有成是社會給自己的機會，通常會在死前預留遺囑，死後把財產捐給社會；反觀華人社會具有公信的學校常是由政府成立，靠大家捐獻成立的私立大學常經營很困難，因企業家常覺得事業有成來自於自己的智慧，絕大多數的財產應該留給子孫，而不是留給社會，這不是對錯問題，而是人生活在不同的文化認知中，華人基於關係主義，覺得自己跟「具體的家庭」關聯最深；西洋人則基於個人主義，則會覺得自己跟「抽象的社會」連結最深，因此面對個人財產會有作法的差異。

華人常喜歡反身向內看，意即把各種外在的東西都視作在他自己裡面（或者說從自己內在來往外觀看），因此華人會特別注重萬物的和諧共生與自然發展，並會回溯事物的根本；而西洋人看任何事物都在他自己的外面，這就容易形成自我與外物的對立性，就會特別在意空間的擴展和權利，從而構成不斷往外征服，但征服不見得總會如己所願，就會因求不得苦而產生心理問題。現在的華人因為長期西化的因素，多數人已經不再是採取向內看的態度了，因此變得跟西洋人一樣高度需要心理諮詢，這就是該領域大行其道的原因。就這點來觀察，傳統中早就存在的修養心性，其與華人本土心理諮詢兩者有個關鍵差異：如果這個人習慣於向內觀看，就進入到傳統修養生命的狀態中，諸如人如果長期有練書法或彈古琴的習慣，在這種狀態裡，他其實不太需要心理諮詢，因為有練書法或彈古琴的人，很容易就能體會到自己的身心狀態，知道還有哪些層面需要補強，需要持續去調整或鍛鍊，他的全部付出，都只是關注在如何讓自己內在的生命獲得圓滿，而不是與他人比較；可是如果某個人沒有向內觀看的習慣，而是習慣於向外展開各種比較，譬如比較外貌、知識、金錢或地位等各種事情，但因自我的有限性，使得人沒辦法永遠通過這樣的比較來作為自己生命的支柱，就會出現身心問題，於是就需要有一個智慧更高的人，適時點醒他的問題，幫忙他看見自我的局限性，這就可進入到華人本土心理諮詢的模式裡。心理諮詢的產生，這是一個工商業社會已經在嚴重扭曲或異化人性後，自然會發展出來的療癒工作，這只是深受西洋文化影響的社會高度發展後的特殊狀態，如果修養生命重新成為華人的基本素養，則或許這一領域不至於發展得如此興盛。

有一個很值得重視的現實問題：譬如傣族社會是母系社會，女性當家做主，而男性只是負責照顧小孩或打掃環境等，在家庭中扮演著陪伴的角色，但是男性在其中並沒有受到過度的壓抑，這就不太會產生心理問題。可是在漢人爲主體的社會裡，當男性常被視作家庭的主體，女性只是依附者，其實沒有獲得應有的尊嚴和地位，長期處在一個邊緣化的角色，這最終會帶來關係能量的反撲。無論是臺灣還是大陸，當前有很多青年已不太在意婚姻，甚至拒絕婚姻，這使得生育率一直在下降，尤其女性特別不想結婚，而男性則覓不到合適的對象，因爲女性一結婚就會被綁在家庭的結構中，她從屬於家庭，面臨生育問題和養育問題，生命的獨立性就不見了。任何人都需要有尊嚴的活著，沒有人喜歡被壓抑，但如果這種需求最終發展出成人都不再結婚，避免自己或他人被壓抑，卻導致人都不再生育，整個社會變成超高齡的社會，這樣的社會絕對不會是正常的社會。我們現在要設法立基於傳統但面向於未來，去構築人與人願意去經營家庭的社會，這是我們做心理諮詢的時候要放在心上的課題，正因如此，我們反而不要看見一位未婚女性稍有困擾，就勸她早些結婚去相夫教子，因爲活在相夫教子的狀態中不太可能輕易就能讓她解決根本問題，畢竟我們都已經不是活在民國前的歲月了。我們需要尊重未婚女性生命的主體性，瞭解她心中設想的各種問題，在對話中共同思索如何纔能在家庭中完成不同性別間的共融與共善。

中國古時候的婚姻都是「父母之命媒妁之言」，個人在婚姻這件事上並沒有個人意志。這固然很可能對人帶來的壓抑，可是再反過來想，在自由意志裡做出的決策，未見得是成熟的決策，卻常得要由自己品嚐其苦果，譬如現在全球社會離婚率如此高，諸如高房價與低薪資這類社會因素都不利於婚姻，與其指責年輕人不再敢輕言結婚，何不深思人爲何始終不想結婚？無論是被父母安排的婚姻，還是自由意志選擇的婚姻，都不見得是幸福的保證，因爲當事人的態度很重要。古人會說「性命雙修」，意即屬於生命的核心價值與身體健康的維繫，兩者要共同去完成，不能只去提高知識，身體卻很差；更不能只是每天只是把身體照顧或保養得妥當，人卻沒有任何精神視野。女性常對於情感非常在意，尤其對愛情有著高品質的要求，可是女性應該要留意到戀愛對象心性品質的高低，如果女性能培育自己有這樣的見識，這時與男性的互動纔能形成個體自由與團體共生的兩全。如果只是看重男性的表面狀態，譬如身高、外貌、學歷或財富，從中尋求某種安全感，卻常會導致婚姻裡的不幸和壓抑。我們常聽到一種說法：女人如果讀書太多就不容易找到對象，因爲女人一旦見識比較高，她就不願意屈就於男人，可是難道女人就應該自居於沒有見識的狀態，來輕易被男人控制嗎？這樣的想法恐怕同樣有問題。女人如果要提高生命的幸福感，提高見識有著絕對的重要性，提高見識不能完全等同於提高學歷，而是讓自己的知識跟心性都要有深度的體會和瞭解，這樣纔能看清自己和他人的生命，從而獲得整合。

第五節　中西心理諮詢的差異

心理學關注著人本身的心理議題，本來應該特別著重於生命感的探索，然而我們後來熟悉的西洋心理學卻不是如此。「心理學」（psychology）這一詞彙英文中的「psycho」的字根是「psyche」，這個字在希臘語是「psuchē」，原意是靈魂（soul），中日兩國對於心理學的翻譯與理解，最早同樣有著靈魂甚至心性的內涵，最早有位署名執權居士的中國人在西元一八七二年在《申報》發表〈論西教興廢〉一文，討論西洋社會宗教受到科學興起而產生衰落的情況時，現在理解的心理（學）一詞就首度出現，接著日本學者西周助（一八二九－一八九七）在翻譯「mental philosophy」時使用「心理學」，其實是「心理上的哲學」的簡稱，對此顏永京則翻譯成「心靈學」；康有爲則於光緒二十三年（一八九七）編《日本書目志》中，有二十五本包含「心理學」一詞的書籍；梁啓超則在〈讀《日本書目志》書後〉開始使用「心理」指稱「心理學」，康梁兩人當時對清末學術發展有著巨大影響，確實發揮開風氣先河的作用，其中梁啓超在光緒二十八年（一九〇二）於《新民叢報》發表的〈介紹新著〉中主張當日本人將英文「psychology」翻譯成心理學，將英文「philosophy」翻譯成哲學，兩者範圍截然不同，雖我輩譯名不需要盲從日本人，然其翻譯實「頗經意匠」，梁啓超的這一觀點得到當時中國學界的普遍認同。由此脈絡指可知，心理學本來是一門包含心性、靈魂與意志這些具生命感的領域，心理學從來就具有文化的內涵，因此，心理學探討的範圍本來應該包括靈性，而不是今天心理學狹隘認知的心理邏輯（psycho-logic），這種說法能讓我們發現當前心理學的發展不只背反中國思想的主體精神，更背反其自身本來脈絡（林耀盛，二〇一九：頁八二—八三；陳復，二〇二一：頁二五一—二五二）。我們不是西洋學者，不具有對西洋心理學展開翻轉詮釋（或者稱作撥亂反正）的合法性，但我們是華人學者，對於心理學本土化的議題當然具有發言權，如果從其本原來探索，敝人會覺得心理學的核心內容就是文化心理學，而文化心理學就是本土心理學，只有認識人類各自文化中的本土心理學，纔能全盤認識人類心理學。

傳統文化的教養，使得華人對有關於生命的根本問題有著高度在意，常導致華人喜歡回溯源頭來觀察事情本身。如果心理諮詢師在做諮詢時常顧左右而言他，或只是在討論和處理表層的問題，譬如面對當事人呈現出抑鬱的症狀，於是只跟他討論是否需要吃藥，或者只是就個人角度不斷討論抑鬱的導火索，卻對生命核心性格的養成，譬如人是如何受到文化的影響持續抱持忽略的態度，使得其生命呈現受苦或蒙福或交織的狀態，這種心理諮詢其實無法徹底解決問題，使得華人與其跟不認識的心理諮詢師談話，寧可轉而跟自己相熟的知交或師長談談自己心理的想法。西洋的心理諮詢常會因爲有「自我」與「非我」的對立性，諮詢師對於當事人常保持著這種對立性來互動，意即西洋心理諮詢師會運用他的專業倫理與諮詢技術，使得他不會輕易涉入到對方的生命裡，而會永遠保持一種有距離的對話狀態（美其名稱做客觀）。西洋文化脈絡裡的心理諮詢，固然會呈現出專業性，卻同時呈現出冷漠性，意即諮詢師與當事人彼此有著隔閡感，彼此只有某種「類手術醫療」的關係，這背後來自於主客對立的知識論。如果是中華文化脈絡開展出的心理諮詢，諮詢師可深入到當事人的生命裡，諮詢師在跟當事人對話的過程中，前者應該表示出對當事人的接納與瞭解，並從這樣的脈絡裡去思考他生命問題或許能有的解套辦法。當然，西洋心理諮詢同樣有「共情」（empathy），這確實是一種對人深入的體會，但這樣的體會是種諮詢的技術與倫理，與中華文化重視生命素養的態度還是有差異。

西洋心理諮詢著重於個體（而比較不是著重於團體或整體）作爲單位，呈現出個人主義的樣態，專注於解決個人的心理問題，而不會追溯到文化心理對個人的影響。在英文裡，「I」與「me」是發語的起點，西洋哲學的起點「我是誰？」，當前華人受西洋這種個人主義思維的影響，同樣覺得生命就是每個獨立的個體。榮格的分析心理學（analytic psychology）在西洋心理學還是極小眾的狀態，西洋主流心理諮詢討論的面向很狹窄，例如認知療法（analytic psychology）有一套判斷認知正誤的標準（怎樣纔是一個良好的自我），通過有關於認知的行爲技術來改變人的不良認知，但這個標準本身只要再做深度反思，「何謂正常」本身就涉及到西洋文化的問題，但這不是西洋心理學會去討論的問題。

人的心理從來就有文化心理的層面，這裡面需要有本土心理學應該探討的課題。如果用西洋文化脈絡產生的心理諮詢技術來面對華人的心理問題，很難不會呈現出各種不對應現象。西洋主流心理諮詢有一個預設，就是從自我的角度來看心理問題，覺得人只要表面的行爲症狀消除，當事人的問題就解決了。但華人本土心理諮詢在面對人的心理問題時，不是在單純面對個人的自我，還會進而去探討自我的深處潛藏的自性，從中探討人怎樣能活出智慧。自性的理解各有水平面與垂直面，水平面是指人的「我」其單位不見得只是「個體我」，而是「團體我」，對於華人而言尤其如此，「團體我」包括從家庭、族群、組織到國家，凡因「物以類聚」而產生的整合都屬於團體，人在團體中會尊重團體利害而做出相關思考，不是只從個人利害而做出相關思考，這就是水平面的自性，這是具有廣度的自性；垂直面是指人的「我」更是個「整體我」，其超越個人置身某個時空中的自我，而從永恆的角度來尋覓自我的超拔與突破，獲得更高層的蛻變與覺悟，這就是垂直面的自性，這是具有深度的自性。如果不從團體我或整體我來認識華人，將無從瞭解華人的本土心理。智慧有共相更有殊相，但不是人言人殊，而是要與自己生活的這片土地的歷史去對話，從中汲取相應的文化資源，纔能爲當事人提供精確對應其生命處境的建議。譬如說，先秦諸子對人心的探討角度，儘管不如宋明儒學更貼近於我們當前華人的思維習慣，但我們學習先秦思想，確實對於鍛煉我們思維的縝密性有著很大效益，而且如果我們多加留意，就會發現先秦思想實屬華人智慧的源頭，尤其生活在中國本土環境中的人，日常生活中有數不盡的文化資源都深刻影響著自己。

譬如我曾到山西省晉城市的城區講學，發現這裡人文薈萃，晉城人講話都很有禮貌，普遍民風保守且性格溫和，後來參觀北宋程顥（一〇三二－一〇八五）在這裡辦的書院，這纔意識到原來程顥講學帶來的影響極其深遠，時隔雖已快要千年，但晉城人聽我談儒學卻表現得一點都不陌生，彼此很能相應暢談各種心靈議題；但我只要離開城區，來到左側的陽城縣，就會發現這裡或許有大量的古堡，人的防衛意識很濃厚，並且曾有人在清朝當官（譬如皇城相府就是陳廷敬在家鄉修建），人民做事很認眞且細緻，但心思極其複雜，充滿著權謀思考，讓我看見當地人的言行舉止就像是看見晉學思維的活化石；我來到城區北側的高平市，則會發現這裡民風粗獷、豪邁且飆悍，人民很喜歡大口喝酒，對當年長平會戰二十萬趙國士兵被坑殺的往事依舊念念不忘（我的確在長平村該古戰場的埋骨遺址感受到濃郁的陰森寒魄氣息），甚至當地到現在都還有吃白起肉（某種燒豆腐）的風俗，充分反映出這三個地點距離相隔不遠，同屬於大晉城市的轄區，生活風格的差異卻極其明顯，這些人民的心理狀態都跟在地歷史有著高度關聯。後來我去河南省開封市做歷史踏查，在鼓樓區的開封老城遇見一個孩子跟我講話老氣橫秋，不只滿口流利的開封話，兒化音現象極其突出，詞語常濃縮得很精簡，讓我很難意會到這是十歲不到的孩子能講出的話語，並且人看來很老練，讓我好像遇見宋朝人一樣，這顯然就是文化集體潛意識對個體產生的影響，認識這種小孩，不能只從生理年齡去認識，而是要從他背後的整個文化集體潛意識出發，去瞭解爲什麼他的語言型態甚至舉手投足都猶如來自宋朝的靈魂，這就是「一方水土養一方人」。因此，瞭解先秦思想就是開始回溯我們文化集體潛意識的源頭，從該源頭出發，纔能一路按著時間的長河探討下去。

中華文化脈絡裡的心理諮詢，諮詢師與當事人是站在同一個角度來面對生命裡的困難，繼而給予的一些開啓生命的答案。這種狀態就不大可能會是純客觀的對話樣態，而是諮詢師會進入到當事人的生命世界中，時而立足在當事人的角度，面對其困惑的事情，來幫忙當事人釐清問題，這是基於「天人合一」的文化傾向使然，其知識論具有主客相融的體證性。站在中華文化脈絡裡的心理諮詢，會對諮詢師的內在素養有要求，諮詢師要有比當事人具有更高的智慧，而不是只懂得很多技術知識，或只是擅於運用技術。西洋文化脈絡裡的心理諮詢是站在外面來看當事人，而中華文化脈絡裡的心理諮詢是站在裡面來向外看，這就是中西心理諮詢的差異。《韓非子．外儲說左上》中講到一個「鄭人買履」的故事，敝人直接用白話來談一談：有個鄭國人，想去買一雙新鞋子，可是卻忘記帶上腳的尺碼，於是又回家中拿尺碼，等到他拿到尺碼返回集市時，集市已經散了，他最終沒有買到鞋子。有人問他：「你爲什麼不直接用自己的腳去試鞋子？」他回答說：「我寧可相信尺碼，也不相信自己的腳。」智慧就是那隻腳，技術就是尺碼。只要有智慧，就可生出無限的技術，就如同有那隻腳，就可隨時量出新的尺碼。但如果你不確認自己是個完整的人，有頭有手有腳，卻寧願相信尺碼，甚至因看見某個西洋人長得高頭大馬，只相信該人的尺碼，結果買來的鞋卻不合自己的腳，這就是本末倒置，這意謂著你正在使用不適合華人身心特點的技術來做心理諮詢。

中華文化自身有著無盡的智慧，過去本來就是如此，現在同樣就應該成為華人解決生命困惑的內容，如果當前世人不見得信任「智慧」，覺得智慧太抽象；卻更信任「知識」，覺得知識較具體，那我們就需要「轉道成知」，將智慧轉成可被世人理解的知識，這意謂著在做心理諮詢的過程中，如果我們確信來自中華文化的智慧可提供給當事人解決問題的建議，那麼我們接著就要思考中華文化如何再經轉化，蛻變出可解決心理問題的觀念資源。這些資源需要更多有志藉由恢復傳統智慧來療癒人心的人來思考。只學習西洋心理諮詢的技法固然可讓我們獲得輔導人的具體操作程序，但其實有著重大盲點，那就是會在不知不覺間重視法而漠視人，這並不是說技法不應學，如果反客為主，沒有整體大局的思維，只把技術當做學習的重點，卻忽略整個文化如何浸潤著每個具體的個人，交織成生命的主體，這時候就會「見樹不見林」，不要說做一個療癒人心的諮詢師，即便只是一個普通的華人，如果沒有文化素養，不知做人處事的顯規則或潛規則，都很難面對華人社會各階層的人，其內在有著如何複雜的愛恨情仇。不瞭解和不討論個人具有的文化性，卻自覺已洞悉人的心理，這背後其實是一種來自五四時期科學主義（scientism）的傲慢。這種傲慢包括認知某種具有科學包裝的意識形態具有普世性，始終不因文化而有任何差異，將各種現象做出化約的理解。這本身就是個極有問題的觀念，人從來都不是機械，其心理具有各種變項因素在影響，更不用說每個社會的文化都在對人產生深度的影響，現階段中西文化的對抗已經是無法迴避的事實（這是美國維繫自身霸權政治的戰略），中西文化的會通是我們面向未來的展望，但如果我們不認識影響人的文化內容，卻奢談影響人的心理狀態，在這個錯誤的觀念上繼續產生的技法，其有效性就只能來自於「聲稱」，意即這些技法透過西洋文化的知識霸權維繫住這種聲稱，卻深度造成人對心理諮詢的疏離感。

敝人覺得：這就是爲什麼當前大陸社會有六十萬人獲得心理諮詢師的證照，卻只有五千人在實際執業，最後導致大陸在西元二〇一七年九月取消心理諮詢師職業資格考的原因。這些橫向移植過來的技法，都是些翻譯不見得精確的概念，或翻譯者自身都沒有眞明白的內容，操作這些自己不熟悉的技法，其實會讓心理諮詢師常處於一種沒底氣的狀態，只能靠某種「表演」來掩飾自己的心虛。現階段在大陸社會的心理諮詢不是沒有本土化，譬如其諮詢型態已經脫離「諮詢室」這種硬體空間的固著，而普遍發展出網路空間從事心理諮詢的型態，但由於能經營網路平臺者常係私人設立的公司，其提供給人從事心理諮詢的管道被系統性壟斷，導致心理諮詢逐漸有過度商業化的問題，諮詢品質有著嚴重問題，眞正能對應彼此需求的諮詢師與當事人很難相見。尤其心理諮詢開課程的講師其人數遠過多於實際執業的諮詢師，當喜歡心理議題的人恆常只處在學習而不敢執業的狀態，聽眾常在充滿宣傳的狀態裡熙來熙往，好不容易聽懂一點內容，或這些內容正觸碰到自己的某種心結，就覺得自己收穫滿滿，卻沒有辦法實際拿來幫忙人解決生命困惑，這就是王陽明（一四七二—一五二九）在〈詠良知四首示諸生〉中講的「拋卻自家無盡藏，沿門持鉢效貧兒」，意思是說我們自家有這麼豐富的智慧寶藏，卻沒有探究和發揮出來，卻像一個乞丐一樣在跟人家乞討，吃著人家丟出來的殘羹剩菜（意即那些橫向移植過來的知識），這是很可惜的事情。

現代人常見的「心理疾病」，其實是資本主義的社會環境長期薰染導致的心魔，個人主義的「自我」常導致人際關係的衝突性，但我們如果不承認其盲點，卻持續拿橫向移植過來的心理諮詢來解決問題，這就不是在化解心魔，而是繼續豢養心魔，最終自己只是獲得某種安慰劑效應，可是生命問題本身並沒有眞正獲得精確對應的解決。大陸已經在深刻檢視這個問題，臺灣卻對此毫無意識，甚至藉由證照來持續維護自己的「專業地盤」，藉此壟斷該一行業，但我們卻常見這種現象：年輕的心理諮詢師（臺灣稱作諮商心理師）取得證照後，卻喜歡跟當事人從事塔羅牌的占卜，或展開家族排列治療，這顯然是拿證照來合理化自身的工作，卻有著名實不符的現象。當人被繁忙的工作壓得喘不過氣，可是他被催眠說我們只能靠工作來賺取金錢和獲得價值，但他置身在大都市中，始終在承受生命背離自然的痛苦，於是他只能靠消費纔能釋放他的痛苦與焦慮，接著繼續工作賺錢，如此變成一種循環。橫向移植過來的心理諮詢，將人的各種問題病理化，卻只是把陪伴與聆聽當作「治療」，其實這本身就變成資本主義的消費機制，使得當事人做心理諮詢跟在大賣場裡瘋狂購物，或在健身房做運動沒什麼本質區別，都只是資本主義緊張生活型態裡的補償機制，而不是解決機制。當心理諮詢要通過「不解決問題」來賺錢，可是問題如果在實質層面卻無法面對，受害者其實不只是當事人，諮詢師在潛意識裡同樣要承受解決不了問題帶來的心理壓抑，長此以往，諮詢師很難不會罹患各種程度不等的心理疾病，甚至身體不堪負荷而出問題，關於這點，從業者只要平日懂得反觀自身就有體會。

智慧諮詢作為一種華人本土心理諮詢，其應該被視作解決機制而不是補償機制，但諮詢師不應該心懷這種想法：「當事人的問題很快被解決的話，諮詢師不就沒錢賺了？」有幸生而為人，一生中有無數的問題要去解決，智慧諮詢解決問題的範疇很寬廣，因為智慧諮詢並不從病理的角度來看心理問題，生命裡遇到的大部分困惑，只要不將其病理化，都可在智慧諮詢的範疇裡去探討。人首先是有生命問題，然後問題不被解決，慢慢累積下來纔變成心理問題，可是心理諮詢師如果只是在解決被專業切割出來的某種心理問題，卻不解決生命問題本身，那麼這個心理諮詢師其實正在被自己的專業局限住視野，這其實應該屬於「技」而不是「道」的心理諮詢。譬如某個人有人際關係困難的問題，在大公司中很難跟同事合作，甚至只要置身在公共場所就會覺得渾身不自在，結果諮詢師不幫忙他具體解決問題，卻去藉由催眠回溯他的童年，誤認童年經驗纔是根本問題，釐清童年的痛苦與焦慮就可解決人際關係的困惑，卻沒有意識到癥結是問題本身，不是童年，當事人不懂得華人社會運作的思維型態與應對辦法（這些都是文化議題），從來沒有人教他認識這些實質議題，使得他誤認自己只要靠專業技能就能生存，卻總有「懷才不遇」的痛苦，不知道社交應對有著顯規則與潛規則，只要能洞察文化心理就能知道該如何交流自如，諮詢師卻只想在回溯童年發生的事情，殊不知華人常因智慧有高低，導致多數人對於人情事理始終「知其然不知其所以然」，這就是捨本逐末。

另外，在諮詢師和當事人的關係來說，由於智慧諮詢是從生命不斷深化和蛻變的角度來看待生命，幫助當事人從這一關走到下一關，這使得諮詢師與當事人形成有如師生的緊密關係，而不再是陌生人。《禮記．學記》說：「師無當於五服，五服弗得不親。」意即是說：老師並不是五種人倫關係中的任何一種親屬（五服是指居喪期間面對五種親屬該穿著的服飾，包括斬衰、齊衰、大功、小功與緦麻），但任何親屬如果沒有老師的引導，人就不懂得這些人倫關係。智慧諮詢師就是引領當事人面對與解決生命問題的老師，現在學校中的老師只談知識不談智慧，爲何不能有引領人看見智慧的心理諮詢師呢？而且，從根本層面來講，事情的本質是「意念的波流」在左右事情的發展，當人意念的波流被打開了，自然有相應的情境會不斷發生。因此，作爲一個智慧諮詢師，只要開始從業，就不需要憂慮諮詢工作是否會斷斷續續，只需要憂慮自己有無足夠的誠意來面對諮詢工作，尤其有沒有幫忙他人出離苦海的熱情。拿敝人自身來說，敝人十八歲時就在思考：我能不能讓思想產生療癒人心的能量？敝人今天所做的各項工作，包括在大學創辦縱谷跨域書院，或在海峽兩岸的民間發展雙子教育，正契合著敝人青春時期的發願。思想給出的能量會生發出無數種技術，但反過來說，只學技術卻不瞭解思想，就如同東施效顰，讓你做著一種耽擱生命的無效工作，充其量只能成為一個資質不高的心理諮詢師而已。諮詢師自身的生命無法藉由充實文化素養而提高，其解決問題的技能就會被侷限在比較低階的階段。根本的問題是說，無論是諮詢師還是當事人，當人不再有深化生命素養的意願，其實只是在過著一種重複的人生，誤認人生只是按部就班的模組化選擇。在這種重複的人生裡，所謂的解決問題，常只是在績效與獎勵的模組中玩著自欺欺人的把戲。

原本西洋文化的心理學認為心理問題常導源於負向病態的認知狀態，其治療辦法是要把該負向的病態心理去導正，恢復所謂的正常，因此這種心理學可謂病態心理學或負向心理學。可是到八十年代後，美國受到佛教尤其是禪宗的影響，繼而將其通俗化後，就慢慢發展出所謂的「正向心理學」（positive psychology），這包括冥想、靜坐與瑜珈的修養狀態，都被整合在內，導致心理學的定義發生根本性的變化，開始覺得彰顯人的正向心理纔是解決心理問題的關鍵。這反過來跟我們現在講的修養心理學產生連接與交集。由此可知，西洋心理學自己都沒有一成不變的說法，沒有誰的觀點更具有壟斷性，更不要說華人社會如果有學者能把出自傳統的智慧學跟心理學兩者結合起來，形成本土心理學，發展出適合華人身心的心理諮詢，這是在做出造福眾生的社會貢獻。不論中國的未來是向外發展還是向內發展，中華本土心理學理應要在華人社會獲得很大的發展。如果持續向內發展，中國本來就有極渾厚深刻的學問在滋養人的生命，即使不經轉化發展成新的本土心理學，本身都可讓人的生命變得更有智慧（這就是智慧學，傳統儒釋道思想都包括在內）；如果向外發展，讓具有傳統意義的學問現代化，變成具有文化內涵的心理學，這時候就需要在實作層面發展出心理諮詢的型態，並借鑒西洋心理諮詢的技術進行對話和整合，譬如在諮詢工作展開時同樣需要有諮詢室，但可設計成禪室那樣的修養空間，或者有設立神位的神聖空間，但室內要有音響來播放心靈音樂，讓對話在嚴謹而自然的狀態中展開。發展向外看的心理學或許是發展向內看的心理學的橋樑，人面臨的各種病態心理的確需要被面對與解決，這就需要向既有的心理諮詢型態靠攏。但，一旦當事人開始有向內看的意識的時候，就可引領當事人進行傳統的工夫鍛煉，譬如讀經、書法、祝禱、冥想、靜坐、導引與瑜伽等工夫。

比較習慣向生命內在觀看的社會，本來就更適合於正向心理學的發展，但今天的華人社會因深受個人主義影響，個人的權利意識空前高漲，反而已變成向外看的社會，因而很多人產生各種病態的心理卻已視作常態（譬如將憂鬱症視作很普遍的文明病），甚至臺灣社會更深受「去中國化」的浪潮擠壓經年，談中華文化始終具有政治不正確性，反而很適合於具有西洋文化意識的負向心理學從中坐大與發展，於是兩股能量形成一種很糾纏的現象：首先，社會只要越西化，針對病態心理而發展出的矯正或治療就會越來越昌盛，從中產生人對各種心理技術的迷戀，這是西洋心理學傳入華人社會後形成的特點，更是相關工作會大行其道的原因；一個是向內看的華人社會本來就存在向內觀看的學問，其內容屬於中華文化孕育出來的「天然心理學」，儘管中華學問裡本來並沒有稱作「心理學」這樣的概念，可是華人就是在長期浸潤於智慧，發展出探討學問來修養生命的傳統，從中形成個人身心的健康與平衡（而不是宗教信仰），因此，當我們探問人有生命問題，是否需要特別去做心理諮詢，其實這需要看個人生活西化的程度，尤其是教育程度越高者或社經地位越高者，對此或越有其具體需要。

傳統西洋哲學的觀念認爲人有靈魂和肉體。靈魂接觸的是超越於人的理性精神領域，肉體接觸的是內在於人的感官物質領域，長此以往就產生西洋傳統的「二元論」（dualismus）這一哲學思想。西洋人認爲物質世界是超然獨立的存在，他們會用純客觀的經驗角度來研究宇宙各種議題，由此而最終踏上實證主義（positivism）的科學道路發展，覺得任何事實的成立須來自觀察或感覺而獲得認識，但每個人用來驗證經驗的原則眞沒有任何差異嗎？譬如說，照理來說人都有高祖父，但幾乎沒有幾人見過自己的高祖父，沒有見過高祖父的人，如何確認自己有高祖父呢？這件事情總不能使用觀察或感覺來獲得認識，更無法做實驗來驗證，而得要有不同的辦法。這反映出有關於科學的思想不能只有一種驗證型態，但卡爾波柏（Karl R. Popper, 1902-1994）更有意思，他主張「進化認識論」（evolutionary epistemology），認爲科學與非科學的標準，在於其理論是否有「可否證性」（falsifiability），不能被否證的理論，終究不屬於科學的理論。在波柏心目中的「僞科學」，包括傳統的形上學、骨相學、占星術和心理分析理論，「非科學」不但包括僞科學在內，更包括像數學或理則學這些不受檢驗的學術門類。波柏一再強調，「科學」與「非科學」的界限，並不是正確與錯誤的理論界限，科學與非科學（包括僞科學）都既包含著眞理，同樣包含著謬誤（黃光國，二〇一八：頁一四四－一四五），這種視野使得我們有機會反思如何跳出二元對立，來展開更深一層的科學思考。

自從費依阿本德（Paul Feyerabend, 1924-1944）主張「科學無政府主義」（scientific anarchism），他覺得理性會受到環境脈絡的影響，他甚至有種歷史觀察，意即現在的理性，不見得能被過去的理性所理解。堅持「理性原則」（rationality principle），可能會變成對科學進展的限制。使科學有突破性進展的觀點，往往是逃脫既有方法的規範來行事。西洋文化所謂的「理性主義」（rationalism）會被奉爲圭臬，其實並不是理性主義本身有什麼內在優越性，而是非理性的「權力」因素在影響。因此，費依阿本德主張「政科分離」，一如「政教分離」，意即政治不應該再控管科學，纔能釋放科學探討的空間，他並喊出「克服科學沙文主義」的口號，要求巫術、神話與宗教在學校中獲得與科學一樣平等的地位，甚至都被視作科學範疇內可討論的議題。費依阿本德鼓勵非西方國家的社會科學家能珍視自身有悠久歷史的文化傳統，勇於針對自己的文化傳統來架構理論並向西洋文化既有理論挑戰（黃光國，二〇一八：頁一九六－一九九）。換個角度來說，費依阿本德認爲只要是「系統」且「有效」的觀點就是科學，是否屬於科學並不見得要符合西洋主流文化脈絡裡的科學標準，這種科學哲學觀點的突破，可替我們建構中華本土心理學掃除觀念壁壘，在觀念層面與實作層面開闢出更幽深的路徑。

第三章

中華文化的五觀：中道不二的生命態度

第三章

第一節 來去自如的信仰觀

中華文化的內向性，其核心觀點就是「中道不二」，意即根據心靈實體的智慧，從而發展出各種面向的觀念，我們拿信仰觀、民族觀、政治觀、經濟觀與道統觀來釐清。先由華人的信仰觀來開始釐清。談到華人的信仰觀會有個困境，那就是乍看華人好像什麼都信，甚至一人常會信好幾種宗教（有經過正式的受洗、持戒、頂禮或點道），或者一家人有各種不同的宗教信仰，但這完全不妨礙一家人有著深刻的情感，而且，同一個人可能在不同時間點會有不同的信仰，有時候早年成為基督信仰者，中年卻因工作升遷的需求接觸民間信仰，晚年卻在死前再度受洗，希望能回歸天國，這種案例實在多不勝數，因此我會稱作「來去自如的信仰觀」。但什麼都信本身實在不能說有某個「從一而終」的宗教信仰，更不能從終點的信仰來抹煞其起點或中間的信仰，畢竟不同時間的信仰都各自有其意義（甚至可謂都有現實的意義，譬如民間信仰可解決工作問題；基督信仰可解決永生問題），因此，與其說華人有什麼很精確的宗教觀，不如來仔細討論華人的信仰觀會更恰當，因華人或許不見得「信教」，但不可能沒有「信仰」，包括信仰科學導致的科學主義，這同樣都是種信仰。每個文化都有上帝的意識，這是來自全體人類都在思考何謂究竟或根本的議題，上帝只是一個對終極領域的稱謂。《說文解字》中說：「帝，諦也，王天下之號也。」由此可知「帝」這個字的原型會寫成「諦」，這表示其通過語言來完成統治，兩個字都含有原初與根本的意思。對終極的渴望是所有人類的共同關懷，人會去思考，既然有「看得見」的世界，同樣就應該有「看不見」的世界，就如同有陽就有陰。看不見的世界是由誰在管理？看不見的世界能不能影響看得見的世界？這個其實早在老子（生卒年不詳）的思想裡就可體現出來。《老子》第六章中說：「谷神不死，是謂玄牝。玄牝之門，是謂天地根，綿綿若存，用之不勤。」老子覺得女人的子宮如同玄牝一樣，當我們去思考促成生命誕生那背後看不見的核心源頭時，自然就會思考到神靈的存在，而終極的神靈就是上帝。只不過後來老子對此有著更深一層思考，覺得上帝是個人類後設的概念，上帝的後面還有個源頭，《老子》第四章說：「吾不知誰之子，象帝之先。」該源頭老子使用「道」這個字來稱謂。

從信仰觀的角度來說，有個很值得深思的議題：大陸在文化大革命期間主張的「破四舊」，意即全面破除「舊思想，舊文化，舊風俗，舊習慣」，眞有在大陸社會獲得徹底實現嗎？依敝人長期觀察顯然沒有，文化集體顯意識依舊根深蒂固在影響著大陸華人日常生活舉止，譬如敝人曾在山西省晉城市看見自己的學生崔燕老師會在大年初一的早晨祭祀「車神」，她說自己當天醒來第一件事就是喝碗紅糖水（期待未來一年能人生能甜甜蜜蜜），接著會給家裡供奉的觀世音菩薩上香，然後到家外面，面對自己的汽車，擺上三盤水果（一般是蘋果、香蕉與橘子）。車頭朝向東方，擺上香爐，上整把的香，上香時跟車神有對話，還會圍著車放鞭炮，更有酒圍著車灑一圈，如果沒有酒，可拿清水來替換，藉此祈求未來一年行車平安，拜祭完成後，會在車旁守候，等著香完全燃燒完畢，纔收回拜祭的東西，整個過程極其虔誠，後來隔兩年她告訴敝人，現在政府不讓放鞭炮，已沒有這一環節，但我們可看見民間信仰從來沒有離開她的生命，甚至還會按著傳統的脈絡來繼續發展。儘管大陸經歷過文化大革命，但只要是華人都不可能不問自己：在奔忙的日常生活中，自己心裡是否有對於精神層面的某種渴求？而在尋覓精神歸屬的過程裡，儘管傳統文化曾經被批評得一文不值，但自己是否還要祭祀祖先？祭神如神在，如果我們不相信祖先眞有靈，則該祭祀還要如何展開呢？因此，究其實，所謂破四舊的「破」，其實只能是在行為層面去摧毀某些物質文化遺產（包括地上的建築、地下的墓穴或家中的藝品），可是人的文化集體潛意識如何能摧毀得了？像在臺灣社會，即使公立機構在中元節祭祀是極其平常的事情，但對大陸同胞來說，可能就是在公然宣揚所謂的「封建迷信」，但大陸民間（尤其商店）還是會在不完全公開的環境中展開中元普渡，這就是文化集體潛意識的不可磨滅性。

敝人還有一名住在晉城市的學生，知行書院張辰山長，他告知敝人在中元節當天遇到一件自己親耳聽見的奇聞。村中有位村民跟大家談發生在他們家族裡的事情：家中親戚的兒子過世了，母親給她兒子「配冥婚」，舉辦殯禮合葬後，當天晚上兒子就托夢給自己母親說：「媽，怎麼給我找個男人結婚？」第二天，這位母親很疑惑，立刻去冥婚的親家詢問說是不是有搞錯。他們去查看自己去世女兒的墓穴，結果發現殯葬人員錯把旁邊一位男人的墓穴刨開，用他的屍骨來配婚，結果趕忙填埋骨骸，重新刨開並取出自己女兒的骨骸來完婚。這顯示出冥婚的習俗到現在都還存在於山西省晉城市，並跟臺灣社會的習俗並無顯著不同，這位村民的親戚因配婚發生「錯位」而去驗證其事，終至於「各就各位」，完成正確的安頓，整個過程（包括村民跟人訴說）都來自於大家都相信「靈魂的實在性」，通過該實在性來完成冥婚。臺灣有些人自稱不是華人，可是他同樣會參與中元節的祭祀，他始終就活在中華文化裡，無法只是憑自己的聲稱就擱置文化集體潛意識，這些人只不過是在做詞彙爭論，卻無法在精神領域徹底擺脫其影響，文化需要因革損益做出轉化，但是要斷掉該文化，除非是承載這個文化的語言與文字完全被捨棄，否則其集體潛意識始終跟著人並影響其個人顯意識與集體顯意識。

我們可再從臺灣社會的角度來回答這個問題：在臺灣被稱作「外省人」的這一族群，當年來臺者要不是知識菁英，或就是極年輕就離家的軍人。尤其後者，這些軍人對家鄉的文化是一種不清晰甚至斷根的狀態，因此，外省人雖是從大陸過來臺灣，卻反而是最不瞭解中華文化的一群人，而且外省人在臺灣的五大族群中是最西化的一群人，其基於流亡產生的不安全感，高度親美，其孩子只要求學時期認眞讀書，大學畢業後就想要到美國留學，然後取得美國公民資格，終身遠離父祖輩的生命悲劇。然而只要留在臺灣社會的外省人，經過三代的歲月洗禮，就會發現這一族群開始向本省的風俗習慣靠攏，因他們自身家鄉文化的流失，使得他們心理層面只要有著文化需求，就會轉向本省文化靠攏（包括閩南族群與客家族群的文化），讓他們的心理得到撫慰，這種現象尤其出現在結婚過程，譬如說外省人第一代至第二代結婚的時候只是在酒店辦個西化的結婚典禮，有證婚人、主婚人與父母，然後交換戒指，就完成所謂的結婚，可是只要他（她）結婚的對象出身於閩南族群或客家族群，其人就會轉而接受本省的風俗，譬如通過送聘禮來表達對婚姻的重視，或者仔細研究農民曆並排八字，來確認結婚典禮中的每個環節都能順利吉祥，並且，這些外省族群的孩子後來到第三代與第四代都逐漸不會承認自己是「外省人」，而會直接改稱自己就是「臺灣人」，藉此避免自己會被其他族群排擠的不安全感，成爲臺灣社會唯一類「族群不明者」，但他們又會通過其他兩大族群的文化，藉由同化過程，獲得向文化集體潛意識的回歸。

華人本來有著類同於耶和華信仰的宗教觀，這來自商朝人相信他們的祖先是上帝降生的選民（chosen people），死後依然會回到上帝的左右，並認爲上帝不會直接與普通百姓相接觸，而是需要王室祖先的神靈作爲上帝的代言人，纔能將一般百姓的訴求傳達到上帝那裡去。這種通過王室來與上帝溝通的型態，跟天主教信仰通過神父來跟上帝溝通很相似。「選民」（代理人）是商朝人與猶太人都有的概念，天主教同樣保留著這種概念。但是周朝人覺得上帝並沒有始終眷顧著一個部族，使得這個部族成爲人間的唯一統治者，如果統治者的統治不得當，失去上帝的關注，上帝會撤銷這個部族的統治資格，再選擇別的部族或王室來擔任。但前面已指出，從商朝到周朝，上帝的概念已發生變化，不再爲一族一姓私有，重點在該王朝是否有德性，這是中華歷史中王朝更替的心理背景，甚至是秦末平民如劉邦（西元前二五六或二四七—西元前一九五，其生年有兩說）都能聚眾成立漢朝的原因。華人的宗教觀逐漸變成一種「整體性的信仰」，而不是「個體性的宗教」，這是種無宗教型態的宗教，個人的自我會有罪惡感（上帝跟個人的契約關係），群體則沒有所謂永恆的罪惡，更沒有要被救贖的需求，因爲群體不關注自我，而關注整體的發展，符合整體利益就符合上天愛人的意旨，這就是中國的信仰裡沒有罪惡觀念的原因，使得其很難被認知成西洋文化意涵裡的宗教，這種整體性的信仰有著自性的意義。

華人最重視的祭祀對象莫過於祖先，甚至可將這種祖先信仰稱作「祖先教」，任何宗教只要反對華人祭祀祖先，該宗教就很難在華人社會獲得廣大的傳播。死後的祖先對於在世的子孫影響極其巨大，中國古人原本只是單純的拜祖先，因爲祖先纔能跟上帝溝通，人不能直接跟上帝溝通。當然這裡面還有更細緻的發展脈絡：一開始是一般百姓的祖先要先跟王室的祖先溝通，王室的祖先再跟上帝溝通，後來慢慢發展成每個人的祖先都可直接跟上天溝通，祖先本身就有著靈性（神性），這就能解釋爲什麼華人如此看重祖先，這跟華人所相信的靈性世界有關。西周而降，上帝或上天不再只特定保佑某一群人，而會維繫人類整體的德性不滅，因此華人會覺得，生活只要不失去常軌與常規，不離開整體性，個人的生命就不會出問題。該整體性常通過世間的倫理規範來呈現，甚至會轉化成對於某個政治意識型態的認同，其缺點則會變成某種道德綁架的難題（譬如產生「任何不認同臺灣徹底獨立的主張，就是臺灣社會的敵人」這種沒有理則的說法）。華人的集體潛意識普遍有著「順大流」的心態：個體只要順應著主流來發展，個體就不太會出問題。但這樣的想法同樣會有個問題，就是華人「看起來沒什麼主見」（其實根本不是如此），但這是將個人的願望隱藏在整體的情境中來發展，如果這種文化風格在某個時空中著重於自性的闡釋，則能直通於智慧而開創盛世，如果不著重於自性，而只看重對權威的服膺，則的確很符合群眾心理學的盲從心理，有時候會醞釀出社會甚至國家的災難。這就像法國社會心理學家古斯塔夫·勒龐（法語：Gustave Lebon, 1841-1931）的著作《烏合之眾：大眾心理研究》（*The Crowd: A Study of the Popular Mind*）中表示，人只要進入群眾中，就註定是不理性的狀態，在群體中所作出的決定，事後冷靜下來往往都會覺得很瘋狂（勒龐著，高山譯，二〇一五）。

在宗教信仰的層面，華人並沒有此世（this world）與他世（other world）的二元對立概念，對華人來說，世界只有一個（對於世界的樣貌當然可有無數詮釋），因此華人並不關注天國的有無，但異常關注於世界的經營。華人同樣會講永生，但也只是想要「永遠存活在這個世界上」，這不見得是指肉體的永生，而是指精神的長存，因此華人會關注「立德，立功，立言」這三不朽，就是指在這個脈絡裡的永生，無論是立德、立功還是立言，都要與現實世界互動共生。華人只想把自己的德性藉由某種事業永遠留存在社會中，這使得我們年輕時會很關注現實的經營，年長後稍有餘裕，常會設立祠堂與神位，期待祖先永遠跟我們同在，並能保佑子孫，這就來自我們對這三不朽的相信。華人的心中並不會只有自己這一個體，而是「上有祖先，下有子孫」，我們是帶著這種承先啓後共構成生命的整體，每個人都不是只有「個人」，而是各種不同範圍的我們交織出的「整體」，其首先來自於家族，並經由家族發展成現在認知的國族。西洋文化中「基督的博愛精神」與「民族的弱肉強食」，兩者共同存在於西洋文化裡，呈現出兩種極端在對立中的永恆共存：一則是他們的政客、商人與軍人在世界各國展開軍事征服和經濟掠奪，拿著正義的標竿製造各種戰亂；但其傳教士卻同樣不辭辛苦，在世界各國傳播基督的福音，提供醫療和食物來救助受苦的人。西洋人相信會有最終的救贖，但是在過程裡上帝不會直接去論斷，他們有很大的自由空間來實踐自己理解的教義，很容易就聲稱自己的行徑來自於上帝的祝福，譬如「十字軍東征」，就是拿著上帝的名義去侵略伊斯蘭世界，美其名曰拯救聖城。

在中華文化的脈絡下實踐人生理想，已經不需要依賴宗教信仰來完成，儒家思想雖不是宗教但有著宗教性，它有宗教最普遍的慈悲心與平等心，更有對終極議題的探討，但儒家思想與宗教的區別在於：宗教理論建立在對上帝（終極神）的信仰，而儒家相信的是自性（心體）；宗教寄希望於來世的天國，儒家則寄希望在現世的理想。佛教思想東傳中國，跟中華文化能相容，主要在於其同樣具有內觀自性的態度。從廣義來說，傳統華人的學問都可稱作是心學，只是不特別拿心學爲名而已。中華文化對於事物的觀察，不是懷著純客觀的角度來看，但這並不是說就是主觀，而是從不覺得世界是在「我」的外面（該我不是指自我），或與「我」有著對立的關係，因爲當「我」不是個封閉的存在，則什麼都能相容於一體。中華文化的根本特點在於「天人合一」，這使得「我」不再被肉身所局限，而能無限擴展開來。道家思想同樣有如此看法，《莊子．內篇．齊物論》就說：「天地與我並生，萬物與我爲一。」當萬物都跟「我」相容成新的主體，則主客間並沒有永恆的對立，這就在說明爲什麼中華思想不能產生西洋型態的宗教，更能解釋爲什麼佛教思想可和中華思想互相融合，因人通過修煉自身就能成爲諸佛菩薩，這跟《孟子．告子下》中講「人皆可以爲堯舜」，兩者可謂不謀而合。基督信仰非常容易與向外探索的希臘哲學合流，而佛教思想會被向內探索的華人接受，這裡面都各有其合理的脈絡，因基督信仰是一種「天本位的宗教」，著重於向外觀看，而佛教思想是一種「人本位的宗教」，著重於向內觀看，「佛」本身的梵文音譯是「buddha」，意指「覺悟者」，這跟中華文化重視人本身的特點高度相通。

在中國，佛教早期（東漢至魏晉）是依附於道家思想在流傳（其經典的翻譯稱作格義），道教早期同樣因模仿佛教而發展出其信仰型態。如果沒有道家思想，佛教在中國根本無法傳播開來，但道教通過學習佛教而變得更嚴謹，發展出自身的宇宙論與認識論，包括《雲笈七籤》記錄道教有三十六重天，比佛教還多出三重天。但佛教與道教確實有著根本差異，道教追求的目標是成爲神仙，這種神仙悠遊於天間與人間，沒有佛教徹底棄絕人間的心理。佛教「苦，集，滅，道」的理論認爲世間本質是個苦，如果想要超越它，就要放下它，纔不會被苦所累，佛教這樣一套理論旨在說明人生具有苦的本質。儒家學者長期對傳統佛教一直有著警惕和憂慮，認爲該種厭棄人間的態度有害於社會發展。道家的出世，其實是在世內與世外這兩者間來去自如，保持著一種輕鬆的態度在穿梭，並不是完全跟人間隔絕兩斷。基督信仰的關注著外在的神，信仰這個神（上帝）不見得需要出世，甚至因信仰上帝，於是就需要在社會上積極去做些事情來榮耀上帝，這使得後世發展出的基督教非常入世。佛教出世的特徵確實表現得極其特殊，但華人在學習佛法的同時，一直都在展開佛學中國化的過程，譬如梁武帝（蕭衍，四六四－五四九）把儒家的「禮」、道家的「無」和佛教思想揉合，創立「三教同源」的觀點，同樣讓佛教產生質變，包括同時期禪宗的出現與發展，更重要在於直到明朝中期後開始講「人間佛教」，儒家與佛教纔不再有任何衝突性。雖然道家對於現實人生抱著某種消極態度，但其始終不是要擺脫現實人生，而是依然要在現實人生裡尋求生命的安頓，道家不像佛家直接主張取消現實，只是想帶著更開闊的態度來面對生活，從人本位外的角度來觀察與辯識這個世界，從而讓人雖然不離現實人生，卻依然有個自在發展的精神空間，這使得儒道兩家從來都是有如陰陽共生的關係。

道教因關注於長生，故強調煉丹的效益，這個煉丹的過程反而增強人對於科學的理解與認識。黃老思想發展出來的方術不是一種宗教信仰，宗教信仰會有神明、教義、教主與組織，可是如果只是鼓勵個人去閉門靜坐、誦經唸咒與服食丹藥，那的確是種信仰，但不能算是嚴格意義的宗教信仰。煉丹的過程裡，累積出有關醫藥與化學的知識都有極其豐富的記錄，這些經驗對於中國傳統科學的貢獻可謂相當巨大。中華煉丹術與西洋煉金術具有異曲同工的意義，但兩者有個核心點的差異：煉金與煉丹的結果是物質，可是背後還是來自於精神素質，該精神素質的養成與中西文化的差異有關。華人在煉丹的時候，著重於內外合一的思考，而西洋煉金術對於內丹與外丹兩者會區隔開來對待（當然敝人並不否認榮格對此有著新的理解）。中國傳統科學講究內外合一，譬如中醫的醫生不是只學習醫療技術，其更有有著修身養性的意識。醫生在治療病患的時候，更不能把對象當做物質的存在，而要有某意義治療的理念：開藥與治療只是最後的結果與效應，可是醫病關係裡的「望，聞，問，切」就已經在展開治療，而不單純是檢查，當醫生和病人開始發生關聯（correlation），兩個人就不再是各自獨立的個體，而是彼此交融共構出的整體。

只要人對未來感覺無法把握，就希望通過占卜來瞭解未來，知道即將發生的事情有什麼可能性。占卜是華人從古至今都存在的生活型態，這或許同樣是種華人的信仰。古人會通過占卜來與神靈溝通，但後來華人發展出更精細推算命運的方法，譬如北宋的邵雍（邵康節，一〇一一—一〇七七）發展出《梅花易數》，這使得人的命運可通過計算來推演出來，而且相當程度有著精確性。占卜本身關聯到到個人心思的純淨度，純淨度越高，占卜獲得的答案其精確度就越高。但其實常會出現「占卜失靈」的現象，而且無關於個人純淨度，這就說明即使上天都不見得對人的事情可有精確無誤的把握。這種現象早在商末周初就已經發生，並使得周公成爲中華思想史第一位思想家（相關內容請見拙作《聖人的丹爐：中華思想史與本土心理學》第一章〈中華思想的主軸與特點〉第四節「周公的觀念轉折」有仔細討論），思想史的出現其實就來自於人對上帝（上天）這一議題的反思，當人開始意識到世間的變數太多元，上天其實並不眞具有全知性，從某個意義上來看，當人的意識越來越複雜化，天就形成隱性的狀態，甚至反過來對天產生影響，這使得華人說的「天人合一」並不是合於上帝的意思，從字義來說，「天」只居於「合一」的一半資源，「天」固然是個主體，「人」同樣是個主體，兩者交織出自性這個「第三主體」，這就是「一」。這讓我們看出中華文化的先進性，體現在相信人本身的價值，做工夫的意義就是讓人這一主體來體會天這一主體，從而發展出「心」這一主體，不再是單純信仰神的能量。

如果是擔任西洋心理諮詢師（臺灣社會則稱作諮商心理師），卻使用譬如某些預測未來的工具來跟人探討問題，諸如OH卡、塔羅牌、測字或甚至卜卦這些都是探索未知的工具，敝人會覺得這是對諮詢師本人所學治療技術的不誠與不信，畢竟你本來應該接受的訓練應該來自於實證主義的心理治療技術；但如果你是想發展中華本土心理諮詢的型態，尤其想要展開智慧諮詢的話，諮詢師能擔任天意與人意的橋樑，在其間觀察中正的心意，這些型態的占卜倒不失爲作爲諮詢的工具，畢竟「得魚忘筌」實屬正常，但我們要對心靈領域有種清澈的明白：如果人的主體性變強，開展這種探測性的諮詢就容易測量不準。人的主體性變強包括兩種情況：情況一是說，人的個人潛意識非常強烈，那麼其測出來的結果，可能就完全是當事人在個人潛意識層面期望的結果，這與實際的狀況不見得有關；情況二是說，未來的狀況可能受到人各種強大意志的影響，而形成各種顯意識與潛意識的交鋒。天意只是這種交鋒的局面裡的其中參與者，卻不佔有絕對主導地位，這導致上天同樣沒有辦法對人事問題形成絕對的守護或保佑。由此可知，各種型態的占卜，其價值與其說是探測天意，不如說是探測天意與人意在交織過程中，當事人（當局者）始終無法瞭解到的各種心理狀態（不只是自己的心意而已）。

當你瞭解到占卜的本質從來不是去占卜「天意」，而是占卜「心意」（各種心理狀態），從中認識自己，你纔眞正適合從事於占卜，並讓占卜更具有本土心理學的價值，這就是中西文化面對占卜議題的本質差異，這並不是在跟任何惡靈打交道，而是在跟心靈打交道。當一個人感到迷惘、困惑與痛苦的時候，占卜會帶來精神撫慰的意義，其使得你感受到你並不是孤單一人，因爲人始終有自性在當靠山，從終點來說人並不孤單。因此，倘人覺得卜卦跟求神其實是不同精神層次的事情，如果你深度相信人有自性當靠山就不需要求神（不論是哪種宗教的神），那你的確就不需要參與這類信仰（歷來的士大夫常具有這種理性態度），當人認知到自性這一根本層面，人與天的距離，其內在脈絡就有各種選擇角度。這是個很具有辯證性的議題，每個人應該怎樣面對自己跟上天的關係，其間充滿著豐富的反思空間。不只是占卜，祝禱同樣可變成「不是求神的祝禱」，而發展成就是人通過面向上天，來從中交織出自性的工夫，人通過祝禱來確信自性就在自己生命中，從而精確感受著自性跟己身的對應性，長期有祝禱經驗會讓我們的生命逐漸發展出極其細膩的觸感，精神變得很敏銳，看待人事容易滋生超越性的洞見。但，如果人只是空口說白話，只是在用邏輯的語言否定卜卦或祝禱的意義，固然從自由社會的角度而言都無不可，不過這終究很難不變成一種虛浮不實的「狂禪」，使得各種做工夫的意義都可被抹殺掉。

第二節　兼容並蓄的民族觀

當人的感受變得更豐富了，對事情的認知就不再是直線思考，呈現出單調性和平面性。譬如說我們不應該拿現在的「民族」（nationality）這一概念來認識傳統的歷史，反而需要瞭解華人過去並沒有很清晰的民族界限，主要原因在於不同種族間長時期通婚、交流與合作，基於現實共生的需要，並沒有「民族認同」（national identity）這種現在常見的議題，彼此並沒有那麼深的隔閡。回到前面東部與西部兩大文化的衝突與融合來說，即便是西周部族和商王朝，兩者在沒有決裂前，都是互通婚姻。周文王（姬昌，生卒年不詳）的母親太任（生卒年不詳，任姓屬於商部族）她是從商朝裡的摯國（現在河南省駐馬店市平輿縣）遠嫁而來。而周武王（姬發，生卒年不詳）的母親太姒（生卒年不詳，姒姓屬於夏部族）則出生在有莘國（現在陝西省渭南市部陽縣）。從周文王與周武王這對父子的母親，就可看出來夏、商與周三個部族有著互通婚姻的現象。後來商朝被周朝滅亡，周天子封商紂王（帝辛，生卒年不詳，夏商周斷代工程認爲他在位期間西元前一〇七五－西元前一〇四六）的兄長微子啓（生卒年不詳）於商朝舊都商丘（現在河南省商丘市）建立宋國。但宋國在周朝的其它諸侯國中，並不會被視作一個異族，宋國人對周朝同樣沒有什麼血海深仇。孔子的祖先是宋國貴族，意即孔子是商朝王室後裔，但我們看不出孔子思想裡有強烈的民族觀念，其始終推尊周公，並沒有因周滅掉商，而對周朝有仇恨的復國意識，反而畢生想要恢復周禮，這顯見不強調民族差異的優點，畢竟有民族界線感，就容易塑造出人與人的對立和仇恨（錢穆，二〇一一：頁三七－三八）。

齊國就是一個各民族兼容並蓄的最佳範例。前面提過姜太公任用夷人當地的賢士來替齊國做事，並由實際的績效與否來做賞罰的依據，後來齊國的賢相晏子（？－西元前五〇〇）就是萊人，萊在當時被視作萊夷，這是東夷人的支族。孟子則是鄒國（現在山東省濟寧市鄒城市）人，鄒國在春秋時期是邾國，該國被視作東夷，儘管孟子本人不是東夷後裔（他是春秋時期魯國孟孫氏的子孫），但他居住在被視作文化邊陲的環境，沒有家世與母教則根本無法孕育出這種氣魄的人。這些中國歷史上重要的思想家其出身背景都與東夷族有關，而不是華夏族的脈絡。因此，我們可確認在古人的觀念裡，蠻夷戎狄這些民族跟華夏的區隔標準從來都不是血統，而是文化。中國地理環境變化劇烈，人種特徵差異非常大，但都聲稱自己是漢人（不論南北），認眞釐清基因的話，眞有所謂血統純正的漢人嗎？「漢」其實是一個沒有界限的界限，最早只是漢朝的概念，但漢朝爲何會取名漢朝呢？因項羽封劉邦當漢王，「漢」字來自其都城在漢中，漢中會有此名，因其臨著漢水，本來劉邦對於自己被封爲漢王尚有猶豫不決，結果《漢書．蕭何曹參傳》第九記載蕭何（西元前二五七—西元前一九三）對劉邦說：「語曰『天漢』，其稱甚美。」意思是說：「天」與「漢」被連結在一起，這個名稱最美麗。《說文解字》說：「漢，漾也。」這有浩瀚或蕩漾的意思，這層意思使得漢水就是天河的意思，意即銀河，銀河是橫亙於星空一條乳白色亮帶，漢水橫亙於長江與黃河間，有如銀河，後來建立的漢朝就是「天朝」的意思，漢人就是天人，意即像銀河般浩瀚的人。漢人本不會特別強調自己是漢人，而是對外通過與匈奴甚至整個西域的交流，意識到自身文化的特殊性與宏大性，中國這種界限不明確的民族觀，有如銀河容納各種星體般，漢族會接納各種人進來，這對中華文化的兼容並蓄顯得特別重要。

前面已經指出唐朝的韓愈（七六八—八二四）在他〈原道〉一文中表示：「孔子之作《春秋》也，諸侯用夷禮則夷之，進於中國則中國之。」這就是「華夷之辨」，意即對如何辨識「華」與「夷」，做出精確的區隔。華夏人是主要從事農耕生活，先是建立「城」，接著設立「國」，本來「一城即一國」，後來變成「一國有多城」，但是在城市周圍居住著許多血緣上與華夏人相同，但主要以遊牧生活，或半遊牧半農耕生活的人。他們沒有成規模的城市與國家，更沒有系統的文化，這些人就會被華夏人視作爲蠻夷戎狄。當然，商朝可謂東夷族中最早設立政治制度，並有大規模宮室的王朝，甚至有些由城市所建立起來的國家，如果該國喜歡採取侵略或攻擊的型態擴展自己的領土，都會被視作是蠻夷，甚至它自己都會視自己爲蠻夷，如此可躲開華夏族對自身的譴責。就像《史記．楚世家》第十記載，楚國的國君熊渠（生卒年不詳）說：「我蠻夷也，不與中國之號謚。」由此可知，古人所謂的「夷夏之辨」是從兩個角度來看：第一，在生活型態是採取農業爲主還是遊牧爲主；第二，這個民族是否具有侵略性的態度。現在的華人看到沒禮貌的人，還會覺得說該人很「野蠻」，就知道蠻夷戎狄這種觀念直到現在還是深刻影響華人在生活裡對人的判斷。

宋朝時期的中國看起來有著清晰的民族界限，但其實更值得注意的是文化界限（前面徵引李安熹的發言可知），譬如說無論是遼朝、西夏朝或者是金朝都實行中國的王朝制度，這讓很多漢人樂意來到他們的朝廷裡替該王朝工作。從北宋末年到南宋末年，漢人對這些異族王朝有著強烈的抵抗意識，可是與其說這是一種強烈的民族情懷，不如說這出自對自身王朝的心理認同，從而形成的對外抵抗意識。但沒有離開北方的漢人，最後都承認遼朝和金朝的統治。特別值得注意者，蒙古的統治結構本來是部落酋長制，並不是中國化的王朝，當成吉思汗（鐵木眞，一一六二—一二二七）的孫子忽必烈（一二一五—一二九四）接受漢人大臣劉秉忠（一二一六—一二七四）的建議，取《周易・彖傳》在乾卦中說：「大哉乾元，萬物資始，乃統天。」根據這一建議，開始建立中國型的王朝，於是元朝就橫空出現於世。錢穆先生在《中國文化史導論》第二章〈國家凝成與民族融和〉表示：中國歷史上，民族的融合大體可區隔成四個時期：第一個時期從上古到先秦，東夷、南蠻、西戎、北狄，融合成秦漢時期的華人，這就有秦漢時期的全盛；第二個時期從秦漢到南北朝，匈奴、鮮卑、氐與羌等諸族融進來，形成隋唐時期的華人，這就有隋唐時期的全盛；第三個時期是隋唐到元末，加入契丹、女眞與蒙古這些異族，又形成明朝時期的華人，這就有明朝時期的全盛；第四個時期是滿清入關到現代，又融合滿洲、羌、藏、回、苗與瑤等民族，這些民族的順利融合，就是現在正進入一個新的全盛時期的中國（錢穆，二〇一一：頁二〇—二一）。當前大陸對待少數民族的寬容政策，促使這些少數民族高度融入到大陸社會中，而又跟他們本來的信仰不衝突。譬如敝人親眼看見西雙版納傣族的村寨，他們擁有傳統的信仰，可是家家戶戶的室內牆上都掛著毛澤東（一八九三—一九七六）畫像，像是對待神靈一樣對待毛澤東。這兩種本來異質的元素被奇妙融合起來。華人常把民族的群體消融在更高的整體觀念裡，更會把國家消融在天下的觀念裡，這使得華人沒有精確的民族觀，而有著世界大同的天下觀，華人沒有精確的民族觀，體現在華人看見少數民族時只是覺得長相或習俗與自己不一樣，但都會覺得彼此是華人，只要會講中文，無論是什麼族都不應該「見外」，很自然將其視作「一家人」。

對中國而言，語言和文字對民族構成帶來的影響可謂極其深遠。秦始皇統一中國後，在社會各個層面都積極開展統一措施，其中就包括文字統一。漢字能把這麼多不同的諸侯國都連結在一個更大的王朝內，這是非常不簡單的事情。在西洋文化，每一種語言都對應著一種拼音文字，語言與文字的隔閡，可使他們裂解成無數個國家，甚至同一民族講著相同的語言，都會因政治因素變成不同國家，而後再逐漸發展出不同的文字，譬如同樣是斯拉夫人，烏克蘭文與俄羅斯文就有大量交集，甚至烏克蘭保留更深刻的斯拉夫文化元素，卻因烏克蘭實施「去俄羅斯化」，不只放棄自身的斯拉夫文化，更壓制國內講俄文的人民受教育與求生存的權益，導致其轉向俄羅斯求援並爭取認同，現在就爆發俄烏戰爭。當然有些社會有民族卻沒有國家，譬如吉普賽人長期散佈在歐洲各國境內。同樣，西洋文化中還有些國家卻始終不能融成同一個民族，甚至逐漸裂解成不同的民族認同，甚至又分裂成不同國，譬如過去的南斯拉夫後來裂解成六個各擁主權的國家，更包括烏克蘭東部的頓內次克與盧干斯克這兩個已宣佈獨立並獲得俄羅斯承認的國家。由此可知，民族始終不是天然生成的群體，民族是藉由語言與文字發展出來的群體認同，其有著政治性，並不是一種客觀而嚴謹的科學分類。

西洋人講到人生議題，固然會談到歷史與文化，但都會把「自由」作爲核心議題貫穿於其間，這使得西洋歷史就是一個爭自由的歷史，西洋文化就是一種爭自由的文化，爭自由就需要是意識到自己的「不自由」，就有對立性與對抗性，而自由的對立面就是聯合，尤其是聯合與自己利益相同者，來共同抵抗反對自己願望的敵人，個人與個人的聯合就變成民族，每個民族都各有國家，這使得歐洲有這麼多獨立的國家，固然彰顯出自由，然而每個國家企圖完成符合國家利益的自由，又需要聯合能符合自己國家利益的國家來共同發展，於是再成立歐盟（歐洲聯盟，European Union）來對抗不屬於歐盟的國家，西洋人一直在這種兩極的狀態中擺盪不已。直到現在，西洋的民族跟國家始終不能融合一致，譬如說歐盟並沒有發展統合成一個「歐羅巴共和國」，更不存在「歐羅巴民族」，反而歐盟這幾年更逐漸拿「歐洲人」用來區別敵我的存在，雖然有所謂的「哥本哈根標準」（Copenhagen criteria），然而其實際界線來自於信仰、價值或經濟，不具有基督型態的信仰（不論是天主教或基督教，但不包括東正教），或不實施西歐標準的價值（譬如人權概念），或經濟不佳的國家，歐盟不會同意其加入進來（譬如土耳其長期不得其門而入），歐盟內部更存在「老歐洲」與「新歐洲」的區隔，使得政治的歐洲與地理的歐洲並不是簡單的等號關係。

西洋人在理想層面希望「一個國家，一個民族」，現象卻常常是一個國家裡有多個民族，於是導致很多區域紛爭，比如梅克爾（Angela Dorothea Merkel, 1954-）這麼氣勢磅礡和胸懷博大的德國總理，她願意替德國發動第二次世界大戰做深刻的反省，但是德國人民對於超過百萬的中東難民不斷湧入德國，對梅克爾越來越不滿，甚至希望限制或遣返這些移民。這背後就是種族界限形成的緊張關係。德國人自覺德國是日爾曼民族的德國，不講德文就不能被視作是德國人，根據二〇一一年德國統一後首度舉辦的全國人口普查，德國百分之一點九的人口（約一百五十萬人）宣稱自己是穆斯林；後來德國聯邦移民與難民局於西元二〇一六年十二月發佈的報告，德國有四百四十萬到四百七十萬穆斯林，占德國八二二〇萬人口的百分之五點四至百分之五點七（陳壯鷹與馬繹，二〇一八），他們即使取得德國的國籍，相當多數的德國人覺得他們應該被限制在某一個範圍內生活，並且信仰伊斯蘭教常不被視作對德國的認同，這使得極右派政黨德國另類選擇黨打著反伊斯蘭與反移民的口號崛起，甚至常有字母縮寫「Pegida」的組織發起示威，該縮寫大意是說「愛國歐洲人反對西方伊斯蘭化」，這種違反人權的概念卻可合法存在於德國社會，儘管其創辦人巴赫曼（Lutz Bachmann）本身打著「反移民」（anti-immigrant）的旗號，卻聲稱要逃離「德國的迫害」而平日都住在西班牙的特內里費島（Tenerife）（韓亞庭，二〇一六）。反過來看中國社會，信仰伊斯蘭教的人，不要說住在新疆省，即使在山西省都很常見清眞寺，像猶太人在全世界都可保持對自己民族的認同而千年不墜，唯獨早自唐朝或宋朝進入中國後，就被自然同化成一體。今天如果在廣東省的廣州或河南省的開封看到帶著猶太帽的人，有著中東人的長相，聲稱自己的祖先來自於以色列，卻操著廣東腔或河南腔，你就知道中華文化如何將其自然融合無間，這些人的整個身心狀態完全已中國化。敝人的老師黃光國教授就具有阿拉伯人的血統，但他卻有著強烈的中華文化認同，同樣是個顯著的例證。

華人很早就有同姓不婚的習慣，就是爲避免亂倫生出低能兒。早在《左傳・僖公二十年》就說：「男女同姓，其生不蕃。」其「不蕃」就是指健康繁衍的意思；《國語・晉語》同樣說：「同姓不婚，惡不殖也。」其「惡不殖」就是指厭惡其無法生殖的意思。這種事華人會覺得天經地義，儘管到漢朝後姓氏混用，就不再嚴格禁止，但唐朝再度恢復，直到明朝時不再有此禁忌，像是《明律例》與《清律例》將同姓與同宗區隔開來，使得同姓而不同宗可結婚，同姓而同宗則不可結婚。敝人在做田野調查時，得知西雙版納的克木人部落，目前只有三千多人，如果有人近親通婚，男女要在地上四肢著地，學豬爬與學豬叫，慢慢爬到豬槽吃糠，老人則念著咒語，拿斧頭羞辱兩人的睡臥地面，並將槽內的糠劈成兩半，藉此表示兩人已經分離，最後還要讓兩人把豬槽的糠全部吃完，整個懲罰儀式纔能徹底結束，可見克木人的壽命雖然普遍比較短，卻同樣有著對近親通婚的戒懼。但，反觀中古時期歐洲貴族都覺得自己家族的血統高貴，優於常人，因此大量在進行家族內部的通婚，導致歐洲皇室出現很多低能兒，像是歐洲學術期刊《人類生物學年鑑》（Annals of Human Biology）研究指出，哈布斯堡王朝（House of Habsburg）出任歐洲包括神聖羅馬帝國在內各國的皇帝、國王或公爵，在十六世紀中葉有奧地利與西班牙兩個分支家族，經過兩百年的近親通婚，每個人臉部常見有顯著的大下巴，俗稱「哈布斯堡下巴」（Habsburg jaw），這是種臉部嚴重畸形的現象，結果兩個分支家族的領導權最終都因生理缺陷而滅亡（鍾玉玨，二〇一九）。通過這些對比，我們就會知道中國早在西周時期就已有同姓不婚的概念，這背後有著文化的先進性，並會經由長期的發展，繼續意識到同姓不見得同宗，而不會墨守成規。中國廣闊的疆土使得即便來自於同樣血緣的部族，都會因爲山川的隔閡與風土的差別，經過長期的演變，導致彼此間的生活習慣、風俗都產生隔絕。如果不是古人，尤其是華夏的諸國，能夠抱持著很寬大的民族觀念，不著重狹隘的血統界限來作區別，則民族融合很難完成。

即使是相同的族群，因地理而產生隔閡，這不見得是很古老的事情，譬如敝人住在臺灣的宜蘭，兩百年前開始有漢人對蘭陽平原展開初步建設，在雪山隧道沒有開通前，甚至北宜公路沒有開通前，從臺北進入宜蘭會非常困難，需要用兩天的時間走淡蘭古道，由於群山環繞，導致那裡長期呈現半封閉的狀態，以至於逐漸形成宜蘭人特有的「宜蘭腔」，該腔調雖然來自漳州腔，但和其它地區的閩南語不太一樣，有著自己的特色，尤其宜蘭人在加重語音時，通常會加「勁」這類發音，像是「勁好呷」或「勁厲害」，任何人只要聽到這樣的腔調，應該就會判斷他來自宜蘭。「宜蘭腔」的形成只有兩百年的歷史，更不用說中國大陸這麼廣袤的土地和悠久的歷史。在中華文化的大背景下，會有無數類似宜蘭這樣的封閉型文化圈在自己發展。宜蘭人常呈現特有的性格或風格，就是「外冷內熱」，意即外表看起來很冷淡，有如宜蘭每天都在下雨一樣陰沉，但心中卻有著火熱的情感，對於人與人的關係都很重視溫度，有如宜蘭在地特有的飲食「糕渣」一般，外冷內熱，口一咬就有著燙汁。你不瞭解宜蘭人，就會誤認宜蘭人待人很冷淡，只有長期相處纔能體會到宜蘭人的純樸與善良。由此可知，做心理諮詢卻不瞭解在地文化的風格和差異，誤認眞有一套普適性的諮詢技術，大家就會風行景從，實際情況卻常不會這麼簡單。風俗的不同會形成對事物認知上的不同，所謂的心理諮詢，如果不深化文化素養，而只是學習技法，常無法從根本層面來解決人的心理問題，這種看法非常簡單且粗暴。回過來說，華人有個特徵，就是能夠很快判斷出眼前這個人是否可做「知己」，這來自中國的地域實在太大，今天見到這個人，下次就不知道要再隔到什麼年月纔能看到，這是華人經過長時期的演化，因應時空因素形成特有的「識人術」，人與人的交流會採取更開闊的本質態度來相待，這使得中國古人對於民族觀念相對來說比較寬容。

日本人當年想要侵略中國，其實是日本有相當大量的菁英階層自覺最懂中華文化，最有資格表徵最精湛與先進的中華文化，纔要成爲新中國的主人。日本人作爲中華文化圈中的一員，他們本來同樣沒有濃厚的民族觀念，但日本人試圖統治中國時，就開始發現情境已經不再是元朝或清朝，民族概念已經開始在中國形成，這使得他們的企圖失敗了。因爲該時期的中國，已經長期飽受列強侵略，華人已經被激發出民族意識，這包括「中華民族」這個概念徹底被激生。清末時期華人本沒有現代意義的民族概念，前面已指出

「中華民族」這一詞彙出自於梁啓超的創發與詮釋，他於光緒二十八年（一九〇二）在〈論中國學術思想變遷之大勢〉一文中說：「齊，海國也。上古時代，我中華民族之有海權思想者，厥惟齊。故於其間產出兩種觀念焉，一曰國家觀；二曰世界觀。」（梁啓超，一九八九（一一七）：頁二一）梁啓超一開始使用自己首創的「中華民族」這一詞彙時還比較混亂，有時指漢族，有時則指中國的全部民族。直到光緒二十九年（一九〇三），他發表〈政治學大家伯倫知理之學說〉一文，纔清晰解釋這一概念的內涵，他說：「吾中國言民族者，當於小民族主義之外，更提倡大民族主義。小民族主義者何？漢族對於國內他族是也。大民族主義者何？合國內本部屬部之諸族以對於國外之諸族是也。」（梁啓超，一九八九（二一一三）：頁七五—七九）由此可知，「中華民族」與其內涵，完全是梁啓超有意創造出來，藉此型塑出「中國魂」，這來自他堅信民族主義（nationalism）是時代發展的潮流，更是中國富強不可或缺的核心觀念，這種想法本來的確不是中華文化的傳統，不過當全球都不能體認世界大同的文化理想，不同民族間強凌弱與眾暴寡的現象不斷，則「中華民族」這一概念現階段的確不宜輕易撤除，當個人沒有國族感，則會很難立足於當前國際環境充滿文化鬥爭而變得極其險峻的世界中。

第三節　民胞物與的政治觀

民主（democracy）這一概念是西洋文化傳過來的舶來品，現在就一般社會認知而言，這是種透過選舉來選出政治領導人的型態，其與華人社會長期有關政治的運作並不一樣。中華文化影響裡的社會是種「民本社會」。民本觀念是中國政治思想史極其核心的觀念，這個觀念的重點是說，民本並不是「完全順從人民」的意思，而是統治階層要做出符合人民福祉的決策。中華傳統長期由社會菁英來判斷國家（或王朝）的發展路向，甚至判斷人民應該知道什麼，不應該知道什麼，因此總是由中央來掌理各地教育政策（不像是美國由各州自行發展），甚至由政府來掌管歷史課程中有關史觀的角度，即使臺灣社會處於海峽東岸，其政權統治結構同樣具有中央集權性（包括教育政策在內）；社會菁英同樣要判斷人民應該擁有什麼，不應該擁有什麼，因此由國家來掌理經濟政策，且任何華人社會都不會實施徹底的自由經濟政策，避免造成貧富差距與社會不公。當然，社會菁英在決策過程中不能有私心，他們要去體察民情，然後幫人民做出超過個人才智做出的決策，否則平日沒事歸沒事，任何政策失當，人民就會罵說：「我們要你這種政府做什麼？」一般民眾的公民素養其實很難保證其品質，而由士人這種菁英集團組成的政府，有時要相當程度去抑制一般民眾難免有著「自私自利的心理」，這時士人要從整體的角度來做決策，不能放任一般民眾對自己利益的無限擴張。就像是孔子說：「君子之德風，小人之德草，草上之風必偃。」（《論語．顏淵》第十二）意思是說，君子的德性就像風，小人的德性就像草，風在草上吹過，下面的草就會跟著傾倒。這種集體潛意識長期影響著華人社會，使得不論是大陸或臺灣，政府部門常都是由高學歷的知識菁英來從事決策工作，政府甚至有責任尋覓與攬請學者參與國家決策（或者政府官員要有意識去提高自己的學歷，否則會被人民輕視），畢竟「野無遺賢」纔會是國家富強康樂的指標。

在華人的傳統觀念裡，政府官員同時應該是文化的掌舵者和先行者，這就是為什麼大陸會習慣稱上司為「領導」，臺灣則習慣稱上司為「長官」，因華人相信其上司的德性應該要比自己高，能帶領團體踏上正確的道路，替該團體帶來更深遠的福祉。這使得華人總有著聽從領導或長官的文化心理，並讓自己的眞實想法常隱藏在深不可測的角落。這是一種對自我的高度抑制，為避免破壞大局，藉此成就「更大的我」，這固然能解釋為什麼中華思想的主軸是「自性」，但是我們還要避免概念被偷渡，並進而思考：那個「更大的我」的決策有時候不見得是德治，意即我們通常會相信領導能做出有自性意義的決策，但其實可能大家的共同討論更有利於自性，卻因為大家的沉默，而讓那個決策沒辦法被聽見，從而導致不大理想的結果。但無論如何，華人的團體生活的確有這種傾向，任何不同範圍的團體都會凝聚出某個菁英階層來集體管理，藉此有效抑制個人自由的無限擴張，並保護集體利益，這種特點使得華人常只是字面聲稱「民主」的重要性，然而對臺灣社會而言，其實施範圍只及於「國家層面的政治」，但不在該範圍裡的其他政治（譬如公司的經營或家庭的經營），則繼續呈現其傳統中「相信領導」或「相信長官」的特徵。譬如說，公司中各級老闆做出的決策，不可能有其單位員工敢質疑或反對，否則你就可能面臨工作不保的困境；家庭中孩子不可能集體投票，採多數決，要求爸爸暑假放下工作，帶他們搭飛機去美國玩半個月。如果臺灣社會自認是「民主社會」，卻並未全面在各層面實施選舉投票制度，這裡面是否有「名實不符」的問題呢？

然而，在國家層面的政治，所謂的「民主」的終極型態就是公民投票，常見的現象卻是人民對某些重大公共政策，毫無相關專業知識，卻總要對專業議題做出情感性的發言，並做出不經辯論的投票，任由多數決來決策大計，譬如臺灣社會對於是否要使用核能發電已經爭論三十年，只要有政黨對此議題釋放恐嚇的負面訊息，人民就會對於核能發電感到恐懼，並在宣導中支持「我是人，我反核」的主張（並不管該主張是否符合理則，譬如提供我們瞭解「支持核能者爲何不是人」的合理原因），卻導致臺灣現在發電與用電都日漸困難，甚至要承受因恢復大幅煤炭發電而導致中部地區人民的生活品質日漸受損，但這種長期傷害人民健康與生活的事情，卻無法在短期選舉中討論與呈現任何具體結果，政治人物都經由選舉出身，已經不再是傳統飽學的社會菁英，常見不學無術者只要靠著話術或技術就能在選舉輕易碾壓對手，可是儘管如此，臺灣社會「相信長官」的文化心理依舊未見改變，使得這些譁眾取寵的政客只要熱衷於根據社會大眾的輿論來不斷轉變談話風向，就可持續操縱民意並獲得高支持度，從中混淆視聽並獲得己利，導致國家不再有具遠見的政策可落實，這種充滿矛盾的徵象，如果按照中華文化史與本土心理學的角度來看，絕對不可能持久發展下去，最終將會因「菁英不從政」（意即假菁英當道）而使得整個國家整體結構被支持民粹主義（populism）的人破毀殆盡。

基於前面這種菁英管理型態，天下的安危都繫於讀書人身上，使得華夏讀書人只要尚有發展的機會，都會對於政治有著特殊的使命感，士人會將百姓福祉放在自己的胸懷，實踐「民胞物與」的社會理想，這出自宋張載（一〇二〇—一〇七七）在《正蒙．乾稱》中〈西銘〉這段文字：「民吾同胞，物吾與也。」意即人民都是我的同胞，萬物都是我的同類，因此，究其實，華人社會始終不是民主社會，而是民本社會，或者說，即使稱做民主社會，這種民主社會並不是要讓庶人當家做主，而是讓士人當家做主，關注國家的長遠發展與社會的長治久安，使得廣大民眾的整體福利獲得照顧，徵諸整個中國政治史，漢朝而降可謂由士人階層在主導中國政治在實質層面的發展。對西洋人來說，信教最終的呈現就是成爲神父或牧師，對華人來說，讀書最高的表現就是需要做官，藉此實踐經國濟民的願望。因此子夏（西元前五〇七—西元前四二〇）說：「仕而優則學，學而優則仕。」（《論語．子張》第十九）能擔任優異的政府官員，平日都要認眞於學問的探討；能成爲優異的學者，後來都要認眞於政治的治理。這兩者有著共生性，即使無法發展自己對政治的理想，還是可藉由著書立說與開門授徒，來將自己的理想傳給後繼者與有識者來實踐。然而，人如果畢生只想要經商致富，不過只是讓自己在物質生活層面過得更舒適一點而已，並不眞正能完成生命意義。這使得有大凡有才智的人，如果遇到政治還清明的時空，都希望能在政治上有成就，而不是經商。敝人長年跟山東人來往，素聞山東省就是這種典型的狀態，其父母對孩子的教育高度重視，使得每位山東人從童年開始無不在教育層面承受著高壓狀態，考上名校就能光耀門楣，沒考上名校則會辱沒祖先，並且山東人對自己在政府部門工作會感到特別榮耀，開車能在窗上掛著公家單位停車證纔能顯得氣派，甚至其普遍覺得即使在私人企業可能會賺相當豐厚的錢，都比不上人在政府部門工作來得實在。其實，這就是傳統中國社會纔會有的現象（尤其反映著魯學思維的特點，詳細可見敝人《聖人的丹爐：中華思想史與本土心理學》一書的討論），不是這個文化脈絡裡的人會很難理解。

如果說儒家會被視作成宗教，那是種著重現實人生的宗教，著重在現實社會和現實政治，形成的一種重視文化如何落實於政治的宗教，這樣的宗教具有入世精神，將政治理想與生命意義結合，不像西洋文化基於「政教分離」的原則，宗教絕對不能參與政治，因此，外國人在跟華人的互動過程裡，如果聽到有父母鼓勵孩子認眞學習，將來要「做大官」會不太理解，他們比較能理解認眞學習將來要「賺大錢」，因爲資本主義能高度發展，就是來自於個人主義思維。針對這種現象，孫中山在民國十二年（一九二三）十二月二十一日對嶺南大學有篇演講詞，題目是〈學生要立志做大事，不可做大官〉，其間內容中表示：「我勸諸君立志，是要做大事，不要做大官。」這當然是語重心長的勸告，但其實反過來能作爲文本證據指出：傳統文化確實有種將政治理想與生命意義結合的想法，纔會年輕人立志總會不知不覺想要「做大官」，當然很多人可能在過程中忘記初衷本來應該「做大事」。當前臺灣社會在某個層面正慢慢跟中華文化呈現脫節的現象，如果有臺灣孩子童年發願想要從政，家長會開始罵他不知進取，但如果孩子童年發願想要經商，家長都會讚許年輕人想要賺大錢很正常，這就是個人主義思維將生命意義限縮到自己身上的結果（當然我們同樣可解釋這是種齊學風格），不過，大陸社會與臺灣社會有個共同現象，那就是大學畢業生常有很多人熱衷於考公務員，父母會覺得孩子能考上這種穩定的工作，未來人生比較有保障，不論職位高低，汽車能掛上政府單位的辨識牌就是衣錦榮歸，這其實還是延續著「做大官」的思維，如果沒有將生命意義的角度放進來思考，不想要「做大事」，很容易就流於「公務員心態」，不知不覺變成官僚機構文化中的幫兇。

但，如果不是知識分子（傳統則是士人階層，當然，現在的知識分子不見得有士人意識），華人多數時候對於現實政治常只喜歡看熱鬧，實際層面卻對於外在事務採取默不關注的態度。這來自某種根深蒂固的農民意識。西周時期原本有井田制度，到春秋時期逐漸開始被廢除，原因在於隨著工商業逐漸萌芽，有些農民開始游離於田地，有些農民則開始擴張田地，本來的地主希望能增加稅收，於是只收田租，不再嚴格控管田地經界，農民開始有機會不斷擴大自己的田地，這就開始有土地兼併的現象，導致土地擁有呈現出兩極分化的狀態；加上各諸侯國經由編戶齊民的過程，戶籍不斷擴張，更多農民變成「農戰」中的一員，無事時耕作，有事時戰鬥，因殺敵而獲得犒賞的田地，更促使無數新興地主的出現，這些原因使得封建制度徹底崩解。當時的人口基數並不如今日，人只要認眞耕耘，自己擁有的田地就會越來越擴大，這種靠天吃飯的背後，形成農民通常只在意跟自己有關的家族與上天的關係，對於更高的社會性的連結不大在意，因此公共意識相當淡薄。沿襲到現在來觀察，平日我們常見華人總覺得自己是道德上的好人，譬如會認眞於祖先祭祀，或者重視於孩子教育，卻對公共秩序的維護顯得漫不經心或事不關己，譬如不遵守交通規則，公共場合大聲喧嘩，隨地吐痰或亂丟煙蒂這些陋習都層出不窮，大家只圖著自己生活的便利，覺得這些行徑無傷大雅，甚至自覺如此纔是率性過日子，當多數人懷著這種集體顯意識的心理狀態，就會形成公民素養的不彰。這就是當前華人社會頗値得省思的問題，我們很多人儘管在日常生活上早已離開農業社會，但是心態與作法還依然生活在「小農心理」產生的思維限制中。

但，這樣的農業社會，爲什麼還會被譽爲「禮儀之邦」？因爲華人社會本由無數個家族組成，家族群聚而有村莊，構成「沒有陌生人」的社會，任何個人犯錯，都會讓整個家族蒙羞，這對於個人產生很強的社會約束。臺灣社會的農村，在戒嚴期間，還可常見三合院或四合院，每個合院中居住的鄰居全都是家人或族人，孩子平日在大稻埕中玩耍，發展成很強的社會安全系統，任何一家的孩子做什麼，左鄰右舍都自然而然幫忙看顧；缺點則是說任何一家的孩子使性子，爸媽生氣罵孩子不聽話，甚至邊打邊罵，左鄰右舍全都會知道你罵的內容。我們還可拿前面談到的傣族社會來做例證。敝人曾聽傣族同胞親口跟我說，傣族的村寨常見人口只有七百人到九百人，每個村民彼此都認識，一有陌生人來村寨中，立刻就會被發現與留意。如果村民有誰品性不當，全村寨的鄉親都會強烈督責，導致該人認錯不敢再作惡，這讓村寨當眞做到「夜不閉戶」與「路不拾遺」的程度，我聽完當時就不禁回應她：「這就是『禮儀之邦』呈現的景象，大家都是熟人，纔會帶來的優點。」反過來看，如果置身在陌生人的社會中，沒有這麼強的社會約束，譬如在城市這種人口龐大，流動性高，個人只要活在很難被監管的角落，就會有人覺得難免偷到機會去貪點便宜，甚至覺得自己如果能帶著這種「精明」的態度來處理事情，生活會更來得便利且輕鬆。如果華人社會裡這種具有「農民意識」卻居於城市中的人居於多數，那就會讓該社會的秩序逐漸崩解。但問題常呈現在只要不觸及到政治層面，政府部門通常沒時間在這些生活細節的層面費神，這就讓一般民眾會有作惡的僥倖空間；反過來觀察，如果政府意識到提高公民素養是國家永續發展的首要工作，對違反公德的行爲形成很強的約束或懲罰，而不只是在公共場貼道德標語就沒事，該農民意識就會逐漸消弭於無形。俗話說：「小時偷針，長大偷金。」細微的惡不除，就很有可能孕生出巨大的惡；還有這段話：「菩薩畏因，凡夫畏果。」重點甚至不是作惡的表現，癥結更在於作惡的意念。這些年來，大陸社會的大都市中治安如此優良，車輛不只不再狂按喇叭或亂闖紅燈，甚至車輛常在市區街道中懂得慢慢開車並禮讓行人，正就是監視器無所不在，尤其會拍照嚴懲（當點數用盡，不只會取消駕照，甚至會影響自己與孩子的未來發展）帶來的效益，這可能是生活環境面對「充滿陌生人」的社會中沒有辦法的辦法。

華人因爲對於社會階層的差異很敏感，接著對於公平與否，有著高度的關注。整個歐洲社會至今都還常見各種有爵位的貴族，尤其在英國，終身貴族直到此刻都還是長期壟斷並主導著上議院（House of Lords，其直譯就是貴族院）的席位，其《一九九九年上議院法令》只改革任何人都不能憑世襲貴族身份而成爲上議院議員，但法令則允許九十二名世襲貴族獲得留任，至今則還有七百餘名不需要選舉產生的議員，包括英國國教會的二十六名大主教或主教（意即神職貴族），還有六百餘名貴族（即世俗貴族），但英國人卻從來不覺得這種尊重貴族權益的作法違背民主政治的運作。但華人社會早在漢朝就已經結束貴族統治，無論是古時候的科舉，還是現在的高考，通過考試來創造社會階層的流動，這是從隋朝至今歷來華人社會的共識。華人受到儒家思想的影響，高度重視教育，但教育最終如果涉及權利配置問題，則還是得通過考試來拔擢人才。這使得同樣是念大學，歐美大學錄取學生，主要依據個人提供的資料來審查，有點像是臺灣社會這些年來發展的特殊選才，但臺灣對於這種管道名額控管很緊，主要還是希望能依據考試成績來判斷念大學的資格，而且還有一點差異，歐美大學如果學生家中有親人係這個大學出身，孩子相對來說更容易進該大學，這背後還是來自於對家世背景的高度重視（意即貴族現象的繼續發展），敝人曾跟某個具有英國貴族血統的人聊天，得知貴族都有自己的家徽與習俗，這種出身的人，對於自己的血統有著高度的驕傲感與榮譽感，更對於自己的教育與孩子的教育有著高度的期許與使命，人生各項表現都要極優異，絕對不能辱沒自己的家風。

華人的文化心理是追求公平，相信只有通過絕對公平的考試，纔能讓眞正有才智的人被選拔出來。這使得中國社會的階級差異性沒有那麼強，「士，農，工，商」是社會階層，卻不能被認知成某種社會階級，畢竟階級無法改變，但階層可藉由奮鬥而改變，並且，在華人社會，這些不同階級卻會出現在同一個家族中，舉例來說，本來某個人家剛開始務農，後來家境逐漸好轉，生出好幾個孩子，每個孩子長大後各自成家，老大跟著自己務農，老二去作工，老三學經商，老么則常因家境殷實開始讓他去讀書，考上科舉就開始做官，就變成同一個家族中有著不同的階層（階級），共住在相同的鄉里中。對於士人而言，即使你本來的父親是個農人，只要你能考上科舉，就取得與其他士大夫平等的社會階層（當然裡面還是有官階高低的差異），甚至有可能通過婚姻而獲得更高發展的機會。根據何炳棣（一九一七—二〇一二）的研究，明朝與清朝由平民成爲進士的人數平均值竟然佔全體進士百分之四十二（轉自韋政通，一九九六：頁三一三）。相較於印度的種姓制度（caste），將其區隔成四種社會階級：婆羅門（brahmin，祭司階級）、剎帝利（kṣatriya，武士階級）、吠舍（vaiśya，商人階級）、首陀羅（Śūdra，雜役階級），按照《梨俱吠陀．原人歌》對這四種階級的源頭描寫，婆羅門是神的嘴巴所生，刹帝利是神的雙臂所生，吠舍是神的大腿所生，首陀羅是神的雙腳所生。此外，還有一種階級屬於「賤民」，被排除在神的身體外。不同種姓間世世代代不能通婚，這纔是眞正的階級分化。儘管西元一九四七年印度獨立後，其憲法明文規範不得因種姓制度而歧視人，但在實際社會生活中，種姓依然產生很重要的影響，這就是爲什麼直到現在，印度很多人都還是處在相對卑微的社會位置裡，他們沒有反抗的意識，而是很安於這個狀況，希望來世神可早日幫他解脫，或者在下一世投到更好的階級中，這種現象導致社會不公的現象時有所聞，包括男性如果強暴比較卑微種姓制度中的女人，該女人自己或社會輿論都會覺得她應該要懂得「容忍」。這不像是中國的「士，農，工，商」這些階層中的人不斷在置換，尤其唐朝後，「士」（尤其是進士科，而不是明經科）都是從社會各階層中通過科舉考試選拔出來的賢者，這種階層不斷流動的事實，使得階級的分化並沒有太尖銳。

甚至，在沒有科舉前，華人社會中平民只要願意參與政治，就可一躍成爲公卿或將相，《孟子．告子下》中說：「舜發於畎畝之中，傅說舉於版築之中，膠鬲舉於魚鹽之中，管夷吾舉於士，孫叔敖舉於海，百里奚舉於市。」這些朝廷的重臣，全都出身社會底層，包括耕田的農民、築牆的工人，販賣魚鹽的商販，甚至身爲囚犯、隱士和奴隸，都有機會因自己的智慧而翻身。漢朝的建立本身就象徵著平民崛起於歷史舞臺，漢高祖的功臣集團中其重要成員除張良（西元前二五〇—西元前一八六）外泰半都出身於平民，譬如陳平（？—西元前一七八）出身於農民，酈食其（西元前二六八—西元前二〇四）擔任里監門吏，夏侯嬰（？—西元前一七二）擔任駕車師傅，樊噲（西元前二四二—西元前一八九）則是宰狗爲業，周勃（？—西元前一六九）平日在編織養蠶的器具並替人吹簫管辦理喪事維生；灌嬰（？—西元前一七六）是販賣絲綢的商人。漢武帝（劉徹，西元前一五六—西元前八七）在位時任用平民，更有藉此跟貴族集團鬥爭的用意，像是朱買臣（？—西元前一一五）原本是個樵夫；而丞相公孫弘（西元前二〇〇—西元前一二一）的職業原本在養豬。有人常說：「華人比較喜歡靠關係，歐美人比較喜歡靠制度。」敝人覺得這種話不是沒有道理，有道是「有關係就沒關係」，確實當人與人彼此不再是陌生人，在華人社會中就會有種特別措施來對待「熟人」，但這件事情還應該再繼續深化來講，因爲華人通常確實比較喜歡靠關係來解決問題，這讓華人更在政治層面對此有著高度警覺，會特別重視制度的公平性，只要某個時期的政治比較清明，政府就會設計相對公平的制度，讓關係不容易對個人產生影響。中國很早就在科舉制度層面發展出隱藏姓名的制度，武則天時期（武曌，六二四—七〇五）首度使用糊名的辦法，將考生在考卷上的名字與籍貫用紙糊上，藉此杜絕考生與考官串通作弊，避免靠關係來通過科舉，大陸至今在高考（普通高等學校招生全國統一考試）的制度層面還是如此嚴格（甚至有些僵化），任何念完博士的人想在高校謀職，審查者首先會看你大學念哪裡，將你念哪間大學視作眞正的硬出身（第一學歷），其原因莫過於此。

歐美社會喜歡靠制度維繫的說法固然沒錯，但你可反觀這個事實：直到此刻為止，每一屆美國總統當選後，他可任用私人的權柄其範圍有多大？有人曾做過統計，從最高法院法官到內閣各部部長，包括各級外交官員，甚至某些低階的行政官員，每一屆的美國總統可直接任命一萬名聯邦政府官員，這些人不需要經由文官考試就能在政府機構中工作，顯示出美國長期有著「贏者全拿」（winner-take-all）的傳統，美其名稱作「獵官制度」（spoils system），其實就是分贓制度（spoils system），更常見則是「肉桶政治」（pork barrel），意即議員在藉由立法，在法案中附加對自己的親信者或支持者有利的附加條款，從而使他們自肥受益的手法，或向政府爭取提供給自己選區的選民具體利益，藉此獲得持續的支持，儘管西元一八八三年彭德爾頓法案（pendleton civil service reform act）獲得通過後，冀圖建立「文官中立」的原則，但隨著聯邦政府官員規模從西元一九七〇年僅有三百多人，西元一八〇一年二千一百人，西元一九〇〇年二十萬人，西元一九三〇年五十八萬人，西元一九五〇年有二百萬人，再到西元二〇〇〇年直至現在已有三百萬人來看，總統依然擁有異常龐大的職務酬庸空間，可成為其政治交易的籌碼（蔡東杰，二〇一七）。這種酬庸背後難道不是錯綜複雜的關係嗎？在歐洲的基督教文化裡，貴族上面還有上帝，在面對死亡，尤其面對上帝對你終其一生的最終審判，這點貴族跟農民的確徹底平等，可是在現實的社會階層來說，他們從來都不平等。個人跟上帝間有著契約關係，這使得人跟人同樣可有契約關係，彼此同意的權利和義務，最後就通過簽訂合約來確認其具有法律效益。這種制度性的概念確實是西洋文化長期存在的一種社會現象，可是這跟歐洲社會中貴族長期壟斷社會資源的事實並不衝突，在美國這種貴族則蛻變成富人階級，根據聯準會最新的家庭財富季度報告，最富有百分之一家庭的淨資產，西元二〇二〇年持續增加到四兆美元，這表示他們占據美國約百姓分之三十五的新增財富（劉祥航，二〇二一）。

第四節　承先啓後的經濟觀

當我們談到經濟議題，就不能忽略商人實屬華人社會累積財富的主體。「商人」一詞來源於商朝，商朝原本就是個游牧社會，在由漁獵發展到游牧的過程中因爲要讓獵物或貨物獲得交易，於是就開始有商業運作。從事這類工作的人就逐漸形成我們後世所認知的商人。原本在周朝的封建制度下，人民應該各自在被配置的土地上認眞耕作，可是有一些原本屬於貴族擁有的非耕地，會有一些農民去燒炭、伐木或獵捕等的事情，從貴族的視角來看，這種行爲就是在偷盜，實屬違法行徑，可是這些農民在荒郊野外抓不勝抓與管不勝管，結果到春秋時期，這種情況愈演愈烈，貴族就索性開放禁地，允許農民去捕捉、砍伐與販賣，但貴族要在禁地的關隘抽取某種比例的罰金或稅金，這種情況一直持續到漢朝。西漢作爲中國歷史上第一個由平民建立的王朝，其政府的組成更是與農業社會息息相關，因西漢早期的政府官員幾乎全都是從鄉村出來的學者，他們常有的經濟觀點就是要繁榮農村與抑制商業，甚至朝廷禁止爲官者從事商業。雖然工商業在漢朝時期獲得一定發展，但漢朝仍然認爲農業纔是本業，非農業就是一種不法事業，是在牟取暴利。商人雖然有財富也不能過奢侈的生活，生前的住宅，死後的墳墓，都有規制不得逾越，這就是傳統的所謂「禮治」。

孔子在《論語．季氏》第十六有這樣一段話：「丘也聞有國有家者，不患寡而患不均，不患貧而患不安。蓋均無貧，和無寡，安無傾。」意思是說：無論是諸侯有國都或者大夫有家室的人，不需要憂慮財富太希缺，只需要憂慮財富配置不平均；不需要擔憂人民太貧困，只需要擔憂人民不安寧。若是財富獲得平均配置，人民就不會有貧困的現象；讓人民情感和睦相親，財富就不會希缺；讓人民能平安過日子，國家就不會傾危。《禮記．禮運》則有這樣一段話：「故人不獨親其親，不獨子其子，使老有所終，壯有所用，幼有所長，矜、寡、孤、獨、廢、疾者皆有所養，男有分，女有歸。貨惡其棄於地也，不必藏於己；力惡其不出於身也，不必爲己。」這段話的意思是說：人不能只贍養自己的父母，只撫育自己的孩子，更要讓天下的老年人都能安享晚年；讓天下的壯年人都能爲社會效命；讓天下的孩子都能健康成長；更要讓年老卻沒有配偶的人，讓年幼卻沒有父母的人，還有殘疾人士，都能獲得扶養；讓男人有工作且女人有歸宿（當然我們今天會覺得任何性別都應該要有工作與歸宿，或者這兩者缺一時都依然擁有幸福感）。人們與其任由財貨被浪費與棄置，不如善用卻不見得需要據爲己有；人們都願意竭盡精神去奉獻於社會，卻不見得替自己謀私利。富有的想法不只侷限於物質層面，更反映在精神層面，這反映出儒家自來有著「大同」的均富思想。

按照該思想來指導與發展，中國歷來的理想政府其實更應該成爲一種「全民政府」，而不是專門在照顧某個社會階層的政府，因爲不同的社會階層中，都會存在著「親，子，老，幼」，都會有「矜，寡，孤，獨，廢，疾」，政府要照顧的是人本身，而不是任何個別社會階層，這是種經濟政策，其「經濟」意謂著「經世濟民」，顯示出儒家本身就有被視作社會主義思想的元素。按照這種思想發展出的經濟政策，中國社會對於「均」字帶有高度的嚮往，孫中山在民國十二年（一九二三）一月一日發表〈中國國民黨宣言〉中就表示：「歐美經濟之患在不均，不均則爭；中國之患在貧，貧則宜開發富源以富之。惟富而不均，則仍不免於爭，故思患預防，宜以歐美爲鑒，力謀社會經濟之均等發展，及關於社會經濟一切問題，同時圖適當之解決。」（見《孫中山全集》第七卷，二〇一一a：頁五〇六）因此，過去毛澤東統治大陸社會，早在西元一九五三年十二月，有關〈關於發展農業生產合作社的決議〉中，毛澤東就已提出「共同富裕」這一概念，儘管他的願望並未實現，而由鄧小平（一九〇四—一九九七）深化實施於社會（余永躍與王世明，二〇一二：頁一二〇—一二三）。在同一時期的臺灣社會，從蔣中正到蔣經國（一九一〇—一九八八）卻極其重視均富，意即希望能抑制資本家，在發展經濟的過程裡，最富的人和最窮的人每年所形成的平均差要拉得很低，窮要有窮的最低限度，富要有富的最高限度。臺灣社會在民國三十九年（一九五〇）時的貧富比值高達十五倍左右，民國五十三年（一九六四）的比值降到五點三三倍，到民國六十九年（一九八〇）更降到四點一七倍，但從民國五十二年（一九六三）到民國七十八年（一九八九年的二十六年間，臺灣卻一直保持百分之八點五的高度成長，這期間的臺灣經濟奇蹟李國鼎（一九一〇—二〇〇一）是重要的推手（莊祖鯤，二〇一四）。中國傳統的經濟政策不僅是要救貧，而且要抑富。臺灣經濟最繁榮的時期，正值社會跟傳統文化高度連結的時期，可是當臺灣社會開始自我否定傳統文化，臺灣經濟就跟著衰落了；現在大陸社會在新冠肺炎疫情爆發前，經濟最繁榮的時期同樣正值高度提倡傳統文化的時期，顯見復興文化與經濟繁榮呈現正比關係。

孫中山先生在《三民主義．民生主義》第一講中說：「我現在就是用民生這兩個字，來講外國近百十年來所發生的一個最大問題，這個問題就是社會問題，故民生主義就是社會主義，又名共產主義，即是大同主義。」（孫中山，二〇一一b：頁一五九）換個角度來看，中國共產黨可取得大陸的領導權，其實跟華人傳統心態具有社會主義傾向有關，傳統農業社會原本崇尚順應自然，從而形成穩定的社會秩序，對不按照穩定的社會秩序來運行的事情常深懷戒懼，譬如經商常常就是在流動的狀態裡獲得大量的利潤，甚至，經商常不在政府控管的範圍，有各種隱藏性收入的機會，這就讓大家產生「無奸不商」的印象。因此，華人對商人有種緊張跟排斥的心理，對農人卻有著天然的同情，總覺得耕田者纔是靠天吃飯的辛苦人，經營者則總給人有點不勞而獲的成見，在思考經濟政策時，政府總希望能「重農抑商」，這是華人兩千五百年來慣有的文化心理。從這個角度我們就可理解中國國民黨當年在大陸的統治「注定要失敗」，因爲國民政府當時跟商業階層有各種錯綜複雜的關係，並且支持國民政府者都是軍公教這些參與政府的人員與眷屬，這些人在整個中國社會裡畢竟不是居於多數，因此當共產黨訴諸工農兵這些「無產階層」要翻身，在當年就會契合於主流社會結構的需要。但，如果社會只重視經濟層面而不重視文化層面，同樣會形成偏頗的發展，因此中國社會有個常態：當經濟發展到某個相當程度後，接著文化就會獲得發展，大陸社會現在整體經濟條件大幅改善，接著就會想要往傳統文化回歸。

即使是商人，當他日常生活變得富裕，他還是要有文化來滋潤生命，只有錢依然會有種虧欠和不足的感覺。商人絕對不會希望被人視作「土豪」，因此有種常態現象：商人只要變得富有，通常就會蓋很有文化品味的房屋，來讓文化充實他內心的空虛，這在臺灣社會就會稱作「起家厝」，意即這是商人家庭的發祥地。並且，只要經濟不再有問題，孩子還是要讀書，《漢書．韋賢傳》卷四十三中有這段名言：「黃金滿籯，不如遺子一經。」意思是說：與其把滿筐黃金傳給你的兒子，不如交給他一本經書。甚至漢朝規定商人不能穿絲綢衣服和乘坐馬車，這讓富人有錢都沒處花，還不如鼓勵子弟做好學問，如此纔能承先啓後，持續讓家業興旺。多數華人的商人階層都會直接把「事業」視作「家業」，意即最終都要交棒給自己的孩子，而不是專業經理人，因此都會很看重孩子的教育，形成老一輩的商人可能目不識丁的白手起家，其孩子卻可能在國外念到企業管理的碩士甚至博士，然後跟老爸有著完全不一樣的企業經營理念。

商人階層不論如何有錢，其子孫只有藉由讀書纔能「漂白」，否則始終就會被社會輕視，這就是爲什麼中國傳統一直都有「士，農，工，商」這四大階層的說法：士人和農人排在前面，而工人與商人都排在後面。這種對商業交易的敏感性與距離性，至今依然存在於華人的文化集體潛意識中，人們自覺或不自覺總對商人有著戒備心理，尤其在傳統氛圍比較濃厚的內陸各省，深怕毫無距離會變成「和魔鬼交易」，這種心理導致華人社會富人只要稍有文化，就會懂得隱藏自己的財富，強調自己的文化，不願意強調自己的財產。如果是上海、廈門與深圳等這些沿海移民城市，對於商業的態度就會顯得更自然一些（或者說闊氣），但這同樣會住在被文化程度較高省市內的人輕視，譬如儘管彼此距離不遠，但杭州人就常會覺得上海人只會炫富但欠缺文化，敝人的父親陳祖洪先生出生於杭州，祖母黎莉長年住於杭州與上海兩城市，敝人童年就曾聽過祖母講過這首早在民國初年就已在流傳的打油詩：「上海來個小癟三，手上拿把小洋傘。早上耍子城隍山，前山不走走後山，屁股攢得三劃三。」本來只是覺得有趣且順口，並沒有認眞解讀裡面的意思，後來聽某位來自杭州的學者這樣描寫上海：「從歷史來看，上海什麼都沒有，但是就能無中生有。」這是個褒貶共生的評論，從中可看出文化程度較高者對於文化程度較低但經濟程度較高者的評價，儘管從各項指數來說，現在的杭州已不見得經濟程度較低，上海則不見得文化程度較低，這種評論難免都夾雜著地域成見。無論如何，現在的華人社會，不論生活在大陸或臺灣，工商業已成爲社會的主導，不可能再像古時候那樣對工商業採取強烈抑制的措施，於是，怎樣在傳統和現代間覓得一個心理的平衡點，這是我們這個時空環境中的重大課題。

在重農抑商的文化集體潛意識中，中國的讀書人，對於金錢似乎總要抱持著不在乎的態度，纔能證明自己的「心態健康」，甚至對於「棄絕金錢」已達到一種潔癖的程度，這卻會導致對金錢與自己的關係沒有精確的思考與對待，該心態發展到極端就會變成「仇富心理」。明清時期的士人因受政府供養，即使沒有做官，只要有科名，那麼從秀才開始，每個月就會有米糧，更免交人丁稅與免傜役，因此只要是個秀才，就大可對金錢採取不在乎的態度，但當朝廷給的待遇變差，如《儒林外史》的作者吳敬梓（一七〇一—一七五四），他寫的是明朝，其實都在指向清朝的士人階層，他筆中的范進，沒考上舉人前，窮困潦倒且受盡欺凌，一考上他就喜極而瘋，甚至本來沒給其好嘴臉的岳父胡屠戶都熱情前來祝賀並攜來賀禮，還有同爲舉人的鄉紳張靜齋登門相贈錢財房舍，讓范母喜極而亡，這種對比反差就可看出有沒有考上舉人的確差異甚大，這背後隱藏的事實就是從此就可當官，正式接受政府的供養，經濟生活從此無虞了。可是今天只要念到大學都應該被視作讀書人，這些人遍佈於各行各業，畢業後都要自己尋覓合適的工作，如何能不在意金錢呢？我們華人在現代化過程遇到這個重大難題：時空背景已經來到工商業社會，但我們還保留著農業社會的文化集體潛意識，這種心態常會讓年輕人想要在工商業社會實踐自己的理想，卻很可能會發現理想與現實的巨大落差。

譬如說，只想靠公益的型態來發展心理諮詢，卻沒有合理的經濟收入，從而導致事情很難持續發展下去。當然，商業的心態同樣可能會讓諮詢師的工作發生質變，畢竟人從事於幫忙人的事情，自身總不能變成唯利是圖的人，這就會從一個極端跑到一個極端。在當前社會中從事心理諮詢工作，不可能不發展出收費機制，如此纔能創造出該工作的價值性與操作性，更可讓尋求幫忙的當事人對他參與的諮詢過程產生嚴肅感，因爲當他意識到心理諮詢需要繳費，就可避免喜歡貪便宜的「小農心理」，覺得反正不收費，就可大量消耗時間，而諮詢師就難免會覺得自己在從事著始終無法有經濟支撐的工作，我們要對這種不平衡的心態有所警覺。智慧諮詢屬於心理諮詢，同樣需要有心性修養，但智慧諮詢與心性修養這兩種型態還是有些差異：當前社會常在探討的六大主題「親子，考試，感情，財富，職涯，生死」，這六大範疇內具體的問題，都可進入智慧諮詢的範疇內去探討，意即當事人並不在傳統修心養性的機制裡，而是先與諮詢師展開對話，探討如何解決這些具體問題；而只要當事人開始意識到解決這些具體問題需要心性修養工夫，關於工夫論的探討與操作還是可回到傳統脈絡中，不需要再特別收費。意即諮詢師可展開一對一心理諮詢的收費機制，更可辦理一對多生命教育的課程，還可鼓勵當事人共同來做工夫，做工夫則不需要再有收費。有關於修養工夫的探討，都還是繼續採取傳統的態度去面對。如果當事人已經在修心養性，這表示他已經懂得如何自動自發去療癒自己，那麼除非當事人是擔任心理諮詢師，在督導的意義裡與其督導師展開諮詢，否則他應該展現自學精神，自動自發在心靈層面不斷鍛鍊與成長，在這個過程中，老師則應該適時給予提醒與建議，這就是宋明時期夫子對弟子的心性教育型態。

其實即便是在這種傳統的教育型態中，同樣有收費機制，孔子就有收「束脩」（扎成一捆的乾肉，這在春秋時期屬於貴重的禮品），因此發展智慧諮詢大可不需要對收費這件事情帶著清高與排斥的心理。我們在現代化的過程裡，對教育要收費完全沒有心理障礙，卻對諮詢要收費有著心理障礙，這種落差其實很需要反思。當然當前社會正在日新月異的發展，越來越多的人開始接受心理諮詢，收費實屬自然而然，但側重點不是收費與否，而是我們的工作狀態是否能依循著傳統脈絡繼續發展出新風貌，中華文化是一種有如曼陀羅不斷在轉化中開展的文化，但萬變不離其宗，總要依循著心體的中道精神來前行，不像西洋文化是不斷在變異的狀態，不同時期的文化型態彼此迥異，甚至形成很深的文化斷層。對華人來說，如果只是橫向把西洋心理諮詢挪移到華人社會來實施，其間自然會有各種落實的困境，正確的做法應該是從中華文化的脈絡裡萃取出具體可操作的辦法，再結合當前的時空，包括適當吸納西洋心理諮詢可與本土心理諮詢結合的資源，纔能被當前時空的華人所接受。

諮詢師要有此意識：做心理諮詢只是在順著因緣去幫忙人，在幫忙人的同時，最好能同時整合成一個共學與共修的團體，這個團體不見得需要收費（或者只是種實惠的會費即可），重點旨在給予一個精神空間，形成大家替更高的生命意義整合起來，不只凝聚在一起學習，更能攜手從事於某些社會公益工作，這樣纔能讓心理諮詢同時富含智慧的意義。請記住：任何事情只有「義利相濟」纔能長遠且恢弘的開展。當一個人的心理恢復健康，就可開展心性的探討，深度做工夫。如果個人的關注點始終只在於自己的喜怒哀樂，他纔會需要心理諮詢，因爲他的思考聚焦於個人的困境，纔會產生難以平復的不安與焦慮，當他的生命獲得擴充，開始不再拿個人的角度來思考人生，就可引導他進入一種更寬廣的整合與學習，這就需要從「諮詢機制」進入到「教育機制」。人在面對生命問題時，通常是「不撞南墻不回頭」，因此，智慧諮詢師對於當事人更多是給出一種守護與守望，在當事人眞正想要改變的時候，諮詢師就可恰如其分提供寶貴的建議，但要注意保持稍有距離的社會角色，不要對當事人產生心理的壓迫感。當彼此成爲比較深刻的師生關係，老師纔適合更主動去幫忙一個學生思考如何改變自己的人生。但師生關係有很多由淺至深的不同狀態，老師對於一個學生的生命要涉入到多深的程度，自己需要有個清晰的意識，畢竟涉入他人的生命有因果業能，你要有對自己生命精確的評估，如果自身心性能量尚無法對應某些課題，就不要輕易去涉入他人的生命，這樣纔是中道不二的生命態度。

第五節　天下一家的道統觀

如果要談到「天下一家」，就需要先談到家族與家庭對於華人到底具有什麼樣的意義。家庭的觀念是人類天然的需求，早從舊石器時期就已經存在，從各個不同的文化中我們都會發現，高度發展的文化，都是靠著家庭甚至家族來凝聚，其中有些特別興旺的家族常常都會成爲文化與政治的領導階層，這就是後來通稱的貴族（在東漢直至北宋的中國則變成士族）。有時候他們冀圖維持其社會階層，都會有政治聯姻，但差別是中國社會早在西周時期就已經將這種天然的家族觀念給倫理化，建構出一種符合秩序的禮教結構，通過這種禮教結構去維繫家中子孫的興旺發展，西周時期稱此爲宗法制度，後世則在基於該制度中不斷變異發展。西洋社會並不具備這種特徵，其後來特別看重個人主義，其實是在工業革命後，個人主義的核心觀念是追求自我的發展，強調人在追求自我的發展時應免於受到任何壓迫，當然，個人主義在思想層面有著最早期的支撐點，因《聖經》就認爲天跟人有著永恆的斷溝，人要靠天的救贖，在確定天如何纔會救贖自己的過程裡，個人就得要做無止盡的奮鬥，這種在上帝面前人人平等的觀念，其實就是最早期促使個人主義發展起來的思想支撐點。

不屬於貴族的一般信眾本來被限制不能去跟上帝直接溝通，而是要通過教會裡的神父來獲得輔導與指引，通過馬丁路德（Martin Luther, 1483-1546）的新教革命，主張每個人都能直接去跟上帝溝通，於是個人主義就更被刺激與擴張開來。因此，個人主義的思維會特別在深受新教影響的英美社會高度盛行，歐洲大陸卻不見得如此蔚爲主流，現在我們耳濡目染的美國個人主義的生活風格，其實源自英國清教徒（清教爲新教的一個分支）的思維型態，就是人要靠著自己獨立在世俗層面的奮鬥來榮耀上帝。在美國西部拓荒的過程裡，人始終要靠著自己來完成全部工作，包括跑馬圈地並與印第安人戰爭，於是個人主義甚至英雄主義（heroism）就在這個過程裡被激發出來。當然，早期發生在歐洲大陸的文藝復興（Renaissance）的因素同樣不能忽略，意即人開始有著深度的自覺，主張人文主義（humanism），人纔是世界的尺度，反對神性，人不要再受到上帝的編派。另外自然科學層面的很多進展，譬如由地心說（geocentric theory）進展到日心說（heliocentric theory），還有對歐洲人而言的地理大發現（age of exploration），這樣一路發展到達爾文（Charles Robert Darwin, 1809-1882）主張的進化論（theory of evolution），上帝觀念就被瓦解和動搖，直到尼采（Friedrich Wilhelm Nietzsche, 1844-1900）在他的著作《查拉圖斯特拉如是說》中說：「上帝已死。」（尼采著，黃敬甫、李柳明譯，二〇一三：頁五—八）其背後就是在反映出人對上帝存在的絕望，指向人要自立自強。這就更凸顯出個人主義的重要性：既然有沒有上帝已經不再是重點，個人就要伸張個人的權利，當然其中同樣要基於「不傷害他人的個人權利」做原則。接著，工業革命後資本主義的高度發展，更在強化個人主義的出現，商業競爭尤其需要人有個大大的自我感來不斷進行計算和掌控，通過積累財富來實現個人價值的熱情就變得空前高漲。

轉化與變異，的確是中西兩大文化的重要差異。西洋社會常見一個民族衰亡後，被另外一個民族取替，因此文化就跟著發生質變，而且，直到現在，我們依然會看見歐洲各國繼續不斷在裂解或新生（尤其是東歐各國，根據不完全統計，如摩爾多瓦、塞爾維亞、蒙特內哥羅（黑山）、北馬其頓、波士尼亞與赫塞哥維納、克羅埃西亞、斯洛維尼亞與阿爾巴尼亞，甚至還存在著有領土爭議且有限承認的國家）；而中國即使曾經歷某些草原民族統治，從人口來說，都一直是漢族作爲主體民族，並沒有眞正被誰取替，文化沒有根本性的變化，只能說是不同的階段有相對應的轉化（反而是從農業社會轉型成工商業社會，實屬根本性的變化）。中華文化沒有向外征服的特點，而是朝著中道思想軸線不斷凝聚和凝結，再接著往外輻射開來到各層面。華人從來沒有清晰的民族界限，而有文化高度與否的共識，這是來自華人早在先秦時期就有「天下」的觀念，它是超越民族與國家的核心觀念，更是我們闡釋中華文化的民族觀、信仰觀、政治觀與經濟觀後，最至關緊要的觀念，該一觀念應該稱作道統觀，畢竟沒有道統就沒有天下。從春秋戰國時期的諸子百家來觀察，這些思想家都沒有狹隘的國家觀念，他們相信自己掌握著「道」（智慧），提出自己的主張，在各個國家中遊說，只要這個國家肯接納他的主張，他們就服務於該國，並不會被視作「不愛國」，或者被貼上「賣國求榮」的標籤，這就是因每個思想家都在尋覓一個能平治天下的路徑，只要獲得機會來實踐，任何一國的良窳都能影響整個天下，因此戰國晚期出現的《大學》經一章會談外王有關「修身，齊家，治國，平天下」這四個層次，正就隱含著內聖有關「格物，致知，誠意，正心」這四個層次，沒有內聖四條目就無法發展外王四條目，這就是「道」（智慧）的推演統緒，最高理想就是「平天下」，故而稱作「道統」。

因此，後世華人的思考重點都是怎樣纔能參與平天下，讓天下處於大同狀態，這是華人在文化集體潛意識裡更在意的核心議題。這種現象就能解釋爲何在中國「王朝」會不斷替換，文化卻始終不滅，更能解釋爲什麼這一百六十餘年來，華人有相當大量會讀書的人，讀到大學畢業後就接著想要出國，最後留在美國當大學教授或擔任高級工程師。因爲對華人來說，「國家」始終不是一個上位概念，「天下」纔是中國的上位概念，宋念申在其《發現東亞》第一章「新天下秩序」中的研究指出，美國政治學者白魯恂（Lucian Pye，1921-2008）曾表示「中國是個佯裝成國家的文明」（宋念申，二〇〇八：頁八七），這個觀點說得很有意思，白魯恂出生在山西省汾陽市，當年跟他同時期的華人，很多留學生面對中國本土的戰亂不斷與殘破不堪，如果沒有出於強烈的「愛國」這一情懷，恐怕心中難免滋生出「危邦不入，亂邦不居」的想法，甚至有人會覺得「美國纔是中國」，美國社會纔象徵著「天下大同」的社會，因其強調自由與人權，展現出一種更開闊與恢弘的文化景象。這是二次世界大戰前後高知識的親美華人常有的想法，但，他們對於自己居住的美國恆常會有著「邊緣感」，敝人住在美國的親戚常在談話中稱自己是「老中」，稱其鄰居或同事是「老美」，敝人每回聽見都不免疑惑他們不都早已是美國公民嗎？但這反映出在他們心中其實永遠有個更核心的「中國認同」，不是更換國籍就能輕易消失不見，這種認同的指向就是「天下」。美國現在正面臨著長期性的衰退狀態，這個時候中國能不能重新恢復成「眞正的中國」，這就有待於華人的心靈自覺，意即華人的主體性來自於華人意識到自身文化的價值與內涵，能否呼喚出深刻的文化復興，不再拿西洋文化中「民族主義的角度」來思考中國的未來，而是拿中華文化中「天下一家的角度」來思考中國的未來。

但要認識這種道統觀，還是要回過來認識華人的家族觀念。華人的家族觀念是垂直軸而不是水平軸，垂直軸是親子觀，水平軸是夫婦觀，夫婦結合來自於愛情，因愛情的有無而可合或可離，但親子關係是華人一輩子無法切斷的狀態（親子關係不見得只是父子關係，母子關係同樣極其重要），傳統的華人不會把夫妻所結合成的核心家庭放在主軸，而是相當重視折衷家庭的組成，並高度重視由多個在垂直軸與水準軸的家庭立體呈現出來的家族，儘管國共內戰後七十餘年來，兩岸華人社會因西化浪潮的影響，居家建築多已改成大樓，已經逐漸在往核心家庭發展，但該核心家庭依然沒有眞正離開折衷家庭，而是夫妻常圍繞著祖父母或父母的生活空間周圍而居，這種有血緣的家庭相互圍繞而居的現象，其實來自家族共居經驗的文化集體潛意識，直到現在的臺灣社會，不論是閩南族群或客家族群，每到清明節、中元節或農曆春節，就會有大家族會群聚在祠堂祭祖，並常會在端午節、中秋節與重陽節群聚同樂。這是一種永恆的聯繫，更是華人高度關注的生命整合現象：個人的短生命融於家族的長生命中獲得延續與開展。家族的傳承對於華人來說幾乎像是宗教般具有神聖性，而且這樣的觀念變相發展，從完全血緣關係跨越到超越血緣的關係，這就是中國後來形成的「道統觀」。

中華文化關注個人與社會的大同，這一文化態度指向於心體，因此其核心價值在於中道精神。這種精神並不是對任何人消極的憐憫，而是人與人彼此間誠懇相待，從而展現出忠與恕的風格。這是一種需要在現實的家庭生活與社會生活中去積極踐履的人道觀念。親人間如果不能忠恕相向，卻自認能善待他人，華人絕不會相信。這使得家族成爲華人的最主要的根基與支柱。中華文化都是從家族觀念中建構起來，首先有家族觀念，順著這一觀念發展出人道觀念，接著纔會擴大思考人類整體的存亡絕續（錢穆，二〇一一：頁四八）。儘管國共內戰後這七十餘年來，兩岸華人社會隨著生育人數與產業變遷，逐漸由「家族」轉成「家庭」，但華人社會中人都具有某種「戀家情結」，這應該還是沒有改變的事實。這使得華人不大重視民族界限與國家疆域，其關懷的核心單位是家人而始終不是個人，甚至當從事於心理諮詢時，當事人關注的議題常是家庭間發生的議題。這種家人意識的擴大化，就接著會有「四海之內皆兄弟」的想法，總會藉由各種關係的連結（譬如同鄉、同姓、同校、同鄰、同袍或同黨等各種相同的生活經驗與生命背景），將彼此本來沒有血緣關係的人視作兄弟姐妹，共構成「沒有陌生人」的社會，只要有這一層情感關係，就很容易產生同理感，更關注著整體的人道，而不是主張個體的人權。這種家人觀念有沒有把華人的心胸變窄呢？敝人同意錢穆先生的意見，這其實反而把華人的心胸放寬了，因華人很輕易就可由「家族觀」過渡到「世界觀」，橫通與直通把整個人類交織成一片（錢穆，二〇一一：頁四八－五〇）。因此，當韋政通先生覺得中國的家族制度培養不出博愛的精神，因祖先崇拜與單系親族群相聯繫，使得崇拜者只崇拜自己的祖先，不管別人的祖先，祖先同樣只照顧自己的子孫，不管別人的子孫（韋政通，一九九六：頁八二），敝人覺得這只看見祖先信仰作為一種信仰系統在直通層面的事實，卻沒有看見家族觀如何在橫通層面發揮其擴張的效益。

相比於錢穆先生，孫中山先生的觀點正好反過來，他認為華人向來只有家族主義與宗族主義，而沒有國族主義的想法，他在《三民主義．民族主義》第一講中說：「中國只有家族主義和宗族主義，沒有國族主義。外國旁觀的人說中國人是一片散沙，這個原因是在什麼地方呢？就是因爲一般人民只有家族主義和宗族主義，沒有國族主義。中國人對於家族和宗族的團結力，非常強大，往往因爲保護宗族起見，寧肯犧牲身家性命，像廣東兩姓械鬥，兩族的人，無論犧牲多少生命財產，總是不肯罷休。這都是因爲宗族觀念太深的緣故。」（孫中山，二〇一一b：頁五）。但在敝人來看，這種差異只是各自面對當時的社會，不同階段的觀察與反思，清末面對國破家亡，如果再沒有民族跟國家的觀念，中國可能會混亂到不可收拾，於是需要特別強調要建構民族與國家的界限，纔會形成內聚的能量。譬如我們通常會認爲清政府賠給殖民列強大量的金錢和土地，這是喪權辱國的體現，這被稱作「割地賠款」，但賠款誠然是令國人羞恥且有感的事情，但割地就不見得會有明顯感覺了，尤其是邊疆的土地看不見摸不著（當時更沒有即時影像告知最新實況），其實，癥結是因爲清朝沒有西洋各國後來國界線的精確概念，古時候只有天然國界線如河流或山脈簡單做出國與國的區隔（更沒有辦法清晰畫出中線），中國的大型人工國界線只有萬里長城，但後來的人工國界線受到西洋文化的影響，開始有幾何國界與數理國界的設置，譬如西洋殖民各國在非洲設立殖民地時，殖民者只拿著尺畫出直線的國界，這就是幾何國界，更是非洲各國直到現在動盪不安的根源（常見相同一個部落卻被某條國界線畫到不同國家中，或不同部落因國界線與各自部落傳統生活領域不盡相同的爭議而產生地盤的爭鬥）；數理國界則是拿地圖上的經緯度作爲國界線的依據，這種天文國界係後來纔有的概念，中國當年不重視國界線這是出自中國本來沒有這種認知，現在會重視則是出於維護國家尊嚴與各國平等對待的需求。從民族主義再發展到天下主義，有如從起點到終點的過程，意即先藉由民族觀念來謀得國家富強後，還是需要恢復成天下觀念來謀得世界大同，有天下觀念並不是說恢復成過去不在意國界線，而是最終要有個願意濟弱扶傾的國家，來引領世界諸國恢復天下的秩序。

有的人發願行道，他的生命關懷不是去發展家族，而是通過從事於教育工作，形成道統的延續，期望畢生能「桃李滿天下」，使得他由衷相信的大道（智慧）能持續傳遞下去。其實中國歷來常見這些聖賢豪傑，其關注的核心點不再是個人的家族，但還是一種家族的變相發展。在這種變相發展裡，老師常常會把某些學生視作弟子，將其當作家人，因該名老師看重的是道統的傳承，在這種關係裡，發生關聯的不再是血緣而是道緣，產生的感情不再是親情而是道情。這同樣是換個樣貌來讓個人短生命融入團體長生命，只是這個團體不再是家族，而是「道族」，於是這群師生共同醞釀出道統的意識，在歲月的長河裡不斷的綿延發展下去。譬如敝人在《心靈的學校：書院精神與中華文化》這本書第二章〈宋朝的書院〉談到：「范仲淹胸攬天下的興亡，感論國事常會涕泗縱橫，把自己俸祿捐出救濟四方清貧的讀書人，致使孩子還要易衣纔得出門，並置義田千頃照顧鰥寡孤獨的宗親，曾經在蘇州買得南園的土地，本來準備自己建築住宅，經陰陽家告知在這裡建築住宅將不斷生出公卿，他一聽就表示自己家固然可因此顯貴，但，如果跟天下的讀書人都能在這裡受教育，而使整個天下都顯貴相較，自己家的顯貴已經變得毫無意義，他隨即就將南園土地獻出建立蘇州府學，這個府學建築很壯偉，左邊爲教室，右邊爲公堂，前面有個泮池，後面座落學生齋舍，周圍環繞著高大的樹林與清澈的溪流，剛開始學生只有二十餘人，有人認爲學校未免太大，范仲淹卻表示恐怕異日空間還會顯得狹隘，可見他規劃校舍站在很高的視野。他聘請胡瑗來掌理府學，各地有志於大道的學生由遠而至，日後果眞養就數百位為朝廷扶持盡責的臣子。」（陳復，二〇〇五b：頁二六）從范仲淹的例證可知，這就是老師擴大胸懷，心懷道統而從事於教學工作的展現。這裡講的「道統」就是指「人道」。人權從個體的角度出發，而人道是從整體的角度出發，華人從血統發展出道統，這來自中華思想的不斷發展，更是孫中山先生沒有看見的角度。當然，因為孫中山先生主要是一位政治家而不是思想家，故很難思索到這麼細緻的程度。

古人重視血緣自有其合理的原因，主要在於農業社會的人要從事耕種，生的孩子越多，勞動能量就越大，收成自然就會更豐富。當前華人社會都已進入到工商業社會，家族生活已經逐漸瓦解殆盡，當上個世代的前人開始思考準備交給下個世代的後人什麼資產，其承前啓後的紐帶，更需要具有精神性的意義。常見華人社會還有人對於生孩子有著強烈的需求，或者生孩子一定要生男孩，這種事情常見於家中的婆婆或先生，甚至不惜跟太太產生劇烈的衝突，可是我們應該正視這個事實：即便你生出男孩，在當前已經來到少子化的環境中，該男孩長大後不見得會結婚，即使結婚不見得會生育，即使生育都不見得會再生男孩。血緣系統關聯到家族系統，其背後的癥結就在於祭祀議題，前面徵引韋政通先生有關祖先崇拜的看法，敝人覺得其實的確有值得我們反思的空間，如果我們很在意血緣的傳承（我們不能完全忽略血緣傳承對某些人生命的重要性），敝人建議應該擱置「父系家族」的概念，轉型成「混成家族」的概念，意即每個人傳承自父系或母系，可按照各自實際的生命脈絡與價值反思來重新抉擇，各位完成最適合的精神認同，這點敝人想拿自己家中的故事來談。敝人的外公陳秉貞先生籍貫在福建省福州市轄內的連江縣，本係明朝陳第將軍的後裔子孫，陳第將軍不只追剿過倭寇，曾經來臺踏查，寫出《東蕃記》這本第一部研究臺灣平埔族的文獻，更是精通音韻的文學家與藏書家。敝人的外公軍職退伍後就擔任教師，畢生熟讀古書，使得我自童年深受其影響，素喜文史哲領域的書籍，敝人的母親是長女，覺得我的性格與情懷最像外公，外公則不希望敝人稱他「外公」，直接膩稱他「公公」即可，但敝人素來有反叛性情，直到公公過世前都不願意這樣改稱謂，後來歲月漸長，對此常心中不無悵憾。

敝人的名字會取名「復」，其中一個涵義就是紀念陳第將軍「夢雷震而出生」。由於敝人的父親與母親都姓陳，後來希望彌補這個遺憾，我就在臺北家中正廳合立「陳姓祖先牌位」，不再區隔內外，過年時節合祭兩家祖先，如果有人再問我祖籍哪裡，我會告知不論是我的爺爺或公公，他們的故里全都是我的祖籍（爺爺故里則是福建省南平市，同樣曾生活在福州市），甚至我的奶奶或婆婆，他們的家族故事都是我會認眞告訴孩子的生命傳承，這包括我的奶奶祖先本係太平軍將領的孩子，父母被殺後漂泊無依，卻被清軍將領發現而悉心扶養長大；或者我的婆婆家中曾有人響應護國戰爭，反對袁世凱稱帝，這些都是我們祖先的故事。現在臺灣社會在《民法》第一〇五九條早已規定「父母於子女出生登記前，應以書面約定子女從父姓或母姓」。如果從中華本質論來思考中華文化的自我更新，「父母的父母」何須要「內外有別」呢？當我自己生養兩個女兒後，從女兒的角度來看社會，敝人就對於女人結婚是「嫁出去」的想法頗覺得需要反思，臺灣社會常有人嚴正對外聲稱反對中華文化，但面對自己實際利益時，還是覺得應該遵從父系思想，孩子就是父親家族的香火，女兒生的孩子就是「外孫」，殊不知這種想法不去除，成年女人不婚與不育的問題只會越來越嚴重，誰說中華文化就只會「壓迫女人」，而不能順應當前社會環境的變化做出合情與合理的調整呢？姓氏的確涉及人的認同問題，然而，爲何人畢生就只能認同自己的父系祖先，而不能單純認同母系祖先或共同認同兩系祖先呢？如果某人覺得母系祖先更帶給自己生命的榮耀感，他從母姓並稱母親的父母爲「祖父」與「祖母」，本來應該是自然而然的事情，不應該冠上污名化的概念。

在婚育日漸降低的當前時空背景裡，不只姓氏應該尊重父母兩人甚至孩子成年後的自由意願，稱呼祖父與祖母同樣不應該再有內外，甚至人是什麼族群或什麼祖籍都應該尊重人的自由意志，不應該再拿任何認同的大帽子套到與你不一樣的人身上，如此家庭與社會纔能獲得更開闊的發展空間，關於這點，具有漢族血緣者或許可率先在家中展開社會實踐。不過如果只從血緣的角度來確保自己的子嗣綿延不盡，這其實是很不具有現實性的執著，還不如擴大自己思考的意境，提高自身的涵養，讓自己留下精神性的內容，繼續傳遞值得思索的觀點或值得珍藏的價值給後人，這些人不見得是你血緣的子孫，但當他們在談論某個問題時，都需要討論你主張的觀點或實踐的價值，甚至會依循著你對此問題的階段性成果來繼續思考下去，這纔具有精神性意義。中國的古聖先賢就已經示範出從血緣意義轉到道緣意義的精神傳承，我們活在這個時空裡，更沒理由執著於血緣，而應該要重新懷有「天下一家」的格局和視野，正如王陽明在《大學問》中說：「大人者，以天地萬物爲一體者也。其視天下猶一家，中國猶一人焉。若夫間形骸而分爾我者，小人矣。」但如果將「中國」視作「一人」，「天下」則是「一家」，這反映出陽明先生尙未意識到「中」字的本意，當我們將「中國」的概念恢復其本來意指「心靈的國度」，則我們應該完成「天下即中國」這一恢弘的理想。

道脈的傳承需要明確師承，在日本，不論是東京大學或京都大學，直到現在都各有研究漢學的學派，其學風雖有不同，卻都有著嚴格的師承，任何一個博士生沒有跟老師學習八年至十年並稍有所成，老師絕對不會把你當作入室弟子，將治學與做人的眞本事傳授給你。但在華人社會，隨著文化斷絕，縱然還有中華思想與中華文化的學術單位，卻都已然跟著西洋學術風格，因「理性化」而跟著「世俗化」，不再有嚴格的師承脈絡，學生來讀書只是企圖獲得學歷，而不在意老師是否有傾囊相授，師生除課堂上講授知識的關係外，沒有其他具有生命意義的關係。師承的重要性不在於你加入某個學派就得到某種保護，學派不是教派，更不是幫派，加入某個學派會讓外人特別拿該學風的角度來觀看你的研究，如果你眞覺得自己繼承這個學派裡的師承，就不能只有榮譽感，還意謂著你對這個脈絡裡的思想，有責任繼續將其探討得更細緻，繼往開來並將其發揚光大。黃光國教授在《儒家文化系統的主體辯證》中將本土心理學區隔出四層主體：儒家思想學者的主體、儒家學術社群的主體、面對心理問題的主體與儒家文化系統的主體（黃光國，二〇一七：自序）。這個觀念很適合拿來探討中華文化史與本土心理學的議題，尤其當中華思想自先秦時期成熟後，其開展出的文化系統對本土心理的發展自會帶來深刻影響。敝人依據其說法來做更精確的闡釋，譬如心學是儒家文化裡的一支，拿其發展過程來檢視本土心理學，就會有四層主體：（一）個人主體：提出心學的思想家，這些人的思想內容各具特點，訴說該觀點的個人本身就是個主體；（二）社群主體：思想家交相探討的議題，彼此有著內部共通的學術語言，其組成的社群就是個主體；（三）現象主體：該社群發展出來的學風，對社會產生的系統性影響，從而構成的文化現象就是個主體；（四）對治主體：社群成員從事生命涵養的教學或心理諮詢的工作，其面對有困惑的當事人就是個主體，如何從這四個角度來觀看中華文化史與本土心理學，我們將會在後面的章節來討論。

組建家庭的本意是通過家庭成員間的互相扶持，讓彼此的生命因此變得更美好。可是如果都不瞭解人該追求怎樣的美好，卻急著找對象組成家庭，結果新鮮感過去後彼此開始吵鬧，甚至離婚，這種無明的狀態，使得生命平白遭受非常大的損耗。民間有種說法叫「歡喜冤家」，好像夫妻不爭吵就不適合組成家庭，這種觀念其實會導致人跟人的一種惡質對待被合理化，最終包括離婚都是自然而然的結果，這是值得省思的問題。《大學》中「修身，齊家，治國，平天下」的觀念，修身排在第一位，接著纔是齊家、治國與平天下，如果我們沒有修身的意識，只是拼命賺錢養家糊口，誤認這就是善盡責任，卻無視自己正拿一種粗放的態度在對待自己和家人，覺得這就是率眞，卻導致家庭變成自我孤立與彼此冷漠的環境，這會使得家庭機能日漸不彰。尤其當前科技不斷在飛速發展，每個人手中一部智慧手機，家人間交流的機會更顯得不易。當人沒有修身的意識，就會對人與人需要有溫度的交流毫無警覺，於是科技的氾濫只是在助長人的粗放，卻美其名曰「解放人性」，其實只是在解放人的貪慾，於是人就變成只會善用科技的怪獸，殊不知這種粗放狀態首先傷害的是自己，因爲沒有修身的意識，人連自己都不會善待，這就是現代人的悲哀，譬如我們現在常見年輕人即使住在家中，每天都把自己關在臥室中玩電動遊戲，日常生活作息失調，不只晚睡晚起，或暴飲暴食或不飲不食，行徑違背宇宙自然規律，時間一久，人變得精神恍惚，甚至罹患所謂的心理疾病，其實就是家庭失能的後果，但問其源頭，常就是父母不修身，無法善盡齊家的責任。

家和萬事興絕對是很重要的事情，但如果人不去探究促成這種和諧背後的脈絡究竟是什麼，很可能就只是一種掩蓋問題所形成的假和諧現象，臺灣社會現階段的反儒家傾向，某種角度來說，何嘗不是戒嚴時期政府倡導「復興中華文化」卻常在虛應故事的後果？譬如人際關係中常有各種虛情假意的應對進退，卻常會套上禮教的形式主義來勉強人配合，不問心體的究竟，最後社會集體產生大反彈，遂有我們現在看見這種去中國化的浪潮。眞正意義的家和萬事興，需要藉由涵養自性的意識持續開展，家庭成員間眞誠的分享和討論，共同思考怎樣的身心狀態更適合於自己與親人，由此形成深刻而和諧的家風。這樣的家風具有內在性，而不再是種表面的和諧。我們常提倡要做好人好事，可是沒有心靈的覺醒，人無法做眞正意義上的好人，殊不知眞實的情況反而常是好人在辦壞事，誰不自認是個好人呢？問題是說，當我們做的事情卻實際在傷天害理，尤其是盲目從眾形成對社會的巨大傷害，往往要花數代人的時間去療癒，這就是沒有自性帶來的苦果。並且，認識自性還遠遠不夠，更需要將自性的智慧發展成能解決社會問題的知識，這就需要人懂得「轉道成知」，意即把智慧變成知識，從而型塑出一個能解決問題的具體辦法，這樣纔能做一個能眞正意義的好人。當我們有比較寬闊的視野、開放的胸襟和深厚的知識，從而形塑出我們的社會實踐，就如《中庸》第二十九章說：「君子動而世爲天下道，行而世爲天下法，言而世爲天下則。」我們需要共同型塑出一批新的知識菁英（新的士人），纔能共創一個心靈覺醒的世紀，這就需要有天下觀，自性的涵養能幫忙人把事情做得更加精緻而精確，這對於恢復盛世極其重要。

第四章

文化心理的原型：多元並立的先秦思想

第四章

第一節　孔子前的文化典籍

韋政通先生常在跟我個人談話中說：「我首先是個世界人，接著纔是個中國人。」這樣的觀點如果放在承平時期固然很不錯，但在當前美國政府正在擴大中西文化對抗的緊張狀態中，這段話應該顛倒過來思考。我們做爲華人，面對深層的種族歧視議題，如果對自己的出身背景毫無所知，究竟要如何立足於世界中坦然而無愧？雖然韋先生的觀點即使不顛倒，只要人能對中華文化熟稔於心中同樣可成立，但重點在華人面對生活周遭的現象不應該持續保持宛如「知其然不知其所以然」的狀態，一輩子渾渾噩噩活著，這就需要仔細釐清並把握住中華文化的核心精神。並且，任何人始終需要思考生而爲人，到底什麼是有意義和有價值的事情？如果人跟動物一樣，只需要滿足最基本的生理本能，就如同《孟子．離婁下》中所說：「人之所以異於禽獸者幾希。」人類與動物的差異在於人會通過教育，甚至有時候是自我教育，來學習不只生存技能，還有更高端的精神內容，使得人的生命被立體打開，不再只是平面觀看這個世界。不同的物種感知到的世界不一樣，譬如狗的眼睛看到的世界是黑白，人不應自覺「世界就是自己所看到的樣子」，就連光對人類而言都還有可見光與不可見光，更不用說每個不同的人，對於顏色的感知都呈現出不同程度的差異，這說明個人生物機制能感知到的世界有限，我們誰都不應該妄自尊大，更不應該拿粗糙的經驗來論斷黑白。生而爲人，就是要完成作爲人置身在宇宙間的特殊使命，去探索與開展你能認知到的世界，這需要通過體證和論證來不斷擴充自己的生命，使得我們成爲一個更有品質的人，於是當我們開始向內觀看的時候，加深自性的厚度，向外看到的世界就會變得更加豐富。當你瞭解自己此生的使命，你就不會再浪費生命在無意義的事情上，這時你做事情可能就會開始有內在秩序，會去思考自己該怎麼做，讓參與的事情其意義最大化。譬如有機會去外地演講，你同時還可藉此機會考察當地的文化資源，從中去觀看華人置身不同環境中的思維型態，去探討在地文化的演進脈絡，通過與異域做對比，從中更清晰的瞭解中華文化的輪廓。這對於探討華人的共相與殊相會有更深刻的體會，繼而更深刻的去思考華人當前所面臨的困境，並構思能做出的對應調整。

正如明朝董其昌（一五五五—一六三六）曾說：「讀萬卷書，行萬里路。」（《畫禪室隨筆》卷二）考察可區隔成文獻考察和實地考察，如果能在日常生活中帶著這種考察的態度，時而帶著一本書，一有時間就立刻閱讀和思考，或者當有機會去外地，不要只是走馬觀花，而是能帶著研究的心態，將自己覺得有價值的東西拍下來，甚至製作成簡報，在圖片附上自己的觀察與詮釋，這樣點滴積累起來，就可讓自己的生命變得豐富而深刻。活著絕不要虛度光陰，吃喝玩樂不見得就是在虛度光陰，浸潤其間依然還是可發展出深刻的意義，譬如當下讓你感到很特別的美食，同樣可把它拍下來製作成簡報並書寫感想，這時候美食就不僅僅是吃到你的肚子裡，它還變成你的生命記憶與研究反思，這些簡報未來可當做演講或報告的資源，就會是自己很獨家的內容。人通過認眞寫字（或打字）可整理和整合自己的身心，讓觀點因此變得有厚度，這是種書寫治療（或自療）。我們不應該把寫字或打字當作只是學者從事的專業工作，這種只有學者需要讀書寫字的想法，會導致社會大眾一出學校就不再讀書寫字，唐朝詩人杜甫（七一二—七七〇）在他的詩作〈偶題〉中說：「文章千古事，得失寸心知。」這是指文章與心靈具有緊密關係，大凡有志於修養生命的人都應該重視此事，不能拿功利主義的態度來看待，任何事情的有用與無用往往具有辯證關係，人不能只執著於乍看有用的事情，譬如追求名利聲色，這反而會讓人變得麻木不仁，只對刺激感官的事物有反應，生命就被限縮在狹窄的視野範圍內。殊不知無用的事情自有其大用，《莊子．內篇．逍遙遊》說：「今子有大樹，患其無用，何不樹之於無何有之鄉，廣莫之野，彷徨乎無爲其側，逍遙乎寢臥其下。不夭斤斧，物無害者，無所可用，安所困苦哉！」意思是說：現在你擁有這棵樹，卻憂慮其沒有用，何不將其種植於無須存在的鄉里，安置於空曠無垠的郊野，不需要有任何刻意的舉止，就只是悠閒徘徊在樹蔭下睡覺，每天自得其樂，既然這棵樹沒有辦法來拿來製作任何用具，就不會有人來砍，更不會妨礙到任何人，這又何需覺得困擾或苦惱呢？敝人覺得莊子這個觀點並不是極端的想法，反而更有一層積極的意義，莊子不求現實中的實踐，只想在生活中保持反思，反而成就出莊子的人生，就像是韋政通先生一輩子的工作就是在認眞讀書，晚年只在書齋中而不在社會中問世事，每讀一書都會仔細做筆記（我個人手上就有他當年特別叮嚀要留給我參考的八十幾頁讀書筆記），即便他後來手指出現麻痺現象，都還在堅持做這件事，甚至在去世前兩個小時，他都還在研究「美國的反智傳統」這一課題，可見其生活跟學問完全相融無間，他這些筆記不見得是用來寫書，而純粹就是自己面對生命的態度。

探討華人的文化心理，首先就要來到先秦時期來討論，因爲這是型塑華人文化集體潛意識的核心源頭，其原型（archetype）經由祖先的記憶與經驗，通過語言的傳播不斷來到後人身上循環但不重複的發生，構成其做出判斷前的思考依據，甚至構成某種高度相像的「人生劇本」。先秦時期有兩個重要的段落，首先是西周時期；再來是春秋戰國。這兩個時間都各自有其對於後世的重要意義。春秋時期而降，周朝的封建體制崩解，加上經濟產業的改變，促使社會階層發生激烈的變動，最明顯的變化，莫過於原本只有貴族纔能接受的教育，因很多貴族逐漸淪落於民間，尤其是其中的「士」，他們正因人數極大量，除自己本來的文武涵養外沒有生存的技能，只能藉由教學來改善生活，這就讓平民獲得受教育的機會，使得「王官學」逐漸發展成「百家言」，孔子就是在「士的轉型」這一過程中至關緊要的樞紐人物。但在孔子前的五百餘年，最重要的觀念領航人莫過於周公，周公完成對外東征後，通過制禮作樂來呈現其心目中理想的政治教化，《禮記．明堂位》記載：「武王崩，成王幼弱，周公踐天子之位以治天下；六年，朝諸侯於明堂，制禮作樂，頒度量，而天下大服。」周公扶持成王，當時的目的本在於面對武庚（生卒年不詳）叛亂，冀圖挽救周王室傾覆的處境，實際的效益卻藉由闡發出人文精神，來替換掉商王室的神道思想，釐訂出中華文化的發展主軸。儘管該主軸內蘊的心體思想，後來通過孔子對於「仁」的詮釋而首度獲得當時與後世的認知，但周公制禮作樂並不純粹只是外在的儀軌或演奏，其配合著天地運行的規律而設置，正如《禮記・樂記》說：「樂者，天地之和也；禮者，天地之序也。和故百物皆化；序故群物皆別。樂由天作，禮以地制。過制則亂，過作則暴。明於天地，然後能興禮樂也。」意思是說：樂歌表現天地間的和諧；禮節表現天地間的秩序。因有和諧，萬物獲得化育生長；因有秩序，萬物展開類別差異。樂歌依照天道的運作而創作，禮節按照地理的樣貌而創制。制禮超過該有的秩序會造成混亂，作樂超過該有的和諧會產生暴動。明白天地間運行的道理，然後纔能眞正完成制禮作樂。由此可知，制禮作樂並不只是個外在制度的設計，其目的更在於引導內在生命的共鳴，制禮作樂體現出來的人文精神，就是中華文化最早期的原型思維，使得華人的文化集體潛意識中，總會更相信人本身的智慧，從教化的角度來面對與解決各種社會問題。

錢穆先生表示，在孔子出生前的中國，重要的文化典籍只有《書經》、《詩經》與《易經》這三種（錢穆，二〇一一：頁六一—六七），但敝人覺得應該還要加上《禮經》這部經典，這是目前可見最早的「四書」，《樂經》是否存在目前尙在存疑中，但《禮記・樂記》保留相當大量值得閱讀的文獻。這些古書的版本流傳面臨最大的問題，就是歷經秦始皇焚書坑儒的劫難，這些經典變得殘缺不全，漢文帝（劉恆，西元前二〇三—西元前一五七）時請宿儒口授成書，因此採取隸書來寫就，這稱作今文經；稍後漢武帝時，魯共王（劉餘，或作魯恭王，西元前一六〇—西元前一二八）興築曲阜宮室，想要擴增面積，於是拆除孔子的舊宅，在壁間發現孔子後人夾藏的竹簡，由於使用戰國時期山東六國的古文字，其字體頭粗尾細，像是蝌蚪文字，使用硬筆漆書，因此被稱作古文經。《書經》就是《尚書》，《尚書》保留的文獻，除〈堯典〉與〈舜典〉外，主要是夏朝、商朝與周朝這段時期君王與大臣間重要的對話，或者政府對外公告的紀錄，會稱作「尚書」，西漢孔安國（生卒年不詳）在《尚書正義．尚書序》卷一引鄭玄（一二七—二〇〇）的看法表示：「尚者，上也。尊而重之，若天書然，故曰《尚書》。」他們覺得這個「尚」字就是「上」字，係指「上天」，後面的「書」字則是指詔令，意即公文這類政治文件。《尚書》是中國目前最早可見的散文，裡面反應出對上帝與祖先的敬畏，還有對百姓公共意志的敬畏，甚至這三者被合成一整體，楸人特別看重有關周朝時期的文獻，可從中看見人文精神的曙光，譬如《尚書．泰誓上》說：「天矜於民，民之所欲，天必從之。」意思是說：上天憐愛人民，只要是人民想要的事情，上天必然會聽從。《尚書．泰誓中》則是記載周武王征討商紂王時對外發布於天下的誓言：「天視自我民視，天聽自我民聽。百姓有過，在予一人，今朕必往。」意思是說：武王覺得上天看見的事情，來自於我們老百姓看見的事情；上天聽見的事情，來自於我們老百姓聽見的事情，老百姓責怪抱怨我一人，現在我必定會順應上天與百姓的意見，前往征討紂王。這種民本思想，反映出周朝在建立前，已經標舉出嶄新的人道思想。

《詩經》則收錄自西周早期至春秋中葉大約五百年左右的詩歌，其作者大部分已不可考，但包括從貴族到平民各個階層人士，目前可見三百零五首，其內容主要談什麼呢？孔子在《論語．爲政》第二說：「詩三百，一言以蔽之，曰：『思無邪』。」孔子覺得總結來說，其思想純正，沒有不可訴說的事情。按照音樂性質的不同，《詩經》區隔成「風，雅，頌」三類，「風」就是十五國的國風，收錄這些不同地域的民歌，共計一百六十篇；「雅」就是正樂，意即是宮廷宴會或朝會時演奏的樂歌；其中〈大雅〉三十一篇，〈小雅〉七十四篇，合計一百零五篇，除《小雅》中有民歌外，其他大多數是貴族的作品。《大雅》的作者同樣是貴族，但對現實政治有不滿，除宴會與祭祀的樂歌，更有著反映人民願望的諷刺詩。《詩經》中即使有表現祭祀上帝、鬼神與祖先的詩歌，都是懷著嚴肅與敬畏的心情流露其間，反映出神人合一的宗教情緒，但沒有神話般的玄想與誇大，這是因爲《詩經》是北方的詩歌，而北方人比較務實且坦率，正如其生活在大面積的華北平原與黃土高原，你能從文字語意中清澈看見其歌詠的心聲，顯見《詩經》中描述的情感，無論是美好的愛情，還是百姓的疾苦，都很簡約直白；如果是《楚辭》，你就會看到裡面洋溢著千折百轉的玄想，這是因當時長江流域尚未開發，叢林與河川密佈，烟波浩渺間，人很容易開啓無盡的想像空間，《楚辭》會用各種虛辭來表達感歎的語氣，呈現出情感的細膩性和曲折性。中華文學在韻文層面，從最開始《詩經》這種四字一句的詩，到五字與七字一句的詩，再發展出長長短短的樂府詩，不只將其格律化變成唐朝絕句或律詩，後來再逐漸擴張成詞，再接著發展出散曲（包括小令、帶過曲和套數三種），隨著字數不斷增加，其實反映出人的思緒越來越複雜且深化，需要的文學型態就不斷擴張。從思想的角度來說，南方首先出現相對比較複雜的思想（這就是楚學，包括老子的思想在內），然後因春秋末年，當南北不斷進行交流和來往，就形成南方對北方的影響。《詩經》裡有談到人跟人的情感，包括男女間的情感，但總是希望回歸到中正平和的狀態，不會流於放縱，不像是《楚辭》談感情都是極其激越狂浪，《詩經》非常關注於倫理教化，總是希望把事情秩序化，這就能解釋孔子爲何會高度重視詩，誠如《禮記・經解》記：「孔子曰：『入其國，其教可知也。其爲人也，溫柔敦厚，詩教也。』」每個國家都各自有其風俗教化，然而《詩經》對人的教化宗旨，就是溫柔敦厚的精神。《論語・季氏》第十六記孔子說：「不學詩，無以言。」我們通讀後來的《左傳》，就會發現各國諸侯與大臣的外交應對往來，都會藉由唱頌《詩經》中的文字來表白自己含蓄不露的想法，例如希望兩國結盟或希望獲得援助，由於這是大家共同的生活語言與觀念資產，很容易就能聽明白。從文學的角度來看，早期的《詩經》三百篇雖然多數是出自平民的作品，然而這些作品其實是通過政府的特意收集，然後在各國間用來作爲外交對話時使用的內容，這種作品就不能說是純粹的平民文學。

《易經》區隔成《經》與《傳》兩個內容，其中《經》由卦象、卦名、卦辭與爻辭組成，都是西周時期的作品；《傳》則是後來稱的《十翼》，意即這是對《經》的十種注解，屬於孔子本人或孔子弟子所著。陳鼓應教授認爲《易經》出自於「道家」，但對先秦思想進行分門別類是晚至西漢《史記．太史公自序》有司馬談（？—西元前一一〇）寫〈論六家要旨〉纔出現的事情，這使得無論堅持《易經》是屬於道家還是儒家，都是很奇怪的說法，畢竟這是屬於西周流傳下來的文化資產。但，如果從《易經》思想的內容與性質來說，其的確比較接近於儒家思想的脈絡，因老子思想覺得宇宙有混沌性，沒有任何終極可言，《易經》則是要把握住客觀的規律，其把整個人世間的變化發展成六十四卦，六十四卦就是六十四種變化在世間循環。就此而言，老子不大可能是《易經》的思想泉源。《易經》有兩個層面，一個是象數易，一個是義理易。象數易就是通過卜卦的答案來瞭解吉凶禍福，義理易是透過道理的解釋來指導吉凶禍福。《易經》中的卦象原本只是簡單空靈的符號，可是後來卻經過思想家的參與，被演繹成富含義理的詮釋。從伏羲（生卒年不詳）畫八卦，到周文王（西元前一一五二—西元前一〇五六）演繹六十四卦，其實就是華人面對渺茫的未知，尤其面對天與人的永恆關係，展開屬於他們那個時空能做出的系統化思考，這更是知識化的過程：通過知識建構來理解人間的過去、現在和未來，藉此把握宇宙與人生的奧秘，瞭解個人應對其中的道理。這個過程裡或許有占卜，可是《易經》將其導向哲理跟智慧的思索，《易經》從來不會簡單粗暴的告訴你任何固著的看法，包括「吉就是吉」或「凶就是凶」，而是會告訴你吉會變凶，凶會變吉，得意時要警覺，失意時要等待，吉凶禍福是相互依存的關係，這體現出中華文化的特徵，相信這世間的事情具有無窮盡的生剋循環，各種情境都會相反而相成，對立創生出統合，這是《易經》的核心思維。

《周易．繫辭上》中說：「易有太極，是生兩儀，兩儀生四象，四象生八卦。」從《易經》的角度來看，宇宙源自於「太極」，但太極的本質其實無法名狀，但歸納來說，總有兩種各往極端的能量在交替發展，既對立又相容，這就發展出「兩儀」：陽儀和陰儀，完成太極如今被我們共同認知的樣貌，並從中產生「太極生兩儀」的說法，意即我們現在看見太極圖中不斷互動的白色和黑色（☯），《易經》的卦象，從人事的角度來看，這種圖象源自於人的生理結構，一條實線槓（—）象徵著男性的陰莖，一條中空槓（- -）則象徵女性的陰道，陽與陰交疊合組成兩儀的交替，這是卦象最基本的結構。接著，「兩儀生四象」的四象：「少陽」（⚎）、「少陰」（⚍）、「太陽」（⚌）、「太陰」（⚏），這是陰陽相互往來交流在日常生活裡產生的四種現象，四象中，「太陰」處於蓄積與寧靜的狀態，守候著未來的變化；「少陽」表示情況開始發生變化，外在環境開始牽引；「太陽」表示日正當中，強烈的態度接管全部的情況；「少陰」則受到蓄積的能量牽引，開始推往內在前行，整個變化的會由太陰當作周期的起點；太陽當作周期的終點，如此周而復始，敝人曾在《轉道成知：華人本土社會科學的突圍》這本書第七章第四節中舉例指出：「舉個兩性情感的議題來說，譬如周郎作爲年輕男性，本來對兩性沒有任何想法，只知道認眞讀書與工作，這就是處於最原始的太陰狀態；然而，有一天他看見雲娘，初相見的時候，彼此頗有好感，但相互並不熟悉，周郎尋求交往，雲娘同樣有意，兩人開始建立關係，這就來到少陽狀態；經過交往，兩人如膠似漆，形影不離，進而論及婚嫁，彼此成爲夫妻，關係就來到鼎盛期，這就是太陽狀態；接著兩人生兒育女，共同在生活裡打拼，隨著激情的退卻，常在關係裡有爭執與磨合，這就來到少陰狀態；當兒女都長大，彼此年華逐漸老去，開始回歸本來面目，如果懂得相知相惜，相伴終生到死亡，這就來到最終點的太陰狀態。」（陳復，二〇二〇：頁二三二）

再者，就是「四象生八卦」，八卦係指：「乾」（☰）、「坤」（☷）、「震」（☳）、「巽」（☴）、「坎」（☵）、「離」（☲）、「艮」（☶）、「兌」（☱），八卦最基本的解釋，就是其象徵著自然的「天，地，雷，風，水，火，山，澤」這八種景象。不過，八卦的內涵很豐富，在農業社會中，不只會跟大家常面對（不見得是常看見）的動物有關，更會跟家庭關係有關，譬如乾卦象徵「父」與「馬」，《易經．乾卦．象傳》說：「天行健，君子以自強不息。」意思是天恆常在運轉，剛健不已，馬是地面跑得極其剛猛的動物，因此用它來象徵乾卦。坤卦象徵「母」與「牛」，因爲牛長年忍辱負重，坤卦居於從屬與順從的地位，不需要掌控全局，但卻是完成全局不可或缺的位置，就像母親在家裡會負責全家的生計，能量居於隱性，其影響卻極其巨大。震卦象徵「長子」或「龍」，此因八卦都是從下往上畫，最下面的那一畫最重要，震最下面一爻是陽爻，使得其象徵著長子，再者打雷接著就會下雨，古人覺得龍就在其間興風作浪，因此震卦象徵的動物就會是龍。巽卦象徵著「長女」與「雞」，這是從最下面的陰爻開始來看，該陰爻承接著上面兩個陽爻，象徵著長女對於家庭責任的承擔，其同時象徵著「雞」，這來自雞是種家畜，當雞鼓動翅膀就會震動出風，因此家中第一個孩子是長女常會給人興旺感。坎卦象徵著「中子」與「豬」，排在中間的兒子在家中常容易不受到注意，因此他會往外發展，特別具有流動性，在社會中要不是成爲菁英人物，要不就成爲江湖中人，但爲何會象徵豬呢？此因坎卦象徵著水，水能帶財，雖然財富同樣意謂著某種危險的存在（富貴險中求），而古時候家中能養豬意謂著家庭正在累積財富，至今錢幣的撲滿都還是豬的造型。離卦象徵著「中女」，如果從排行來說，中女常會受到家中長輩（或長姊）無微不至的照顧，如果從年齡來說，中年女人長得常極其美麗，有如太陽上升懸附於空中（附麗於天），從動物來看象徵著「雉」，因雉的羽毛常長得特別漂亮。艮卦象徵著「少男」，從家庭關係來說，全部人的年紀都比自己大，有如擋在人前面的大山，因此最小的男孩只能聽從大家，有如居於臣位，從動物來看象徵著犬，因犬對主人極其忠誠。最後，兌卦象徵「少女」，通常在家中，最小的女兒最討喜，受盡父母的喜愛，從動物來看象徵著「羊」，此因羊的性情溫順而味美，跟喜悅產生關聯。由此再進一層，就會把八卦再兩兩疊成六十四卦，意即在時間上象徵前後兩個時段，在空間上象徵上下兩個位置，從中醞就更複雜的推演與變化，「時」和「位」就成爲《易經》極重要的兩個基本概念，《易經》

每一卦都由三劃形成，無論是時間或位置，都有著「上，中，下」或「前，中，後」三個境界，最先的時段或最下的位置，表示機緣尚未成熟，應該採取謹慎或漸進的態度。

《易經》的八卦就是種「曼陀羅」（mandala），曼陀羅的本意是指圓圈，有著「輪圓具足」的象徵意涵，接著指宇宙森羅萬象且圓融內攝的本質，從該本質出發，蛻變成個人匯聚與修持能量的中心點，象徵著心靈的整體性，太極的兩儀就是指兩種根本元素的內循環，八卦更是指八種人格特質的大循環，六十四卦更是指六十四種人生面向的大循環，這種循環性就具有曼陀羅的意涵。錢穆先生則表示，《易經》包含有三個最重要的基本觀念：首先，人類自身內部全部陰陽剛柔自然呈現的「天性」；再者，人類在世間跟時間與位置相遇而發生的「環境」；第三，人類因趨吉避凶而選擇動靜舉止背後的「態度」（錢穆，二〇一一：頁七〇）。但敝人覺得在面對自己的態度前，還有個最眞實的層面，就是人類面對不可預知的未來正在腦海中翻轉的「意念」，尤其在面對生命裡的一些重大的難關與考驗，你心中的意念沈穩與否，會對於事情成敗發展產生至關緊要的影響，《易經》會考慮人生面臨的外部環境，但其更細緻區隔人生面對的內部狀態（包括天性、意念與態度），從兩者對話中來替人生尋覓出路，從周文王到孔子一路發展下去，雖然《易經》還是有卜筮性，但其已然變成人面對自身心理極深刻的指引，孔子與其門生做《十翼》（易傳），讓《易經》變得義理化，稱作「義理易」，當然其始終都還是具有占卜未來的特徵，這種占卜後來變成數理演算的推演，稱做「象數易」。

最後，敝人來談《禮經》這部經典的內容，《禮經》就是《儀禮》，故名思義，「儀禮」的意思顛倒過來解釋就是「禮儀」，意即內容記載著西周的禮儀制度，其中主要記載士人的禮儀。敝人覺得這些內容只能出自於西周時期，保留著周公制禮作樂的細節，即使不出自周公本人所作，都會是周公輔政時期政府部門提供給士人日常生活的操作手冊，因其對於士人的規範，到春秋時期已經因「禮崩樂壞」而無法落實，尤其大量的士人淪落至民間，社會位置有名無實，無法落實這些需要相當規模纔能獲得維持的生活配套措施，故這部經典不可能晚至春秋時期甚至戰國時期纔經儒者撰寫，只能被相應補充，因此除〈士相見禮〉、〈大射禮〉、〈少牢饋食禮〉與〈有司徹〉這四篇內容外，其餘各篇末尾都有「記」，這些「記」的內容的確出於後世儒者的手筆，《禮記》更是有關於《禮經》的補充內容，《禮記．曲禮上》：「禮不下庶人，刑不上大夫。」就反映著原本禮儀並未落實於平民階層，而只有實踐於貴族階層，刑罰則不會實施於貴族階層，而只有實踐於平民階層。《禮經》目前可見十七篇，包括如下：〈士冠禮〉記載士人成年加冠的禮節；〈士昏禮〉記載士人結婚的禮節；〈士相見禮〉記載士人見同儕或長輩並相互回揖的禮節；〈鄉飲酒禮〉記載鄉里如何舉辦敬老尊賢的聯誼酒宴；〈鄉射禮〉記載士大夫間的射箭聯誼競賽；〈燕禮〉記載國君宴請大臣該注意的禮節；〈大射禮〉記載國君基於考核士人而辦理的射箭比賽；〈聘禮〉記載上大夫其他諸侯國做外交使節該注意的拜訪禮節；〈公食大夫禮〉記載下大夫到其他諸侯國做外交使節該注意的拜訪禮節；〈覲禮〉記載諸侯朝見天子該注意的禮節；〈喪服〉記載親屬服喪過程中不同關係間該注意的服制與時間；〈士喪禮〉記載士人過世後的各種喪禮流程；〈既夕禮〉記載士人出殯安葬的禮節；〈士虞禮〉記載士人安葬長輩過程中該注意祭儀；〈特牲饋食禮〉記載士人祭祀祖先該準備奉獻牲品的禮節；〈少牢饋食禮〉記載大夫祭祀祖先的禮節、〈有司徹〉記載大夫祭祀祖先的禮節。由於楚漢相爭的結果象徵著平民集團打敗貴族集團，漢朝的建立更意謂著貴族階層的徹底瓦解，因此周公這套禮樂制度並沒有獲得質量並重的繼承與發展，使得後世對於《禮經》的有關內容細節顯得相當生疏，但平民一躍成爲統治階層，並不意謂著平民就不需要知禮，只是需要變得更簡易，並將其直指人心纔能獲得風行景從，這點後世孔子做出大幅的思想革新，請見後面的討論。

我們舉個很鮮活的歷史案例，陸賈（西元前二四〇－西元前一七〇）時常跟漢高祖劉邦談論《詩經》與《書經》，結果他跟劉邦有一番激烈的辯論，《史記・酈生陸賈列傳》記載：「陸生時時前說稱《詩》《書》。高帝罵之曰：『乃公居馬上而得之，安事《詩》《書》！』陸生曰：『居馬上得之，寧可以馬上治之乎？且湯武逆取而以順守之，文武並用，長久之術也。』」劉邦講話很粗魯，他竟然說「乃公」，就是「你老爸」的意思，意即是說：「你老爸騎在馬上得到天下，如何需要《詩經》與《書經》」？陸賈則告知：「馬上得天下，哪裡能馬上治天下？商湯與武王都是用軍事奇襲取得勝利，卻懂得『文武並用』，使用文化來統治，這纔是『順守』，更是眞正能長治久安的辦法。」《史記・劉敬叔孫通列傳》第三十九就記載：「高帝悉去秦苛儀法，爲簡易。群臣飲酒爭功，醉或妄呼，拔劍擊柱，高帝患之。」漢高祖劉邦本來覺得秦朝的禮儀很繁瑣，將其完全廢除，但當時大臣全出身於草莽間，在朝堂經常做出失禮的言行舉止，如飲酒爭功、醉後狂喊甚至拔出劍擊打宮殿的木柱，這種失態舉止讓劉邦深感憂慮，請秦博士叔孫通（生卒年不詳）到舊日的魯國徵召三十名儒生來到長安，共同制訂演習新的宮中禮儀，劉邦跟叔孫通有個很有意思的問答，《史記．劉敬叔孫通列傳》第三十九：「高帝曰：『得無難乎？』叔孫通曰：『五帝異樂，三王不同禮。禮者，因時世人情爲之節文者也。故夏、殷、周之禮所因損益可知者，謂不相復也。臣願頗采古禮與秦儀雜就之。』」劉邦問說制訂禮儀是否很困難，叔孫通則覺得三王五帝各有不同的禮樂，禮儀不過就是因應特殊時空條件裡的人情需要，做出有節奏的文飾，他覺得夏商周三個時期的禮儀各有因革損益，並不會很繁複，他只要根據這些古禮，再衡量秦朝的禮儀，彼此截長補短就可混搭出漢朝的禮儀來，漢高祖建立漢朝，意謂著中國歷史第一個平民做天子的政府誕生，在華人社會，常見人喜歡在謾罵或打擊別人時，就說：「這個人是貴族，有著封建心態。」反過來說，其意思在說「不像我是個平民百姓」，做人處事更樸實與真誠的意思。貴族長期已成爲負面詞彙，在華人社會只要說誰過著貴族生活，幾乎等同於「此人是個壞蛋」的意思，的確自漢朝後，中國社會就沒有貴族了，因此罵人是貴族絕對不會有貴族階層跳出來抗議，但取替貴族階層的是士族階層，他們都是發展古典文化的一群人。有人說中華文化的傳統是「高大上」

的產物，尤其是貴族使用的文化，跟平民百姓脫節，這種觀點相當偏頗，欠缺歷史根據。漢高祖原本不僅僅是個平民，他實際上是個流氓，漢朝其實是一個下層社會的人建立的政權，可見平民獲得政治權柄後，不能還是按照本來的江湖風格行事，依然還是要使用禮儀這套系統纔能統治中國。

就當前社會來說，我們可從三個角度來認識禮的重要作用：首先，禮有規範行爲的作用，使人在應對進退的過程中，懂得如何把握住節奏；再者，禮有節制人情的作用，避免欲望氾濫，導致社會角色與人際關係的混亂；最後，禮有涵養工夫的作用，通過禮儀來收攝生命，培養人對天地萬物的敬畏。人在生命轉折的過程中，特別能體現出禮的價值和意義，譬如人在面對親人的死亡，常需要通過禮儀來完成心理的轉換，承認與接受親人的肉體雖然不再活著，卻藉由禮儀而持續產生「精神的共在」，意即通過禮儀的轉換，人跟天有連結，從而明白「死而不亡者壽」的道理，這是喪葬這類禮節會產生的原因。做智慧諮詢時，諮詢師同樣可通過某種禮儀，讓當事人獲得心理的轉換，譬如開始諮詢前替彼此點一爐香，或者面向某個聖賢的牌位或畫像上一炷香，藉由香煙繚繞，來讓當事人放鬆下來願意講話，透過禮儀的給出，人的生命會容易感覺到自己正在從上一個階段來到下一個階段。儒家的禮從來不是一成不變，像「守喪三年」，即使孔子曾經《論語．陽貨》第十七對宰予有嚴厲的批評，但不論如何，現在工商社會，已經不可能有人用如此長的時間來替父母守喪了，但儒家思想始終會關注人面對父母甚至祖先要有著連續性的態度，《論語．學而》第一記說：「愼終追遠，民德歸厚矣。」「愼終」是指對於自身死亡終點的謹愼思考，使得生命意義的議題從中浮現出來，因要追尋生命的意義，接著我們就要懂得「追遠」，意即對自身生命的起點展開思考。這種思考是把自己放在整個歷史脈絡裡來觀看，人就不容易冥行妄作，你開始意識到終點會怎樣對生命帶來影響；你更會想認識自己生命的源頭，瞭解祖先如何創業維艱，並意識到未來將怎樣觀看你，使得你更留意自己當下的狀態會帶給後世如何的評價，這就會讓民風回歸純厚。

從基督信仰的角度來看，禮就是道德，這是永恆不變的規範，譬如摩西接受上帝頒佈的「十戒」，但對華人而言，萬事萬物都在變化，更不用說道德。儒家思想會談「道」與「德」，但如果談到西洋文化認知的「道德」（moral），則會覺得從來沒有不會改變的規範。這就是爲何前面徵引《孟子．萬章下》來指出孟子稱讚孔子係「聖之時者」，意即孔子是懂得隨著時空條件變化而不斷調整的人，從中反映出孔子並不是一個古板僵化的人。譬如當前華人社會越來越常見女性會有這一說法：結婚是女人的墳墓，而男人其實是婚姻的最大受益者，女人只要選擇婚姻，她的理想或願望通常就沒機會實踐了，只能生兒育女，終生繞著這個家團團轉。對於知識日益提高且經濟日漸獨立的女性而言，這的確看來是個「極不公平」的兩性關係，導致越來越常見女性就乾脆不結婚了，或者即使有對象，兩人卻有可能終身不婚，免得給彼此帶來束縛（譬如還要對彼此的家庭負責），他們會選擇在一起，還是有著情感關係，你會發現整個社會對於這種現象逐漸自然而然視作正常現象，不論我們個人認同與否，這就在說明已經有新的道德在產生（當然少子化就是自然的結果）。但這種事情如果發生在清朝前的時空背景，如果一個女人不結婚（或者離婚），她心中會有種恐懼，怕自己死後可能會變成「孤魂野鬼」，不只不能進夫家的宗廟，包括祖先的宗廟都進不去，但如果眞這樣變成無主的鬼魂，對於社會安寧同樣會帶來影響（稱作陰煞），而且這些女人儘管沒有婚姻，卻不見得對社會沒有貢獻，因此社會就發展出「姑婆廟」來祭祀，敝人曾在臺南做田野調查，看見臺南市位於永康區有間永康姑婆廟，內部主祀一生未婚的徐鑾英，被人敬稱「姑婆祖」，她是明朝寧靖王（朱術桂，一六一七—一六八三）的婢女，跟隨著寧靖王由福建來臺灣，心地很善良且慈悲，專門替寧靖王管理花園，現在的廟址據說就是當年王府的花園，可見不結婚即使在當日會視作不正常現象，但同樣還是有變通的對待作法，並不是堅持單一原則貫徹到底。

如果是西洋文化的心理諮詢，基於個人主義的信念，對於人的欲念，一般作法會建議諮詢師帶著價值中立的態度去傾聽，任由當事人盡情去訴說自己的胡思亂想，畢竟諮詢的時數與費用都出自當事人的意願。但作爲一個智慧諮詢師，要讓當事人意識到諮詢師通過其傾訴，目的是要瞭解他的生命背景，繼而還要讓當事人明白自身的狀態需要有「禮的節制」，不能長期放任自己的思路這樣散漫下去，這種散漫首先無關於他人的觀感，而是會傷害到當事人自己。諮詢師和當事人要在諮詢過程裡建立信任感，讓其體會到這一層，讓生命有收攝性，過著有節制的生活，就需要主導自己的意識，這是活出智慧的重要過程，更是直至現在華人生活文化的重要特徵。美國社會就不盡然如此，我曾親眼看見來自美國的老師在跟學生上課時，常喜歡把腳翹在桌子上跟學生說話，如此纔是輕鬆率眞，他覺得自己有著高知識，行事風格顯得很自負，完全不覺得這有什麼不自然或不得體，華人即使置身在現在這個「禮崩樂壞」的時空背景中，都很難想像有老師日常舉止能表現出如此無禮的狀態（如果有，在臺灣社會早就被投訴或舉報），這當然是文化差異，但正能讓我們看出：文化並不是生活在其間的個體不承認就消失不見的存在，文化對每個人生命的影響根深蒂固，華人的文化心理中，對禮節這一觀念始終高度重視，有教養或沒教養，其差異就在於禮節的重視程度，甚至原本在我們的日常生活用語裡，每個環節都呈現出禮的存在，譬如面對長輩、平輩和晚輩的書信用語都不一樣，我們寫封電子信件寄給他人，依然都會注意稱謂這些細節，如果你收到沒有抬頭或沒有署名的書信，一眼就能判斷此人大概是個還沒有進入社會的年輕人，不知道江湖深淺，纔會表現得如此「無禮」，只要他稍經歲月的折騰，就不會再這樣輕慢講話；甚至各正式單位來往過程中，都要藉由公文來維繫，其間都有很嚴格的書面規範，敝人平日在單位批改公文時，最深刻的感觸莫過於這點：「我在面對著從先秦流傳到此刻的政府文書系統。」早在《周禮．天官．宰夫》就有記載：「六日史，掌官書以贊治。」鄭玄注：「贊治，若今起文書草也。」不會寫公文的人，你根本無法維護自身的權益並善盡自身的責任。日常做人處事同樣如此，這反映出人背後是否有禮節的眞實身心狀態，當你能給出合適的節奏，纔能讓自己的情感得體抒發，大家常聽見的諺語：「有禮走遍天下，無禮寸步難行。」當人帶著誠意，給出有禮有節的言行舉止，讓清晰的概念與果決的行動獲得該有的節奏感，持續一段時間後，變成你個人很沈穩的風格，無論做任何事情，都不會再受他人的欺負與阻撓。

第二節 孔子對文化的闡發

文化深受思想的影響，這裡我們會開始來談思想的議題，有些相關內容詳可見敝人《聖人的丹爐：中華思想史與本土心理學》這本書，這裡敝人儘量不再重複，從補充與擴充的角度來討論些敝人的觀察。人與人在溝通的過程中，會因文化而交織出語境，常見即使在相同的主文化系統中，都會因生活地域的差異，而使得語境帶給人的感受各有不同。譬如在大陸北方各省中，高度使用「打」這個字，諸如「打飯」、「打水」或「打傘」，這對北方人而言實屬再自然不過的事情，但在臺灣社會，一般人會說「盛飯」、「裝水」或「撐傘」，聽見人一律都使用「打」這個字，已有年紀的人會知道這是過去外省老兵在軍中訓練新兵纔會使用的字，年紀尚輕的人則會覺得這種用語很粗鄙無文，全部詞彙都被一個帶有強烈動作意義的字給替換了，讓人覺得很刺耳，但怎麼會有這種認知落差呢？這就是語境，如果你不瞭解他人生活的地域文化（意即子文化系統），甚至沒有歷史背景知識，沒有時間與空間的差異觀，你就無法聽出他眞正的心聲，甚至可能會無端引發誤會。我曾督導某位山東籍的心理諮詢師，他告訴我在諮詢過程中面臨最大的困難就是「地域差異」，舉個例子來說：「你這樣說讓人很窩心。」如果遇到來自南方各省的當事人，這表示令人很舒服，有溫暖的意思；但遇到來自北方各省的當事人，就表示令人很不舒服，有憋屈的意思，但在大陸通過網路平臺從事心理諮詢工作，根本無法事先過濾你會遇到哪一省的人，一不留神講「窩心」兩字，如果當事人來自南方會覺得被認同，如果當事人來自北方則會覺得不被認同，他甚至有因此被當事人投訴的經驗。作爲諮詢師，如果和當事人不是在相同的語境裡，就常會形成「有言無語」的狀態，意即彼此在雞同鴨講，諮詢師聽不出當事人的心中事。心理諮詢的內容只要跟生命倫理有關，就會探討到文化心理的層面，語境指向心境，不站在相同文化圈裡來對話的人，將很難瞭解彼此的深層心境，尤其你如果不懂華人含蓄不露的情感，就聽不出當事人眞正關注的面向，尤其生活在臺灣社會，由於這是個移民社會，各種族群交會在這裡生活，彼此成長背景不同，習慣用語乍看好像一樣，背後使用該用語的心理原因各有不同，諮詢師如果沒有文化背景知識，其實諮詢過程中很多時候只是花時間在瞭解語意而已。

再舉個例證說，敝人在校園中發現有些大學生（尤其女生）常不是基於自己的興趣念某個科系，而會聽從父母的建議來修讀某個科系，畢業後的首選是考國家考試，然後選擇離家不遠的地點來工作，原因是這樣可分攤家計與照顧家人，如果她（或他）面臨情感問題，心中優先考慮的是父母的態度，談情感的對象能否融進自己的家中，跟家人相處融洽，當諮詢師面對這樣有情感困惑的當事人，發現其深感焦慮（譬如找不到合適的對象），如果從個人主義的角度來觀察，就會覺得當事人好像「很沒有主見」，事事都是看父母的意見來抉擇自己的人生，但如果我們能進而反思我們自己理解世界的意識狀態：個人主義何嘗不是深受西洋文化影響裡的價值觀？如果是住在大都市蛋黃區的中產階層家庭，面對人生或許大可只考慮自己的生涯規劃，不需要太顧慮父母的想法（因這類父母通常更期待其孩子飛黃騰達）；如果不是住在蛋黃區，且出身於勞工階層家庭，面對眞實的人生很難只是考慮「自己」而不考慮「家人」，因爲在傳統脈絡中，當事人的「自己」就包括「家人」在內，這就是種根植於中華文化中帶有自性的文化集體潛意識，當家人正在靠辛苦的工作來養家，賺錢極其辛苦，孩子成長的過程中看在眼裡，很難置身家外來考慮人生。這時候，諮詢師如果說：「你何不練習讓自己更有主見些？」甚或使用系統脫敏法（systematic desensitization），從中建立焦慮的等級層次，然後再學習放鬆，探討面對焦慮的應對策略，其實這終究是無效的建議。沒有厚實的文化滋養，這會導致諮詢師對當事人講話沒分量。因爲人與人即便在同一個物理空間，並不意謂著彼此置身在同一個精神空間裡，精神空間就是由文化構成，藉由語言的溝通，讓語境變成心境，不在同一個精神空間，常會導致彼此的語言無法對接。精神空間豐富的人，他更容易體會精神空間相對貧瘠的人正面臨如何的困境，但反過來說，精神空間比較貧瘠的人，不容易瞭解精神空間豐富的人有著如何厚實的思考。充實自己的文化素養，就是在豐富自己的精神空間，精神空間越豐富，就越能有開闊的視野來瞭解人在不同層次的生命狀態。

再換個例證來說，現在的人都已經很習慣看手機，卻忽視手機各種通訊軟體不只是個虛擬世界，手機背後的程式系統如果不存在，相關的網路就不存在，程式系統仰賴程式語言來作業，其創造出互聯網，並對人的精神產生巨大的牽引，但只有程式語言還不行，人更需要有文化語言，纔能在互聯網中發展出各自的文化圈，這其實是人類幾千年來語言不斷精緻化的結果。即使只是在通訊軟體中發個貼圖，臺灣社會的人喜歡使用卡通造型人物的貼圖來表達個人的感覺；大陸社會的人則常會使用有出自傳統造型人物的可愛貼圖，但兩者都喜歡使用帶有「愛心」的貼圖，這裡面都有文化意涵，反映出臺灣社會比較受到西洋流行文化的影響，大陸社會比較受到傳統古典文化的影響，但兩個華人社會都習慣使用「心」的符號來表示人與人的善意。實際上，語言就是人類大腦持續進化，並和動物產生深度差異的原因，人類通過語言交織成社會性的關係，各種角色的存在都是靠著語言而產生區隔，而且不同層次的語言，各自會形成對整個世界不同的認知，導致有的人活在平面世界裡，有的人活在立體世界中，同樣是人，對世界的認知差異會那麼大，根源就在語言的粗鈍和精細各有不同，這使得只要是社會菁英，都應該要積累足夠深厚的文化知識，纔有辦法看出眼前事物的深刻意涵。

對華人而言，先秦諸子的思想有著文化心理的原型（archetype）這一意義，但百家的思想不見得都有自性的觀念，其畢竟是中華文化還在形塑過程中比較早期的觀點，這些觀點有些屬於自性的萌芽，譬如從孔子主張的「仁」到孟子主張的「性善」，其內容有賴於後世持續補充與深化。有些則完全沒有自性的觀念，譬如從黃老的「形名」發展到商子（商鞅，西元前三九〇—西元前三三八）主張的「刑名」。有些則是在談天道，當時談天道還沒有談到心靈的層面，譬如墨子（墨翟，西元前四八〇—西元前三九〇）講的「天志」就是一種帶有宗教性的上帝意志，而無關於人本身的意志。這些觀點對後世都帶來影響，使得我們會發現並不是所有的華人都相信心性，例如有些華人滿腦子陰謀詭計，他相信的是「心術」而不是「心性」；有些華人不大在意國家社會的發展，只是自己純粹置身在一種悠然自得的道家智慧生活中。通過瞭解文化心理的原型，我們會對人的各種想法都會有清晰的洞察。在做智慧諮詢的時候，諮詢師應該幫當事人意識到自己的想法來自如何的原型，並且接著告訴他帶著這種原型可能會有的優點與缺點，尤其可進而解釋歷史上有誰因爲該原型而發展出如何的人生，有著豐富的歷史知識，其實更有益於諮詢工作的展開。榮格認爲神話都有心理諮詢的意義，而中國有那麼豐富的歷史，講的都是眞實的社會與人生，這些寶貴的經驗沒理由不經過諮詢師本人的消化納入心理諮詢過程中，如同醫生都需要具備的醫學知識。

雖然孔子自己謙稱：「述而不作，信而好古。」（《論語・述而》第七）然而，孔子其實是個深具創造性的人。如果孔子是個保守而迂腐的人，身爲商朝王室的後裔子孫，他就應該執著於血緣的意識，反對消滅自己祖先的周公，視其爲終生大敵，成爲「恢復商朝」的懷舊主義者，崇敬鬼神而不重視人文。甚至，如果有政治野心，他就應該打著該旗號，趁著周朝衰落，號召商遺民從事於復國偉業，搞不好還能成爲創國者（就血緣而言他的確有此資格），然而，孔子沒有這樣做，他反而始終念念不忘周公，《論語・述而》第七記載他晚年還說：「甚矣吾衰也！久矣，吾不復夢見周公。」並且，他對於商王室重視鬼神的信仰並不認同，《論語・雍也》第六說：「務民之義，敬鬼神而遠之，可謂知矣。」治理人民最重要的辦法就是尊敬鬼神但與鬼神保持距離，如此纔是理智的態度。這種態度完全背離他自己身上流著商王室血緣，可見他是經過自己深刻反思做出的理性抉擇。敝人生活在臺灣社會，看見時人動輒攻擊孔子的食古不化，不禁深感疑惑：現在政治人物執著於地域與血緣的意識型態，將孔子打擊成「封建主義者」，選舉一到，這些人就會積極到廟裡拜鬼神求保佑，卻反而會自詡或被群眾視作「進步主義者」，不認識孔子卻如此批評孔子，這種精神狀態是否顯得很荒謬與錯亂呢？

孔子成長過程中做的事情，曾經面臨著社會的不認同，而且終其一生，在他活著時，諸侯各國從未接納他的主張，這顯示出孔子如果有意作爲觀念的轉軸者和實踐者，過程中要面臨著非常強大的社會反彈與個人考驗。現在有人覺得孔子的觀點妨礙教育多元化，殊不知孔子生前做過最激烈的變革與突破，莫過於他主張「有教無類」，當讀書都還是貴族階層內的事情，他卻自己犯時忌來私人辦學，不只接納貴族，包括有戶籍的國人、沒戶籍的野人甚至戰敗或犯罪的奴隸都可來跟他學習，使得「王官學」從此變成「百家言」，相對於當日主流的「體制教育」，他的作法深具有「實驗教育」的精神，他本人實可謂係「實驗教育的始祖」，這種讓思想從此開始奔放與深化的作法，正是他會被後世推崇的根本原因。孔子出現前的春秋時期有很多賢人，但這些賢人終究是貴族階層的人物，可是直到孔子出現纔發展出平民學術，他本人更可謂係「民間學術的推手」，難道我們應該反對孔子這種解放教育的態度嗎？孔子一生不阿諛權貴，堅持任何國君首先要考慮是否任用他的主張，而不是只讓他來做官而已。如果不能支持他實踐理想，他就寧可離開。他企圖實踐仁政的理想，在列國間流浪十四年，對照當前政治充滿著權謀的考量與利益的交換，孔子的確顯得不合時宜，但這樣的價值落差，早在他活著的時空裡就已經存在劇烈的矛盾與衝突了。我們應該反問：我們期望的政治領袖，到底是堅持理想，真把人民的福祉與天下的禍福放在心中，還是把自己的權位放在心中，不斷計算著個人利害得失而變更施政策略？

雖然孔子推崇周公，卻在因應自己時空背景的需要，而逐漸修正周公的作法（當然，這同樣跟兩人置身不同的社會位置有關），尤其在思想層面由強調外在的「禮」轉而強調內在的「仁」，但這並不是對「禮」的放棄，而是深化至源頭來落實。因此《孟子・萬章下》記孟子說：「孔子，聖之時者也。孔子之謂集大成。」意即孔子是個懂得隨著環境需要做出相應調整的人，使得孔子匯聚在他出生前的文化大成。原本禮在商朝是種宗教儀節，後來在西周逐漸變成政治儀節，並落實到各階層的生活秩序中，變成人與人的倫理關係。華人高度重視倫理，通過社會關係的倫理化，中國傳統的政治就獲得穩固的架構。中國早在西周時期就已從「宗教統治」轉型成爲「倫理統治」（封建制度就是在整個天下構築出倫理的宗法關係，而不再是神權控制），就整個人類文化而言，這是一種早熟的政治制度。孔子從年輕時期就仔細在研究禮儀的議題，《論語・八佾》第三記說：「子入大廟，每事問。或曰：『孰謂鄹人之子知禮乎？入大廟，每事問。』子聞之曰：『是禮也。』」有人會稱孔子係「鄹人之子」，可見此事發生在孔子尚未獲得公認的社會地位前，有人覺得孔子關注的細節太過於繁瑣，這種窮究源頭的態度，可能會讓禮儀本身被解構，孔子卻覺得這種態度纔符合禮儀，這就是因政治儀節已經崩壞，孔子心中想闡發禮儀內含的眞意，纔會如此重視每個禮節背後的用意。他由早年講「禮」到晚年講「仁」，這意謂著他開始重視實質性勝過形式性。孔子把握住禮的核心，認爲「禮由仁生」，來批評和反對當時貴族階層所早已喪失核心精神的禮，卻只有著空洞的外殼，《論語・八佾》第三記孔子說：「人而不仁，如禮何？人而不仁，如樂何？」這反映出他對諸侯的「不仁」，卻只有形式主義的禮節，已經產生強烈的不滿，對孔子來說究竟何謂「仁」呢？《論語・顏淵》第十二記孔子說：「樊遲問仁，子曰：『愛人。』」眞誠愛護人民的福祉就是「仁」，他眼中看見的是人民，諸侯不能關注人民就是「不仁」，即使懂得操作禮節都是矯情的虛文，這意謂著其思想已發生質的突破，當他採取「有教無類」的態度，面向社會各階層終生講學不輟，這意謂著他希望將貴族的禮轉變成平民的禮，但這個轉關過程中就需要有思想的詮釋，纔能讓各階層能接受其主張，這就是「仁」這個思想會產生的背景原因。禮的重點是實踐，在孔子與弟子的互動中，論學的核心重點，都是禮怎樣符合內心來呈現出外在的實踐。

由於西周人文精神的影響，使得華人開始發展出關注現世的態度，這使得各諸侯國都在詳細記錄自己的歷史，包括孔子本人同樣高度重視歷史，他曾根據魯史改編成《春秋》，其重要的貢獻在於他打破國別史的既有體裁，創造出編年史，尤其歷史本來是由政府聘任的史官來記載，卻被孔子這位平民直接拿來改寫成自己要的版本，這其實在當時是個創舉，如果發生在封建制度井然的時期則斷然無法安然脫身。國別史是分國記載史事，編年史是依照「時間」作軸線來探討歷史的體裁。孔子作《春秋》，雖然主要依據的是魯國的國史，可是其中並沒有狹隘的國家觀念，因此該書記載的範圍囊括當時整個華夏諸侯國，包括齊桓公（呂小白，？—西元前六四三）、晉文公（姬重耳，西元前六九七—西元前六二八）與鄭國子產（？—西元前五二二）的事蹟。孔子特別看重「尊王攘夷」，這個觀念最早出自《春秋公羊傳》，意思是怎樣促成華夏聯盟來抵禦夷狄入侵，從而促使天下和平，顯見他心中已不再是恢復周朝舊制那樣的想法，重點應該放在亂世中如何重新構築新的社會秩序。孔子對歷史有著自己的論斷，會基於自己的主張給出明確的褒貶，這種作法後來成爲中國史學的常態筆法，有句話出自於《孟子・滕文公下》：「昔者禹抑洪水而天下平，周公兼夷狄，驅猛獸而百姓甯，孔子成《春秋》，而亂臣賊子懼。」就是因爲孔子對歷史有褒貶，開始讓各國的君王與大臣意識到自己的所作所爲都會被歷史記錄下來，使得亂臣賊子對這些內容心懷戒懼，於是歷史有如一面鏡子，開始被人意識到有訓誡功能。

孔子前不是沒有史官在秉筆直書，但是都只是記錄實情，沒有人會做歷史評論。南宋的文天祥（一二三六－一二八三）在〈正氣歌〉裡說：「在齊太史簡，在晉董狐筆。」「在齊太史簡」的故事記錄在《左傳・襄公二十五年》中：「太史書曰：『崔杼弒其君。』崔子殺之。其弟嗣書而死者，二人。其弟又書，乃舍之。南史氏聞大史盡死，執簡以往。聞既書矣，乃還。」這段歷史其實際的始末如下：齊國的大臣崔杼（？－西元前五四六）殺掉齊莊公（呂光，？－西元前五四八），齊太史於是記錄：「崔杼謀害他的國君。」崔杼就殺掉齊太史。太史的兩個弟弟都跟著如實這樣記載，接著都被崔杼殺了。崔杼告訴第四個太史說：「你前面三個哥哥都死了，你難道不怕死嗎？你還是按我的要求，把莊公的死寫成暴病而亡如何？」第三個弟弟卻正色回答：「按照事實記錄，這是史官的職責，我只圖保全性命而不顧職責，還不如去死。」崔杼無話可說，只得放掉他。南史氏聽到這件事情，立刻拿著竹簡過來，原來南史氏誤認第三個弟弟都被殺了，就想要接替來繼續記錄這件事。「在晉董狐筆」記錄在《左傳．宣公二年》中：「乙丑，趙穿攻靈公於桃園。宣子未出山而複。大史書曰：『趙盾弒其君。』以示於朝。宣子曰：『不然。』對曰：『子爲正卿，亡不越竟，反不討賊，非子而誰？』宣子曰：『烏呼，『我之懷矣，自詒伊戚』，其我之謂矣！』」這段話的重點是說，晉靈公（姬夷皋，？—西元前六〇七）是個不管事的昏君，而晉國正卿（宰相）趙盾（西元前六五五—西元前六〇一）則是個正直的大臣，他經常諫勸晉靈公。晉靈公嫌趙盾礙手礙腳，派刺客去暗殺趙盾，趙盾只得出走，不過在尚未逃出境外時，趙盾的族人趙穿（？—西元前六〇七）就起兵殺掉晉靈公。晉太史董狐（生卒年不詳）聽見此事，就在史書上寫道：「趙盾謀害他的國君。」並且公佈於朝堂上。趙盾對董狐說：「我並沒有謀害國君。」董狐說：「你是正卿，逃亡沒有出境，國君被殺，你回來後又並未法辦謀害國君的人，當然就相當於是你在謀害國君了。」趙盾毫無辦法，只好歎口氣，聽任董狐寫自己謀害國君。敝人注意到孔子對此事的評論，《左傳．宣公二年》記他說：「孔子曰：董狐，古之良史也；書法不隱，趙宣子，古之良大夫也，爲法受惡，惜也，越竟乃免。」他指出董狐談到最實質的層面，對此毫無隱晦，因爲當趙穿殺害晉靈公，趙盾就回國且不懲處趙穿，說明他對於此事的默許，儘管他的確是個優良的大夫，孔子的嘆息在於如果他直接逃亡離開國境，就不會面臨董狐的評價了。

這兩則故事說明：「歷史記事」已到達空前的高度，人們開始發現史官對於事情的記錄，可跟政治的發展形成分庭抗禮的情況，會被史官記錄其舉止的政治人物，不得不去面對這種情境：要不然就不要去做這件事，如果要做，就不要怕被記錄下來。書寫歷史原本是特設的史官在從事的工作，本來已經具有獨立性與專業性，令政治人物心生警惕，這在政治體制衰敗的環境中，畢竟不容易維繫，結果再被孔子寫成《春秋》，轉化成任何人都能從事的歷史評論，這既奠立出中華歷史學的一大特質，使得抽象的學問與具體的政治具有高度關聯性，更使得往後任何平民學者都能參與這項工作，藉由談歷史成敗興衰來提供後人反思。其實《春秋》這本書頗能眞實反映出學問原本尚是「王官學」，到孔子的確變成「百家言」，這項石破天驚的舉措，會不會被時人質疑在標新立異或破壞典範呢？敝人每當想到這裡，就能感覺到孔子做的事情極其不容易。只有開放的心靈纔有博大的學術，如果學問夾雜著個人的恩怨情仇，帶著預設的答案來思索，就永遠看不見問題，更無法做出精確的詮釋與判斷。學問不是專業學者的禁臠，尤其當專業學者被政府體制收編，就更無法有膽識去承擔具有「照妖鏡」這一機能的歷史學，學問來自社會更需要回應社會，當我們發現這種問題，不禁深感道在山林，民間學術纔有永恆的價值，這件事實過去如此，現在何嘗不是如此？

談到本土心理學的議題，最重要的問題就在於當前的心理學已被異化成某種「科學的心理學」，不討論具有變異性的文化議題，好像任何人都只有抽象而普遍的心理現象，文化對於這種心理現象毫無影響。這種思考有著嚴重的偏差，使得心理學無法眞正用來觀察華人的心理議題，更無法解決生活在民間各階層的受苦者，只能服務於住在都市中的中產階層。但，在臺灣社會發展本土心理學中的智慧諮詢，很難只寄希望於大學高等教育，此因大學生尚在生涯規劃的摸索階段，由於人生閱歷尚不豐富，要大學生能對文化議題感興趣，除非統治階層改弦更張，不再任令整個社會對中華文化採取打壓甚至敵視的態度。不過，我們倒是可對置身於社會各階層中，已有豐富閱歷的社會人士來展開重新的教育，這就是重啓民間學者的培養機制。尤其當前做學問與做學術已經發生異變，做學術只是寫論文，其間「價值中立」的態度不需要研究者有任何生命感，但做學問則不能沒有信仰，尤其是奠立在中華文化這一基石發展出的學問，更不可能不把做學問當作救贖生命的道路，如此纔能引發探索的興趣，並堅持不懈的追求學問的究竟。做學問有具體的方法，譬如每回上完一個課程或讀完一篇文章後，都應該善做眉批或書寫感想。善做眉批是記錄自己當下的反思，書寫感想則不是漫談，而是很嚴謹且認眞的把相關的思考寫成有條理的文字，當你能完成一篇文章或報告，並將其發表在自媒體或公媒體，這就不會只是種個人化的舉措，而有著社會性的意義，包括你探討的學問就開始有傳播性，引發其他人的討論，這就開啓發展出民間學術。尤其現在各種網路平臺都極其便利，很容易帶來「同溫層效應」，吸引有著相同關注者的交流，醞釀出熱烈的探討氛圍，民間學術的風潮就會被引領起來。相對於體制學術很容易變得刻板而僵化，民間學術自有其活潑的生機，參與者眾且影響深遠，這是對孔子思想最直接的繼承與闡發。我們應該奮勉恢復華人社會的民間學術傳統，讓民間學術發揮其社會能量，甚至自立系統與自成學派，就像瑞士心理學家榮格建立自己分析心理學的培育系統，在全球都有榮格研究院一樣，詳情可見《榮格學派的歷史》這部著作（湯瑪士・克許（Thomas B. Kirsch）著，古麗丹、何琴、陳靜、蔡寶鴻、潘燕華、桂莉娜、王峘、陳靜涵、江雪華譯，二〇〇七）。

孔子在《論語・學而》第一說：「學而不思則罔，思而不學則殆。」這裡說的「學」本來是指對經典如《書經》、《易經》、《詩書》與《禮經》的傳授與接受，後來則包括《春秋》，合稱五經，站在我們現代人的角度，不只是《五經》，全部人類既有知識的傳授和接受都是「學」。但是如果我們只是傳授和接受，卻對這些知識沒有經過反思形成更深刻的理解，通常就是「學如未學」，這種情況常見於某些學習傳統知識的人，會背很多詩或文，可是沒有反思，更無法詮釋，這就造成一個結果：好像他只是置身在中華文化圈，卻並不眞能創發新知識。我們常見華人在學校教育中老師都習慣於讓學生「只學不思」，殊不知如果要「學思並重」，我們不應把很多事情都看做理所當然，而是要在不疑處有疑，願意大膽質疑並仔細論證。我們不能太依賴自己的生活舒適圈，很容易接受到模式化的訊息和思維，這就像是動物園裡的非洲動物如獅子或老虎，其實根本就生活在牢籠中，他們的飲食作息規律而正常，來自於牠們已忘記非洲原野的存在，牠們個個都懶洋洋活著，再聽不見野性的呼喚。如果認眞觀察，我們就會發現眼前很多事情的細節，其實從來沒有人注意與討論，大有將其命名與顯題的需要，這來自你觀察到新的「相」，於是需要有新的詞彙去認知，纔能幫忙人理解，這就是「萬物靜觀皆自得」，當你展開這樣的觀察與行動，就開始對整個世界產生極其新穎且活潑的認知。

針對孔子思想對後世的影響，我們做個總結：儒家高度重視教育，相信教育是社會層面最重要的環節，這使得儒家會重視師道與君道的合一，政道與治道的合一，還有天道與人道的合一，要傳播這種合一的道理，最重要者莫過於通過師道來展開教育。人道的重點是在談人文化成，意即如何通過生命的覺醒來促成生命的蛻變。對於儒家的教育來說，師生授受是非常重要的事情，文化的繼承與展開，都需要有師生帶著「行道」的意識攜手推動志業，弟子對於師承要有清晰的自我認知，知道自己學習的原因與前景，有著有榮譽感與認同感，纔能眞正參與進來，因此，對儒家思想來說，師生不僅僅只是知識的授受關係，還是共事與共命的關係。儒家思想不能說沒有其缺點與侷限：其一，儒家思想太看重精神生活，對外面的物質環境比較忽視，這使得儒家完全不從主客對立的角度來思考問題，對於實證主義角度的科學議題太過於忽略，不易促進科技發展；其二，儒家思想太看重現實政治，偏重於社會上層的改變，對社會下層比較忽視。譬如常見某些儒者自居的人對於政治非常在乎，可是他們對政治的評論常常太過理想化；其三，儒家思想太看重文化生活，容易偏重繁文縟節，忽略掉內在的樸素與眞實。這類儒者對於禮教的重視往往超過心靈的覺醒。再者，他們對自己眞實的生命有時反而有隱藏。儒者不能如同《聖經》裡講的「法利賽人」（Pharisees），懷著形式主義或教條主義的態度來面對事情，這就是後來會出現陽明心學這種反思浪潮的主因，其對傳統儒家思想做出很重要的修正，避免其頑固與保守的態度帶給世人無謂的限制。

第三節 形名的突破與發展

孔子出現後，接著比較有影響的學術團體是墨家。墨家的創始人就是墨翟，合理推測他本來是宋國人（宋國是商朝後裔建立的諸侯國），或比孔子時間稍後些，《史記‧孟子荀卿列傳》記說：「蓋墨翟，宋之大夫，善守御，爲節用。或曰并孔子時，或曰在其後。」墨子在魯國生活過一段時間，因此受到儒家思想的影響，但他反對當時的儒家陷溺在繁瑣的禮儀中，於是創發出自己一套學說。墨子對世間的混亂非常不忍，他強烈信仰有意志的上天（這是商尚鬼的後續發展），其建立的墨家思想，屬於一種有著明確宗教性的信仰團體。儒墨兩家的區別在於：儒家著重在探討人的心理動機，意即人要秉持著怎樣的心態活在人間，從這個角度來講，儒家思想的確發展成爲本土心理學；墨家則是著重外在義理層面的討論，其內容與人的內在世界沒有直接的關聯，其對個人動靜舉止的規範，同樣是從社會價值層面來思考，而不是從心理動機層面來立論。墨家更凸顯出一種平民精神。「墨」字的本意是在臉上刺字塗墨來作爲奴隸標識的刑罰，不論刺字塗墨者本來的出身，當其經歷這種刑罰，就意謂著其出身於奴隸階層，而儒家多半出身於沒落的貴族或崛起的平民，這些平民裡有國人與野人，奴隸雖有，但不是最主要的成員。組成墨家的奴隸，其職業主要就是工人集團，他們的一大特點就是具備當時最尖端的科學知識與工業技能（錢穆，二〇一一：頁七二），並且很重視「利」，這並不是單純指經濟利益，而是指實用價值，這種極端實用化的思想有著無法避免的缺陷，譬如對於美學素養或人格陶冶的議題完全不在意。墨家的思想主要係「兼愛」與「非攻」，「兼愛」就是完全平等的愛人，「非攻」就是反對不正義戰爭。墨家還反對宿命論，因此提出「非命」的觀點，這種思想能讓奴隸相信自己終究有朝一日能翻身。相信上帝有意志的基督信仰，其同樣反對宿命論，基督教認爲人的動靜舉止都要榮耀上帝，要去做上帝喜樂的事情，墨家同樣推崇天的意志，認爲要順從天的意志去展開實踐，人纔能活得有意義，人需要去不斷在人間奮鬥，來確認自己的行爲始終符合天的意志，這是商朝主流思想的進階版本，其觀點讓宗教與科學這兩大領域產生高度關聯，的確跟基督信仰的型態很像。

古人從四時（春夏秋冬）的運作中形成對天的意志最原初的直觀印象，接著就把這些認識歸納成客觀規律，希望套用到人身上，認爲順應這種客觀規律就能獲得比較順遂的人生，這就是所謂的順從天的意志。當然，原始墨家最早並不認爲天的意志是一種客觀規律，像《舊約》裡所描述的上帝那樣，有著喜怒哀樂存在，人不見得能全部明白這些喜怒哀樂，但人要對天的喜怒哀樂有敬畏，只是這種喜怒哀樂在墨家而言係指「義」（就是道義）。《墨子．天志上》記說：「然則天亦何欲何惡？天欲義而惡不義。然則率天下之百姓以從事於義，則我乃為天之所欲也。我為天之所欲，天亦為我所欲。然則我何欲何惡？我欲福祿而惡禍祟。若我不為天之所欲，而為天之所不欲，然則我率天下之百姓，以從事於禍祟中也。然則何以知天之欲義而惡不義？曰天下有義則生，無義則死；有義則富，無義則貧；有義則治，無義則亂。然則天欲其生而惡其死，欲其富而惡其貧，欲其治而惡其亂，此我所以知天欲義而惡不義也。」這段話的意思是說：上天喜歡什麼或厭惡什麼呢？上天喜歡道義而厭惡不義。然而率領天下的百姓，去實踐合於道義的事，這就是我們在做上天樂見的事情了。我們做上天樂見的事情，上天就會做我們喜歡的事情。我們個人喜歡什麼或厭惡什麼呢？我們喜歡福祿而厭惡災禍，如果我們不去從事上天樂見的事情，就是我們率領天下的百姓，在實踐於災禍了。但我們怎麼知道上天喜歡道義而厭惡不義呢？天下的事情，有道義就會獲得生存，沒有道義就會導致死亡；有道義就會變得富有，沒有道義就會變得貧窮；有道義就會獲得治理，沒有道義的就製造混亂。上天喜歡人類生息而討厭人類死亡，喜歡人類富有而討厭人類貧窮，喜歡人類治理而討厭人類混亂。這就是我（墨子）知道上天喜歡道義而厭惡不義的原因。

墨家重視鬼神，主要側重於祭祀，想要促進人獲得宗教性的虔誠，對墨家而言，鬼神是比上帝稍微再下一層的存在，但卻是更具體的存在。在理性知識相對沒那麼發達的春秋末年，感受到鬼神的眞實影響很容易，不像現代人凡事都要拿出能經得住反覆驗證的證據。原始墨家繼續發展下去，就形成「別墨」這一思想，意即從宗教的墨家發展出科學的墨家，「別墨」的意思是指後世歧出發展的墨家思想，《莊子・內篇・天下》：「相里勤之弟子，五侯之徒，南方之墨者，苦獲、已齒、鄧陵子之屬，俱誦墨經，而倍譎不同，相謂別墨。」這些人都在戰國時期，別墨的思想主要記錄於《墨子》中的六篇《墨辯》（意即《墨經》，包括〈經上〉、〈經下〉、〈經說上〉、〈經說下〉、〈大取〉與〈小取〉這六篇）中，不只談理則學，還有談科學（包括光學、力學與幾何學在內）的內容，並基於原本「非攻」的思想，開始創造出很多守城的武器，累積出豐富的軍事技術知識。這讓我們瞭解到科學與宗教的背後其實出自相同的思路，就是對終極眞理的高度關注，這同樣是西洋社會的宗教與科學長期會在相生與相抗中不斷發展的原因。

知識論（epistemology）是要回答生命的主體如何認識外在的客體，從中產生客觀知識。中華思想的知識論起源於老子，可是直到別墨纔發展出精密的知識論，知識論探討的議題，傳統就稱作「形名」，意即如何給予客觀的「實在」精確的概念認知。分析性思維的培養極具重要性，畢竟如果什麼事情都要靠親身經驗纔能得證，所知就會很有限，而且你適用的經驗不見得適用於其他人，知識可通過推理來獲得，譬如黑猩猩第一回照鏡子可能會嚇一跳，接著他發現自己不論怎麼晃動，鏡子裡那隻猩猩就會跟著做同樣的動作，於是該名黑猩猩就開始意識到鏡子是一個能反映他自己的東西，這說明黑猩猩有自我意識，比其它動物有著更高的智能，這種智能就是推理。認識墨家思想有一個重要的意義，當事人來做心理諮詢，常常是因爲覺得自己的思維打結，有些觀念糾纏不清，智慧諮詢師有責任幫忙當事人把他的思緒釐清，但智慧諮詢與哲學諮商有著明顯的差異：哲學諮商是依據西洋哲學中思辨的內容來展開相關探討，重點在談觀念本身，而智慧諮詢的核心思想是要幫忙人看見自性，這點指向性相當明確，智慧諮詢雖然同樣有思辨性，包括諮詢師同樣應該熟稔於這些中華思想家的觀點，這是成爲智慧諮詢師的過程裡要有的知識訓練。由春秋戰國時期的墨家就已經把思緒辨識得如此細緻，顯然華人當然有可能展開細緻的思維訓練。

二十世紀中期後纔發展出來的量子物理學涉及到的議題，早在中國的先秦時期，就被名家藉由觀念的比對觀察出端倪，這種前瞻性著實很令人震撼。惠施（約西元前三七〇—西元前三一〇）就是個名家，曾做過魏國宰相，那時各國君主的稱謂一般都沿用公、伯與候等爵位，惠施卻在魏惠王三十七年（西元前三三四）讓魏國和齊國互相稱呼彼此的君主爲「王」，歷史稱此事件「徐州相王」，這表示著整個周朝的秩序就像是泥巴牆，被惠施輕輕一推就徹底崩塌。惠施曾經在政治上做過這麼激烈的動作，這就跟他的形名思想不無關聯。惠施認爲空間和時間都並不實有，相同和差異都並不絕對，《庄子．內篇．天下》中，惠施說：「我知天下之中央，燕之北，越之南，是也。」燕國的地點位於各諸侯國的最北，越國的地點則位於各諸侯國的最南，現在惠施卻說中央位於燕國的北面和越國的南面，這種不合理則的說法，其實眞正是在說明空間的無限性，任何一點本身都可視作中央，而沒有絕對地理的中央。他還說：「今日適越而昔來。」這句話表明，早在戰國時期古人就瞭解時差的存在，因此會說我今天到達越國，但對於西部地區的人來說，我可被視作昨天已經到達。這是人跨過很大的地理空間，有過相關經驗知識，纔能提出來的觀點。

今天華人都在使用北京時間，可是民國時期的中國，其實被劃分爲五大時區（自東向西分別爲：長白時區、中原時區、隴蜀時區、回藏時區、崑崙時區），意即時間的區隔，都是給人類提供辨識而做出的區別，並沒有絕對的區別。這反映出名家思想在探討的議題，不能只被視作是理則問題，它背後其實涉及到科學，甚至是佛學的議題。針對時空的相對性問題，公孫龍（約西元前三二〇—約西元前二五〇）的觀點更精微細緻，《莊子・內篇・天下》記載公孫龍子說：「一尺之棰，日取其半，萬世不竭。」意思是說，把一條線從中間切分成兩半，然後把這兩半再繼續從中間切分，這樣就能一直無限切分下去。這說明有限中有無限，量變最後會引發質變，物質還原到本質，就接著開始從原子、質子、中子、夸克和膠子持續無限分解下去。時間與空間都莫不如此，科學領域直到二十世紀後半葉，量子物理學纔開始出現「多重宇宙觀」（multiverse）的假設，可跟公孫龍的這個觀點相互對話。我們所在的空間不單純只是肉眼可見的空間本身，該空間可不斷切割下去，當時間發生變化，就會有不同的空間，不同的空間裡更有不同的時間感，於是空間與時間交疊出的宇宙無窮無盡，這意謂著人不會只有一個「我」，無窮盡的時空裡有著無窮盡的「我」。相同和相異都不是絕對的概念，意思是說，很多時候我們看到的相同，只是我們尋覓「共相」獲致的結果，卻沒有意識到每一個事物本身都有它的「自相」或者「殊相」，就像雙胞胎即便非常相像，還是有細微的差別。這種觀點比傳統墨家的觀點又更前進一層，墨家是基於宗教的角度提倡「兼愛」，惠施是基於哲學的角度認爲因差異並不絕對，就不要對事物有喜歡或厭惡的心思，而要「氾愛」。惠施站在這種沒有絕對的角度來看政治議題，他早就明白周王室建立起來的那套運作七百多年的制度，無論曾經有著怎樣的輝煌，此刻實際的狀態就是早已破敗不堪，周天子只是個名義上的共主，不再擁有實質的權威。既然名義從來都不絕對，既然此一「實在」已經破毀，又何須再維持這種無效益的名義？如果有國家膽敢獨自稱王，必然會遭到其它國家的聯合攻擊，惠施就建議由齊國和魏國這兩強彼此稱王，與其它國家形成能量的平衡，這樣既不會引發戰爭，共構新的實在，又可進而擺脫周朝既有禮制的約束。經過他這種帶有形名思辨意義的決策，從此天下各國就都跟著稱王了。這反映出哲學思考同樣會影響政局。

《莊子．內篇．天下》中記載：「惠施以此爲大觀於天下而曉辯者，天下之辯者相與樂之。卵有毛，雞三足，郢有天下，犬可以爲羊，馬有卵，丁子有尾，火不熱，山出口，輪不蹍地，目不見，指不至，至不絕，龜長於蛇，矩不方，規不可以爲圓，鑿不圍枘，飛鳥之景未嘗動也，鏃矢之疾而有不行不止之時，狗非犬，黃馬、驪牛三，白狗黑，孤駒未嘗有母，一尺之捶，日取其半，萬世不竭。辯者以此與惠施相應，終身無窮。」從惠施開始，名家中不知其名的辯士跟著提出二十一個命題，其中「卵有毛」是在說，如果雞蛋沒有毛，爲何能生出有毛的雞？「馬有卵」是在說，馬雖然不是卵生，可是該馬卻有卵生這一個階段。「丁子有尾」中的「丁子」是指蛤蟆，這是在說長大的蛤蟆雖然沒尾巴，卻曾經是有尾巴的蝌蚪。「烏長於蛇」是在說烏龜其實是有比蛇更長的可能性，如果拿一條剛出生的蛇跟已成年的烏龜比較，那烏龜的確比蛇長。這些命題乍看都很無厘頭，卻都在說明兩個內容被置放在相同的抽象概念中（譬如不同時間的蛇），會因具體條件的差異而不同（譬如蛇的長短），再跟不同的抽象概念比較（譬如已成年的烏龜），就會導致人本來對抽象概念的認知發生具體的變化（蛇不比龜來得長）。從共相來看，萬物都相同，但從殊相來看，萬物都不同，這些命題裡包含著某種生命自身會不斷演化的進化論觀點。這些辯士根據時空異同的相對性，提出很特別的知識論，在「火不熱」與「目不見」這兩個命題中更可看出，意即如果人沒有知覺，有火都不會覺得熱，有眼睛都看不見，這表示並沒有客觀存在的物質，人的知覺纔是影響認知的主體，從這個角度就會聯繫到心學常在討論的觀念：意識由知覺產生，沒有意識就沒有世界。

《莊子》的其它篇中，同樣有與進化論相關的內容，如《莊子．雜篇．寓言》說：「萬物皆種也，以不同形相禪，始卒若環，莫得其倫，是謂天均。天均者，天倪也。」意思是說：萬物都是種子，各從不同形態開展生生不息的生命歷程，首尾銜接如環相扣，無法分清其次序，這就是「天均」，並且其屬於自然發展出來的分際。《莊子．外篇．至樂》這一篇說：「種有幾，得水則爲㡭，得水土之際則爲蛙蠙之衣，生於陵屯則爲陵舄，陵舄得郁棲則爲烏足，烏足之根爲蠐螬，其葉爲胡蝶。胡蝶胥也化而爲蟲，生於灶下，其狀若脫，其名爲鴝掇。鴝掇千日爲鳥，其名爲乾余骨。乾余骨之沫爲斯彌，斯彌爲食醯。頤輅生乎食醯，黃軦生乎九猷，瞀芮生乎腐蠸，羊奚比乎不箰，久竹生青寧，青寧生程，程生馬，馬生人，人又反入於機。萬物皆出於機，皆入於機。」「機」是指生命孕育的機制，萬物都由這個機制化生出不同型態，並且前後兩個型態間有著銜接，演化到人的階段則成爲最高型態。這些動植物的名字，今天都不易細考，但重點是這背後在探討萬物會隨著環境不斷在變化，呈現自生自化，並沒有一個超然的主宰在影響這種變化。西洋神學家試圖用因果律來證明上帝的終極性，可是因果律要遵循「有因必有果，有果必有因」的原則，如果說上帝是「第一因」，那就表示我們必須承認上帝是「無因之果」，可是這樣會破壞掉因果律的原則，無法證明上帝的終極性。但莊子的這種進化論是一種「被動的進化論」，太從「齊物」的角度來思考，忽視掉人類這種擁有自我意識的物種，其實會通過主動改造世界來適應環境。

前面提到「狗非犬」，在《墨子．經下》中同樣有討論：「狗，犬也。而『殺狗非殺犬也』可。」《墨子．小取》中說：「盜，人也；愛盜，非愛人也；不愛盜，非不愛人也；殺盜，非殺人也。」這兩段話都在說同樣的道理：從共相的角度來看，可說狗是犬的一種，盜賊是人的一種，意即狗就是犬，盜賊就是人；但從殊相的角度來看，古時候的

「狗」字意指毛沒長全的小狗，「犬」則是指已成年的大狗，因此可視作殺狗不是殺犬，這能解釋對某些人而言「殺狗來吃並不是殺犬來吃」，同樣的道理，偷東西的人纔是盜賊，同樣可說殺盜賊來正刑罰不是在殺人。如果嚴格從概念來說，這些概念的細緻區隔的確有其自成系統的道理，如此纔能解釋各種契約或法規需要解釋得極其精確，纔能避免引發任何爭論。別墨與名家的這種觀點後來影響到儒家，《孟子．梁惠王下》中記載，齊宣王（田辟疆，西元前三五〇—西元前三〇一）拿周武王討伐商紂王的事蹟詢問孟子這是否是謀害君王的行徑？孟子回答：「賊仁者謂之賊，賊義者謂之殘，殘賊之人謂之一夫。聞誅一夫紂矣，未聞弒君也。」孟子認爲商紂王是敗壞仁義這些崇高價値的「獨夫」（行事專斷的獨裁者），違反社會共識，殺死他只是在殺一個「獨夫」，從概念而言已不具備君王的資格，這就不是謀害君王。從這些有關相同與相異的討論中，可說明別墨或名家的觀點由理則層面到政治層面的體現，如果運用在心理諮詢的過程中，諮詢師可讓當事人意識到沒有什麼事情具有絕對性，人要學會換角度來看問題，就不會被概念所困惑。

敝人還是要強調，我們稱「墨家」和「名家」，只是拿漢朝時期的概念來指稱這些先秦諸子，這只是種便宜行事的作法，並不表示我們不知道他們並未如此全稱自己。這些思想的衰落，其原因各有不同。墨家的核心主張太過於嚴苛且清苦，眞正能落實者有限，尤其儒者對墨者的強烈攻擊，使得兩者呈現消長的敵對競爭關係。墨家會誕生，本就源自墨子對儒家思想的不滿，而孟子對墨子有強烈的批評，《孟子．滕文公下》中說：「楊氏爲我，是無君也；墨氏兼愛，是無父也。無父無君，是禽獸也。」孟子認爲墨子把別人的父親和自己的父親同等對待，這是禽獸纔有的無差別行徑。荀子（荀況，西元前三四〇—西元前二四五）同樣在《荀子．解蔽》中表示：「墨子蔽於用而不知文。」意即其太過於重視實用，卻不知道文飾對於社會的重要性。在戰國晚期到秦漢初年，雖然法家思想（包括與其合流的黃老思想）興盛，儒家卻在社會中成爲一股支持天下一統再開盛世的能量，當儒家興盛起來，墨家就逐漸衰落。但，其實墨家思想有相當部分的內容融入到儒家思想中。孟子雖然很激烈的攻擊墨子思想，可是他受墨子思想的影響最大，譬如他提出的「性善」這種本質論看法，就受到墨子「兼愛」的影響，無差別的愛是指沒有親疏遠近的分別，能產生這種博大的愛，其實更深一層來思索，正可謂來自人人本具的善性。這就像荀子同樣攻擊那些辯士，可是他受那些辯者的影響同樣最大；宋朝儒者攻擊佛教，可是沒有佛教思想就沒有宋朝儒學。孟子的性善論就是要讓人民都因闡發內在本性而蒙受樂利，這其實是受到墨家的影響，可是孟子本人卻沒有意識到此層。

墨家的團體專門保護弱國，主張和平，在戰國末期，各國經歷長期纏鬥交相毀滅，諸侯到人民無不希望能盡快決出勝負，很難有人完全接受和平的主張，更不要說當弱國本身都被滅了，幫忙弱國守城的墨者很難置身事外，這種犧牲太過慘烈。在各國都面臨生死存亡的環境中，世人對別墨和名家的這種細緻的觀念分析，沒時間更沒意願去深度探討，這些辯士所探討的問題，比較像西洋哲學的思維型態，的確可稱作「中國哲學」而無愧，但此後華人就不大採取這種思維型態了，嚴格來說，中國哲學史的確只能寫到先秦就結束，如果有人繼續將先秦而降的中華思想史寫成中華哲學史，這就跟寫中華心理學史一樣只能從後設的角度來架構其內容，而不是本來就有的脈絡，此因後來的中華文化沒有西洋文化那種概念化、對象化與客體化形成的心理學，但是，中華文化中還是有很多可經心理學解釋的素材，值得我們去思考，轉化成當前心理學角度能解釋的內容。意即我們需要建立一套當前學術能理解的系統性觀點，然後從傳統思想中尋覓可跟這套觀點對話的內容，從中思考架構中華本土心理學該有的方向，敝人對此有個整體看法：華人的本土心理學從來都不是單獨只談個人的心理，而是從「心體性，宇宙性，社會性」這三個角度，兼容並蓄來探索，意即由心靈實體出發，往上探求宇宙的實在，往下探求社會的實在，從而安頓個人的精神，華人意識中的「良知」，其實不外蘊含著這三種內容在內。

第四節　老莊與楊朱的思想

中國古人對生命的認知，跟當前的個體化思維有很大的差異，例如華人社會向來是父系社會，古時候夫妻其實是融合爲一體的狀態，女人一旦「嫁出去」，就融入進男人所屬的家庭生活中。這種沒有「個體意識」而有「整體意識」的心態不只出現在婚姻裡，還包括在學術領域，參與某個學派的學者，通常不會從個人的思考來面對整個學派的思想，這使得古人並不在意一本書的作者是否有掛上自己的名字，就像老子肯定有其人，且孔子曾問禮於老子，但當前《老子》這本書呈現的是整個學派的思想，而不僅是老子本人的思想，意即其內容經過該學派中人不斷的補充（我們從西元一九七三年在馬王堆漢墓三號墓中出土的帛書《老子》甲本和乙本即可知，不同時期的老子學派思想內容有著差異），由於先秦時期出土的相關版本尚不是很豐富，這使得我們要精確辨識出「老子本人的思想」與「老子學派的思想」其實會有困難。基於這個理由，敝人暫不採取區隔作法，在這裡會將兩者混在一起來談。老子的思想在當時相當具有破壞性，作爲思想家，根據《史記．老子韓非列傳》卷六十三的說法，他本人雖然只在周朝擔任守藏室之史（意即國家圖書館的館長），置身於廟堂中，但他對當時社會各種名實不符與習而不察的觀念產生反思，其生活的春秋末年，政治鬥爭甚至軍事戰爭已經進入到白熱化的階段，他看見人民的流離失所，很難再相信最終存在一個有意志有知覺的上帝會對人產生保佑，針對存在的本質，《老子》第四章有獨到的看法：「道沖，而用之或不盈，淵兮，似萬物之宗。」其接著表示：「吾不知其誰之子，象帝之先。」意即「道」本質空虛而無形體，其作用卻無窮盡，內容深遠且古老，好像係萬物的祖宗，我們不知道「道」是誰的孩子，但卻知道其實質存在先於上帝。老子不認爲宇宙有最終的眞相，在老子看來，上帝是後設的概念，而宇宙的眞相是種沒有眞相的實相，因其無眞無假，這就是老子來源於楚學的混沌觀所致。這種混沌觀使得老子反對追究本原自身（卻探討本原的流變），因爲他覺得眞正的本原處於無法追索的狀態，他只將其給個名稱，《老子》第四十章說：「天下萬物生於有，有生於無。」「有」是個名相，譬如說上帝，可是上帝卻生於「無」這個混沌。《老子》第五章則說：「天地不仁，以萬物爲芻狗。」芻狗就是祭祀時使用草紮的狗。老子認爲天地沒有仁愛，對待萬物就像對待草狗一樣毫不知憐惜。這種觀點跟墨家的基於上帝實存發展出的眞理觀很不同。

《老子》第二十五章中說：「有物混成，先天地生，寂兮寥兮，獨立而不改，周行而不殆，可以爲天地母。」意思是說，有某個實存的東西，比天地還要早出現，沒有聲音和形體，獨立運行永不止息，循環運行永不衰竭，其是天地的母體。我們在社會中的糾葛，都源自名與實間產生的認知問題，觀念不是單純的觀念，使用觀念需要語言，語言構築出世界的存在，其覆蓋住宇宙的存在，因此《老子》第一章說：「道可道，非常道。名可名，非常名。無名，天地之始；有名，萬物之母。」這段話的意思是說：使用語言描寫的實在，就不是永恆的實在，使用詞彙構築出的觀念，就不是永恆的觀念。觀念生成前，只是萬物的本來面目，意即宇宙的存在；觀念產生後，作爲辨識萬物的母體，意即世界的存在。這種觀點直至二十世紀海德格（Martin Heidegger, 1889-1976）纔開始提出。孔子同樣意識到名義對人的重要性。孔子說：「名不正則言不順；言不順則事不成。」（《論語．子路》第十三）名義沒有獲得精確對焦，講話就沒有分量，講話沒有分量，人就無法成就出事情。這顯示出語言組織出概念並不虛幻，當有某個詞彙組成的概念形成一個人對自我的認知時，其人的身心狀態就會發生蛻變，因爲當你承認這個概念，同時就是在承認這個概念背後指向的世界屬於眞實的存在。老子想要對於那無法界定的本源，通過名義的指稱，給予它精確的認知，其深刻認識到這種指稱的過程不斷在變化，但他還是想要逼近這種不定性，導致他的思想充滿模糊性與跳躍性，這就是《老子》第六十四章說「正言若反」的意思。作爲一個智慧諮詢師，確實大可學習與借鑑老子的這種語言的不定性，例如老子會表示語言不可靠，可是他卻在用語言本身來講語言的不可靠，在諮詢過程中，諮詢師可對某個問題從兩面去探討，譬如面對某個女性當事人的感情議題，其人對於談感情的對象充滿著愛恨交織，諮詢師可從兩面角度來說話，時而肯定當事人對於該對象充滿著愛意；時而同意當事人批評該對象對自己爲何會不忠，這就像是圍獵的過程，諮詢師在談話過程中慢慢收網，最後一網打盡，確認出當事人對於這名談感情的對象如此牽腸掛肚的癥結，從而尋覓出後續對待的辦法。當然，做諮詢時要注意語言的表達方式不要太直接，而是要用溫和的反思來幫當事人模式化的思維逐漸拆解掉，破解當事人對這個世界理所當然的看法。

老子任職的周朝在當時已是弱國，但因是本來的中央，所以沒有其它國家敢眞正消滅周朝，老子因此有機會作爲旁觀者，從比較超然的視角來觀看當時社會的混亂（儘管其晚年極有可能被迫參與王子朝（？—西元前五〇五）的叛亂事件，根據《左傳・昭公二十六年》的記載，周襄王十七年（西元前六三五）王子朝殺害周悼王（？—西元前五二〇），自居正統，盤據於洛邑，後兵敗而攜帶大量的周王室典藏書籍奔亡楚國，造成這些典籍散落與流傳民間，老子有可能受到牽連而被影響，其出關或與此有關），老子覺得知識產生欲望，因此有「愚民」的主張，《老子》第三章說：「是以聖人之治，虛其心，實其腹，弱其志，強其骨。常使民無知無欲。使夫智者不敢爲也。爲無爲，則無不治。」他覺得聖人治理百姓，就要讓百姓的心靈保持虛空，但肚子能塡飽，志向很柔軟，但骨骼很堅強，保持著無知就無欲的狀態，纔能讓機詐者不敢藉機生事，意即統治者只有無爲而治，治理纔能無不順當。這種觀點即使出現在春秋末年，在戰國時期更被凸顯其重要性，此因諸子思想都已具體興起，人各異說且莫衷一是，思想的混亂性更使得人民無所適從，再譬如《老子》第六十五章中說：「古之善爲道者，非以明民，將以愚之。民之難治，以其智多，故以智治國，國之賊；不以智治國，國之福。」這段話把人民難治理的原因，歸結於人民懂得的知識太紛雜，但這樣的知識其實只是一些碎片化的觀點，並未看見本原或全局，使得大家各自解讀，並運用機詐來牟取利益。徵諸於六國，這種現象已無法逆反，秦國則的確採取這種愚民政策而齊一人民的意志，最終謀得天下一統。敝人觀察當前臺灣社會同樣有這類情事，世人交相指責各類行政缺失，好像行政者都是庸儒無能且私心自用的一群人（但實際情況不見得如此），癥結就是因資訊大開，人民不易判斷資訊的眞假，更無法將這些資訊歸納到不同的層次裡來理解，形成系統的概念，使得資訊呈現散亂無章的湧現，不只擾亂個人的精神，甚至使得社會紛擾不寧，如果只是從統治階層的角度來反思治國這件事情，其覺得人民知道太多的資訊反而讓整體環境變得更動盪不安，如果人民不知道複雜的眞相，反而能促成社會的安寧，這就會是種基於政治心理學的思考，觀看當前有些極權國家的統治型態，就是希望讓人民處在衣食無憂卻思想單純的環境裡，不只藉由教育來提供青年政府希望其認同的內容，甚至使用網軍來製造與左右輿論，這確實更有利於社會的穩定，其實或可謂變相在實踐後期老子學派的思想。

人們通常會把老子與莊子視同都是道家思想的主張者，彼此觀點應該沒有太大差異，但這是受到司馬遷（西元前一四五—？）說法的不當影響，在其《史記．老子韓非列傳》卷六十三說：「其學無所不闚，然其要本歸於老子之言。」又說：「作〈漁父〉、〈盜跖〉、〈胠篋〉，以詆訿孔子之徒，以明老子之術。」然而，《莊子》這本書是魏晉時期郭象（西元前二五二？—西元前三一二）整理的版本，共有三十三篇，計有內篇、外篇與雜篇，其中內篇有七篇，極有可能就是莊子本人的著作，裡面提到孔子有九次，提到老子只有三次，提到孔子時鋪陳其形象相當正面，或許有些嘲諷的言論，但看得出莊子企圖持續轉化與補充孔子的觀點。而且，老子與莊子兩人的生活背景相當不同，老子在周朝擔任當時學術單位的最高官職，他不只是個飽讀詩書的人，更是具有行政主管經驗的人；《史記．老子韓非列傳》卷六十三記錄莊子是「漆園吏」，這只是看管漆樹園的辦事人員，顯然莊子的生活環境更接近於鄉野，他打破知識的框架，呈現深遠的精神意境，合理化自己對社會的漠不關心，其思想呈現出高度反知識甚至反文明的特徵。老莊兩相論較，老子對政治有明確的觀點，他覺得統治者應該無為而治，但莊子則毫無發展任何政治制度的意圖，他甚至反對任何人為的制度運作其間，而帶有無政府主義（anarchism）的傾向（劉笑敢，一九九三：頁二九〇），敝人不覺得我們適合將莊子做任何歸類，他不認同任何前賢，其本身就是自成一家的大宗師。

莊子很喜歡跟惠施辯論，但他認為通過辯論本身無法釐清是非，《莊子．內篇．齊物論》中說：「道隱於小成，言隱於榮華。故有儒墨之是非，以是其所非而非其所是。」莊子覺得大道往往被局部的成就給掩蓋，眞知灼見往往被浮華的詞藻給掩蓋，儒家和墨家的爭論，都是「肯定對方所否定的內容」而「否定對方所肯定的內容」。這樣當不同的觀點爭論越激烈，偏見越深，就離眞相的全貌越來越遠。然而世界上沒有不變的觀點，自然就沒有不變的是非，時事變遷，就會持續有各種各樣的變化，莊子的學說是種極具顛覆性的懷疑主義，其在《莊子．內篇．秋水》中說：「吾生也有涯，而知也無涯。以有涯隨無涯，殆矣。」意思是說：生命有侷限，知識無侷限，拿著有限的生命去追逐無限的知識，這會讓自己掉落到困境中，莊子不禁深感倦怠。中華的思想史和文化史這個大舞臺上，能有莊子這種奇才的出現，引領華人開展到空前的高度，實在是一股清新的聲音，他提供給我們後世深刻的反思，打開一個精神的空間，直通宇宙的存在，讓我們知道不需要執著於概念的名相。但如果我們眞把莊子的思想當作生活主軸，文化就無法持續開展下去，因任何人設的架構都被莊子瓦解掉了。他把這世間全部的區別，都拿來自宇宙的至高視野去觀看，使得任何區別都變得沒有意義，就好像兩個人比身高，彼此爭論得不可開交，這時莊子就站在山頂俯視他們，指出他們這種爭論的荒謬性。然而思想與文化的進展，甚至社會的變革，常常就是在毫釐的差異間取得突破，不只整個社會如此，個人生命的蛻變同樣是如此。拿莊子思想來發展本土心理學，可提醒人不要把概念構築世界的存在當眞，人本身需要打破這些框架，纔能活得自在。

楊朱（西元前三九五—西元前三三五）被視作中國最早的個人主義者，他與墨子的思想是兩個極端。我們現在要認識楊朱本身的思想，只能參考《列子》這本書，儘管東晉時期張湛（生卒年不詳）撰寫的《列子注》或被混入到《列子》本書中，但不能完全否認《列子》這本書出自於先秦，而且我們如欲討論楊朱思想，目前可見的文獻就只有《列子》。《列子．楊朱》中記載楊朱說：「古之人損一毫利天下不與也。悉天下奉一身不取也。人人不損一毫，人人不利天下，天下治矣。」這段話意思是說：古時候的人，拔他一根汗毛就可對社會有所貢獻，他都不會去做，用全社會的資源來供給他一個人，他同樣不願意這麼做，每個人都不對這個社會奉獻自己絲毫的利益，只要妥善保護自身，社會就會獲得治理。楊朱的意思並不是單純的自私自利而已，而徹底站在「自我」這一個體的角度來思考。這樣的思想顯然在當時的中國沒有獲得太大支持，因此沒有持續發展下去。楊朱這種思想，會讓敝人想到古希臘哲學家伊比鳩魯（Epicurus, 341B.C.-270B.C.），他是個享樂主義者（hedonist），主張最大的善來自於快樂，沒有快樂就沒有善。快樂包括肉體與精神的雙重快樂，如此纔能獲得不受干擾的寧靜狀態。

我們在中文的語境裡，對楊朱通常都帶有強烈批判的態度，這是因華人社會長期都著重於「自性」這一整體的角度來思考，並將人有「自我意識」直接視作自私自利的表現。這固然是種偏見，但儘管如此，從西學東漸到現在，我們卻完全無視西洋個人主義對華人社會已帶來深刻影響。這種個人主義的思想在美國社會尤其盛行其道，例如通過法律把每個人的權利和義務都做出細緻的釐訂，其預設就是保護個人的權益可獲得人與人的相安無事，當前法治社會的觀點其實就是站在個人主義的角度來設計，海峽兩岸的華人社會現在在法律層面已經不是使用中華法系的思路，而是歐陸法系或英美法系的思路，其衡量權益的單位就會採取「個體」的角度，而不再是「整體」的角度，因此從這一角度來反觀先秦時期楊朱的想法就不能說完全沒有道理，華人社會的歷史從來不缺自認在「愛天下」，卻把天下搞得一團糟的案例，譬如當前臺灣社會就有些人聲稱自己「只從臺灣來看天下」的觀點就係「愛臺灣」，反對他的主張就是在反對「愛臺灣」，支持該一「愛臺灣」的主張就是支持民主，反對這一主張則是反對民主，這使得「民主」與「獨裁」這種本來二元對立的觀點，已經產生概念的偷換，變成「民主獨裁」的合流狀態，意即表面上看來正在愛臺灣，且經由投票制度獲得多數人的支持，並進而作爲打壓異己的合法訴求，卻讓臺灣社會本身內部不再有聆聽異見的機制，甚至海峽兩岸的關係被攪得動蕩不安，這固然是政治心理學慣行的操作手法，何嘗不是假借「愛天下」的名義卻在「害天下」？但就是這種手法，使得現行臺灣社會其實頗流行著楊朱思想。

《列子．楊朱》中記載，有人問他人是否可長生不死，楊朱回答說：「理無久生。生非貴之所能存，身非愛之所能厚。且久生奚為？五情好惡，古猶今也；四體安危，古猶今也；世事苦樂，古猶今也；變易治亂，古猶今也。既聞之矣，既見之矣，既更之矣，百年猶厭其多，況久生之苦也乎？」楊朱覺得生死有命，並不是誰特別關照，或成天祈求就能長命，世事人情有各種好惡，從古到今都一樣，人的身體同樣從古到今都是一樣會受到影響，經歷百年實在太長，又何須接受長壽的痛苦呢？人再問既然長生沒必要留戀，是否早點去死一死會比較合適，結果楊朱又回答：「不然。既生，則廢而任之，究其所欲，以俟於死。將死，則廢而任之，究其所之，以放於盡。無不廢，無不任，何遽遲速於其間乎？」他同樣不認為應該早死，畢竟人既然活著，就應該讓它自然生長，同樣要順其自然死，重點是不應該刻意有意識去影響生死，無論出生還是死亡，都要採取一種徹底放任的態度來對待。其實，楊朱的個人主義思維並不眞具有什麼嚴重的傷害性，畢竟其主張「放任」，意即採取自然對待的態度，不要刻意去做出任何刻意的干預，更不需要藉由放浪形骸的舉止來自求早死，在諮詢過程中，如果諮詢師遇到當事人有種「生無可戀」的厭世態度，倒是可拿楊朱的思想來提供給當事人反思。

第五章

第五章

不同的內外整合：性善與性惡的大爭論

第一節 孟子與荀子的思想

孟子（孟軻）的七世祖就是曾向孔子問孝的孟懿子（仲孫何忌，？—西元前四八一），他是魯國孟孫氏第九世宗主，儘管魯穆公八年（西元前四〇八），齊國攻破孟孫氏的食邑郕城，讓孟子的祖父孟敏（生卒年不詳）由魯國流亡到鄒國，雖然家道中落，但估計應該家有餘蔭，孟子即使童年時期沒有父親孟激（生卒年不詳）的陪伴，其母親還能基於教育孟子的需要而三遷其家（如果不是家有餘財斷難如此），孟子身上流淌著正統的周王室血液，不像孔子其實是出身於商王室後裔，孟子終其一生，表現出的氣派格局就極其不凡，對各國諸侯都看不在眼底，這除與其思想有關外，敝人覺得始終不宜輕看家世背景條件給予他能周旋於各國間的自信與本錢，包括從家人口中得知或個人親眼所見這些王公大臣如過眼雲煙的事蹟，相信都對孟子抉擇自己要活出如何的人生產生重大影響。《孟子．滕文公上》中說：「滕文公為世子，將之楚，過宋而見孟子。孟子道性善，言必稱堯舜。」意思是說，滕文公還是太子的時候，要出使到楚國去，經過宋國時特意拜訪孟子，孟子跟他談「性善」的道理，話題總不離堯舜時期的統治。這顯示出「性善」這個觀念是孟子思想的核心議題，而堯舜時期的統治則是其具體佐證的案例。

《孟子．告子上》中說：「口之於味也，有同耆焉；耳之於聲也，有同聽焉；目之於色也，有同美焉。至於心，獨無所同然乎？心之所同然者何也？謂理也，義也。聖人先得我心之所同然耳。故理義之悅我心，猶芻豢之悅我口。」這段話一開始在說：人在官能有著共通性，都喜歡美味、美色與動聽的聲音，但孟子特別提醒人們，人心同樣有著共通性，就是都喜歡「正確的道理」與「合宜的行事」，聖人只不過先於一般人瞭解什麼是正確的道理與合宜的行事。聖凡間並沒有不可跨越的鴻溝，每個人都有成聖的潛能，這源自人心有著共同的本體。《孟子．公孫丑上》中說：「今人乍見孺子將入于井，皆有怵惕惻隱之心；非所以內交于孺子之父母也，非所以要譽于鄉党朋友也，非惡其聲而然也。」這個本體呈現出對他人天然的同情，並不是出自於名利聲色的目的。孟子將本體的屬性更細緻劃分為四種善端：「惻隱之心，仁之端也；羞惡之心，義之端也；辭讓之心，禮之端也；是非之心，智之端也。」意思是說：「惻隱之心」是指看見他人痛苦，心中會產生不忍，這種心態是仁愛的端倪；「羞惡之心」是指自己做錯事情，心中會覺得恥辱，這種心態是合宜的端倪；「辭讓之心」是指自然與人交往，心中會替人著想，這種心態是禮節的端倪；「是非之心」是指辨別事情真相，心中會知道對錯，這種心態是理智的端倪。孟子認為仁義禮智這四端「非由外鑠我也，我固有之也，弗思耳矣。」意即這不是後天強加上去的文飾，而是人心中本來就有的善端，只是平日沒有認真去思考而已。

「惻隱，羞惡，辭讓，是非」這四端是對於性善論的深化詮釋，每個人都有自性，自性本善，該善不是指道德的善，而係指其洞察朗照世事，能讓人回歸最本原的善端（意即四端）。但現象中人常做出各種不善的事情，這裡面的原因不外都是受到名利權色的牽引，導致人受到蒙蔽。有時候可能是受外在環境的不良影響，或者是人生遭遇挫折而索性自暴自棄，或者是馳騁於物慾沉溺在感官享受中。就當前社會而言，男性特別容易沉溺在性慾的誘惑中，這一方面是因爲影音技術高度發達，色情訊息無孔不入，再者是人對性欲的議題沒有自覺並深刻釐清，解決這個問題如果只是技術性的在行爲上稍加管控，譬如敝人曾面對過某個當事人問說，自己看色情影片已到無可自拔的程度，如果想戒除，從一周看五次色情影片，降低到一周看兩次，如此不斷降低觀看次數，直到完全不需要觀看，請問這樣做是否有可能？敝人的回應是說：「你心中想這麼做就練習看看，如果能做得到，當然反映出你的生命很有紀律。」但他根本辦不到，敝人就告知你這樣只是在治標不治本，沒有從根本層面梳理自己的生命狀態。經由數度對話，我得知當事人觀看色情影片只是在疏導其痛苦的管道而已，他是通過對色情的迷戀來忘卻自我面臨的不堪（譬如因自卑從來沒有正常的兩性關係，或者置身於外在的環境遇到各種挫折），可是敝人觀察這種沉溺的狀態，尤其是伴隨其間的過度自慰如果長期得不到解決，可能會導致當事人的心理或生理產生某種退化狀態，後來敝人引領其靜坐，藉由養氣來養心，並請他來上敝人的課程，從中省思自己的生活型態，使得他逐漸擴充其生命的格局，自然而然自慰的現象就比較不再變成其困擾了。《孟子．告子上》中說：「體有貴賤，有小大。無以小害大，無以賤害貴。養其小者爲小人，養其大者爲大人。」滿足感官慾望就是「養其小」，涵養心體就是「養其大」，孟子是在告誡人不要爲追逐慾望而使心體蒙塵，這是在「以小失大」。孟子自承善於培養「浩然之氣」，如何培養呢？《孟子．公孫丑上》說：「其爲氣也，至大至剛，以直養而無害，則塞於天地之間。其爲氣也，配義與道；無是，餒矣。是集義所生者，非義襲而取之也。行有不慊於心，則餒矣。」意思是說：該浩然之氣最宏大且最剛強，直接去培養，而做任何傷害，就可使得該氣充滿於天地間。該浩然之氣，配合著行事與智慧來落實，不這麼做就會疲軟衰竭，因這股氣是在生命中長期累積而成，不是偶然的行爲就能獲取，任何行事如果不能讓自己心安，就會受到影響。這是將養氣與養心二者深度結合，孟子實屬首度提出工夫論的第一人，影響後世極其深遠。

孟子很重視百姓的福祉，視其爲治國第一義，《孟子．盡心下》中說：「民爲貴，社稷次之，君爲輕。」孟子是民本思想觀念先行者，但後來的君王通常都對他很反感，只因其思想不重視君王的權威。孟子的教育理念重視人自身的領悟，《孟子．離婁下》中說：「君子深造之以道，欲其自得之也。自得之，則居之安；居之安，則資之深；資之深，則取之左右逢其原，故君子欲其自得之也。」這段話的意思是說，君子深入研究學問要依據智慧，尤其要讓學問在自己的身心獲得體證。在自己的身心獲得驗證，就會安住在這種領悟裡；安住在這種領悟裡，所受的啓發與滋養就會深刻。所受的啓發與滋養日益深刻，就會源源不絕從智慧的源頭中受益，因此君子總是要在自己的身心獲得體證。這段話極其重要，其與當前的學術發展做個對比，就會發現有極其嚴重的落差，當前的學術研究不重視體證，只關注論證，使得學者不關注自己的身心，而只關注外在的知識，但當這些學人用這種態度來討論中華文化各種議題，就會把中華文化給「異化」而不自覺，甚至在文史哲領域，我們常會看見有學者因太認眞於撰寫論文，竟然「中道而亡」的訃聞或新聞。

如果拿到當前的教育來檢視，現行在臺灣的各級體制教育，老師只是不斷教孩子背誦與演算，而不關注如何引領學生掌握某一門學問的輪廓與脈絡，從實際的體驗與反思中來引發學習的動機與熱情，這樣不論投注如何大量的資源，都只是在消耗學生的歲月與精神，教育出來的孩子很難處理現實生活中眞實的問題，這包括成年後面對自己孩子的問題同樣會束手無策，或者就只好不懂裝懂，表現出一副自己很有愛心，或者很開明的樣子，願意尊重孩子的自由意志，這是我們臺灣社會當前相當常見的親子關係現象。當然，比起壓迫性的教育來說，父母願意尊重孩子的自由意志是好事，但如果孩子根本什麼都還不瞭解，沒有任何實質的經驗，他其實毫無合理依據能做出任何生命的決策。如果父母對孩子該接受如何的教育沒有全面的自省與洞察，不只知道怎樣眞正幫孩子找到自己生命的方向，更願意反思自己曾經如何深受體制教育的傷害，那麼這些父母最後能做的事情，確實就只能是「尊重孩子的自由意志」而已，這是當前華人社會中稍有反省意識的父母所能呈現的親子關係。但孩子並不眞的在落實其自由意志，而是在有限條件裡做出某種臨機應變的選擇，等到未來覺得果眞不適合再做調整而已，當他沒有先備知識，卻要回答生活中各種「選擇題」或「是非題」，其實臨機應變只是在隨機選擇。孩子早在童年開始就有各種值得深思的議題可讓孩子去探討，諸如在什麼場合應該穿著什麼衣服，或平常應該吃什麼食物比較健康，或者跟同儕間要如何相處與對待，如果父母能跟孩子在這些環節中仔細討論，讓生活中面臨的各種現象變成「申論題」，不只可幫孩子更認識自己，甚至可幫孩子思考如何確立未來的志業。然而這世上絕大多數的父母都把孩子這些探問的過程錯過了，這是很可惜的事情。

荀子把孟子當作對手，使得他刻意將自己的主張設計成看來跟孟子針鋒相對，其實「性惡」跟「性善」談得根本是不同層面的事情，兩者都有「性」這一字，指的內容卻完全不同，兩者本來並行而不悖。譚嗣同（一八六五—一八九八）在其《仁學》中說過一段話：「二千年來之政，秦政也，皆大盜也；二千年來之學，荀學也，皆鄉愿也。惟大盜利用鄉愿，惟鄉愿工媚大盜。」譚嗣同說得到底有沒有道理呢？請讓我們來做個討論。荀子的思想影響華人很深，甚至影響中國的政治制度，但是基於其太露骨談政治與人性導致的「不正確」，使得深受影響的人不會談自己如何深受影響，更使得荀子的觀念在這兩千年來並沒有被認眞討論。荀子雖是趙國人，可是他的學術風格跟三晉地區那種權謀鬥爭的學問風格很不同。荀子的思想博大而複雜，因爲在齊國稷下生活，他有機會廣博吸納各家思想，在儒家思想裡別開一生面，獨創一學派。荀子認爲莊子太在意於「天」的層面，形成一種個人不思變革，只是全然順應天的狀態，這導源於莊子對「人」這一層面的不認識（或者說漠視），《荀子．解蔽》說：「莊子蔽於天而不知人。」《荀子．天論》則說：「惟聖人為不求知天。」荀子認為對於聖人來說，「不求知天」的意思是說不要把天神格化來對待，因為這是對於人事興衰毫無意義的事情，相對於孔子講「未能事人，焉能事鬼」（《論語．先進》第十一）或「敬鬼神而遠之」（《論語．雍也》第六），荀子徹底否定靈性存在的意義，因此會見到他在《荀子．天論》中說：「天行有常，不為堯存，不為桀亡。」天的運行有自己的常態規律，不會因堯是賢明的君主或夏桀是殘暴的君主而受到絲毫影響，因此人不需要跟天打交道，我們可說荀子是中華思想裡極罕見在反對「天人合一」的思想家，更使得他對於孟子講的性善無法有「同情的瞭解」。

相對於墨子認為天有意志，會賞善罰惡，荀子的思想裡完全沒有這種宗教性的內容，而且他覺得人要跟天並立，甚至人要征服天與利用天，《荀子．天論》說：「大天而思之，孰與物畜而制之。從天而頌之，孰與制天命而用之。望時而待之，孰與應時而使之。因物而多之，孰與騁能而化之。思物而物之，孰與理物而勿失之也。願於物之所以生，孰與有物之所以成。故錯人而思天，則失萬物之情。」意思是說：與其推崇天與思考天，不如把天當作物質來掌控與制伏；與其順從天與歌頌天，不如掌握天的規律並運用與獲益；與其期待天機的成熟，不如因應天的變化來役使與發展。荀子並覺得與其等待萬事俱備纔去做事情，還不如主動發揮能量，直接把事情完成；與其空想事物能自動發揮效益，還不如主動規劃事物，不要讓其被埋沒；與其瞭解萬物怎樣產生的原因，還不如主動栽培萬物，使其生長來收成。因此，放棄人的主體而寄希望於天的恩澤，這是在違反萬物運作的原理。這的確是種唯物主義（materialism）的思想。就整體而言，中國歷來的變法者，常都在學習荀子這樣的觀點，如王安石（一〇二一—一〇八六）曾經說：「天變不足畏，祖宗不足法，人言不足恤。」（見《宋史．王安石列傳》卷八十六）意即天象的變化不足以畏懼，祖宗的規矩不足以效法，人們的議論不足以體恤，重點在主事者到底要完成的總體意志。儘管王安石深受孟子影響，但這個想法出自於荀子的思想脈絡。猶記得敝人童年時期在讀各類古書時，如果讀到跟《四書》的觀點不一樣的內容時，常會有兩種心情：其一，心中擔憂不止，覺得讀到這些思想會不會讓自己品德敗壞；其二，心中深感興奮，覺得古人竟然已經有完全不同的思考角度。這就是敝人在大學時期會全面研究先秦諸子百家的遠因，更可看見當年在臺灣長期發展的「中華文化復興運動」對喚醒敝人文化集體潛意識帶來的深刻影響。敝人覺得我們展開心理諮詢的過程中，如果自己能多讀古書，並能鼓勵當事人多讀古書，尤其不應該被單一價值侷限住視野，如此纔能避免自己受到教條主義的綁架，並能瞭解前人已經發生過的案例，甚至拿這些具體案例在諮詢過程中討論，讓其帶著探索自己的心情來理解思想史和文化史，那麼不僅諮詢師對於當事人的任何奇思異想都不會覺得奇怪，甚至彼此會逐漸在交流中獲得解決問題的共識。

荀子對天是一種征服與利用的態度，但並不具有科學精神，因爲學習科學需要求知，但《荀子．儒效》中說：「不知無害爲君子，知之無損爲小人。工匠不知，無害爲巧；君子不知，無害爲治。」意思是說，沒有知識不妨礙人做個君子，具有知識同樣依然會是個小人。身爲工匠，即便沒有很多知識，都不會妨礙做好他的技術工作；身爲君子，即便沒有很多知識，都不會妨礙治理好他的治理工作。他還在《荀子．君道》說：「故械數者，治之流也，非治之原也；君子者，治之原也。官人守數，君子養原。」這段話意思是說：屬於機械性的原理，這是統治的技術而不是本原，君子應該掌握住本原，只有技術官僚纔要掌握住這些機械性的原理，君子則應該把握住本原。由此可知荀子是個徹底的實用主義者，這種心態導致他對於哲學思考的消極態度，使得思考的空間被極度壓縮。人如果只是強調實用，科學就沒法獲得發展，譬如人類登月就是很耗智能與經費的巨大工程。科學首先都是在乍看無用的思維層面裡去研究其學理，纔促成人類科技的飛躍發展，無用並不等於無意義，無用有時候是大用。荀子不同意孟子「法先王」的觀點，意即不同意效法堯舜禹湯這些上古聖王，而是主張「法後王」，意即效法周文王、周武王與周公旦，因爲他覺得上古的制度文物都已不可考，不如後王所做的事情更清楚明白，這還是實用角度。荀子不同意孟子的性善論來自他對於「性」的理解根本就不同，《荀子．性惡》中說：「人之性惡，其善者僞也。」對於「性」與「僞」，荀子在該篇中解釋說：「不可學，不可事，而在人者，謂之性。可學而能，可事而成之在人者，謂之僞。」在《荀子．

正名》中，他說：「生之所以然者，謂之性。」又說：「慮積焉，能習焉，而後成，謂之僞。」由此可知「性」對荀子而言是指天生的情性，意即不用特別去學習或效法，人天生就具備的本能，就像小鹿剛出生就會站起來踉蹌走路，接著就能跑來跑去；或像鮭魚只要來到繁殖期，就自發游到出生的上游去產卵。這種情性是生命本能產生的欲望，和孟子闡釋具有自性意義的「性」完全不是一個意思。荀子講的「僞」更不是虛僞的意思，而是指人爲的意思，意即後天的教育來讓人具備的技能或教養。

荀子認爲人的情性對社會而言具有惡的內容，因爲社會資源有限，但人的欲望無盡，這就會產生爭奪，善就是後天人爲教育產生的壓抑與調教，《荀子・性惡》說：「然則從人之性，順人之情，必出於爭奪，合於犯分亂理，而歸於暴。是故必將有師法之化，禮義之道，然後出於辭讓，合於文理，而歸於治。用此觀之，然則人之性惡明矣，其善者僞也。」意思是說：只要順從人的情性而不遏止，人與人就會產生爭奪，讓人離開本分與干擾天理，最後就會產生暴亂。因此只有依據客觀規律的變化，從事於禮義的道理，讓人懂得辭讓並能合於社會的脈絡（文理），最後纔能恢復秩序。他藉此指出人的性惡是極其眞確的實情，要能恢復善良只有靠後天推崇禮義的作法來改變。這種觀點對後世形成很大的影響，使得儒家會格外重視教育，尤其希望能通過禮義的教育，培養出有素養的人民。再者，相對於孟子把君王排在人民與社稷的後面，荀子則把君王提高到至高無上的地位，這更是兩者的很重要的差異。荀子如果想要說明他的學說同樣是種儒家思想，他就要削弱已被視作大師的孟子的影響，纔有自己學說發展的空間。究其實，荀子是在跟孟子相爭誰是孔子後的正宗，纔會如此激烈去批評孟子的思想。雖說荀子的學說深受齊學影響，但荀子的出身背景畢竟是趙國這樣戰爭頻繁的環境，他不可避免會觀看到人性的黑暗面，纔會提出性惡論，因此他還是有受到晉學的影響，只是他懷著更寬廣的角度在探討相關議題。荀子思想的淵源在晉學層面可追溯到子夏，荀子批評子夏爲「賤儒」，其議論的側重點只是子夏的言行，而與義理無關。將荀子與子夏兩人的思想做個比較，不難發現子夏與荀子皆強調學習的重要性，屬於「由學以致聖」的思想路徑；兩人皆注重儒家經典的學習，更重視外在規範對於人的作用，意即他們都關注修身的重點在「禮」，而不是從「心」入手；荀子的論證自然更加細密深刻，義理表達更加顯豁，這是後出轉精的結果，學者指出荀子罵子夏爲「賤儒」，其實與兩人學術旨趣多有相通，可謂「貌離而神合」（王紅霞，二〇一七：頁一一六—一二七）。

在做智慧諮詢的過程中，如果當事人的成長經驗，使得他對人性充滿不信任，這時諮詢師不需要跟當事人辯論人性的善惡，但諮詢師可從荀子思想的角度出發，或許可在某種程度肯認當事人對人性的悲觀態度，但同時還要讓當事人看見，即便人性有其黑暗面，但荀子還是有其積極的面向去改變社會，提出通過教育、法律與禮樂等手段來改良人性的作法。學習先秦思想可幫忙我們看到各種價值觀，使得我們無論是跟人討論問題，還是給人做諮詢，都不會總是懷著「想要糾正他人」的角度，而是站在當事人的思路，在不悖逆其思維脈絡的基礎上，提出更合適的建議。做一個智慧諮詢師不能只會眞情實意，這是展開對話的根本態度，但會顯得「力道」不夠，當諮詢師運用知識來表達自己對當事人的理解時，當事人就會意識到諮詢師的話語有憑有據，從而容易與諮詢師形成同理共情的空間。但，其後，諮詢究竟要導向做工夫，還是要順著當事人的觀念和想法繼續發展，具體的答案就因人而異了。有時候當事人的生命特質比較淳樸，比較容易信任諮詢師，這時諮詢師就可幫他盡快進入做工夫的階段；但有時候當事人的人格，呈現出濃鬱的個人主義風格，凡事喜歡先大肆批判一番，並站在審視與懷疑的觀點來與諮詢師對話，這時諮詢師就不用急著做出任何建議，而是耐心與其對話，用淵博的知識來論較觀點的長短，尤其具有個人主義人格特質的人，常有生命孤絕於他人帶來的困惑和痛苦，但當他受教育獲得的先備知識無法幫忙他解決問題，既有的生命狀態已不再可支撐其精神，諮詢師讓當事人體認到諮詢師不僅瞭解自己的思路，甚至能說中這種思路的知識背景或概念陷阱，就比較容易促使當事人願意調整與改變。

第二節　荀子對晉學的影響

荀子講性惡，只是他對人欲望某一側面的觀察，他比較寬闊的觀點在於他覺得人還要有「心」作爲生命的主宰，《荀子．解蔽》中說：「心者，形之君也，而神明之主也。出令而無所受令。」意思是說，心是形體和精神的主宰，只發出命令而不接受命令，意即具有主體性與自明性。荀子把心當作一種如同度量衡般的平衡機制，在《荀子．正名》中，他說：「道者，古今之正權也；離道而內自擇，則不知禍福之所托。」意思是說，大道是從古至今衡量事物的標準，偏離大道而由自己任意選擇，就不知道禍福應該依存的標準究竟在什麼位置。因此他說的心並不是自由作主的最終良知，在《荀子．解蔽》中，他又說：「何謂衡？曰：道。故心不可以不知道；心不知道，則不可道，而可非道。」荀子認爲心需要去認識大道這個衡量事物的標準，心如果不去客觀認識大道，就沒有依循的標準，就可能會受到情性的牽引，做出違背大道的事情。由此可知，荀子講的心其實是一種「認知心」，從中認識宇宙的客觀規律與社會的客觀法則，但他反對無限制的去認識事物。他在《荀子．解蔽》說：「凡以知，人之性也；可以知，物之理也。以可以知人之性，求可以知物之理，而無所疑止之，則沒世窮年不能無也。其所以貫理焉雖億萬，已不足浹萬物之變，與愚者若一。」荀子認爲認識宇宙的客觀規律（物理），這同樣是來自人的情性需要，但是無限制去認識這些規律，會使得人窮盡一生都沒有辦法把全部的具體事物認識得完整，即便能學會成億上萬條貫通事理的方法，但還是不足以應對具體事物的千變萬化，這終究跟個蠢人同樣沒有太大區別。

因此，認知客觀規律還是要有個限制，荀子認爲這個認知心需要被限制在禮法的範疇，他接著在《荀子．解蔽》說：「惡乎止之？曰：止諸至足。曷謂至足？曰：聖王。聖也者，盡倫者也；王也者，盡制者也；兩盡者，足以爲天下極矣。」荀子解釋「聖」的意思是通曉倫理的人，解釋「王」的意思是通曉制度的人，他認爲能通曉這兩者，成爲「聖王」，就足以成爲天下最有智慧的人了。因此，荀子覺得跟禮法無關的學問，例如純粹概念層面的思辨，讓人無止境的追求知識，都一律應該要排斥其學習，他在《荀子．解蔽》說：「析辭而爲察，言物而爲辨，君子賤之。博聞強志，不合王制，君子賤之。」荀子的這種心態，跟他生活在戰國晚期有關，此時思想領域的辯論已超過三百年（從孔子生活時開始來計算），而各國的交相兼併正趨於統一的局面，荀子覺得思想領域同樣不應再這樣紛亂下去，最終該是塵埃落定的時候了，他期待有「聖王」出現，通曉倫理觀念與制度運作，來總結這個亂世。在智慧諮詢中，有的當事人在講話中會羅列一大堆概念，自成一說，乍聽起來好像很有道理，但細緻去觀察，他其實是被自己編織的概念給捆綁住，產生一種自認掌握眞理的幻象，誤認別人如果聽不懂，那就是別人的理解有問題。這樣的狀態讓他不只跟別人產生對話的困難，更會造成性格的孤冷與乖張。做智慧諮詢時，諮詢師如果遇到這樣的當事人，就可跟他談談荀子對於禮法（倫理與制度）的這層看法。但無論如何，荀子的思想確實有種人治的態度，他想要通過自身這種學問型態來讓學問停止無止盡的學與問，荀子從某個意義來說的確可謂危害不淺。

透過愼子（愼到，西元前三五〇—西元前二七五）傳自墨子的觀念啓發，荀子能將所謂儒家思想自子思子（孔汲，西元前四八三—西元前四〇二）以降至孟子那種心性義理的人生學問，賦與知識性的哲學內涵，強化其思辯深度，發展出具有客觀意義的社會倫理觀點，這固然是荀子的貢獻。但，荀子雖然承認客觀的法治有其重要性，卻覺得人治是國家穩固發展的根本，這使得他難免會有被後人刻意解釋成倡導專制的嫌疑。在《荀子．君道》中，他說：「有亂君，無亂國；有治人，無治法。羿之法非亡也，而羿不世中；禹之法猶存，而夏不世主。故法不能獨立，類不能自行，得其人則存，失其人則亡。法者，治之端也，君子者，法之原也。」荀子的意思是說，世間會治理得當，不是只因爲制度的緣故，而是因爲有「治人」出現（意即前面說的聖王），他能設計客觀的制度來運作政治。因此，荀子特別尊崇君主這個職位，並且希望君主要能由聖人來擔任，兩者結合成聖王。《荀子．正論》記荀子說：「天下者，至重也，非至彊莫之能任；至大也，非至辨莫之能分；至眾也，非至明莫之能和，此三至者，非聖人莫之能盡，故非聖人莫之能王。聖人備道全美者也，是懸天下之權稱也。」這段話的意思是說，整個天下的福祉有非常沉重的責任，不是意志最堅強的人絕對無法承擔；整個天下的問題有非常遼闊的範疇，不是頭腦最清晰的人絕對無法辨識清楚；整個天下的疆域有非常廣大的人民，不是靈性最通澈的人絕對無法帶來安寧，這三種最極致的狀態，不是聖人絕對沒有辦法治理得周全，因此只有聖人纔能擔當君王。聖人是智慧完備的人，更是衡量天下各種事情的準則。

因此，這種聖王的意思是帶著高智慧來做出具有客觀判斷的人，荀子的人治主張並不能被解釋爲提倡專制統治，因專制君主的問題通常就在於他的獨斷性，而荀子則表示君主要能愛護人民並且讓人民獲得實惠，《荀子．君道》中說：「君者，民之原也；原清則流清，原濁則流濁。故有社稷者而不能愛民不能利民，而求民之親愛己，不可得也。民不親不愛，而求爲己用爲己死，不可得也。」這段話的意思是說，君主就如同水流的源頭，源頭清澈，水流就是清澈，源頭渾濁，水流就渾濁。君主不能愛護人民，人民同樣就不會愛護君主，這時候君主還想要役使人民，甚至要人民爲自己而死，譬如徵召人民爲自己打仗，那是不可能辦到的事情。願意替人民著想的君主應該要如何做呢？《荀子．君道》說：「道者何也？曰：君道也。君者何也？曰：能群也。能群也者何也？曰：善生養人者也，善班治人者也，善顯設人者也，善藩飾人者也。善生養人者人親之，善班治人者人安之，善顯設人者人樂之，善藩飾人者人榮之，四統者俱而天下歸之，夫是之謂能群。」意思是說：大道就是君道，這種君道就是能關注群體的利益，意即君主要能養活人民的溫飽，人民纔會願意親近；要能辨識人民的善惡，人民纔會覺得安心；要能善用人民的專長，人民纔會覺得喜悅；要能彰顯人民的事蹟，人民纔會覺得榮耀。聖王做到這四項就可統治天下，就可以稱作與人民群體的利益結合。

荀子這種人治的主張有兩個盲點：首先，荀子沒有明確對君主世襲制度表示反對，只是說君主如果不能讓人民滿意，人民就不可能支持君主。這對於極其重視客觀制度的荀子來說實屬重大缺陷，當他沒有針對聖王的選拔提出制度化的措施，就無法保障聖王的出現。並且，荀子認爲只有聖人纔有資格擔任君主，可是世襲的君主往往達不到聖人的品質，很容易就成爲專制統治，在這樣的統治裡，除非眞是忍無可忍的抗暴起義，人民其實並不容易通過革命來更換出眞正符合人民利益的君主，即使新的君主藉由革命出現，其行徑不見得就能符合人民的利益。這兩個盲點合起來，促成秦漢後君主統治的常態現象：政治常會出現壓制多於自由，責罰多於容忍的情境。荀子的思想既受到齊學奔放活潑的民主思潮影響，又受到晉學極度壓抑的集權思潮的影響，與同屬趙國人的愼子相較，他的思想兼具齊學與晉學兩種風格，不如愼子更具有純粹的齊學風格。我們不會說荀子的思想是民主的思想，但，採納自齊學尊重各階層人民的利益，他的思想確實具有民本的意義。齊國是個商品經濟發達的社會，屬於晉學脈絡的秦國，則如同當日中國多數的環境，則是農業經濟發達的社會。商品經濟發達的社會，個人與貨幣交易，會產生主體與客體分立的思考，這是今天我們從西洋哲學的角度來詮釋認識論的起點；置身在農業經濟發達的社會，個人與自然協作，容易產生主體與客體交融的思考，這是我們從中華思想的角度來詮釋認識論的基點。只是這種主客分立的思考後世並未持續發展，然而該思考脈絡容易發展出理想主義（idealism）的思想，重視的是眞理；主體與客體交融的思考，會產生實用主義的思想，重視的是混沌，因此就會有天人合一的主張。

荀子重視眞理，卻未曾提供選拔聖王的制度，使得其觀點會傾向於支持君主的權威，這頗能符合秦統一六國後的思想新局，徵諸《國語．齊語》、《戰國策．齊策》與《史記．齊世家》等著作，我們可看到歷來齊國的君主明顯有著民主作風，提倡開明管理政治，而不強調集權獨攬於君主個人，但荀子從齊學裡學習到的思想主要不在於民主，而是通過齊學的眞理觀，發展出愼子那套官僚系統的概念，配合晉學重視實際與效益的思想，於是纔會教出高度重視利益與效益的李斯（西元前二八〇—西元前二〇八）與韓非（西元前二八〇—西元前二三三）這兩名弟子。其實，《荀子．彊國》中記載荀子曾到秦國遊歷，范雎（？—西元前二二五，後被封於應，因此又稱作應侯）問他對秦國有何觀感，他回答說：「其固塞險，形勢便，山林川穀美，天材之利多，是形勝也。入境，觀其風俗，其百姓樸，其聲樂不流汙，其服不挑，甚畏有司而順，古之民也。及都邑官府，其百吏肅然，莫不恭儉敦敬忠信而不楛，古之吏也。」從荀子的視角，我們可看見秦國擁有險峻的要塞、便利的地勢、優美的山川和豐富的資源，並且民風質樸，統治嚴明，使得社會秩序井然。荀子覺得這就是值得效法的上古時期的社會風貌，顯見他覺得自己想像中富強康樂的世局已在秦國獲得實踐。這段話頗能間接指出他的思想爲什麼會在秦統一六國前後相當獲得時人矚目，秦漢兩朝的丞相（前有李斯，後有張蒼（約西元前二五二—西元前一五二））都是其弟子，更能深刻讓我們看見韓非子的思想會成為秦統一內部與統一六國的指導思想，荀子的預作鋪墊實具有重要關係。

第三節　韓非子的思想抉擇

按照《韓非子》的脈絡，通常的看法是說：在韓非子出現前的法家學派中，有三種有關國家治理的學說，意即商鞅（約西元前三九〇—西元前三三八）為代表的重法派、申不害（西元前四〇〇—西元前三三七）為代表的重術派與以慎到為代表的重勢派。首先何謂「術」呢？《韓非子．定法篇》中說：「術者，因任而授官，循言而責實，操殺生之柄，課群臣之能也。此人君之所執也。」意思是說，「術」是人君駕馭群臣的技術，更精確說會是權術，其作法是因應人的才能來授予合適官職，依循人的言論來督責實情，這是君主用來操縱生殺的權柄，藉此考核群臣的工作是否符合自身的意思。這種重術的思想是申不害首先提出的主張，《史記．老子韓非列傳》卷六十三中記載：「申不害者，京人也，故鄭之賤臣。學術以幹韓昭侯，昭侯用為相。內脩政教，外應諸侯，十五年。終申子之身，國治兵彊，無侵韓者。」他使用這種的思想幫忙韓昭侯（韓武，？—西元前三三三）

治國，使得韓國富強，他國不敢侵犯。再者，何謂「勢」？這主要是指「權重位尊」的來源。在先秦法家中愼到是「勢」這一思想的主張者，《韓非子．難勢》中記載其說：「飛龍乘雲，騰蛇遊霧，雲罷霧霽，而龍蛇與螾螘同矣，則失其所乘也。賢人而詘於不肖者，則權輕位卑也；不肖而能服於賢者，則權重位尊也。堯爲匹夫不能治三人，而桀爲天子能亂天下，吾以此知勢位之足恃，而賢智之不足慕也。」這段話的意思是說：龍乘雲飛行，蛇乘霧遊動，如果雲和霧都散開，那麼龍和蛇就跟蚯蚓沒有什麼不同了，因爲失去承載它們飛行的依託。賢人屈服於不賢的人，這是因權柄輕與地位低；不賢的人能壓制賢人，則是因權柄重與地位高。堯如果只是一個平民百姓，他連三個人都沒辦法管理，但是夏桀成爲天子卻能讓天下大亂，因此權位纔是最重要的事情，而個人的賢能與明智與否則不值得去傾慕。從愼子的角度來說，只有掌握權位纔能做到「令行禁止」。不過，愼子思想不能只從利益角度來解讀，他只是覺得這些都是事情發展的客觀條件，首先需要瞭解宇宙的客觀規律性，繼而相應建構出社會的客觀規律性，最終就是設計具有客觀性的法律，意即愼子主張的「勢」，不是單純只有講「勢位」（權位）而已，誠然君王有君王的權位，大臣有大臣的權位，其共同在扶持的國家則有國家面臨的情境，這種權位或情境的認知，都出自於對某種客觀條件的掌握。荀子說的「法」是指根本義理，更是指向「禮」這一概念的溯源發展，因此《荀子．法行》說：「禮者，眾人法而不知，聖人法而知之。眾人皆知禮可以爲法，而不知其義者也。」荀子覺得聖人與眾人的差異在於聖人知道「禮」背後的

「法」，意即「法」是「禮」背後依循的義理，其正來自愼子的主張，愼子談的「法」則是種標準的概念，意即重視客觀性，不要受任何人爲因素的影響，從該脈絡來講「法」，就會發展出客觀的法律（陳復，二〇〇一：頁七三—八四）。

但韓非子對於「法」的解釋不採取愼子而採取商子的主張，其「法」是指君主通過官府公佈於眾的法令，藉此讓人民知道賞罰的依據，具有某種專制特徵，《韓非子・定法》記說：「法者，憲令著於官府，賞罰必於民心，賞存乎愼法，而罰加乎姦令者也，此人臣之所師也。君無術，則弊於上；臣無法，則亂於下。此不可一無，皆帝王之具也。」意思是說，人臣依據法令謹愼給予該獎賞者，並懲罰對法令曲意解釋的人，這種賞善罰惡就是人臣該師法的工作，君主如果沒有權術就會被蒙蔽；人臣沒有法令就會被惑亂，這都是要當帝王的人需要擁有的工具。韓非子置身在戰國晚期，卻在這裡使用「帝王」兩字，可見當時人已經在滋生某種更高於各國君主的意識，韓非子是荀子的學生，然而荀子本來希望由聖王的人治來開展盛世，客觀的法律則是完成該盛世的技術，但譚嗣同覺得對荀子帶來的負面影響，其實應該由韓非子來概括承受，畢竟荀子本身並沒有主張君主專制統治，因韓非子係針對商子、申子與愼子三人思想的總結和發揮，完成其君主集權的理論，意即韓非子的這一理論對後來君主中央集權提供巨大的思想支撐，荀子提出「性惡」，把人的生理和心理的欲望當作人的本來情性，人只要順應本性去做，就會導致「惡」的出現（對社會而言），韓非子的思想深受其老師荀子的影響，他接受這種「性惡」的主張，覺得趨利避害是人的本性（情性），更把人與人的全部關係都看成是利益關係，包括把君臣間或臣子間的關係都被視作利益計算的買賣關係，這些觀點太過於犀利，其實對於他自身慘遭其同門李斯迫害致死不無關係（因韓非子活著會損害李斯的具體利益），這種「利益關係主義」產生的思考對中國政治思想影響很大，成爲華人本土政治中蔚爲主流的政治心理學，但本來荀子還有企圖架構出「道義關係主義」的願景（崇禮），來對「利益關係主義」做出束縛的架構，但到韓非子這裡「禮」已完全沒有存在的意義，他覺得「禮繁者實心衰」（見《韓非子．解老》），韓非子拒絕其師觀點做出的思想抉擇，不只讓自己不得善終，更對華人社會的正向發展帶來極其嚴重的影響。

韓非子的主張是種極其狹隘的功利主義觀點。既然每個人都是自利，那麼社會的秩序要獲得維持，國家只有順應人性這種自利的特質來發展，《韓非子．八經》中提出「凡治天下，必因人情」的主張。所謂「因人情」，就是要順人性的好惡來賞罰。韓非說：「賞莫如厚，使民利之；譽莫如美，使民榮之；誅莫如重，使民畏之；毀莫如惡，使民恥之。然後一行其法，禁誅於私。」這段話的意思是說：獎賞要豐厚，使得人民覺得很有利；榮譽要美麗，使得人民覺得很榮耀；誅殺要殘酷，使得人民覺得很害怕；侮辱要嚴厲，使得人民很羞恥，全部行爲都按照法令來執行，完全禁止任何私相授受的空間。這種觀點或許可暫時獲得實施，但這種順應人性其實是違反人情，很難有人能長期接受這種生活全面控制而不產生反感，更違背中華文化發展基於中道這一脈絡，《老子》第七十四章說：「民不畏死，奈何以死懼之。」秦國啓用商鞅實施變法後，迅速成爲戰國中晚期最富強的國家，最後攻滅六國，建立起中國歷史上第一個中央集權的王朝，繼續採用法家治國，卻在短短十五年內滅亡，可見嚴刑峻法並不能換來長治久安，畢竟人不是只有生理本能和利益趨向，還有著人與人彼此間溫情和尊嚴的產生的倫理需求，這就是「道義關係主義」，當後者的需求被長期壓抑，人會感到雖生猶死，最終就會起而抗暴，這是秦末群雄並起的原因。回首當前，美國政府總是基於鎮壓恐怖主義這一理由而派飛機去他國轟炸各類設施，結果大量炸死許多無辜的老百姓，那些父母被炸死的孩子，他們日後的成長過程中，無法得到好的教養，戰爭帶給他的創傷更無法獲得撫平，很容易就會被恐怖組織教唆並培養成新的恐怖分子。美國動輒用軍事來解決問題，卻不願意理解這些國家人民背後的文化心理，結果反而製造出更多的問題，這種決策型態正來自不知秦朝滅亡的背景，使得其扶植的政權往往很快就崩解。

韓非子的觀點在政治心理學獲得很寬廣的應用，其實生活中無一不是政治，這就難免基於評估權位的客觀條件，領導階層操作其個人的權謀與專政無所不在，尤其常見於公司的商業經營中，導致對手或下屬常因被鬥爭而產生各種心理問題，敝人覺得諮詢師如果不懂韓非子的觀點，很難提出具體可行的員工協助方案（Employee Assistance Programs，EAPs），而只能處理些技術問題。《韓非子》這部書中有好些耐人尋味的寓言，可在心理諮詢過程中跟當事人談，譬如《韓非子．外儲說左上》有「鄭人買履」的寓言：「鄭人有欲買履者，先自度其足，而置之其坐。至之市，而忘操之。已得履，乃曰：『吾忘持度。』反歸取之。及反，市罷，遂不得履。人曰：『何不試之以足？』曰：『寧信度，無自信也。』」意思是說：有個鄭國人想要買鞋子，他先在家中測量自己腳的尺碼，卻不覺把尺碼放在座位上，終於來到集市，卻發現忘記帶尺碼，已經拿著鞋子不試穿，卻說：『我忘記帶已經測量過的尺碼了。』就返回家去取放在座位上的尺碼。等到他回來時，集市已經散會，最後鄭國人始終沒有買到鞋子。有人問說：「為什麼你不用自己的腳去直接測量呢？」這名鄭國人說：「我寧可相信尺碼，都不相信自己的腳。」這則寓言一聽就會覺得鄭國人的作風很荒謬，但在我們日常生活中，如果有人始終相信只要藉由儀器或藥物就能解決身心的問題，卻從不相信自己內在的聲音，更從不三省吾身，其實跟買鞋的鄭國人到底有什麼差異呢？

第四節　戰國晚期的儒學

戰國時期，各個諸侯國的競爭愈發激烈，為擴張各自的國家能量，諸侯都在積極尋找人才，希望得到富國強兵的方法，因此重視才幹更重於出身，只要有學問有技能就給予重用，順應這個大環境的鉅變，各種樣貌的思想學派就開始發展出來，思想家（或者說策士）都積極向君主提出自己的見解，希望能得到君主的採用，這使得戰國時期的言論極爲自由，更是中華學術思想多元發展的黃金時期，史稱「百家爭鳴」，《漢書・藝文志》卷十就指出「凡諸子百八十九家」的情況：「蜂出並作，各引一端，崇其所說，以此弛說，取捨諸侯。」各國選拔的對象稱作「士」，但這一概念已發生質變，「士」在春秋時期是一種文武合一的人，更是屬於貴族最末端的階層，他們受過相當水準的文化教養，但主要還是負責戰爭。士人再下一個的階層是「國人」，這是住在城內並被編納戶籍的人，再來就是「野人」，這些人都住在城外的「隙地」（國與國間的交界地帶），不見得屬於某國人。可是到戰國時期，隨著「編戶齊民」，隙地已經消失，全部人民（包括國人與野人在內）都納進編制中，使得人口大幅增加，戰爭規模越來越大，士的內涵開始發生變化，這些士人反而不見得需要參與戰爭，戰鬥已是變成全部人民在耕作外的義務工作，士則轉型成爲有新思想新觀念的讀書人，不見得會從事於戰鬥。春秋末年開始已有許多禮賢下士使得這些士人布衣卿相的例子，如春秋末年的魏文侯任用子夏等人來進行政治改革；魯繆公（姬顯，西元前四一五—西元前三八三）任用子思來提倡文教；商鞅遊說秦孝公（嬴渠梁，西元前三八一—西元前三三八）而受到重用展開變法。齊威王（田因齊，西元前三七八—西元前三二〇）、齊宣王、齊湣王（田地，西元前三二三—西元前二八四）到齊王建（田建，西元前二八〇—西元前二二一）大約一百四十年間，長期聘請各類自成一家的學者在稷下學宮講學，讓齊學變得更兼容並蓄各種思想，戰國時期很多士人僅憑舌燦蓮花的辯才展開遊說，提出新的觀念或主張，就能進入政治領域，甚或一躍成爲領導國家的重臣，這跟戰國時期學術思想的活躍，各國人才都能自由來往，有著絕對重要的關係。

戰國時期聚集弟子講學成爲風尚，而且從師與遊說成爲戰國士人進入政治領域的兩種門徑（或者說次第）。從師是長期跟隨某個名師學習，而遊說是跟國君說明自己的主張，兩者常有先後關係，先從師，學成再到諸侯各國間展開遊說，從中爭取國君的賞識，譬如孟子遊說列國時跟隨者有數百人，車輛數十乘，孟子的弟子彭更（生卒年不詳）在《孟子．滕文公下》說：「後車數十乘，從者數百人，以傳食於諸侯，不以泰乎？」這場面跟孔子相較實已不可同日而語，可見孟子頗有厚實的經濟能量。即使是一個相對規模較薄弱的學派，如農家許行（西元前三九〇—西元前三一五）縱然自苦生活，同樣有徒眾十人相隨，《孟子．滕文公上》說：「其徒數十人，皆衣褐，捆屨、織席以爲食。」戰國時期抄寫書籍的工具獲得改良：首先是毛筆的材質逐漸精益求精，再者，除在竹簡上寫字外，開始有人在本來用來製作衣服的絹帛上寫字。書寫工具的多樣化，使得書籍著作大幅增加，當年孔子本人自稱「述而不作」，意即沒有特別去寫什麼著作，只有改編五經，他的弟子整理其言論同樣極其簡鍊，到戰國時期，這些思想大家動輒就是長篇大論，《孟子》這本書有三萬八千餘字，《荀子》則有九萬八百餘字，每本著作都能記載這麼豐富的內容，顯然就是因承載文字的工具已經獲得大幅進展，這就像是相對於紙質書，我們現在能因電腦硬盤的容量不斷擴張，而保存越來越豐富的圖文檔案。

西漢司馬談在他所著的《論六家要旨》中首度將學說分爲六家，分別是農家、縱橫家、雜家、名家、陰陽家和小說家。東漢班固（三二—九二）則根據西漢劉歆（西元前五〇—二三）的《七略》增刪改撰而成《漢書・藝文志》，進而將諸子學說分爲「九流十家」，「九流」意即儒、道、墨、法、農、名、雜、陰陽與縱橫這九種主流思想，九流外加上不入流的小說家，合稱「十家」，此因小說家只是記錄民間的街談巷語，並沒有嚴密的思想脈絡，不能算是嚴格意義的思想流派。直到漢朝中期後，這種分類纔變得更爲清晰。這是由於漢武帝實施「罷黜百家」的政策，《漢書・武帝紀贊》說：「孝武初立，卓然罷黜百家，表章六經。」使得所有的思想開始被檢視並做出歸類，於是今天認知的思想流派名相纔被派生出來。戰國晚期已經呈現各家思想互相交流、碰撞與融合的現象，有時候影響你最深的其實是你的敵人，不見得是你的同道，因你長期跟對手相較量，很容易就會受到其思想的影響，譬如民國三十八年（一九四九）的前後那一段時間，國民黨雖然在思想上反對共產黨，但在組織型態卻是在高度學習共產黨，但只學習人家的組織，而不能在思想層面青出於藍而勝於藍，這就很難維繫其在大陸的政權。戰國晚期每個思想家都在互相綜合其對手的思想，像《中庸》的組織編排就與《老子》具有高度對比性，《中庸》裡面不同於《老子》對於「天地不仁」的詮釋，其大量在討論「至誠則靈」的思想，意即人如果正心誠意，心靈就能直通天道，這是對於天道兩種不同的思路，角度雖有異，卻不見得完全衝突。如果按照今天西洋哲學觀念來說，《中庸》的觀點似乎有點神秘主義（occultism）的傾向，可是對儒家思想來說，這種天人合一的思想型態，其實是冥契主義（mysticism），意即其自有理性可詮釋的觀念脈絡。

戰國時期沒有智慧財產權的觀念，思想家只在意其思想能不能對天下產生影響，而不會在意這是誰的著作，因此思想常常是集體創作的結果，先秦諸子百家尤其是這樣的狀況，任何一部著作都往往是集合整個學派的智慧結晶。敝人就是用這種角度來觀察《大學》與《中庸》這兩本書。這兩本書都出自《禮記》，通常我們所講的《禮記》都是指《小戴禮記》，作者爲西漢的戴聖（生卒年不詳，世稱小戴）。但《禮記》其實有兩本，還有一本是《大戴禮記》，作者爲西漢的戴德（生卒年不詳，世稱大戴）。大戴是小戴的叔叔，他們叔姪兩人都各自記錄出不同版本的《禮記》，內容是戰國晚期到西漢中期儒者對於孔子與弟子的言行暨各種日常生活該注意的禮節。《禮記》這本書融合各家思想，包括道家、法家甚至陰陽家都在內，《禮記》常見曾子（西元前五〇五－西元前四三六）的相關言行，一般都公認最早經由曾子學派中人整理出來，但是《禮記》裡有一篇〈月令〉，這是在講曆法的文章，內容卻完全是陰陽家的作品。古人會拿星星作爲指標來記年，常根據木星的運行軌跡來說明氣候的變化。先秦儒家裡，孟子跟荀子的思想有著劇烈的對立，而《禮記》這本書卻在化解這種對立。《禮記》中的觀點極其豐富，如果涉及到心性議題，觀點就比較契合於孟子的思想；但如果是涉及到禮樂議題，觀點卻會融合荀子的思想。顯見這部著作具有西漢時期融合各家的特徵，更有意在調和孟荀的對立性。

《大學》原本係《禮記》中的一篇，直到南宋時期朱熹（一一三〇—一二〇〇）將其獨立成爲一本書，使得《大學》的地位獲得很大提昇。這篇文章同樣是曾子的後學整理出來的思想，其中「格物，致知，誠意，正心，修身，齊家，治國，平天下」，這些觀念被稱作是「八條目」，把個人的修身到治國平天下的關係完整闡釋出來。修身是內聖與外王的轉關，「身」不只有自己的身體，更包括心靈在內，而「格物，致知，誠意，正心」都是內聖的工夫，「修身，齊家，治國，平天下」則都是外王的效益。孫中山在《三民主義．民族主義》第六講中說：「像這樣精微開展的理論，無論外國什麼政治哲學家都沒有見到，都沒有說出，這就是我們政治哲學的知識中獨有的寶貝，是應該要保存的。」（見《孫中山全集》第九卷，孫中山，二〇一一 a：頁二四七—二四八；二〇一一 b：頁六二）但孫中山其實不知道《大學》這部書眞正精微開展的意義，其實在於將「內聖四條目」與「外王四條目」完整結合，而該內聖四條目中的「格物」與「致知」，甚至首度談到人的意識主體如何產生認知，從而對應宇宙的存在開展出世界的存在，當「格物」與「致知」完成後，接著纔能開始談「誠意」與「正心」，心體實屬內聖工夫落實後的感應機制，放在第四個次第具有合理性，這是具有中華本體論脈絡發展出來的認識論，而其「止，定，靜，安，慮，得」則是具體的觀念工夫論，很適合於靜坐與冥想，詳細內容可見敝人《轉道成知：華人本土社會科學的突圍》（陳復，二〇二一：頁一〇六—一一二）。

文化集體潛意識常會藉由文字來當傳遞訊息的符碼，讓人不自覺就會做出該符碼期望個人做出的行徑。因此，人會有心理問題，很多時候是其使用的文字系統帶來的心理暗示，把不精確的詞彙灌輸到人的意識中，與眞實的狀態產生不對應的脫節現象，從而對人帶來苦惱。譬如說華人已婚女姓只要聽到「賢妻良母」與「相夫教子」這組詞彙，就會覺得如果要做個受人稱讚的已婚女性，就應該要往這個脈絡來發展人生，然後她就會檢視自己有沒有善盡賢妻良母與相夫教子的工作，如果沒有做到位，就會產生心理負擔。再譬如說人與人只要意識到「結婚」這兩個字，就會在心中產生分量，兩性如果交往，時間一久，就會不斷在心裡去探問自己跟對方究竟是否會藉由結婚來確認彼此的關係，尤其是生育年齡的女性常有這種心理負擔，這都是文化心理。但我們如果意識到，人使用比較精確的詞彙，讓其放在意識中，使得人思考事情沒有雜訊，可幫忙自己活出比較乾淨俐落的精神狀態，這就是「格物，致知，誠意，正心」的過程。譬如說，只有「夫」是個「德夫」，「妻」纔能對應做個「賢妻」，順此脈絡發展，纔有「良母教子」的可能。讓表意的文字變得更精確，這需要擴張知識的視野，知識的獲得就是「格物致知」，當你能完成你就能更精確辨識出觀念的正誤，否則面對生活常會有種無從下手的感覺。

相對於《大學》還有次第工夫論，《中庸》則是在直截了當談本體。很多人認爲兩個極端取其中間點就稱作中庸，這是對「中庸」這一詞彙極大的誤解，將其解釋成一種道德概念，則會掩飾其本來的精神旨趣，這種錯誤來自華人長期受到亞里斯多德（Aristotélēs, 384B.C.-322B.C.）的中間原則（Doctrine of the Mean，Mesotes），其在《尼各馬可倫理學》(Ethika Nikomokkeia) 這本書中指出：「任何事情都有過度、不及和中間三種情況，『過度』與『不及』常常會破壞道德品質，只有位於中間的『中道』能保存道德品質。」（廖申白譯，二〇一七：頁五六—五八）《中庸》第一章說：「喜怒哀樂之未發，謂之中；發而皆中節，謂之和。」這是在談內在的精神狀態，而不是在談外在的道德規範，喜怒哀樂各種情緒未發出前的「中」是指心靈覺醒的狀態，在覺醒的狀態裡，發出的動靜舉止都能精確無誤的對應實情，符合該有的節奏，這就是「中節」。《中庸》非常重視誠意，第二十章說：「誠者，天之道也，誠之者，人之道也。誠者，不勉而中，不思而得，從容中道，聖人也！誠之者，擇善而固執之者也。」誠意就是天道，人奮勉去掌握誠意，其掌握設想的觀念與實踐的方法就是人道。天道本來渺茫不可測知，拿誠意來指稱天道，則可精確指出天道本來就具有靈敏感應的機制（宇宙本體，後世稱作天理），而人道就在奮勉與該機制接軌，使得人受到天的眷顧，這種結合的機制對人自身而言就是心體。雖然人要奮勉去掌握誠意，誠意自身卻是不需費神就自然正中目標，不需思慮就自然獲得領悟，很自在從容去做都無不合於平衡與祥和的意蘊，如此落實就會是聖人。聖人就是過濾欲念的雜質，掌握本體而把持住的人。

《中庸》第二十二章還有與誠意相對應的內容：「唯天下之至誠，爲能盡其性，能盡其性，則能盡人之性，能盡人之性，則能盡物之性，能盡物之性，則可以贊天地之化育，可以贊天地之化育，則可以與天地參矣。」意思是說：只有懷抱最眞摯的誠意，纔能善盡自身的本體，能善盡自身的本體，纔能善盡他人的本體，能善盡他人的本體，纔能善盡萬物的本體，能善盡萬物的本體，如此纔能參與輔佐天地化育無限生滅的歷程，能參與輔佐該歷程，就能與天地並立爲三，意即創造出天人合一的事實。這個「善盡」就是「人」面對「天」清澈觀看交融無二的狀態。敝人過去長期提出三層本體論的說法：自性本體，世界本體與宇宙本體，其實可跟《中庸》對接：「盡己之性」就是自性本體，「盡人之性」就是世界本體，「盡物之性」則是宇宙本體，誠意不能簡單理解成「講眞話辦實事」，誠意首先是面對上天和自己的坦然，在這種坦然的精神狀態裡，人沒有陰暗意識，更沒有心理的衝突，內在與外在和諧一致。當人懷著誠意的態度來跟人交往，講話就不會是「話中有話」，而能跟人做眞誠細緻的溝通，否則常會變成他人要時時刻刻揣測你的心意，當人家沒有精準理解到你實質的想法，你就會講話變得「陰陽怪氣」給人吃排頭。敝人在童年時期，面對家中逃難到臺灣社會且具有浙江背景的長輩，發現這些老人家講話怎麼總是綿裡藏針，其講話狀態使得人的時間和精神要大量消磨在語言構築的概念脈絡裡，且帶有某種恩怨情仇的感覺需要聽者自行解讀，不能很簡單就置身在生活中，這當然是其成長背景中的文化心理，我們實在不應該強求經歷過國破家亡的老人家講話總是中正平和，但當我們還能意識到何謂眞實義的「中庸」，就應該眞正落實這個觀念工夫。

隨著國學的興起，有相當數量宣稱尊重傳統文化的心理諮詢師，可能會單向度去強調孝順與各種傳統倫理的重要性。敝人當然尊重傳統倫理，但如果沒有心體，則倫理可能會傷害人，譬如常見父母會拿孝順這種名義，逼孩子去做一些違背他意願或罔顧他幸福的事情，甚至因此毀掉他們的人生，敝人曾遇過某位當事人，其精神的嚴重受創就來自父親從童年開始就要求她考第一名，沒有第一名就會嚴厲羞辱她，說她何其不孝，直到她從北京大學的學士念到碩士，甚至畢業後來到金融機構工作，她都無法諒解父親對待自己的態度，甚至影響到她在職場中無法容許有任何的挫敗，這時候談孝道對她而言實在就會變成「吃人的禮教」，那正就是她精神焦慮的泉源。儒家如果只從孝的角度來思考全部議題，而且倫理關係就是孝的無限擴大和延伸，甚至整個政治都是孝的發展，譬如把孝親擴大成忠君，而不問該君主是否値得效忠，其實會把各種具體生命的處境給掩蓋住，變成道德綁架的結果。從心性的角度來看孝與忠，孝是來自於血緣的德性，但孝不該是固著的狀態，而是具有相對情境，其有各種不同的表現樣貌，包括什麼樣的父母自然就該有什麼樣的孝道，這就是爲何孔子面對不同的人來問如何落實孝道，他的回答從來都不一樣。《禮記・祭義》中記曾子說：「孝有三：大孝尊親，其次弗辱，其下能養。」最高階的孝順是讓父母獲得尊崇，其次是讓父母不要被羞辱，最低階的孝順纔是奉養父母，這種解釋讓個體有自由發展的空間。原本儒家對孝的闡釋自由度非常大，但不容否認，孝道是華人社會的特殊現象，如果觀察西洋社會，就會發現在個人主義的思維影響裡，家長不會期待孩子長大後對等回報自己，而是年老後要懂得自己照顧自己。當然，「忠孝同源」係華人社會常見的現象，華人有所謂「移孝作忠」的觀點，並常說「忠臣出於孝子門」，「孝」這一觀念來自血緣關係，「忠」這一觀念則是隸屬關係，兩者性質本來不一樣，但華人把這兩個觀念結合，擴展成「天下一家」的觀念（四海皆兄弟），讓「忠」變成「孝」的比擬與擴大，其創生出的家國秩序，就會被視作「天下太平」。

從《孟子》開始，經由曾子與子思的學派將《大學》與《中庸》的內涵持續補充與擴張，使得心性議題變得日益成熟，讓儒家往內在深化，而不再只是外在層面的儒家，更使得儒家思想開始有個人生命自覺的層面。這就讓心理諮詢成爲可能。尤其《孟子》的性善論，使得人們可基於心體的善端開始更細緻去探討幸福的議題，這時就需要人懂得反思。當反思一展開，心理諮詢就展開了。世人如果只閱讀《論語》，難免只是從格言中學會做人處事的觀念，可是其有些語意過簡，有時候會讓人「知其然不知其所以然」，從《孟子》與經過補充與擴充的《大學》與《中庸》出現後，儒家思想纔開始發展到具有思辨性的多元內容，尤其觸及到心靈的核心議題，這是儒家思想的大幅進展。當個人有生命的自覺，不見得會做違背社會道德的事情，但是如果沒有個人生命的自覺，他就只是在表面行徑去遵守社會道德而已，常見人「行而不知」，就會發展出對人性的壓抑與扼殺。智慧諮詢師要關注人眞實的生命狀態，而不是用教條化的觀念去勉強當事人服從。社會在某個時期共同承認的道德規範，跟個人眞實的生命狀態，兩者間要如何形成互動與互補的關係，這是智慧諮詢師常要放在心裡的事情。人如果不想順從社會的道德規範，覺得只應該順應自己心裡的感受去動靜舉止，卻帶給他人傷害，這當然是不恰當的作法，譬如某個人自認想發展某種欲望，卻違反道德規範，而影響某個當事人，並跟當事人並沒有任何默契與共識（意即當事人拒絕其欲望），那麼該行徑就是不可被接受的作法（譬如強暴這類性侵犯行徑）。但如果他的欲望產生出來的行徑，並未對他人產生實質的影響，儘管可能違反某種社會道德（或公序良俗），但其間的善惡是非其實是有可探討的空間（譬如前面談到觀看色情影片來自慰這種行徑），這些都是諮詢師要跟當事人具體去談其間的內容細節。

第六章

天人關係：先秦時期文學與藝術的發展

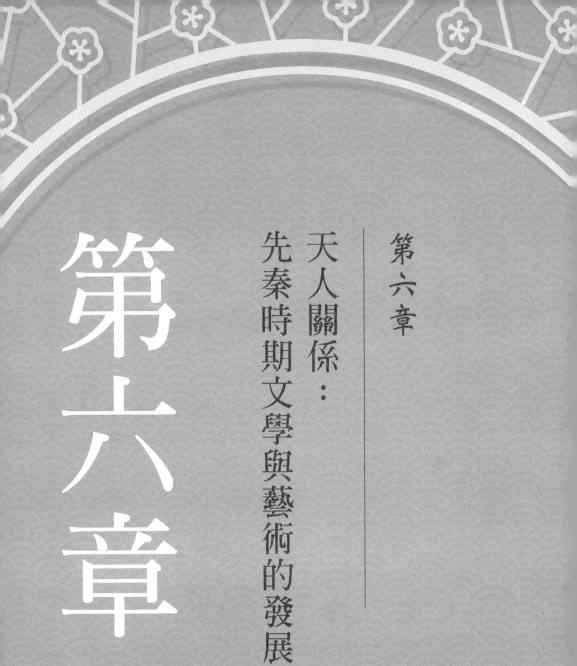

第一節 文學的萌芽階段

從現在學術的詞彙來說，其詞彙本身都是來自於翻譯，只有「文學」這一詞彙早在春秋時期即已出現，《論語．先進》第十一有記錄孔子的各個弟子擅長的學問領域，其中子游（西元前五〇六－西元前四四五）與子夏擅長的就是「文學」。不過該「文學」指稱的範圍顯然更寬廣，敝人覺得其有「文采與詞章的學問」的意涵，並且帶有實用傾向。《現代漢語詞典》將「文學」定義為一種藝術，包括戲劇、詩歌、小說與散文（徐新建，二〇一九：頁一二），不過敝人覺得文學雖然的確可被視作藝術表現，但與我們現在認知的藝術稍有不同，因此可區隔開來對待。對於我們華人社會而言，詩歌是最早的文學表現型態。《詩經》的創作時間早自西周早期開始到春秋中年，歷時五百年，這是中國一部倫理的歌詠集（錢穆，二〇一六：頁一〇）。《論語》裡常有孔子鼓勵學生仔細閱讀《詩經》的內容，《論語．陽貨》第十七記孔子說：「詩可以興，可以觀，可以群，可以怨。邇之事父，遠之事君。多識於鳥獸草木之名。」意思是說：《詩經》能激發人的情志，能觀察人的技能，能培養人的合群，更能抒發內心的哀怨。學習《詩經》後，不只在家能侍奉父母，在朝能侍奉君主，還能知道各種自然環境中鳥獸草木這些物種的名稱。《詩經》

替我們展示出周人「內向型」的文化心理，意即著重安穩的農業生產型態，並藉由牢固而強大的宗法制度來維繫，使得華夏先民有著融合個體於整體來成全大我的心理特徵（李家欣，一九八九：頁五三－五四），這其實就是自性的文化集體潛意識。《詩經》是北方文學總集，風格偏向寫實；《楚辭》則是南方文學總集，風格富於幻想，其最主要的作者是屈原（西元前三四三－西元前二七八），再來是宋玉（西元前二九八－西元前二六四）。《詩經》與《楚辭》兩種不同的風格，反映出北方人與南方人在性格與思考的差異（韋政通，一九九六：頁二〇五）。《楚辭．天問》特別反映出楚文化承襲著商文化，長期有著「問天」的文化傳統，並富有探索懷疑的精神，同時更有著屈原個人對於楚國現實政治與個人悲苦命運交錯著憤懣愁思的情感。後世文人常在遭到人生變故或社會不公時，就容易想到跟自己相似遭遇的屈原，於是動輒使用憤激的言語仰天而問，藉此抒發心中憂憤的情緒（劉曉梅，二〇一七：頁三四－三五），這使得屈原成爲中華文學尤其是詩歌領域的第一人。

從現在散文的眼光來回首，先秦時期純文學性質的散文極罕見，最能表現中華傳統文學的是「詩」、「詞」與「賦」。中國因歷史極其成熟，最早的散文就是歷史散文，最重要的著作莫過於《尚書》和《左傳》諸子興起後並創發出各種哲理散文，其始祖當推《論語》與《老子》（韋政通，一九九六：頁二〇九）。前面已經討論過《尚書》，文學史家通常稱其爲中國最早的散文總集，但《尚書》的內容實際上大部都是當時政府處理國家大事的公文。《尙書．周書》中大量記載周公的德治思想，例如〈君奭〉記說：「天不可信，我道惟寧王德延，天不庸釋於文王受命。」白話意思是說，周公對召公說：「上天不可相信，我們只有把周文王的美德傳續下去，上天纔不會捨棄周文王的天命。」可見當時的周人已經意識到天命難測，人能把握住的只有修養德性這件事情，這就是人文精神的萌芽。《春秋》原本是魯國史官把東周前半期各國發生的大事記錄下來的文本，經孔子修訂後被視作儒家的重要經典。《春秋》的記事狀態極爲簡要，看來不太像文學作品，但其實這本書經過作者的字斟句酌，自有其文學的意義（錢穆，二〇一六：頁二八—三〇）。南朝齊文學理論家劉勰（四六五—五二二）在其著作《文心雕龍．宗經》說：「《春秋》辯理，一字見義。」意即《春秋》能辨明道理，一字就精確把握住義理。《春秋》有「三傳」，這是指闡釋《春秋》的三部作品：《春秋左氏傳》、《春秋公羊傳》與《春秋穀梁傳》。其中《左傳》是中國第一部編年體史書，同時具有極高的文學研究價值。《左傳》是先秦文獻中最大量在描寫夢境的作品（楊健民，二〇一五：頁五二），其記錄夢境有兩大特點：其一是對禮制的重視，其二是對人民的重視；釋夢同樣有兩大特點：其一是承襲商文化，保留濃厚的神啓思想，其二是周人釋夢不再完全取決於占卜，而是將夢境跟願望兩者結合來思考（宗思彤，二〇二一：頁六八—七五），已經具有探索潛意識（尤其是文化集體潛意識）的意義，可見其書作者對於冥契主義高度重視。

如以文學史的眼光來看，先秦時期的散文具有歷史性的性格，並且著重於記言與記事，其內容則主要在討論思想。就體裁來說，《論語》這本書都可視作根據記言與記事這一傳統演變而來，但與《尚書》和《春秋》不同，《論語》記錄孔子的私人言行，《尚書》與《春秋》則是從國家大事的角度展開探討（錢穆，二〇一六：頁三四—三五）。這是歷史的重大進展，更意謂著文化由貴族階層轉到平民階層，《論語》就是平民散文的始祖，從《論語》開始，大量說理型散文（或稱哲理散文）如雨後春筍般相繼產生，諸子的著作都莫不如此，這些說理型散文同樣深刻影響文學，譬如孟子有關養氣的思想本屬修養工夫論，卻對後世文學理論產生很大影響，譬如曹丕（一八七—二二六）《典論．論文》、劉勰《文心雕龍．養氣》與韓愈〈答李翊書〉都有提到「氣」這一觀念與文學的關係，「氣」於是成爲文學史上探討的一種標準（韋政通，一九九六：頁二〇九；頁二二五），這跟我們現在學術環境寫論文完全不再講究「文氣一貫」實屬判若雲泥。再譬如《莊子》的語言詼諧荒誕，其美學思想促進後世許多文學作品產生，如山水詩、田園詩與遊仙詩等類型，可見散文又會反過來影響詩歌。二十世紀初以來，「意識流」作爲一種有效的文學表現手法，被大量運用於西洋現代的文藝創作中，佛洛伊德（Sigmund Freud, 1856-1939）的潛意識學說是引導意識流作家去深入發掘精神世界的最強有力的理論，而對潛意識的描寫，正是莊子文學的重要內容（方勇，一九九五：頁九一），譬如他提出「坐忘」（《莊子．

內篇．大宗師》）「心齋」（《莊子．內篇．人間世》）的觀點，意即停止全部自覺的意識運作，進入不知不覺的潛意識狀態。

第二節　漢字如何發展書法

前面有徵引《周易．繫辭下》記載：「上古結繩而治，後世聖人易之以書契。」意思是說，上古時期使用結繩來記事，使用文字刻字是後來纔出現的記事型態。從河南賈湖遺址的刻符到安徽雙墩遺址的刻符，目前已知中國文字的早期形式距今有八千六百年。唐朝書法家張懷瓘（生卒年不詳）在《書斷．序》中說：「昔庖犧氏畫卦以立象，軒轅氏造字以設教，至於堯舜之世，則煥乎有文章。其後盛於商、周，備夫秦、漢，固夫所由遠矣。」意思是說：傳說伏羲氏創立八卦來替天地立象，黃帝命史官倉頡創造文字來實施教化，堯舜時期，文字的發展帶來文明的昌盛。後來發展到商周時期，文字開始全面興盛起來，並發展完備於秦漢時期，由此可知文字的發展演變是個漫長的過程。當時張懷瓘尚不知甲骨文的存在，然而其評估與我們現在的認識沒有誤差。漢字是書法的基礎，更是組成中華文化的基本元素，沒有漢字就沒有中華文化，甚至其影響整個東亞社會，因此學者常會將東亞文化圈稱作「漢字文化圈」。漢字的字體隨著中國歷史的發展而不斷演變，從甲骨文、金文（或稱鐘鼎文）、石鼓文演變成大篆、小篆與隸書，於東漢到魏晉就變成爲楷書、行書與草書等，意即書法發展的眞正順序應該是「篆，隸，草，行，楷」，因漢字的整個演變脈絡，只有兩條路線在交替發展：一條是政府文書，即政府對外的公告；一條是日常文書，即生活書寫的文字。最早的書法只應用於政府文書，無論是半坡陶文、甲骨文或鐘鼎文，都是這類文書，這些文字都是後來在西周晚期發展出大篆的基石，後來當王官學變成百家言，諸子都開始寫著作，大篆就開始來到日常文書的書寫環境中，早期篆書筆畫圓轉彎曲，顯見使用毛筆的早期特徵，後來秦朝使用政府文書使用小篆，其呈現出的中正和均衡，讓我們看到秦朝統一天下後「車同軌、書同文」的恢弘理想。但小篆畢竟還是比較複雜，秦朝時就再簡化發展成平直波磔的隸書，根據隸書再經簡化，在日常文書中就發展成草書，這種草書稱作章草，後來東漢末年再發展成今草。行書則是相對於隸書的剛正與草書的率性，取其中間値而得，最後政府文書再於唐朝時發展出楷書。這些字體各具特色，相互間有著傳承與發展的關係，反映出中華文化的演變過程，因此，練習寫各體書法，很容易就進入到中華文化的整體心靈裡，其中行書相對於楷書的刻板與草書的率性，顯得不偏不倚，最適合人涵養自性。

當日常文書大興，書法就發展成藝術，但藝術並不專屬於藝術家，生活本身就充滿藝術的情意。漢字由點和線組合而成，具有高度抽象性。點是線的濃縮，各點合起來就成爲線，線是點的延長。寫書法的過程裡，點跟線在不斷變動：哪裡需要直接點一個點，哪裡需要展開線，又要到哪裡停止變成點，接著又延伸變成線，寫書法就是點跟線不斷在做決策的過程，我們可說書法是一種線條流轉的藝術或點線交替的藝術。最初書寫漢字不是使用毛筆，而是用刀刻，例如甲骨文就是巫師占卜完後用刀刻在龜甲或獸骨上的記錄，這其實就是種楔形文字。人類全部文字最早都是楔形文字，楔形文字的特點是從原本象形的狀態逐漸符號化，其中的某些楔形文字變成字母，然後字母跟字母再排列組合，就逐漸發展出拼音文字，因此楔形文字可說是拼音文字的始祖。漢字如果按照楔形文字的脈絡發展下去，同樣會發展成拼音文字，但中國沒有發展出拼音文字，這在全世界來說都是非常特殊的現象。中國文字從早期的象形後來又發展出「指示，會意，形聲，轉注，假借」，這六種型態相互補充，稱作「六書」，構成漢字的意象性和複雜性。毛筆具有的柔軟性，帶來的各種變化，使得漢字更不可能變成拼音文字。最重要的事情：寫什麼文字和用什麼工具來寫，對於人的腦波都有影響，高尚仁教授（一九四〇—）的研究團隊曾經由功能性核磁共振造影（FMRI）技術發現：雖然有些時候閱讀漢字本身和閱讀漢語拼音激活相同的皮層區域，但對於同樣聲音的字，閱讀漢字本身比閱讀漢語拼音需要激活更多皮層區域。兩種不同的符號，由於其型態的複雜程度不同，所激活的皮層區域因而有所差異（高尚仁，二〇一〇：頁七三—七四）。腦波構成思想波，思想波就是意念，交織成人的世界觀。從古巴比倫到古埃及，甚至商朝本身，這些王國或王朝的楔形文字，都反映出人類早期面對神的態度，中國從商朝進入周朝，不是單純的政權交替，而是極其重大的文化轉折，從本來完全由神靈主宰構成世界的存在，開始來到人要自己負責做決策構成世界的存在，其間毛筆的運用就反映出這種轉折，這跟西洋文化產生鮮明的對比。西洋諸國在中世紀長期讓人活在神的世界裡，直至兩次世界大戰結束後卻面臨著不信神產生的重大危機，其間如何重整其文化，就變成極其困難的議題。

所謂的「文房四寶」是指「筆，墨，紙，硯」，這是寫書法的基本工具。中國歷史上雖有蒙恬（西元前二五〇—西元前二一〇）造筆、刑夷（生卒年不詳）製墨、蔡倫（六三—一二一）造紙的說法（硯臺的發明人不詳），但考古發現證明這些發明人只可能是在關鍵技術有突破性的改革，不會是這些工具的第一發明人，譬如出土於陝西西安半坡新石器時期彩陶上的彩繪，帶有明顯的毛筆書寫留下的筆觸（花紋中有毛筆畫出的筆鋒），如此可讓我們估計，早在約六千多年前，中華先祖就已經掌握類似於毛筆的書寫工具。目前出土最早的毛筆，則是戰國時期的楚墓毛筆，有著極爲纖細的筆竿和筆毫（王志軍、張明慧、永年編著，二〇一五：頁三），其實該楚墓有兩個地點：湖南省長沙市的左家公山的戰國楚墓與河南省信陽市長臺關戰國楚墓，可茲證實毛筆的確不是晚至蒙恬纔被發明出來。毛筆按照動物毫毛的物理性質，可區隔成軟毫類毛筆、硬毫類毛筆和兼毫類毛筆，究竟要使用哪種毛筆，全看書寫者本人的手感。但現在常見的硬筆書法其實不能稱作書法，因硬筆書法只是想把字寫漂亮，眞正意義的書法須用軟筆，軟筆的筆頭是用無數根毛串起來，可千變萬化，這是硬筆無法比擬的效果，東漢書法家兼文學家蔡邕（一三三—一九二）在〈九勢〉這一文中說：「勢來不可止，勢去不可遏，惟筆軟則奇怪生焉。」這「奇怪」不僅是指筆觸變化，更是指人心變化，從而共構成藝術的變化。隨著揮毫時的提、按、頓、挫、輕、重、緩、急，產生極盡變化的線條造型，切割出各種各樣的畫面。

墨條最早可追溯至新石器時期燒製彩陶時所使用的顏料，譬如明朝朱常淓（一六〇八—一六四六）編撰的《潞藩新刻述古書法纂》記載：「邢夷始制墨，字從黑土，煤煙所成，土之類也。」意即墨是周宣王時期邢夷用黑土與煤煙製作而成的物件，結合戰國時期的簡牘和帛畫這些出土文物，我們可看出墨在周朝已經得到製作和應用。磨墨要用常溫的清水緩緩的磨，如明朝書畫家陳繼儒（一五五八—一六三九）在《小窗幽記》卷五中所說「磨墨如病兒」，動作要像個生病兒童般緩慢。研磨後，要用吸水性較強的紙將墨錠研磨面的水吸淨與蔭乾，置於陰涼風乾的地點（王志軍、張明慧、永年編著，二〇一五：頁一四—一五）。選擇優質的墨要考究墨的「色，光，聲，重，堅」，意即優質的墨有五個重點：「顏色要黑，光澤發亮，研磨無聲，墨塊要重，質地要堅」。古人把學習書法當作一種修身養性的方法，不但筆墨紙硯這些書寫工具的品質要好，寫字的姿勢、執筆的方法要講究正確。就連寫字前必須先端坐、靜心，深呼吸後纔能開始書寫。因此書寫者要養成一執筆就能心靜而進入寫字的最佳境界，書寫前的磨墨活動就是最好的訓練（陳政見著，二〇〇三：頁一三—一四）。

紙的發明推動文明加速演進，目前的電子閱讀與書寫工具都還無法完全替代紙本。經考古證實，紙早在蔡倫前就已大量應用於新疆省、內蒙古自治區與陝西省等地，主要係馬紙和皮紙。民間傳說蔡倫死後，他的弟子孔丹（生卒年不詳）希望紀念其師，想要造出一種世上最好的紙來幫師傅畫像修譜，卻在研究過程中不斷失敗，有一天他發現一顆古老的青檀樹倒在溪邊，樹皮已腐爛發白，露出一縷修長潔淨的纖維，孔丹取用這些纖維終於製造出自己滿意的紙張，因其出產自安徽宣州，就此稱作「宣紙」（王志軍、張明慧、永年編著，二〇一五：頁一七一一九）。從這個故事裡可看出華人社會裡常見的有趣現象：情感往往成為創發的重要因素。書法載體的演變，歷經甲骨、金石（包括青銅）、竹簡、縑帛，最後纔到紙張，接著再一路發展到宣紙，纔獲得最理想的書寫載體，其歷程著實不易。筆墨揮灑在紙面交融變化，黑跟白的濃與淡，就可產生各種千變萬化的創作。這就是為什麼書家和畫家在華人社會常被合稱書畫家，而且有些所謂的「書院」其實不見得是講論經典或探討義理的環境，而是書院與畫院的結合，裡面同時在教書法和繪畫。對中國畫而言，根本不需要雜染各種五彩繽紛的顏色，就能呈現出藝術性。中華人文精神透過書法展現出特有的神奇，書法把學問、知識與修養都融合在一起，使得文人（士人）可藉由書法呈現自身的學問、才情、胸襟和修養。這就是華人會如此重視書法的原因。書法跟文人的關係高度連結在一起，想要做個智慧諮詢師，當然需要深度認識書法。《淮南子．本經訓》記載：「昔者倉頡作書，而天雨粟，鬼夜哭。」傳說倉頡在造字時，天上像下雨般掉下粟米，鬼神都驚訝到在深夜哭泣。此因書法能溝通天人關係，被賦予神聖的意義，鬼神都不再能控制人，甚至反過來人可跟鬼神溝通，譬如符咒同樣使用書法寫在紙上。

硯臺的發明早至新石器時期，考古學家曾在陝西省西安市臨潼區的仰韶文化遺址中發現一套應用於陶器彩繪的工具，其中就有石硯。明朝學者王三聘（一五〇一—一五七七）所著《古今事物考》中說：「自有書契，即有此硯。蓋始於黃帝時也。」意即自文字誕生起，就有硯臺這種書寫工具，由於文房四寶中，唯有硯臺沒有明確的發明人，只好籠統的推給黃帝時期已發明此物件。文房四寶中，硯臺可使用的壽命最長，並且常經藝術的精雕細琢，變成收藏家的珍藏對象。現代人寫書法常使用現成的墨汁，但要顯現出比較特殊的墨色（不同溫度與濕度的磨墨質感都不一樣），還是硯臺磨出來的墨汁爲佳。每回書寫完畢，應把硯臺清洗乾淨，避免殘留的墨渣影響下回磨出的墨汁品質，並可拉長硯臺的使用壽命（陳政見著，二〇〇三：頁一四）。就人作爲個體而言，書法的筆墨線條是練習書法的人其情感的傾訴、心性的抒發與懷抱的展現，從〈蘭亭集序〉中就能看到王羲之（三〇三—三六一）的飄逸，從〈祭侄文稿〉中就能看到顏眞卿（七〇九—七八五）的悲憤。華人社會自西周後本來已沒有純粹的宗教，文化都是通過書法來傳承，這個過程裡，個人的思想、情感甚至修養，都可從中清晰呈現出來。敝人覺得書法有三個層面的內容：第一，書法是中華文化的載體；第二，書法是漢字內蘊的藝術；第三，書法是涵養自性的工夫。做一個心理諮詢師如果不懂書法，做心理諮詢就會遇到瓶頸，因該諮詢師對中華文化的精髓其實認識不太深刻，無法信手拈來提出管道來幫忙當事人，因此敝人特別要談書法內蘊的本土心理學。

第三節 書法的演變歷程

目前甲骨文已收集到五千餘字，能認出的有一千五百餘字，還有三千餘字無法辨識，因裡面有相當大量內容是通神的語言，這種通神的語言沒有傳承下來，就沒辦法去解讀，或者反過來說，如果從現在理性思維來辨識甲骨文，會產生跨過去解讀的根本門檻。從甲骨文發展到後來的大篆，其字體發生變化的重要原因就是書法的產生。原本甲骨文常由短而直的線條構成，書法則使得漢字的線條開始變得更柔潤。鑄刻所形成的精神狀態，更透顯出神性的肅穆；而毛筆所形成精神狀態，更透顯出人性的溫暖，這就是商周兩朝的根本差異。在尊崇鬼神的商朝，人的思維相對來說不大被重視，神的意見纔居於最重要的位置，甲骨文就反映出商朝神權統治的氛圍。可是甲骨文已經有均衡、對稱與穩定的格局，這就已能反映出中華文化特有的特徵，這是其它文化裡罕見的現象。我們在商朝晚期的一些玉片、陶片與獸骨上都能看到用墨書寫的文字，這可反映出商朝晚期社會氛圍已由對神的重視開始逐漸轉向對人的重視，最起碼商末對於神的懷疑，從商紂王膽敢「射天」就已可看出端倪（陳復，二〇〇九：頁五二）。

《禮記．表記》記說：「殷人尊神，率民以事神，先鬼而後禮。周人尊禮，事鬼敬神而遠之。」意思是說，商朝人尊崇鬼神，君王率領百姓敬事鬼神，把鬼神放在第一位，接著把禮儀放在第二位。周朝人尊崇禮法，雖然同樣敬事鬼神，但與鬼神保持著距離。其實商紂王被視作暴君，是因為他正在進行某種宗教改革，卻遇到商朝貴族的反對。商紂王當時已經有一種重視人的想法開始出現，不再凡事都從神權的角度來主導，但他的這種態度卻形成商朝統治階層內部的失和，因此敝人覺得商朝與其說是亡於周朝，不如說是亡於自己內部的混亂（陳復，二〇〇九：頁七；頁五二－五三）。周朝的建立則反映出人文精神開始成為主導思潮，這個中華文化的重大轉折，體現在書法上，就是漢字徹底從甲骨文發展成鐘鼎文（金文）。甲骨文與鐘鼎文同時誕生於商朝，但鐘鼎文興盛於周朝，這不只來自青銅器在周朝得到更大量應用有著密切的關係，儘管甲骨文和鐘鼎文都讓我們看到先民跟上蒼溝通時的虔誠心態，更反映出由商朝面向上天的請教，改變成周朝面向上天的宣告。其實從河南省安陽市出土的商朝青銅器銘文上，雖然可看到直筆嚴正的書風，但有時表現出圓潤的勢頭，和甲骨文的純用直筆微有不同，對後來的西周書風有顯著的影響，大約自周穆王（姬滿，約西元前一〇二七－約西元前九二二）到周宣王（姬靜，約西元前八六二－西元前七八二）時，西周的書寫銘刻都有著圓潤的寫法，這點在姬周同姓邦國中體現得更明顯。這種書體的傳世精品，最典型的樣貌就是毛公鼎上的金文，書風渾厚凝重，常有圓筆運轉，極顯文明氣象（金啓華，一九九六：頁一〇二－一〇三）。

不同時期的文字背後透顯出的是不同時期的國風，文字的樣貌與政治、經濟、教育與文化等都有極其綿密的關係。從甲骨文發展至大篆，字體從長方逐漸開始變圓潤，這就是中華文化的演進過程中從關注天開始轉向關注人的過程，但這並不意謂著進入周朝，人們徹底背離上天，天跟人依然有著連結，只是相對於天的啓示，人們開始更重視自己在人間的奮勉，人文精神開始成爲中華文化的主軸。其實從西周時期開始，就有些不知名的「書法家」在書寫過程中，往往不受當時書寫規則的限制，創作出篆書的變體筆畫，這反映出自由就是創作的基石，不應讓固化的標準來壓抑人的創發能量，敝人覺得從西周時期開始就不只有「書法」，更有著「書藝」的存在。商朝至西周，書法掌握在巫祝卜史手中，春秋末期文化傳播的範圍擴大，開始有私人的著作出現，於是書法的載體就不限於泥範、臘模和甲骨上，而開始書寫於竹帛上了（金啓華，一九九六：頁一〇一）。戰國時期，文字再度發生變化，各諸侯國呈現出樣態各異的文字，這一時期的文字稱作「六國異文」，顯示出當各諸侯國各自發展，包括文字在內都會呈現出各種不同的在地特色，這些文字帶有裝飾意味，線條精細，審美理念趨向於華麗的符號化。這一時期所謂的「古文」則是指位於魯國曲阜的孔子府第牆壁中秘藏起來的儒家典籍中的文字（林若夫，二〇一六：頁一一三九）。

相對於商朝對鬼神的崇信，周朝對禮的重視，至秦朝，其政治特徵是崇法。從「神，禮，法」這三個階段，篆書同樣顯露厚重的政治氣息，尤其反映出政治的強大機能，如果我們只是簡單去做歸類，或可稱大篆是「禮」的文字，小篆是「法」的文字，因大篆最主要是周朝在使用，孔子應該同樣是用大篆來書寫文字（儘管魯國字體可能會有區域性的變化）。大篆的筆法相對來說比較簡單，其書體比較圓潤，不像其它書體有固定規範的筆順，書寫大篆跟描工筆的繪畫很類似，敝人通常會從涵養心性的角度，建議大家練習行書，但如果你就是很愛標準化的寫法，那麼最好是寫大篆，相較於寫楷書，最起碼寫大篆能體會到飽滿的氣息。來到秦朝後，文字開始變成長方形的小篆，這的確很像個板著臉孔六親不認的執法者。大篆早期用於記錄和神靈溝通的結果，後來依循著神的脈絡建構出一套禮制，就開始出現將鑄刻在青銅器上的金文變成大篆的程序。後來秦始皇為統一文字，命丞相李斯負責文字的整理工作，這個過程裡大篆經由簡化就變成小篆。政府既要完成其政治的嚴肅性，更要思考怎麼樣讓文字更精簡扼要，這種從繁複來到精簡的心理需求，就是字體在不斷變化的核心原因。小篆的單字獨立，字體結構嚴謹，字與字間隔均衡，整個字的形狀是略帶圓潤的長方形，但給人莊重威嚴的感覺，可見篆書雖然還屬於中文的早期階段，但已經呈現出中華文化的主流風格。

先秦時期的石鼓文是介於大篆與小篆的中間的字體，出土於唐初的天興縣陳倉（現在陝西省寶雞市），原來有七百多字，到現在還可看到三百多字，這些文字在講述秦王出獵的事情，唐朝詩人韋應物（七三七—七九二）認為石的形狀像鼓，故稱其「石鼓文」，這十個石墩現存於北京故宮博物館（王志軍、張明慧、永年編著，二〇一五：頁四一—

四二）。中華書法的臨帖有兩大流派：碑派和帖派。秦朝石刻開啓碑刻的先河，其源頭就在先秦時期的石鼓文。但秦朝用政令強行將石刻演化爲小篆，雖然就某種程度來說有利於社會的溝通，但從藝術的角度來看，統一的小篆抹殺掉原先六國石鼓文的多樣性，並且由於該強制性其普及率不高，再加上小篆的書寫確實並不便利，很快就被隸書取替（余志鴻，二〇〇九：頁一三一）。隸書的雛形產生於先秦時期，這是種把書寫篆書的規則稍微簡略掉後，用於日常書寫的書體，因此隸書又稱「佐書」，「佐」有輔佐的意思，因此或可將隸書當作是「小篆的行書」。隸書至西漢時期發展成熟，並開始變成政府文書，相較於大篆的圓潤和小篆的長方，隸書比較趨於正方形或扁方形，並且方中帶圓。再者，有一則傳說表示隸書是程邈（生卒年不詳）的人發明，張懷瓘的著作《書斷》卷上記：「案隸書者，秦下邽人程邈所造也。邈字元岑，始爲衙縣獄吏，得罪始皇，幽繫雲陽獄中，覃思十年，益大小篆方圓而爲隸書三千字，奏之，始皇善之，用爲御史。以奏事繁多，篆字難成，乃用隸字，以爲隸人佐書，故名『隸書』。」意思是說：程邈原本是監獄裡的公務人員，因案得罪秦始皇，被治罪關到監獄裡，結果他在監獄中殫精竭慮探討十年，按照篆書作爲原則，改造字體，寫出三千字，上奏給秦始皇，秦始皇極其讚賞，就啓用他爲御史，因爲秦朝政務繁雜，用篆書影響工作效率，於是開始改用程邈發明的文字，主要被奴隸用於日常書寫輔佐使用，因此就稱作隸書。由大篆演變至小篆，再接著發展出隸書，更能反映出環境變遷的特質，字體開始由圓再逐漸變成方。

第四節　繪畫與信仰的關係

包括幾何紋樣、抽象符號與象形文字在內，使用視覺呈現的型態來表達意義，這是人類自然發展出的生活美學，繪畫更不例外，其中岩畫幾乎是一種最早的人類普世文化現象（李夢，二〇〇四：頁二七－二八）。經考古發現，在約一萬年前的珠江、長江、黃河甚至黑龍江流域，原始人已經懂得在岩壁或獸骨上刻出各種花紋，或在居室的墻壁甚至地面上，畫出各種人類或動物的形狀，或在陶器的表面上繪出各種紋路，其中數量最大、範圍最廣且時間最長的首推內蒙古自治區在狼山地區的岩畫，其中最早的畫作距今已有一萬年左右。狼山位於陰山山脈西段，在綿延三百公里的崖壁上，鑿刻著成千上萬幅岩畫，內容幾乎都與狩獵有關（徐改，一九九六：頁三－五）。再者，在江蘇省連雲港市海州區的錦屏山腳下，有一座將軍崖，上面的一塊巨石上刻有三組岩畫，刻畫著稷神和天體。稷就是高粱，這是中國北方的主要農作物，稷神就是掌管五穀的神，創作者把稷神畫成人的臉孔和高粱桿結合在一起的圖畫，如同現在的漫畫般奇特而有趣。從西元一九六五年後，雲南省滄源縣十幾個地點發現一千餘幅岩畫，包括動植物、符號、房屋與道路，還有狩獵、放牧、舞蹈與戰爭這些生活經驗。廣西壯族自治區寧明縣明江岸邊的峭壁上的花崗岩畫，在幾千平方米的範圍內刻畫有一千三百餘個大小不等的人形畫，密密麻麻極其壯觀。雲南滄源岩畫和廣西花山岩畫都塗有赤褐色、朱紅色或黑色的顏料，創作時間在距今三千五百年至兩千五百年（方祖燊，二〇一八：頁六一八）。

中國的先民很早就懂得從植物與礦物中提煉製造出顏料，並用於製作彩陶。先民可在有弧度的陶器表面上畫出緻密、曲折、柔美且不斷變化的團案，反映出中國畫重線條與重用筆的古老傳統（俞劍華，二〇〇九：頁一—三）。並且，先民繪畫常蘊含著一種節奏感，例如四季交替、潮起潮落、星移斗轉與生死相續等，把自然和生命中的節奏呈現在彩陶的文飾中。原始彩陶在靜的器物上會文飾動態的紋樣，在心理獲得節奏的平衡，使得彩陶獲得靜中有動、動中有靜且寓動於靜的律動美感，更使得人們感覺並體驗到整體和諧的節奏，從中體悟律動的美學（尹健君，二〇一一：頁四二—四三）。榮格把集體潛意識中的原型看作是構成主題象徵的泉源，其可在不喪失基本模組的情況裡改變細節，這種原型剛開始並不具有內容，就像有待沖洗的底片，意識經驗沖洗時，內容纔被確立下來。在榮格的觀念裡，只要人生中有什麼典型的情境就會有什麼原型，這些經驗由於不斷重複，而被深深銘刻在我們心理結構上。原型的共同性和普世性體現在人類各種岩畫和陶紋這些原始藝術表現中，例如來自婆羅洲的肯尼亞（kalimentan Kenyah）土著紋身、仰韶文化彩陶紋飾和雲南滄源岩畫上都有的太陽圖案，這跟現在常見兒童畫的太陽圖案有著共同的特徵，都是在圓形邊緣輔佐點線或矩形，來突出太陽光線的輻射（雷濤，二〇〇六：頁八二—八三）。敝人覺得從原始集體潛意識的角度來說，人類有這些共同性與普世性的藝術展現極其正常，眞正會有差異則要來到新石器中期後的文化萌芽期。

中國的繪畫和書法來自同一個源頭，如唐朝畫家張彥遠（八一五—九〇七）在其著作《歷代名畫記．敘畫之源流》第一卷中說：「頡有四目，仰觀垂象。因儷鳥龜之跡，遂定書字之形。造化不能藏其秘，故天雨粟；靈怪不能遁其形，故鬼夜哭。是時也，書畫同體而未分，象制肇創而猶略，無以傳其意，故有書；無以見其形，故有畫。」意即倉頡有雙瞳四目，他經常抬頭觀察上天示現的跡象，並根據龜殼上的紋路來確定文字的形狀。文字的誕生使得天地造化的奧秘被揭露，竟然下粟如雨；鬼怪精靈也不能隱遁它們的形跡，所以晚上會聽到鬼怪的哭嚎。但這個時候，書法和繪畫還是一個整體，沒有區隔開來，象形文字剛創造出來時還很簡略，沒辦法精確表達意涵，於是就產生書法；沒辦法完整展現形體，於是就產生繪畫。神話和經典同樣在說明「書畫同源」，最早源出於神聖符號，譬如《易經．繫辭上》說：「河出《圖》，洛出《書》，聖人則之。」意即有龍馬從黃河出現，背負著《圖》，有神龜從洛水出現，背負著《書》，聖人據此開創出中華文化。《竹書紀年》則說：「《龍圖》出河，《龜書》出洛，赤文篆字，以授軒轅，接萬神於明庭，今塞門谷口是也。」意思是說，《龍圖》從黃河中出現，《龜書》從洛水中出現，都是由沾著紅色墨汁的篆書來書寫，有人把《龍圖》和《龜書》交給軒轅黃帝，黃帝於是迎接萬神至明庭，明庭就是今天的塞門谷口（現在陝西省禮泉縣）。使用紅色不只象徵著喜慶，更有著正式公告的用意，這種文化集體潛意識長期在影響著華人，大陸政府部門現在常公布的「紅頭文件」就源自這種思維。孔子同樣運用河圖洛書的典故，來表達自己沒機會看到文化復興的遺憾心情，《論語・子罕》第九記載他說：「鳳鳥不至，河不出《圖》，吾已矣夫。」意即孔子歎息道：「沒有鳳凰飛過來，更沒有龍馬背負著《河圖》從河中出現，我已經沒希望了。」儘管《河圖》與《洛書》不是一般的書與畫，具有祥瑞的象徵，但這種帶有繪畫與書法早期特徵的神聖符號在華人心中具有無比重要的文化意義。有人或覺得只有性格軟弱的人纔會從事於書法和繪畫，然而這是極大的誤解，張彥遠就在《歷代名畫記・唐朝上》第九卷中說：「是知書畫之藝，皆須意氣而成，亦非懦夫所能作也。」意即書法和繪畫都需要堅強的意志和雄偉的氣魄纔能成就，膽怯拘謹的人絕對沒辦法在繪畫和書法展開創作，這同樣是華人對待繪畫與書法背後的文化心理。

古人把繪畫技藝應該用在製作各種工藝品上，創意無所不在，譬如把顏料塗在布匹上創作出帛畫，把漆塗在器物上創作出漆畫，用金屬與寶石來裝飾器物；就產生鑲嵌畫，在墻壁上繪畫，就產生壁畫。現在能看到的工藝畫，大都是戰國時期後的作品。夏商時期中國繪畫的發展程度，因文獻所限很難仔細考證，但建築跟繪畫有著密切的關係，夏桀和商紂都擁有華麗的宮殿，裡面應該有大量的繪畫作品。再者，在商朝的多處墓葬中發現有殘存的彩繪布帛，而出土帶有漆畫圖案的木質品更相當大量，這種漆畫在南方的盤龍城遺址（位於湖北省武漢市黃陂區）和北方的槁城臺西遺址（位於河北省石家莊市槁城區）都有發現，可見用漆料繪製器物在商朝已很常見（楊新、班宗華、聶崇正、高居翰、郎紹君、巫鴻，一九九九：頁一九）。周朝時期的繪畫藝術更是獲得大幅發展，《孔子家語》卷第三記說：「孔子觀乎明堂，覩四門墉有堯舜之容桀紂之象，而各有善惡之狀、興廢之誡焉；又有周公相成王，抱之負斧扆南面以朝諸侯之圖焉。」意思是說：孔子參觀周朝天子宣明政教的明堂，看到四周牆壁上描繪著聖王堯與舜暨暴君夏桀與商紂的畫像，各有善惡不同的外形，並看見國家興亡的誡言；還繪有周公輔佐周成王，懷抱幼主背對屏風，面朝南接受諸侯朝見的畫像，由於出土文獻的佐證（包括西元一九七三年河北省定州市八角廊出土漢墓竹簡中有《儒家者言》在內），現在對於《孔子家語》的評價已經不比往年視其屬於僞作，這些有關孔子的紀錄具有相當的參考價值，尤其孔子看見周朝明堂上的繪畫風格，更反映出周朝通過教化展現濃郁的人文精神。

西元一九七八年在湖北省隨縣擂鼓墩發掘出楚國曾侯乙墓，隨著曾侯乙墓還發掘出鴛鴦形的黑漆木盒，上繪《樂舞圖》。木盒是用黑漆打底，再用「紅，金，黃，灰，綠」這些顏色繪畫，可見這一時期的繪畫顏色使用已具有多樣性。盒的左側畫的是《敲鐘擊磬圖》，能看見編鐘與編磬的形制，而編鐘是雅樂的主要樂器。盒的右側畫的是《擊鼓起舞圖》，能看見當時的樂舞，如兵舞、干舞、戈舞與劍舞（方祖燊，二〇一八：頁一七—一八）。西元一九八七年在湖北省荊門市包山二號楚墓出土的彩色漆盒，上繪有各種人物造型，還有車輛、動物與植物，並由五棵樹將展開後長八十七點四釐米、高五點二釐米的畫面空間區隔成五部，像是在呈現連續的故事。由空間和時間的概念來觀察，這可視作後來捲軸畫的雛型（徐改，一九九六：頁一五）。在春秋戰國禮崩樂壞的環境中，思想的全面解放，不只導致不僅思想家輩出，技藝高超的畫家更開始大量出現。東漢劉向（西元前七七－西元前六）創作的《說苑》就記說：「齊王起九重之臺，募國中能畫者賜之錢。有敬君居常飢寒，其妻妙色，敬君工畫臺，貪賜畫臺，去家日久，思憶其妻像，向之而笑。傍人見以白王。王召問之，對曰：『有妻如此，去家日久，心常念之，竊畫其像，以慰離心，不悟上聞。』王即設酒，與敬君相樂。謂敬君曰：『國中獻女無好者，以錢百萬謂妻，可乎？不者，殺汝。』敬君憧惶聽許。」（《說苑．佚文》）這段內容大致的意思是說，齊王建起一座九層樓高的臺閣，在國內招募擅長繪畫的人將其畫出並賞賜重金。有位名喚敬君的畫家，家裡飢寒交困，但妻子頗有姿色。敬君很擅長繪畫臺閣，他貪戀賞錢，於是應召作畫，工作期間卻因爲離家太久想念妻子，於是就偷畫妻子的畫像來慰藉離別思念的情感，看著畫像而笑。旁邊有人看到後就報告給齊王，於是齊王就設下酒宴招待敬君，想用百萬重金來換他的妻子，不然就要殺掉他。敬君很害怕只得同意此事。

《韓非子．外儲說左上》中說：「客有爲周君畫莢者，三年而成，君觀之，與髹莢者同狀，周君大怒，畫莢者曰：『築十版之牆，鑿八尺之牖，而以日始出時加之其上而觀。』周君爲之，望見其狀盡成龍蛇禽獸車馬，萬物之狀備具，周君大悅。此莢之功非不微難也，然其用與素髹筴同。」有個替周君畫竹簡的門客，用三年時間纔完工。周君查看後卻發現和漆過的竹簡沒什麼不同，因此非常生氣。這個門客卻建議周君築一堵十版高的牆，在牆上鑿一個八尺大的窗戶，等到太陽出來時，把竹簡拿到窗戶上去看。周君照做，看到竹簡上龍蛇禽獸車馬等繪畫內容應有盡有，大爲驚喜。儘管畫這個竹簡需要非常高妙和繁難的技藝，但竹簡本身的用途卻絲毫不受影響，和單純只是漆過的竹簡一樣。從這些典故中可知，當時已有技藝相當高超的畫家，能創作出讓人深感震撼的畫作。並且春秋戰國時期已產生畫論，《韓非子．外儲說左上》記說：「客有爲齊王畫者，齊王問曰：『畫孰最難者？』曰：『犬馬最難。』『孰最易者？』曰：『鬼魅最易。夫犬馬、人所知也，旦暮罄於前，不可類之，故難。鬼魅、無形者，不罄於前，故易之也。』」這段話的大意是說，齊王問一位替他繪畫的門客，什麼東西最難畫，什麼東西最容易畫，門客回答說犬馬這類的動物最難畫，鬼怪則最容易畫，因爲犬馬大家都認得，一點畫錯就會被人指出問題，想要畫得像就不大容易，而鬼怪虛無縹緲且眞假難辨，繪畫者有很大的發揮空間，因此容易畫。這已經開始針對繪畫的內容與技術做出討論。前面兩個典故都出自齊國應該不是孤證，此因齊國實施商品經濟，其國家財富能支撐有人專門從事繪畫工作。

齊文化與楚文化都深受商文化的影響，有著濃郁的鬼神信仰，這種特點常反映在繪畫，楚文化尤其明顯有此傾向。東漢文學家王逸（生卒年不詳）在他的著作《楚辭章句》卷三中解釋屈原（西元前三四三－西元前二七八）〈天問〉一詩的創作背景時說：「見楚有先王之廟及公卿祠堂，圖畫天地山川，神靈琦瑋譎詭及古賢聖怪物行事，周流罷倦，休息其下，仰見圖畫，因書其壁，何而問之，以渫憤懣，舒瀉愁思。」意即屈原在流放途中來到楚國先王的宗廟及公卿的祠堂，看到墻壁上畫著各種自然事物、神話傳說和古聖賢的事跡，四下遊覽後感到身體疲憊，就在壁畫下休息，抬頭正看到那些繪畫，於是就在牆壁上書寫文字，作成〈天問〉，抒發憤恨憂愁的心情。民國三十八年（一九四九）出土於湖南省長沙市郊外陳家大山戰國楚墓的《人物龍鳳》帛畫，還有西元一九七三年於湖南省長沙市子彈庫一號墓出土《人物馭龍》帛畫，這兩幅帛畫都是戰國中晚期的精品，係目前爲止中國最早的人物畫（新石器時期的岩畫姑且不計）。《人物龍鳳》帛畫上繪有一位婦人，袖子與裙襬寬闊，身材修長挺拔，頭頂上有一隻尾羽捲曲、頭部上揚且正在飛舞的鳳鳥，左側還有一條蜿蜒向上飛升的龍。婦女雙手好像在祈禱，有人說這是一幅招魂幡，還有說法表示這是祈求龍鳳引魂升天的銘旌。《人物馭龍》帛畫則繪有一位男性，其身材修長，手持轠繩駕馭一條昂首翹尾的巨龍往天上飛，上方還有一黑色傘蓋，龍尾處有一隻仙鶴，龍身下有一條鯉魚，整幅畫反映出戰國時期盛行的神仙思想（方祖燊，二〇一八：頁二二二—二二三）。這兩幅畫的內容和手法都極爲相似，聯繫楚國崇信巫術的習俗，圖中的人物大概是墓主或巫祝的形象。大體用墨線勾描且平塗設色的畫法，繪畫線條流暢，人物形象比例恰當，龍鳳這類動物形象尤爲生動。可見早在戰國時期，就有在平面材質上創造形象，且在作品中傳達某種意念的獨立繪畫，已開始形成墨線造型，追求線的表現美學的中華繪畫基本特色（徐改，一九九六：頁一六—一七）。如果心理諮詢師能引領當事人從觀看繪畫來認識繪畫背後的理念與知識，彼此在諮詢過程中能藉由認識中華繪畫來探索自身的文化集體潛意識，這對於療癒身心極其有益，光是探討《人物龍鳳》與《人物馭龍》這兩幅最早帛畫，藉此輕微震撼人平常自認的理性，使得顯意識鬆開來，讓潛意識能流入，這就具有繪畫治療的意義，敝人曾在諮詢過程中請某位正有感情困擾的女士觀看《人物龍鳳》帛畫，並請她在心中冥想二十分鐘，再接著將腦海中的意念繪畫出來，她看見自己在湖畔虔誠祈禱，然後湖中浮現一名紳士到她面前，兩人熱情的翩翩起舞，最後幻化成龍與鳳消失在白雲中。她當時正在困擾於自己是否該投入某段充滿未知的感情，畫完圖後敝人詢問她有什麼感想，她表示這段冥想讓她覺得應該更虔誠面對自己的本心，讓生命本身來給出答案。後來她果眞大膽投入到感情中並結婚生子，敝人並沒有給她任何看法，而是帛畫開啓她的自性，讓她做出生命的決斷。

第七章

從兩漢到魏晉：儒道兩家思想的交替發展

第一節 西漢早期的黃老思想

老子思想有著從「無爲而無以爲」到「無爲而無不爲」的發展脈絡。前者爲莊老思想奉行的宗旨，後者是黃老思想奉行的宗旨。「無爲而無以爲」是專門從「道」的層面要人懷著無爲的心順應著自然，沒有刻意要做什麼或不做什麼，譬如面對生老病死我們要保有平常的心態，承認這是不可抗拒的自然規律，更要安於當下去做有意義的事情。老子教人觀察每個事情始終都有最自然的狀態，把握住該狀態就會獲得圓滿的結果，至於結果是什麼，則未到終點前始終不可知，這就發展出楚學的混沌觀。而「無爲而無不爲」比較複雜，其有著「道」的層面，意即順應宇宙客觀規律來發展成社會客觀規律，按著該規律來行事則無事不圓滿，這就發展出齊學的眞理觀；但其更有「術」的層面，譬如暗中觀察事情的發展，絕不輕易出手，但當事情發展到某個關鍵點時立刻抓住機會行事，就會取得事半功倍的效果；或者這個人表面看起來沒做任何事，私底下其實已經讓事情在無聲無息的狀態裡就獲得妥善完成，這樣就不因顯露行徑而帶來不需要的麻煩。黃老思想作爲老子思想的一種歧出的發展，應該跟戰國時期各國交相爭鬥有關，老子思想流傳到齊國，正值政權由姜齊變成田齊，田齊政權遙尊黃帝來鞏固其政權合法性，經稷下學者思考如何與現實政治相結合就形成黃老思想。漢初的統治者在施政時處處拿秦朝的滅亡作爲自己歷史教訓，因此拒絕純法家如商申韓這些諸子思想，採用黃老思想作爲治國的最高理念。黃老思想提倡「無爲而治」，但該「無爲」並不是毫無作爲的意思，而是政府不要去過度干預百姓，減輕賦稅和傜役，使百姓能休養生息，逐漸從戰爭創痛中恢復過來。西漢政府通過這種治國政策，從漢高祖、漢惠帝發展到漢文帝、漢景帝時期，使得社會安定、百姓安和樂利，國庫逐漸充裕，因此這段時期被稱作「文景之治」。

再回來看黃老思想，不能把這種學說簡單等同於黃帝與老子的學說，即使使用「道家」這一後世概念來指稱黃老思想，都不能不知道這種思想具有融合諸子百家思想的特徵，深具有稷下齊學的兼容並蓄風格。漢朝開國丞相蕭何在實施治國政策時就深刻體現出黃老思想：例如將軍隊官兵復員成平民，更讓流民回到自己的故鄉，賜予或恢復原有的土地和爵位；減免諸侯子弟相當年限內的賦稅和傜役；百姓中因飢餓自賣爲奴隸者，則恢復成平民。秦朝的田租稅最高可達十取五，漢朝剛建立時延續這一制度，高祖後來大幅降低爲「十五稅一」（十五取一），希望藉此能恢復農業經濟，《漢書・食貨志》卷四記載：「漢興，按秦之敝，諸侯記起，民失作業，而大饑饉，凡米石五千，人相食，死者過半。高祖以是約法省禁輕田租，十五而稅一。」呂后（呂雉，?—西元前一八〇）專權時期，丞相曹參（?—西元前一九〇）還是沿用蕭何的治國政策，雖然他政績不如蕭何，但社會依然保持著穩定發展。其實曹參早在擔任齊國丞相時，就已採用黃老學說作爲治國理念了，據《史記・曹相國世家》卷五十四記載：「參之相齊，齊七十城。天下初定，悼惠王富於春秋，參盡召長老諸生，問所以安集百姓，如齊故俗諸儒以百數，言人人殊，參未知所定。聞膠西有蓋公，善治黃老言，使人厚幣請之。既見蓋公，蓋公為言治道貴清靜而民自定，推此類具言之。參於是避正堂，舍蓋公焉。其治要用黃老術，故相齊九年，齊國安集，大稱賢相。」意思是說：曹參擔任齊國七十城的丞相，由於天下剛恢復安寧，曹參召集年長的讀書人請教讓百姓恢復安和樂利的辦法，由於齊國過去尚在的儒者百數計，每個人的看法都不一樣，曹參覺得很難採納任何一種意見，聽說膠西有位精通黃老思想的蓋公，就派人厚幣邀請他過來請教治國的辦法，蓋公告知治國的道理莫過於崇尚清靜而人民自己會懂得如何活出想活出的生活，曹參冀圖便利於常向蓋公請教，甚至搬出自己的辦公大廳來讓蓋公居住，他當齊國丞相的九年裡，使用黃老的治國理念，齊國社會安和樂利，世人都稱讚他是個賢相。由此可知，黃老思想源自於齊學，更是曹參後來擔任漢朝丞相治理整個王朝的經驗來源。

到漢文帝時期，文帝政府進而減輕賦稅與徭役，放鬆法律與各類禁令。《漢書・刑法志》卷二十三中記載漢文帝即位後：「刑罰大省，至於斷獄四百，有刑錯之風。」意即文帝時期刑罰大幅減輕，甚至全年只有四百個罪犯，形成有刑法卻無須實施的情況。到漢景帝二年（西元前一五七），景帝再減輕賦稅，《漢書・食貨志》卷四記載：「孝景二年，令民半出田租，三十而稅一也。」三十取一實屬極輕的稅制，景帝並開放禁地給百姓耕種，頒布賑濟無生活保障群體的法令，並開展一系列減輕刑罰的措施，其中有些政策的實施已經非常接近《周禮》中的相關內容。文帝的妻子竇漪（？—西元前一三五）後世稱作竇太后，她極度推崇黃老思想，一直到漢武帝時期，竇太后都置身於漢朝的權柄中樞位置，控制朝政長達四十餘年。《漢書・外戚傳上》卷六十七記載：「竇太后好黃帝老子言，景帝及諸竇不得不讀《老子》，尊其術。」意思是說：竇太后喜好黃老思想，這讓景帝與竇氏家族的成員都不得不讀《老子》，使用黃老思想的治術。由此可知黃老學說在漢初統治階層的確屬於主流思潮。用黃老思想治國，在漢初確實獲得卓越的成效，《史記・平準書》卷三十記載：「今上即位數歲，漢興七十餘年之間，國家無事，非遇水旱之災，民則人給家足，都鄙廩庾皆滿，而府庫餘貨財，京師之錢累巨萬，貫朽而不可校。太倉之粟陳陳相因，充溢露積於外，至腐敗不可食。」意即是說：到漢武帝剛即位數年的時候，漢朝已經建立七十餘年了（其實如果仔細計算，漢高祖六年，漢惠帝六年，漢文帝二十二年，漢景帝十六年，合計從漢朝創立到漢武帝即位只有五十年餘），此時國家沒有大事，除非遇到天災，否則百姓人人都生活富足，天下的糧倉與國庫都極其充裕，甚至穿錢的繩子都腐爛掉，有些糧食都外溢出來腐敗不能食用。黃老思想給漢初帶來的成果顯而易見，但這種寬鬆的政策同時帶來問題，譬如無法根除塞外匈奴的威脅和境內諸國的膨脹，到武帝時期，隨著竇太后的去世，年輕氣盛的漢武帝終於放手實施改革，他將經董仲舒（西元前一七九—西元前一〇四）改造的儒學公布為政治指導思想，藉此加強中央集權，黃老思想纔完成其歷史使命。後來漢武帝能遠征匈奴，進而開拓西域，正得益於其祖上積蓄的雄厚國家能量。

漢朝初年，君主和丞相是共同治理國家，到漢武帝即位前，絕大多數的丞相都是由功臣或列侯出任，這使得漢朝初年並不屬於君權獨大，而是君相共治的狀態，而且天子往往會召集大臣共同來商討軍國大事，不讓丞相一個人來做決策，這種共同商量的機制稱爲「廷議」，但廷議的結果往往是按照誰意見的賢能來作爲依據，而不是多數決，意見的賢能與否則是由天子來做準則，這跟現在議會民主有很大不同，但我們不需要輕易就說這種決策型態是「獨裁」，現在全球各大企業或公司的董事長制其實正就是如此，其背後雖然有董事會，但董事長纔是最重要的決策者，只要能賺錢，董事都支持董事長，而股東如同百姓，其利益與幸福始終是董事長（或皇帝）需要念茲在茲的課題，這其實就是種民本思想。到漢武帝即位後，他重用身邊的臣子形成「內朝」，架空丞相爲首的外朝政治機關，君權的確趨向於乾綱獨斷的決策。但高度集中的權柄有助於漢武帝積極開展對外軍事實踐，在他統治期間，漢朝扭轉自建國來征討匈奴總歸於失敗的局面，收復大量失土，並開拓河西走廊，使得通往西域的「絲綢之路」獲得創闢的空間。漢武帝常喜歡用轟轟烈烈的政治實踐來使得中央和地方形成有效的聯繫和動員，通過這種工作型態來加強中央集權並緩解內部矛盾，但這不是究竟的辦法，轟轟烈烈的政治實踐總會平息，未解決的問題最終還會暴露出來，這就包括他晚年時無法解決王位繼承問題（巫蠱之禍），致使自漢昭帝

（劉弗陵，西元前九四—西元前七四）後，政治權柄的掌控機制逐漸轉移到外戚手中，發展出不只君權外落，更產生相權不振的現象，最終導致外戚王莽（西元前四五—二三）篡位並讓西漢王朝滅亡。

第二節　董仲舒開啓儒學思潮

從文化史的角度來反思漢武帝復興儒學，重點並不是探索這件事情的細節，而是要從中瞭解漢武帝「獨尊儒術」背後的心理背景。前面引《漢書．武帝紀贊》說：「孝武初立，卓然罷黜百家，表章六經。」可見漢武帝其實並沒有說「獨尊儒術」這四個字，他的重點在「表章六經」，而「六經」的確是儒家思想最重視的思想泉源，但其實只有「五經」而不是「六經」，此因建元五年（西元前一三六）漢武帝針對《易經》和《儀禮》增設博士，與漢文帝與漢景帝時已經設立的《書經》、《詩經》與《春秋》的博士，合稱「五經博士」。如果我們說漢武帝的思想跟儒家思想確有相合，這就要說該時期的儒家思想究竟有什麼內容呢？其實該時期的儒家思想已經在綜合先秦諸子思想，不再只是本來先秦儒家思想了，因此其包容性自然比黃老思想更廣。譬如董仲舒特別提倡「天人感應」的思想，這就受到陰陽五行學說的影響，其主旨在指出如果皇帝行爲端正，盡職盡責，那麼天都會有祥瑞的徵兆；反過來說，如果天有不祥的徵兆，這表示皇帝有某些行徑要去反省。這種思想按住漢武帝的要害，他既討厭這樣的思想，又深深被這種思想影響，形成自己心理上巨大的壓迫感。因漢武帝迷信鬼神，而董仲舒這種帶有鬼神意識的思想恰好能套住漢武帝的心理，就像是給孫悟空戴上緊箍咒一樣。漢武帝後來沒重用董仲舒，恰恰來自他本人深受董仲舒思想的影響，他想掙脫其框架而不能，則冷落其人實屬正常，但董仲舒的思想對於兩漢儒學著重於讖緯帶來重大影響，「讖」就是應驗的預言；「緯」就是經典的解釋，兩者搭配就使得儒家經典變成對後世的預言。儒家思想有個重要的特徵是重視情感，其有情宇宙觀使得「天，人，物，我」都會從感應道交的角度來認識，這與漢武帝的性格有高度的對應。再加上儒家思想的確帶有強烈的理想色彩，尤其對人世間有著積極的參與態度，總想要改變現實與現狀，這對漢武帝如此具有不羈性格的人來說，完全對著其胃口。他喜歡變革，討厭一成不變的因循，他總帶著浪漫色彩面對著現實，這使得儒家思想提供給其性格有個思想支撐。

漢武帝採納董仲舒的建議，罷黜百家，設置五經博士，博士官全部是由儒家學者來擔任（的確同樣只有儒家思想能跟這些博士講授的內容高度對應）。然後他更採納丞相公孫弘的建議，設置「博士弟子員」，意即這是博士所教授的學生，五經博士制度剛建立的時候，其博士弟子員只有五十人，到東漢末年擴張到三萬人，相去不到三百年的時間，博士弟子員增加六百倍。這種驚人的發展，可讓我們發現這該制度已對社會產生重大影響。博士弟子員最快一年就可畢業，如果能通過考核，考試列甲等的人當皇帝的侍衛郎官，乙等以下的人到各郡縣政府擔任行政官員，讓儒學於是成爲士人做官唯一的路徑。先秦時期同樣各國政府都有興辦教育，但該種教育是貴族子弟專有，平民學者雖開創出一種自由教育，但那是私人所設，而五經博士的弟子則是由郡縣政府選送十八歲以上的優秀青年，不限資格都可進來學習。這件事情的意義非常重大：「官」跟「吏」本來是兩種不同的角色，吏在今天其實就是事務官，負責日常行政庶務的運作。這樣的行政工作人員在西周時期，無論是在周朝本身還是各諸侯國，全都是由貴族子弟擔任（包括下層貴族的士），可是到漢武帝開始，從平民中薦送大量的優秀青年進入中央學習，經過培訓再回到各郡縣去做吏，如果做得優秀，還可再回到中央來，這讓社會階層產生高度的流動，更使得中國開始變成儒學主導的政治。

大陸社會已從文化大革命時期「破四舊」的環境中跨出來，經由反思，人民普遍意識到我們不能再持續接受西洋文化的異化而毫無自覺，這些年來政府開始提倡復興傳統文化，其獲得的成果正在大幅洗滌文革帶來的負面影響，這本來不是普通農民會在意的議題，卻是人「富而好禮」過程中不可或缺的環節，從中我們可看出大陸社會的體制正在經歷質變，意即其再度進入到傳統中國的格局裡來發展。這其實跟漢朝本來由平民建立，經過長期的休養生息，最後有漢武帝時期的發展歷程，背後有著異曲同工的意義，到漢武帝時期，平民學者參與政治，例如公孫弘，他是西漢建立後第一位丞相封侯的人，意謂著漢朝開始由軍人政府轉變成士人政府。董仲舒就是替兩漢儒學發展奠基的引路人，他對解釋《春秋》的其中一大核心經典《公羊傳》有特別細緻的研究，通常研究《公羊傳》的人，都是對政治制度改革有濃厚興趣的人。董仲舒一生對中國歷史最大的影響，就是他獻給漢武帝的三篇策論，被稱作〈賢良對策〉或〈天人三策〉，這是他的思想總綱，裡面建議漢武帝著重德性，積極開展文化教育，希望能以儒家思想作爲治理天下的核心思想，改變自秦始皇以來用法家來治理天下的局面。董仲舒的這些觀點大部內容都被漢武帝接受並實踐，可是卻沒有任用他到中央做官，而被派任江都相，做易王（劉非，西元前一六八－西元前一二八）的國相。董仲舒在江都相任內喜歡研究《春秋》裡談到的災異，意即人與天可交感互應，人如果德性敗壞，天會降下自然災害來懲罰人。他還寫《春秋繁露》，這部書幾乎是把先秦諸子思想全部融合起來，變成一種新時期的儒家，既顯示董仲舒旨在經由思想領域完成自己心中的「大一統」，更反映出西漢儒學的整體面貌。

《春秋繁露．天地陰陽》說：「天地之間，有陰陽之氣，常漸人者，若水常漸魚也。所以異於水者，可見與不可見耳，其澹澹也。」董仲舒覺得天地間存在著「陰」與「陽」這兩種氣，瀰漫在人的四周，就像水瀰漫在魚的四周一樣，不同的狀態只是水看得見，而氣看不見而已。董仲舒覺得這種天地間的氣本來合而爲一，分出陰陽兩氣，接著交替衍生出「春，夏，秋，冬」四時，最後就變成「金，木，水，火，土」五行，《春秋繁露．五行相生》指出：「天地之氣，合而爲一，分爲陰陽，判爲四時，列爲五行。行者行也，其行不同，故謂之五行。五行者，五官也，比相生而間相勝也。故爲治，逆之則亂，順之則治。」「行」就是指五種運作型態，五種型態各有不同就稱作「五行」，這是五種屬性，其中木生火、火生土、土生金、金生水、水生木，這是「比相生」；木勝土，土勝水，水勝火，火勝金，金勝木，這是「間相勝」。按照董仲舒的說法，陰陽五行學說來自於宇宙秩序，但同時是社會秩序的思想根據，按著該秩序發展，就會讓社會獲得大治，不遵循則會帶來混亂，甚至影響王朝興衰，這就是「五德終始說」。

「五德終始說」最早出自先秦時期的鄒衍（約西元前三〇五—約西元前二四〇），《史記．秦始皇本紀》中有這樣的記載：「始皇推終始五德之傳，以爲周得火德，秦代周德，從所不勝。方今水德之始，改年始，朝賀皆自十月朔。衣服旄旌節旗皆上黑。」意即秦朝取替周朝是水克火，周是火德，秦朝就屬水德，由於水克火，因此服色與旗幟都尚黑。但漢高祖時期張蒼覺得秦國祚太短且暴虐無道，不屬於正統，應該由漢朝接替周朝的火德，漢朝的正朔應該還是水德。但後來漢武帝覺得前一個秦朝係正朔，再改漢朝的正朔爲土德。冀圖避免王室長期世襲造成的專制弄權甚至腐敗無能的弊端，由董仲舒融合鄒衍的「五德終始說」與自創的「三統循環論」發展出來的觀點持續在兩漢流行開來，這是種表面不明說但實質在倡導的「王位禪讓觀」，錢穆先生則稱作「王位禪讓論」（錢穆，二〇一一：頁一〇二—一〇三），意即只要皇帝的德性無法勝任大位，最終就要「改正朔，易服色」，由新統治者來承擔天命。漢武帝後，西漢時期的皇帝持續受到這種學說的心理威脅，譬如漢昭帝時期有儒生睦弘（生卒年不詳）因勸皇帝讓位被殺；漢宣帝（劉詢，西元前九一－西元前四八）時期有大臣蓋寬饒（西元前一〇五－西元前六〇）就因主張「不得其人則不居其位」自刎而死，然而禪讓觀持續在流行，成為後來王莽篡漢的理論依據，但王莽因推行新政不利，於地皇四年（二三）死於更始軍等反莽能量攻陷長安的戰爭中，其政權只維持十六年就滅亡了。後來劉秀（西元前五－五七）於建武元年（二五）稱帝，建立東漢政權，開創「光武中興」，王莽建立新朝時改漢朝為火德，光武帝所接受，可見對於漢朝作為正朔的屬性（德性）長期並未有任何論斷。

對董仲舒而言，五德會輪替，但三綱不變，《春秋繁露．基義》說：「陰者，陽之合，妻者，夫之合，子者，父之合，臣者，君之合。物莫無合，而合各相陰陽。陽兼于陰，陰兼于陽，夫兼于妻，妻兼于夫，父兼于子，子兼于父，君兼於臣，臣兼於君，君臣、父子、夫婦之義，皆取諸陰陽之道。」在人倫層面，「君，父，夫」都不能單獨存在，而要有「臣，子，妻」的配合，就像陰氣會配合陽氣一樣，但又會兼容彼此，君主與臣子相互兼容，父親與孩子相互兼容，丈夫與妻子相互兼容，董仲舒還接著表示：「王道之三綱，可求於天。」這就是王道中的「三綱」，意即大家耳熟能詳的「君為臣綱，父為子綱，夫為妻綱」，「綱」就是網的大繩，所有的細繩都連在大繩上，君為臣綱就是君主是臣子的主軸；父為子綱就是父親是兒子的主軸；夫為妻綱就是丈夫是妻子的主軸。三綱外，還有「五常」，「常」有不變的意思，五常是儒家所講的五種不變的德性：「仁，義，禮，智，信」。敝人覺得董仲舒這種思想，要從黃老思想如何發展成西漢儒學的時空背景來理解，當我們現在當前時空背景中，如果遇到有人依然深信這種思想而受其苦，譬如老闆要求員工做的事情違背自己的做人原則；或父親期待孩子做的職業跟自己志趣並不相合；或丈夫希望太太在家照顧孩子讓自己深受壓抑，其實諮詢師可跟當事人談董仲舒的觀點有其特殊形成原因，跟先秦儒家思想並不一樣，當事人不見得眞要將「三綱」當作綱領奉行不悖。

第三節　大一統的文化心理

商朝的王位屬於「兄終弟及」，理論上一家兄弟都有做王的資格；周朝的王是「父死子繼」，尤其是嫡長子繼承的制度，家族裡只有一人成爲王統，該王統成爲整個中央系統，其餘諸人都會被封成貴族，貴族能成爲貴族，則來自於王者的封予，這漸漸就變成「王統觀念超過家屬觀念」（錢穆，二〇一一：頁九七），並構成華人社會長期有著「大一統」的思維，這一概念最早的文獻可見於《公羊傳・隱公元年》：「何言乎王正月，大一統也。」唐朝顏師古（五八一—六四五）對此解釋說：「一統者，萬物之統皆歸於一也。」其「一統」的本義是指整個社會歸依於某個具有抽象性的本體，稱作「一」，前面已經指出《孟子．梁惠王上》對於「一」的解釋，但對於統治者而言，其心中的「大一統」更意謂著整個天下共構成中央集權的政治系統，《中庸》第二十八章就紀錄從君主角度展開對「大一統」思考：「非天子，不議禮，不制度，不考文。今天下，車同軌，書同文，行同倫。」戰國時期的交相兼併，其癥結就在周王室衰落後，各諸侯國都有志於從自己的角度來完成新的「大一統」，直至秦始皇統一六國爲止，他設立郡縣，全國實施統一的制度，包括統一文字，統一貨幣，統一車軌，更統一度量衡，這就是他在完成的「大一統」。漢景帝在位時爆發的七國之亂（西元前一五四），其實就是漢景帝想完成自己心中的「大一統」，而面臨諸王的抵制。漢武帝後，皇帝的宗親或子弟會封王或封侯，可是這些王跟侯根本不能參與實際政治，他們只享有俸祿，使得王跟侯變成只是爵位，帶有社會地位的象徵，其王室或侯室只是個家庭，不能擁有自己的武裝，更沒有實際的職權與影響（錢穆，二〇一一：頁九七），任何職權與影響都是通過郡縣來落實，尤其由博士弟子員到各個郡縣去負責管理，這是中國政治管理的徹底變化，漢武帝完成秦始皇未竟的大業，這同樣是漢武帝本人在完成的「大一統」。

秦漢時期開始的郡縣制度一直影響到今天，譬如現在大陸社會的「市」實際上就是秦漢時期的「郡」或明清時期的「州」。郡縣制度沒有能與西洋諸國對應的概念，其既不是城邦國家（如古希臘），更不是征服型帝國（如羅馬帝國或大英帝國），更不是聯邦國家（如後來的蘇維埃社會主義共和國聯盟或現在的美利堅合眾國），其是根植於中國自身的歷史，由中央和郡縣融合成一體的中央集權政體，在秦統一後就變成世界性意義的大國。中國在兩千年前就完成這樣這種大規模的整合，這種大一統的狀態帶給華人的心理深遠的影響，對於型塑華人的文化心理具有相當重要的意義。兩千年來，中國政治一直採取這種科層體制（bureaucracy）在運作，政府常要通過大量的文書往來讓人意識到政府的存在。文書就是各種政令的宣告，公務員就在政府機構裡參與文書的收發、撰寫、謄錄與寄出，在這過程裡就形成每個人與這套政令宣導系統間的關係。這是華人社會獨創且特有的關係，即使當前臺灣社會只侷限於一隅，其政府體制還是這種結構，生活在其間的個人，很難沒有生命意義的問題，如果有人擔任政府公務員，覺得政府的政令宣導跟自己真實的生命沒有什麼連結，但自己又不得不做這個工作（不辦事就會被懲戒），還是要把這個工作做到位，這時候心態能否調適得當，就成爲當事人不得不關注的議題。而且，長期工作中，有些當事人可能會發現：面對體制中交辦的政策，有時候跟實務環境出現落差，導致人不禁感覺到自己消極不做事，可能會比積極做壞事來得更不會造孽，這時候該怎麼辦呢？如果沒辦法做精確的調適，這時候諮詢師可請當事人反過來想，自己從這種政令的傳佈過程裡，是否使得自己的知識與視野都大開，開始變得比較精確與細緻的思考，纔會有此反思？在面對這些政令的宣導時，當事人可探問自己眞實的心理跟這些政令間有著如何的關係，如何不會壞事且不做壞事，其間就有文化心理的議題需要梳理。譬如當事人可自問，民眾常覺得公務員比較官僚，沒有眞正去幫他解決問題，常常會有種受挫感，那自己到底有沒有犯這個毛病呢？舉例來說，政府要徵收某塊某一片社區蓋大樓，結果一拖就是五年，政府部門什麼行動都沒有，導致某位民眾不知道究竟應該去翻修老家的房子，還是繼續等待接受政府的徵收，於是就形成心中的焦慮，這時候公務員如果承辦到這件投訴案，或者遇到民眾直接跟你洽公詢問此事，就應該自問自己到底有沒有幫民眾辦理實事，或如何纔能讓事情獲得實質解決，而不是只順應著公文系統照章辦事，免得出錯惹上麻煩。這些都是在大一統格局中每個人很常面臨的生命課題，尤其生活在臺灣社會的人，此刻正面臨著既反感於大一統卻時常活在大一統的矛盾心結中，譬如雖然大學號稱自主，實則連自身學費金額這類細節都要由教育部控管。

中華大一統傾向同樣體現在思想領域，使得思想家總會綜合前賢來發展自己的思想，先秦思想發展到漢朝時，雖說百家爭鳴，最後剩下的議題就是如何調和儒家與道家的差異。這在當時有三條路線：第一條路線是儒家爲主來調和各家思想，譬如成書在漢武帝前的《易傳》與《禮記》就反映這種特徵；第二條路線是道家爲主來調和各家思想，譬如漢武帝時期淮南王劉安（西元前一七九—西元前一二二）召集賓客所寫的《淮南子》；第三條路線敝人想特別做個闡釋，其面對各家思想展開調和與統一，具有代表性的作品首推被視作雜家的《呂氏春秋》，其由秦朝丞相呂不韋（西元前二九〇—西元前二三五）主編，呂不韋雖貴為秦國丞相，而且據說他纔是秦始皇嬴政的生父，可是他並不滿足於此，而是希望能建設一個空前的大帝國，構築出自己的指導思想，於是豢養大批的「食客」（先秦時期寄食在貴族或官員家中，替其宗主謀劃與落實的人），想要共同撰寫一本實業計畫，或可說是建國藍圖。呂不韋認為天下的學者何其眾多，每一個人的言論都非常犀利與巧妙，如果只是為追求辯論的勝利而不是為探求事實，那麼這在目前這個大一統的狀態中不應該被允許。由此可知，呂不韋是一個全方位的野心家，他不僅想要自己兒子當大一統的皇帝，他自己更想要當思想領域的皇帝。《呂氏春秋》的誕生確實意味著諸子百家的結束，這並不是說諸子百家終結於呂不韋，而是說諸子百家到戰國晚期，因交相對話與融合來到尾聲，而《呂氏春秋》的誕生正反映出這樣一個新潮流。這本書裡探討到的層面極廣，包括教育、禮制、修養、軍事與刑政，涉及到儒、道、法各家的思想，甚至還有探討如何種植的農家思想都在內，這是一部綜合性很高的書。不過，按照前面討論的脈絡，敝人覺得最終在思想領域完成大一統的人是董仲舒。

認識文化心理需要知道相應的背景知識，這些背景知識不見得直接與心理諮詢有關，但背景知識如果不知道，去討論到一些實務層面時就會有面臨缺失的環節，尤其通過這些背景知識串聯出來的心理現象，就會與心理諮詢有關。心理諮詢本來只適合於都市化的環境裡，都市化的環境最為西化，纔會有西洋人那種因為工商業社會的高度發展，導致的人與人、人與自然暨人與天的割裂產生的心理問題。這是當前最典型的現象。可是，西元二〇一〇年，三位英屬哥倫比亞大學的教授在《自然》與《行爲科學》發表的研究報告指出：自西元二〇〇三年到西元二〇〇七年間的心理學研究中，百分之九十六的樣本來自美國和其餘西方諸國，其人口只占全世界人口總數的百分之十二，這些來自西方（Western）、高教育水準（educated）、工業化（industrialized）、富裕（rich）與發達（developed）的樣本，和全世界其它地區的廣大人口相較，其心理傾向非常特殊，他們將其稱作「怪異」的樣本（陳復，二〇一九a：頁四）。心理諮詢本應該通過認識文化心理而拓寬其縱深，我們現在要發展的智慧諮詢，其實正就是在擴大心理諮詢的領域，讓不同類型的專業素養都可參與進來這個工作。這時心理諮詢師的諮詢類型背後所依據的觀念泉源就必然要擴大，纔能促使各種類型的諮詢對象都可被包容，而不見得只是精神病患。心理諮詢轉化至智慧諮詢的過程中，首先有種類型的諮詢對象可優先被吸納進來，就是原本可能會常去廟裡求神明保佑的這一群華人，他們要不就是生活在農村無助的婦女或老人，要不就是在都市化過程中深感適應不良的職場工作者，他們希望神明很具體且精確去回應他們的問題，因此會從事於燒香、求籤與許願。這樣的人群，如果讓他們覺得通過跟心理諮詢師的對話，能獲得更精確的引領，尤其通過知識的論證與生活的體證，比去廟裡燒香、求籤或許願更能對應他們的文化心理，如果能做到這個程度，那就是我們發展華人本土心理諮詢的用意。要做到這一點，心理諮詢師其實需要有思想家的素質，更要有比較寬闊的視野和深厚的內涵。

第四節　道教與玄學的興發

漢朝選拔人材採用的是察舉制度，就是由地方官在轄區內經考察後推薦人報給上級，通過各層考核後再任命的一種選官制度。然而，常有先秦的舊貴族或富有的新地主，因在各地擁有龐大的產業被稱爲「豪族」，其中有政治能量的豪族就稱作「門閥」。西漢中期後，常見豪族子弟接受儒學教育，通過察舉制度來做官，於是這種具有文化素養的豪族就稱作「士族」。由於儒學講究家學淵源，使得選舉難免有營私舞弊的現象，當仕宦家族互相提攜成爲特殊階層，察舉制度就逐漸趨於瓦解，有些士人不見得是士族，其地位與聲望都遠較士族低，更很難有機會顯達，這種士人被稱作「寒門」（傅樂成，一九八二：頁三〇九）。到東漢末期，逐漸出現累世做官的家族，這就是「世族」。不同階層的世族間不能通婚，同一階層的世族互相通婚就變成所謂的「門第」。士族有點像歐洲的貴族，但不同於歐洲有些國家的貴族，直到現在都依然存在，且對政治發生巨大影響，譬如英國直到現在都有著上議院（House of Lords），由英國國教會的二十幾名主教（即神職貴族）與六百餘名貴族（即世俗貴族）組成，他們不需要經由選舉產生，而中國的士族壟斷政治的狀態到唐朝就結束了。豪族或士族的能量越來越大，其中東漢的建立者光武帝劉秀就是南陽地區（今河南省西南部的南陽盆地）的豪族，而他可獲得政權，主要是獲得南陽與河北兩大地區豪族的支持，這與劉邦建立西漢主要靠農民支持有顯著的不同。光武帝崇尚儒學，高度重視人的氣節，因此東漢開國後儒學大興，士人深受鼓勵，崇尚高風亮節成爲風氣，在朝與在野都能直言納諫，義夫節婦的故事常充斥於社會，甚至形成世人有激烈的殉道精神。然而東漢自和帝（劉肇，七九－一〇六）後，天子都是幼年即位，由太后臨朝聽政，外戚與宦官趁機操弄權柄，尤其宦官的驕橫貪暴，致使民怨沸騰。朝中正直的士大夫對宦官專權展開猛烈抨擊，形成一股強大的輿論能量，稱作「清流運動」。但清流運動最後遭到宦官兩次殘酷的鎮壓，史稱「黨錮之禍」，共造成近千名士大夫被迫害，清流的能量徹底被消滅，朝政幾乎完全被宦官把控，士大夫的氣節被摧殘殆盡，於是開始漠視政治，喜歡討論玄妙抽象觀念的風氣流行，魏晉時期的玄學就在這樣的脈絡裡逐漸盛行起來。

大約在同一時期，道教在民間開始盛行。道教在中國歷史源自於民間信仰，源自於商文化，帶有華人文化集體潛意識的高度特徵，在戰國時期藉由方術保存信仰（而且重要的術士常出自於齊國），其相信萬物有靈，包括河中有河神，山中有山神，石頭有石頭公，大樹有大樹公，只要這個東西的造型很特別，就能成爲信仰對象，這種民間信仰在當前臺灣社會依然極其盛行，正來自於其對應著華人特有的文化心理，生活在臺灣社會的華人，至今依然普遍性相信萬物有靈論，各種相應的廟宇不計其數，這些信仰能幫忙民眾解決生活中各種疑難雜症，尤其婚喪喜慶層面的議題，使得其在臺灣社會香火鼎盛，臺灣的心理諮商師眞正面臨的對手不是彼此，而是會作法的道士或仙姑，甚至民間信仰中的乩童或靈媒。道教本來不供奉任何神像，原本佛教在印度也沒有神像，但是受到婆羅門教與後來印度教的影響，在藝術上，有人想把佛教故事通過雕刻放到寺廟裡來做傳播，於是慢慢佛教同樣開始有「畫像」的概念，一般觀點常說這種作法傳到中國，使得道教同樣開始供奉神像，但如果我們知道前面帛畫中的人物畫，就會合理估計道教供奉神像不見得受到佛教影響，甚至可能早就自有其源遠流長的風俗。

組織化的道教有多個起源，到東漢時期，原本這些散佈在各地的民間信仰慢慢開始被組織成體系，隨著東漢末年流民的增加，這些組織化的宗教團體就幫忙安頓這些流民的生活，並給予其精神的關懷，教團的規模跟著越來越大。首先是張道陵（三四－一五六），他被視作正一道的創始者，漢順帝時期（劉保，一一五－一四四）張道陵在鶴鳴山（現在四川省成都市大邑縣北）創建五斗米道（只要入道者就要繳交出五斗米），張道陵死後傳子張衡（？－一七七），衡死後再傳子張魯（？－二四五），張魯在東漢末年見世亂自命諸侯，佔據漢中（現在陝西省漢中市），建立政教合一的政權，持續達三十年；同樣在漢順帝時期有琅邪（今山東省臨沂市）人於吉（？－二〇〇）作《太平清領書》（即《太平經》），後來鉅鹿（今河北省巨鹿縣北）人張角（？－一八四）據此創立「太平道」，而張角即爲黃巾之亂的領導者和組織者，他宣稱「蒼天已死，黃天當立」，帶領群眾反抗東漢王朝，黃巾之亂發生時豪族趁機在自己地盤擴張其政治能量，三國時期的主要人物都是在這場戰亂中開始登上歷史舞臺。

道教與道家本來不是一件事情，雖然兩者在英文都寫作「taoism」，而且都源自於商文化，但不宜混爲一談。如果我們指的道家是指老子與莊子，則其觀點固然來自於商文化的源頭，並深具楚學的風格，卻已經過個人反思而不再有神靈信仰的元素，反而抱持著革命的態度；但道教卻直接承襲著商文化的巫祝作風，繼續將神靈信仰光大，追求個人的長生不老（當神仙）。但道教中人同時在利用老子與莊子，譬如將老子尊稱爲「道德天尊」與「太上老君」，視其爲世界創造最早的大神，號稱「三清道祖」中的一人，張道陵就奉老子爲教主，在傳教布道時作《老子想爾注》（一說該書作者是張魯），注釋往往割裂老子思想原意而自行發揮，重點在完成其神道設教的旨趣。如果有當事人動輒說任何道教諸神對其有什麼指示，而不在意自己對實際人生該負的責任，諮詢師倒是可跟他談談道教發展史，讓他知道古人神道設教的心理背景。道教的存在對於道家思想的持續發展帶來不利影響，韋政通先生在其《中國文化概論》第三章中指出：「對道家來說，實是一不幸，因道家經由道教墮爲民間迷信以後，使道家的哲學，在魏晉以後，就再沒有正常的發展。」（韋政通，一九九六：頁九〇）敝人除對於「迷信」兩字比較敏感外，其餘都同意韋先生的意見。這世間只要採取「獨信」的態度，對於認識的性質與界線不瞭解卻驟然下結論，都是屬於哲學範疇中的獨斷論（dogmatism），因此，只要面對其他信仰，不顧其教義或觀點是否有合理性，全都表示反對，只有自己的教義或觀點纔屬於正確，不能接受「道並行而不相悖」的主張者，大抵都很難免會是迷信，不只宗教有迷信，科學主義同樣是迷信。但，的確因道教思想在華人社會發展得極其昌盛，使得道家思想本身相對受到壓縮與侷限。

玄學源自莊老思想，其與儒學形成中國傳統中既矛盾衝突又相互協調的兩股能量。魏晉時期，儒家大一統思想的局面被徹底破壞，各種學說都開始蓬勃發展，其中最爲興盛的學說就是玄學，直到南北朝時期被佛教取替。玄學的開啓通常都推王弼（二二六—二四九）與何晏（？—二四九）兩人爲最主要的倡導者，他們最先開始從老莊的角度來解釋儒家經典。玄學的高峰期儘管不到一百多年，卻是從秦漢到魏晉五百年來罕有的原創性思想，而此前的兩漢經學都是在儒家經典的框架裡對經典的依附性詮釋，使得儒學逐漸變得繁瑣與僵化。在天與人的關係上，隨著玄學的興起，兩漢時期強調天人感應的思想開始消退，但玄學依然某種程度承認天跟人的連結，只是變作抽象思辨的角度在探討天人關係，而不再是從人格神的概念來理解天，例如「無」這個概念其實就是抽象化的天。玄學的這種特點替佛學中國化發揮橋樑的機能，因其可提供大量的觀念資源用於對佛經的「格義」，意即很多佛經的觀念本來沒辦法直接翻譯過來，於是就用玄學的觀念來互補，使得華人可間接開始理解佛經。玄學在探討學問時最大的特點，就是很在意論辯的勝負，玄學論辯的勝利者有時不見得是勝於道理，即便只是修辭和氣勢過人，都能被視作勝利者。這讓玄學一來呈現出很自由的論學風氣，再來又很容易形成無根據的空談。

由於魏晉政權的腐化，玄學家出於對當時的儒家思想與黑暗政治的反彈，更灰心於現實政治，在行為上呈現出極其怪異詭譎的狀態，其討論哲理會流於清談，正來自於這種背景（傅樂成，一九八二：頁三三一）。例如《晉書．列傳》第十九中記載：「籍嫂嘗歸甯，籍相見與別。或譏之，籍曰：『禮豈為我設邪！』鄰家少婦有美色，當壚沽酒。籍嘗詣飲，醉，便臥其側。籍既不自嫌，其夫察之，亦不疑也。」這段話的意思是說，阮籍（二一〇—二六三）的大嫂曾經回娘家，阮籍為她送別，有人譏諷他怎如此深情，阮籍卻說：「禮法難道是為我這種人而設嗎？」鄰居有位美貌婦人在店鋪賣酒，阮籍常到婦人那間店鋪喝酒，喝醉就躺在婦人左右睡。阮籍自己不覺得有什麼嫌疑，婦人的丈夫看見同樣沒有任何懷疑。同書還記載：「諸阮皆飲酒，咸至，宗人間共集，不復用杯觴斟酌，以大盆盛酒，圓坐相向，大酌更飲。時有群豕來飲其酒，咸直接去其上，便共飲之。」意思是說，阮咸（生卒年不詳）每次與宗人一同喝酒，不用酒具，而是用大盆盛酒，大家圍坐在酒盆周圍直接大口喝酒。有一回一群豬跟著跑過來喝酒，阮咸就直接讓群豬跟自己共飲。這些現象都反映出晉朝時期社會動蕩不安，士人無法改變政治現實，只得借酒澆愁的現象。魏晉玄學在儒家沒落的環境裡，有效填補思想的真空，使得當時的士人在世俗中依然有怡然自得的角落，這是玄學思想的重要貢獻。我們不能簡單把魏晉南北朝等同於西洋中古黑暗時期，玄學的陰柔風貌，與後來遊牧民族強悍的文化糅合在一起，最終醞釀出隋唐時期剛健與婉約並存的文化情調，呈現出兼容並蓄的文化胸襟。敝人覺得如果有人受到儒家三綱思想太深的束縛，心理諮詢師可讓他認識魏晉玄學家的風格，可對其心理帶來某種精神釋放的效益，敝人曾跟某位從童年就深受父母嚴格管束的當事人對話，她心中就有著「三綱」的思想，無法自己做任何生命的決策，重點是其深感痛苦，敝人在諮詢的過程中告訴她有關竹林七賢的案例，請她想想這些人的內在有著如何的痛苦，纔會做出如此癲狂的行徑，她後來回答敝人，雖然她無法做出這麼激烈的事情來，但她發現當生命面臨痛苦，其實需要有個宣洩的管道，偶爾做點讓自己能放輕鬆的事情，不能一直這樣壓抑下去，可見認識這些玄學家的歷史案例對她確實有益。

第八章

盛衰交替：兩漢魏晉文學與藝術的風華

第八章

第一節 文學與書法的發展

敝人觀看中國政治史常有「盛極而衰」與「衰極而盛」在交替的感想總結，但政治層面的盛衰交替，卻不見得會影響到文化史，有時盛世的大一統使得文化受到相對的侷限，衰世的大動亂反而使得文化獲得極大的開展，這主要跟文人（或士人）置身在其中是否能反思處境有關。中華傳統詩歌發展到漢朝形成「漢賦」，這是一種既像散文又像詩歌的特殊體裁，其由《楚辭》發展而來，《楚辭》的寫作雖然從平民開始，但它其實詞彙複雜，具有高度的文學性，終究還是在貴族階層裡獲得發展。漢賦內容的書寫和流傳，同樣常見於宮廷與王侯間，漢朝的賦家有很多人都被宮中供養，屬於上層社會的作品，由於漢朝經歷文景之治後，社會經濟日益富庶，賦家的作品大都在歌功頌德，甚至流於香豔的情色文學，其筆觸誇張，喜歡堆疊冷僻但華麗的字辭，意義卻不見得深刻，時過境遷後，這些作品就失去生命能量。漢賦後來形成樂府歌辭，這是通過宮廷樂隊的演奏而獲得流傳，原本都可拿來演唱，接著再發展成樂府詩，但同一時期，西漢時期民間還發展出最早的五言古詩，其中最著名的作品莫過於東漢時期無名氏寫的〈古詩十九首〉，這並不是任何一個人的作品，主要在描寫人民生活的疾苦，尤其戰亂中人生的離恨與情愁，對後世詩歌的持續發展影響很大（韋政通，一九九六：頁二〇六）。南朝梁文學家蕭統（五〇一—五三一）將這些傳世詩篇收入《文選》並統一命名，學者研究指出，〈古詩十九首〉不僅是平民文學而已，其內容更可謂係東漢末年士人的集體悲歌，東漢末年的兩度爆發「黨錮之禍」，使得士人遭受殘酷的迫害，存活下來的士人對傳統價值產生懷疑與否定，他們或追求物欲享樂來消解生命短暫的痛苦，或企望回歸精神家園來對抗漂泊無依的悲涼，兩者都表現出士人對自我生命存在的深情關注與深刻反思（覃素安，二〇一五：頁六六）。

漢獻帝（劉協，一八一—二三四）建安時期（一九六—二二〇）雖然政治黑暗，卻同時是個文學覺醒的時期，尤其我們要舉曹操（一五五—二二〇）與曹丕（一八七—二二六）父子為代表，譬如曹丕的〈燕歌行〉，這是中華文學史上現存最古老且完整的七言詩，使得該詩體正式成立（韋政通，一九九六：頁二〇六）。並且曹丕是中華文學史上首先講到文學的價值與技法，他在其著作《典論．論文》中說：「文以氣為主，氣之清濁有體，不可力強而致。譬諸音樂，曲度雖均，節奏同檢，至於引氣不齊，巧拙有素，雖在父兄，不能以移子弟。」意思是說，寫文章應拿氣蘊做主導，氣蘊還可區隔成清氣和濁氣兩種，沒辦法靠蠻橫的力量來獲得。這就好比音樂的曲調節奏有同一的衡量標準，但是每個人演奏過程中，其運氣行聲不會一樣整齊，平時的技巧有高低差別，雖是父親和兄長，都不能直接改變自己的兒子和弟弟，意即寫文章的技術掌握不難，但氣蘊活潑靈動，不能光憑技術獲得，不涵養氣蘊就無法寫出眞正的好文章。曹丕的這篇文章實屬中華文學首度提到文學批評的標準。傳統私塾老師教人寫文章，首先就會再三提醒學生要培養「文氣」，現在學校老師則不會講「文氣」，只強調「條理」，但這種看法早已輻射到各種層面，不只有文有「文氣」，書有「書氣」，畫有「畫氣」，甚至平日時有「心氣」，生病時有「病氣」，包括諮詢師面對當事人的問題，儘管要注意諮詢技術，更不能不培養自身的氣蘊，從而影響對話時的「語氣」，氣蘊活潑靈動的諮詢師，面對當事人各種無法預期的問題，自然會知道在當下應該如何對話，最能回應其正面臨的困惑。

陶淵明生活在東晉末年的亂世中，他是中國第一位田園詩人，意即他的眼睛開始看見某種虛實交構的景象，內蘊著自己的生命關懷，意即外在的景象交織著內在的想像。南朝文學批評家鐘嶸（四六八—五一八）在他的著作《詩品》中評價陶淵明（三六五—四二七）屬「古今隱逸詩人之宗」（《詩品》中卷），這使得往日並未得到文壇關注的陶淵明，被推向中華文學史的主流。陶淵明的仕宦與歸隱充滿著顛簸，但這絲毫沒有動搖他對理想生活的嚮往（張沛文，二〇二〇：頁一一〇—一一一），他營造出一個超凡脫俗的田園世界，成爲後世文人或士大夫的精神家園。在魏晉時期的亂世中，積極進取的儒學遭遇信仰危機，對生命終極意義的探索促使玄學的誕生，當時的士人在玄學思想的影響裡，拋棄違背自然的禮法，探索個體的本眞自由。陶淵明的文學作品反映出這種心態，如他在〈歸去來兮辭〉中說：「歸去來兮，田園將蕪，胡不歸？既自以心爲形役，奚惆悵而獨悲？悟已往之不諫，知來者之可追。是迷途其未遠，覺今是而昨非。」陶淵明認識到自己內在的心靈被外在的事物給束縛，歸隱後，反而有大夢初醒的體會，覺得自己做出正確選擇。然而從政的志向無法獲得伸張，對於一個士人來說終究是種遺憾，他的〈詠荊軻〉旨在歌頌荊軻刺秦王的壯舉，顯露出他對黑暗政治的痛恨和除暴安良的願望。在〈述酒〉中，陶淵明則隱晦表達出對宋武帝劉裕（三六三—四二二）篡權事件的憤慨，表露自己不願同流合污的氣節。在戰亂紛飛與生靈塗炭的魏晉時期，佛教和道教都在大幅擴張其信仰，並給予人們心靈的慰藉，但陶淵明不相信佛教因果輪迴和道教追求長生不老的觀念，反而有著直面死亡的豁達，他在〈形影神〉中說：「縱浪大化中，不喜亦不懼。應盡便須盡，無復獨多慮。」他指出人應該悠遊於自然的變化中自由自在，沒有歡喜更沒有恐懼，生命到該結束的時刻就讓它結束，不需要有過多的思慮。這種順應自然生滅變化的心態，彷彿讓我們感覺到陶淵明站在超越時空的視角來觀看著自己的死亡，更是魏晉玄學思潮中在文學領域淋漓盡致的表現。

兩漢時期的歷史散文發展到最高峰，最傑出的作品莫過於司馬遷的《史記》。《史記》是中國的第一部紀傳體通史，記錄從黃帝到漢武帝太初年間（西元前一〇四—西元前一〇一）約長達三千年的歷史。司馬遷開創史書的新體裁，採取替歷史人物立傳的型態來書寫歷史，冀圖對歷史人物的個性與特質，做更全面而深刻的刻畫，藉此紀錄各種不同社會群體的精神風貌（倪晉波，二〇〇四：頁一—二）。這種區隔社會階層來各自替其紀錄歷史的觀點相當新穎，李長之（一九一〇—一九七八）在其著作《司馬遷之人格與風格》

第七章中說：「司馬遷的歷史已經能夠探求到人類的心靈。所以他的歷史，乃不唯超過了政治史，而且更超過了文化史，乃是一種精神史、心靈史了。」（李長之，二〇一五：頁二一二—二一三）司馬遷在《史記》中非常重視探討士人群體的精神世界，呈現出他們共通的人格和心理，例如注重內在修養、行事遵循道義、積極入世的態度，以及治國平天下的理想等。正如哲學家李澤厚（一九三〇—二〇二一）在他的著作《中國古代思想史論・試探中國的智慧》中所說：「思想史研究所應注意的是，去深入探究沉積在人們心理結構中的文化傳統，去探究古代思想對形成、塑造、影響本民族諸性格特徵（國民性、民族性）亦即心理結構和思維模式的關係。我以爲，展現爲文學、藝術、思想、風習、意識形態、文化形象，正是民族心靈的對應物，是它的物態化和結晶體，是一種民族的智慧。」（李澤厚，二〇〇八：頁三一三—三一五）敝人雖然完全明白民族這一概念的後設性，但從這一角度出發來檢視，當會發現司馬遷文筆中的士人群體所呈現出的人格特徵，已經逐漸潛移默化變成全體華人的文化集體潛意識，構成全體華人共有的潛在人格特質。

現在我們來認識兩漢魏晉時期的書法。漢隸是書體演變過程中的一大關鍵發展，其終結本來不斷變異中的書寫系統，共構「行，草，楷」這三種書體的基本樣貌。康有爲（一八五八—一九二七）在《廣藝舟雙楫》中說：「吾謂書莫盛於漢，非獨其氣體之高，亦其變製最多，皋牢百代。杜度作草，蔡邕作飛白，劉德升作行書，皆漢人也。晚季變眞楷，後世莫能外，蓋體製至漢，變已極矣。」大量考古文物資料表明，如果說古文時期的書體演變是按照甲骨文、大篆、小篆、隸書的順序線性單向發展，那麼今文時期的書體演變則是按照「隸書而草書」、「隸書而行書」、「隸書而楷書」這三條路線在發展，因此可說隸書是今體書的鼻祖（王太雄，二〇一四：頁一八〇）。東漢末期玄學的興起，使得藝術開始逐漸擺脫禮教的束縛，邁往個體化的路向，這促使書法作爲藝術呈現多樣化的發展。這一時期政治上倡導「以書取仕」，收藏與鑒賞名人書法的風氣盛行，書法的獨立性開始獲得確立，許慎（五八—一四七）《說文解字》的誕生即爲其中的標誌性事件，反映出「字」的意義《說文解字》替流傳到漢朝時期的文字做出總結，在中國書法史中具有里程碑的意義，其中「書者，如也」的觀點，對後世書法理論產生重要影響，「如」就是「象」，意即寫書法要從臨摹開始著手。尤其造紙術的發明和毛筆製作技術的成熟，都替書法的蓬勃發展奠立物質基石（張樹昌，二〇〇七：頁九七—九八）。

西漢已經開始出現書法評論，這種評論雖然還不能說是理論，卻已經是具有自成系統的觀點。譬如揚雄（西元前五三—一八）在《法言．問神》中說：「言，心聲也；書，心畫也；聲畫形，君子小人見矣。」意即言語是心靈流露出的聲音；書法是心靈流露出的繪畫；從聲音和繪畫的軌跡中可看出一個人究竟是君子還是小人。中華書法理論發展過程中，目前最早可見的理論探索對象不是篆書與隸書，而是草書，崔瑗（七八—一四三）寫〈草書勢〉實屬第一篇作品，他覺得草書產生的原因來自於社會發展的實際需要（王振遠，二〇〇九：頁七—九），崔瑗表示：「草書之法，蓋又簡略；應時諭指，用於卒迫。

兼功並用，愛日省力；純儉之變，豈必古式？」其大致意思是說：草書的書寫方法比較簡略，主要在因應曉喻百姓的政事繁雜，導致文字書寫更有時間緊張性，讓隸書與草書兩者兼用於不同狀態，能更愛惜光陰與減省精神，這是純粹基於節約與效益角度而做出的權宜措施，哪裡必然要遵循古法來寫字呢？顯然當時社會對於草書的書寫容有不同的意見。第一個具有理論批評意識的人是東漢趙壹（生卒年不詳），其寫〈非草書〉持著強烈反對大家正流行使用並特別看重草書的觀點，他說：「草本易而速，今反難而遲，失指多矣。凡人各殊氣血，異筋骨，心有疏密，手有巧拙，書之好醜，在心與手，可強爲哉？」他覺得寫草書本來是爲求簡易而迅速，但因大家都推崇草書，使得寫字反而變得既困難而緩慢，這是嚴重失去其本來存在的意義了。畢竟每個人的氣血與筋骨都不太相同，心思有粗糙與精密有區別，運筆的手更有巧妙或鈍拙的差異，因此書法的美與醜，有賴於寫字者在心思與手指的靈活度，怎能勉強大家都寫草書呢？這段文字替我們保留住草書剛開始發展早期展現社會學習熱潮，儘管趙壹反對書法的藝術性而強調書法的實用性，並覺得寫草書對於經國濟民毫無效益，然其展現得反思卻恰恰開拓出書法理論的先聲，使得其批評內容與批評方法有著很奇怪的絞合（陳振濂，二〇一八：頁二九—三六），這的確是書法理論本身的里程碑突破，敝人覺得強調書法的實用性本身並不是在反書法，畢竟趙壹只是反草書而不是反隸書（後者是當日的政府文書），但更要注意趙壹本人同樣精於草書，他只是意在指責那些「因書廢道」，只在意書法工拙的人（王鎮遠，二〇〇九：頁一一—一二）。

東漢蔡邕在〈筆論〉中說：「書者，散也。欲書先散懷抱，任情恣性，然後書之。若迫於事，雖中山兔毫，不能佳也。」意即寫書法的重點是抒發懷抱，先讓自己的性情淋漓盡致的展露，接著纔能展開書寫。如果只是急著完成書寫，即便使用中山兔毛做的毛筆，都無法寫出佳品。《論語．學而》第一記孔子說：「君子務本，本立而道生。」學智慧不能口中說智慧，生命不實踐智慧，練書法實際就是在練「書道」，通過書法來琢磨智慧，就可發揮療愈人心的能量。書法是中華文化的精華，認識書法對於認識智慧是極其重要的路徑。書法常常注重空白的經營，強調在無墨的紙張中施展才華，這就像做家庭系統排列或良知導引術的時候，很多空間要留白，因爲要有這種留白的空間，人纔可形成排列。在家庭系統排列中，空白處有時意味著缺位，有時則是使者朝向的位置，而該位置往往就是我們需要特別關注的地帶。練書法和做排列或做導引其實是同一件事情，都遵循「虛實相間」的原則。有墨處是字，無墨處同樣有字，有字的位置固然很重要，無墨的位置更重要。黑是白的依據，白是黑的憑藉。黑與白相輔相成，虛是實的參考，實是虛的映照，虛和實互相聯繫，這就是老子既對立又統一的思想，被書法表現得淋漓盡致，心體就是這虛實兩極的軸心點，故意或片面強調視覺藝術，會忽視書法對身心的修養意義，會模糊掉人在練習書法過程中的主體地位，更不瞭解書法是驗證心體的重要工夫，人一出手就知虛實，無法矇騙任何人。

魏晉南北朝時期的書法得到空前發展，其最重要的特點就在於書法理論的空前發展，使得當時的書法家已眞正意識到自己在從事於書法創作（陳振濂，二〇一八：頁六），會有這種現象主要原因在於經學統治的衰落，思想獲得解放，人們不再從實用與否來衡量書法的價值，於是書法從政府文書發展到日常文書，各種書體日益完善，就進入到藝術的層次，書法作品百花齊放。尤其魏晉玄學的發展更有益於理論思維的開拓，使得玄學的觀念，如自然、通變、虛靜與形神，都成爲書法論析中的命題，書法理論接續提出，促進書法創作向更深的層面發展（鄭軍健，一九九五：頁五六）。隨著楷書在這一時期的興盛，隸書被更簡化的楷書取替而退出實用狀態，可說楷書已變成「隸書的行書」。唐朝時期儘管還是有隸書，此時的隸書已不是該一時期的精神象徵，風格比較浮華，沒有個性化特點。魏晉南北朝時期最具代表性的楷書作品當屬王羲之的〈黃庭經〉、〈樂毅論〉與〈東方朔畫贊〉，其特點是清秀、簡潔與大器，雖是楷書但不呆板，既保有傳統風格，卻靈活變化，每個字都有其鮮明的「個性」。王羲之師法被譽爲楷書鼻祖鍾繇（一五一—二三〇），相對於鍾繇楷書還遺留著寬鬆的字體，帶有隸書的扁平特點，王羲之的楷書則字體結構緊湊且修長挺拔，去除隸書的既有痕跡，使得楷書的基本型態獲得徹底完成（王志軍、張明慧、永年，二〇一五：頁三一二—三一三）。王羲之寫書法強調「意在筆前」，他在〈題衛夫人筆陣圖後〉中說：「夫欲書者，先乾研墨，凝神靜思，預想字形大小、偃仰、平直、振動，令筋脈相連，意在筆前，然後作字。」意即在寫書法前，先專心研墨，聚精會神屏息思慮，事先觀想字形的大小、筆勢的仰和臥、平和直暨振和動，讓字的筋肉與氣脈貫通，在下筆前就先構思好字的整個架構和脈絡，然後再書寫成字，這段全過程就敝人的理解與體會而言，就是涵養心體做工夫的過程，其《筆勢論・察論章》第十一說：「若不端嚴手指，無以表記心靈。」意思是說：能端莊嚴肅的全然掌控自己手指的運作，就能自由表記心靈。顯見王羲之的確已有這層意思，雖然有人覺得這只是從嚴格法度的角度來談記錄心靈，立論並未站在心靈本身（陳振濂，二〇二〇：頁二），敝人覺得縱然如此，書法與心靈二者首度被連結起來討論，實屬開創性的觀點，並且，王羲之的書法教學很適合當作諮詢師引領當事人展開書法治療的辦法。

魏晉時期中國書法有「南帖北碑」的說法，當時南方擅長行草爲主的帖書，北方則擅長隸書爲主的碑書。帖書就是把書法寫在紙上或絹上，然後用活字版印刷出來；碑書則是刻在石頭上然後拓印下來。南方的帖書更多的是生活裡來往的書信，展現出平民日常生活的層面，主要用於抒發情感；北方的碑書常都是用於寫墓誌銘，或埋在墓裡面，或立在墓道上，主要用於記載事蹟，因此士族的宗教氣息比較重。練習楷書最忌諱純粹依葫蘆畫瓢模仿他人，其實練習任何書體都重點在掌握其精髓與神韻。元朝書法家鄭杓（生卒年不詳）的著作《衍極》卷二記載鐘繇說：「筆跡者，界也；流美者，人也。」意即筆跡只是一種形象，能否感受到美感，則由人的心靈創造出來。張懷瓘在他寫的〈文字論〉中說：「文則數言乃成其意，書則一字已見其心。」意思是說，寫文章要費盡辭藻纔能表達出完整的意思，但寫書法只要寫一字，就能看到書寫者的心靈。行書是五種書體裡最符合日常生活書寫要求的書體，行書與楷書相比更簡易且流暢，與草書相比則更容易識讀，其具有很強的兼容性，若跟楷書結合就稱作「行楷」，若偏向草書則稱作「行草」（王志軍、張明慧、永年，二〇一五：頁二三三）。行書到今天都還在使用，與這些優點高度相關。東晉時期社會的文化氛圍開始轉向內在和精細，人的個體意識開始覺醒，並這使得行書開始變得日漸成熟，更說明行書是種很適合涵養自性的書體。後世的共識皆謂天下第三行書是北宋蘇軾（一〇三七—一一〇一）的〈黃州寒食詩帖〉；天下第二行書是顏眞卿的〈祭侄文稿〉；天下第一行書則是王羲之的〈蘭亭集序〉，書法通常要求佈局均衡，可是寫到某種意境時，字的大小不見得均衡，〈蘭亭集序〉的佈局就是字的大小不一，過程不斷變化，呈現出一種瀟脫與率眞，可見行書跟人呈現自性其實可高度結合。

第二節　繪畫成爲專業領域

秦朝國祚短暫且政治嚴苛，繪畫失去自由發展的空間，古籍中關於秦朝繪畫事實的記載寥寥無幾（潘天壽，二〇一九：頁一六—一七），但《史記・秦始皇本紀》第六記司馬遷記載秦始皇的陵墓「上具天文，下具地理」，這很可能在講陵墓中的壁畫，但目前我們尚無法直接觀看該陵墓的地宮。司馬遷還說：「秦每破諸侯，寫放其宮室，作之咸陽北阪上，南臨渭，自雍門以東至涇、渭，殿屋複道周閣相屬。所得諸侯美人鐘鼓，以充入之。」（同上）意思是說，秦國每滅掉一個諸侯，就在咸陽北坡上仿造這個諸侯國的宮殿，南臨渭水，從雍門以東直到涇水與渭水匯流地區，各種宮殿、棧道和回旋的閣道連綿不絕。從各個諸侯國擄掠的美人與鐘鼓都安置於其中。如此大規模的工程，可想見應該有大量的壁畫被創造或仿造出來。但秦朝宮殿大都在滅秦戰爭中被焚毀，我們始終只能在斷瓦殘桓中遙想當年壁畫的壯觀。

漢朝經過文景兩帝統治時期的休養生息，到武帝時期，國家富強，文化興盛，武帝在建元三年（西元前一三八）還大興土木建造上林苑來作爲皇家園林，裡面可想見有相當大量的繪畫（潘天壽，二〇一九：頁二一一—二一二）。張彥遠在《歷代名畫記．敘畫之興廢》第一卷中說：「漢武創置秘閣，以聚圖書；漢明雅好丹青，別開畫室；又創立鴻都學，以集奇藝，天下之藝雲集。」可見無論是西漢的武帝還是東漢的明帝（劉莊，二八—七五），都極爲重視繪畫。漢朝還有設置管理畫工的政府機構，如「黃門署長」、「畫工署長」與「玉堂署長」，這些署長一般由宦官擔任，說明漢朝宮廷中不僅畫工人數頗眾，而且還有分工（徐改，一九六六：頁二四），這反映出繪畫開始變成專業的領域。漢朝時期鬼神與人物的繪畫極爲流行，班固在《漢書．郊祀志上》記載：「作畫雲氣車，及各以勝日駕車辟惡鬼。又作甘泉宮，中爲臺室，畫天地泰一諸鬼神，而置祭具以致天神。」這是在說漢武帝思念已亡故的李夫人（生卒年不詳），他希望見到她，聽信術士的話，在宮殿內和衣被上畫有雲氣的車，又選擇吉祥的日子駕車驅趕惡鬼。更建造甘泉宮，中間造一個祭壇，刻畫「天，地，泰」三個位置的鬼神，並擺放上祭祀用品來召喚天神。稍後的漢宣帝很注重通過人物畫來表彰其功臣，《漢書．李廣蘇建傳》記載：「甘露三年，單于始入朝。上思股肱之美，乃圖畫其人於麒麟閣，法其形貌，署其官爵姓名。」意思是說，甘露三年（西元前五一），匈奴單于開始朝拜漢朝皇帝，漢宣帝思念功臣的美德，便令人把他們的形象畫下來珍藏在麒麟閣中，並注記其官職、爵位和姓名，這件事情在東漢王充（二七—九七）在《論衡．須頌篇》同樣有記載：「宣帝之時，畫圖漢烈士，或不在於畫上者，子孫恥之，何則？父祖不賢，故不畫圖也。」意指漢宣帝時期透過畫像來表彰功臣，有人沒被畫上，子孫還深感羞恥。

漢朝皇帝接受繪畫對自己生命的影響，還可從其特意讓皇室子孫在充滿繪畫的宮殿中出生可知。《漢書．元后傳》記載：「甘露三年，生成帝於甲館畫堂，爲世適皇孫。」這裡講到漢成帝（劉驁，西元前五一—西元前七）出生的地點就稱作「畫堂」，意指宮中有彩繪的殿堂，這表示漢朝皇室相信繪畫能通靈，能具體影響到生育。東漢文學家王延壽（一四〇—一六五）作〈魯靈光殿賦〉，細緻描繪出魯靈光殿的細節，該宮殿由西漢宗室魯共王劉餘所建，繪有各種自然界的動物、植物與神靈，還有各種不同時期和地域的人物，〈魯靈光殿賦〉寫道：「圖畫天地，品類群生。雜物奇怪，山神海靈。寫載其狀，托之丹青。千變萬化，事各繆形。隨色象類，曲得其情。」這些圖畫描繪出的事物千變萬化，根據不同的形貌呈現其不同的特徵，仔細刻畫出它們的眞實情態。

人類從繪畫中逐漸發展出文字，但繪畫本身卻一直有獨立存在的價値，在漢朝更已被大量應用於各種專業技術領域，如據《漢書．藝文志》記載：「凡兵書五十三家，七百九十篇，圖四十三卷。」這是圖籍本身的紀錄，《漢書．天文志》則記載：「凡天文在圖籍昭昭可知者，經星常宿中外官凡百一十八名，積數七百八十三星，皆有州國官宮物類之象。」這是圖籍中有關天文學的紀錄。馬王堆三號墓出土帛書《天文氣象雜占》，這是一部通過觀察天文與氣象來展開占卜的著作，上面記錄約三百多條內容，每條上面是圖，繪製動植物或各種器物來表現出雲氣的形狀，下面是名稱、解釋與占文。《天文氣象雜占》是目前明確可見最早具有圖文並茂特徵的著作，可讓我們瞭解漢朝的天文與氣象相關知識，並從中認識其如何應用於占卜。馬王堆三號漢墓還有出土一幅帛畫，上繪有導引術的演練，導引術是一種將呼吸和肢體運動結合起來的修養工夫。該圖由四十四個人物構成，男女老少都有，穿著顏色各異且樣式不一的衣服，或裸露上身，有的抱腳蹲坐，有的俯身彎腰，有的雙手抓竿，有的四肢著地，有的雙手交叉舉過頭頂，有的十指合一往後拉伸，每個人都在展示一種導引動作，該圖後來被命名爲《導引圖》，這是現存最早的導引圖譜（方祖燊，二〇一八：頁三二六—三二七），其保存相當完整，如果諮詢師自己認眞練習，並引領當事人來練習，當可驗證該工夫對於修養身心帶來的效益。

我們說的「導引」，其「導」意指「導氣令和」，「引」意指「引體令柔」，導引通過肢體動作與呼吸吐納來獲得強身健體、疏通經絡與調攝精神的目的（邱實，二〇二〇：頁六三）。「導引」一詞最早見於《莊子．外篇．刻意》：「吹呴呼吸，吐故納新，熊經鳥申，爲壽而已矣，此道引之士，養形之人，彭祖壽考者之所好也。」意思是說：呼吸吐納來循環練習，模仿熊和鳥的動作，目的都在於長生的想法，這些是練習導引的人士；或保養身體的人士；或追求長壽的人士，大家共同喜好的事情。從中可看出導引術並不是什麼神秘主義的工夫，早在先秦時期就有人基於各種不同的需要在探索與發展此一工夫。北宋時期張君房（生卒年不詳）編輯的《雲笈七籤．雜修攝部五》卷三十六記載：「導引之道，務於詳和，俛仰安徐，屈伸有節。」意即導引術追求的是身心的祥和，如能俯仰安寧從容，肢體的屈伸就自然會形成一種節奏感。後經湖南中醫藥大學的劉文海與龍專兩人研究發現，練習馬王堆導引術對大學生心理健康水平有明顯的改善作用，其體現在症狀自評量表（symptom checklist-90，SCL-90）中軀體化障礙、人際關係敏感、抑鬱或焦慮、精神病性和其他等因子層面（劉文海、龍專，二〇二〇：頁一一六），可見練習該導引術的確可應用於華人本土心理諮詢的過程中，可藉此改善當事人的精神素質。

東漢時期佛教開始傳入中國，據南朝宋范曄（三九八—四四五）所著《後漢書．西域傳》記載：「世傳明帝夢見金人，長大，頂有光明，以問群臣。或曰：『西方有神，名曰佛，其形長丈六尺而黃金色。』帝於是遣使天竺問佛道法，遂於中國圖畫形像焉。」這段話的意思是說，傳說漢明帝夢到一個金人，修長高大，頭頂放光，就請大臣來解釋夢境。有人就說：「西方有名字叫『佛』的神靈，身高一丈六尺，而且相貌金黃色。」明帝於是派遣使者去天竺瞭解佛法。明帝的使者來到月氏，將佛教經典、雕像與畫像等傳寫數本帶回中國，又在白馬寺牆壁上畫千乘萬騎。還有天竺僧人攝摩騰（生卒年不詳）在保福院畫首楞嚴二十五觀圖，這些繪圖開創中國佛教畫的先聲。畫人像的風氣在東漢已極爲流行，明帝爲紀念過往的功臣，同樣在南宮的雲臺畫二十八將圖。漢順帝時期的順烈皇后（梁妠，一一六－一五〇）常把《列女圖》放置在身旁用於省察。漢靈帝光和元年（一七八），朝廷設置鴻都門學，畫孔子與其七十二弟子像（俞劍華，二〇〇九：頁一一一－一一二）。同樣根據張彥遠《歷代名畫記》第三卷的記載：「漢明帝雅好畫圖，別立畫官，詔博洽之士班固、賈逵輩取諸經史事，命尚方畫工圖畫，謂之畫贊。」意思是說：漢明帝喜愛繪畫，他特別設立畫官，並請班固與賈逵（一七四－二二八）這些學者從經史著作中摘編故事，交給畫家作畫，將其稱作「畫贊」，共有五十卷，可見東漢已有表現故事情節的卷軸畫。

漢墓中出土有大量畫作，主要係壁畫、畫像石與畫像磚，深刻描繪出當時人們豐富的日常生活。西元一九七一年，在內蒙古和林格爾縣新店子一號漢墓發現面積達一百多平方米的壁畫，這是目前發現的漢墓中規模較大、保存最好、內容最豐富的壁畫，描繪出墓主人的仕宦生涯，場面宏大且情節跌宕起伏，有眾多歷史人物和豐富多彩的生活場景，包括紀錄邊塞遊牧民族的風俗習慣（徐改，一九九六：頁二四—二七）。西元一九七六年，河南省洛陽市出土卜千秋與其夫人的墓，墓室後壁繪有驅鬼的方相氏和青龍暨白虎，正對面的門額繪有一座神山，山上有一個人頭鳥身的形象，這是吉祥的象徵，更是引導亡靈升天的使者。中梁上則一端繪有伏羲和太陽，一端繪有女媧和月亮。在伏羲和太陽的圖畫後面，還繪有墓主夫婦升天的圖畫，其中女主人乘著三頭鳳凰，而男主人乘著長蛇，二人都飛向仙界（楊新等人，一九九九：頁二八—二九）。青龍與白虎，伏羲與女媧，太陽與月亮，蛇（龍）與鳳，在中華文化裡都象徵著兩股對立統一的宇宙能量，不只反映出漢朝正盛行的陰陽學說，其具體內容具有的原型，更反映著我們華人的文化集體潛意識。

這些內容跟馬王堆一號漢墓出土的帛畫中內容很相似。在墓中軑侯妻的內棺蓋上，覆蓋有一幅呈「T」字形的帛畫，即「非衣」，作用是祈頌主人能盡快升天。其中橫幅部分畫的是天界，正中爲人首龍身的伏羲，左上角畫一彎月，月亮上有蟾蜍和玉兔，月亮下還畫有一女子，橫幅的右上角畫有一紅色的太陽，太陽中有一隻烏鴉，下面則有八個小太陽。這些圖畫在傳統經典裡都有相對應的內容，例如《淮南子．覽冥訓》記說：「羿請不死之藥於西王母，姮娥竊以奔月。」意即后羿從西王母那裡求得長生不死的藥，但他的妻子嫦娥卻偷吃仙藥飛到月宮。《淮南子．精神訓》記說：「日中有踆烏，而月中有蟾蜍。」意即太陽的中間有三隻腳的烏鴉，月亮中有蟾蜍。《山海經．大荒南經》記說：「羲和者，帝俊之妻，生十日。」意即帝俊的妻子名喚做羲和，生下十個太陽當孩子。

《山海經．大荒東經》記說：「湯谷上有扶木。一日方至，一日方出，皆載於烏。」湯谷上長著一棵扶桑樹，一個太陽剛接近這棵扶桑樹，就換一個太陽離開扶桑樹升起來，這些太陽都載在烏鴉的身上。《山海經．海外東經》還記說：「有大木，九日居下枝，一日居上枝。」意即有一棵大樹，下面的樹枝住著九個太陽，上面的樹枝住著一個太陽。烏鴉和蟾蜍就成爲人們心目中崇拜的日神和月神。蟾蜍突出的腹部很像孕婦的肚子，《爾雅．釋獸》中說：「兔，子娩。」即兔崽叫「娩」。而「娩」是「娩」的異體字。蟾蜍和兔子本身都是生殖極強的動物。北宋文學家郭茂倩（一〇四一－一〇九九）編撰的《樂府詩集》在卷三十四記說：「白兔長跪搗藥蝦蟆丸。奉上陛下一玉柈，服此藥可得神仙。」「蝦蟆」是類似蟾蜍的一種蛙類。東晉煉丹家和醫藥學家葛洪（二八三－三四三）則在其著作《抱朴子．內篇．仙藥》中記載：「肉芝者，謂萬歲蟾蜍。」服用後可「令人壽四萬歲。」可見漢墓中頻繁出土的這類主題爲成仙與繁殖的繪畫，都在反映古人希望超克死亡的限制，追求永恆生命的文化心理。

第三節　畫論的萌芽與興盛

中華畫論的萌芽本散見於先秦諸子百家的隻言片語中，直到西漢劉安召集賓客寫出《淮南子》，我們纔看到大量對繪畫的評論和賞析，儘管這些內容還不是很系統化，但替魏晉南北朝畫論的興盛奠定基石。《淮南子》重視把握繪畫的整體美觀，例如〈說林訓〉記說：「明月之光，可以遠望，而不可以細書；甚霧之朝，可以細書，而不可以遠望尋常之外。畫者謹毛而失貌，射者儀小而遺大。」「謹毛失貌」後來變成繪畫專業術語，意思是繪畫時太過在意細節，而沒有把握住畫的整體面貌。《淮南子》強調繪畫要兼顧外在樣貌與內在精神，〈說山訓〉記說：「畫西施之面，美而不可說，規孟賁之目，大而不可畏；君形者亡焉。」「君形者」是指主宰形體的內在精神，意即人如果不管內在精神，就算把西施的臉龐畫得很漂亮，觀畫者都不會感到愉悅；把孟賁的眼睛畫得很大，觀畫者不會覺得他勇猛。作畫尚且如此，我們作爲活生生的人，如果沒有涵養精神的意識，都是只是一具具漂亮的軀殼而已。〈齊俗訓〉記說：「瞽師之放意相物，寫神愈舞，而形乎弦者，兄不能以喻弟。」意即盲人樂師放開自己的意念來用音樂來描繪萬物，將萬物的精神傳達出來，並能與舞蹈的節奏相合，這種本事如果當作單一技法來教授，即便是兄長都沒辦法傳授給弟弟。「放意相物」在〈齊俗訓〉中是面向所有藝術的觀點，包括適用於繪畫領域，反映出對人的整體精神的特別關注，這在繪畫風格著重寫實的秦漢時期，無疑是一種獨特的取向（戴春森、張西峰，二〇〇四：頁五七）。並且，我們做心理諮詢的時候，諮詢師自身同樣需要有涵養精神的意識，其諮詢就如同作畫，觀畫者就是當事人，諮詢師如果能對當事人產生療癒效果，就像是觀畫者感受到繪畫作品本身的美感，因此，諮詢師同樣不能「謹毛失貌」，意即專注於認識細節卻失去全貌，這種知人論事的整體觀，來自中華文化面對人生各面向的主流思維，應該是心理諮詢師從事於華人本土心理諮詢過程中應該念茲在茲的態度。

魏晉南北朝（二二〇—五八九）是中國歷史長達三百六十九年的動蕩時期，在戰亂的環境中，藝術愈發彰顯出其慰藉心靈的機能。曹魏依舊將東漢故都洛陽作爲都城，繼承大量東漢的文化遺產，曹魏的王室與士大夫都非常喜好繪畫。再者，「魏，蜀，吳」三國交相競爭的背景裡，各國朝廷都不拘一格招納人材，雖然沒有先秦時期百家爭鳴那些一流思想大家輩出，但使得繪畫思想跟著獲得解放，不再局限於禮教，具有個人風格的繪畫開始興盛。再加上信仰佛教與道教的士大夫日漸增加，佛道風格的繪畫作品開始出現，這類繪畫作品稱作「釋道畫」，但其中還是佛像畫的藝術成就最高。再者，造紙術雖然發明於東漢，但眞正開始用紙來繪畫卻出現於孫吳政權境內。三國時期只有短短六十年（二二〇—二八〇），畫家並沒有很大量，這是繪畫風格由禮教漸入宗教的過渡時期，畫家的出身逐漸由黃河流域移至長江流域，譬如孫吳就開始出現像曹不興（生卒年不詳）這樣繪畫技藝極其精湛的畫家。曹不興擅長畫人和龍，還曾摹寫印度僧人傳來的佛像，作品盛傳天下，實爲中國佛像畫的鼻祖。《歷代名畫記》第四卷記載：「曹不興，吳興人也。孫權使畫屏風，誤落筆點素，因就成蠅狀，權疑其眞，以手彈之。」意即孫權（一八二—二五二）任命曹不興畫屏風，結果曹不興錯畫一個點，就將錯就錯把這個點改畫成蒼蠅，孫權看到後誤認是眞的蒼蠅，就用手去彈，這可想見曹不興繪畫技藝的精湛。自曹不興後，江浙地區的畫家開始漸露頭角（俞劍華，二〇〇九：頁一五）。

司馬炎（二三六—二九〇）篡魏建立西晉，國家尚未恢復元氣，接著就爆發「八王之亂」，遊牧民族趁機大舉入侵中原，史稱「五胡亂華」。相較於魏晉前的繪畫常用於輔助禮教，藉此裝飾宮廷，創作者常是朝廷的畫工，魏晉時期的戰亂不斷，使得皇室無暇藝術領域，反而給藝術自由發展的空間。再者，戰亂導致生靈塗炭，再加上政治的黑暗，使得當時的士大夫對於儒家的政治理想普遍帶有消極心態，厭世風氣瀰漫於世，玄學漸成主流思潮，佛教跟著因此在中國獲得快速發展，到魏晉時期，佛教已成爲社會各階層都普遍接受的信仰。根據北齊魏收（五〇七—五七二）修撰的《魏書》卷一百一十四記載：「晉世洛中，佛圖有四十二所矣。」這裡的「佛圖」是指浮圖，意即佛塔，晉朝時只在洛陽就建有四十二間佛塔，可見當時佛教的興盛，大量的佛教壁畫因此被創造出來。西晉畫家衛協（生卒年不詳）在中國傳統繪畫技法的基礎上，結合西域佛像畫藝術，一改漢魏時期簡略與質樸的畫風，使得繪畫技法更加精細緻密，衛協成爲當時佛像畫的集大成者，東晉畫家顧愷之（三四八—四〇五）則師法衛協，把佛像畫的藝術造詣加深，開啓南北朝繪畫發展的契機（潘天壽，二〇一九：頁三一—三二）。顧愷之首開論畫的風氣，他寫的《論畫》實屬中國最早的專業畫論著作，其開篇說「遷想妙得」爲繪畫技法的最高原則（俞劍華，二〇〇九：頁二一），《論畫》說：「凡畫，人最難，次山水，次狗馬，臺榭一定器耳，難成而易好，不待遷想妙得也。」西晉末年，北方士族爲躲避戰亂大舉南遷，史稱「衣冠南渡」，這使得後來的中國歷史進程中，江南地區逐漸演變成爲重要的政治與文化中心，這一地區的自然環境極其優美，傳統受楚學影響很深（後來則演變成道教），於是山水畫開始在東晉時期出現。

顧愷之的〈畫雲臺山記〉這篇文章最能說明此種情況，雲臺山是道教的張道陵修道成仙的名山，這幅圖描繪天師張道陵跳到深谷中取桃子來考察其眾弟子。顧愷之在文中提出許多史無前例的觀點，對後世產生很深的影響：首先，在結構方面他最早提出「置陣佈勢」說，成爲中國畫構圖理論的奠基者；再者，他提到「山有面，則背向有影」與「下爲澗，物景皆倒作」，開始意識到陰影和倒影的畫法；其三，他還提出「清天中，凡天及水色，盡用空青」，意指天空與水色都要用青色來填滿，這一畫法的提出到宋朝開始實施。從文中可看出山水已不再單純當作背景，這表明山水不再被用來象徵禮教，而是轉成一種象徵著特定的生命意識、人格價值和審美情趣的符號存在，但此時眞正的山水畫還沒有徹底從人物畫中獨立出來，〈畫雲臺山記〉沒有涉及到創作者與欣賞者對山水的喜愛，人們眞正意識到山水藝術對精神的重要意義，應是要到南朝宋畫家宗炳（三七五—四四三）的〈畫山水序〉始開創典範（徐媛媛，二〇一八：頁二〇—二一），在宗炳看來，山水「媚道」與「融靈」，這是玄學追求的「道」的具象化（滕福盛，二〇一四：頁四六—四七），該文實屬中國第一篇山水畫論，其中「山水有道」、「澄懷味象」，還有「臥遊」和「暢神」這些重要觀念，都對後世的文人畫產生深遠的影響（呂昇陽，二〇一六）。

顧愷之繪畫思想主張「以形寫神」，要求在形似的基礎上達到神似，形與神獲得統一（延新燕，二〇一〇：頁二一—二二）。《歷代名畫記》第五卷記載，顧愷之畫人物時，曾數年都不畫眼珠，有人問他原因，他回答說：「四體妍蚩，本亡關於妙處，傳神寫照，正在阿堵之中。」意思是說，身體的美醜，不會影響到一個人的精神風貌；要把一個人的精氣神傳達出來，關鍵就在眼睛。顧愷之還說：「若長短、剛軟、深淺、廣狹，與點睛之節上下、大小、醲薄有一毫小失，則神氣與之俱變矣。」（同上）意即是說，眼睛的細微變化可直接影響到人物內在精神的傳達，形與神二者的關係極其綿密。張懷瓘在《畫斷》書中評價顧愷之的人物畫時說：「象人之美，張得其肉，陸得其骨，顧得其神，神妙亡方，以顧爲最。」意即論人物畫，南朝梁畫家張僧繇（生卒年不詳）注重形體的飽滿，南朝宋畫家陸探微（？—四八五）用筆剛勁有力，而顧愷之可以把人物的精氣神描繪出來，並且他的畫法變幻莫測，沒有固著的型態，這一點他人很難超越。並且，他的觀點是種文化心理，出自《孟子．離婁》記孟子說：「存乎人者，莫良於眸子；眸子不能掩其惡。胸中正，則眸子瞭焉；胸中不正，則眸子眊焉。聽其言也，觀其眸子，人焉廋哉？」意思是說，觀察一個人，再沒有比觀察該人的眼睛更重要的事情了。眼睛不能掩飾人心中的邪惡。心中光明正大，眼睛就明亮清澈；心中不光明正大，眼睛就昏暗渾濁。因此，聽人說話的時候就要注意觀察其眼睛，他的善惡眞假如何能隱藏呢？華人社會中，人與人相互認識，都自然而然從看眼睛開始，藉此確認彼此是否眞誠，諮詢師要獲得當事人的信任感，或者要確認當事人訴說事情的眞實度，同樣要從眼睛著手。

第四節　南北朝的不同畫風

相傳顧愷之繪有三幅傳世名畫：《列女仁智圖》、《女史箴圖》與《洛陽賦圖》。相較於漢畫中的列女形象都是在宣揚禮教，從中描繪成概念化（或者說刻板化）的女性形象，《列女仁智圖》中的列女形象則表情刻畫得更爲細膩，突出人物的彼此關係及眼神的交流互動，著重於人物面貌神態的修飾與描繪，從中反映出人物心理層面的活動。《女史箴圖》共有九段，第一段在描繪馮媛（？—西元前六）擋熊保護漢元帝（劉奭，西元前七五—西元前三三）的故事，身材嬌小但從容無懼的馮媛、驚慌失措的漢元帝、兇猛的黑熊，三者形象形成鮮明的對比，馮媛目光中的堅定，正是顧愷之「點睛」藝術的表現手法。第二段是在描繪班婕妤（西元前四八—西元前六）辭謝與漢成帝一同乘車的故事。班婕妤面容的莊重、漢元帝的驚詫不滿與車內皇后不敢正視班婕妤的表情，還有眾嬪妃羞愧與矛盾的眼神，都在眞實呈現畫中人物的心理狀態（李思奇，二〇一八：頁八—九），這都已可看出顧愷之對人性心理的深刻關注。《洛神賦圖》取材於三國時期曹魏文學家曹植（一九二—二三二）的作品〈洛神賦〉，描繪人神相戀卻終不能結合的浪漫故事，與《列女仁智圖》與《女史箴圖》一樣，《洛神賦圖》不再刻板化的描繪人物，而是注重刻畫人物的心理，畫中的曹植在整個畫面中極其突出，即便是洛神都要比曹植小一些，而畫中人與神的距離，還有人神終不能結合的主題，反映出魏晉時期人對自我意識的覺醒，人冀圖擺脫禮教束縛，追求內心眞情實感，都在這幅畫中體現出來。魏晉時期看重人體的瘦削爲美，《洛神賦圖》這幅圖有關人物的造型，高度注重對「骨」的表現，這種「骨」的概念既有骨節分明的含義，更指人本身身體的挺立與心理的磊落。魏晉畫家試圖藉此呈現出人物勁爽而翩然的姿態。顧愷之藉由畫「骨」來表達對人物氣蘊的重視，其位置經營的技法，直接影響到南朝齊與梁的畫家謝赫（四七九—五〇二）有關繪畫「六法」的誕生（詳見後面，楊嘉晨，二〇二一：頁一一）。

南北朝時期，政權頻繁更換，戰爭連綿不絕，此時佛教已席捲全中國，並受到統治者的高度推崇。佛像畫成爲這一時期中華繪畫的主流，但因爲地理與文化的差異，南北朝形成不同的繪畫風格，如南朝的佛像畫比較細膩精緻，富有創意，大都出自寺廟牆壁，並且南朝的山水畫很興盛，還發展出畫花鳥草蟲的特徵。北朝的統治者因原本是過遊牧生活的鮮卑人，其引領的國風比較崇尚軍事，而輕視藝術領域的精耕細作。並且北朝的佛教信仰有著濃郁的政治色彩，喜歡建造高大雄偉的佛像來讓人敬畏，這使得北朝參與繪畫的人常是畫工，而不是創作自由度較高的畫家。敝人覺得佛像畫實屬人物畫的一支，北朝的佛像畫通常比較雄偉壯麗，多是摹擬而成，且常出自石窟。位於河西走廊的敦煌莫高窟，這是世界上現存規模最大且內容最豐富的佛教藝術寶庫。敦煌莫高窟的第一個石窟最早建於前涼太清四年（東晉太和元年，三六六），早期洞窟中的壁畫受西域的影響較大，到北魏時期，開始經歷本土化，使得西域和中華的藝術風格被匯聚在同一個洞窟中，譬如建於北魏末期的二百四十九號石窟中，雖然佛教題材佔據主要位置，但窟頂的設計和裝飾的風格卻饒富中華文化的特點。石窟的壁畫上還繪有太陽與月亮，龍與鳳，天皇與地皇這些顯然是來自中華文化經典題材的形象，但重點不是這些形象本身，而是作者想要表達中華傳統宇宙觀中的陰陽二元結構，這還是漢朝流傳下來的思想風格（楊新等人，一九九九：頁三九－四〇）。不過，值得反思的現象莫過於佛道繪畫長期盤踞中華繪畫這一領域，其間名家輩出，卻沒有出過一本專門討論佛道繪畫的著作。

南朝已經發展出獨立的山水畫，王微（四一五－四五三）、宗炳是南朝宋山水畫家的代表人。而自宗炳、王微寫出專門討論山水畫的著作後，後世的畫論著作絕大部分都在談山水（俞劍華，二〇〇九：頁二五）。張彥遠在《歷代名畫記》第六卷評價他們說：「宗炳、王微，皆擬迹巢由，放情林壑，與琴酒而俱適，縱煙霞而獨往。各有畫序，意遠跡高，不知畫者，難可與論。」意思是說：宗炳與王微二人都很喜歡生活在自然環境中，他們的意境高遠，各自都寫有繪畫理論，平時學習巢父與許由，社交極其簡單，如果不懂繪畫，很難跟他們有什麼對話。我們先來認識宗炳，他不僅擅長繪畫，還喜好琴書，更精通玄學，據北宋李昉（九二五－九九六）、李穆（九二八－九八四）、徐鉉（九一六－九九一）等學者奉敕編纂的《太平御覽．逸民部四．逸民四》記載，宋武帝（劉裕，三六三－四二二）曾邀請宗炳做官，他拒絕並回答說：「棲丘飲谷三十餘年，豈可於王門折腰，作趨走吏乎？」意思是說自己在丘陵與山谷餐風露宿三十餘年，怎麼能折腰事奉王室，委身做皇帝前面驅走的官吏呢？根據《歷代名畫記》第六卷的記載，宗炳平生很喜歡遊山玩水，但後來因生病不得不回到老家，並深感遺憾說：「老病俱至，名山恐難遍遊，唯當澄懷觀道，臥以游之。」他覺得自己既衰老且生病，往後很難再有機會遊覽名山大川，只有秉持著清澄的胸懷來觀想著智慧，臥著來遊歷其間了，又說：「凡所遊歷，皆圖於壁，坐臥向之。」意思是說，宗炳於是把自己遊歷過的名山大川都畫在牆壁上，無論坐臥都面向這些繪畫並悠遊於其間。宗炳在他的畫論著作〈畫山水序〉中說：「夫以應目會心爲理者，類之成巧，則目亦同應，心亦俱會，應會感神，神超理得，雖復虛求幽岩，何以加焉？」（同上）意思是說，擅於將看見的東西在心中領會出道理的繪畫者，如果能將外物畫得精巧，觀畫者和作畫者的內心就會相通，進而臻至神聖的意境，這是神聖意境的超越性，使得人領悟智慧。能獲致這種意境，即使重新遊覽山水，都不會比觀畫本身獲得的意境更深刻。在宗炳看來，如果圖畫在觀者心中能夠引發當他面對實景時同樣的情緒，圖畫就有取替實景的能量（高居翰著，李渝譯，二〇一四：頁二一）。敝人覺得宗炳這種洞見用來解釋心理諮詢，道理其實完全一樣，諮詢師與當事人的對話過程就是要尋覓內在的相通，當他們談到某個淋漓盡致的關鍵點，彼此都能產生心領神會，這其實就具有神聖性，從而產生療癒的效益。

王微比宗炳年輕四十歲，其涉獵廣博，除繪畫外，還擅長寫文章，對於音律、醫術、陰陽與數術這些學問都有研究。他曾待在一間屋內研究古籍十多年。《歷代名畫記》第六卷記載王微曾在寫給何偃（四一三－四五八）的信中說：「吾性知畫，蓋鳴鵠識夜之機，盤紆糾紛，咸紀心目，故山水之好，一往跡求，皆得仿佛。」鵠是一種水鳥，擅長於辨識地理環境，即便在夜晚都不會迷失方向，王微把自己比作鵠，來指出自己如何深知山水畫的奧秘。王微深具思想的縱深，他在畫論〈敘畫〉中開宗明義表示：「以圖畫非止藝行，成當與易象同體。」繪畫不能只當成技藝，而要意識到其與易經卦象有著相同的本體。他還說：說：「古人之作畫也，非以案城域，辯方州，標鎮阜，劃浸流。本乎形者融靈，而動者變心，止靈亡見，故所託不動；目有所極，故所見不周。於是乎以一管之筆，擬太虛之體；以判軀之狀，畫寸眸之明。」（同上）這段話意思是說，古人作畫時並不是像畫城域、方州、鎮阜或浸流那類地圖，只是種模仿擬眞的繪畫，重點在於明白山水的實體中本來就融有靈性，內心要能感知到山水靈性的細微變化。無法看到靈性本身，承載靈性的山水就不會有變化；人的肉眼有局限，能看到的內容並不全面，僅拿隻毛筆就把宇宙的本體描繪出來，僅觀看身軀就把眼睛的靈敏描繪出來，這是首度開始討論到靈性內蘊於繪畫作品中，人作畫要畫出實景本身的靈性，不僅在面對景，人在面對人，同樣要拿出自身的靈性來跟他人的靈性相見。

南朝宋陸探微是顧愷之弟子，他是深受宋明帝（劉彧，四三九－四七二）信賴的宮廷畫家，擅畫人物肖像與山水草木，他畫佛像和聖賢像時，用筆鋒利勁道，就像把寫書法的筆法用於繪畫中（潘天壽，二〇一九：頁四四－四五）。謝赫在《古畫品錄》中說：「雖畫有六法，罕能盡該。而自古及今，各善一節。六法者何？一，氣韻生動是也；二，骨法用筆是也；三，應物象形是也；四，隨類賦彩是也；五，經營位置是也；六，傳移模寫是也。唯陸探微、衛協備該之矣。」謝赫認爲繪畫有六種關鍵的方法需要掌握，但從古至今的畫家，往往只能掌握其中的一種，除陸探微和衛協兩人外，其他人都很難全面掌握。這六種方法中，「氣韻生動」是指繪畫作品要能呈現出生動自然的意境和韻味；「骨法用筆」是指繪畫時要有遵循法則來展開筆法；「應物象形」是指繪畫內容要能反映出繪畫對象的外形；「雖類賦彩」是指根據繪畫對象的種類來著色；「經營位置」是指佈局繪畫作品的構圖；「傳移模寫」是指對繪畫作品的摹寫與傳佈。其中「氣韻生動」這一概念的提出，這是對顧愷之繪畫思想的繼承和擴大，他覺得繪畫時不能只局限於通過眼睛來傳達人物的精神，更要通過人物的外貌體姿與舉止言談各個方面來揭示人的內在精神（延新燕，二〇一〇：頁二九）。

張僧繇是南朝梁畫家，《歷代名畫記》第七卷記載有關於他的典故：「江陵天皇寺，明帝置，內有柏堂，僧繇畫盧舍那佛像及仲尼十哲，帝怪問釋門內如何畫孔聖，僧繇曰：『後當賴此耳。』及後周滅佛法，焚天下寺塔，獨以此殿有宣尼像，乃不令毀拆。」大意是說，張僧繇在江陵天皇寺中畫盧舍那佛像與孔門十哲，皇帝感到很奇怪，問為什麼在佛寺中畫孔子？張僧繇回答說：「以後會用得上。」後周時期世宗（柴榮，九二一－九五九）滅佛，大肆焚毀佛教建築，只有這間有孔子像的大殿獲得倖存。這則故事的真實性很難考證，如果屬實則可見張僧繇具有前知，但最起碼說明張僧繇有著敏銳的洞見和高妙的技藝。《歷代名畫記》第七卷記載唐朝書畫家李嗣真（？－六九六）說：「顧、陸人物衣冠，信稱絕作，未睹其餘。至於張公，骨氣奇偉，師模宏遠，豈唯六法精備，實亦萬類皆妙。」李嗣真覺得張僧繇的繪畫水平已遠超過顧景秀（四二〇－四六四）與陸探微兩人，其繪畫技藝遠不是謝赫歸納的六種方法能概括。南北朝時期有大量僧侶將西域佛教藝術帶到中國，其中最特別的當屬來自印度的陰影法創作具有立體感的佛教壁畫，而這種陰影法或源自深受希臘文化影響的印度犍陀羅（Gandhara）這種藝術型態，張僧繇將該繪畫方法略加調整，創作出新的佛像畫法（潘天壽，二〇一九：頁四二）。

說到佛像畫，首先要談到佛教藝術。佛教藝術是基於佛教信仰的需要而開展的藝術，例如雕塑、建築與繪畫都在內。佛教藝術主要圍繞著佛陀與各類菩薩的信仰來開展，而且常產生「造像藝術」來強化信仰。佛教東傳中國，從今天的新疆維吾爾族自治區，遺留有龜茲（在現在庫車縣）與高昌（在今吐魯番市高昌區）這些洞窟的造像，再到向東到河西走廊，有敦煌莫高窟（位於甘肅省敦煌市）與天水麥積山石窟（位於甘肅省天水市），再向東包括雲岡石窟（位於山西省大同市）與龍門石窟（位於河南省洛陽市），還有河北省、遼寧省、山東省與江蘇省，這些地點都遺留有各種石窟造像。江南地區如南京市有攝山石窟像，而在四川省樂山市則有世界上最高的樂山大佛（高達七十一米）。然而印度係佛教的誕生地，並不是從一開始就有擬人的佛像，而是著重象徵性的圖案來表示，例如佛的足跡、白象與菩提樹等。當時的佛教認爲佛的神聖性沒辦法按照一般凡人的形象來表現，更不應該造像來褻瀆，這個時期通常被稱作「無像時期」。直到貴霜帝國（Kushan Empire）時期（五五—四二五），隨著大乘佛教的興盛，開始產生造像活動。當時南亞有兩大造像藝術中心，其一是西北部的犍陀羅（位於現在巴基斯坦東北與阿富汗東部），其二是印度中部恆河中上游地區的秣菟羅（Mathura，位於現在印度北方邦馬圖拉市西岸）。犍陀羅是中亞交通的樞紐，曾被亞歷山大帝國統治，使得印度與希臘兩大古文化有數世紀的交流，因此其造像藝術頗具希臘羅馬風格，手法具有寫實風格，人物形象高鼻、深目與捲髮，常身著希臘大褂。秣菟羅更多繼承古印度傳統藝術，譬如螺髮與鼻樑修長，常穿著薄衣透體，呈現出典型的印度俊美男子形象。雖然中國早在先秦時期就已經有人像畫，但這只是間接因素，敝人覺得造像藝術的出現直接影響佛像畫的出現。

第九章

大唐氣象：文化各精神層面的興旺發展

第九章

第一節　唐朝的制度創舉

無論臺灣還是大陸，我們今天的法律受西洋各國影響（不論是歐陸法系或英美法系），已不再是依據儒家的倫理架構出的法律系統。唐朝最偉大的貢獻不是開疆擴土，而在於能完成《唐六典》的規劃，擘畫出成文的大憲章，這是開創大唐氣象的核心因素。《唐六典》成書於開元二十三年（七三五），其成書過程目標在把理想的《周禮》（又稱《周官經》）變成具體可行的法律，其基本觀念圍繞著禮教爲中心，其禮教都藉由刑律來維護，並充滿著仁恕精神（傅樂成，一九七七：頁四八三），「六典」這一名稱就出自該書，原來意指治典、教典、禮典、政典、刑典與事典，意即有關治理、教化、禮節、政務、刑法與行事的法律典籍。這部法典是第一部官修的行政法典，過去的說法是唐玄宗（李隆基，六八五—七六二）親自「御撰」，而由宰相李林甫（六八三—七五三）這些大臣注解，其實應該是張說（六六七—七三〇）、蕭嵩（六六〇—七四九）與張九齡（六七八—七四〇）這些大臣編纂，裡面記載官制源流自唐初至開元止。後世設「六部」（吏，戶，禮，兵，刑，工）這六個重要部門，首先就來自於《唐六典》的設計，內容有三十萬字，記錄到如此巨細靡遺的程度，可見華人在當時展現極其驚人的智慧結晶。《周禮》原本只是儒家學者對自己心中理想國的描寫，可謂「烏托邦」（utopia），《周禮》其實出自於齊學，其內容都是關於制度的客觀設計，但並沒有眞正落實在西周，卻被推稱是周公制禮作樂後的行政設計，而《唐六典》雖然同樣有理想的層面，但大體是根據事實，基於政府組織架構而編撰出一部成文大憲章，體現出華人在唐朝時期已有對人事控管極卓越的技術。《唐六典》相當於所謂的「中華法系」的結晶，其反映出對人品、等級、次序、責任與關係的重視；對於防止貪污，參與者的主從區隔都有涉及；重視賠償與自首，意識到避免人對事情的操縱，這部法典體現出中華文化的意涵，成爲後來宋、元、明與清四朝法律的藍本，從東起日本，西達葱嶺（今帕米爾高原），北至契丹與蒙古這些游牧民族，南至安南（越南）這些國家，都是唐律廣爲行使的範圍（錢穆，二〇一一：頁一四五—一四七），禮樂教化是華人的文化心理，唐朝已有將其全面落實於生活的構思，其實在我們恢復文化自信的過程中，同樣應該在制度層面放到我們當前的華人社會中來實踐。

唐朝還有個重要的創舉是「科舉制度」。隨著東漢末年門第的興起，到魏晉時期，因爲戰亂頻繁，郡縣制度實質解體，選舉制度已無法落實，早在東漢末年黃巾之亂，朝廷派中央九卿出任州牧，集中一州來管轄各郡，變成「州，郡，縣」三級制度，於是逐漸形成一種新型態的遴選官員的制度，這稱作「九品官人法」，其由曹魏時期的大臣陳群（？—二三七）首創。九品官人法是漢朝察舉制度的升級版本，並替唐朝科舉制度的開啓提供先期準備。這種選舉制度繼承原來鄉舉遴選的理想，重視官員的文化素養，官員須由有教養的士人出任。士人教養的等級則交給各郡與各州去評鑑，意即「鄉論」。譬如東漢末年有些士大夫經常聚集在一起，每月初一定期品評人物和時事，形成風氣，稱作「月旦評」，這是在當時清議盛行的背景下產生的聚會。選官的過程，首先從各郡與各州在中央政府服務的大官員中遴選一人作爲「中正官」，中正官區隔成大中正官（州）與小中正官（郡）。接著，小中正官協助大中正官根據鄉論，推舉人材與評定士人等級，這種等級，稱作「鄉品」，區隔成九個等級：「上上，上中，上下，中上，中中，中下，下上，下中，下下」。士人在獲得鄉品後，就可進入中央各部門作官，鄉品愈高者，做的官越大。漢朝末年的第二次黨錮事件後，士大夫都脫離朝廷，原來沒有機會做官，可是因九品官人法實施後，士大夫又重新回歸朝政，顯見這是個必要的措施，如果沒有九品官人法的設立，士族在各州郡把持著鄉里，中央與地方就會形成隔絕，九品官人法使得兩者重新獲得流通，鞏固中央集權統治。但這種制度逐漸變得僵化，並造成不公，此因人的素養從來都不是一成不變，沒理由將人一直限制在某個等級內。再者，這個制度沒有考慮到該如何防止有人通過攀附關係來提升自己的等級，使得這種制度實質與漢朝的選舉制度相差不大，只是漢朝由地方官員來落實，魏晉則由中央官員來兼差。於是，這個理想的制度很快被出身豪門的士族利用，這些士族把持住中正官，壟斷上品，不屬於其集團的士人就只能屈居下品，造成「上品無寒門，下品無世族」的局面（傅樂成，一九八二：頁三一〇—三一一）。

漢朝的察舉標準主要有二：第一是郡縣的輿論，主要是指對這個人的品德形成的評價；第二是這個人在郡縣的工作成就，應選者要有做過「吏」的經歷，吏是指在政府中承擔具體事務的工作人員，有點像是臺灣社會公職考試中通過「普考」而不是「高考」的公務員。漢朝時期選舉出來的人才無論如何都還是偏於實際才能與人格品質都相對篤實的人，而魏晉時期的中正制度，一來因中央與地方相距遙遠，很難獲得正確的輿論，再者不限於做過吏的人，因此不注重其實際才能，造成「才」與「德」兩個層面都沒有精確評估，使得士人更不願意參與政治，脫離世俗的所謂「魏晉清談」逐漸風行起來，直到隋文帝（楊堅，五四一—六〇四）時期纔開始取消九品中正制，隋煬帝（楊廣，五六九—六一八）則置進士科，開始出現公開舉辦的科舉制度。唐朝時期全部讀書人有志於參與政治者，只要身家清白，沒有作奸犯科的歷史，不再有像漢朝的察舉制度須有做過吏的限制，都可親自到州縣報名，合格者於每年仲冬報給禮部，與中央官學畢業的生館學徒共同考試，凡是被選中的人，就相當於獲得一張做官從政的許可證，這稱作「鄉貢」，唐朝科舉有好幾種科目，其中最受士人重視的科目就是「明經科」與「進士科」，明經科錄取人數最多，但由於只重視記憶注疏，對於義理旨趣不太留意，加上政府提倡文學，使得進士科成爲多數士人關注的科目，唐朝進士有甲乙兩科，早期考時務策五道題，再考帖經，一經與《老子》十道題，最後還考兩首雜文，經策全對者屬於甲科，策對超過四題與經對超過四題者為乙科，唐玄宗時將雜文改成賦（後來改成詩），策文俱佳而帖經過差可使用詩來替換，進士通過還要經吏部考核，合格者稱作「及第」，纔會由政府授予官職（傅樂成，一九七七：頁四八六－四八七）。唐朝後來發展出考詩賦這種特殊的考核，無論是山川大地、柳葉花枝、生活百態或人物情志，天地間的各種事物與情境都可用來命題，而且要求寫短篇，並有韻律上的種種限制，這樣考生就不能離開固定的格套，在某種公平的範圍內談自己的志向、情感與理念，考生需要思考怎樣用成語和典籍，在乍看毫不相干的題目中委婉曲折的表達想法，獲致某種寓意。這種考試有個假設：有才能的人必然有情感，有學問的人必然有品格，因此在選拔人材時，要看學問更要看品格；要看才能更要看情感。敝人覺得唐朝展現的制度自信很深刻，這來自華人對自身文化心理的深刻洞察，我們今天受西洋文化的影響，各項考核只考理性，不考情感，殊不知人的眞實狀態可在其間被包裝，有些人很會考試，他就能獲得平步青雲的機會，但如果他的人格敗壞，對人冷酷無情，最後就會變成無惡不作的奸臣，唐朝的科學制度不可能沒有問題，但這是我們當前只重視理性的考試制度需要留意的環節。

科舉制度的存在，主要旨在促成政治的新陳代謝，維持一種具有文化性的平民精神，杜絕士族壟斷學問的現象，這是唐朝科舉制度出現的主要原因，唐太宗（李世民，五九八－六四九）當時倡導科舉其目標只是在鞏固皇權，尙無打擊士族的想法，此因支持他取得政權者都來自世家大族（譬如其皇后的兄長長孫無忌（五九四—六五九）即是出身關隴集團的士族），使得唐太宗本人只是開始舉辦科舉招納各類人才，直至唐高宗（李治，六二八—六八三）開始企圖藉由「廢王立武」（廢立王皇后，新立武皇后）來打擊士族對自己的控制，藉此重振皇權，並跟武則天（武曌，六二四—七〇五）合作，科舉就開始有指向性的措施，這時候不只進士科獲得推崇，更開始辦理武舉，而且《通典．選舉三》記載：「武太后載初元年二月，策問貢人於洛城殿，數方了。殿前試人自此始。」武則天更藉由殿試來策問，藉此挑選自己覺得合適的人才。通常擅長考明經科的人一般是士族，其累世家傳經典注疏，比較容易通過明經科這個管道去做官；而進士科容易考上者通常比較有才情，卻不見得擅長經典的內容，這就讓平民階層打開做官的通道。這兩條路在唐玄宗有政策性的引導，使得高中進士科的人特別容易做大官，明經科則是相對被壓抑的狀態，使得明經科相對比較容易考，進士科則競爭者眾，導致有「三十老明經，五十少進士」的說法（傅樂成，一九七七：頁四八六—四八七；王道成，一九九〇：頁三—七），因此有人將進士及第比喻成登龍門，當時搢紳雖位極人臣，若不經由進士這一管道中舉的人，會覺得這是終身憾事（二〇一〇，李昱東）。由於這項政策長期實施，使得士族逐漸沒落，中唐時期劉禹錫（七七二—八四二）所作〈烏衣巷〉中說：「朱雀橋邊野草花，烏衣巷口夕陽斜。舊時王謝堂前燕，飛入尋常百姓家。」就是在描繪中唐時期士族已經沒落的景象。

唐朝的科舉制度在錄取考生時不僅看考試成績，還要有知名人士推薦，於是考生紛紛奔走於豪門間，獻上自己的代表作，期望能獲得賞識。這種制度確實讓一些有才能的人得以顯露頭角，如李白（七〇一—七六二）、白居易（七七二—八四六）與杜牧（八〇三—八五二）這些著名詩人都是通過這種管道獲取科名，但同樣讓一些達官貴人徇私舞弊的行徑有機可乘，譬如利用職權替自己或同僚的子弟請托，甚至對主考官進行威脅。隨著唐朝的政治腐敗日益嚴重，請托與舞弊的風氣更加嚴重，《全唐文》卷六十五記載，唐穆宗（李恆，七九五—八二四）長慶元年（八二一），唐穆宗在詔書中感歎：「訪聞近日浮薄之徒，扇爲朋黨，謂之關節，干擾主司。每歲策名，無不先定。永言敗俗，深用興懷。」這段話意思是說，經過實際調查，官員交相結爲朋黨來打通關節，主管考試的官員都被收買，每年誰會考中都是事先安排，其傷風敗俗令皇帝深感痛苦。這說明在唐朝末年，考試的公平性已經被破壞。科舉制度具有的公平性，使得國家公務員可通過考試被提拔出來，形成獨立的文官系統，這種制度在歐美社會要到第一次世界大戰後纔開始逐漸建立起來，比中國晚一千三百餘年。科舉制度固然有著公平性的優點，但讀書人考不上科舉，帶來心理極大的負擔，甚至影響自己的人生，這成爲華人社會到現在都存在的文化心理，常見重視教育的家長，不自覺就要求自己孩子能考上名校纔覺得這是「鯉魚躍龍門」，卻沒有意識到過程中帶給孩子極大的壓迫感，從而影響到親子關係，使得考試困擾成爲心理諮詢過程中的熱門議題。科舉制度雖然在清朝光緒三十一年（一九〇五）完全廢除，孫中山先生在西洋三權分立的政治制度基石上特別創立「五權分立」這一制度，其中多出來的兩項就是「監察權」與「考試權」，該制度後來被《中華民國憲法》採用且行諸成文，並相應在行政部門中設立「監察院」與「考試院」，尤其後者專門著重在國家文官的拔擢、銓敘、進修與撫卹，這就是在科舉制度脈絡下形成有中華文化特色的制度創新。

隋唐時期日本對中華文化非常仰慕，數度派「遣唐使」來到中國學習，這促成日本朝野開始「大化革新」，孝德天皇（五九六—六五四）更頒佈《改新之詔》，宣布全面向唐朝學習，從政治、宗教，經濟、禮制與刑法，到藝術、文學、醫藥、曆法、建築與工藝，幾乎社會的全部層面，都從唐朝移植過來，使得日本同樣變成一個中央集權的國度。如果想要認識唐朝，有必要去日本，尤其有必要去京都，京都的城市格局就是在模仿當年中國的長安城，反而今天西安的古建築除大雁塔與小雁塔是唐朝的風格，其它大都是明朝或其它不同時期的建築。附帶一說者，韓國古建築則呈現出明朝的風格，臺灣則有大量清朝建築。日本室內設計風格有種「極簡主義」，那本來就是唐朝的風格，日本文化立基於中華文化來繼續發展，可謂是中華文化主幹上發展出來的嫩枝。日本這種學習中華文化的風氣，導致宋元明清不斷有日本僧侶來中國求法，中國的高僧則不斷去日本傳法，使得禪宗在日本相當盛行。日本文化對華人來說，可理解的內涵都是中華文化，難以理解的內涵則是神道文化，神道教所信奉的神無所不在，如山嶽、湖泊、樹木與狐狸等各種出於自然的事物，都可成爲神道信仰的對象，這是種無經典且無教義的信仰，神道教著重空無的美感，其神社裡看不到有形的信仰對象，使得日本人善於閱讀「空間的氣氛」（空氣），更讓日本人很善於在二元對立中尋覓淋漓盡致的美，這種思想就是受神道教的影響，因此，日本文化固然大量吸收中華文化，當西學東傳，其學習西洋文化卻同樣不覺得違和，這兩種截然不同的文化在日本文化裡矛盾並存。我們不要從今日的觀點，覺得「中國」是個獨有且壟斷的概念，殊不知越南數個王朝都稱呼自己爲中國，稱東南亞諸國爲夷狄，尤其自稱「南朝」，將北方的中國稱作「北朝」，在日本明治維新前，漢文典籍中，同樣常稱自己是中國，甚至明清交替後，日本覺得中國已發生「華夷變態」，只有日本纔配稱「中國」，清朝則不能被視作中國，而是蠻夷，這是日本長期輕視清朝的癥結原因，可見中國本來並不是一個專有名詞，只要某政權相信自己行的是王道，都可自稱中國。

第二節　佛道在社會的發展

魏晉南北朝時期，佛教典籍大量被翻譯成中文，很多人更開始在思考怎樣促使佛教中國化，意即蛻變成本土化的中華佛教。這個時期北方有很多胡人建立的政權，胡人本來並不是中華文化傳統的統治者，他們對佛法的接受度，其實正跟其本來華化程度不高有關，但反過來說，中華思想不斷在變化，即使著重於禮法，從來都不是一成不變，而是不斷在演進過程裡轉化，這是中華思想的特徵，在這個轉化的過程裡，思想上有佛教進來，政治上有胡人進來，彼此相互影響，使得胡人政權更成爲佛教早期最重要的支持能量。可是政治問題本身不能依靠佛法來解決，因爲這本來就不是佛法會關注的問題，這使得統治者信奉佛法終究只是個人的選擇，無論是北朝還是南朝，其實還是士族掌控著政治實權，並且這些士族希望與最高統治者（王室）產生精神的區隔，反而成爲道教的信仰者。佛教在南朝自東晉興盛起來，但與北方佛教的發展方向不大一樣，南方的佛法有一種自由研習的風格，傾向於哲學性的探究，使得佛法哲理化成爲佛學，而北方佛教受王室的擁護，變成一種類神權統治，北方有很多高僧在做國師，不只對宗教本身，更對國家與社會等各項事務都產生某種指導性，這就產生「北方佛教具有政治性，南方佛教帶有哲學性」的特殊現象（錢穆，二〇一一：頁一三七－一三八）。佛教傾向於人生哲學，注重內心智慧的自我啓發和頓悟，儒釋道都發展成心理諮詢，因它們都在談內心的智慧，而且這些智慧彼此互相貫通。中華佛教偏向於學理而輕信仰，這是中華文化的一個特殊精神的表現，意即華人是把學問當信仰，這種態度後來在面對佛教過程中依然有此一特徵，尤其士族信仰的主要是佛學，而不見得是佛教。在當時，有很多人去「西方」求法（意即印度），都是私人自發前往，而不是由國家資助奉派，他們去印度的心理，跟基督徒禮拜耶路撒冷或伊斯蘭教徒朝覲麥加，甚至藏傳佛教信徒三步一磕頭到拉薩的朝聖不一樣，他們更渴望的是探求人生眞理，這是一種對知識的追求，並不只是爲心靈的安慰或出於對信仰的熱情而已。

當然這種現象的背後同樣反映出中國本身的學問不再被當時的人相信與接受，儒學的衰落是當時的重要指標，當時從印度回來的高僧都會被王室奉爲國師，玄奘法師（陳禕，六〇二—六六四）就是其中最有名的一位，玄奘法師前三世家中都在做官，對於儒家思想自然極其熟知，但他卻會捨離儒家思想而想要尋覓佛法，自然是因覺得佛法的智慧更高。這會令敝人想到跟清末民初西學東漸的留學現象有著相似的情形，同樣清末民初從國外回來的留學生，都會成爲重要的政府官員，因爲大家覺得他們「喝過洋墨水」，應該知識更豐富且視野更遼闊。但這種現象到今天應該要結束了，因爲我們已經瞭解到中華文化的核心在於「心體」，由心體出發開展出來的恢弘視野，使得我們更應該據此地基來與西洋思想進行對話。同樣，心體更是儒佛會通的地基。成佛的最大障礙是破除自我，要破除自我，首先需要在現實生活中有無私的精神，即救度大眾的慈悲心，這點特別由大乘佛教提倡，小乘佛教則只關注於個人的救度，這使得華人社會主要選擇大乘佛教而不是小乘佛教；再者，更要參透自我的本質是個幻象，意即最終要獲得「空」的智慧，其在具體的修行上還可區隔成「佈施，持戒，忍辱，精進，禪定，般若」，稱作「六度」（ṣaḍ-pāramitā），意即修養過程中須具有的六種品德，前五者都可歸於慈悲，末一者則意指智慧。不只中國，包括朝鮮、日本與越南會形成有鮮明特色的東亞文化圈，生活在該文化圈裡的人，長期有著高度相像的文化心理，最主要的原因就在於這些國家都受大乘佛教與儒家思想的雙重薰陶。

人有沒有靈魂？南朝齊永明七年（四八九），范縝（四五〇—五一五）發表反對佛教因果報應論的主張，他覺得沒有靈魂的存在，隨後寫成《神滅論》，這變成梁武帝時期相當激烈的學術爭辯。除主張人活著時只有心本身在作用，死後心的作用隨著消失，這一派稱作「神滅論」外；還有一派主張人除有心外還有靈魂，靈魂不會隨著人死而全部消失，這一派稱作「神不滅論」，主張者有南朝宋鄭鮮之（三六四—四二七）與南朝梁沈約（四四一—五一三），他們都著有《神不滅論》，這兩人都是從玄學角度來發展。或許會有人覺得神滅論是中國傳統即有的觀念，符合科學觀點（譬如荀子即有此類物質主義的觀點），然而主張靈魂的存在爲何會跟科學觀點產生衝突呢？科學只是各自基於不同預設而發展出的研究理論與研究方法，科學並不等同於物質主義，科學固然可基於實證論（positivism）的理論而採取物質主義的思考，但同樣可基於實在論（realism）的理論而採取既瞭解但超越物質主義的思考，早在《周易．復》中就有說：「出入无疾，朋來无咎。反復其道，七日來復，利有攸往。」意思是說：出去入內沒有疾病，知交前來沒有災禍。依據著道理反覆發展，七天回來再重新開始，適合於人的前往。「復」原本有招魂的意思，七日一個循環，然後魂魄再歸來。中華文化中的人觀如果沒有靈魂的意涵，不相信人死後會歸來，怎麼會有祭拜祖先的現象？范縝主張的神滅論誠然給佛教帶來很大打擊，當時梁武帝還請群臣跟范縝辯論，結果被范縝一一駁倒。由於梁武帝是出於對佛教義理的眞誠嚮往，該學術爭辯背後並沒有政治意圖，使得大家就算辯論不過范縝，梁武帝同樣沒有迫害范縝（錢穆，二〇一一：頁一三八），但是梁武帝因本人太過推崇佛教，結果後來在侯景（五〇三—五五二）發起叛亂時被活活餓死，這就是因對佛教太過崇信，不過問實際政治帶來的困境。

歷史上有所謂的「三武之禍」：北魏太武帝（拓跋燾，四〇八—四五二）滅佛、北周武帝（宇文邕，五四三—五七八）滅佛、唐武宗（李炎，八一四—八四六）滅佛。雖然稱作滅佛，但中國其實沒有發展出像西洋社會那麼殘酷的宗教大屠殺，而且實施這些政策背後都是基於政治的原因，而無關於宗教衝突本身。譬如在太武帝時期有佛道兩教的衝突，但這其實是北魏大臣崔浩（三八一—四五〇）為中心而展開的政治衝突。崔浩提倡的是寇謙之（三六五—四四八）一派的道教。寇謙之改革天師道，採用西漢時期的「五德終始說」，這已不是東漢流傳在社會底層講神仙長生的道教，而是又返回到西漢時期儒者提倡的「天人合一」的政治理論中去了（錢穆，二〇一一：頁一三七）。《魏書・佛老志》卷二十記載北魏太武帝當時說：「朕承天緒，屬當窮運之弊，欲除偽定眞，復羲農之治。其一切蕩除胡神，滅其蹤跡。」並說：「諸有佛圖形像及胡經，盡皆擊破焚燒，沙門無少長悉坑之。」這段話後來就被簡化成「蕩除胡神，擊破胡經」這一說法，這其實是士族想利用皇帝把政權掌握在自己手裡而展開在宗教層面的突圍。如果拿北魏孝明帝（元詡，五一〇—五二八）來說，當時北方的佛寺數量達到三萬所，僧尼有兩百萬，出家可避開勞役與逃開罪罰，很難說這裡面多數人是在眞心修習佛法（傅樂成，一九八二：頁三二六）。儘管在佛與道的衝突中，士族基於文化心理，想抗衡胡人統治者而提出道教，但道教同樣不是眞正在討論政治與社會，使得傳統的儒家精神在這兩者的抵抗和競爭的狀態中，經歷五百餘年的沉寂，於隋唐時期再度逐漸復原其氣象。

佛法和孝道本來是兩種相互背馳的精神，在南北朝時期卻變成並行的存在，這種現象後來長期融合在華人社會中，成爲毫不違和的文化心理。例如南朝齊有一位文學家張融（四四四—四九七），死後入殮，左手拿著《孝經》與《老子》，右手拿著《小品法華經》，簡直就像是後世的三教合一。當日北方盛行大家庭制，有三世、四世甚至九世同居共財的現象；南方雖然士族主要由北方遷徙而來，家庭規模相對較小，且環境相對來說比較優渥，可自由發展，父母在而兄弟異居者十有六七（傅樂成，一九八二：頁三一三），但庶民社會同樣有大家庭同居共財的風氣。這些家庭的運作是依靠禮法，可是參與其間的家庭成員作爲個人又喜歡探索佛理，這是因佛教出世的思想多半是從個人的角度來著眼，傳統的家庭則是超個人的聚合，只要人不出家，探討佛法就不會形成與孝道的直接衝突。佛教不僅與中華文化結合形成中國化的佛教（意即中華佛教），在世界其它地點的傳播過程裡，佛教不可避免與當地文化結合，譬如在泰國有短期出家的習俗，使得幾乎每個男人年滿二十歲都有出家的經驗，但在華人社會如果有人出家卻還俗，這通常會讓人覺得其信仰不堅，泰國出家僧不吃素，華人出家僧卻都吃素，敝人最深刻的文化經驗，莫過於曾經到菲律賓參加世界宗教領袖會議，席間與數位泰國僧侶同桌用餐，看著他們吃著牛排，愉快談著彼此的文化。魏晉南北朝時期的高僧，其人格與胸襟，相較於兩漢的儒者，實在超過遠甚，這些當時的文化菁英其實可稱作「變相的新儒家」（錢穆，二〇一一：頁一四一—一四二），敝人覺得從文化史的角度來反思，這來自於儒家的衰落與玄學的興盛，最終使得這些人會成爲高僧，首先來自他們想要尋求一種思想，只不過這種思想的名稱不稱作儒家，意即他們覺得佛學更見高明，想要讓佛法來替換儒家作爲指導自己人生的思想，這背後宗教的意涵不見得很強烈，反而學問的意義更見深刻，使得到兩晉後佛教在中國就主要變成佛學，意即著重探究學問的型態在開展。

南北朝時期，佛學由小乘發展成大乘，由出世的信仰轉型成探討宇宙與人生內在共同的最高原理，尤其開始注重哲學思辨，但無論小乘還是大乘，都有濃厚的厭世離俗觀，這與中華文化的主流態度終究不一樣，於是進入到隋唐時期，徹底中國化的佛教於焉誕生，隋朝的高僧智顗（五三八—五九七）首創天臺宗，此因智顗在天臺山國清寺講法而得名，這是華人自創一宗的開始，更是融合莊老思想創生出的一種新的修養型態，智顗雖然肯定莊老卻嚴厲批評道教，這種佛學已開始偏重於在現實人生的心理層面做工夫，而開始回歸到中國傳統的脈絡中，譬如智顗在《摩訶止觀》卷五說：「若一法一切法，即是因緣所生法，是爲假名假觀也；若一切法即一法，我說即是空，空觀也；若非一非一切者，即是中道觀。一空一切空，無假，中而不空，總空觀也；一假一切假，無空，中而不假，總假觀也；一中一切中，無空，假而不中，總中觀也。」意思是說：每一件事情都來自因緣所生的法則，這種法則涵蓋全部暫時現象，這稱作「假觀」，意即暫假的觀看；全部暫時現象其本質都是空無，意即根本沒有永恆不變的本質，這稱作「空觀」，意即空無的觀看；捨棄肯定與否定的兩端，甚至包括捨棄該兩端的執著都要否定，這稱作「中觀」，意即中道的觀看。但從「空」的角度來說，「中觀」與「假觀」都是種空無，這是最具有統攝性的空觀；從「中」的角度來說，「空觀」與「假觀」都是種中道，這是最具有統攝性的中觀；從「假」的角度來說，「中觀」與「空觀」都是種暫假，這是最具有統攝性的假觀，這就是天臺宗主張的「一心三觀」。這是把源出於印度的空性（śūnyatā）和源出於中國的自性交織發展出新的觀點，架構出中華佛教的內涵，更是當時佛教經蛻變對中華思想做出的重要貢獻。這樣的貢獻在現在整個世界的佛學發展過程裡並沒有受到足夠的重視，因爲自二次世界大戰結束後，傳到西洋的佛學主要是藏傳佛教或小乘佛教，中華佛教並沒有流傳到歐美各國，即便有流傳，其信仰者大都是華裔。

這種現象背後還有一個很核心的問題：華人因道光二十年（一八四〇）鴉片戰爭後整個中國的動盪不安，不再熱衷於探討佛學所需要的理論性的思考，或者說是失去對理論的自信，變得只在意現實，甚至很具體的利害，對觀念問題沒有探討的熱情。當華人普遍覺得探討觀念或理論的人不符合實際，這就是一種很深的成見，可是要反過來思考，如果人沒有探求眞相的勇氣和智慧，他同樣很難觸及到這種觀念問題。觀念問題的突破可帶來人類文化的重大進展，人類文化每回重大的突破，恐怕不會是所謂人民群眾的共同結晶，不容否認，人民是組成社會的主體結構，群眾常只是推動新觀念的沃土，但扮演「播種者」的人，常是某幾位關鍵性的思想家，我們不能否認文化菁英對整個社會帶來關鍵性的引領效益。從天臺宗進入到禪宗，其佛教本土化的浪潮就更加明顯，伴隨著文學和藝術開始合奏出空靈與灑脫的意境。禪宗在佛教自身展開驚天動地的革命，原本印度佛教有著悲觀厭世的心理，可是到禪宗就變得極其活潑自在，人間即是淨土，這意味著古典印度佛學的觀點逐漸在中國消失，這對佛學而言是極大的轉型，卻在思想層面就這樣無聲的完成過渡。馬丁路德（Martin Luther, 1483-1546）改革天主教發展出新教路德宗（信義宗），卻形成天主教與基督教的尖銳對立，接著就爆發「三十年戰爭」（一六一八－一六四八），日爾曼各邦國大約有八百萬人死亡，驟降百分之二十五到百分之四十的人口（Wilson, Peter H., 2009）。徵諸歐洲歷史，因信仰的差異而導致的戰爭屢見不鮮，可是居然在中國，思想的問題不會進而形成戰爭，而是對華人社會展開潛移默化的影響，因爲中華文化的和平精神，常讓華人面對思想的劇烈衝突與變化，自然發展出內在的涵攝與整合。

佛教中國化的過程裡，禪宗開始主張從自身的內在探求成佛的路徑，其核心觀點就是自性，其最重要的倡導者就是六祖惠能（六三八－七一三）。《六祖壇經・疑問品》第三說：「自性迷即眾生，自性覺即是佛。」意思是說，自性受到迷惑就是芸芸眾生，自性獲得覺悟就是佛陀，《六祖壇經・般若品》第二說：「不悟即佛是眾生，一念悟時眾生是佛。故知萬法盡在自心，何不從自心中頓見真如本性？《菩薩戒經》云：「我本元自性清淨。」若識自心見性，皆成佛道。」意思是說，沒有覺悟到自性，即便是佛陀都會淪落成眾生，一個念頭覺悟到自性，即便原本是眾生，都會立刻成佛。因此我們要知道，各種成佛的法門都只是在自己的心靈內。我的生命內在本來就有清淨無染的自性，如果能探究自己的心從而看到自性，就都可以成就出佛陀的智慧。這與《孟子．盡心上》中說：「盡其心者，知其性也，知其性則知天矣。」意思是說，窮盡自己的心靈，就能明白心中的自性，認知自性就能明白上天的奧義了。其實兩者已沒有太大差別。禪宗的這些觀點，只是把儒家的「成聖」改換成「成佛」，其它有關自性的內容都沒有差別，原本所謂的「佛國淨土」是在西方或者不在此世（this world），而對禪宗來說，塵俗世界都是天堂淨土，不再有「他世」（other world）的可能性，不需要特別再去任何極樂世界，當佛學發展至此，已與儒家思想展開匯流，並可在心理諮詢層面發揮其效益，當事人如果拒絕面對現實人生，卻太過沉醉於宗教信仰帶給自己的喜悅感，覺得如此法喜充滿，結果帶來現實生活的不幸，包括家人都沒有獲得應有的照顧，其實諮詢師拿同樣具有宗教性的禪宗來跟當事人談「自性迷」與「自性覺」的差異，應該對其有啓發的意義。敝人在青年時期曾看見某位女性親戚因與其先生感情不睦，後來投注全部精神於某個敝人覺得實屬正信的佛教團體，散盡家財終不悔，但卻置家人幸福於不顧，最終面臨家破人亡的悲劇，該佛教團體本屬於禪宗，但卻無人引領這名女性離開「自性迷」並活出「自性覺」的生命狀態，敝人對此心中常不免深感悵然。

第三節　文學與書法的突破

唐朝對外來文化的開放態度，促進文學發展的多樣化，科舉取士帶來多種入仕途徑，替寒門士人提供更多進入文壇與政壇的機會，更促使文學的題材變得極其豐富。在盛世氣象裡，唐朝的文人呈現出恢弘的胸懷與積極的精神。詩歌發展到該時期臻於全盛，各種體裁的詩歌都有極高的成就，而且從帝王與公卿，到僧人與歌妓，人人都有機會成爲詩人，可謂遍佈於社會各個階層。清朝彭定求（一六四五－一七一九）與楊中訥（一六四九－一七一九）奉敕編校的《全唐詩》，記錄唐朝詩人多達二千三百多人，記錄詩四萬八千九百多首（韋政通，二〇〇八：頁一八七），因此，唐朝的文學呈現這種傾向：其一，從貴族擴散到平民；其二，從宗教擴散到生活。由於宗教能量本來就跟貴族特權高度連結，隨著貴族的崩解，宗教就跟著衰微。這些唐詩最主要的精神就是完全呈現平民的風格：平民的作家固然會歌頌著自己日常生活的種種基調，但即使是宮廷，同樣不會刻意區隔出宮廷的文學，使得平民文學很自然就進入到宮廷裡，這種現象跟唐朝的風氣有關，唐朝對禮的秩序性要求沒有那麼嚴格，呈現出相對比較寬鬆和流動的狀態，使得唐詩細緻反映出三百年來唐朝平民生活寫照。如果在幼兒啓蒙教育的過程裡去教幼兒背誦唐詩，孩子可能很容易就背誦下來，因為唐詩比較押韻且通俗易懂，當中華文學發展到五言或七言，不論是絕句或律詩，都反映出文字發展出極簡的風格，讓作品可大量流傳，所謂的平民文學就開始興盛了。

唐朝最著名的詩人當推李白與杜甫。李白被譽爲「詩仙」，關於他的文藝作品從他在世的時候，直到現在都經久不衰，其巨大的影響在中華文學史可謂絕無僅有的現象，李白已經變成一種文化符號，他是不拘禮法、追求自由與蔑視權貴的化身，更是詩酒精神的文化載體（何念龍，二〇〇二：頁八五）。但現實中的李白個性強烈且桀驁不馴，總幻想通過某種奇遇在政治上一鳴驚人，他把傳說（生卒年不詳）、姜子牙與謝安（三二〇—三八五）這些具有傳奇風格的歷史人物當作自己的政治偶像，但李白並不具備實際的政治才能，更無法應對唐玄宗晚年極其惡質的政治環境，現實中的李白很不得志，再加上知音難覓的寂寞感和生命短促的憂患感，共同構成李白悲劇心理的基本內容（解國旺，二〇〇一：頁六三—六五）。李白詩會獲得華人如此長期的推崇，與其人狂浪不羈，既有儒者經世濟民的胸懷，更有道者瀟脫飄逸的風貌有關，這召喚與回應著華人共有文化集體潛意識與社會集體顯意識，使得後人閱讀李白詩常會在心中引發高度的共鳴感。

杜甫是唐朝中期詩人，被譽爲「詩聖」，他具有典型的儒者性格，雖然沒有李白的瀟脫飄逸，但詩作中透露著悲天憫人的情感，兩人合稱「李杜」。杜甫中年後身體每況日下，疾病纏身，在他晚年的詩作中最長出現的病名係「消渴症」，這是中醫的說法，始見於《黃帝內經．奇病論》，其成因包含飲酒無度、飲食不節甚至勞逸失度，這些狀態任一者過度無節都有可能導致這種問題。杜甫在詩中從不諱言飲酒背後帶著一縷接著一縷的沉重哀痛，他內心的虛竭與痛苦，源自於唐朝中期整個朝廷開始由盛轉衰。杜甫通過大量飲酒來消解個人與國家疊合的愁緒，藉此暫時忘記家國正導向形骸共枯亡的心理痛苦，卻最終導致疾病的產生（何騏竹，二〇〇七：頁五三四—五三九）。然而杜甫在沉痾難愈且失意落寞的精神狀態裡，依然堅守儒家的價值與理想，在他〈送顧八分文學適洪吉州〉這首詩中，既有爲民請命；還有對友人的激勉，更有對國家社會肩負使命感的懷抱（何騏竹，二〇一四：頁七三—七五）。杜甫詩保存下來有一千四百餘首，世間有「杜詩療病」這一說法，其興起於唐朝，本來源自讀杜甫詩能治瘧疾的戲說，但伴隨著後世讀者對杜甫詩理解的深化，加上閱讀感受的積累，讀杜甫詩可治病的閱讀體驗逐漸被豐富和強化，成爲中華閱讀治療史極其著名的醫案（趙羽、李宗魯，二〇一二：頁一三九），清宋永岳（生卒年不詳）在其《志異續編》說：「白岩朱公氣氛痛，每當疾發時間，取杜詩朗頌數首即止。」讀杜甫詩可治療其氣痛病，精神刺激可調節人體免疫機能，因此常見古人常在病中讀書。

清朝政府在嘉慶年間編輯的《全唐文》有一萬八千四百八十八篇，作者三千零四十二人，散文在唐朝發展出很成熟的狀態，譬如「唐傳奇」這種具有小說意義的文體，內容除部分記述神靈鬼怪外，大量記載人間的各種世態，人物遍及社會各階層，反映面較過去遠爲廣闊，生活氣息也較爲濃厚，像〈虯髯客傳〉，以楊素寵妓紅拂大膽私奔李靖的愛情故事做線索，描寫隋末有志奪取天下的虯髯客，在見到李世民後自歎弗如，最後到海外自立爲王的故事。通過散文，開始有些純文學的作品在唐朝出現，這意謂著其已不再是歷史或思想，而就是純粹在講故事或心情，這與唐朝紙張的使用更加便利有關，因爲文學的發展需要大量篇幅來鋪陳。面對六朝而降華而不實的文風，早在唐朝初年就有陳子昂（六六一—七〇二）主張漢魏風骨，提倡風雅比興。陳子昂在〈與東方左史虯修竹篇〉中表示：「文章道弊五百年矣。漢魏風骨，晉宋莫傳，然而文獻有可征者。仆嘗暇時觀齊梁間詩，彩麗競繁，而興寄都絕，每以永嘆。」意即是說：文章的大道產生衰弊的現象，從西晉至唐初已經有五百年了。漢魏時期優秀的風骨傳統，晉宋雖然沒有流傳下來，然而在現存的文獻中都還能看見各種證據。陳子昂閒暇的時候閱讀齊梁時期的詩歌，覺得當時的創作過度追求詞采的華麗，而沒有內在的比興寄託，對此常常感慨萬千。但即使如此，這種問題還是沒有改變。

直到韓愈冀圖矯正自提倡恢復先秦兩漢的文學傳統，並提出「文以明道」的觀點，《朱文公校昌黎先生文集》卷第十四記載韓愈說：「君子居其位，則思死其官；未得位，則思修其辭以明其道。」意即君子在朝爲官，就要思考如何盡職盡責；沒有官職，就要思考如何寫文章來闡明大道。在該書卷第十六中，韓愈還說：「處心有道，行己有方，用則施諸人，捨則傳諸其徒，垂諸文而爲後世法。處心有道，行已有方，用則施諸人，舍則傳諸其徒，垂諸文而爲後世法。」意即安頓心靈自有可遵循的大道，生命實踐有可遵循的原則，如果有機會被朝廷任用，就依循著大道來從事於政治，如果沒有被朝廷賞識，就將大道的智慧傳授給弟子，並寫成文章供後人來學習。顯見韓愈對文學的態度旨在藉由恢復古文來直指人心，他終其一生都在倡導此事，並自認爲是孔孟傳人，韓愈與柳宗元（七七三－八一九）合作結合當時政壇的改革新風，成爲推廣儒學復興思潮牢不可破的屏障（錢穆，二〇一六：頁二三七），由於他們兩人都有理論與創作，故獲得重要的成就，更對於後世的古文運動發展提供重要的推瀾意義。我們在探索華人本土心理學的過程中，從文學治療的角度來觀察詩文，其實同樣應該著重反思該內容是否內蘊著心靈的智慧，能提供閱讀的當事人從中安住生命。

唐朝時期帖書與碑書這兩種類型的書法開始慢慢合流，但南方的帖書社會日常的氣息比較濃郁，帖書開始逐漸占上風，北方的碑書隨著士族沒落則幾近失傳，使得北派開始衰微。談到唐朝時期的楷書，我們主要就需要談兩人：顏眞卿與柳公權。顏眞卿（七〇九－七八五）是剛烈的忠臣，因堅持不投降而死於安祿山叛亂，他擅長楷書與行書顏眞卿站在前人的成果，結合民間書法質樸的元素，使他的書法形成雅俗共賞的風格，稱作「顏體」。顏眞卿被視作楷書的宗師，他的楷書風格既雄渾剛勁且溫柔敦厚，有一股孟子講的「浩然之氣」，其與儒家的頻率非常相合。北宋歐陽修（一〇〇七－一〇七二）在其修撰的《集古錄》卷七中評價顏眞卿和他的書法時說：「斯人忠義出於天性，故其字畫剛勁，獨立不襲前蹟，挺然奇偉，有似其為人。」意即由於顏真卿忠義的天性使得其書法如其人，沒有承襲前人的跡象，更有著挺然奇偉的風格。北宋書法家朱長文（一〇三九—一〇九八）在其著作《墨池編》的卷三中如此評價顏真卿的書法：「如忠臣義士，正色立朝，臨大節而不可奪也。」可見顏真卿的人格和他書法的風格兩者高度契合，都呈現出堂堂正正的氣節，這使得學習顏體的深意更在於學習儒家思想的敦厚質樸與隆重莊嚴（王志軍、張明慧、永年，二〇一五：頁三一八—三一九）。顏真卿的書法最能反映盛唐的社會風貌，北宋蘇軾在《東坡題跋．書唐氏六家書後》中給予顏真卿楷書極高的評價，他說：「顏魯公書雄奇獨處，一變古法，如杜子美詩，格力天縱，奄有漢、魏、晉、宋以來風流，後之作者，殆難復措手。」蘇軾把顏真卿比擬成書法領域的杜甫，覺得他書法的格調由上天賦予，綜合從漢朝而降各種書體的精華，後世很難超越，說得確實極有道理。顏真卿的楷書對後世產生極大的影響，主因在其書法的風格與結合傳統文人中正不阿的儒家品格，使得其書法既端莊嚴謹更蓬勃大氣，適合入門學習，更適合應用於正式文書。晚唐時期，楷書原本的大氣磅礴逐漸變成循規蹈矩，生活在這一時期的書法家柳公權（七七八—八六五），雖然想要恢復與總結前人的經驗，尤其初學王羲之，接著學顏真卿，獨創出「柳體」來光照晚唐書法領域，但可惜後繼無人（王志軍、張明慧、永年，二〇一五：頁三一九—三二〇），後人一般會把柳公權當作唐朝楷書集大成的典範，並將顏真卿與柳公權的書體合稱做「顏筋柳骨」，「顏筋」是指顏眞卿的書法雄強渾厚，其韌若筋帶；「柳骨」是指柳公權的書法間架嚴謹，其風骨挺拔。

北宋書畫家米芾（一〇五一－一一〇七）則對於顏眞卿有不同評價，他在其〈海嶽名言〉中評論顏眞卿的書法「顏魯公行字可教，眞便入俗品。」，「眞」就是指楷書。這個觀點値得重視，大家一致稱讚的顏眞卿楷書，在米芾這裡反倒不値一提，他反而欣賞顏眞卿的行書，這表示對米芾而言，顏眞卿不是只會寫楷書，他的楷書可能只是在滿足某種標準化的需求。敝人自然尊重不同角度的思考，但如果人只任著自我張揚而看輕自性內斂，則中華書法的生命療癒機能就會隱而不彰。〈祭侄文稿〉這篇行書，就是顏眞卿爲祭奠安史之亂中犧牲的侄子，內在眞情流露的作品，相信對此米芾當無異議。顏眞卿的行書呈現出人發自肺腑的誠意，沒有任何修飾文字，只有濃郁的深情，這其實就是一種自性的表露。後晉張昭（生卒年不詳）與賈緯（生卒年不詳）等人編撰的《舊唐書．列傳》卷一百一十五記載唐朝書法家柳公權說：「用筆在心，心正則筆正。不意而皆意，不法而皆法。」意即寫書法的重點在心靈，心靈端正則筆端正。不需要刻意思考如何去寫，自然就能知道怎麼寫，不需要遵循固著的書寫方法，自然就會有相應的書寫方法。這些書法家的觀點，重點都在指出練習書法背後需要厚實的生命體驗，纔能完成其書法造詣。

草書可區隔成「古草」和「今草」，古草是指篆書或隸書的快速書寫，篆書的草寫變成隸書，隸書的草寫其筆法就是「章草」，章草是發展最成熟的古草。今草則是立基於章草簡化筆法連綿書寫而成。廣義的草書指各種書體的快速書寫，包括楷書的草寫就變成行書，但狹義的草書就僅指由行書快速書寫演變成的今草。草書反映出人在寫書法的過程中，對情感抒發和藝術審美的重視，但草書的發展過程裡逐漸規則化，形成「草法」，從而確保能落實於日常書寫中。除大篆外，草書的筆法相對比較簡單，一般人會覺得草書難寫，主要是因乍看草書的線條很複雜，容易讓人產生畏懼感，而且草書的書寫速度很快，讓人眼花繚亂，就會誤認難寫，但其實越是高水平的草書，就越要體會慢的感覺。唐朝時期草書的重要書法家有孫過庭（六四六－六九一）、張旭（六七五－七五〇）和懷素（七二五－七八五）三人。孫過庭對王羲之（三四四－三八六）父子兩人的行草有深入研究，結合王羲之的內擫筆法與王獻之的外拓筆法，開創出他《書譜》這一作品，風格流暢婉轉，極富有變化性，屬於字體比較內斂的「小草」，「大草」又稱作「狂草」，這由張旭與懷素兩人開創，相對於小草，大草的字體較張揚灑脫。張旭母親的家族累世都因書法聞名於世，這使得張旭有良好的書法學習環境，他個性豁達不羈卻才華橫溢，而且嗜酒如命，經常在大醉的狀態裡寫書法，酒醒後連自己都驚歎能寫出這麼神妙的書法。懷素則出生貧寒，早年出家爲僧，卻性情豪爽，同樣嗜好喝酒，他繼承張旭的書法，並把禪學融入其中，其字體激越而內斂，有如仙人飛舞。人們常將張旭與懷素並稱「癲張醉素」，意即從書法來評價兩人的字，會覺得張旭癲狂而懷素醉舞。大草雖然到唐朝時期纔發展成熟，實則早在東晉時期就已開先河，如王羲之的〈大道帖〉與王獻之的

〈中秋帖〉，都是數字連綿，一氣而順流直下，很可能正是「癲張醉素」的創作源泉（杜忠誥，一九八八：頁二一一—二二二）。草書是一種值得人們省思的書寫狀態，當人如果太隨著個性發展，書法的藝術性就會自然而然變得很旺盛，但自性就會弱下來，從華人本土心理諮詢的角度來說，敝人並不建議初學者或當事人練習草書，而是建議先練習行書，我們可反思：爲什麼西洋的藝術家，不論是音樂家還是繪畫家，常見個性很張揚囂張的人，卻同時呈現出某種神經質的狀態，例如荷蘭印象派畫家梵谷（Vincent Willem van Gogh, 1853-1890）覺得把自己的耳朵割下來，纔能畫出最感人的自畫像，西洋藝術家通過張揚個性來攀登藝術的高峰，但從自性的角度來講，這種馳騁個性其實是種耽溺。

第四節　繪畫反映文化心理

隋文帝勵精圖治，社會生產得到恢復，本來在南北朝時期就已興盛的佛教與道教，在這個太平世獲得進一步的發展，在文帝與煬帝（楊廣，五六九—六一八）的支持下，造像風氣日盛，基本恢復北周武帝（宇文邕，五四三—五七八）滅佛運動所造成的破壞，隋朝的繪畫依舊係釋道兩教的人物畫爲主，並且因南北政治的統一，繪畫風格跟著逐漸統一。但隋朝初期，文帝對於南北朝時期的奢靡風氣有省思，因而倡導經學並復興禮教，再加上隋朝國祚短暫，總計只有三十八年（五八一—六一九），造成有開創性的畫家不如南北朝時期來得大量，而盛行於南北朝時期的畫論著作在隋朝戛然而止。隋朝時期最有名的畫家為展子虔（五四五—六一八）與董伯仁（生卒年不詳）兩人。玄奘法師的弟子釋彥悰（六二七—六四九）在《後畫錄》中對展子虔的作品評價說：「觸物為情，備該絕妙。尤善樓閣，人馬亦長。遠近山川，咫尺千里。」意即展子虔的作品飽含情感，他擅長畫樓閣、人物、馬匹和山川，整個畫面給人近在咫尺卻遠在天邊的感受。《歷代名畫記》第八卷記載：「初董與展同召入隋室，一自河北，一自江南，初則見輕，後乃頗采其意。」意即展子虔與董伯仁被隋文帝一起召到京師，董伯仁來自河北，展子虔來自江南，剛開始董伯仁比較輕視展子虔，後來發現其自有優點，吸收展子虔的繪畫特點而繼續發展，說明展子虔對南北繪畫風格的融合有著重要的影響（王伯敏，二〇〇九：頁一〇八）。雖然隋朝畫家的作品重點依舊屬於人物畫為主，但展子虔的《游春圖》改變以往山水只作為人物陪襯的角色，這種繪畫常將人畫成幾倍於山水，且畫面較單一，沒有層次感的風格，展子虔在該畫中使用「青綠法」，這是一種具有開創性的新技法，客觀繪畫出物體的遠近、高低、大小，重視空間透視的關係，並影響到唐朝青綠山水畫的重要畫家李思訓（六五三—七一六）與李昭道（六七五—七五八）父子二人（戴一菲，二〇一七）。

中華繪畫在唐朝時期發展到高峰，同書法一樣，唐朝初期本來同樣有南方與北方兩種風格的不同，北方的繪畫都是在士族與宗教的圈子裡風行，盛唐時期南方平民社會呈現日常人生的風格逐漸取得主流位置。這裡的平民社會是指士大夫，因無論書法還是繪畫，唐朝通過進士科的士大夫主要來自於民間，其與帶有世襲性質的士族不同。因這種平民的風格，盛唐時期開始有裱褙，將書畫掛在家裡的正廳或書房中，這表示唐朝已經開始喜歡與欣賞藝術，這變成一種生活品味的象徵，就是孔子所說的「富而好禮」（《論語．學而》第一）。不過，唐朝雖然山水與花鳥繪畫獲得蓬勃發展，還出現貴族仕女遊樂宴飲為主題的繪畫，但大體還是著重釋道兩教的人物畫爲主。初唐時期比較有名的畫家有閻立本（六〇一—六七三）與尉遲乙僧（生卒年不詳）兩人。閻立本作爲生活在中原地區的士族，善於表現外表文靜卻有著強烈內在心理活動的貴族，尉遲乙僧來自西域的于闐國（現在新疆維吾爾族自治區和田地區西南），他是該國貴族，卻來到唐朝做官，善於表現性格豪邁且喜怒形於色的邊塞民族，因此更注重捕捉由於不同心情而出現的面部與全身姿態的變化（金維諾，一九六〇：頁六六）。《步輦圖》是閻立本畫的具有重大歷史意義的畫作，描繪唐太宗（李世民，五九八—六四九）坐在步輦上接見吐蕃王朝君主松贊干布（？—六五〇）派來的迎親使者的場面。但畫中的唐太宗不僅沒有在殿堂上接見使臣，更沒有乘坐天子正式出行應該乘坐的輅，即便是步輦本身，比最小規格八人抬步輦要少兩位，唐太宗本人更是身穿便服，坐姿顯得很隨意（王冠，二〇二一：頁五二）。儘管接待場合看來不合禮儀，但唐太宗神情從容且目光堅定，跟吐蕃使者的拘謹不安產生鮮明對比，顯露出這位君主在心理層面的自信，還有反映出大唐正蒸蒸日上的國家整體能量。閻立本人物畫的題材主要係人物寫實，有著強烈的政治性和現實性，並且注重刻畫其個性與精神，相較於六朝人物畫，這是極其突出的特點。再者，閻立本在著色常使用石青或石綠，有時還用金銀這些貴重礦物來當顏料，從後來李思訓山水畫的色彩運用來反觀，可看出這種著色辦法帶來的影響。相較於南北朝繪畫追求細密、精緻與清麗，閻立本的繪畫往光耀斑斕與完善齊備的風格大幅發展，可謂開啓盛唐繪畫的先聲（徐改，一九九六：頁五七—五八）。

尉遲乙僧是和閻立本齊名的同時期畫家，唐朝繪畫理論家朱景玄（生卒年不詳）寫《唐朝名畫錄》如此評論其人：「凡畫功德、人物、花鳥皆是外國之物像，非中華之威儀。」這段話的意思很明白，可看出朱景玄對其頗有不滿。尉遲乙僧擅長印度暈染法（即前文所說的印度陰影法），推展盛唐繪畫新思想的崛起。元朝書畫鑒賞家湯垕（生卒年不詳）在《畫鑒》中說其人：「作佛像甚佳，用色沉著，堆起絹素而不隱指。」意即尉遲乙僧特別擅長畫佛像，著色濃重厚實，看上去好像凸出畫面，但用手指觸摸卻是平面。這種畫法使得中國繪畫富有明暗變化的繪畫效果朝著更加寫實與立體的方向完善起來，極大改變中國本土繪畫原先「跡簡意淡」的造型風格，形成嚴肅端莊且峻拔豪邁的畫風，著色的濃厚，更在視覺心理上對華人傳統的審美觀產生巨大影響（鄒振明，二〇一二：頁一二〇—一二一），如李星明在〈唐墓壁畫考識〉一文中寫道：「經過張僧繇、尉遲乙僧等人的努力，色彩在中原繪畫中幾乎與線條並駕齊驅。色彩的比重加大給傳統繪畫輸入了新鮮血液，曾在某種程度上一度改變了華夏民族偏愛黑白極色的視覺心理。」（李星明，二

○○一：頁三一三）當日覺得尉遲乙僧的繪畫風格「非中華之威儀」，但我們或可視其爲過渡性的橋樑人物，其畫風後來卻融入並豐富中華繪畫，現在可見只要華人秉持著主體性的意識，中西文化交流不只不會影響中華文化，甚且會擴大中華文化的格局，這種主體性的意識就是自性。

盛唐時期最有名的畫家當屬吳道玄（六八五—七五九），世人都稱其吳道子（道子係其字），唐玄宗召入宮中後就一直在裡面作畫。《唐朝名畫錄》如此記載吳道子：「凡畫人物、佛像、神鬼、禽獸、山水、臺殿、草木，皆冠絕於世，國朝第一。」據說吳道玄作畫時下筆速度非常快，反映出他心性的厚度，蘇軾在其詩作〈王維吳道子畫〉中稱讚他說：「當其下筆風雨快，筆所未到氣已吞。」意即吳道玄作畫時，還沒有下筆前，氣蘊就已經顯露出來，一下筆則如風雲般疾駛。吳道子是高產畫家，《唐朝名畫錄》引《兩京耆舊傳》的記錄說：「寺觀之中，圖畫牆壁，凡三百餘間。變相人物，奇蹤異狀，無有同者。」意即吳道子僅在長安與洛陽的寺院和道觀中，創作的壁畫就有三百多間，而且主題豐富且形態各異，完全沒有雷同的作品。《兩京耆舊傳》還指出他在長安景雲寺所繪畫的《地獄變相圖》達到如此效益：「吳生畫此寺地獄變相時，京都屠沽漁罟之輩，見之而懼罪改業者，往往有之，率皆修善。」在長安殺豬、賣酒、捕魚與打獵的人，常會看見《地獄變相圖》會畏懼自己造孽而改業，都去做修善積德的事情，可見吳道子畫作感人至深的能量。直到北宋末期的宣和年間（一一一九—一一二五），由政府主持編撰的《宣和畫譜》卷二記載，宋徽宗的宮廷裡依然藏有九十三件吳道子的畫作，可惜或都在靖康之難（一一二五）焚燬，使得吳道子的作品傳到現在已不多見。蘇軾曾在他寫的〈書吳道子畫後〉中說：「君子之於學，百工之於技，自三代歷漢至唐而備矣。故詩至於杜子美，文至於韓退之，書至於顏魯公，畫至於吳道子，而古今之變，天下之能事畢矣。」蘇軾認為各種學問或者技藝，從漢朝發展到唐朝已經形成很成熟的體系，詩歌發展到杜甫到達高峰，文章發展到韓愈到達高峰，書法發展到顏眞卿到達高峰，而繪畫發展到吳道玄到達高峰。敝人相當認同這個看法，因此本書撰寫過程中，有關詩文書畫都依循著這個脈絡來談。

長安寺院是唐朝的文化寶庫，共有六十四所寺院留下壁畫記錄，留有畫作的畫家共六十六名（魏嚴堅，二〇〇四：頁五九）。長安寺院壁畫最常見的主題就是經變，經變畫是將佛教經典變成繪畫圖像，讓信徒僧眾藉由圖像來瞭解佛經的內容，經變畫中又以地獄變七處為最極致。地獄誇張扭曲與陰森淒厲的場景，營造出因果業報的輪迴觀，直擊普羅大眾的心靈，藉此強化大眾的宗教信仰。但王維（六九二—七六一）卻在他寫的〈跋吳道子地獄變相〉中說：「觀地獄變相，不見其造業之因，而見其受罪之狀，悲哉悲哉，能於此間一念清淨，豈無脫理，但恐如路旁草，野火燒不盡，春風吹又生耳。」意思是說：大眾只是因觀看地獄眾生的慘狀而感到恐懼，並不瞭解業報的根源，這是很悲哀的現象，如果能在觀看地獄變相圖的剎那間頓悟自性，恢復一念清靜，這固然是直指根本的解脫辦法，但對一般人來說，恐怕惡念就會像路邊的野草，無論如何反覆用火消滅，到春天都還是會復生。意即王維認爲僅靠著觀看地獄變相圖來消滅惡念，終究是種治標不治本的方法，這種反思的確很深刻，拿繪畫來驚恐人與拿道理來說服人是兩種不同的思考角度，可見面對這種類型的繪畫，士人與畫師有不同的意見。

唐朝的山水畫已經開始有不同的表現型態：首先是吳道子畫的是水墨簡體畫，略施淡彩且氣魄恢弘，這種畫法促進水墨畫派的成長，引發晚唐至五代水墨山水畫的興起。同在盛唐時期，李思訓（六五一—七一八）畫的是青綠山水畫，其工整細緻且色彩絢麗，李思訓和他的兒子李昭道父子二人是當時最有影響的山水畫派，在中國山水畫史上佔有相當重要的地位，奠立唐朝繪畫其中一種基本格調（徐改，一九九六：頁五二—五四）。不同風格的出現，說明山水畫在唐朝已開始興盛。唐朝山水畫大致區隔成兩個流派，一派是二李父子做代表的青綠山水派；還有一派是王維和張璪（生卒年不詳）做代表的水墨山水派。前者突出表現大唐的壯麗山河和金碧輝煌的氣度，後者主要反映文人的審美情趣（戴一菲，二〇一七）。水墨山水技法改變本來青綠山水畫空勾輪廓然後敷彩的方法，冀圖讓山水畫描繪的對象眞實而充滿，使得畫家進而深入自然展開觀察，從而促進山水畫的迅速發展（楊新，一九九九：頁八）。敝人覺得諮詢工作的展開，不見得只能在室內，而應該善用自然環境，藉由觀山水來開拓諮詢師與當事人的對話情境，甚至可共同去博物館或藝術館觀看繪畫展覽，藉由探討畫家的心境來讓當事人自然產生反思，敝人曾帶幾名由大陸來臺灣念書的學生去臺北故宮博物院參觀，其中有名學生對於臺灣社會瀰漫著「反中」的浪潮深感憂慮，並覺得自己身在臺灣有飄零異鄉的孤獨感，甚至有著抑鬱的心結，但當她看著眼前相傳由李思訓繪畫的《江帆樓閣》（有研究指出或係宋徽宗（趙佶，一〇八二—一一三五）設立畫院時的摹本），官員鄉間宅第依山而築，屋舍的斗栱與樑柱皆用朱漆，顯得極其搶眼，在我們的對話中，她頓然深感人置身於山水間，不應該只任著自我放逐於自然，更要有著價值自覺與心靈厚度，並且，這些先賢的作品都依然在臺灣安置，先賢的英靈未曾離此淨土，她何需孤芳自賞，覺得自己已隻身在外呢？想到這裡，她的生命獲得昇華與淨化，心中再無掛礙，後來順利取得博士學位並回到大陸的高校任教，可見繪畫的確有治療人心靈的效益。

王維，號摩詰居士，他多才多藝，音律、詩文與書畫都很精通，王維經歷安史之亂的磨難後，對官場失去興趣，開始專注於精神修養，或焚香靜坐讀經，或彈琴作詩繪畫。儘管王維精研佛理，但儒家精神從未在他身上徹底消失過，縱觀其一生，儒佛兩家思想始終糾纏交會在他的生命裡，使得他的精神徘徊於中此世與他世的中間地帶，印證著他官隱交替的生涯（黃綺彥，二〇〇七：頁二一二）。王維是濕筆水墨渲染法的創造者（徐改，一九九六：頁五四—五五），並且在作畫時特別注重寫意，由清朝趙殿成（一六八三—一七四三）箋注的《王右丞集箋注》引用張彥遠在《畫評》中的話說：「王維畫物，多不問四時，如畫花往往以桃、杏、芙蓉、蓮花同畫一景。」（《王右丞集箋注．附錄》）意即桃花、杏花、芙蓉與蓮花本是不同時節的花卉，但王維都把它們共同畫在一幅畫上，說明王維更在意的是畫呈現出的意境，而不是刻畫現實而已。蘇軾曾在他的詩作〈書摩詰藍田煙雨圖〉中評價王維的詩畫時說：「味摩詰之詩，詩中有畫；觀摩詰之畫，畫中有詩。」意思是說，品味王維的詩，詩中有畫的意蘊；觀賞王維的畫，畫中有詩的意境，這段話已經成爲千古名言，譬如《輞川圖》是王維最有名的山水畫作，並對韓國山水畫和田園詩的創作都產生深遠影響，韓國文人歷來對《輞川圖》倍感興趣，是因爲王維畫作具有的詩畫融合互補的特點，給人寧靜淡遠且天機清妙的感受，更能滋養人的心靈（王國彪，二〇一三）。北宋文學家秦觀（一〇四九—一一〇〇）在其書法作品〈摩詰輞川圖跋〉中說：「余曩臥病汝南，友人高符仲攜摩詰輞川圖，過直中相示，言能愈疾。遂命童持於枕旁閱之，恍入華子岡，泊文杏竹里館，與斐（應作裴）迪諸人相酬唱，忘此身之匏繫也。」大意是說，秦觀在汝南患病躺在床上，他的朋友高符仲（生卒年不詳）特別拿王維的《輞川圖》來探望他，說這幅畫能治好他的病，秦觀於是命童僕拿著畫站在枕頭旁裨益於自己觀賞，恍惚間感覺自己好像親臨那美好的景致中，跟朋友們相偕在華子岡吟詩作對，以至於忘記時間，更忘記自己的病痛，可見王維繪畫作如何的惟妙惟肖。

自初唐開始禪宗思想大興，主張人人皆有佛性（該佛性即是自性），無須向外尋求解脫的道理。禪宗著重人生命的灑脫自在，促使筆簡意足且心境空闊的繪畫風格逐漸形成。王維就受到這樣的影響，他在詩畫創作中，善於把自己對禪理的參悟融入到作品中，並能將禪學義理與自然景物巧妙結合起來，表達出深刻的禪趣（張伯娟，二〇一一：頁二九八）。王維的詩與畫把自然與人生融成一片，把出世的意境融入到日常人生中，呈現出活潑靈動的樣貌，這在後來被稱作是禪的意境，但其實敝人覺得這就是一種中華文化特有的人文精神。王維的破墨法在當時受到士大夫的高度重視。破墨法即一種用水滲透墨色來渲染的繪畫技法，打破青綠重色和線條勾勒的束縛，適合於描繪大自然的景色。除破墨法外，王維還發明「雨點皴法」，所謂「皴法」即用細筆描畫堆疊染擦去表現山脈、石紋、雲狀、水波、樹幹與枝條等形態與色相，「雨點皴法」即用筆點簇成皴，形似稻穀，來表現鳥群、樹葉與山凹。王維提倡水墨畫，他覺得水墨畫可在咫尺的畫面裡，就將場景的廣闊性和複雜性表現出來，畫山水畫應「意在筆先」（方祖燊，二〇一八：頁一二三—一二四），意即在下筆前，心中要先醞釀出要畫的內容，這點其實跟寫書法的要領如出一轍。王維的畫作同時被視作「文人畫」，董其昌在其著作《畫禪室隨筆》卷二中說：「文人之畫，自王右丞始。」王維被董其昌定位為中華文人畫的始祖，從此文人畫逐漸發展成為中國繪畫的主流（潘天壽，二〇一九：頁七二—七三）。「文人畫」是中國繪畫研究中的一個重要概念，中國美術史學家滕固（一九〇一—一九四一）替文人畫做出最寬廣的定義，他列出三種特徵：第一，畫家有士人的角色，其背景與畫工不同；第二，藝術被看作士人閒暇時的一種表現型態；第三，文人畫家的藝術與院體畫家有著不同的風格。這三個定義的排列順序，將文人畫進化的階段顯示得十分清晰（卜壽珊著，皮佳佳譯，二〇一八：頁四—六）。

唐朝的畫論極爲發達，有各種類型的著作，有的是對畫家或作品的品評，有的是在討論古畫的鑒定和收藏，還有對繪畫方法和理論的探討。其中內容廣泛且篇幅最長的著作當屬晚唐時期張彥遠的《歷代名畫記》，這是累積初唐到中唐的豐富繪畫創作經驗後，撰寫出中國第一部繪畫通史著作，總計有十卷，前面已指出，張彥遠是謝赫「六法」的最早解釋者（葛路，二〇〇九：頁六一），在《歷代名畫記》第一卷中，他說：「以氣韻求其畫，則形似在其間矣。」意即繪畫時先把握住氣蘊（氣韻），外形就很自然能與實物近似，這是繪畫要把握的核心要領。涉及到繪畫的技術層面時，他說：「夫象物必在於形似，形似須全其骨氣。骨氣形似，皆本於立意而歸乎用筆。故工畫者多善書。」（同上）描摹外物的形象時，最重要的就是外形相似，外形相似就必須畫出外物的骨架與氣蘊；其挺拔的骨架與氣蘊能畫出來，根本在於構思如何用筆，這就與筆法的運轉有關，使得筆法精湛的畫家大都擅長寫書法。對於氣蘊和用筆的關聯性，張彥遠還表示：「若氣韻不周，空陳形似，筆力未遒，空善賦彩，謂非妙也。」（同上）意即對氣蘊的把握如果不周全，只有空洞追求外形的相似，或者用筆不夠強勁有能量，只是空洞追求著色的技藝，這樣都無法把握住繪畫的神髓，意即未臻於精微。

張彥遠對繪畫的探討已蘊含工夫的意涵，可讓人仔細思索工夫與心理的關係。例如他在《歷代名畫記．論顧陸張吳用筆》第二卷中說：「夫用界筆直尺，是死畫也；守其神，專其一，是眞畫也。死畫滿壁，曷如污墁？眞畫一劃，見其生氣。夫運思揮毫，自以爲畫，則愈失於畫矣。運思揮毫，意不在於畫，故得於畫矣。」這段話的意思是說：用畫直線的畫筆，結合直尺繪製出來的作品是僵死的畫，守護並凝聚自身的精神，把握住「一」的道理，創作出來的是有生命的畫作。僵死的畫即便畫滿墻壁，都不過是污垢，有生命的畫作，即便只畫一筆，都會生機盎然，充滿著氣蘊。思慮運作於畫筆，刻意去畫，自認爲在創作，反而不能完成有生命的畫作，精神運作於畫筆，卻不刻意去畫，反而能完成具有生命的畫作。張彥遠說的「一」，就敝人理解來說即指心體。就繪畫方面的成就而言，張璪（張藻，生卒年不詳）與王維齊名，甚至超過王維，可惜他的作品目前只剩《松石圖》、《寒林圖》與《松竹高僧圖》，他的同宗晚輩張彥遠在《歷代名畫記》卷十收錄有其一段名言：「外師造化，中得心源。」在古漢語中，「造化」是指生成性而不是實體性的概念，意指自然事物的生長變化過程，而不是自然事物的總和指稱，因此「師造化」不等於對自然事物的模仿，而是揭示、描繪與彰顯自然事物的生長變化過程。「心源」這一詞彙本來是佛教用語，還可稱作「靈源」、「法源」、「心體」與「心地」（范明華，二〇一二：頁五五），敝人覺得這「外師造化，中得心源」還可解釋做向外師法自然事物生長變化的過程，向內探索心體獲得靈感的泉源，因此，張璪這段話深刻指出繪畫既是做工夫的過程，其作品更是把握心體的呈現，這八字後來變成中華繪畫一貫的旨趣，並使得中華繪畫直通華人本土心理，觀畫或作畫都能從中涵養生命。

唐朝時還有位畫家王洽（又稱王默，約七三四—八〇五），他喜歡喝酒，經常於醺酣大醉時在絹上潑墨，隨著墨跡的形狀，用腳踩或手抹，甚至拿髮髻取墨來繪畫，自成山石雲水的濃淡關係，這種類型的畫家任著自我開展，在西洋文化中蔚爲主流，但因中華文化具有自性特徵，使得其風格不顯。當唐朝滅亡後，北方先後建立後梁、後唐、後晉、後漢與後周五個短暫的政權，同時期南方還有十個政權並存，史稱「五代十國」。五代時期儘管戰亂頻繁，繪畫整體呈現衰落的跡象，但在遠離戰火且風景秀麗的國度，譬如在前蜀、後蜀、南唐與吳越這些政權還是獲得保護與發展。尤其前蜀、後蜀與南唐的君主多愛好繪畫，使得成都與江寧（現在江蘇省南京市）兩地成爲五代時期的藝術聖殿，開啓宋朝繪畫的先河。五代時期繪畫的突破和創新，主要體現在山水畫和花鳥畫這兩個層面，山水畫由唐朝的寫實，逐漸轉向寫意與寫神，形成荊浩（約八五〇—約九一一）爲代表的北方山水畫派和以董源（？—九六二）爲代表的南方山水畫派。山水畫因此逐步由裝飾畫，轉化成士大夫抒發情懷的管道。五代時期的花鳥畫則主要集中於前後蜀與南唐兩國境內，前後蜀的花鳥畫更因庶民文化的興起，而更注重眞實的表達和感官的愉悅，使得南唐的花鳥畫更注重向人們傳達一種文人情懷和精神意境（尹娜、孫敬，二〇一五：頁八三）。

五代時期的山水畫常用皴法來處理岩石的表面紋理，使山石看起來更顯得厚重與巨大。荊浩是開創該時期山水畫新風格的第一位畫家，元朝湯垕（生卒年不詳）《畫鑒》評價荊浩的山水畫爲「唐末之冠」。在傳世的中國早期山水畫中，荊浩的《匡廬圖》是我們見到的最早一幅在山石的描繪上使用有規律皴法的作品，這種皴法被後人命名為「斧劈皴」。當山水作為獨立的審美對象進入畫家的創作領域後，促使畫家進而深入自然與體察自然。不同的山石皴法，即是不同山石結構的不同質感表現，荊浩對此作出承前啓後的偉大貢獻（楊新，一九九九：頁九一一〇）。荊浩寫的《筆法記》是中國繪畫美學理論的重要文獻，他在本書中提出「圖眞」這一理論，認為「眞」與「似」不同，「似者，得其形，遺其氣。眞者，氣質俱盛」，意即繪畫時如果只是形似，就會遺漏掉氣韻，如果去追求本眞，則氣韻和質地都能充分體現出來。該「眞」的整合來自於兩者，其中不能沒有人這個生命主體的參與進去，因此其「本眞」實屬物我關係的對話。荊浩據此理論，依託北方雄偉的山川風貌，創造出具有雄峻渾厚特征的新繪畫風格面貌。荊浩在《筆法記》中表示：「知書畫者，名賢之所學也。」意即書法和繪畫都是大賢從事的學問。他還說：「嗜欲者，生之賊也。名賢縱樂琴書圖畫，代去雜欲。」意即沉溺於欲望是對生命的傷害，大賢都是通過彈古琴，甚至寫書法與繪畫，來去除心中雜亂的欲望，可見他已經意識到這些事情並不是種藝術而已，更是種鍛鍊精神的工夫，我們可據此思考人如何藉由繪畫來展開對自己心理的認識，並從中完成物我兩者的本眞，並有益於心理治療。

《筆法記》還提出「氣，韻，思，景，筆，墨」這「六要」，還有用筆過程中有「筋，肉，骨，氣」這「四勢」的學說。「六要」是立基於謝赫「六法」的再發展，首先，荊浩把原本「六法」中合起來講的「氣」與「韻」區隔開來對待；有關於「氣」，《筆法記》

說：「氣者，心隨筆運，取象不惑。」意即運筆要與心靈有連結，就不會迷惑於如何抓取物象，纔能畫出生氣而不產生迷惑；有關於「韻」，《筆法記》說：「韻者，隱跡立形，備儀不俗。」意思是說描繪外物的形象，卻要有不落痕跡的美感，藝術表現不俗的儀態，纔能畫出深刻的韻味。有關於「思」，《筆法記》說：「思者，刪拔大要，凝想形物。」這是指創作者構思畫面的時候，需要對繪畫對象展開概括與提煉，凝聚精神去思考自己要表現的對象。「思」是「六法」中本來沒有的觀點，這屬於荊浩首創（葛路，二〇〇九：頁七三）。有關於「景」，《筆法記》說：「景者，制度時因，搜妙創眞。」這是說景物的描繪要度量時節和環境的變化，並且要集中於再現自然景物的神妙與本眞。

有關於「筆」，《筆法記》說：「筆者，雖依法則，運轉變通，不質不形，如飛如動。」這是說用筆時雖然要依循法則，但不要被法則束縛，要懂得靈活變通，呈現出舞動般的氣息。有關於「墨」，《筆法記》說：「墨者，高低暈淡，品物淺深，文採自然，似非因筆。」這是說要根據所繪對象的色彩深淺變化來用墨，使色彩豐富又看起來自然。「六法」只講用筆卻沒有講用墨，荊浩則覺得只有把用筆和用墨結合起來，纔能賦予作品超越本身的精神內涵（馮艷，二〇一〇：頁一〇七），使得山水畫的技術被全面架構出來。荊浩是第一個提出「水暈墨章」概念的畫家，採取「有筆有墨」作爲標準，來衡量山水畫創作的得失，從而使中國畫在意境和筆墨這兩層面進而拓展出新的審美範疇（趙啓斌主編，二〇一七：頁一五〇—一五二）。對於「四勢」，荊浩在《筆法記》解釋說：「筆絕而不斷，謂之筋。起伏成實，謂之肉。生死剛正，謂之骨。跡畫不敗，謂之氣。」這段話的意思是說，停止運筆其勢不斷稱作「筋」；用筆起伏形成具相稱作「肉」；筆法樣貌首尾剛正稱作「骨」；筆跡線條流暢自然稱作「氣」。這四種用筆過程其實可經轉化應用於心理諮詢的過程，諮詢師面對當事人同樣要有「四勢」：不論是否發問，都要留下反思空間，這就是「筋」；記錄跟著對話，讓彼此能回顧細節，這就是「肉」；從起點到終點，都保持中正的態度，這就是「骨」；過程細緻靈活，帶給人自然的感受，這就是「氣」。

董源在南唐宮廷任北苑副使，作爲南方山水畫派的代表人物，他的畫風與北方山水畫常呈現雄偉險峻的風格不同，南方因爲水草豐盛，山體連綿柔長，繪畫風格自然較溫婉柔雅。董源有一幅著色山水畫《龍宿郊民圖》，呈現出江南地區深秋時節的景致，在這幅畫中，董源爲表現平緩的山坡，大膽使用披麻皴法，這顯然已有融入王維的筆法，而在著色上則繼承李思訓青綠山水的傳統，但將風格從富麗而具有神仙氣息，轉爲有眞實的山川意境和文雅細緻（趙啓斌主編，二〇一六：頁一七一—一七七）。沈括在《夢溪筆談》卷十七中說董源的畫作：「用筆甚草草，近視之，幾不類物象；遠觀則景物粲然，幽情遠思，如睹異境。」意思是說：用筆甚潦草，近看會覺得不像現實中會有的事物樣貌，遠看則景物鮮明顯著，引發人深遠的情思，就像在觀看異域一樣，董源的《瀟湘圖》和《夏景山口待渡圖》這兩幅作品中，岩石沒有稜角，樹木沒有枝幹，房屋的刻畫不是很細緻精微，這種畫法在當時是極其大膽的創新，深刻描繪出江南景致的煙雨朦朧，董源的畫作深受北宋文人的喜愛，《宣和畫譜》卷十一記載他作品的意境「足以助騷客詞人之吟思」。

五代時期山水畫領域出現的寫意傾向，其實就是士人的一種精神意趣的映照。山水畫表現的內容並不是一時一地的山水，而是畫家心中的山水，更是理想與自然的和諧統一體。其展開嶄新的審美趨向，表現出山水畫正逐漸由裝飾品轉而成爲體現士大夫性情與思想的工具（陳毓文，二〇一四：頁一〇二—一〇三）。這一點尤其可從董源《瀟湘圖》反映出的文化意涵中看出：在湘水神話中，湘君、湘夫人原本是一對配偶神，後來演變成舜帝的兩位妃子，加上黃帝遊於洞庭荒野與舜死蒼梧荒野的典故，還有歷朝官員流放南方產生的流官文化，使得「瀟湘」這一主題逐漸被賦予懷材不遇、謫官遠適與高潔清遠的意涵，成爲政治理想和精神信仰的歸宿，後來更進而擴張，隨著六朝的建立，在五代時期的南唐、前蜀與後蜀，瀟湘圖像更隱含著正朔觀念與正統思想（趙啓斌主編，二〇一六：頁一七八—一八三）。董源的弟子巨然（生卒年不詳）經歷南唐到北宋，或因經歷政治環境的變化，則反向加入北方山水畫的構圖，而且筆墨比較雄渾與粗放，沒有雲霧迷濛的景觀，與董源二人合稱「董巨」。唐末五代時期，大量宮廷畫家隨皇室入蜀，前後蜀君主對畫家都相當優待，後主孟昶（九一九—九六五）尤其喜好繪畫，特創翰林畫院，宮廷中人才濟濟，其作品多替皇家服務而用於教化。前後蜀宮廷畫院的建立被認爲是中國宮廷畫院的發端（李傳文，二〇一七：頁五）。

南唐中主李璟（九一六—九六一）和後主李煜（九三七—九七八）都喜好繪畫，並效仿後蜀設立畫院，於是各路繪畫人才雲集於一堂。五代時期人物畫著名畫家有前蜀的貫休（八三二—九一二）和南唐的周文矩（九〇七—九七五）兩人。周文矩是宮廷畫家，最擅長仕女畫，但他畫仕女時並沒有很在意刻畫妝容，更不管穿戴的艷麗，而是把重點放在描繪出女性特有的情態。周文矩創發的「戰筆」，這是種人物衣紋描法，象徵著五代時期人物畫創作中新的審美追求（楊新，一九九九：頁七—八）。貫休是名出家人，後到前蜀國，前蜀高祖王建（八四七—九一八）賜紫衣並稱其禪月大師，他擅長佛像畫，尤其擅長畫羅漢像，風格本師承於閻立本，卻自成一家。北宋學者黃休復（生卒年不詳）編撰的《益州名畫錄》卷下記載貫休曾創作《十六尊者》，裡面的尊者樣貌極其怪異，有人問他爲什麼這麼畫，他說：「休自夢中所睹爾。」意即他創作的靈感全來自於他的夢境所獲。後蜀詞人歐陽炯（八九六—九七一）〈貫休應夢羅漢畫歌〉中說他：「忽然夢裡見眞儀，脫下袈裟點神筆。」北宋書畫鑒賞家郭若虛（生卒年不詳）更進而認爲貫休是經由入定後而觀羅漢眞容，郭若虛在其編撰《圖畫見聞志》卷二中表示：「嘗睹所畫水墨羅漢，云是休公入定觀羅漢眞容後寫之，故悉是梵相，形骨古怪。」貫休畫的羅漢出自於靜坐入定後的觀察，在溯源狀態中，其畫的羅漢不再是中土樣貌與骨架，而都是很古怪的印度樣貌。

貫休所做的「夢」應該不是一般認知的那種夢，該溯源狀態實屬於修行者在入定時的深層潛意識狀態。禪畫家因夢作畫的體驗稱作「神授」或「神妙」，在該禪境中，畫者獲得更高層的精神體驗，夢中「相」更接近於「實相」，其禪境與現實距離更遠。五代甚至後來的兩宋時期禪畫家常喜歡喝醉後創作，因醉酒跟睡夢的相似處在於醉酒時人的顯意識弱化，潛意識中的創造靈感，更容易從中迸發出來（李靜，二〇一七：頁一三七—一三九）。值得對比的現象是一戰結束後至二戰間，產生於巴黎藝壇的超現實主義文藝思潮，這股思潮著重於佛洛伊德的心理學，認爲潛意識相比於現實環境，更顯得眞實和自由，因此不惜打破正常的思維模式來組織畫面和形象，具有神秘、怪誕與恐怖的特點。但貫休的畫作並沒有超現實主義那樣線條誇張，正如他的詩意旨在「棒喝」，有相當明確的社會傾向（蔡學海，二〇〇八：頁一七—一九），貫休的畫風顯示中華繪畫無論多麼不追求「形似」，依然有著核心的收攝機制，使得藝術作品不會完全服膺於潛意識，這個核心的收攝機制，就是儒釋道三種教化共有的「心體」，意即敝人不覺得潛意識即是心體，心體是潛意識與顯意識的交流過程中的控管機制。

《益州名畫錄》卷下記載貫休畫的羅漢畫都是「龐眉大目，朵頤隆鼻，胡貌梵相，曲盡其態」，《宣和畫譜》卷三則記載他的羅漢畫：「狀貌古野，殊不類世間所傳」。貫休畫的羅漢畫人物造型誇張奇特，與當時流行的風格迥異。雖然與現實中的形象有很大差距，但精準表達出人物的內心想法，使得誇張的造型與內在的風格高度統一（趙啓斌主編，二〇一六：頁一六五—一七〇），反而給人一種回歸本質的樸實感受。再者，在《莊子》中經常可看到身體畸形殘缺、相貌醜陋無比的人物形象，稱作「畸人」。《莊子・

內篇．大宗師》說：「畸人者，畸於人而侔於天。」意即這種人雖然與世俗不同，但其與天相通，能洞悉本質。莊子藉由描繪這些形象，來說明內在精神比外在形體顯得更重要。莊子這一思想對我們華人社會兩千餘年的審美觀影響極其深遠，美學家與哲學家宗白華（一八九七－一九八六）在其《美學散步》中就曾說莊子：「好像整天是在山野裡散步，觀看著鵬鳥、小蟲、跛腳、四肢不全、心靈不正常的人。」（宗白華，一九八一：頁一）他說這些奇特人物：「大概就是後來唐、宋畫家畫羅漢時心中的範本。」（同上）會拿醜譎怪異的人物為題材的繪畫作品，後來成為中華繪畫中的一種異樣的傳統，尤其體現在釋道人物畫創作方面，而到明清時期，這種藝術傾向的創作範圍更擴大，連花鳥山石都特意往醜怪的方向去描繪（王建清，二〇一七：頁二四－二六）。敝人覺得諮詢師如果遇到因長相醜陋而深感自卑的當事人，其實可在諮詢過程中引領他觀看貫休法師的繪畫，彼此討論貫休在這些繪畫中的深意，並跟其談談《莊子》書中的「畸人」，從中讓他不再覺得自己長相醜陋是個問題，活出更直指本質的人生。

第五節　書院教育的萌芽

現行的教育制度過度重視知識的填塞與攝取，已不再從制度層面容納心性的修養，即使有，更常見空洞道德教條的灌輸，卻沒有提供人反省與檢視自己內在生命的機緣，使得在臺灣社會的國中與高中其有關公民課程的課綱與課本都不再談道德議題，而只談法律議題。然而，在中國歷史裡，卻有一種心靈的學校，關注著人格的發展，跳開官學教育的羈絆，藉由個人往內在探索的型態，在中華文化的土壤裡遍地開花，澆灌與滋補著華人的生命，使得無數卓越的文學家、思想家、教育家與政治家在自由奔放的環境裡獲得養成與陶冶，這就是書院教育。我們不能只把書院單純當作是一種學校的名稱，該學校的特殊點，就在其誕生與演變，往往來自文化正發生嚴重的危機，社會價值失序，人的心靈異常焦躁與徬徨，無法獲得安頓，這種危機時刻如果有頓悟生命本相的人發出悲願，冀圖引領世道人心朝往智慧，就會興設書院來講學，講學的內容則不再是探索支離破碎的知識義理，而聚焦在生命的學問（陳復，二〇〇五b：頁六－八）。敝人曾撰寫《心靈的學校：書院精神與中華文化》這本書，詳細闡釋書院的存在如何具有傳播中華文化的深意，由於書院實屬華人文化心理的特有結晶，甚至未來可作爲開展華人本土心理諮詢的重要環境，後面開始討論到書院的發展，都會根據該書的內容，再做個簡略的討論。

書院這一名稱的使用，首先開始於唐玄宗開元六年（七一八）的「麗正脩書院」，原本是針對圖書的維護，朝廷特別設立收藏、整理與研究的場所（置於中書省），後來簡稱「麗正書院」，開元十三年（七二五）則改稱「集賢書院」（或集賢殿書院），更具有講論典籍、徵求賢者與撰寫文章的機能，不過，這些都與民間辦學的書院意義相當不同，儘管針對圖書的收藏、整理與研究係民間設立書院的重要特色，而講論典籍、徵求賢者與撰寫文章同屬這種書院不可或缺的生活狀態，但，書院活潑自在的學習精神，並不容易在注重規制的廟堂教育呈現，直到晚唐時民間逐漸出現眞正符合書院精神的辦學。首先是族學教育，譬如晚唐有一間很有名的義門書院，位於江西省德安縣的城西東佳山，《宋史・列傳》卷二百一十五記載：「昉家十三世同居，長幼七百口，不畜僕妾，上下姻睦，人無間言，每食必群坐廣堂，未成人者別爲一席。有犬百餘，亦置一槽共食，一犬不至，群犬亦皆不食。」意思是說：當地有個陳氏家族，是唐宋時期江南罕見的十三世聚居的大家族，長幼共計七百口，卻不畜養僕工與奴婢，家族無私有財產，大家都親身參與勞作，嚴守各種生活規制，據說甚至每天共同吃飯，一族和睦的程度，連他們所養的一百多隻家犬，都習慣在一起共同吃東西，一隻家犬沒趕過來集合，其他家犬都不會先吃（陳復，二〇〇五b：頁一三）。唐昭宗大順元年（八九〇），族內有個陳衮（生卒年不詳）覺得家族生計既然已能持續運作，更應該讓子弟藉讀書來鞏固禮節文教，於是在東佳山下創辦該書院，建築樓堂數十間，聚集藏書數千卷，學田二十頃，禮聘各地博學大儒來書院掌教，據說當日江南名士都要在這裡肆業，纔會覺得學問有底子。這間書院本來或稱「陳氏書堂」與「東佳書堂」，直到十國時期南唐烈祖（李昪，八八九－九四三）表彰他們整族實屬「義門」後，該書院纔固定稱作義門書院。這間書院光三世就有二十五人考中進士，其中第十世陳堯叟（九六一－一〇一七）、堯佐（九六三－一〇四四）與堯諮（九七〇－一〇三四）三兄弟不僅連中進士，堯叟與堯諮還考中狀元。不過，這間書院的存在意義並不在於表面的光耀門楣，更在於呈現典型的族學風格，意即藉由禮教開示族中子弟如何正確做人，並具體在日常生活裡實踐（包括參與科舉），這是除後世更趨菁英探索思想意義的書院外，地域性較強的書院常有的教育狀態（陳復，二〇〇五b：頁一三－一四）。

南唐還有間具有族學性質的書院，位於現在江西省奉新縣，因地處縣城西南五十裡的華林山，故而得名華林書堂、華林學舍與華林書院。胡仲堯（生卒年不詳）爲培育子孫參與仕宦，在華林山建造別墅型學舍，匯聚書籍萬卷，招攬四方遊學者共同來研究經史與詩賦，南唐後主（李煜，九三七－九七八）曾因此獎賞他擔任寺丞，華林書院很可能已經有女學教育，針對族內尚未結婚的女孩提供學習的機會，因我們發現學舍內區隔出男女膳堂，並保存有母儀與閨訓的教材，這或許是該書院直到現在都很值得重視的主因，顯示出民間辦學教育對象在南唐時期已經擴至女孩。具有菁英探索思想意義的書院，同樣已經出現在南唐。位於江西省奉新縣，有兄弟兩人辦理的一間書院，兄長羅靖（生卒年不詳）與弟弟羅簡（生卒年不詳），由於書院的山上遍布梧桐樹，因此稱作梧桐書院。羅靖與羅簡兄弟兩人品行都很高潔，專注在書院教授天地的義理，南唐國相與郡守風聞他們的清望，幾度徵召他們都絲毫不受動搖，寧願終生當個清貧的布衣百姓，這同樣顯示出我們談的菁英，並不是指社會地位的高下，而是在指思想識見與做人風格的高下。由於科舉制度的設立，使士人社會地位的升降更趨快速，一旦子弟無人考上科舉，原本歷經仕宦的家族可能立即隱沒，但只要考上就會成爲眾所矚目的進士。然而，有些思想的菁英能跳脫世俗利益狹隘的割劃，更空靈的直接悠遊在學問的大海裡，呈現書院成熟的精神。羅靖與羅簡兄弟生在亂世，漂泊的生命激發內在義理的思索，全部精神用在涵養身心上已屬不易，南唐這種羸弱的朝廷無法容納他們的懷抱，當官與否更顯得毫無意義，這種書院的誕生，逐漸替宋朝儒學在書院講授義理譜下序曲（陳復，二〇〇五b：頁一四—一六）。

五代十國時期開始在辦理教育的書院還有河南省登封縣嵩山峻極峰的太乙書院，後來改稱嵩陽書院；河南省商丘市的睢陽書院，後來改稱應天府書院；以及江西省廬山縣廬山五老峰下的白鹿洞國學等十餘所，可見書院至此已經開始在各地草創，尤其可注意北方也開始設立書院，譬如竇禹鈞（生卒年不詳）在自己家鄉漁陽（今天津市薊縣）建立的一間書院，當日並未特別取什麼名稱，而被當地人就稱爲竇禹均書院，內有房舍四十間，聚書數千卷，竇禹鈞禮聘有文采與德性的儒者來掌教，各地來學習的孤寒讀書人，無論相識或不相識，都給予照顧與津貼，因此吸引大量學生接踵登門而至，傳爲當日佳話，逐漸成爲其他書院效仿的對象。這裡特別需要認識白鹿洞國學。白鹿洞的得名與李渤（七七二—八三一）有關。唐德宗貞元年間，李渤與其兄李涉（生卒年不詳）在廬山隱居讀書，由於他們養一隻很罕見的白鹿，平日跟隨在他們身旁寸步不離，於是人們都稱他們兄弟爲白鹿先生。後來李渤做江州刺使，將往日讀書的地點建造樓臺，遍植花草樹木，周圍環繞水流，使風景更爲生色，由於這裡四面都被群山包住，彷彿一座天然洞口，因此被當時的人稱爲白鹿洞。南唐烈祖李昪高度重視文教，因此約在昪元三年（九三九）選李渤與李涉讀書故址建立白鹿洞國學，並首先敦請國子監大儒李善道（生卒年不詳）來擔任洞主（洞主這個詞彙在此首度出現，並成爲後世院長的別稱），並撥給良田幾十頃來供養學生，讓師生能專注講論經典。這種優厚的待遇使得各地讀書人都願意匯聚在白鹿洞論學，學生常有幾百人，爲江南培育爲數頗眾卓越的人才。白鹿洞國學雖然還沒有稱做書院，卻已經相當具有書院的實質，南唐的君主在對這所學校的支持中，沒有用任何政治的權威侵犯學術的獨立，譬如國學裡有個講師陳貺（生卒年不詳），他的性情澹泊寡慾，立志過古樸的生活，在廬山一待就是三十年，很多讀書人特地上山來跟他學習。南唐元宗（李璟，九一六—九六一）曾經召見其人，想授予陳貺江州士曹椽的官職，無奈他很頑固的堅決請辭，依舊回到白鹿洞過著講學的平淡生活（陳復，二〇〇五b：頁一六—一八）。

書院會逐漸興起，常與通過政治的途徑改革社會已經無望，政權徹底交替的時日卻尚未來臨有關，歐陽修曾在《新五代史．一行傳》裡說這是個天地都已經關閉，賢者完全退隱，大臣殺害君王，兒子殺害父親，士大夫仍然整天穿著高貴華麗的禮服，安心拿著俸祿站在廟堂前，完全沒有羞恥神色的時期，書院可說正肩負著藏聚賢者的重要效能。在各地正劇烈混戰的狀態裡，南唐境內各種型態的書院都能得到發展，尤其白鹿洞國學在培養人材方面取得相當成就，相信絕不是偶然。首先，相較於中原地區，當時南方各國沒有如此頻繁的戰亂，人民生活安定，經濟持續發展，南唐又是其中社會環境最爲優越的淨土，再加上賢者冀圖躲避戰禍不斷南下，更促使南唐的文教越發興盛，導致文教重心由北往南轉移。並且，南唐接連三位君主都很喜歡儒家思想，南唐元宗李璟與後主李煜都酷愛文學，且爲著名的詞人，他們很能體會教育作爲國家命脈的意義，李璟本人還曾親自登臨白鹿洞國學視察，可惜由於南唐終究無法抵擋已經統一各地的宋朝，致使所培育的人材後來多爲宋朝效命。不過，文化高的政權並不見得軍事就強，南唐無法逃脫被宋朝吞併的命運，並不表示當日的政府支持白鹿洞國學，換得楚材晉用的結果有什麼失誤，其實，吞併南唐的宋朝往後同樣變成文武失衡的政權，他們累積的文化成就卻更能深遠影響後世。晚唐的書院多半先因家族興學而成立，五代十國的書院則開始在社會講論經籍與義理，可見書院已經逐漸成爲傳播文化的重要居所，他們在人民的心靈因爲戰亂而漂泊無依，將意識寄託在佛教與道教超越現世的玄想時刻裡，藉由講學過著自覺有道的生活，對無道的社會做出消極與積極交置的抗衡，撐住中華文化的人文精神，這種結合生活與教育，讓師生專注修養學問，藉此變化人品的狀態，成爲後世書院辦學的傳統（陳復，二〇〇五b：頁一八－二〇）。

第十章

第十章

儒學復興：
宋朝士庶交融的文藝生活化

第一節 新儒學萌芽的背景

相對於唐朝的均田制，宋朝採取比較自由的土地政策，沒有特別抑制土地兼併，其中一個原因是宋朝企圖鞏固政權，優待文臣武將，更重要的癥結則在於當時土地的「擁有者」和「耕作者」，兩者的關係已發生質變。《宋會要輯稿・食貨一・農田雜錄》記載天聖五年（一〇二七）十一月，宋仁宗（趙禎，一〇一〇—一〇六三）下詔：「自今後客戶起移，更不取主人憑由，須每田收田畢日，商量去住，各取穩便，即不得非時衷私起移。如是主人非理欄占，許經縣論詳。」意思是說：自今往後，佃戶遷移不用取得地主的憑證，只須每年地主收完田租，佃戶和地主商量自己要去的地點，各自取得穩當合宜的方法。既不能讓佃戶不按時令私自遷移，但如果地主無理阻攔，准許經過縣衙詳細審理。這是一則具有劃時代意義的詔書，其頒布意謂從此耕作者的人身自由開始有法律的保障，這使得過去高度結構化的經濟樣貌開始瓦解，社會階層的流動加快，這使得宋朝人更加自由奔放的思考，普通人有躋身菁英階層的機會。

另外，北宋採取「糊名考校法」，意即隱沒考生姓名，使得閱卷官員不知是誰的答卷，如此，考試成績就成爲唯一的過關標準。如范仲淹兩歲就喪父，隨母改嫁，而邵雍、蘇軾的父親都是平民百姓，歐陽修、周敦頤（一〇一七—一〇七三）、王安石、張載、程顥、程頤（一〇三三—一一〇七），這些北宋著名文學家與思想家的父親，都只擔任過州縣的官職或者僚佐，處於北宋官僚系統的底層，家境並不優渥，但他們都通過徹底公平的科舉考試入朝爲官，對政治或甚至學術領域都產生重大的影響，尤其當學術完全不再被士族壟斷，就有益於思想的創發，這就是新儒家會萌芽的背景。當然，宋朝的這種考試制度同樣有其弊病，如考官比較難全面瞭解考生的眞實狀態，包括人格品質與平時學習這些訊息，但從來考試不就是有這種弊病？宋朝的科舉終究對於提高平民考生的錄取機會，尤其對於遏制權貴產生積極的效益。並且，宋朝士大夫的子孫會因「蔭任制度」而繼續做官，但職位常不能比父親高（減三品），再到後來就漸漸回到尋常百姓家了，常有的現象就是後來家庭就逐漸敗落，「富不過三代」這種說法就此出現。

據陳義彥在〈從布衣入仕論北宋布衣階層的社會流動〉一文中的統計，北宋一百六十六年間，《宋史》列傳中所載的一千五百三十三名官員中，布衣入朝做官的人高達一半以上（百分之五十五點一二）（陳義彥，一九七一）。如果不算恩蔭晉身的豪門子弟，僅限於通過科舉來做官的人員，這個百分比可能還要來得更大。北宋科舉制度體現出的平等精神，有利於社會階層的流動，對學術自由無疑起到重大的推動作用。宋朝是中國歷史上士人生活環境最優渥的時期，陳寅恪先生（一八九〇—一九六九）在〈鄧廣銘《宋史職官志考證》序〉這篇文章說：「華夏民族之文化，歷數千載之演進，造極于趙宋之世。後漸衰微，終必復振。」（陳寅恪著，劉桂生、張步洲編，一九九六：頁四二）這使得宋朝成爲中華文化最昌盛發展的一段時間，宋朝雖然同樣有政治鬥爭，但往往只是彼此政見不同，極罕見肉體的迫害，譬如歐陽修過世後，給予歐陽修評價最高的人，並不是他政治的同志，反而是其政敵王安石，並且，王安石跟蘇軾政見不和，面對蘇軾受難卻願意出手搭救。中國歷史如此大量的名人都集中出現在宋仁宗時期，唐宋古文八大家中有六大家都在這一時期出現，這不是偶然的現象，而是寬容的政治與社會孕育出的結果。

這些文學家更替後人揭示豐富的文學治療觀點，顯示出華人相信古書有著深厚的文化能量，閱讀當能對心靈產生莫大影響。譬如歐陽修在〈東齋記〉中說：「我之疾，氣留而不行，血滯而流逆，故其病咳血。然每體之不康，則或取六經百氏，若古人述作之文章誦之，愛其深博閎達、雄富偉麗之說，則必茫乎以思，暢乎以平，釋然不知疾之在體。」意思是說：我的疾病在氣血滯留不能暢通，因此常會咳血，每回只要身體不健康，則或取六經或諸子的書籍來誦讀，深喜這些說法的深博閎達與雄富偉麗，我會深感蒼茫而深思，更覺得暢快而平和，心情一釋然，就不知道身體有任何疾病。這種觀點可讓我們從中反思：如果統治階層能放鬆其政治的控管，甚至統治階層自身都能出身於平民階層，並帶著反思的空間來面對政治工作，尤其能將文化發展當做自己最重要的志業，這將會高度有益於中華文化的復興，更能讓國人的文化心理投射出的精神素養獲得拔高。

宋朝發展出高度的地方自治，開展諸如造橋、修堤與鋪路這些建設鄉里的事情，其背後是來自於貴族階級在唐朝後被徹底消滅，但經濟上的大資本家並沒有因此產生，根據北宋王存（一〇二三—一一〇一）、曾肇（一〇四七—一一〇七）與李德芻（生卒年不詳）三人共同合撰的《元豐九域志》記載，元豐八年（一〇八五）時，北宋全國有十四個府，二百四十州，整個社會呈現出散漫與寬鬆的狀態，故會有「天高皇帝遠」的狀態（儘管這一說法出自於明朝黃溥編纂的《閑中今古錄》），一輩子跟朝廷沒有來往，整個運作的維繫是由該地的士紳來介入與處理。地方自治在經濟上的體現，有「義莊」與「學田」，義莊由范仲淹首創，他把自己的官俸所得捐出去來賑濟貧困，這種形式普遍盛行在各州縣，成為一種「農村共產制」的雛形（錢穆，二〇一一：頁一八〇）。學田則由國有土地轉化而來或私人捐贈，其收入用來資助書院的興設，而書院的運作可讓貧困的人免費去學習。宋朝的軍事制度係「募兵制」，農民不需要當兵，農村更沒有區域武裝能量，這是來自五代時期戰亂頻繁，短短五十四年就經歷五個王朝更替，導致宋朝對出身行伍的將領極度防備，宋太祖（趙匡胤，九二七—九七六）一登基就「杯酒釋兵權」，並實施「強幹弱枝」的政策，這使得宋朝各州縣武裝能量極其虛弱。在唐朝安史之亂後，世家大族都有各自的軍事能量，更形成藩鎮割據的狀態，這樣固然會削弱中央對各地的掌控，但正因如此，其保衛家園的意識，使得北方遊牧民族南下時會遭遇強烈的抵抗，而宋朝各地武裝能量的消失，成為其王朝整體積弱不振極其重要的原因。宋朝的羸弱同樣有外部環境的因素，因當日中國的東北和西北都已被遼朝與西夏佔據（意即燕雲十六州），這使得宋朝欠缺地理屏障的保護。

宋朝時期華人完全沉浸在文化興盛的理想社會裡，於是中華文化更加的傾向於內在凝聚，包括思想常具有內聖性，而不再著重於外王性，這種看法其實自有其道理與脈絡。宋儒把禪宗思想深度的消化，豐富對於人內在的認識，然後奠立在該基石，接著去認識《大學》中所講的「修身，齊家，治國，平天下」，使得儒家長期沉寂後再度獲得復興。但，宋儒其實更重視的是修身與齊家，對治國與平天下比較淡漠，宋儒主要的關注點，在於如何面對與轉化已經中國化的佛學，他們希望創造出一種正統的中華學問，把佛學詮釋中華學問的主導權再拿回來，這使得他們的關注點在於如何把「天理」講得更精緻，希望能在觀念層面整合與超越佛學，由於「儒佛會通」實屬當時宋儒心中的重大議題，因此對實際政治層面的探討與實踐相對來說就比較忽略，其實，不論是北宋或南宋，外患的問題都極嚴重，兩宋共計三百一十九年，宋儒面對遼朝、西夏、金朝與蒙古的侵略，對此其實完全沒有漠視的本錢。

宋朝新儒家具有標誌性的思想家有被後世並稱「北宋五子」的邵雍、周敦頤、張載、程顥與程頤，還有並稱「南宋二子」的朱熹與陸九淵（一一三九－一一九三），兩人合稱「朱陸」，各自尊稱朱子與陸子。邵雍是北宋時期首先闡釋儒學思想的大儒，被視作振古豪傑。邵雍的思想有受到莊子的影響，但莊子是擺脫人的地位去觀看萬事萬物，而邵雍是從提高人的地位來觀看萬事萬物，他在《皇極經世・觀物外篇》中說：「天地之本，其起於中乎？人居天地之中，心居人之中，心為太極。」邵雍覺得天地的根源在中道，人在天地間體察中道，心靈則居於人的生命中，有著中樞的意義，使得該心靈就是太極。邵雍只是因其出生較早，然而其開展的領域係象數學，對後世命理產生極大的影響，《皇極經世》結合自然和人事，構築出數理為基石的系統化思想。但真正被視作宋明儒學理論的開創者還是要首推周敦頤，他融合釋道於儒家，建立起宋朝而降探索心性這門學問的先聲，讓大家意識到儒家本身同樣有修身養性的路徑（儘管這本來就是事實）。周敦頤的著作《太極圖說》的內容可視作其宇宙觀的呈現，他首先使用「無極而太極」這五字開篇，闡釋宇宙的起源和運作。「無極而太極」這五字中的「而」要特別留意，裡面包含兩層意思：第一層的意思是說「無極是太極」，我們要勉強去解釋的時候，本來沒有最先的起點，但為做說明，於是就有最早的起點；第二層的意思是說「無極生太極」，該一最早的起點，推溯到其本源，尚有一個無始無終的源頭，於是要區隔出來，就出現無極的觀念。這是很核心的議題，甚至現在物理學依然對這個層面都在展開探討。天地萬物的第一因，最終無因可覓得。

張載係主張氣學的宗師，他經常講到「太虛」，在《正蒙・太和》中張載指出：「太虛無形，氣之本體，其聚其散，變化之客形爾；至靜無感，性之淵源，有識有知，物交之客感爾。客感客形與無感無形，惟盡性者一之。」意思是說：太虛沒有固著的形狀，其屬於氣的本體，該本體恆常不變，其產生氣則是聚散不一，不斷在呈現變化的狀態，這被稱作「客形」，張載覺得自性的淵源本來是至靜無感的狀態，直通於太虛，因爲與對象相交，使得人產生感覺，這被稱作「客感」，自性產生的客感與太虛產生的客形，相對於自性本身的無感與太虛本身的無形，這只有人「善盡自性」纔能獲得統合。通過該「相交說」，自性如何獲得氣感，從此有系統性的說法。張載有部著作《西銘》受到二程的高度推崇：「乾稱父，坤稱母；予茲藐焉，乃混然中處。故天地之塞，吾其體；天地之帥，吾其性。民，吾同胞；物，吾與也。這段內容的意思是說：《易經》的乾卦被視作萬物的父親；坤卦被視作萬物的母親。我如此的藐小，卻混然天成按照變化的道理，生活在其中。充塞天地發展的主體，就是我們的肉體；引領天地發展的機制，就是我們的自性。全體人民都是我們的同胞；全部萬物都是我們的同類。張載這番見解，已經不同於先秦儒家的親親推演格局，而是擴大成從自然到社會都兼容並蓄視作一體。《西銘》的宗旨顯然有著把孝悌的道理推到全宇宙，把人生論貫徹到宇宙論的意思，這是極其博大的胸懷，其意圖使得一般人能意識到自己對父母的孝順並不是只針對於父母本身而已，更應該帶著這種情感來面對全人類，如此就是在實踐「天地之性」，其對自性的詮釋，實屬儒者在本土心理學的深層突破，這就是他長期在思索儒佛會通議題的成果（儒道會通則早在莊子就已展開）。

相比於邵雍、周敦頤與張載都比較從外在層面來探索天理（當然這種探索還是要與自性結合），程顥則覺得天理就在自己本身的心靈內，不需要向外探索，只不過人要懂得去除積習，其〈識仁篇〉說：「蓋良知良能元不喪失，以昔日習心未除，卻須存習此心，久則可奪舊習。此理至約，惟患不能守，既能體之而樂，亦不患不能守也。」只要去除「習心」，涵養「此心」，意即奪除積習對於心靈的束縛，就能恢復良知與良能，而能體察出生命的快樂，本來就身體來說，誠然是有人我與物我的分別，可是從心靈的體證來說，則個體本來都在整體中，個人與萬物都渾然同體。相較於邵雍、周敦頤與張載各自有成套的系統論，甚至自己弟弟程頤的思想，在面對「天理」與「人心」該如何對接這一議題時，程顥比較具有整合傾向，意即其取消天理的自成脈絡性，直接指向每個人的心靈來體察天理。程頤是程顥的弟弟，相對於程顥主張「主敬涵養」來當做主客合一的觀點，程頤卻在講「格物窮理」這種主客對立的觀點，兄弟兩人的歧異構成後世心學與理學的路線歧異。在《二程遺書》卷十八中，程頤說：「涵養須用敬，進學則在致知。」涵養生命需要用恭敬的工夫，增進學問則需要致知的工夫，而致知就是特別指在知識層面的「集義」，這需要做格物的工夫，《二程遺書》卷十七中，程頤說：「今人欲致知，須要格物。物不必謂事物。自一身之中，至萬物之理，但理會得多，相次自然豁然有覺處。」在程頤看來，格物的物並不是指外在的事物，這會顯得太過於表面，從自身到萬物背後都有其義理，意即不只是將思考對象化，更要著墨該對象獲得存在的義理，人只要反覆琢磨義理，自然就會逐漸獲得知識，從而豁然有覺悟。但我們可不能誤認程頤的說法就是將對象與人身完全對立化，其主張「主客對立」只是種階段性的作法，意即「格物窮理」只是種外在工夫，如果任何事物背後的道理被釐清，其還是往內在反思，帶著我作爲生命主體的契入，來從中實踐於生命，完成「物我一理」與「內外一體」的事實，意即任何事物的道理即使有各種殊異，都能讓個人獲致不同的受益，畢竟人如果沒有帶著這層意願，則就不會從事「格物窮理」的工夫。

朱熹面對經學書籍的浩繁，從經學角度出發產生的字詞解釋實在太過於複雜，對當時宋人已經產生閱讀的知識障，他特別抽取《論語》、《孟子》、《大學》與《中庸》這四本經典，再特別重新詳細註解，完成其《四書章句集注》，意謂著讀通這四書就能成爲儒者；再把北宋時期的主要思想家如周敦頤、張載、程顥與程頤的思想，做出篩選並加上註解，整理出一本《近思錄》，將其放置到與「經」同等的地位，這是他對前人思想的整合。朱熹這樣做其實充滿創意，其巨擘行徑不啻是在「造經」或「創經」，這是實屬橫空出世的巨大思想工程，對後世產生重大影響。朱熹在《朱子語類．學五》中表示：「經之有解，所以通經。經既通，自無事於解，借經以通乎理耳。理得，則無俟乎經。」這段話的意思是說：經典因有註解，纔能讓人貫通明白經典的微言大義。既然人對經典的微言大義已經貫通明白了，跟著就不再需要依賴註解了。按照同樣的觀念，我們假借經典來學習，本來的目的是要貫通道理，如果事物的道理已經獲得，跟著就不需要經典了。朱熹的這種觀點係將經學本身弱化，回到經典閱讀的本意來談，這種作法可跟後來的心學相互印證，從中證實他大膽造經的用意還是在闡發儒家思想本身，然而，朱熹晚年都持續在探討有關「格物窮理」的議題，他這一輩子都旨在釐清如何把握最根本的宇宙法則（天理），我們還是得說他終究是個側重於「道問學」的理學家，這就是朱熹思想呈現出的多面性。

陸九淵則純粹關注於「發明本心」這一議題，「本心」就是指著「心靈的根本」或「根本的心靈」，他在《陸九淵集．與潘文叔書》卷四說：「本心若未發明，終然無益。」其「發明」是指往內探索而獲得的明白，其中有展開自身主體詮釋的意思。《陸九淵集》卷三十四中記其說：「學苟知本，六經皆我註腳」。學習如果掌握住根本，則六經都不過是我這一主體默會的註腳而已。這種觀點更將經學的意義給弱化了。陸九淵指稱的「我」，並不是指「個體的自我」，而是「整體的自性」，拿他自己的詞彙來解釋就是前面說的「發明本心」。陸九淵主張「心即理」，其在《陸九淵集．與李宰》卷十一說：「四端者，即此心也；天之所以與我者，即此心也。人皆有是心，心皆具是理。心即理也。」他覺得孟子講「仁，義，禮，智」這四端都統攝於心靈本體內（意即心體），心體是上天給我們每個人的本能，個人的心靈即反映著宇宙的天理，《陸九淵集》卷三十六〈年譜〉記他說：「宇宙便是吾心，吾心即是宇宙。」還說：「宇宙不曾限隔人，人自限隔宇宙。」這種個人與宇宙的交通感，只有把握住心靈纔能明白，此際天人內外被打通，再沒有限隔，這就是「天人合一」的實際體會。陸九淵在思想闡釋過程中，只有談到整體的自性，其實陸九淵並不只有垂直面的體證自性，更有水平面的實踐自性，意即他深黯「團體的自性」（團體我），陸九淵家族累世同居在青田鄉，卻不幸家道中落，起先靠開藥店維持生活，後來經濟狀況逐漸好轉，他們進而置田治產築屋，推舉最年長的一個人爲族長，子弟分別承擔家事，包括田裡的租稅與出納，庖廚的烹飪與宴會，各有人專門負責，九淵學無師承，卻因在這種環境裡浸泡，使他對人情事理都有眞實的磨練與體驗，落實著團體的自性（陳復，二〇〇五b：頁五九），這種關係主義帶來的生活經驗，對人洞見的養成極其重要。

朱陸二子這種路線差異，只對於他們當日時空背景有意義，畢竟這兩人都展現出思想家不落俗套的創見，各自替世人指出一條領會大道的路徑：陸子思想易學而難精，朱子思想難學而易精，這意謂著陸九淵的學問只要把握住心體，不見得需要累積太複雜的知識，但會帶來論證不深的問題，有些人會覺得無從把握；朱熹的學問則要去研讀大量的典籍，釐清其間內容如何反映自性能在萬物中呈現天理，但會帶來體證不深的問題，有些人會覺得捨本逐末，敝人覺得兩者實應兼容並蓄，不需要強做解人，但更不需要特意厚此薄彼，而應該從中給出系統性的整合。朱熹或陸九淵（一一三九—一一九三）互相批評彼此有禪宗的氣息，其實兩人都各自有道理，如果從內聖的角度來看，儒學和佛學確實沒有太大差別，此因禪宗本來就直通於孟子，彼此都在討論自性，如果儒學不重視外王（不論該外王係指「修，齊，治，平」的任一者），則其與中華佛學的差異著實幾希。再者，宋朝的社會確實偏向於文學與各種藝術，而且整個社會的文化和經濟重心不斷在往南發展，這種狀況早在魏晉南北朝時期就已出現，隋朝就開始修建運河，便利讓南方的米糧運送至長安，因北方漸漸沒辦法自給自足，而要依靠著南方的資源，南方則是不斷在開發，從福建來到廣東甚至海南，原本在蔥嶺往南都是南蠻生活的環境，可是到南朝後就不斷隨著整個士族的南下，開始依序獲得開發。

說到儒佛會通，臺灣有些七歲就出家在寺院中修行的小沙彌，他們的學習常是儒佛兼修，除學習佛教經典，還會學習儒家的《四書》，並認識兩漢而降對儒家經典的解釋，無論是哪些山門的佛教修行系統，對儒家的學習都是從事這種經學型態的學習，比較不會著重義理層面的闡釋，此因如果儒家的義理眞的高過佛教的話，就會帶給這些修行者錯亂，這使得佛學的僧團對宋明儒學其實有著隱藏的敵意，但對先秦儒學則敞開胸懷來面對，因宋明儒學本來就希望從中國化的佛學這種「變相的新儒家」手中拿回詮釋權，成爲符合眞正意義的新儒家，在宋明儒學興起後，佛學思想不再成爲主要指導華人生命的指南針，慢慢再變回支幹，社會上雖然到處都有寺院和僧侶，但主要都在從事慈善事業與救濟事業（錢穆，二〇一一：頁一七〇—一七一）。反觀現在置身於臺灣社會的佛教團體，他們在慈善事業與救濟事業做得比儒家既深且廣，在臺灣社會當前時空背景裡的儒家，反而只是在學術象牙塔中做研究，一些大的佛教團體，他們做的工作，無論規模與格局，其實已經不下於政府的支援能量，就該意義來說，他們其實在做儒家的外王工作。當前儒家應當如同佛教展開如此規模的耕耘，使得儒家可在社會層面從事聞聲救苦的工作，這就首先需要興辦書院來作為據點，然後纔能慢慢開展起來。華人本土心理諮詢（智慧諮詢）就是這個脈絡裡值得發展的一環，這是通過比較符合當前華人認知的型態來促成儒家復興，當然，在這個過程裡不應該變成排外的態度，而應接納各種有益於身心的觀念和思想，不只是展開儒佛會通，更應該展開「中西會通」，不只跟西洋心理諮詢的技術對話，更要讓西洋的哲學與科學各種觀念都能容納進來。

第二節　書院講學的興盛

北宋終結中唐而降長期的政治動盪，原本應該更有機會注意教育層面的發展，卻因遼朝與西夏國在北面的侵犯不斷，使政府剛開始只能大量開放科舉的名額，儘速吸收文人到各地任職，來傳達與實施政令，鞏固中央集權，準備安內來攘外，卻無暇兼顧官學的設立，而此時青年卻因為處於相對較為安穩的生活環境，日益滋生紮實求學來提煉生命的願望，於是書院就應時運而在各地興起。剛開始儒生往往依附於山林，隨意尋得空曠的地點，跟著老師在臨時搭蓋的棚子講授學問，人數逐漸增加到數十上百人，就開始建築更具規模的書院房舍，並迫使政府不得不正視他的存在。敝人在《心靈的學校：書院精神與中華文化》這本書第二章〈宋朝的書院〉中闡釋北宋有六間最著名的書院：白鹿洞書院（江西省九江市廬山五老峰南麓）、應天府書院（河南省商丘市睢陽區商丘古城南湖畔）、嵩陽書院（河南省鄭州市登封市嵩山南麓）、嶽麓書院（湖南省長沙市嶽麓山東麓）、石鼓書院（湖南省衡陽市石鼓山）、茅山書院（江蘇省鎮江市句容市三茅山）。這六間書院持續發展到南宋，成爲當日與後世創辦書院會學習的典型（尤其在祭祀、藏書與學田方面），這些書院本身又因理學家接著來講學而繼續拓墾他們各自存在的意義（陳復，二〇〇五b：頁二八—三二）。書院制度與講學風氣的發展，實與宋朝新儒學思想的發展有重要關係，並伴隨著平民化的浪潮，書院教育的開展，更使得中華文化深入到民間，原本書院只是模仿佛寺在山林裡修建，後來大城市都開始興建書院。

書院的興辦開創出教育的新篇章，講學的風氣原本由佛寺傳來，但佛寺只是「講經」，畢竟還是在一種宗教的框架展開，但是講學不是漢朝儒家的「傳經」，傳經是注重字、詞與意的解釋，講學則是義理的詮釋和身心的體會，「義理」是指觀念背後蘊含的道理，這個道理相對於西洋學問來說只是抽象概念的思辨；對中華學問來說，每個概念探討背後有具體情境的反思，可稱作「情理」。往日中土會稱書院爲「私學」，這種論學的過程確實使得書院對社會的影響常超過各級官學，因爲師生能自由對學問議論風發，更容易培育出懷抱利濟蒼生的優異人才，來挽救整個社會的沈淪。書院原來都建在名山，故清朝前書院的領導者都稱作「山長」。早期的書院都只是供奉著名儒的神位，沒有任何畫像，可是到宋朝，朱熹覺得掛畫像未嘗不可，但絕不可有塑像。儒家不應該去塑像，因爲塑像太具象化，一旦成爲塑像就有固著性，書院就變成有著宗教意味的寺廟（陳復，二〇〇五b：頁一七一－一七二）。北宋時期從二程開始，講學風氣越來越盛。程顥因反對王安石變法，不願屈節從命，寧可不斷漂流在朝廷外面當個小官，卻很快活自適。哲宗（趙煦，一〇七七－一一〇〇）即位，由高太后（一〇三二－一〇九三）輔政，宣他回朝擔任宗正寺丞，人還未出發就病故，由公卿至百姓，不論相識或不相識，聽見這個消息的人，莫不感到哀痛，由此可知他在世人眼裡的正面形象。程顥曾講學於嵩陽書院，他與程頤個性迥然不同：程顥性格寬厚平和，常給人春風滿面的感覺；程頤性格嚴肅剛正，對人說話常據理不假辭色。程顥曾說他日程頤能使人明白師道的尊嚴，但，如果說到接引後學，順應人材的性而使他們有所成就，程顥自己將義不容辭。可惜程顥早死，眞能發揮與補充理學，還當屬程頤。程頤曾因文彥博（一〇〇六－一〇九七）贈與現在河南省洛陽市轄內的伊川縣莊園與糧田，索性就在當地創辦伊川書院，聚眾講學經歷二十餘年的時光。伊川書院地基有十畝，正堂五間，東西廂房各有三間，周圍學田共計十頃，包給農民耕種，取得租金就做爲院內弟子衣食的開銷（李國鈞主編，一九九四：頁一二三－一二四）。楊時（一〇五三－一一三五）是程頤最得意的弟子，南下曾先在常州（現在江蘇省無錫市）建立東林書院，歷經十八年的講學生涯，最後落腳於鄉裡的龜山，其講學居所就被後世稱爲龜山書院，三傳弟子就是朱熹（陳復，二〇〇五b：頁四一－四四）。

書院雖然在北宋興起，不過卻因中央政府三度興辦官學的措施而逐漸沒落，但官學隨著政局的紛擾而起伏不已，這種情態一直持續到北宋滅亡。南宋建立後，由於面向金朝的戰爭連綿不斷，政府無暇認眞顧及教育，直到紹興十三年（一一四三）纔因爲兵事稍寧，宋高宗（趙構，一一〇七—一一八七）命臨安開始建立太學，隔年又命全國州縣都設學，不過，南宋的太學與州縣學實質都只是科舉的準備學校（樊克政，一九九五：頁五〇），加上往日政爭的經驗，使得大多數讀書人對政府教育的希望全無，更對任何聲稱改革已經產生不信任感，而學子問道的需求又很強烈，即便想去州縣學深造，由各州縣都只有一間學校，渴望就讀的學生遠多過實際能就讀的學生，再度給私人講學的書院興復的機會（李弘祺，一九九四：頁二八四）。這個時期爲書院精神最昂揚的時期，因爲來辦學的絕大多數爲在書院散播新學問的思想家，而書院作爲與官方關係較爲鬆弛的教育環境，確實有利於藉由講學自立學派，並提出一種教育哲學，揭示出教育比當官更廣大而深刻的意義，其中成效最著的思想家，則首推朱熹（陳復，二〇〇五b：頁四五—五一）。

朱熹藉由創辦書院作爲實踐思想的教育場域，據學者統計，他一生曾在六十六所書院傳道授業或提額作記（楊布生、彭定國，一九九一：頁一四四），譬如宋孝宗乾道三年（一一六七），他特地到長沙訪問思想家張栻（一一三三—一一八〇），就曾講學於張栻主持的城南書院與嶽麓書院，並曾與張栻共同在嶽麓書院的正廳會講；宋孝宗淳熙七年（一一八〇），他因受命知南康軍的緣故，有機會瞭解白鹿洞書院的歷史，積極重修荒廢超過百年的白鹿洞書院建築，發文各地衙門收購藏書，規劃學習四子書的課程，聘請老師與招收學生，最後率領師生二十餘人告祭孔子，並撰寫〈白鹿洞書院學規〉；紹熙五年（一一九四），因張栻過世後，嶽麓書院建築老舊傾圮，朱熹親自策劃修復工程，並再度在該書院講學；宋寧宗慶元元年（一一九五），因元佑黨禁爆發，朱熹避難到現在福建省古田縣（隸屬於寧德市），講學於當地的溪山書院與螺峰書院；最後因長期生活現在福建省武夷山市崇安縣與南平市建陽區兩境內，朱熹陸續創辦寒泉精舍（雲谷書院）、武夷精舍（紫陽書院）與竹林精舍（考亭書院）並在裡面講學，直到慶元六年（一二〇〇）在補訂《大學．誠意章》的過程裡死亡，得年七十一歲（陳榮捷，一九九〇：頁三〇五—三一〇）。朱熹如此奮勉於提倡書院講學，推波助瀾使各地有識士人跟著積極設立書院，當朱熹倡導的理學日趨成熟，直接促進書院的大興，這反映出思想的厚度會影響教育實踐的廣度（陳復，二〇〇五b：頁五一—五四）。

和朱熹理學同時並立的爲陸九淵的心學。根據《陸九淵集．年譜》卷三十六記載，陸九淵登第後即負有盛名，在首都臨安從游者極眾，每回與人初相見，都能通曉來訪者心術的細微狀態，且每說即正中問題，使人常聽得冷汗如雨下，甚至相隔千里，素昧平生，陸九淵聽說概略就能道破他日常瑣事。陸九淵回到金谿（現在江西省金溪縣）鄉裡，遠近文人聞風而至，都希望能親自向他請益大道，他因此將家宅關槐堂當作講學的場所，取名爲槐堂書屋或槐堂書院，陸九淵的思想就在講學的過程裡日趨成熟，使槐堂書院成爲開創心學的起點。再根據《陸九淵集．年譜》卷三十三記載，陸九淵每回造訪一座城邑，環坐在他身旁通常有二百人到三百人間，有時無地可容納，大家就群聚到寺廟或道觀聽他講學，當地縣官還會特地設個講座，不論貴賤老弱，人數擁擠到塞滿大街小巷，這已經是一種面向社會群眾的公開演講，然而群眾雖然擁擠，卻相當安靜祥和，專注傾聽陸九淵推演的大道，共同凝聚出內斂的氛圍，宋朝講學風景由此別開生面。

後來陸九淵的弟子彭興宗（生卒年不詳）召集同道在鄰靠金谿的貴溪縣應天山建築精舍，專闢作爲陸子講學的所在，四方學士各自在山結廬，跟隨著他聽講，陸九淵大抵在二月登山，九月整裝歸鄉裡處理家事，平日講學時精神炯然煥發，重點放在人本心的啓發，偶爾會舉經書言語作爲佐證，由於吐出的聲音清脆響亮，讓聽者無不動容，不講學時或在室內讀書撫琴，天氣清朗則漫步在山崖觀看瀑布，唱著楚辭或古詩文，神態一派雍容自在。如此持續五年，絡繹來見他的超過數千人，而這個講學的廳堂就成爲馳名當世的象山精舍（陳復，二〇〇五b：頁五八—六四）。在槐堂書院與象山精舍的講學，都逐漸培育一批人品甚高的弟子，他們有些甚至年紀長於陸九淵，都能屈己爭先推崇師道，篳路藍縷的不斷創辦傳播心學的場所，理性的學術認知可能較爲疏淺，卻不囿於往日經傳註釋的窠臼，能靜坐存養本心，直抒自己內在的創見，因此迅速形成獨特的學派，陸九淵則因此聲望日隆。當日呂祖謙（一一三七—一一八一）身爲朱熹的同僚與朋友，又同時身爲提拔陸九淵成爲進士的恩師，希望能調解這兩派思想的分歧，讓大道重新歸於一，因此曾在宋孝宗淳熙二年（一一七五），邀請兩人與其門生親朋，共同登上現在江西省鉛山縣鵝湖山的鵝湖寺討論學問異同，後世史家稱這場空前的學術辯論爲「鵝湖之會」。宋理宗淳祐十年（一二五〇），江東提點刑獄蔡抗（一一九三－一二五九）在原址旁空地設立文宗書院來紀念這場盛會，並藉由講學來弘揚朱熹的義理，後來就沿襲地名稱作鵝湖書院（季嘯風主編，一九九六：頁一二八－一三〇）。

宋朝時期的講學已經開始注重現實人生與倫常日用的探討，這其實就是種心理諮詢，大陸社會現在一般國學課程都是傳授知識層面的內容，注重對於字詞的探究，但對有生命實感的議題連結不是很深入，這反而遠離心理諮詢，眞正變成國學知識的講習了。但傳授國學這種冷知識，不論其如何重要，都不容易引發時人的共鳴感。講學如果能從自己眞實的體會出發，有生活的實例來做證據，就比較容易讓人感同深受。常見學者出於自己個人的興趣，悠游於觀念的世界裡，跟人講話不自覺就容易讓人產生距離感，這就不是在講學，而只是在講課。認識書院存在的意義，同時就在認識中華文化如何經歷篩選的過程，重新藉由書院傳播生命的學問，而對人世間發生正面的教育影響。如果欠缺書院這種啓發人往內在探索的學校，顯然對我們這種還在拿外在的知識填塞生活，用意識型態塑造機械理性的公民而言，終究有著嚴重的損失。只要生命尚未舒活貫通，我們就應該認識書院這種空靈的學校，來沖刷清洗我們已經麻痺的心性，重新明白背後支撐自己生命存在的義理。在未來，如果繼而能從書院講學發展到書院講會，院內師生彼此共論自性，那將會是很重要的蛻變，因爲講學是一對多，而講會可一對一或多對多來對生活議題進行探討，具有個人諮詢與團體諮詢的意義，講會其實應該和心理諮詢高度整合，這是未來的一個標誌性的發展。

第三節 文學與書法的內化

宋朝時期文學與書法的深化主要特徵在於內化，意即往人的內在不斷深化探索。華人比較喜歡空靈的層面，這使得中華文學常呈現「小品的抒情詩」（錢穆，二〇一一：頁一八三），史詩並不發達，這裡說的「詩」是指廣義的詩，包括詞在內。藏族的英雄史詩《格薩爾王傳》，內容主要談傳說中的嶺國國王格薩爾的故事，全書有一百二十多部，一百萬詩行，兩千餘萬字，實屬全球文字最長的一部史詩，超過世界幾大著名史詩字數的總和，最早的手抄本可能在西元十一世紀期間，相當於北宋時期，這同樣是中華文學中相當值得研究的文學瑰寶，已於西元二〇〇九年入選聯合國人類非物質文化遺產。中華文學不同體裁其地位不一，由高到低依序係「詩詞，散文，小說，戲曲」，中華文學與西洋文化有個很大的差異，主要在西洋文學著重於戲曲與小說，側重在人生具體的描寫，對人生有熱烈的想望或深刻的諷刺，常使得讀者對現實人生激發不滿，因此有人會說西洋文學是站在人生的前面，領導人生往前發展，而中華文學比較著重詩歌與散文，這兩種體裁都不喜歡對人生做具體描寫，而只是空靈的抒情，重視平淡與寧靜，對失意的人生激生同情與慰藉，這使得中華文學在解釋人生的過程中，其「解脫性」高過於「執著性」，其不是冀圖抗爭什麼，而是要讓生命更加的自然與自在，因此著重超現實的視野形成的寬大與平和的意境。因此，錢穆先生覺得中國文學好像總是站在人生後面，藉此讓讀者獲得清涼與靜謐的人生況味，並不是要鞭策與鼓舞人向前（錢穆，二〇一一：頁一七一—一七二），這其實就是參與創作的中國文學家共同的文化集體顯意識投射出來的文學心理，使得大家不約而同呈現出這種傾向的文風。但由於文學常具有這種解脫性，對於正在積極奮鬥的人生而言，看得太超然反而不見得有利於當下的奮鬥，譬如說宋朝而降，如果年輕人要考科舉，他的家裡人常不會希望他讀文學作品，覺得文學作品儘管能慰藉人的心靈，但會讓人變得比較散漫與消極。

詩發展到宋朝開始衰落了，詞逐漸開始興盛起來，宋詞主要在描寫豔情，南宋張炎（一二四八—一三二〇）在《詞源》卷下說：「簸弄風月，陶寫性情，詞婉於詩。蓋聲出於鶯吭燕舌間，稍近乎情可也。」「鶯吭燕舌」就是指男女尋歡作樂的樣貌。敝人覺得有兩位詞人特別值得一談，最著名的詞人有北宋豪放派詞人蘇軾與南宋婉約派詞人李清照（一〇八四—一一五五）。蘇軾雖然是詞人，同時還是個詩人，他雖然仕宦不順，但性情曠達，喜歡大自然，有回從九江攀登廬山，沿路聽著溪聲並看著山色，無一不覺得在對著自己說法，後來到東林寺寫下〈贈東林總長老〉：「溪聲便是廣長舌，山色豈非清淨身？夜來八萬四千偈，他日如何舉似人！」其中「廣長舌」是指訴說的話語無不眞實；「清淨身」是指展現的樣貌無不澄澈。蘇軾很重視情感，從他的詞作〈水調歌頭．十年生死兩茫茫〉中可看出他對妻子的情感深厚且眞摯；他因反對新黨不斷被貶官，但其達觀知命，正如他在〈水調歌頭．明月幾時有〉中的感歎：「人有悲歡離合，月有陰晴圓缺，此事古難全。」這是他在中秋節夜晚賞月飲酒對弟弟的思念。據北宋末年詞人葉夢得（一〇七七—一一四八）所著《避暑錄話》的卷上記載，蘇軾很喜歡社交，可跟三教九流的人聊天，並且他講話詼諧幽默，話題很開闊，如果恰巧有一天找不到人聊天，還會「歉然若有疾」，意即悶悶不樂如同生病一般。聊天其實是蘇軾排遣心中苦悶的方法。蘇軾雖然曾受王安石一派的排擠，但他對保守派當道後對王安石全面打壓的做法頗爲不滿，並表達出自己的意見，展現出非常中道的態度（何志乾，二〇〇八：頁一一三）。

李清照曾寫〈詞論〉，首度明確主張「詞別是一家」，詞跟詩應該區隔開來，她在該文說：「蓋詩文分平側，而歌詞分五音，又分五聲，又分六律，又分清濁輕重。」意思是說：詩和文只分平仄，但詞和歌卻要區隔五音（宮、商、角、徵、羽），還區隔五聲（陰平、陽平、上、去、入），又區隔六律（黃鐘、太簇、姑洗、蕤賓、夷則、無射），還要區隔發音（清、濁、輕、重）。顯然她覺得詞比詩要複雜，詞的藝術性更高。她在該文中直接評論：「王介甫、曾子固，文章似西漢，若作一小歌詞，則人必絕倒，不可讀也。」

意思是說：王安石與曾鞏（一〇一九—一〇八三），他們的文章有西漢時期的風格，但如果他們改作詞，只怕會讓人笑得傾倒，這樣的詞會讓人讀不下去。李清照懷著女性獨特的細膩，描繪出閨閣女性的內心世界和情感生活，同時反映出男性作品中的語言在展示女性經驗時的虛弱與無能（李春燕，二〇二〇：頁二六）。李清照四十三歲後，憂國憂時，國破家亡的悲痛，開始成爲她這個階段作品的基調（殷光熹，一九九四：頁二八）。面對北宋滅亡，丈夫更不幸過世，李清照益發孤苦伶仃，她的詞作〈聲聲慢．尋尋覓覓〉藉由描繪秋天的蕭瑟來抒發她內在的愁緒，尤其「滿地黃花堆積，憔悴損，如今有誰堪摘，守着窗兒，獨自怎生得黑？」反映出李清照對過去幸福生活的思念。李清照把憂國的思緒和報國的志向滲透到自己的人生情感當中，正如文史學家劉大杰（一九〇四—一九七七）在《中國文學發展史》（中卷）第十八章所說：「她是一個歷史的受難者，她的生活情感，和當日無數流亡者的生活情感基本上是相通的。因此在李清照的後期詞中，所表現的那種傷離感亂、淒楚哀苦的心境和悲痛的感情，具有感人的力量，她是那個黑暗時代的犧牲者，她的悲劇間接體現了歷史的悲劇。」（劉大杰，二〇〇六：頁一八〇—一八一）

宋朝時期的書法開始出現「尙意」的風氣，其書法大家當推北宋蘇軾與黃庭堅（一〇四五—一一〇五）師生二人，這與禪宗思想的流行有著關聯性，蘇軾和黃庭堅都與禪師有著熱絡交往，禪宗係著佛教中國化的高峰，其融合儒家思想發展出精湛的自性內涵，高度有益於書法家的思想解放，從中開展極具個人風格的創作，如蘇軾在〈評草書〉中說：

「吾書雖不甚佳，然自出新意，不踐古人，是一快也。」蘇軾並不在意自己書法水平的高低，重點是能寫出契合於己心的新鮮滋味，不拘於過往書法作品的風格，這種書法態度，很契合於敝人知交廖慶華教授平素倡導創意書法的主張，他覺得不要活在大師的陰影中，而要寫出自己的活潑自在，這種看法更有益於書法運用於心理治療，因重點不再是練筆法，而是練新意，該「新意」即是「心意」。蘇軾對於書法的這種思考，其實已經呈現出自我與自性的對話，蘇軾雖有個性化的表現，但並沒有做到像「癲張醉素」那種徹底張揚個性的程度，自我與自性如何圓融無間整合進一個人的生命裡，這是蘇軾顯然有在認眞琢磨的核心議題。寫書法要講究「擺脫成法」，意即擺脫標準，在自然放鬆的狀態下纔能運筆自如。蘇軾寫書法就很重視靈感，如同禪宗主張的頓悟，靈感一到，筆勢自來。蘇軾的〈論書〉記載，相傳王羲之的兒子王獻之在寫書法時，王羲之在背後「取其筆而不可，知其長大必能名世。」意即王羲之故意想從王獻之手中拿走毛筆，卻沒有成功，於是預言王獻之未來必然可成爲知名書法家。但蘇軾卻認爲這是一種誤導，他說：「知書不在於筆牢，浩然聽筆之所之不失法度，乃爲得之。」蘇軾認爲寫書法的重點不在執筆是否牢固，而是順其自然的書寫卻不破壞規矩，纔能掌握書法的眞諦。這就是展露自我卻不失自性〈法度〉的書寫型態。蘇軾寫有詩〈柳氏二外甥求筆跡〉，其中有詩：「退筆如山未足珍，讀書萬卷始通神。」意即練書法用壞的毛筆堆積成山，都不見得能値得珍貴，寫好書法的重點更在認眞讀書，使得人見識廣博，纔能與心體相通。

黃庭堅在其著作《山谷集》的卷二十九中說：「古人學書不盡臨摹，張古人書於壁間，觀之入神，則下筆時隨人意。」意即古人學習書法不盡然練習臨摹，還會把要學習的範本放置在牆壁間，細緻入微的觀看，領會到其中的精妙點，然後就可隨著意念寫出自己的創意，這其實並不是說不臨摹，其實是「意臨」而不是「筆臨」。敝人建議在寫書法前先練習冥想，不見得需要喝酒，卻能打破自己平常慣有的理性思維，置身在略帶天人交感的潛意識裡展開書寫。歐陽修在其著作《筆說．學書自成家說》中說：「學書當自成一家之體，其模倣他人謂之奴書。」意即學習書法要能自成一家的書體，模仿他人只是在做書法的奴僕。北宋沈括（一〇三一－一〇九五）在其著作《夢溪筆談．補筆談》卷二有相反的說法：「盡得師法，律度備全，猶是奴書；然須自此入。過此一路，乃涉妙境，無跡可窺，然後入神。」意即學習書法即便將老師的全部技法都學到，各種規範都熟練掌握，依然是個書法的奴僕，但入門時確實需要這樣來練習，待通過這一路的學習經驗，就會開始領會到書法的微妙意境，此時沒有固定的章法可依循，然後就能獲得書法的精髓。這顯示出練習書法不能只是僵化的臨帖，還要懂得觀察範本字帖的筆法、佈局、甚至氣蘊，意即「讀帖」。

想要寫好書法就要把讀帖當作一種習慣，並且，讀帖不見得就是觀摩他人的書法作品，日常生活裡山川、鳥獸與竹石，都能通過觀看，將其變成線條，最後變成書法。敝人較同意黃庭堅的看法，臨帖的重點在「意臨」，意即用意念去臨帖，而不是「筆臨」，用筆去臨帖已經是最末端的事情了。而且臨摹要靈活，不只適時抽換臨摹的範本，甚至現在網路極其便利，可不斷變更學習的書帖，敝人覺得使用各種角度去接近學習目標是練書法比較有效的辦法。當開始書寫時，筆勢是非常重要的一個環節，意即書寫過程中自然產生的意態和氣蘊，當筆勢產生出來，說明人的精神和書法貫通無阻的合二如一。《王陽明全集》卷三十三記載王陽明曾說：「吾始學書，對模古帖，止得字形。後舉筆不輕落紙，凝思靜慮，擬形於心，久之始通其法。既後讀明道先生書曰：『吾作字甚敬，非是要字好，只此是學。』既非要字好，又何學也？乃知古人隨時隨事，只在心上學，此心精明，字好亦在其中矣。」這段話的意思是說：陽明子開始學習書法時，先是對著古字帖臨摹，只學會寫字的形體。後來不輕易下筆書寫，而是先聚精會神屏息思慮，將字形在心中構思好再去寫，這樣練習一段時間後，纔掌握書寫的方法。後來讀明道先生（程顥）的書，書中這樣說：「我寫字非常誠敬，不是要把字寫好，只是覺得這種態度來書寫，纔眞正是在學習書法。」寫書法的目的既然不是要把字寫好，那到底是在學習什麼呢？陽明子後來明白古人無論什麼時間，或遇到什麼事情，都是在練心，此心一旦精細明澈，就自然能寫好字。

由於宋朝崇尚「尚意」的書風，尚意主導在於抒情，抒情來自於人的心靈，使得個人的生命品質獲得空前重視，「人品」與「書品」變成相互影響的關係，該時期蔡京（一〇四七—一一二六）儘管位高權重，掌握朝政十七年，他書法寫得極其豪放，但因被公認係奸臣，因此書法不受重視，北宋原有「蘇、黃、米、蔡」四大家的通稱，「蔡」本來是指蔡京，但後世都覺得蔡京人品甚差，因此替換成蔡襄（一〇一二—一〇六七）。儘管陳振濂先生想替其澄清，覺得「因人廢書」與「以書判人」都屬於不科學且機械性的治學方法（陳振濂，二〇二〇：頁二七—三〇），但此說早已成公論，尤其「人品」與「書品」會被結合起來討論，其關鍵因素就在於自性的有無，評價書法家如果忽視自性的呈現，則書道的意義與價值將無法獲得彰顯。接下來要討論米芾，特別舉其人，同樣旨在探討其風格與自性的差異，他是行事風格極爲自我的北宋書畫家，世人稱其「米癲」，他雖然想從政而遇到困難，不像蔡京玩弄朝政於股掌，但他同樣有荒唐行事的風格。米芾精於書畫鑒定收藏，只要聽說誰家藏有名貴字畫，就千方百計借過來，然後臨摹出一模一樣的作品，自己留下眞品，再把仿品還回去，甚至把仿品和眞品一併交給原先持有的主人讓其挑選，主人往往很難分辨眞假，事後發現受騙卻已無法拿回來。

有一回米芾跟友人相偕乘船出遊，他看中友人隨身攜帶的一幅藏品，向其索要或交換，友人不情願，米芾居然就跳到船舷上威脅要跳下去，最終迫使這位友人將該藏品送給他，這顯然是種精神勒索。米芾這些瘋癲不顧常理的行徑，連蘇軾都在〈次韻米黻二王書跋尾二首〉詩中譏諷他「巧偷豪奪古來有，一笑誰似癡虎頭。」（王志軍、張明慧、永年編著，二〇一五：頁二一四—二一五）人如果馳騁個性到達瘋癲狀態的時候，就會脫格形成非常自我化的特質，這種特質流露出不顧社會觀感的張狂，作爲藝術會固然獲得登峰造極的表現，但從自性的角度來反思，就會讓人覺得這樣的狀態著實對涵養精神無益。米芾的歇斯底里背後來自細膩的精神，該細膩是他自己在書畫中一直鑽研與琢磨，最後變成生活裡任何纖細的波動頻率精神都會受不了，我們古人講「玩物喪志」其實就是指這種精神狀態，任何東西如果磨得太過於糾結於細節，就需要有自性的智慧知道適可而止。我們練習書法或知人論世，其實要觀看到這些內在議題，譬如我們平時思考問題的時候，應該要把握住問題的核心，而不是留戀著思索本身，如果感覺稍有頭疼就停住，不然就會形成精神的焦慮。無論是彈琴、寫字、繪畫或讀書，甚至是做什麼行業，如果你鑽研的過程中，得不出階段性的結論，最後造成自己精神耗損的狀態時，其實就要適可而止，停下來休息，等到身心獲得修復後再繼續探討。

第四節　文人畫的高度發展

宋朝繪畫最重要的成就就是文人畫的高度發展。文人畫故名思義，意謂著繪畫者係具有文化素養的人，在宋朝時期主要指士人。北宋統一後加強中央集權，經濟獲得發展，社會安定繁榮，政府高度支持繪畫事業，很多皇帝本身如仁宗、神宗（趙頊，一〇四八—一〇八五）、徽宗、欽宗（趙桓，一一〇〇—一一五六）都有很高的藝術造詣，繪畫因此獲得蓬勃發展。宋初還建立起規模宏大的「翰林圖畫院」，院內畫家大都來自前蜀、後蜀和南唐的宮廷畫院，譬如周文矩就是其中一位。兩宋時期的畫院人才濟濟，見於史籍記載者總計約有兩百餘人（李傳文，二〇一七：頁七）。翰林圖畫院設立「待詔」、「祗侯」、「藝學」、「畫學士」、「畫學生」與「供奉」的六級職位，這些有官職的畫院畫家由朝廷發給薪資，擔任宮廷所需的各種繪畫，由於宋徽宗特別設立「畫學」，採用進士科的辦法選取畫學生，進而再開展更細緻的培育和考核，希望藉此培養出一種新型的繪畫風格，「畫學」就成為中國歷史首度由皇帝舉辦的正式美術教育機構，具有劃時代的意義。畫學的教學內容在繪畫方面區隔為六個領域：佛道、人物、山水、鳥獸、花竹、屋木，徽宗還首創在畫學中開設文化課，藉此提升學生的文化素養，並且，與太學的設置一樣，畫學還把學生按照出身區隔成「士流」（士大夫出身）和「雜流」（平民出身）兩類學生，不同出身的學生學習的內容有差別，但雜流學生經過文化素養的薰陶後，其經過考核通過同樣有功名。

畫學參照太學實施「三舍試補升降法」（即「三舍法」）：宋神宗熙寧四年（一〇七一），太學實施「三舍法」，把學生分為外舍、內舍與上舍，學生初入學為外舍生，經考試選升為內舍生，再經考試選擇優良者成為上舍生。畫學教育大都參照太學的辦法，同樣把學生歸類三舍，每隔一段時間有一次例行的逐級優勝劣汰考核。畫學的考試有兩場次，一場考「畫藝」，一場考「文化」。畫藝考核的內容從創意、技法和畫境等角度對學生提出要求，上等的水準在創意層面要求不模仿古人，在技法層面要求能充分且自然的表達出事物的情意、姿態、形狀與色彩，在畫境層面則要求表達出意高韻古的境界；中等的水準在創意層面要求在模仿古人的基礎上開出新意，在技法層面要求逼眞精美，意境層面要求構思靈巧高妙；下等的水準則只要能較好的模仿前人即可。畫學的學生畢業後，授予的官職與一般的太學生所授予的官職一致，從某種意義來說，這意味著畫學的學生同樣有資格進入國家管理體系，儘管大多數的畫學的學生都還是在畫院機構擔任專職（楊勇，二〇一二：頁九〇—一〇二）。宮廷畫又稱作「院體畫」，就廣義角度而言，敝人覺得院體畫同樣是種文人畫，此因繪畫者同樣具有高度的文化素養（甚至都具有功名），儘管院體畫的風格過於工整濃麗，不像是文人畫更自然灑脫，這樣會不會讓院體畫與文人畫兩大類型的繪畫被混爲一談呢？敝人覺得院體畫只是種特殊環境裡的產物，發生於畫院興盛的宋朝，後世如元明清三朝只有宮廷畫家的存在，並沒有相關制度的配套設置，因此很難形成具有系統性的院體畫，由於兩者有著內在理路的相通性，因此敝人覺得或可將院體畫視作文人畫發展過程中的一支。

宋初山水畫繼承五代時期荊浩與董源這些畫家的風格，發展到米芾與米友仁（一〇七四—一一五一）父子二人開始別出蹊徑，他們繼承王洽的潑墨畫而有發展，追求煙雲掩映的意境，世稱「米氏雲山」，又稱「米點雲山」，因他們作畫大多用點而不用線，對後世帶來的影響很大（高准，一九六九：頁四九三—四九六）。但是有人對於米芾的作品頗不認同，譬如明朝王世貞（一五二六—一五九〇）在《藝苑後言論畫》中表示：「畫家中目無前輩，高自標樹，毋如米元章。此君雖有氣韻，不過一端之學，半日之功耳。」王世貞覺得米芾「目無前輩，高自標樹」，其實談得就是其自我意識帶來的問題，即使他個人畫風自有氣蘊，但都只是偏於一端的學問，半日累積的效益而已，並沒有眞正厚實的累積，可見即使談到繪畫，畫評的標準還是始終著重於繪畫者是否有自性的養成。宋徽宗本人就是北宋花鳥畫最重要的代表人物，他在政治領域庸懦無能，卻在藝術領域很有成就，除發展畫院外，更大量搜集古今名畫，編成總數達一千五百件的《宣和睿覽集》，下令編撰《宣和書譜》與《宣和畫譜》，其中《宣和畫譜》列舉二百三十一位從魏晉到宣和年間重要的畫家和作品六千三百九十六件，將中華繪畫歸類成十門，每門中列名家的生平、背景、師承、畫風與庫藏作品，這是研究北宋往前中國繪畫史的重要文獻（蕭百芳，一九九二）。再者，張擇端（一〇八五—一一四五）畫《清明上河圖》，長約五百二十八點七公分，高約二十四點八公分，描繪出北宋首都汴京（或稱東京，現在河南省開封市）在清明節那天熱鬧的街市景象，畫有各式各樣的建築和各行各業的人物，整個景象熙熙攘攘，極其繁華。《清明上河圖》突破唐朝而降人物畫主要著重宗教和貴族這類題材的範圍，描繪出新興市民階層的生活場景，無論是規模還是藝術都達到空前的高峰（高准，一九六九：頁四九三—四九七）。汴京雖因金人南侵使得北宋滅亡而繁華不在，但幸有《清明上河圖》，使得我們有機會一睹當時世界上最繁華大都市的樣貌，該城市在宋神宗時就已有居民二十萬戶，約有百萬人，這還不包括一大批沒戶口的流民，還有官府機構和幾十萬軍隊。北宋時的汴京已有六千四百多家大中型工商業者，另有八九千家小商販。工商業者與居民雜處，面街開店，徹底改變唐朝前的坊市制度，開闢我們華人社會城市商業發展史的新階段（李楊，二〇一一：頁八六—八七）。

南宋畫壇產生李唐（一〇六六—一一五〇）、劉松年（？—約一二二五）、馬遠（一一六〇—一二二五）與夏珪（約一一八〇—約一二三〇）的「南宋四大家」，他們的畫風與北宋的雄壯峻厚截然不同，形成灑脫與簡練的風格。大半江山淪於金人手中，南宋人心中鬱積著無限遺恨，轉化爲熾熱的愛國熱情，畫家們同樣如此，如李唐畫《晉公復國圖》，就是爲激勵高宗效法晉文公艱苦復國；劉松年畫《中興四將圖》是希望表彰抗金將領，由於強調堅強的態度，南宋四大家在筆法上剛拔堅挺，採用猛烈的大斧劈皴。再者，因北宋全景的山水畫已經發展至登峰造極，南宋的山水畫家只有另闢蹊徑，不再畫大山大水，只突出的取山川奇秀的一部來著墨表現（王恪松，二〇〇二：頁一〇九—一一〇）。李唐在徽宗時入畫院，高宗時持續擔任畫院待詔，李唐的畫富有情節性和戲劇性，他的名作《采薇圖》描述伯夷與叔齊兩人「義不食周粟」，最後餓死在山裡的故事，藉此表達對北宋滅亡後苟且偷生喪失氣節的臣子們的憤怒。他的名作《炙艾圖》（或稱《村醫圖》）描繪民間百姓治病的場景，畫面中每個人物依據角色的不同，而展現出迥異的表情特徵，反映出李唐對民生疾苦的深刻關注，更體現出畫家有著積極入世的人文情懷（王彧濃，二〇一六a：頁四七—四八）。這些畫風反映出華人社會的畫家面對時局通常不會選擇置身事外，而是藉著畫筆來刻畫他們面對時局的深刻體會。

劉松年是南宋畫院派畫家的魁首，該時期羅漢信仰極盛，畫羅漢不是爲供奉禮拜，而是拿來賞玩，這種宗教題材世俗化的現象，反映出中華繪畫史的一大變化。劉松年創作的《羅漢圖》（或稱《猿猴獻果圖》）把佛教壁畫中守護在菩薩身邊的羅漢，拉回到山林中，淡化頭上的佛光，活脫脫畫成一位老大爺的形象，但這位「老大爺」眼神慈愛且表情恬淡，有著不怒自威的莊嚴神聖，從他看似尋常的軀體中透顯出來，無聲訴說著他羅漢的眞實身份。羅漢旁有個小和尚雙袖承托，正在接樹上猿猴獻的果子，腳邊還有兩隻小鹿仰望著他們，整個畫面宗教氛圍淡薄，極富人情味（王彧濃，二〇一六b：頁四九—五〇）。再來是馬遠，他是南宋光宗（趙惇，一一四七—一二〇〇）與寧宗（趙擴，一一八九—一二二四）的畫院待詔，馬遠出身於畫院世家（家中五世都出身於畫院），繼承家學並吸收李唐的畫法，形成自己的獨特風格，對南宋後期院畫有很大影響。他擅長山水畫，常只利用一角景觀就能表現出廣大的空間感，在取景中「以偏概全」與「小中見大」（楊仁愷主編，二〇〇一：頁一七五—一七六）。清朝詩人厲鶚（一六九二—一七五二）在《南宋院畫錄》卷七中引用元末明初收藏家曹昭（生卒年不詳）的著作《格古要論》裡面說：「或峭峰直上，而不見其頂；或絕壁直下，而不見其腳；或近山參天，而遠山則低；或孤舟泛月，而一人獨坐。此邊角之景也。」意思是說，馬遠畫豎直朝上峻峭的山峰看不見峰頂；畫豎直朝下的懸崖斷壁看不見山腳；把近在眼前的山畫得和天一般高，把遠在天邊的大山畫得比地還要低；他畫月夜划船遊玩，只有一人獨自坐在船上，這些都是只有邊角的景致。人們因這種繪畫風格而稱他「馬一角」（王伯敏，二〇〇九：頁二四二－二四三），敝人在念大學時期素喜馬遠這種微景佈局，繪畫有著大面積留白的畫作，後來理解這種「半邊」與「一角」的構圖特點，有人說其間寄寓南宋偏安的痛苦（方祖燊，二〇一八：頁二三八），深感頗有道理，可見偏安時期的文化心理如何能引來共鳴感。

夏珪是甯宗時期的畫院待詔，他的畫風與馬遠極為相似，但夏珪的畫清淡些，充滿生趣，馬遠的畫堅實些，比較渾樸，但都是水墨蒼勁的路數，畫史常將「馬夏」兩人並稱，同為南宋院體畫的兩大宗師（王伯敏，二〇〇九：頁二四〇）。馬遠與夏珪使用水墨大筆，改變南宋傳統的拘謹精緻畫風，可說他們是調和南北兩宗的畫家（俞劍華，二〇〇九：頁一〇一－一〇二）。夏珪作畫喜歡用禿筆，畫樓閣不用界尺，畫出突兀而奇特怪異的樣貌，卻顯出極高的意境和韻味（陳師曾，二〇一〇：頁六三）。相較於馬遠的風格，夏珪更進而簡化構圖，幾乎完全不描繪表面質理，採取更深的霧朦朧畫面，當觀畫者的視野自然落入這蒼茫中，就從物質世界進入到沒有實質的境域，讓觀畫者該把空間和精神的存在聯想在一起，這種偏好就會讓觀畫經驗染上一層神秘感（高居翰著，李渝譯，二〇一四：頁九〇）。南宋四大家外，還有梁楷（一一五〇－？）是寧宗嘉泰年間的畫院待詔，性格豪放，喜好喝酒，自號「梁瘋子」。梁楷將禪宗和繪畫結合，喜歡使用最簡略的筆墨，表現出對於人生物象的體認，從中頓悟禪機，他注重個人情感而不重客觀描寫，這種風格可上溯到米芾父子，再加上南宋僧人牧谿（一二一〇—一二七〇）和北宋擅長畫竹子的蘇軾，他們都被歸類成「寫意派」，其巨大的影響在明末清初的個性派畫家八大山人（朱耷，一六二六—一七〇五）與石濤（一六四二—一七〇七）這些人的畫作中強烈彰顯出來（高准，一九六九：頁四九八—四九九）。從梁楷畫作早、中與晚期的發展變化中，可發現從工緻精細到減筆潑墨、從人間情味到空寂禪味，從躋身南宋主流到創造獨特風格的藝術發展線索。他後期作品中尤爲狂肆怪誕的《潑墨仙人圖》，堪稱大寫意人物畫的絕響，在中華繪畫史上擁有不容忽視的地位（盧輔聖，二〇一五：頁一六七—一六八），整張作品大筆橫掃將人物的軀幹動態描繪出來，最後只在臉部用簡單的細筆勾繪，人物就此靈活靈現的呈現出來。

南宋是禪畫的興盛期，禪畫的藝術表現大都著墨清淡卻蘊藏禪機，例如牧谿的《六柿圖》，畫面中只有六個大小形狀不一的柿子，如此簡約卻讓人感受渾厚及圓滿（欒興美，二〇一四：頁二三〇—二三一），林谷芳（一九五〇—）在其著作《畫禪》中評論說：「《六柿圖》是無心創作典型，除了隨機藝術外，藝術︰尤其是西方藝術總有其創作的動機、主題、軸線、結構，但禪認爲這些都是思慮心、計較心的產物，有其明顯的局限，只有契於無心，讓內心的佛性流露，纔能超越慣性，而到此就沒有哪件事情不是創造的了。」（林谷芳，二〇〇九：頁一〇）南宋禪畫對規矩的破壞性在某個限度內可被文人接受，但不能接受破壞規矩到粗惡毫無古法的程度。文人畫的表現型態雖然常受到禪畫影響，但這不妨礙其主體性的發展，而且在藝術意境層面，文人畫與莊子思想的結合更緊密，莊子的遊世思想替藝術創作提供精神的解放（李靜，二〇一七：頁一五六）。文人畫理論出現後，文人畫家重神似超過重形似，這是畫論發展過程中的一大變化（葛路，二〇〇九：頁八八），譬如蘇軾在他的題畫詩〈書鄢陵王主薄所畫折枝二首〉中說：「論畫以形似，見於兒童鄰。」意即畫畫如果講究形象的逼眞，那跟兒童的見識沒有太大差別。蘇軾首先提出「士人畫」這一詞彙，並提出士人畫的理論，他在〈又跋漢傑畫山二首〉中說：「觀士人畫，如閱天下馬，取其意氣所到。乃若畫工，往往只取鞭策、毛皮、槽櫪、芻秣，無一點俊發，看數尺許便倦。」意思是說，觀看士人繪畫，就像挑選良馬，觀看的是馬的內在精神能量。如果是一般工筆畫，就像選馬時觀看的是與馬有關的外在條件（鞭策、毛皮、槽櫪與芻秣），跟內在精神能量沒有一點關係，這種畫看幾尺就會厭倦，可見在蘇軾眼中，文人畫（或士人畫）象徵著精神高度的凝聚與開展，敝人覺得禪畫只要在該範疇內，就可被文人接納，視作文人畫的一種。

韓非子有關畫狗馬比畫鬼神難的觀點，至此同樣受到撼動，如北宋書畫鑒定家董逌（生卒年不詳）在《廣川畫跋》這本書中寫道：「豈以人易知故難畫，人難知故易畫耶？狗馬信易察，鬼神信難知，世有論理者，當知鬼神不異於人。豈以人易知故畫難，人難知故畫易邪？狗馬信易察，鬼神信難知，世有論理者，當知鬼神不異於人。」意思是說，怎麼能說人容易瞭解的事物就難畫，人很難瞭解的事物就容易畫呢？狗馬確實容易瞭解，鬼神確實很難瞭解，但講道理而有智慧的人都明白，鬼神跟人究其本質並無差異。意即鬼神的藝術形象本來就是人內心的投射，畫鬼神實際上就是把人的內在用藝術表現出來，想要畫好鬼神，並不比畫好現實中的事物更容易，甚至會更複雜。蘇軾在〈淨因院畫記〉中說：「余嘗論畫，以爲人禽宮室器用皆有常形，至於山石竹木水波煙雲，雖無常形而有常理。常形之失，人皆知之；常理之不當，雖曉畫者有不知。」還說：「雖然常形之失，止於所失，而不能病其全；若常理之不當，則舉廢之矣。」意思是說，討論繪畫的時候，要知道有些事物（人禽宮室器用）有比較恆常的樣貌，有些事物（山石竹木水波煙雲）則沒有恆常的樣貌，卻內蘊著恆常不變的規律，如果事物恆常的樣貌沒有畫得像，這是很容易看出來的缺失；如果是恆常不變的規律沒有畫出來，即便是鑒賞繪畫的專家都不見得能看得出來。恆常的樣貌沒有畫得像，就只是那一處沒有畫妥當，尚不至於影響全局；如果是恆常不變的規律沒有畫出來，則這個創作就徹底失敗了。譬如南宋畫論家鄧椿（生卒年不詳）所作《畫繼》卷三記載，有人曾問蘇軾畫竹爲什麼不分節，蘇軾回答說：「竹生時何嘗逐節生耶？」（《畫繼》）因爲蘇軾觀察到竹子生長的「常理」，他在〈文與可畫篔簹穀偃竹記〉中說：「竹之始生，一寸之萌耳，而節葉具焉。自蜩蝮蛇蚹，以至於劍拔十尋者，生而有之也。」意即竹節早在竹子的幼椏時期就存在，並不是一節一節生長出來，竹子的生長過程就像蛇不斷通過蛻皮來長大，只是竹體變大，但竹節一直都有。這是長期觀察竹子者纔能說出的深刻見解。

中國畫有著極簡的風格，總是希望把人間各種雜亂的衝突和悲劇，使用某種超然於物外的角度將其淨化來對待，這種風格在唐宋時期逐漸成熟，直到現在，你在任何華人家中的客廳、書房或臥室裡，還是常會看到有字或畫裱框掛在牆壁，讓人一看就覺得悠然神往。任何人的家庭到底是不是具有中華文化底蘊的家庭，就要看家裡有沒有字或畫，臺灣社會即使是深具本土意識者（常見的社會階層在醫師或教授），常見他們家中還是掛著這類字畫，甚至敝人曾見某位在解嚴前後一段時期積極參與反對國民黨活動的大學教授，其夫妻二人都酷愛寫書法，對他們而言政治與文化兩者完全沒有衝突性。美國華人的家裡並不常見這種具有中華文化特徵的字或畫，西洋人的家裡則完全是迥異的風格，譬如常見會懸掛家中主人的畫像，或者掛著鹿頭或獵槍。山水、草木、花鳥與魚蟲，各種有情眾生或無情眾生，都與華人的心靈相通，北宋時期新儒家講萬物一體的精神，就在藝術裡吐露呈現出來。在中華文化裡，儒家的義理比較偏剛性，但文學和藝術都比較偏柔性，或者說，儒家的思想具有德性與知識的意涵，文藝則具有欲望與實踐的意涵，兩者就在這種剛柔和陰柔互爲張弛裡交融前行（錢穆，二〇一一：頁一七三），而且這使得華人的心裡活出生命的情意，常見如果華人不信教，那麼文藝往往會成爲他生命裡很重要的精神寄託。

談完繪畫外，我們再稍微討論有關中華音樂的議題。中華音樂在先秦時期都是實踐於宗廟與宮殿中，這是純心性的音樂，臺灣曾在上一個世紀九十年代風靡音樂治療，通過國樂來療癒精神，這種音樂是種綜合的音樂，其音樂性並不高，而著重於自然性，就像傳統的五音「宮，商，角，徵，羽」，相對於西洋音樂的七聲音階來說，並沒有太複雜的音律變化。中華音樂有兩種：「雅樂」與「胡樂」，前者商周時期即開始發展，後者西漢時期由西域傳來。我們今天有大量被視作國樂的音樂都是胡樂，演奏這些音樂的樂器常都是從西域傳來，如胡琴、揚琴與琵琶，魏晉南北朝時期，音樂沒有獲得發展，可是到唐朝時期，就形成有世界性音樂的樣貌，常見大場面的音樂甚至舞蹈，皇帝都會參與到這些編舞過程中，像是唐玄宗就寫有《霓裳羽衣曲》並編有《霓裳羽衣舞》。再到宋朝，音樂規模就反而萎縮，變成平民的娛樂盛行，而且地方的各種戲曲跟著產生，包括搊彈詞與鼓子詞。自宋朝開始，民間工藝完全美術化，平民社會的日常生活完全沉浸在「詩，文，字，畫」的環境中。不同於唐朝的藝術都還帶著富貴氣，有著張揚的氣息，因此唐朝的國花是牡丹正得其宜，宋朝後的中國，重視平民生活的趣味與情味，這是個長期的整體發展，藝術的風格開始變得純淨、質樸與細膩，甚至把陶瓷、絲織與刺繡這些生活日用品都藝術化，就變成工藝品，因此如果專就中國的民間工藝而言可謂「唐不如宋」（錢穆，二〇一一：頁一八七—一八九）。

從宋朝開始，常見對當時與後世有重大貢獻的菁英分子，其理念的闡發總源自於自身的鄉村經驗，鄉村生活適宜培養出才情並茂且品學兼優的人，生活在喧囂的都市中，失去自然的滋養，不利於培養堅忍卓絕更經得住考驗的人才。如果能讓孩子在一個既不荒涼，又不是都市的環境裡，既能親近自然，盡情在田野裡舒展身體，更能常常其間給予孩子觀念的啓迪，就容易讓孩子成長爲眞正的菁英分子。如果人每天只是在學習怎樣考試，做各種範圍狹窄的選擇題，活在答不對會被懲罰的恐懼裡，長大後就會斤斤計較什麼是標準答案，這樣的人很難應對複雜的人情事理，因眞實的社會中往往都沒有標準答案。宋朝時期的讀書人常從鄉村出來，年老後致仕退隱再回歸鄉村，這個過程裡他們就會發展出一種美學的心理意識，於是你會發現中華型態的建築常常都會在居住環境中有山水與庭園，即使在在城市中居住的人，都會把他居住的環境鄉村化與山林化，藉此聊慰自己一種始終嚮往自然與回歸自然的美學精神。

人如果注重文學和藝術在生活裡的呈現，那這個人想要有精神疾病其實是不容易的事情，但這麼說或許有人會提出反證。西洋知名的藝術家，無論是作家、畫家還是音樂家，都常呈現出神經質的特性，因西洋文化是個人面向上帝的探問，從不同的管道尋覓生命的救贖，其頂級藝術大師往往都是在極致的層面去馳騁，這使得其人心理常深感孤獨，處於一種緊張甚至歇斯底里的狀態，但中華的文學和藝術不強調對「極限的超越」，而是追求身心的整合，讓心靈始終獲得平衡，譬如彈古琴需要沈穩與寧靜，更需要不動如山的身體，現在卻常見年輕人彈古琴時卻很在意姿勢的瀟灑，彈得龍飛鳳舞，這是把古琴當作鋼琴來彈。殊不知古琴彈得深刻，能療癒人的精神問題，歐陽修就曾在〈送楊寘序〉中見證說：「予嘗有幽憂之疾，退而閒居，不能治也。既而學琴於友人孫道滋，受宮聲數引，久而樂之，不知其疾之在體也。」意思是說，我曾經有幽居憂慮的疾病，即使退而過著休閒生活，都不能治療這個問題，但後來跟友人孫道滋學古琴，彈撥宮聲數引，時間一長就覺得很喜樂，不知道自己身體有任何疾病。中華的文學和藝術重視解脫性而不是技術性，學習其間更需要重視精神的涵養，意即要能呈現自性的安然；學習西洋的文學和藝術，則會著重個人技法登峰造極的突破，意即要能呈現自我的俐落，這就是中西藝術家關注的不同方向。但，如果學音樂只是冀圖活得愉快，去學中華音樂還是西洋音樂，確實沒有太大差別，意即你大可帶著學習中華音樂的心情，通過學習西洋音樂來修身養性，只要不執著於登峰造極的技法突破，就不會出現像西洋文化大師那樣的身心問題。從中國的文學與藝術中可看到華人的文化心理，從該文化心理中可看見華人關注的始終是自性帶給生命的平衡感，帶著此一心態，無論是音樂或繪畫，都可變成心理治療。

沙盤遊戲療法（sandplay therapy）是一種結合榮格分析心理學和中華傳統思想的心理治療法，通過激發人的創作來細膩呈現複雜的內在心理，其概念有如道教的陣法。有人做過一個實驗，請各種不同文化的人通過沙遊來呈現自己心中的理想家園：美國人呈現出的理想家園一定要有一棟房子，在房子前面有一張椅子，坐著一個人，外面有著柵欄；日本人的理想家園是先放一座山，然後放一條河流，在山與河流間放一間房子，然後人在河流前釣魚。東亞人與西洋人心中家園的差異性在於，東亞人總是覺得人不能脫離自然，這是一種「天人合一」的身心狀態，在這種狀態下，人會悠游於山水中，尤其如果能在自然明媚的風光裡讀著古典書籍，會特別容易讀懂和有體會，甚至會有種酣暢淋漓的感覺。西洋人是以自我爲軸心，建構出一塊屬於他自己的領地，有沒有自然倒是其次，但有沒有個體性的自由是他們非常在意的議題。在天人合一的身心狀態裡，人的心裡要有剛與柔不斷形成的對話和交融：行動或許要剛，但內心要有溫柔的滋潤，文學與藝術就是極度適合於人的滋潤。如果當人開始意識到個人賺再多錢都沒有意義，開始覺得人要活出生命的滋味纔最重要，就會願意認眞經營自己的家，開始擁有一個書房，營造出一個可跟自己的身心進行對話的空間。有身心涵養意識的人，其實要有兩個空間，一個是人文空間，主要是書房，用來放置書籍，藉此靜思、閱讀與寫作；一個是神聖空間，主要是正廳，用來供奉神位。藉此靜坐、祝禱與冥想。作爲智慧諮詢師，我們可幫忙當事人意識到這兩個空間的重要性，而且人文空間的營造，應該多注意到其間的藝術性，這可讓自己的內心獲得調適和休息，這就是文人精神在當前時空的復興。

第十一章

解放與解脫：心學對明朝社會的劇烈影響

第十一章

第一節　心學孕育的背景

明朝時期佛教的寺院遍佈全國且擁有強大的經濟能量，並且與當權者關係極深密，對明朝的社會與經濟產生極其巨大的影響。明太祖（朱元璋，一三二八－一三九八）採取儒釋道並舉的政治策略，他因曾出家皇覺寺（現在河南省濮陽市濮陽縣），對佛教有著天然的親近感，因個人奉行節儉，並採取道家「無爲而治」的治國方略來恢復經濟發展，讓明朝初年社會獲得休養生息的機會。當時道家思想在士大夫社群間極爲盛行，對儒學產生相當的衝擊，而道教更持續發展到明世宗（朱厚熜（一五〇七－一五六七）到達頂峰（曹佳佳、張萍，二〇二一：頁一九七）。然而受到科舉持續將朱熹《四書章句集註》當作考試教材的影響，理學更跟八股文結合，思想變得日益僵化，無法應對佛道兩家的衝擊，自身已成爲空談義理的假學問，只淪爲科舉入仕的工具，人們藉此來追名逐利，很難有人能眞正實踐理學倡導的「天理」，在這樣的學術環境裡，思想與現實兩者間出現嚴重的隔閡與鴻溝（李曉潔，二〇一五：頁一七－一八），有些儒家學者不甘被桎梏，開始採取開放的態度，積極研究佛道思想，並將其心性思想再融進儒家思想中，重新激發出儒學的能量（曹佳佳、張萍，二〇二一：頁一九七）。心學就是在這樣的思想背景中孕育而生。儒家思想由理學發展至心學，其關鍵性突破在於心學把握本體卻由外在的知識回到內在的覺悟（儘管知識探討還是來自人的意識），逐漸由相對客觀的文本閱讀，滑轉往超越主客關係的冥契體證（傳統術語會稱作由「道問學」來轉到「尊德性」），這正是明朝首由陳獻章（一四二八—一五二二）到王陽明會發展出心學的深層意義（張學智，二〇〇〇：頁三九—五七；頁八〇—一二八）。

再從社會背景來看，明朝初期朝中實施系列的改革政策，來激發經濟的發展：在農業層面實施移民屯田與興修水利的政策，促進農業的增產；在手工業層面廢除匠戶長年服役制，改親身服役爲徵銀服役，使工匠擁有更多的人身自由從事於手工業生產；在商業層面，將商稅改爲「三十而取一」的輕稅，對於有關國計民生的商品一律免稅，而農業和手工業的發展，更替市場提供大量的商品，促進商品經濟的發展。再者，明朝政府儘管會通過「海禁」這一措施來限制民間的對外國際貿易，但卻倡導「朝貢」這一制度，該政策有利於拓展商品向外流通的渠道（黃明同，二〇一七：頁六—七）。長此發展，明朝中期商業爲主的市鎮大量興起，專業化的城鎮（譬如主要發展陶瓷業的景德鎮）出現，農民更大量入住於城市（李海超，二〇一七：頁四〇—四一），有學者指出，明朝商品經濟獲得前所未有的發展，無論經濟的增長、市場的擴張、貨幣的流通甚至商人階層的壯大，都大幅超越宋朝（韓森（Valerie Hansen）著，梁侃、鄒勁風譯，二〇〇九：頁三八五—三八七）。商品經濟的蓬勃發展，促使人不再只是從家族的角度來思索問題，自由、開放、平等與獨立的意識獲得強化與深化（黃明同，二〇一七：頁七—八），這使得人從社會中的規範與行為兩者的差異中意識到自己作為個體的存在，個體生命不再由家族與國朝的結構尋覓自身的位置，人只有活出自我的價值纔能活出自在，這就是心學在自性解脫這一傳統軸線外，常蘊含有自我解放的精神，兩者間存在著矛盾又共生的關係（陳復，二〇一七：頁三七—三八）。

王陽明就是在這種背景中應運而生的聖賢人物。他本名守仁，字伯安，自號陽明子，學者稱做陽明先生，籍貫在現在浙江省餘姚市（目前因隸屬於寧波市而不是紹興市，產生相關爭論）。陽明子童年就很喜歡思索問題，曾向私塾老師請教讀書的意義，認為讀書的意義在於做聖賢而不是考科舉做大官。他更不願意死記硬背書本上的知識，而是喜歡跟同伴玩軍事遊戲，十五歲時還在長城外跟胡人騎射，可見他豪邁不羈的個性。陽明子二十一歲時在浙江鄉試中舉，在北京父親官署中看到有竹子，就想用朱熹「格物窮理」的辦法，格出竹子能作為竹子的道理，持續七日竟然精神耗盡發病，於是認為自己沒有做聖人的命，轉而探索辭章的學問。但，這種轉向卻依舊使他兩度會試落第，感慨辭章這種技藝無法通達大道，到各地尋訪眞正能啓迪自己的師友，卻依然無法找到，就再嘗試按照朱熹循序漸進的「格物窮理」這一辦法讀書，卻無法將「外在的理」與「內在的心」合一，再度耗盡精神而發病，於是轉而向佛教與道教的義理尋求心靈的寄託（陳復，二〇〇五

a：頁八三—八六）。敝人覺得這些挫折的過程，都對於他後來主張的心學不再有門徑畛域的壁壘有益。

直至明孝宗弘治十二年（一四九九），陽明子歷經九年終於考中進士，卻開始對長生導引的方術感興趣，他在紹興四明山陽明洞裡築室修煉，竟能事先預知訪客的到訪，後來因思念親人的念頭無法中斷，覺悟這不是究竟的大道。明武宗正德元年（一五〇六）陽明批評宦官劉瑾（一四五一—一五一〇）竊取權柄被下詔獄迫害，再被謫至貴州省修文縣龍場驛當驛丞，然而這裡毒蟲猛獸橫行，遇到的人不是言語不通的當地土著，就是些亡命天涯的流氓，在這種完全孤立的絕望裡，陽明覺得自己已能放下榮辱得失，唯有生死還未看破，因此鑿個石洞，日夜端坐在裡面等待死亡，他常望著滿天星辰，思考聖人如果在這種處境裡還有什麼大道可說呢？忽然在某個中夜裡，他在睡夢中領悟出聖人的大道就在我們的內在，過去向外探索大道的方法根本是個錯誤，不由得手舞足蹈起來，《王陽明全集．年譜一》卷三十三：「始知聖人之道，吾性自足，向之求理於事物者誤也。」陽明子並用默記《五經》的文字來印證自己的領悟，發現全部都能吻合。這一事件標誌著其自創心學的誕生（陳復，二〇〇五 a：頁八六—八九）。陽明子龍場悟道的經歷，跟奧地利心理學家傅朗克（Viktor Emil Frankl, 1905-1997）主張的意義治療學（logotherapy）頗有值得對話的角度，當人的尊嚴完全被踐踏，唯一留下來就是「赤裸的存在」，意即生命始終存有最根本的意義和目標，每個人直到嚥下最後一口氣前，都有著「生命的課業」要去從事與完成。傅朗克後來使用「意義治療學」指稱其從事的心理治療，其中心主題就在於「意義」，這個意義指向靈性這種層面，傅朗克覺得人在終極意義能抉擇自己的存在與成長，這種抉擇的過程得訴諸個體意志的自由性，但不能僅來自本能，更需要意識到生命的責任。人最終應該向誰負責？對傅朗克而言，就是指人自具的良知（conscience），因此，這種主張跟心學實具有觀念脈絡的相應性（陳復，二〇一八：頁一九六—一九八）。

陽明子的龍場悟道其實是種冥契主義產生的經驗。冥契主義意指人面對尋常的時刻裡感受著生命的不尋常，尤其感受著與某種神聖的能量契合無間，其最終型態如按照傳統說法，就是不同程度的「開悟」，這種開悟狀態使得開悟者的自我因此泯滅，而展現出至高靈性的眞我（陳復，二〇一八：頁六六—六七）。陽明的思想有如曼陀羅般不斷環繞前行，正德三年（一五〇八）他領悟到「吾性自足」，隔年他就更豐富這個觀念，使其拓展出後世熟知的「知行合一」，《王陽明全集．年譜一》卷三十三記說：「是年先生始論知行合一。」這是來自於去年的冥契經驗的繼續深化，而在認識論層面的嶄新闡發。如果我們由冥契經驗的角度來認識陽明說的「知行合一」，重點在「合一」具有甚深奧秘，這個「一」（the One），就是指整體（the Whole），其實就是指藉由體驗來回歸本體，「知」與「行」則都是回歸本體給出的呈現，其間體驗自會給出人的理解與實踐，理解與實踐則具有共生性與同質性，或許有現象的先後，卻沒有脈絡的先後，因爲理解本身就是某種實踐，實踐本身就是某種理解，它們都是本體的已發，本體的未發則在那冥契經驗的領會裡。《王陽明全集・年譜一》卷三十三記說：「舉知行本體證之《五經》諸子，漸有省。」有意義的詞彙就在那「知行本體」，這既有「理解與實踐都來自於本體」的意思，同樣更有「理解與實踐都是本體的呈現」的意思，理解與實踐都是本體的發散（陳復，二〇一八：頁二二一—二二二），該本體就是心體的意思，這是儒家思想探討自性議題獲得的重大突破。

後來，陽明子回到北京講學，有弟子彼此辯論「朱陸異同」，請陽明子做個公斷，陽明子卻給出模稜兩可的解釋，讓弟子很疑惑，就問他到底對於朱子抱持著什麼態度？他回答朱子對自己的生命有著「恩深罔極」的意義，他並沒有要「入室操戈」的想法，但這種「恩深罔極」的情感該如何解釋呢？奧地利精神分析學大師佛洛伊德（Sigmund Freud, 1856-1939）畢生主張「伊底帕斯情結」（Oedipus complex），他指出男孩在成長過程裡都會有戀母仇父的複合情結，通過占據父親的位置來爭奪母親的情感，我們如果用來觀察文化心理議題裡的三角關係會很有意思，如果中華思想是全體華人共同的母親，朱子一人的觀點就獨佔主流詮釋權的位置，使得其果眞變成華人共同的「父親」，早從元仁宗皇慶二年（一三一三）將朱子《四書章句集注》列入科舉考試教材，到弘治十二年（一四九九）的春天陽明終於考上，全部經典都被朱子的解釋給籠罩在讀書人腦海裡，陽明子科考九年終於中舉，人生深受其苦，請問素來不喜歡僵化思考的陽明子，眼前有朱子這座大山擋在他的面前，他展開任何嚴肅思考前，都不得不面對朱子的觀點，他到底對朱子會有如何恩深罔極的心情呢？敝人覺得這種情深意重的感覺，大概只能說自己期待有朝一日徹底打敗朱子這個父親，取得觀念領先的位置，徹底奪回對中華思想母親的愛，庶幾纔能說中陽明子的心裡話（陳復，二〇一八：頁二五九－二六四）。

正德十一年（一五一六），陽明子四十五歲，明武宗（朱厚照，一四九一－一五二一）將他晉升爲都察院左簽都禦使，受命消滅江西廣東福建三省的匪亂，經過數年的平叛，取得一系列的勝利後，四十八歲的他正往福建戡亂，這時明朝宗室寧王朱宸濠（一四七九－一五二〇）在南昌起兵叛變，他迅速回師直搗南昌，四十三天內就消滅叛軍。陽明經常組織戰事兼而論學不輟，過程中始終跟隨一群弟子。然而，他的成就越高，毀謗就交相而來。明武宗本想趁陽明肅清叛軍的機會來江西壯大軍威，卻被陽明勸阻，明武宗不但不聽，反而懷疑起陽明的動機，甚至有宦官污衊陽明造反，這使陽明的處境較當年在龍場驛更艱難，他常在中夜默坐，凝望江水浪起浪落，直至天際浮出清暉，內心的工夫因此更趨細密。歷經千折百轉的遭遇，陽明發覺最後能發覺最後能支持他忘患難與出生死的能量在於良知，於是隔年他開始提出「致良知」作爲聖學正法，並召集弟子齊聚白鹿洞書院，使他們徹底明白心學的意義。

陽明子在《王陽明全集．年譜二》卷三十四說：「近來信得致良知三字，眞聖門正法眼藏。往年尚疑未盡，今自多事以來，只此良知無不具足。」他還說：「我此良知二字，實千古聖聖相傳一點滴骨血也。」「良知」是本體，聖聖相傳的命脈骨血就在裡面，「致良知」是復見本體的工夫，通過這層簡單扼要的工夫路徑，思此認住當即就能見體，因此，其弟子錢德洪（一四九六—一五七四）在《傳習錄．錢德洪序》中卷說：「致良知功夫，明白簡切，使人言下即得入手。」陽明子則在《王陽明全集．序說．序跋》卷四十一說：「吾『良知』二字，自龍場已後，便已不出此意，只是點此二字不出，於學者言，費卻多少辭說。今幸見出此意，一語之下，洞見全體，直是痛快，不覺手舞足蹈。學者聞之，亦省卻多少尋討工夫。」「致良知」就是個觀念工夫，他晚年會認爲這三字被自己領會而出，立即就能洞見全體，感覺很痛快，省卻學者一堆繁複的見體工夫，正因其屬於觀念工夫纔能如此，而且，得要陽明子先領會「知行合一」纔能領會出「致良知」，因前者主張的重點在「一」這個本體；後者主張的重點在「致」這個觀念工夫的發作，人得先領會出本體究竟是什麼，纔能有能耐去闡發工夫來教人，如果顛倒其順序，我們就無法想像其如何能發生（陳復，二〇〇五a：頁一一三—一一四）。在發展智慧諮詢的過程中，諮詢師應該教當事人「信得致良知」，當人相信「良知」的存在，這時候在意念中汲取良知來判斷具體事情纔有可能，這能省掉無謂的言辭論說來當做尋討工夫，而能直截了當用良知來解決問題。

嘉靖六年（一五二七），陽明子已五十六歲，本想後半生都安度在講學生活裡，卻再被明世宗任命重回原職兼任都察院左都御使，征討廣東思恩田州的叛亂，臨行前在紹興的天泉橋上，他對弟子錢德洪與王龍溪（一四九八—一五八三）講論「無善無惡是心之體，有善有惡是意之動，知善知惡是良知，爲善去惡是格物」的最後贈言，這就是著名的「四句教」。其簡單的意思是說：心體本沒有善惡這種人間價值的區隔，但，人的意念發端點卻有善惡的區隔（這個善惡不是人間價值，而是你究竟是意念純正還是意念雜陳），知道並鑑別意念純雜的善惡，其能量來自心體的良知，讓意念純正並且不讓欲望燻染，從中精確認知各種現象，則是人要格物的具體辦法（二〇〇五：頁二〇二）。這段話很適合拿來作爲心理諮詢過程中，諮詢師將其轉成技術，引領當事人學習如何活出精緻而深刻的生命。隔年，陽明子來到軍營，不到半年迅速解決思田叛亂，本來已可班師，卻因判斷廣西瑤僮兩族作亂的情況危急，不待詔令自行移師八寨斷籐峽戡亂，勝利後肺病加劇，於是不待明世宗同意，自行決計落葉歸根回鄉就死，結果船停泊在江西省南安府（在現在江西省贛州市）的青龍舖碼頭，臨終前其弟子周積（擔任南安府的推官，生卒年不詳）上船探望夫子，他流淚不止，顫問夫子有什麼最後遺言，豈知陽明子微笑說：「此心光明，亦復何言！」然後就緩慢停止呼吸死亡。弟子知曉夫子病故，群聚陪護陽明子歸葬餘姚，每日來祭弔百餘人，埋葬當日計有千餘人，遠在外地無法奔喪，而自設牌位祭弔者更不可勝數（陳復，二〇〇五 a：頁九七－九九）。陽明子是中國歷史極罕見同時在「內聖」與「外王」都有貫通的思想家，內聖與外王交叉點就在於「自性」。

第二節　心學與書院的發展

陽明子可說眞正用整個生命開出他提倡的知行合一學說，同時使書院的精神獲得最徹底的傳布。據《王陽明全集．年譜三》記載，嘉靖三年（一五二四），王陽明五十三歲，受邀來現在浙江省紹興市的稽山書院講學，東南半壁學生蜂擁而至，大家圍著陽明的居室租屋而住，每個宿舍常在一起吃飯就有數十人，甚至有人無法找到容身的處所，竟然一張臥鋪數人輪流睡覺。陽明講學時環坐常超過三百餘人，院內擁擠到再無法容納。後來因求教的學生人數實在極其大量，就由兩位首席大弟子王畿與錢德洪先與新進學生教授《大學問》，等到新生志向確立，則安排與陽明子見面，陽明子每回跟新生見面，往往焚香默對不說話，做為他的第一堂課，這種焚香默對的型態很適合轉成心理諮詢的技術，讓人體會何謂「無言的教育」，使得諮詢師與當事人在諮詢過程中獲得「留白」的空間。當日紹興遠近群山，足跡所至的古剎，心學同志迎面隨時都能見到彼此，陽明子曾帶著弟子百餘人，在中秋夜裡設宴於碧霞池，大家論學與遊蕩交錯，甚至會共同喝酒唱歌擊鼓划船，目的在使弟子超越人我的界限，而與大自然合一，同時使師生情感完全交融，充滿書院生趣盎然的精神。陽明子在稽山書院三年，這是他一生講學最輝煌的時光，他想要避免門生被俗務牽絆，全盤耽擱學問的思索，特設立講會制度，每月按期聚會四回，相互砥礪與琢磨於學問。他告誡門生，講會不能刻意區別年齡與地位，大家要平等相待，誠實各抒己見，相互吸取優點，共同闡發心學，這種制度的設立使得心學獲得更深刻的開創，迅猛橫掃已被庸俗籠罩的理學，講學是一對多的關係，而講會不只可一對多，更可一對一來對議題做探討，其實很適合和心理諮詢結合起來發展。陽明子死後，他的弟子更奮勉在書院傳布心學的精神，由於陽明子的思想是在具體實踐裡逐漸醞就，隨著其本人不同情境的講學，傳布的心學不斷在進展變化，各地門生跟隨的時間不同，理解本有異同，再因各自往內在體證闡發解釋，逐漸歧出不同的主張，這實屬正常而合理的現象（陳復，二〇〇五a：頁九二—一〇三）。

在思想層面與陽明子雄峰並立，同時在傳布心學的還有湛若水（一四六六—一五六〇），自號甘泉子，學者稱爲甘泉先生。湛若水二十八歲參與會試，卻不幸落第，隔年前往現在廣東省江門市受教於陳獻章，陳獻章告誡他，獵取功名富貴的心念如果不能完全放下，此生終究無法有進境，因此，他將所有關於應考科學的書籍放一把火焚燬，專注慎思人生各種問題，經由陳獻章的啓發，終於悟出「隨處體認天理」的心學。陳獻章與湛若水師生感情非常深厚，陳獻章死前將講學的地點江門釣臺託付給湛若水，湛若水用對待父親的禮數祭祀陳獻章，還在其墓前守喪三年，其間整理獻章的詩文刊布，並發願平生足跡所至，都要建立書院來祭祀其師。正德元年（一五〇六），甘泉子與陽明子兩人相識並相見恨晚，立刻訂交終身，有空就相聚論學，共同表示此生都要倡發聖學做志業（李國鈞主編，一九九四：頁六四九—六五〇）。可惜陽明子隔年就被流放貴州龍場，直至正德五年（一五一〇）纔回北京，在京時日與甘泉子比鄰而住，無日不會講，飲食起居都在一起，這是他們情感最融洽的一段日子，陽明子甚至承認因爲有甘泉子的存在，使他實踐聖學的志向日趨堅實，並受甘泉子心性層面的幫忙，這記錄在正德七年（一五一二）陽明子寫給甘泉子的《王陽明全集．文錄四．別湛甘泉序》中說：「晚得友於甘泉湛子，而後吾之志益堅，毅然若不可遏，則予之資於甘泉多矣。」由此可見對探索智慧有嚮往的人而言，結識志同道合者極其重要，我們從事心理諮詢工作者，更應該積極整合出探索智慧的團體，讓對於智慧有嚮往的人能獲得相互結識與共同學習的機會。

這裡略談甘泉子與陽明子的思想異同：前者認爲天理至廣大而盡精微，需要隨處體認心體纔能貫通天理，後者則覺得心體至廣大而盡精微，闡發心體本身就能貫通天理，兩者的異同不在誰屬內外，不在誰屬於心體，而在思考的出發點側重於人本位還是天本位，如果側重於人本位，人確實只要隨處致良知就能明白天理，如果側重於天本位，則會明白天理終究還需要透過學問的路徑來思辨。甘泉子曾擔憂陽明子這種想法只在護住心體，卻不能藉由學問擴大心體，由於陽明子年輕時就已經紮穩學問的根基，因此面對極盡患難的遭遇，會透過學問的路徑來思辨，陽明後學則未盡有如此深刻的磨練歷程，驟然接觸這種路數極高的思想，人生如果沒有患難的經歷，很容易就流往空論良知的局面，湛擔憂王會發生的問題，沒有發生在陽明子本人，確實發生在陽明後學的處境裡（陳復，二〇〇五a：頁一〇三—一〇七）。甘泉子於正德十年（一五一五）卸任回鄉過生活，直到嘉靖元年（一五二二）纔又再被召回京師。長達七年的時光，他陸續創辦數所書院，如增城縣（現在廣東省廣州市增城區）鳳凰山的明誠書院與南海縣（現在廣東省佛山市南海區）西樵山的雲谷書院，不過，甘泉子講學的基地在大科書院，書院立於西樵山側面的大科峰，由他帶領弟子堆積石頭建成廳堂館舍，他則住在附近煙霞瀰漫的山洞裡，每天觀看攀樹的猿與翱翔的鶴，漫步悠遊在泉水怪石，安閒恬淡如同要終老（李國鈞主編，一九九四：頁六五一—六五二）。這種空靈的生活，正是書院如何傳遞中華文化的最佳註腳。經由弟子的敦請，甘泉子更進而手訂〈大科訓規〉，提示弟子爲學貴在立志，立志貴在知本，知本就是貫徹實踐隨處體認天理的教育精神（陳郁夫，一九八四：頁二八九—三〇八），可惜這間書院在首輔張居正（一五二五—一五八二）禁止講學時被毀掉。

甘泉子在嘉靖三年（一五二四）來南京擔任國子監祭酒，試圖把書院的精神融進中央官學，跟學生申論自己將不會違背現在科舉的制度，卻將兼備德行道藝的教育；不會違背日常考課的辦法，卻更著重鄉舉里選的實質，這是他要在現實裡協調出理想的作法（李國鈞主編，一九九四：頁六五二）。他並作〈心性圖說〉公布在學宮內，一幅圖與二百餘字的解釋文，涵蓋自己心學思想的基本內容。在南京講學是甘泉子門生大進的時日，他在南京當地周圍各地的書院講學，由於求學人數劇增，甘泉子常不能親自面臨施教，因此就採取輾轉相授的辦法，指派他的核心弟子，如蔣信（生卒年不詳）與方瓘（生卒年不詳）來幫忙指點新進學生。當時陽明子已經過世，在南京講學還有王學弟子鄒守益（一四九一—一五六二）與河東理學的呂柟（一四七九—一五四二），據說他們三家已經包攬東南地區全部的讀書人。他們雖宗旨各有不同，卻常共約地點舉辦講會來探討，或到彼此的書院講學與集會，這就使學生可經由比較選擇適合自己的老師，釀造學生交相進出的複雜局面（陳復，二〇〇五b：頁一〇七—一一〇）。隨著張居正在萬曆十年（一五八二）突然暴斃，壓制的政治環境相對變得寬鬆，替書院的復興創造非常有利的條件，尤其是往日楊時創辦的東林書院，已經出現影響全國政局的能量（李國鈞主編，一九九四：頁五八〇）。東林書院講學的內容主要旨在不滿當日的學術與政治互相往負面激蕩，尤其反對王學末流動輒而自栩爲聖人，卻盡表現出放浪形骸的生活舉止，希望修正心學偏失，重新發掘朱熹理學的深意，其依照〈白鹿洞書院學規〉延伸訂立更詳盡的〈東林會約〉，主張來書院就要放棄功名的念頭，更不要空談心性，應該在書院進行紮實的學術研究，包括天文地理與陰陽術數，甚至經濟運作與鄉井利害這些生活層面都可認識，希望由此產生的思想能積極影響現實政治（陳復，二〇〇五b：頁一二九—一三一）。

東林書院的師生常諷刺朝政，開出實際治國的辦法，使得懷抱大道，不滿當世亂象的士大夫聞風響應，群起罷官聚集在東林書院論學與論政，迅速在這裡形成一股龐大的政治能量（朱文傑編，一九九六：頁五三—六四）。他們對王學只重視自性，尤其重視安頓個人的身心來成就聖賢人格，而未能在「紀綱世界」這一層面去做建樹頗有強烈反感，陽明子本人雖有事功，但，其學問型態卻未能教人如何「開物成務」，拿傳統的儒學術語來說，就是僅有內聖學，而沒有外王學（龔鵬程，一九九四：頁六七），然而他們自己卻無法避開同樣的盲點，畢竟思索天文地理與陰陽術數，甚至經濟運作與鄉井利害這些生活層面，是沒辦法挽救已經弊病叢生亟需速效的明朝國脈的。但，在當日的時空制約裡，他們並沒有機會去更成熟思考政治結構面的問題，只能藉由秉持氣節痛責時政來落實對外王層面的關注。萬曆三十二年（一六〇四），顧憲成（一五五〇—一六一二）等人修復宋朝楊時講學的東林書院，並在其中講學。東林人士評論朝政，要求執政廉潔、開放言論等，這些針砭時政的主張得到當時社會的廣大同情與支持，同時遭到宦官與其依附能量的激烈反對，兩者因政見歧異愈演愈烈，最後因觸怒到明熹宗（朱由校，一六〇五—一六二七）時專權的太監魏忠賢（一五六八—一六二七）通過僞造檔案上報朝廷來打擊東林士人。天啓五年（一六二五），明熹宗下詔燒毀全國書院。隔年（一六二六），東林書院被拆毀，當時朝野各黨狼狽爲奸，在利害與共的關係裡，一致把矛頭指著只問氣節的東林書院出身人士，甚至變相擴張對出身東林人士的認知，只要有人不願趨炎媚俗，獨抒己思正議，就一律把他們歸類爲「東林黨」，製造朝野無窮的黨爭，大量著名的東林黨人被迫害致死，同時相互消耗彼此精神，直至亡國爲止（陳復，二〇〇五b：頁一二九—一三七）。

明朝中晚期一百五十餘年的時間裡，工商業蓬勃發展，華人不再僅從傳統的家族結構中尋找自己的人生定位，而是開始意識到自我的存在，思考自我該怎樣展開深刻的覺醒，活出自身想望的人生，心學就體現在這股大規模的反省浪潮中。明朝中晚期人面對自我意識的經驗，對我們當前華人何嘗不會帶來深刻的省思與啓發？當工商業更加高效發展，人的自我意識越發濃厚，社會問題卻層出不窮的發生，我們從上學到工作，都是在無限循環的競爭與獎懲的過程中展開一生，更要不斷追求績效，完成家長、老師與上司的要求，纔能從中獲得價值感。任何懂得反思的人很難不會問自己：每個人從出生到死亡，都得要進入到這樣一種循環中嗎？我們該如何保證未來我們的孩子，不會重複自己這種痛苦的生活經驗呢？如果無法回答這個問題，就無法解決華人社會少子化日漸嚴重的問題，使得常見年輕人寧可自嘲說「我們是最後一代」，都不再願意結婚生子。我們或許需要有所省思：華人從什麼時候開始過著這樣的生活？現代社會通過獎懲機制來鼓勵人去競爭，其實是種行爲主義（behaviorism）的養成機制，意即在用訓練動物的狀態來訓練人積極進取。我們誤認這種被獎勵就是快樂，但這種感官的快樂來自於自我意識，我們不再意識到更深層的快樂來自於自性，因此修養自性的工夫自然而然就逐漸消失。當我們長期置身在這種行爲主義的養成機制裡，不知不覺就會產生倦怠與麻痺，內心深處不禁會問自己每天這麼忙，究竟是在忙什麼？更殘酷的現象是說，我們不論是讀書或工作，其實都只是擔任如同螺絲釘般的角色，被局限在某個僵化範疇或專業領域裡學習或做事，千篇一律重複著某種慣性動作，這種螺絲釘具有可替換性，僅是工商業社會企圖滿足量產需求而經規格化後出現的某種產品。這個運作過程裡，人被異化成指標的工具，活在深層的無意義感中。因你沒有在做你眞心相信的事情，你自然就沒有熱情去投注其間，卻被誤導成這就是成長要做出的犧牲，意即所謂的成熟。可是當你有時間靜下來捫心自問，很難不發現自己對這種生活的懷疑。現在的學生、青年甚至中年有這麼大量難解的心理問題，主要的原因就在於當前的教育制度和產業運作不問意義且離開人性，使得世人不瞭解學習與工作的整體性意義，任何人只要還會反思，就很難不產生迷惑。

在這樣的生活裡，人們始終追逐著外在的名利聲色，活在一種緊張、戒備與焦慮的狀態裡，甚至跟家人都沒有太多相處的機會，導致「同居不同心」的家庭關係變得日漸常見，雖然大家都在同一個屋簷下，心卻離得越來越遠。這種孤獨打拼的過程更會讓人產生失落感：每天都過著熙來熙往的日子，實際上都是在「強顏歡笑」，長此而往，甚至會很習慣戴著社會面具，卻已經搞不清何謂眞正的自己，跟你產生利益關係的人都是各取所需甚至各懷鬼胎，當人把內在最柔軟的生命態度保護起來，冷漠就變成習慣，但人內心深處始終渴望著金錢買不到的東西，包括人與人的眞誠和善意，或者自己能活出生命的意義。更深層的問題是說，現在過著都市化生活中的華人，往往是一群跟傳統文化割裂的人，只能看見眼前的物質利益，往前看不見過去，往後看不見未來，他只活在當下感官構築的世界裡。然而我們每一個人，只要願意自問，任誰本來不都是「有故事的人」？如果沒有累世的祖先，就不會出現今天的你，而在你死去後，人類還是會繼續綿延發展下去，我們本來就是歷史長河中的涓滴，怎能不認識自己的過去，卻能展望未來？我們不能只因相信「眼見爲實」，而認爲看不見的時空就毫無意義。眞相是說，我們每個人都有文化集體潛意識，過去始終都在影響著我們展望未來。

儘管華人常習慣於拒絕從正面角度來認識自己的歷史，這種現象已經跨過一個世紀了，如果再進而反思，華人拒絕從自性角度來認識自己的文化，更已超過四百年，這使得我們重新來探討這一議題，恐怕有人會覺得聞所未聞。然而，不論是一百年或四百年，這對個人來說固然是很漫長的時光，可是對整個中華文化史來說，這只是短暫的一剎那，這一剎那產生的失落感，華人就要去全盤否認整個中華文化的價值，這是很荒謬的事情。就像我們都喜歡批評中國自隋唐而降的科舉，可是無論科舉有怎樣的問題，畢竟都是在考探討生命的學問（不論是《五經》與《四書》），意即科舉所要考察的內容，並沒有離開生命作爲反思的主體，可是我們在接受現代教育的過程中學到的內容都是抽象知識而不是經驗知識，這種抽象知識遠離我們的生命和生活，如果有人學不好其實很正常，此因體制教育常就是旨在提供某種篩選機制給菁英出線，這種教育制度其實很殘忍：從一開始就是爲挑選菁英而設計，而這個菁英被設定爲能掌握某些抽象知識或技術知識，從來沒有想要從人本身的生命經驗出發，來建構知識與認識知識，於是絕大多數人在這種受教育的過程裡被犧牲掉了。當然，如果學習傳統文化只是在死記硬背，受這種教育的孩子長大了，就會產生極其強烈的反彈能量，這不只是我個人的經驗談，更是今天的臺灣社會反中華文化浪潮如此劇烈的原因。斧底抽薪的辦法，就是我們應該通過心靈的啓蒙，讓一個人不再「知其然而不知其所以然」的行禮如儀，更能在精神層面提高對於事物的認知，從而對禮節有眞實的體會，意即在人與人的心底深處，眞能由衷發展出「愛的流動」，不能完成這些，而只是在灌輸教條化的內容，這種權威主義的做法，很難避免會對人，尤其是孩子的身心帶來壓迫。《格言聯璧．齊家類》中說：「天下無不是的父母。」但恐怕這不是事實，父母的身心如果不成熟，形成對孩子身心的壓迫，那麼孩子該怎樣對父母落實孝而不怨？這是很實際的問題。當人有著從心靈的角度產生的深刻洞見，接著再去實踐纔能知行合一。《論語．學而》第一記孔子說：「富而好禮。」華人在物質生活日漸富裕的時刻，更應該思考如何對禮有深刻的認識，而不是在有錢後依然把人生目標定位在賺錢，卻對於提高精神素養沒有任何想望。

作爲現代人如果會感到與傳統有著距離感，這是很眞實的感受，畢竟長期西化後，人的自我意識被強化了，傳統已經變得極其陌生，我們不能不正視這個問題。多數人因置身於都市生活產生這種感受使然，沒辦法更深入認識傳統，沒有時間更不願意花太大的精神去思考很根本卻無法立刻帶來現實利益的議題，更不要說置身在網路環境中，我們常就是看著畫面立刻做出即興的反應，事情的來龍去脈都沒時間認眞梳理，接著就可能被捲入群眾心理學（group psychology）帶來的效應中，當大家的反應跟你一樣，你就會更加堅信自己的反應正確無誤，眞相於是就被這種大眾情緒給掩蓋住了。在這個過程裡，因不思考的緣故，你只有當下刺激產生的快樂或者憤怒，同樣因不思考的緣故，你看不見這些行爲背後有什麼深刻的人生意義或人生目標，我們就不容易活得有充實感，甚至反而會因過度刺激而有空虛感。其實，「快樂」（happy）是個英文詞彙，陽明子曾表示：「樂是心之本體，雖不同於七情之樂，而亦不外於七情之樂。」（《傳習錄・答陸原靜書》中卷）這裡講的「樂」是種深沉的喜悅，不同於感官刺激產生的快樂。如果從傳統文化的脈絡來更精確指出該喜悅感，則應該是「生命的自在」，或者「生命的圓滿」。如何活出自在和圓滿的人生，這是中國古人經常會去問自己的問題。心學是傳統中的反傳統，更是反傳統中的傳統，意即心學是一門儒家的學問，但它具有反傳統的特徵，比較不會有僵化的態度，希望人能眞情實意看見適合自己生命的路，而不是活在套路裡。這一點使得心學特別適合現代人，因爲現代人就活在各種模式化的狀態裡。

人生在世有一個極關鍵的心法：任何自在和圓滿的人生，都不會是「自了漢」的人生，意即不是拿實踐個人的恩怨情仇爲目標，自在而圓滿的人生常處在這個狀態裡：你所做的事情是不是通過幫忙別人來幫忙自己，意即在付出的過程裡同時獲得價值感。在雙向循環的過程裡，從中看到自己在社會中的定位。但人常常連自己都不認識，因此常無法幫忙他人，譬如基於感情衝動結婚生孩子，卻不瞭解如何教育孩子，於是孩子在不知不覺中長大了，卻累積出各種問題讓父母束手無策，只能用打罵這種強制性的手段來對待孩子，卻激起孩子強烈的逆反心理。父母在這個過程裡，常忘記自己怎樣長大，卻對孩子提出更高的要求，這就很荒謬，因孩子常常就是在複製父母的行爲，如果父母無法改變自己的積習，卻要求孩子改變，這從來就是不可能的事情。譬如當父母想要快速在學習上給孩子減壓，往往產生適得其反的效果：一個智慧打開的父母，不會覺得孩子沒知識，將來找不到工作沒關係，這種想法完全不符合實際，重點是不要讓孩子覺得，自己如果不能獲得好成績就會被父母嫌棄。當孩子將學習成績和父母是否愛自己聯繫在一起，如果這個孩子韌性很強，他或許就會認眞去表現，從而獲得父母的認同；如果這個孩子心理很脆弱，他可能就會自暴自棄。這個過程裡父母常從未意識到自己纔是孩子的壓力源：明明是父母自己對學習沒有正確的觀念，形成很大的壓迫感，卻要給孩子解壓，要孩子不要覺得學習很困難，這種自欺欺人的心態會使問題始終無法獲得解決。當一個人從來沒有細膩對待過自己，對任何事情都只有本能反應，還自認眞誠且講話實在，當然就跟著沒有辦法細膩對待他人。可是人不細緻無以成情感，待人如果能溫柔體貼，情感纔能眞實流露出來，從而讓他人的生命獲得滋潤，纔可能出現改變的動能。

《中庸》第二十章說：「或生而知之；或學而知之；或困而知之；及其知之，一也。」意思是說，有關學習生命涵養這件事情，有的人生來就知道，有的人通過學習纔知道，有的人要遇到困難後纔知道，但只要他們最終都知道了，其意義就變得一樣了。有些人經歷過生老病死後開始有修養身心的意識，這種人對生命有著反省，他會去思考生命裡為什麼會有這些苦，如果生命裡充滿著苦難，那麼活著的意義又是什麼呢？這些問題會促使他開啓一條探索內在的路。當人開始意識到自己不只是有生理和心理的層面，還會觸碰到更廣大的心靈層面，而且因有著心體這一機制，人纔會想要善待自己的身心，去思考如何克服自己的積習，從而活出自在圓滿的生命狀態，於是他纔可能會有做修養工夫的意願。然而最可悲的莫過於有些人受盡苦難，他始終無法意識到修養的重要性，終生活在不斷循環的痛苦中，最後在不明不白的狀態中死去，這是多數人生命狀態的眞實寫照。有沒有修養身心的意識，會造成人的生命狀態有著明顯的差異：沒有修養身心意識的人，從臉部的線條到身體的姿態都看起來很粗放，而有修養身心意識的人，他的舉手投足間都透露著細膩與柔和。修養身心這件事情，長期未曾在我們體制內的教育系統中被認眞對待，使得生命的粗放在當前社會變得理所當然。然而，古人沒有這種繁複的教育系統，都不影響他們引領學生去認識心性，認識心性從來就是自己的事情。《論語・述而》第七記孔子說：「我欲仁，斯仁至矣。」涵養身心的意識並不需要冥思苦想纔能獲得，人有這個意願的當下，就會立刻讓整個身心獲得調整的機會。如果有心性的自覺，我們就會意識到自己的生命不能這樣粗放，不能渾渾噩噩過完這一生，並且希望自己能更細膩對待自己和他人。當這種需要學習的心情一旦打開，就會發現眼前的天地豁然開朗，整個宇宙不再是自己原本覺得的狀態，你會發現程顥寫的〈秋日偶成〉說：「閒來無事不從容，睡覺東窗日已紅。萬物靜觀皆自得，四時佳興與人同。道通天地有形外，思入風雲變態中。富貴不淫貧賤樂，男兒到此是豪雄。」這誠然不是虛言。大千世界無一不是學問，甚至整個天地都因為你意識的轉變而跟著發生變化，於是你就會明白什麼是「學無止境」，學習對你而言不再是味同嚼蠟，而是內在充滿喜悅的過程。

這種學習心態是儒家的核心態度，從而開展出各種工夫。《論語．學而》第一說：「學而時習之，不亦說乎。」儒家是個高度重視學習的學問，其最大的特點就是「去神秘化」，把生命裡有關動靜舉止的各種狀態都變成學問，通過學習，逐漸將外在的知識吸納與內化，積累形成自家生命的底蘊。我們當前的教育好像很重視學習，然而學習的內容跟古人已大不相同，導致大家其實重視的是學歷而不是學習，只是想要一個能證明自己具有某種專業技能，甚至只是知識累積程度的證照，很多人一旦拿到學歷，終生就不再對學習有任何興趣。人本來沒有那麼容易被威脅利誘，但如果我們連學習都會在被威脅利誘中獲得成長，這使得任何對生命懂得反思的人，因不想活在這種威脅利誘的套路裡而無法產生學習興趣，這就產生一種悖反現象：越會思考的人，越沒辦法認眞學習，卻能獲得豐富的體會；越順服的人，越不想要認眞思考，卻能取得優異的成績。今天的華人社會有很多扭曲的信念，癥結就是人沒有機會認識心性，纔會有這麼如此大量光怪離奇與顚倒是非的現象。當人的動靜舉止處在覺醒的狀態裡，就會知道自己從哪裡來，要到哪裡去，活在自覺且有生命感的狀態裡。當人能這樣安然又充滿生命感的活著，就正踏在精神蛻變的旅程上，根本無暇捲入這世間的紛紛擾擾，事情一到他那裡，都可獲得妥善的安頓，而不是被掩蓋，或生出新的問題，當這樣的人多起來，我們纔能創造出眞正的和諧社會，而且我們如果眞的愛孩子，就要讓自己的孩子認識心性，但不需要總把「心性」這個詞掛在嘴上，當父母活出生命的自制，更活出生命內在的節奏感，孩子就會感同身受，繼而開始自動調整來跟父母相應和。當孩子發現父母的精神狀態愈發愉悅，不會那麼容易發脾氣，即便父母不說「心性」二字，孩子都始終活在心性裡。

第三節 文學的自我與自性

中華傳統文學的文體，其演變順序是先由詩演變成詞、接著由詞演變成曲、再由曲演變爲傳奇（小說）和戲劇。白話文學其實興起甚早，並不是民國時期由胡適（一八九一—一九六二）提倡纔出現，唐朝時有種變文體裁，其結合詩歌與散文而成，多採取佛經或中國民間原有的故事，使用語錄體的型態寫出。這種文體發展到宋朝就形成當時所謂的「平話」，這已經是純粹的平民文學，完全脫離宗教性，接著平話逐漸轉變成爲章回體的「演義」。在元朝統治者的民族壓迫政策和取消科舉制度的政策狀態中，文人不再是士人，其地位極其低落，他們日子過得窮困潦倒，對前途深感絕望，戲劇創作就成爲他們最佳抒發情緒的過程。元雜劇中，書生大多處於弱勢地位，如王實甫（一二六〇—一三三六）作《西廂記》中的張生，鄭光祖（一二六〇—一三二〇）作《倩女離魂》中的王文舉，他們都因社會地位低落，窮困潦倒，而被拒絕在婚姻的大門外。科舉在元雜劇中往往是改變貧賤書生人生際遇的轉折點，劇中的書生不考則已，一考就中，反映出在取消科舉的元朝，求仕無門的文人自我安慰的心理（沈笑穎，二〇一四：頁二二八）。元雜劇中還大量出現鬼魂與夢境的情節，鬼魂的情節通常在描繪善良百姓被摧殘致死後繼續轉換成鬼魂的型態來抗爭，如關漢卿（生卒年不詳）的作品《竇娥冤》；夢境的情節則經常在反映追求名利聲色的無意義，如馬致遠（一二五五—一三二一）的作品《黃粱夢》。元雜劇中這些鬼魂與夢境的情節給予在現實生活中備受摧殘的底層文人情緒獲得宣洩的出口。

來到明朝初期，政府冀圖加強中央集權，注重官辦書院的建設，對在校學生的思想和學業管制很嚴，使思想文化的發展受到相當程度的抑制，同時對文學創作的發展極度不利。明朝中葉則隨著工商業的發展，人們不再局限於傳統農業社會的結構中，伴隨自我意識的覺醒，新的思潮開始萌芽。其中最具影響者當屬陽明心學，其對明朝中後期文學創作產生極其深刻的影響。明朝末年，國家飽受內憂外患，注重社會實踐的學問抬頭，文學強調其社會效益。這使得明清時期小說的教育意義開始被高度重視，例如萬曆年間李卓君（生卒年不詳）所作《忠義水滸傳序》中說：「故有國者，不可不讀；一讀此傳，則忠義不在水滸，而皆在朝廷矣。」這就是在強調《水滸傳》具有其教育機能。當小說地位的提高，許多文人就開始專注於小說的創作。明朝最具有的小說有《水滸傳》、《西遊記》、《金瓶梅》與《三國演義》，我們從這四部經典著作中，同樣可看見自我與自性的對話始終貫穿於其間，如果再加上清朝時期的《紅樓夢》，敝人覺得可稱作「五大奇書」。這五大奇書的內容都很適合讓諮詢師拿來當作案例，在諮詢過程中建議當事人仔細研讀，成爲彼此對話的資糧，從中思考自我與自性的議題。

《水滸傳》的作者一般公認是元末明初文學家施耐庵（一二九六—一三七二）所著，後來由元末明初文學家羅貫中（一三三〇—一四〇〇）做整理，明末清初文學評論家金聖歎（一六〇八—一六六一）將其刪減成七十回本。這段歷史在民間廣泛流傳，施耐庵將各種版本的相關資料整合起來重新創作，形成這部著作的主幹，後再經其它文人的潤色和刪改，經數位作者不斷增添情節最終定型，使得這部著作的內涵變得極爲豐富。其故事追溯自北宋宣和年間，其實明朝人有時候不便於講本朝的事情，就喜歡將故事推往宋朝來講，小說講述梁山泊領袖宋江原是基層官吏，後被逼上梁山，與其他好漢共同反抗暴政，逐漸發展壯大卻最終全軍覆沒的故事。《水滸傳》善於拿對比手法展現人物的性格特徵，描寫人物的心理變化，從人物的行動表現其性格：譬如宋江對於投奔他的好漢都能不計身份與地位平等對待，遇貧寒人士則有求必應，仗義疏財儘可能幫忙，其名聲遠傳於山東與河北，大家都稱他是「及時雨」。這種不計較個人利害的性情無疑有宋江自性一面的流露，可是他卻罔顧朝廷已被奸臣把持，只因想完成自己心中「忠義」的理想，不聽眾人勸阻，執意接受朝廷的「招安」，最終被朝廷利用而全軍覆沒，他不僅自己喝下朝廷賜予的毒酒，還因害怕自己死後李逵會造反，不惜騙李逵都跟著喝下毒酒共歸黃泉，這些行徑裡或許呈現出人在自我意識的狀態裡產生的執念，但何嘗不是在完成自己心中的大我理想，從而具有自性特徵呢？這種自性與自我交疊在同一個人，其實反映出眞實人生的矛盾性。這類生命狀態我們從其他的梁山好漢身上都都能看到：譬如李逵善良孝順卻嗜血殘忍，魯智深很願意行俠仗義卻粗魯無禮。

《水滸傳》反映出華人「俠」這一面的文化心理，而遊俠這一群體早在先秦時期就已對社會產生深刻的影響。《史記．遊俠列傳》記說：「韓子曰：『儒以文亂法，而俠以武犯禁。』二者皆譏，而學士多稱於世云。」韓非子生長於戰國時期，說明在他的那個時期，遊俠就像儒者，共同對社會產生極其重要的影響，並且都因展現出特立獨行的一面，而飽受社會非議。但相較而言，作爲傳播思想的儒者比喜歡使用武裝的遊俠更容易被世人接受。《史記．遊俠列傳》在記載遊俠的行事風格時說：「其行雖不軌於正義，然其言必信，其行必果，已諾必誠，不愛其軀，赴士之阨困，既已存亡死生矣，而不矜其能，羞伐其德，蓋亦有足多者焉。」意思是說，遊俠的行爲雖然不見得符合正義的規範，但他們講話守信用，行動有始有終，承諾的事情就務必做到，不惜犧牲自己的生命來解決他人的困難，經歷生死考驗，卻不誇耀自己的技能，也羞於誇耀自己的功德，因此他們也有很多値得稱道的層面。遊俠思想在唐朝快速發展起來，體現在唐朝的傳奇中，如虬髯客與聶隱娘這類遊俠形象。金庸（一九二四—二〇一八）的武俠小說能風靡整個華語圈，正是源自華人集體潛意識中的遊俠元素。

《水滸傳》揭露出北宋末年政治黑暗，民怨沸騰的社會現實，肯定梁山起義是「官逼民反」，並塑造出梁山泊「同患難、共生死」的理想社會，當政府讓人民無法維生，則群眾造反就被視作「起義」，這種思想既符合出自個體的自我需求，其聚眾起義同樣來自團體的自性。忠義思想是貫穿《水滸傳》的核心思想，使得《水滸傳》早期名爲《忠義水滸傳》，且宋江成爲梁山首領後，「聚義廳」就更名爲「忠義堂」，並豎起「替天行道」的大旗。同樣都是揭竿而起的方臘（？—一一二一），志在推翻朝廷，利用明教信仰號召農民來抗暴，卻被視作大逆不道的賊寇，可見是否屬於農民這一社會階層其實不是《水滸傳》關注的重點，是否有宗教組織來聚眾滋事纔是《水滸傳》關注的重點，這裡面有很細微的差異。作者將宋江刻畫成既孝順且仗義的形象，他加入梁山只是出於生命的不得已，心裡始終掛念著能有朝一日被朝廷接納，然後能盡忠報國，顯示出作者相信忠義內蘊的自性價値。宋江最後雖然如願得償，接受朝廷的招安，還將旗號改爲「順天護國」，但在替朝廷四處征討過程中，原先的一百零八位菁英折損大半，宋江一被害死，梁山的武裝能量徹底覆滅。作者在《水滸傳》第一百二十回中說：「自古權奸害善良，不容忠義立家邦。」凸顯出人如果想實踐「忠」與「義」，其很難兩全於現實社會的矛盾。作者刻畫的「梁山好漢」，每個人都是行俠仗義、愛憎分明與嫉惡如仇的形象。這種俠義文化的顯現，既是種民間始終存在的「江湖」（只要來到臺灣社會的鄉鎮中，很容易就會看見這類風格的人），反映出華人對於社會始終不公的痛恨，並總希望社會能獲得改革的心情，並刻畫出市井人物即使不懂得什麼大道理，其實際的人生還是在實踐自性，這就是華人的文化心理。

《三國演義》的作者爲羅貫中，號湖海散人，是元末明初的小說家。他長期隱居在山林間專心於創作。《三國演義》是中國第一部長篇歷史章回小說，小說虛實結合，曲盡其妙，是四大名著中唯一根據正史《三國志》改編出來的小說。這部小說描寫從東漢末年黃巾暴亂開始，中國如何從群雄逐鹿逐漸進入三國時期，最終到司馬氏建立西晉政權重新統一中國的這段歷史，揭露出動亂時期各個政治集團間錯綜複雜的關係，連年戰亂如何導致人民生活的困苦，逐漸鋪陳出其天下最終將回歸「合久必分，分久必合」的歷史規律。作者通過對每個歷史人物形象的細膩刻畫，來表達他嚮往的儒家倫理思想，因此，跟《三國志》作者陳壽（二三三—二九七）將曹魏視作正統政權不同，羅貫中將蜀漢視作正統政權，把劉備（一六一—二二三）刻畫成仁愛敦厚且知人善任的仁君形象；又將曹操刻畫成暴虐殘酷且陰險狡詐的奸雄形象；還將孫權（一八二—二五二）刻畫成寬宏大量但江東自保的豪傑形象。再者，像是關羽的義薄雲天，諸葛亮的足智多謀，張飛的勇猛過人，這些鮮明的人物形象讓小說變得有血有肉，好像這纔是眞實發生過的歷史，因此常會引發後人的誤會，不知不覺將演義當成正史。尤其諸葛亮是作者心目中典型「賢相」的化身，他具有「鞠躬盡瘁，死而後已」的高風亮節，胸懷再造太平盛世的雄心壯志，作者還賦予他呼風喚雨與神機妙算的奇異本領，諸葛亮的形象呈現出典型的自性特徵，但史實中的諸葛亮並沒有如此神奇。《三國演義》同時是一部悲劇，象徵儒家正統的蜀漢集團卻被曹魏集團滅亡，作者把這悲劇性的結局歸於天命，反映出對更高存有的敬畏，說明人無論如何奮鬥，畢竟還是有受限於天命的現實。

其實，敝人覺得三國的相爭，背後象徵著三種不同思想的抗衡。如果蜀漢集團表徵著儒家思潮；曹魏集團則表徵著法家思潮；孫吳集團則表徵著道家思潮，曹操任用人是以功能爲導向，不要求他們的道德與名聲好壞，曹魏集團的支持者特別期待一個嶄新的與大一統的王朝；蜀漢集團的支持者則特別重視傳統的倫理，特別是劉備本人總是拿仁義做號召，支持者常對過去的漢朝懷抱情感，希望能復興漢室；孫吳集團的支持者則有著休養生息的想法，他們不隨意挑起中原的紛爭，希望在江南地區維持一個穩固的政治秩序。否則無法解釋當漢朝衰落，各路人馬各自去投奔不同的陣營，譬如諸葛亮家中兄弟三人選擇不同的主公（大哥諸葛瑾（一七四—二四一）投奔孫吳；弟弟諸葛誕（？—二五八）投奔曹魏），這是單純從忠奸二元對立的角度無法獲得解釋的現象。如果從自我與自性的角度來思索，特別值得被討論者，曹操在小說中則被塑造成極其自私的人，儘管這不見得符合史實，曹操並不是個心中只有現實主義，絲毫沒有理想主義情懷的人，完全相反的事實是說，曹操是個極負有文采的人，在三大集團的領導階層中尤屬第一，如果他本人不眞對於文學感興趣，就很難解釋他的兒子曹丕與曹植（一九二─二三二）都具有深度的文學涵養，更無法解釋他為何要叮嚀自己的二兒子曹彰（一八九─二二三）要「讀書慕聖道」了。

在小說的第四回中，曹操在刺殺董卓（？─一九二）未遂逃跑的路上，因疑心想要款待他的呂伯奢（？─一九〇）一家人要殺他，居然先下手將呂伯奢一家人全部殺死，還竟說出「寧教我負天下人，休教天下人負我」的話語，這是《三國演義》採《世語》和《雜記》的資料來改編，是否符合史實姑且不論，可見小說企圖塑造的曹操呈現出濃厚的自我意識，這恰是劉備自性形象的反面。孫權則是知人善任且體恤部屬的人，甚至有替過世大臣素服舉哀的溫情舉措，這同樣是作者呈現其自性的特徵。但在《三國演義》第二十九回中，孫策在臨死前如此評價孫權：「若舉江東之眾，決機於兩陣之間，與天下爭衡，卿不如我；舉賢任能，使各盡力以保江東，我不如卿。」孫權儘管擅長用人，可是他遇事常猶豫不決，不擅長在戰略層面做決策，不敢積極進取，呈現出濃厚的自保意識，這卻屬其自我意識的呈現。當孫權北進的企圖失敗，轉而把目標投向長江上游的荊州，企圖通過奪取荊州將長江防線連成一線，他不惜破壞與蜀漢的聯盟，偷襲荊州，殺掉關羽，雖然暫時保住自身的安全，卻使得蜀漢與孫吳兩國因互相敵對與消耗，讓彼此的軍事能量愈發虛弱，最終讓曹魏與晉朝坐享漁翁之利，將兩國各個擊破。

《西遊記》的作者是吳承恩（一五〇〇─一五八二），字汝忠，號射陽山人。吳承恩出生於累世讀書的家庭，這對他的創作產生極大的影響。《西遊記》是一部魔幻小說，內容充滿作者豐富的想像，還可看出其深受陽明心學的影響。書中講唐三藏與其徒弟孫悟空、豬八戒和沙悟淨師徒四人前往西天取經的故事，呈現出懲惡揚善的古老主題，或許有人覺得《西遊記》是暗諷政治鬥爭的諷刺小說。《西遊記》最後成書時與融合儒釋道三教的陽明心學最興盛發展的時間段落重疊，在心學的影響裡，不再追逐外在知識，回到自性做工夫，就成爲該時期的思想主旨。我們從《西遊記》中能常看見心學的思想，例如小說裡常見「心猿」這個詞彙，僅在世德堂本《西遊記》的一百回目中就出現十七回，約佔全部目錄的六分之一。其它諸如心性、本心、禪心、心經、心主、心神、心清等，全書幾乎充滿著「心」字（張蕊青，二〇一一：頁五三—五四）。譬如該書第八十五回唐僧見到一高山阻路，心中憂懼，孫悟空想安慰其師父，就講出四句偈頌：「佛在靈山莫遠求，靈山只在汝心頭。人人有個靈山塔，好向靈山塔下修。」唐僧同意並回應說：「若依此四句，千經萬典，也只是修心。」悟空回答：「不消說了。心淨孤明獨照，心存萬境皆清。」由此顯見「修心」是《西遊記》全書的思想宗旨。明朝謝肇淛（一五六七—一六二四）在其著作《五雜俎》卷十五指出：「《西遊記》曼衍虛誕，而其縱橫變化，以猿爲心之神，以豬爲意之馳，其始之放縱，上天下地，莫能禁制，而歸於緊箍一咒，能使心猿馴伏，至死靡他，蓋亦求放心之喻，非浪作也。」在謝肇淛看來，《西遊記》中孫悟空與豬八戒的動物形象都是作者有意塑造的人，代表心念的起伏不定，需要通過做工夫（緊箍咒）來收攝。這樣的設計是在譬喻心學「求放心」的工夫，並不是隨意創作。

小說的背景有大量佛道兩教的元素，如太上老君、玉皇大帝、如來佛祖與觀音菩薩等神，主角孫悟空從幼年時拜師學藝，到學成後大鬧天宮，再到護送唐僧西天取經降妖除魔，最後修成正果，孫悟空周旋於這些佛道角色中，這既暗合王陽明早年學習佛道，最終融合進儒家，蛻變出心學的思想發展歷程，更與他由青少年時期的豪邁不羈，到屢遭患難最後證悟心性的磨礪過程非常相似。孫悟空在太上老君的八卦爐中鍛燒的意外收穫就是練就火眼金睛，如果做個對比，讓迫害陽明的大太監劉瑾權充太上老君，詔獄權充八卦爐，那陽明如同孫悟空練就的火眼金睛就是讓他在獄中研究《易經》，打開視野，看清自己的天命，重拾信心，他要效法前哲，安然前往成聖的路上，面對各種不可知的未來，這個試煉的過程就是自我蛻變出自性的過程。尤其孫悟空在天庭做弼馬溫養馬的情節，極有可能是參考王陽明被貶謫到貴州龍場做驛丞的經歷。再者，孫悟空叛逆性格的型塑，更反映出明朝中期個性解放的思潮。《西遊記》的寫作風格輕鬆幽默，在插科打諢中反映出當時黑暗的社會現實，例如各類妖魔鬼怪要不然是神佛的坐騎或寵物，要不然就是天神下凡作亂。即便唐僧一行終於到達取經的終點，還需要賄賂如來佛祖的兩大弟子阿難與伽葉，最終纔能取得眞經。這反映出當時社會官官相護盤剝百姓的現狀。因此，吳承恩有意將陽明投射成西天取經的孫悟空，並藉由孫悟空來發揮如王陽明那般橫掃社會黑暗的傳奇故事。

《金瓶梅》的作者署名「蘭陵笑笑生」，這顯然是個化名，眞實的作者是誰，至今依然是個謎。《金瓶梅》是華人社會最有爭議的一部名著，有人覺得其是淫穢書籍而大肆批評，覺得不應該閱讀；有人則覺得不能因那些露骨的描寫掩蓋其內蘊的思想，因此熱情稱讚其存在的價值。《金瓶梅》的故事主線爲西門慶和他三個姬妾：潘金蓮、李瓶兒、龐春梅彼此間的故事，小說的名字即取自這三位女性角色的名字。小說的背景設計在上有權臣專政，下有惡霸橫行的黑暗環境。雖然背景時空如同《水滸傳》同樣設定在宋朝，但作者其實是藉此來揭露明朝中期社會的黑暗現狀。《金瓶梅》是第一部文人獨立創作的長篇白話世情章回小說。關於作者最盛行的說法是明朝「後七子」領袖王世貞，其合理脈絡建立在《金瓶梅》與嚴嵩（一四八〇—一五六七）有關係，王世貞與長期擔任內閣首輔的嚴嵩對立，因此，《金瓶梅》與王世貞就有密切的關係，《金瓶梅》的作者長期被認爲是王世貞，他企圖殺死嚴嵩的兒子嚴世蕃（一五一三—一五六五）來報父仇而有此作（大木康，二〇〇九）。正基於如此的歷史背景，小說根據《水滸傳》中西門慶勾引潘金蓮，殺潘夫武大郎，最後被武松所殺的情節展開，略加改動，描寫西門慶從發跡到淫亂而死的故事。《金瓶梅》赤裸裸描繪情慾，藉此表現縱欲無度必然毀滅的主題，同時反映出明朝隨著工商業的發展，伴隨著人自我意識的萌生形成對欲望的馳騁，包括理學末流已無法回應該時期人心的變化與需求。

《金瓶梅》赤裸描繪情欲的風格並不是孤立的個案，其實，明朝中期已經出現一些狂士，他們行徑放蕩不羈，藉由創作表達對當時理學價值觀的強烈不滿。例如唐寅在其詩歌〈桃花庵歌〉中寫道：「花前花後日復日，酒醉酒醒年復年。但願老死花酒間，不願鞠躬車馬前。」反映出作者不拘禮教與超脫豁達的眞性情。李贄（一五二七－一六〇二）在〈童心說〉中表示「童心」不能被遮蔽，否則會：「著而爲文辭，則文辭不能達。」意即純眞的初心如果被遮蔽，寫文章就會詞不達意。而酷愛李贄思想的馮夢龍（一五七四－一六四六）在《山歌・敘山歌》中表示文學應該要能：「借男女之眞情，發名教之僞藥。」意即藉助男女情事的題材來揭露禮教的虛僞，將其變成一帖良藥。在這一文學思潮的影響裡，戲劇與小說等敘事類文學作品塑造出渴望掙脫禮教束縛來追求兩性情愛的女性形象，長篇小說描寫的重心開始從歷史傳奇轉向關注七情六欲，尤其關注日常瑣事的市井百姓。《金瓶梅》正是這種背景裡的作品（李娟，二〇一三：頁七四）。《金瓶梅》寫作最傑出的手法，就在於其讓我們暫且停止先入爲主的道德判斷，藉由直接面對赤裸橫流的人欲，看見在扭曲的人性裡如何內蘊更深層的心理，譬如我們可從觀看潘金蓮被迫賣身投入婚姻的過程中，看到她就像一個供人淫樂的玩具，完全沒有說「不」的權利，她希望自己在這個毫無希望的環境中生存下去，不得不泯滅人性，變成冷酷無情且心狠手辣的婦人。《金瓶梅》的作者雖然在用很直白的語言描繪欲望，但最終目的是爲讓世人看清追逐欲望終究是一場空，小說中西門慶貪財戀權，更貪戀美色，做盡惡事，導致家破人亡。他騙姦人家的妻子，自己妻子卻被人拐跑，他的兒子孝哥則生而無欲（十五年裡不哭不叫不言不語），這個轉化意味著「色即是空」，但這只是一種麻木狀態裡的無欲，只要有合適的土壤，欲望就會滋生。於是孝哥在普淨禪師的點化下剃度出家，法號「明悟」，意即徹悟後達到內心澄澈無欲的意境，這就是自性的呈現，其鋪陳故事的過程可直通陽明子的「四句教」這一主張。

最後，我們來談出現在清朝早期的《紅樓夢》。一般認爲該書是曹雪芹（一七一五—一七六三）所著。小說拿「賈，史，王，薛」這四大家族的興衰爲背景，以賈寶玉的角度來觀看這世間，著重於賈寶玉與林黛玉暨薛寶釵的愛情悲劇做主線，描繪一群見識高過男性的閨閣佳人其人生百態，展現出深刻的人性。《紅樓夢》的範圍包羅萬象，不僅跟詩詞、戲曲、建築與藝術等領域有關，還包含大量的醫學知識，據統計，書中人物生過病的有五十多人，一百多人次，各類病症一百一十多種，描寫方劑有四十五個，中藥一百二十七種（趙順、羅茜，二〇一八：頁一一二）。整部小說中，上至皇親國戚與賈府長輩，下至奴僕雜役，幾乎每個人物都生過病。其中很多人物剛出場就身帶疾病，直到退場依然身帶疾病。而且小說中有關疾病的內容，不僅涵蓋心理和生理這些意義的疾病，而且與政治、社會、道德、宗教、審美與讖緯這些領域都息息相關（劉凡凡，二〇二一：頁七）。《紅樓夢》裡各色人物的喜怒哀樂都與病症緊密相關，如林黛玉父母早逝，她從小就體弱多病且憂鬱傷感，先天與後天失調，形成她陰虛兼氣鬱的體質。賈府錯綜複雜的人際關係和醜陋扭曲的人性，讓她本能的厭惡卻不敢反抗，心理長期處於壓抑的狀態，使得她的病情更進而惡化，這就是典型的「因病致鬱」。再如王熙鳳聰明過人，但逞強好勝且思慮操煩，致使舊病復發，後來王熙鳳失勢後下人作踐她，竟讓她氣得口吐鮮血。再者，她心狠手辣，害死多條人命，由此產生的內疚感，更加重她的心理負擔，這從她請劉姥姥到鄉下廟中求神拜佛中可看出。數年的積鬱極有可能造成子宮癌，這與王熙鳳患上的血崩症最爲接近。而被王熙鳳的美色所迷無法自拔的賈瑞，不自知斤兩冒然追求王熙鳳，卻被王熙鳳反覆捉弄，被祖父發現後更慘遭毒打，再被賈蓉與賈薔勒索錢財，身心都遭到極大打擊，卻在病入膏肓後依然陷溺在對王熙鳳的癡心妄想中，最終走向死亡。《紅樓夢》中這些情志致病的例子應該引起我們的注意，情志過激會致病，疾病更會導致情志不順，兩者有著緊密的聯繫，注重情志調節可保養我們的身心（趙順、羅茜，二〇一八：頁一三一一五）。

在《紅樓夢》的情節中，賈寶玉被刻畫成極其女性化的男性，他自幼在女性群體中獲得滋潤與成長，天生喜愛女性，造就出他女性化的心理世界，《紅樓夢》第二回中賈寶玉表達這樣的看法：「女兒是水做的骨肉，男人是泥作的骨肉。我見了女兒便清爽；見了男子，便覺濁臭逼人。」這既是對女人的極度推崇，更是對自己肉身的極度厭棄。他的性格多愁善感，常常發呆或掉淚，並會因觸景生情而感傷不已。賈寶玉品性純粹，樂於善待女性，不像很多壓抑的男性那般會否認自己的情感，這固然是自性的呈現，可是他卻沉溺於女性化的世界中，呈現出在心理學層面稱作「性倒錯」的生命狀態，完全不理會自己對於家族與社會有什麼責任，這無疑透顯出他濃厚的自我意識。林黛玉則過度依賴賈寶玉，可是賈寶玉身邊有眾多女性對其眾星捧月，於是她永遠處在敏感、嫉妒、不安與憂慮的情緒中。林黛玉情感細膩且聰慧過人，這固然是她自性一面的流露，可是她對賈寶玉有著強烈的佔有欲，過於敏感，更能讓我們從中看到她濃郁的自我意識，或許可稱是種不安全感的心理在作祟。作者將林黛玉和賈寶玉的愛情故事安排在「大觀園」這樣一個純淨的理想世界中，然而作者無情地寫出在現實世界的不斷摧殘下，理想世界最終完全歸於毀滅：林黛玉因賈府安排寶玉和寶釵成婚，最終氣鬱而死；賈寶玉則在經歷抄家後變得瘋瘋癲癲，但最終看破紅塵遁入空門，象徵著對於自性的回歸。

談完五大奇書後，敝人還想特別提到《再生緣》。清朝有一位女性文學家陳端生（一七五一－一七九六），她十八歲左右就寫出這本很特別的書，共計十七卷六十萬字，其嚴格按照七言排律寫出來（就文體而言可謂長篇敘事詩），字字平仄一絲不苟，佈局極其嚴謹，談兵部尙書孟士元的女兒孟麗君如何變裝當宰相的傳奇故事，後來故事遇到皇帝想娶孟麗君，她遇到很大的寫作瓶頸，實在無法再寫下去，並開始經歷自己眞實人生的風風雨雨，且不幸早亡，最後竟然由另外一位清朝女作家梁德繩（一七七一－一八四七）來幫她完成後三卷。陳瑞生的作品純粹活在自己的奇思幻想世界裡，甚至已有非常尖端的女權思想，梁德繩則對此不大認同，從自己現實的人生經驗出發，將結局轉成中國傳統的圓滿大結局。這兩位女作家都出身於官宦世家（兩人的祖父同朝爲官），卻性格與風格迥異，對女人該如何面對自己的人生有著完全不一樣的看法，陳瑞生認爲的幸福是女人同樣能功成名就，過著輝煌的日子；梁德繩認爲的幸福是女人就應該相夫教子，過著平淡的日子。兩人的觀點天差地別（成全自己與成全他人），有沒有最終的對錯呢？其實，這同樣是自我與自性的對話議題，敝人覺得《再生緣》這部文學作品實在太有意思了，作品內的劇情與作品外的作家都充滿著故事性，放到當前時空來看依然沒有過時，眞可惜兩人緣慳一面，無法替孟麗君該有的結局做細緻的溝通甚或辯論，在整篇故事中，眾多人物個性分明且栩栩如生，尤其在人物心理描寫細緻深刻，顯示出女性的陰柔美。就內容編排來說，中華文化脈絡裡的古典小說都是分篇講故事，長篇小說往往如同多個短篇小說彙編，各篇相對獨立，連《紅樓夢》這種經典都存在這種現象，直到歐美文學作品翻譯進來後纔有改變，而《再生緣》卻不同，整篇就是一個完整的故事，情節一環扣一環，結構精密且條理井然，讓人閱讀後就愛不釋手，這在中國的古典文學作品中極爲罕見，顯露出陳端生的絕代天才與梁德繩的深厚底蘊，更奠立《再生緣》在中國古典文學中應佔有特殊重要的一席，敝人覺得應將其列作「第六奇書」。

第四節 書法的解放與解脫

明朝中期的江南地區商品經濟空前繁榮，重商思想迅速興起，江南文人可開始依靠自己的專業技能生存，在創作層面有著更高的自由度，開始重視自我的需求和表達。吳門書派逐漸發展成這一時期的主流書派，其首先孕育於宋克（一三二七—一三八七），成於吳寬（一四三五—一五〇四）與沈周（一四二七—一五〇九），興盛於祝允明（一四六一—一五二七）和文徵明（一四七〇—一五五九）（吳玥，二〇二一：頁一〇一—一〇二）。祝允明出身名門，其祖父祝顥（一四〇五—一四八三）與外祖父徐有貞（一四〇七—一四七二）都是當朝官員，優越的出身使得他童年就在一片鼓勵聲中長大，他早年尚未感受到科舉的壓迫感，更不用替生計擔憂，可盡情在詩文書法中發揮天賦，這樣的成長環境一則形成他性格中的自信，更使得他的性格過於理想化，替日後的際遇埋下伏筆。祝允明從成化十六年（一四八〇）開始參加鄉試，直到弘治五年（一四九二）第五度參加纔中舉，這一年他已經三十三歲。然後從弘治九年（一四九六）起，他開始到北京參加會試，直到正德九年（一五一四）最後一回參加會試，總共參加七回會試都考不中，不得已終於放棄科舉考試，接受謁選，經人推薦得授廣東興寧知縣。然而祝允明的生活曾相當優渥，性格中沒有當官需要的圓滑與融通，這一點遠比不上他的祖父與外祖父，故而在其詩記中不時流露出應付官場的窘迫心情。正德十六年（一五二一），祝允明經人推薦升任應天府通判，專督財賦，然而他任職很短一段時間就辭官還鄉，專注於詩文間，暢遊於吳中山水（閆繼翔，二〇一六：頁九四－九七）。

晚年的祝允明放浪形骸且頹然自放，這些身心狀態在他的草書風格中多有體現（劉曉霞、田雨瀟，二〇一一：頁四二）。祝允明把元末明初的小楷與行草推到一個嶄新的高度，鑄就出明朝書法史的第一個高峰，更替其後的董其昌等書法家立下典範（閆繼翔，二〇一六：頁九七－九九）。祝允明的狂草在用筆上除有針孔外，很少連結，筆畫間盡量散開，結字講究字字獨立，這與通常情況下狂草多連筆纏繞，章草與小草纔字字獨立很不同。祝允明這種特別的狂草章法，呈現出山花爛漫且充滿生機的景象，替其狂草創作提供無限的自由空間（王偉民，二〇一二：頁一四）。祝允明寫的〈心氣體交養論〉則反映出他的心性思想，他在文中說：「眾人以物養氣、體，氣、體美而心從之；聖哲用道養心，心安而氣、體從之。」可見祝允明認爲心靈纔是生命的核心，心靈安住，氣息與身體就會被心靈統攝。祝允明在〈理欲〉一文中勸好友謝元和節制酒量：「事有可理、可欲，中節爲理，稍過焉，不覺侵於欲矣。飲酒，非非理也，禮之共也。禮，理也。」這段話意思是說：祝允明並不覺得飲酒本身違背天理，只是需要節制，這種節制就是禮節，不要因過量飲酒而妨礙天理，那就變成馳騁於欲望。他後來不僅勸朋友戒酒，還自行戒酒兩年（曹建，二〇一四：頁六二一—六六）。

文徵明擅長詩文書畫，書法學自祝允明岳父李應禎（一四三一—一四九三），繪畫學於沈周，文學受業於吳寬，其與祝允明、唐寅（一四七〇—一五二四）、徐禎卿（一四七九—一五一一）並稱「吳中四才子」，他們彼此往來頻繁，在當時形成很大的浪潮，構築出四人爲中心的龐大文人圈（王穎潔，二〇一八：頁五五—五六）。這就是種學術社群。文徵明精通各種才藝，又德高長壽，因此成爲吳門書畫領袖多年。文徵明並不是早慧的人，他雖然出生於官宦世家，交遊廣泛且師友都是詩文書畫的出類拔萃者（程紹君，二〇一六：頁六九），但他一生仕路坎坷，十度去應天府鄉試都未中舉，而此時文徵明已經五十三歲，詩文書畫早已名滿天下，於是不再追求功名，後經蘇州巡撫李克誠（生卒年不詳）舉薦授翰林院待詔，參與編修《武宗實錄》，並侍講經筵，可是後來他卻厭倦仕宦生涯，辭職回到家鄉，從事書畫詩文度過餘生（劉曉霞、田雨瀟，二〇一一：頁四二—四三）。

文徵明書法成就極高，擅寫各種書體，其中小楷最受後世稱道，被譽爲明朝第一（吳玥，二〇二一：頁一〇一—一〇二）。他八十八歲時寫〈小楷眞賞齋銘並序〉依舊骨力勁健且楷法不懈，這在中華書法史上是極爲罕見的成果（程紹君，二〇一六：頁六九）。文徵明的書學觀主要繼承自趙孟頫（一二五四—一三二二），著重純正與典雅做準則的復古思想。他認爲拿王羲之書法爲宗的「晉人法度」是後人學習的標桿和準繩。在法度中表現意趣，更是他不斷追求的目標。除重視法度和融入個性，文徵明還強調人品和書品的統一（張震，二〇二〇：頁四三），他在〈跋姜太僕書法〉中說：「其心正，則筆正，如正人君子。則其爲益不小矣，豈特爲六藝之一而已哉。」意即心靈端正，筆樣就端正，就像是個正人君子。寫書法有這麼大的好處，哪裡只是一種技藝而已。這明顯有將書法視作工夫的意思。清朝文學家劉熙載（一八一三－一八八一）在《藝概・書概》中說：「書，如也。如其學，如其才，如其志。總之，曰如其人而已。」意即書法能反映出一個人的才情和志向，見字如見人。文徵明追求書法的精工與細絕，每一根線條的用筆都經過自己的高度提煉，沒有任何多餘與猶豫的筆畫，這種書風反映出他個人嚴謹的生活處世風格（劉燕、舒易團，二〇一四：頁三〇〇）。在儒家入仕思想的影響裡，如果仕途不順，常會導致一些文人的性情大變，書風隨著大轉。文徵明同樣仕路坎坷，但其性格並沒有因此而變得狂放不羈，他辭官回鄉後寫的小楷，呈現出來的樣貌更常見平心靜氣的意境（周春瑩，二〇二二：頁四〇－四一）。

唐寅，字伯虎，「吳中四才子」中唯唐伯虎最爲人所知。他大起大落的人生經歷與風流倜儻的傳說故事，共同混合成爲至今仍膾炙人口的「江南第一風流才子」形象（周正，二〇一九：頁三三）。然而唐寅贏得「才子」的佳名，主要源自他在詩文繪畫上的成就，雖然他有成爲優秀書法家的潛質，卻沒有付出相對應的奮勉，最終造成唐寅「才子」的名聲與書法的實質水平不對應的結局（顧士偉，二〇一五：頁一〇四）。唐寅天資聰穎、勤奮好學，但性情孤傲，他原本對考取功名沒興趣，只是希望不辜負家族期望而勉強去考科舉。唐寅二十五歲時家中接連遭遇大喪，父母與妻子先後生病死去，面對這樣的打擊，他還是不能不顧及亡父遺願和家族期望，依然要發奮博取功名，這種矛盾與苦悶的心理，直到他二十九歲時高中應天府鄉試解元纔得到疏解（周正，二〇一九：頁三三—三五）。然而第二年（弘治十二年，一四九九），唐寅進京參加會試，卻因「會試洩題案」受到牽連，不僅葬送自己的仕途前程，還瞬間把長輩的期望化為泡影，這種巨大的反差讓唐寅無法承受，於是他全身心投入詩文書畫的領域中，藉此來慰藉著自己焦灼的心情（顧士偉，二〇一五：頁一〇〇—一〇二）。在科場舞弊案前，唐寅為準備科舉而接受書法傳統基礎訓練，因此他早期的書法著重唐楷為主，書風嚴謹端莊。而自弘治十二年後，人生經歷重大挫折的唐寅，其書風開始發生轉變，書體轉成行書為主，兼有草楷的風格（姜洋，二〇一七：頁八四）。唐寅在四十五歲時進入江西南昌寧王府擔任幕賓，幸好提前覺察到寧王朱宸濠意圖謀反，於是逃回蘇州，躲過一劫，卻從此直到死去都沒有再出仕（周正，二〇一九：頁三五）。唐寅的書風天真爛漫且信手寫來，同一篇作品呈現出完全不同的書體，例如他在《墨梅圖》卷上題有一首七絕：「黃金布地梵王家，白玉成林臘後花。對酒不妨還弄墨，一枝清瘦寫橫斜。」先是楷書起筆，寫到第二行中部的時候，「臘後」二字則變為行草，接下來的「花」字又回到楷書，三四兩行則是越寫越快的行書，最後一行出現三處連帶。書寫風格先是用顏體楷書，然後出現趙體行書，繼而便是李邕和米芾風格，這種混雜的獨特風格，使得書作更富有趣味性，更易得到觀賞者普遍的喜愛（姜洋，二〇一七：頁八五—八六）。唐寅替明朝書法史帶來有悖於傳統儒家典雅書風的別樣情懷，體現出明朝中期工商業繁榮所帶來的世情美（盛詩瀾，二〇一五：頁九四），更是其由「團體的自性」（廣度的自性）轉而活出自我的表現。

王寵（一四九四—一五三三）出身背景很特殊，其家族自明朝而降長期屬於平民階層，從未出過顯赫人物，王寵家在經營酒館維生，王寵的父親王貞（生卒年不詳）雖然熱情好客，但不善持家，致使家業中落。王寵的母親朱氏（生卒年不詳）在王寵童年時就去世，給王寵心中留下自卑的陰影。更特別者，王寵本姓章而不姓王，因父親「爲後於王」纔改姓氏（替王姓人家傳承香火），這更造成他有種寄人籬下的自卑感（李仙蝶，二〇二〇：頁五—七）。王寵童年就生活在一個市儈習氣很濃郁的環境裡，他在與好友的信中曾提及直接對自己童年生活環境的厭惡，但王貞卻喜歡收藏古董，更拿書畫自娛，且與文徵明等一批文人有著交往與情誼。王貞的愛好不僅滋養自身，更影響到兒子王寵，使得他自幼就有機會向當時的吳門名家學藝（王馨若，二〇一九：頁五）。由於王貞亟需子弟取得功名進入仕途，藉此擺脫貧賤，而王寵年少時學習優秀，加上他詩文和書法的成就，年紀輕輕就有很大名望，很多人登門前來求教，他們受過王寵指點後大都中高科，名登顯宦，王寵因此被寄予厚望，然而他從十七歲到三十八歲，總共參加八次科舉考試都沒有考中，並且不幸於四十歲時病故，就此結束仕途坎坷且貧賤不得志的一生（李仙蝶，二〇二〇：頁七—八）。

王寵十七歲到二十歲間跟隨當時已有名氣的書法家蔡羽（？—一五四一）在洞庭西山學習楷書，同時學習魏晉書風，受復古思潮的影響，審美偏向於雅致。二十歲到三十四歲間，王寵開始積極參與社交，廣泛涉獵古帖及效仿時人，楷書作品達到空前的數量，而後開始轉而寫行草，反映出這一時期王寵創造能量的勃發，同時，這一時期更是他考科舉挫敗最多的時期，他需要自然山水的靜逸來撫平自己內在的抑鬱不平，越來越追求超塵脫俗的風格來彰顯自己的獨特性，因此書風整體呈現出空靈、蕭散與唯美的感覺；三十五到三十七歲間，王寵的經濟越來越拮据，不能自給，此時王寵的書法風格基本穩定，楷書作品拙中見巧，空靈潔靜，行草作品則婉轉流暢，偶作大草來緩解生活的焦慮；三十八歲後，王寵病情逐漸惡化，他的書法風格開始回歸晉唐，不再求變，書風變得相當平和（李仙蝶，二〇二〇：頁一〇—一七）。

晚明的書學思潮在文壇思潮的影響下發生巨變，文壇中的湯顯祖和公安三袁都熱烈推崇李贄主張的「童心說」，公安派後來又提出「性靈說」，在這種思想背景裡，藝術領域出現大批重個性與獨創，尤其著重個人情感抒發的藝術家，董其昌就是其中表現最卓越的書法家。董其昌三十三歲參加鄉試中舉，隔年再中進士，從此在朝中做官。他一生曾三度在京師入仕，歷任太子講師、禮部侍郎與南京禮部尚書這些重要工作。他是集書法、繪畫、鑑賞與評論於一身的傑出藝術家，更是萬曆朝後期中華書法史與繪畫史上最重要的一員（張堅，二〇一七：頁一二五）。死後八年，南明福王政權追贈董其昌諡號「文敏」。王原祁等人奉敕編纂的《御定佩文齋書畫譜．卷七．明董其昌論書》中記載其說：「學書不從臨古人，必墜惡道。」可見對董其昌而言，臨摹古人的作品是學習書法極其重要的環節，並且他強調臨帖重在領會作者的精神，譬如他在《畫禪室隨筆》卷一舉譬喻說：「臨帖如驟遇異人，不必相其耳目手足頭面，當觀其舉止笑語精神流露處。」臨帖就像是突然遇見長相奇異的人，不用再看其耳目手足頭面，而是觀察其舉止笑語精神如何流露，可見董其昌雖注重傳統，但反對泥古不化，他說：「書家未有學古而不變者也。」（同上）如果離開自己的創意，古人的精神都無法掌握，應該憑藉自己對古人技法的體會，按照自己的理解來創造性的臨摹，相較於古人如燈取影般求形似和現代人科學解析空間構成，董其昌這種臨帖觀更易見人的性情（孫利，二〇二一：頁七四）。

董其昌對書法意境的追求是「淡」，只有當技巧本身發揮到極致，在創作時又能忘其爲技巧，轉而融入作者的性情，從而進入所謂的無法之法的時候，纔能達到這種「淡」的意境，意即作品中流露著自然天機。達到「淡」的意境並不是眞什麼都不學，而只是在說明書法家平日的修養，臨古只是其一，人文素養的提升則更重要（陳勝凱，二〇〇八：頁九二），董其昌更在其《畫禪室隨筆》卷二中說：「讀萬卷書，行萬里路，胸中脫去塵濁，自然丘壑內營，立成鄄鄂。隨手寫出，皆爲山水傳神矣。」意即創作者要有涵養身心的意識，認眞讀書和實際踏查，胸中去掉塵俗氣息，自然靈感就會從心靈中流瀉出來，就能創作出傳神的佳作。人文素養的提升是個長期累積的過程，體現在書法作品中則是自然而然，在過程中水到渠成，不是勉強而能獲得，董其昌纔說「淡」的境界不可學。董其昌的書法直接影響到明末清初的書風，尤其是清初康熙時期到清朝中期，許多文人學士均拿董其昌的書法爲宗，直到康有爲等人提倡北碑，學習董其昌書法的風氣纔逐漸冷卻下來（孫利，二〇二一：頁七四）。

最後，我們來討論書法治療。香港中文大學高尚仁教授與其弟子趙安安博士（一九七九—）長期從事書法治療的實證研究，高尚仁教授通過實驗證實有書法經驗的人其腦電活動率偏低於無經驗者，意即前者比無經驗者更能「清心寡欲」或「精神鬆弛」，這項實驗支持華人對書法具有鎮定性機能的傳統觀點（高尚仁，一九九一：頁二二二—二二四），趙安安博士則有很多實證研究，證明書寫者的知覺、認知和生理三者會共同交織變化，從而說明書法是一種三維躍動，對精神分裂、鼻咽癌、癡呆症、神經症具有顯著療效。高尚仁教授的研究團隊設計出很多實驗，例如發現漢字具有平行性、封閉性、對稱性的特徵，其視覺屬性能促進文字的拼寫過程，從而幫忙學童建立視覺認知。也就是說，這些孩童並不是通過一筆一劃的書寫訓練來認識漢字，而是靠視覺所形成的對漢字的整體性認知，就像用照相機瞬間捕捉到這個漢字，所以孩童其實是從識別圖像的角度來識別漢字的。由此可知認爲漢字不好學是有待商榷的觀點。他們的實驗還發現，書法治療可以改善身心疾病，甚至讓植物人產生生理和心理的反應。高尚仁研究團隊透過研究發現，書法治療在兒童行爲改變與矯正、精神疾病、糖尿病、高血壓、失智症、癌症患者的情緒困擾、中風及重災後壓力症侯群這些疾病上有著顯著的療效。並且，凡是治療特定病人所展現的書法操作的效應，同時會出現在正常人群的身上，意即這些效應具有普遍性。高尚仁研究團隊的研究顯示，人在寫書法時，身體和心理的狀態不同，身體一致趨向平靜、穩定與規律化，但同時大腦及認知活動處於高度醒覺、注意集中、反應敏捷、思維清晰而靈活。這是極少見的現象，展示出一種身心同步和諧及整體產生不同反應的現象。他們的研究還顯示出，書法治療在跟生物反饋、針灸、藥物、靜坐和肌肉放鬆這五項主流以及醫學的治療方法進行比較時，明顯認定書法與其任一項方法相比，都有令人滿意的收穫，在書法與其在生理反應上的有效層面與程度至少是相當的，而在有些指標上，書法所達到的效果甚至能超過這些方法能提供的效度（高尚仁，二〇一〇：頁七六—八四）。

而且，我們可觀察到一件事，從古至今的書法家普遍長壽，古人平均壽命只有三四十歲，活到六十歲已屬長壽，而古代有名的書法家通常都能活到六十至八十歲。明朝醫學家王綸（生卒年不詳）所著《明醫雜著．醫論》卷一記說：「昔人有云，我但臥病，即於胸前不時手寫死字，則百般思慮俱息，此心便得安靜，勝於服藥，此眞無上妙方也。」意思是說，曾經有個人臥病在床，用手在胸前比劃著寫「死」這一字，讓自己的生命來到底線，就能消弭各種雜念，讓心恢復平靜，這比吃藥的效用都大，沒有比這更好的療癒方法了。高尚仁的研究團隊還發現，寫書法時人的身心狀態跟平時不大一樣，身體會歸於平靜、沉穩和規律化，大腦認知會處於高度清醒的狀態，並且注意力集中、反應敏捷，思維清晰靈活。基於這些研究成果，其弟子趙安安博士成立書法治療協會，推動書法治療並培育相關的人材，他們跟大陸的很多醫院合作從事於書法治療的研究，希望相關的學術性和專業性能讓越來越多的人認識。但書法應該不是說書寫本身就能產生治療，寫字的重點是寫氣，尤其要著重於「習他氣並問我氣」，從而謀求兩氣的交融無間，再融合成新的「我氣」意思是說，臨帖不能只管相像，而要關注帖子本身的氣跟自己本身的氣能否交融，尋覓出最合適於自己的帖子，這時候就比較能學得上手，習字的重點在「習氣」，不應該側重於「習形」，因此不能盯著你寫的外形（雖然外形還是要注意），而是你藉由你的臨帖，來補充或擴充你的氣，這時候就會產生養生效益，如此有意識展開習字，纔眞有治療可言。

孫過庭在其撰寫的《書譜》中說：「雖學宗一家，而變成多體，莫不隨其性欲，便以爲姿。質直者則徑侹不遒，剛佷者又倔強無潤；矜斂者弊於拘束，脫易者失於規矩；溫柔者傷於軟緩，躁勇者過於剽迫；狐疑者溺於滯澀，遲重者終於蹇鈍；輕瑣者淬於俗吏。斯皆獨行之士，偏玩所乖。」意思是說，即使向同一個書法家學習書法，都會演變成各種不同的字體，大家都是隨著自己的個性與欲望發展，呈現出不同的風格。性情質樸的人，字體挺拔卻不剛健；性情剛強的人，字體倔強卻不圓潤；矜持收斂的人，字體過於拘束，散漫放縱的人，字體沒有規矩；溫和的人寫的字太軟弱，暴躁勇敢的人寫的字太粗糙；多疑的人寫的字凝滯生澀，溫吞的人寫的字困窘駑鈍；個性自卑的人寫的字太像是在承辦俗務的公務員。這些人不擅長於書法的原因，都在於太偏執自己的個性。敝人則進而覺得其關鍵問題就在於人不能藉由書法展開「兩氣交融」，兩氣交融就是種開放個性來呈現自性的歷程，使得個性更臻於圓融完善。

見字如見人，敝人覺得通過寫書法可進而來幫人測字，將其運用於心理諮詢工作。測字時最好使用毛筆來書寫，因爲毛筆的柔軟性可讓一個人眞實的生命狀態一覽無遺，並且有三層意義：其一，測書法，從當事人的書寫中能看出他心性修養的程度；其二，測字義，從當事人的書寫中可看出他心理問題的癥結；其三，測心思，從當事人的書寫中可看出他心理變化的歷程。測字這件事早在西周時期就已出現，唐宋時期開始盛行。字要測得精準，通常有兩個條件：第一，人要博覽群書。第二，人要反應靈敏。偏偏具備這兩種素養的人很罕見，因爲常見的現象是聰明的人不愛讀書，愛讀書的人並不聰明。聰明人常靠自己的靈敏反應混於世間，喜歡讀書的人常只會死記硬背。當然總會有人能克服並掌握這兩大條件，測字要研究造字的精要，有時還要用到字的諧音，南宋時期有一本重要的測字經典叫《謝石測字眞傳》記說：「測字占斷吉凶，當以全體字形之意義爲上，拆開湊合次之。」意即測字占斷吉凶的過程中，應當拿整個字形的意義作爲最重要的占斷依據，通過拆解再拼湊來占斷，則是相對次要的事情。明白漢字本身的意義極其重要，人不只要見多識廣，更要通曉人情世故的道理，纔能通過字來推斷當事人的心理脈絡。

《老子》告訴我們福禍相倚的道理，我們更要注意：測字時不能「鐵口直斷」，造成當事人的心理負擔，甚至製造事端。通過測字探討的問題須明確。測字可和家庭系統排列或良知導引術結合起來。家排或導引的作用在於，能使當事人在某種情境下讓心情獲得抒發，或通過宣告來面對或解決系統的問題。家排或導引眞正在處理當事人的問題，但在家排或導引結束後，諮詢師如果還想要獲得當事人更明確的感想或答案，就可將測字當作一種輔助工具。測字有時跟當事人深層的感受有關聯，例如當事人如果寫一個「愧」字，諮詢師就可問當事人此刻「面對心中的魔」究竟是什麼，因為「愧」裡面有「鬼」。測字就如同抽籤，當事人剛好寫出那個字或抽那個籤，並不是單純偶然，而是有某種潛意識的原因，測字其實測的是個人潛意識，而且諮詢師是拿自己的潛意識來觀看當事人的潛意識。當事人求測字時要虔誠，對諮詢師要有相當的信任感，纔會願意談潛意識裡的內容，如果當事人沒有足夠的信任感，最好還是先用典型的諮詢型態來逐漸開展諮詢。諮詢師在測字時要懂得隨機應變，要對字透露出的訊息有著敏銳的洞見，這背後就跟諮詢師自身的修養高度相關。

唐朝有一位精通占卜的道士李淳風（六〇二—六七〇），《謝石程省測字秘訣・序言》記載，從前有一位年輕的婦人，她的丈夫客居他鄉很久沒有回來，就請李淳風幫她占斷丈夫回來的時間。但恰好李淳風有事外出，這位婦人就請李淳風的兒子幫忙占斷，李淳風的兒子見她手裡拿著一把牙骨做的扇子，扇子突然掉到地上，他隨口就占斷說：「骨肉分離，不能相見了。」婦人聽他這麼說非常震驚，哭著離開。當時天氣正熱，婦人來到半路上，大汗淋漓，就在樹下脫去外面的紗背心稍作休息，恰好遇到李淳風慢慢過來，婦人就向他行禮，並把他兒子的占斷告訴他。李淳風占斷說：「穿上衣服是要接待兒子，脫掉衣服是要接待父親，骨肉即將見面，你的丈夫今晚會回來，快去洗個澡準備酒菜吧！」婦人非常高興的回到家，正準備開始做飯，丈夫就拿著行李滿面笑容進來了。這則故事結束後的評論說：「此爲測機折字之嚆矢，易學難精，隨口亂道，人人可能，若欲斷事準確不爽毫釐，則非博及群書，參透個中三昧者，不足以語此也。」意思是說，這是測量天機解析字的開端，容易學習但難於精通，隨口亂講人人都會，如要占斷得絲毫不差，如果沒有博覽群書，深刻領會其中訣竅的人，就沒資格從事於測字工作。

因此，測字不見得是測「字」，當事人的一舉一動都可能反映潛意識，我們在做心理諮詢時，需要全面性觀看，如同觀看書法時，要看字跡與紙張共構而成的黑白相間（虛實相間）。故事裡的這位年輕婦人沒有特別做什麼，只是一個不經意間的脫衣動作，就被李淳風捕捉到訊息，繼而就能占斷她丈夫晚上就會回來，因李淳風看見的內容就是「留白」，從留白看到潛意識的狀態。李淳風的這種敏銳觀察，就跟榮格（Carl Gustav Jung, 1875-1961）所講的「共時性原則」（synchronicity）有關，意即事物會按照某種型態同時發生並同時行動，彷彿是同一個東西，但對觀看者來說卻並不是同一個東西（榮格著，成窮、王作虹譯，二〇一四：頁三四），這其實就是「知行合一」，意即「知」與「行」都來自於「合一」的精神狀態。故事裡這位婦人的先生失蹤這麼久，爲什麼她一直都沒想要去占斷，偏偏在這個時間點去占斷？因爲人與人已經來到面對這個問題的時間點。這就在說明每件事情的發生都不是偶然，很多時候是潛意識在交互運作的結果。測字時當事人如果寫簡體字，諮詢師可幫忙補充正體字，例如當事人寫簡體字的「爱」，諮詢師就可問當事人，你在這段感情中是否有付出眞心？測字的重點在諮詢師的感知與感應，但這個感知與感應如何避免天馬行空毫無依據？這就像在家排或導引中，當諮詢師和當事人是對應的，就會有對應的感知。智慧諮詢的中軸線就是這個感知，用書法還是用家排只是技術上的變化。在智慧諮詢中，感知最重要，其次纔是技術，但諮詢師有時沒有靈感，技術就可作爲媒介，成爲開啓潛意識的一種工具。其實不僅僅是寫書法，平日裡我們通過網絡來交流，對於修養深厚的諮詢師來說，人家寫兩個字或三個字，就能顯露出他背後的心理狀態。

第五節　繪畫體現自性風

元朝而降，出身於遊牧民族的蒙古統治者不太重視文化素養，不但取消兩宋的畫院制度，連科舉本身都時斷時續，對傳統士人造成極大衝擊，使得他們沒辦法學而優則仕，只得藉由書畫來充實自己的時間和精神，藉此抒發個人情感，於是文人畫在元朝更大幅獲得發展。元朝文人畫中的山水畫最爲突出，但相較於前朝山水畫注重山水內在的結構和韻律，元朝山水畫則更注重藉由山水來表現畫家個人的情志與個性，這種差異形成的繪畫技法和時代風格，成爲中華山水畫發展歷程中的一大創發，其中最具代表性的畫家就是生活在元朝中晚期被稱作「元季四大家」的黃公望（一二六九－一三五四）、倪瓚（一三〇一－一三七四）、王蒙（一三〇八－一三八五）與吳鎮（一二八〇－一三五四）這四人，他們簡鍊超脫的繪畫風格對明清時期的山水畫影響極大，而他們都直接或間接受到元初畫家趙孟頫（一二五四－一三二二）畫風的影響（楊仁愷主編，二〇〇一：頁二八八－二八九）。

趙孟頫主張作畫要遵循前人的風格，由清朝孫岳頒（一六三九－一七〇八）等人奉敕編纂的《御定佩文齋書畫譜》卷十六記趙孟頫〈自跋畫卷〉說：「作畫貴有古意，若無古意，雖工無益。今人但知用筆纖細，傅色濃豔，便自以爲能手，殊不知古意既虧，百病橫生，豈可觀也。吾所作畫似乎簡率，然識者知其近古，故以爲佳。」意思是說：作畫的可貴在於有古意，沒有古意即使工整濃麗都沒有益處，現在的人只知道纖細的用筆與濃豔的用色，就自認爲是繪畫能手，殊不知欠缺古意，則百病橫生，如此還有什麼可觀？他個人的繪畫風格著重「簡率」爲特徵，看得懂得人就知道這源自於古人，纔會知道這是佳品。趙孟頫師法王維與董源的畫風，創作《鵲華秋色圖》與《水村圖》，開啓著重寫意的文人畫風，並且這正是北宋文人畫提倡的簡筆形具的思想體現。趙孟頫還倡導「書畫同源」，例如他在其代表作《秀石疏林圖》中用飛白筆法畫巨石，表現出巨石的尖硬質感；用圓勁的筆法畫古木，表現出樹木挺拔的枝杆；用峭利的筆法畫竹葉，表現出竹的瀟灑（楊仁愷主編，二〇〇一：頁三〇四—三〇五）。從整幅畫中，我們可看出趙孟頫運筆、行筆與收筆的過程完全是拿書法筆法的「寫」來替換繪畫筆法的「描」，這一點從他的〈題秀石疏林圖卷〉中寫的詩可明確看出：「石如飛白木如籀，寫竹還於八法通。若也有人能會此，方知書畫本來同。」

在趙孟頫的影響裡，元季四大家廣泛吸納從五代到北宋水墨山水畫帶來的成就，將元朝山水畫在抒情寫意層面推往高峰，形成「以形寫神」的繪畫風格。譬如黃公望主張看見好山好水隨時模記，但不是著重刻畫眞山眞水爲自己藝術創作的終點，而是藉山川的外形，通過筆墨來抒發自身的情感（楊仁愷主編，二〇〇一：頁三一四—三一七），他是全眞教道士，曾得到趙孟頫的指教，最重要的作品莫過於《富春山居圖》，該作品後來被區隔成《無用師卷》與《剩山圖》。倪瓚的繪畫同樣有類似的特點，他曾向黃公望請教繪畫，並跟王蒙相互探討，倪瓚在其著作《清閟閣全集》卷九中說：「余之竹，聊以寫胸中逸氣耳，豈復較其似與非，葉之繁與疎，枝之斜與直哉！或塗抹久之，它人視以爲麻爲蘆，僕亦不能強辨爲竹。」意思是說：倪瓚不是很在意自己畫的竹子與實物是否完全一致，只是姑且抒發胸中的逸氣，並不計較其像或不像，葉子的疏繁與否，枝幹的傾斜或直立，都不太重要，即使因塗抹太久，被他人誤會成麻或蘆，他都不會強行辯解這就是竹子，這種凸顯個人心靈觸感的作法，敝人覺得這種「心畫」就深具有自性的特徵，其畫法有如後世「悟本體即工夫」的意思。

但元朝繪畫並不會全都只有追求個人性情的彰顯而完全不顧及對外形的把握。譬如王蒙童年時期就深受其外祖父趙孟頫的影響，後得黃公望的指教，更常與倪瓚相互討論，對山水畫有獨到的創新，擅長表現林巒郁茂蒼茫的氣氛，其《太白山圖》繪畫浙江省鄞縣（位於現在寧波市境內）太白山的天童寺周圍二十里範圍內的風光，其景象壯麗，觀看時會覺得渾厚逼人，頗不類其外祖父。吳鎮在其著作《梅花道人遺墨》卷下說：「墨竹位置，如畫榦節枝葉四者，若不由規矩，徒費工夫終不能成畫。濡墨有淺深，下筆有輕重逆順往來，須知去就，濃淡粗細，便見榮枯。仍要葉葉著枝，枝枝著節。」意思是說：繪畫墨竹的竹幹、節理、枝條與葉子，如果不按著規矩來畫，就會徒然費盡工夫都不能成畫，沾墨於筆有淺有深，下筆有輕重逆順往來，自己必須要知道從哪裡來往哪裡去，濃淡粗細的過程就能看出墨竹的榮枯，其間要葉葉都跟著枝條，每根枝條都跟著竹子的節理，可見吳鎮對於描繪事物外形的細節有著嚴謹的把握，這是種踏實做工夫來體現自性的路子。

細緻做工夫來完成繪畫的手法，在黃公望的作品中表現得更爲明顯，前面講到《富春山居圖》，從黃公望的題跋中可知這幅畫從至正七年（一三四七）一直畫到至正十年（一三五〇），黃公望會隨身帶著，依著興致添加筆墨，導致作品的前段與後段不盡相同，但這同樣是種「心畫」，而已不見得是實景。在黃公望的畫論《寫山水訣》中，除有一兩處提及筆墨表現，其餘通篇都在談如何描繪山水的細節。而從倪瓚的畫跡來看，無論早期還是風格成熟後，都是對太湖沿岸景色的一種「表現性寫實」，意即在作品中把自然山水形態和寫意精神完美結合，眞正達到「以形寫神」與「形神兼備」的意境（呂少卿，二〇〇四：頁七四—七五）。倪瓚在其《清閟閣全集》卷十說：「圖寫景物，曲折能盡狀其妙趣，蓋我則不能之。若草草點染，遺其驪黃牝牡之形色，則又非所以爲圖之意。僕之所謂畫者，不過逸筆草草，不求形似，聊以自娛耳。」意思是說，如果讓他把每個細節曲折都描繪得逼眞如實，他自承做不到，但如果只是潦草點染示意，全然不顧形狀和顏色，這又不是他作畫的本意。他作畫的目的是要「聊以自娛」，意即讓內在的意蘊充分表達出來，從而獲得一種精神的滿足感。

元朝滅亡後，明朝重設畫院，雖然規模和組織與兩宋不同，但因受到明朝幾世帝王的支持而名家輩出，或可與兩宋媲美。明朝初期的繪畫風格主要以模仿兩宋院體畫爲主軸。

明朝中期（主要在明孝宗（朱祐樘，一四七〇—一五〇五）這一時期）畫院逐漸式微，使得院體畫沒落，工商業日益發達的蘇州地區開始興起以沈周與文徵明兩人爲主的「吳門畫派」，他們文化修養很高，雖然遠離朝廷，卻很關注國事和民生，並在四民界限淡化的社會氛圍中，帶動文人畫與職業畫的藝術交流，催生新藝術的審美視角，並推動藝術商品化進程（張研研，二〇一九：頁一二）。明朝中後期陽明心學的創發帶來社會層面的巨大影響，同樣反映在繪畫中。自南北朝以來，藝術領域就呈現出人主體意識的覺醒，使得性靈說應運而生，藝術不再單純服務於禮教，而是強調個體的心靈與性情，這種著重自性的特點就是心學的主張，到明朝李贄門生袁宏道（一五六八—一六一〇）將性靈說發展成比較完整的學說，他在其散文〈敘小修詩〉中提出「獨抒性靈，不拘格套」的觀點，認爲創作本身要表達出純眞的情感與心志（李益、王軍濤，二〇一九：頁二七）。

性靈說在明朝數位畫家的作品中獲得體現，例如沈周開始通過表現與人相關的景色，來表達自己的感受；唐寅同樣通過繪畫與詩文呈現出自己狂放不羈的個性；文徵明的弟子陳淳（一四八三—一五四四）在選擇繪畫題材上，圍繞著人本身以及與生活相關的物象進行描繪（秦運來，二〇二〇：頁一一）；徐渭（一五二一—一五九三）則把大寫意的花鳥畫發揮到極致，他在繪畫中放任自己的精神，完全超越技法和形式，使用超脫的方式表現物象的形態與情態。人們不僅驚歎於徐渭畫作狂草般的筆法和酣暢淋漓的潑墨，更被他的筆法所表達出的畫家極其獨特人格深深折服（林蔭，二〇〇六：頁四一）。但敝人覺得這裡面已經開始呈現自我與自性該如何區隔的難題，完全馳騁於個性的解放，已然不是自性的解脫，徐渭自殺九回，甚至精神失控使用鈍器擊殺其妻，這如果從西洋繪畫的角度或可不論，但從中華繪畫的角度則需要檢視其作品是否還能符合自性的特徵，抑或只是個人濃郁自我意識產生的弊端，觀其畫到底對於涵養自性是否有益頗値得討論。董其昌創發出「南北宗論」這一角度，借用禪宗南宗與北宗的理路，理清自唐朝而降南北兩路山水發展的脈絡，提出自王維、董源、巨然、黃公望與倪瓚這一系的南宗文人畫屬於傳統正脈（張肖萍，二〇二一：頁五一），這使得文人畫的價値觀開始在明朝末年普遍被社會接受。

董其昌受到心學和禪學這兩種思想的交互影響，喜歡在繪畫中去表現自己內心的情感，但他不像狂禪那般張揚個性（陳志偉、安玉芬，二〇一四：頁九四）。董其昌在《畫禪室隨筆》卷二中說：「畫之道，所謂宇宙在乎手者，眼前無非生機，故其人往往多壽。至如刻畫細謹，爲造物役者，乃能損壽，蓋無生機也。」意即繪畫的道理就在整個宇宙都在於自己的手中，眼前全都是盎然的生機，因此畫家常會高壽。至於繪畫過程中刻畫瑣細嚴謹，只是被造物者奴役，這是在折損自己的壽命，因其間毫無生機。對董其昌而言，繪畫的要點在於拿心靈當作最高統攝機制，纔有生機勃勃的創造能量不斷湧現。繪畫時如果過於謹小愼微，陷溺於技術環節，這對於身心健康會帶來嚴重傷害，這種反思與體悟就是符合本土心理學的觀點，不僅如此，觀看具有自性意蘊的繪畫，同樣對於身心健康有益，反過來則有害，如果常看那些不能善待自家生命的畫家作品，會使得觀者同樣呈現精神的焦慮。江南地區因遠離政治風暴且經濟富庶，發展成明末清初文人畫興盛的沃土，很多退出仕宦生涯的畫家在這裡潛心於山水畫的創作，形成各種畫派，主要有「四王」與「四僧」，並且他們的繪畫受這一時期統治階層的熱情支持，促使文人山水畫成爲中國繪畫的主流。

我們專門來談「四王」，這是由王時敏（一五九二—一六八〇）、王鑒（一五九八—一六七七）、王翬（一六三二—一七一七）、王原祁（一六四二—一七一五）四位明朝末年畫家組成，他們都生活在蘇州府（現在江蘇省蘇州市的周圍地區），彼此是師友或親屬的關係（張丹，二〇一〇：頁二五一）。後人或有批評「四王」泥古不化，其實這是嚴重誤解，他們只是將摹古當作一種重要的學習方法，摹古的過程還是在跟自己的自性對話（潘天壽，二〇一九：頁二五八）。譬如王時敏在其畫論著作《西廬畫跋》中說：「畫雖一藝，古人於此冥心搜討，慘淡經營，必參造化，思接混茫，乃能垂千秋而開後學。原其流派所自，各有淵源，如宋之李、郭皆本荊、關，元之四大家，悉宗董、巨是也。」意思是說：繪畫雖然是一種技藝，但古人藉由心靈的冥思來搜索與探討，在各種情境中慘澹經營，領會大自然的神奇，精神直通到混茫一片的意境，這樣纔能把前人的繪畫智慧傳承下來，並成爲後世學者的典範，因此各個繪畫流派都各有其淵源，譬如北宋的李成（九一九—九六七）與郭熙（一〇〇〇—一〇八七）都會師法五代時期的荊浩與關仝（生卒年不詳），元季四大家則都師法董源與巨然，王時敏在這裡使用「冥心搜討」與「思接混茫」，可見他作畫過程中同樣帶有自性的領悟。

王原祁則提出「畫中龍脈」這一重要理論，「龍脈」原本是中國傳統風水學中的術語，藉此表示山脈的走向、起伏、轉折和變化。王原祁在其畫論著作《雨窗漫筆》中詳細闡釋這一理論，指出無論南宗還是北宗，都還可再細緻區隔各種不同的師承脈絡，這些不同的師承脈絡，有各自的龍脈，呈現其中的開合起伏，這是他們繪畫風格的要領，務必要認眞研究。王原祁的龍脈說賦予山水繪畫一種大氣磅礴的脈絡，強化並完善中國繪畫技法，替中華山水畫的佈局章法構建出「程式化的範式」（胡素雲，二〇一七：頁三三－三四），但敝人覺得這並不是種模組化的思維，而是指出繪畫要重視各自師承中的體用關係。王原祁覺得古人早已用「龍脈，開合，起伏」這些觀點來展開教學，但因「不參體用二字」，使得其理論性不強（蔣志琴，二〇一二：頁一三）。王原祁用中華思想中的體用觀來重新梳理龍脈說，認爲畫學龍脈是畫面氣勢源頭，而開合起伏則是獲得氣勢的方法；龍脈爲母（指理），開合起伏爲子（指氣），將氣韻視爲畫理本源，賦予氣韻有生發的特性，顯示出畫壇領袖王原祁著重宋明儒學的理氣框架，來梳理其繪畫理論，藉此推動清初畫學的創新發展（蔣志琴，二〇一二：頁二二）。王時敏的同族王鑒，儘管同樣強調董其昌倡導的南宗繪畫，但與王時敏略有不同，王鑒並沒有只追隨董其昌的藝術道路，在遍學南宗繪畫後，他辭官遠遊，結識很多繪畫收藏家與書畫愛好者，使得眼界更爲開闊，尤其在七十歲後，多有臨摹北宗的作品出現，比他的弟子王翬更早發展南北宗繪畫的融合（王肖，二〇二〇：頁一一一—一一二）。

王翬雖然師承王鑒與王時敏，但並沒有被師門局限，他的山水畫在「四王」中別具一格，並形成一套被清朝畫壇甚至後世公認的摹古集大成理論，將工筆與寫意兩種畫法相融合（陳安悅，二〇二一：頁二六—二七）。清朝畫家張庚（一六八五—一七六〇）所著《國朝畫徵錄》記說：「畫有南北宗，至石谷而合焉。」王翬字石谷，他主張作畫用筆應該粗細相交，乾濕互融，濃淡相宜，他進而把董其昌的南北宗論比喻成鳥的雙翼，不可偏廢，因此他主張融合南北宗的藝術創作宗旨（胡素雲，二〇一七：頁三三），作為「四王」中最後過世的人，他的繪畫觀點已經呈現融合南北的新意，體現中華思想常有「合久必分，分久必合」的傾向。「四王」不只模仿古人繪畫作品的外貌，更注重傳統山水畫蘊含的內在精神，譬如王時敏在其畫論著作《煙客題跋》的〈自題畫冊〉中說：「於宋元諸家但師其意，不拘拘以形模為工。」王時敏主張摹古不應拘泥於古法，而要把握住古人畫作的意蘊，由此可知「摹古師意」絕對不是「食古不化」。

王原祁在其畫論〈論畫十則〉中說：「臨畫不如看畫，遇古人眞本，向上研求，視其定意若何，結構若何，出入若何，偏正若何，安放若何，用筆若何，積墨若何。必於我有一出頭地處，久之自與吻合矣。」王原祁覺得臨摹不如先仔細觀摩，遇到古人的眞本畫作，就要探尋古人畫作的內在脈絡，包括立意、結構、出入、偏正、佈局、用筆與積墨，只要看得深，就自然能與古人的精神相契合，未來自當有出人頭地的一天。王翬同樣覺得不能僅拿筆墨構圖來評價繪畫作品，他在畫論作品〈清暉畫跋〉記說：「於樹石間寫叢竹，乃自其肺腑中流出，不可以筆墨畦徑觀也。」意思是說：在樹林與石頭間繪畫一叢竹子，要從你自身的肺腑中流出，不能只從筆墨這種田間小路來計較，可見繪畫創作的重點是藉山水景觀來抒發自己的眞情實感。當「四王」全都把「氣蘊」當作繪畫的內在生命和精神，反映出的是畫家本人的心性厚度，這絕對不是敝人「無中生有」的想像，譬如王原祁在他的畫論著作《麓臺題畫稿》的〈送勵南湖畫冊十幅〉中說：「畫雖一藝，而氣合書卷，道通心性。」他覺得繪畫雖然只是種技藝，但繪畫的氣蘊與經典的道理相契合，畫的道理與心性相通，這就是中華繪畫的根本要旨，如果離開這點，我們談繪畫議題就無法體現出華人特有的文化心理。

如果說「四王」的正統畫派風格象徵著自性解脫的特徵，「四僧」的作品則表現出截然不同的自我解放特質，這是指弘仁（一六一〇—一六六三）、髡殘（一六一二—一六八六）、朱耷（一六二六—一七〇五）與石濤（一六四二—一七〇七）四人。前兩人是遺民，後兩人宗室，他們都流露著濃郁的明亡情懷，深刻體會到生命的無常，在明亡後剃度出家爲僧。因國破家亡，生命無可留戀與牽掛，他們的畫作往往具有卓爾不群的個性化特徵，流露著濃厚的禪意，衝破當時畫壇摹古的樊籬（悟才，二〇二二：頁七八）。清末民初，由於受「西學東漸」的影響，在文化領域中，「東西」與「新舊」的爭論越來越激烈，畫壇的一些革新派人士如康有爲（一八五八—一九二七）、陳獨秀（一八七九—一九四二）、徐悲鴻（一八九五—一九五三）等思想家或藝術家積極傳播西洋美術思想與美育理念，對以摹古爲宗旨的「四王」進行強烈聲討，而畫壇的傳統派與融合派擔心中國畫特有的意蘊被肆意破壞，同時考慮到當時急於變革的社會環境和文化風氣，於是採取「曲線救國」的策略，選擇「四僧」作爲復興中華傳統繪畫的旗幟，「四僧」因此在民國時期受到極大重視，對二十世紀中後期的中國畫產生重要影響（晉甜，二〇一九：頁一三六—一三七）。

原本在繼承傳統這一議題上，兩大派系沒有異議，但在爲什麼要承繼和如何承繼卻有明顯歧異。相較於「四王」著重於摹古爲主要手段，在充分瞭解前人繪畫技法和理論基礎上開展創新，「四僧」則表現著重自己個體對自然對象的識見，而對傳統技法僅作爲借鑒而已。兩者因創新思想不同，跟著就產生畫風的巨大差距（周龍濤，二〇一四：頁一七二）。與「四王」間由師承關係維繫不同，四僧屬於同時期畫家，互相並無實際交集與交流（周冉，二〇一七：頁一二二），王伯敏（一九二四—二〇一三）在《中國繪畫史》第九章中說：「弘仁用筆空靈，以俊逸勝；髡残筆墨沉著，以醇樸勝；八大山人筆致簡練，以神韻勝；石濤筆法恣肆，以奔放勝。」（王伯敏，二〇〇九：頁四四五—四四六）顯見他們的畫作各具特色。

漸江本名江韜，法名弘仁，自號漸江學人與漸江僧，他一生清寂孤苦，童年父親亡故，家道中落，與母親相依為命，在明朝滅亡前（三十五歲）還是個秀才，原本準備參加舉人科考，但因明朝即將滅亡，於是絕意科舉，終生不仕。徽州（位於現在安徽省黃山市、宣城市與江西省上饒市）被清軍攻陷後，他轉入福建，投奔南明唐王（朱聿鍵，一六〇二—一六四六）主持的政權。順治三年（一六四六），清軍進入福建攻滅唐王政權，漸江則進入武夷山落髮為僧。順治六年（一六四九），漸江自武夷山回到家鄉徽州歙縣，自此，他一生的主要藝術活動集中於安徽和江蘇一帶（魯穎，二〇二一：頁五四）。漸江學習繪畫總體上遵循董其昌所謂的正統一脈，但年輕時的漸江和大多數人一樣喜歡多看與多學，並沒有專主於一家（呂少卿、童興強，二〇一八：頁五四），後來則成為繼承並發展倪瓚畫風最有成績的畫家，鮮有畫家在既具備才情的同時，又有著和倪瓚類似的性格，並且還能孜孜以求面向倪瓚學習，而漸江恰恰就是這樣一位畫家（鄧碩，二〇二二：頁七〇）。

漸江因為性格孤僻，遺存文字不多見，且他逃禪入道，終身不與清政府合作，加上他的藝術觀與主流不合，直到民國時期，他的作品纔獲得相應的重視與高度的讚賞。從有關漸江的隻言片語中，可瞭解到他雖然性格孤僻，但對親友卻極度重情義，並且內心仁善，例如他在過世前還作畫三幅贈予貧苦人家（鄧碩，二〇二二：頁七〇—七二）。漸江的畫始終保持一種清寂感，這與四僧中的其他三位有著明顯差異，漸江的畫風如此特別，並不是他在刻意反抗什麼，而是在世態變化中安守靜寂（呂少卿、童興強，二〇一八：頁五八）。漸江對清廷並無深仇大恨，他從徽州離開後進入福建，表明他對於明朝有著最後一絲牽掛，然而南明朝廷的腐敗墮落徹底擊碎其信念，因此漸江在回到徽州後就安心參禪作畫，成爲徹底的隱逸者。清朝統治逐漸穩定後，漸江就幾乎已放下對前朝的眷戀與掛懷，眞正從明朝的「遺民」轉變爲「逸民」，這種轉變對於漸江的繪畫影響深遠（鄧碩，二〇二二：頁七一）。但敝人覺得漸江最終會變成「逸民」，何嘗不是對明朝滅亡有巨大痛感後自我的超越與安頓？漸江晚年的作品不僅表現出疏寒的意蘊，更多表露出活在靜逸中的美學意蘊。此時漸江已經完全拋卻塵世的喧囂，他的作品裡再看不見任何理想，更沒有絲毫的焦慮和不安，而是表現出一種瞬間的空靈和凝定的虛靜（劉永亮、王力平，二〇二〇：頁八〇）。

髡殘號石溪，其與後面的石濤並稱「二石」，童年就喜歡繪畫，明朝滅亡後他避戰亂於深山中。髡殘喜歡遊覽名山大川，其畫作構圖繁複且筆墨蒼勁（悟才，二〇二三：頁七八—七九）。髡殘雖爲僧人，但並未眞正忘記故國，周亮工（一六一二—一六七二）的《讀畫錄》在描述髡殘時說：「所與交者，遺逸數輩而已。」意即跟髡殘交往的人，都是明朝的遺老和逸士，這些人的思想基本上傾向於支持明朝，如顧炎武（一六一三—一六八二）、錢謙益（一五八二—一六六四）、錢澄之（一六一二—一六九三）、程正揆（一六〇四—一六七六）、龔賢（一六一八—一六八九）與方以智（一六一一—

一六七一）等學者。程正揆在《石溪小傳》中說髡殘：「性鯁直若五石弓，寡交識，輒終日不語。」髡殘個性非常耿直，一般不跟人來往，經常一整天不說話。這樣一個人所交往的人，顯然都是一些志同道合的朋友（胡友慧，二〇一二：頁一四七）。從中華傳統文人畫標準來看四僧，髡殘的修養較爲全面，他飽讀詩書，禪學領悟深刻，曾任幽棲寺住持，校刊《大藏經》，高僧覺浪（一五九二－一六五九）想傳衣缽給他；再者，髡殘的畫風兼具漸江的「冷靜」、石濤的「生動」與朱耷的「簡寂」，而且這些優點並不影響髡殘畫風的獨特性（邵曉峰，二〇二〇：頁六四）。

程正揆曾在《清溪遺稿》中說：「石公作畫如龍行寶，虎踞岩，草木雷，自先變動，光怪百出，奇哉！」髡殘的畫作常呈現出強烈的動能，這與清初很多遺民畫家喜歡畫殘山剩水非常不同：髡殘的畫具有一種向上的力量感，如同含藏在地表下即將噴發而出的某種深層動能，反映出髡殘的內心不僅有亡國的痛苦，還懷抱著復國的志向（胡友慧，二〇一二：頁一四八）。康熙二年（一六六三），髡殘飽含深情創作出《大報恩寺》這幅圖，在他心中，大報恩寺不是一般意義上的寺廟，它是故國明王朝的化身，在這幅畫的上面有髡殘的跋文，他在文中說：「佛不是閒漢，乃至菩薩、聖帝、明王、老莊、孔子，亦不是閒漢。世間只因閒漢太多，以至家不治，國不治，叢林不治。」髡殘認爲儒釋道的宗主都不是「閑漢」，藉此來指出世間正是因爲不做實事的人太大量，纔導致家國無人治理，表面在說佛教事業不昌盛，隱晦道出他對亡國的哀痛情感和深刻的省思（曹愛華，二〇一七：頁二二〇）。髡殘雖身在山林，依然過著一種高度自律的生活，在《溪山無盡圖》的跋文中，他說：「殘衲時住牛首山房，朝夕焚誦，稍餘一刻，必登山選勝，一有所得，隨筆作山水畫數幅，或字一兩段。總之，不放閑過，所謂靜生動，動必作一番事業，端教作一個人立於天地間無愧。若忽忽不知，惰而不覺，何異於草木？」髡殘落腳南京牛首山幽棲寺，堅持早晚焚香誦經，有空閒就登山尋覓殊勝的景致，一旦看見，就立刻作畫數幅或寫書法一兩段，總不會讓自己閒著。髡殘認爲修行中的安靜是生出動能，有動能就會成就出一番事業，這樣纔能無愧於在天地間大做一個人，如果活得懶懶散散卻不自知，就跟草木沒區別了。髡殘幾乎在山水中度過一生，如此理論和實踐結合，使得其繪畫獲得巨大成就（邵曉峰，二〇二〇：頁六四）。

石濤是明朝宗室後裔，幼年出家爲僧，後半世雲遊，足跡遍及大半個中國，靠著賣畫維生，尤其擅長畫黃山著名於世。石濤的每件畫作其筆墨技法都靈活多變，不拘於任何成法，構圖善於變化，意境蒼莽新奇，一反當時仿古的風氣（悟才，二〇二二：頁七八）。石濤始終存有出世和入世的雙重矛盾心理，他對清朝的態度常常游移不定，這種心理跟他的個人經歷有關：身爲靖江王朱守謙（一三六一—一三九二）的後裔，他面臨的背景並不是異族的屠戮，而是同室的傾軋，並且改朝換代的時候他年僅三歲，沒有強烈的遺民心理。但石濤長大後接觸到很多明朝遺民和抗清名士，又難免會被他們的氣節與情懷所感染，因此形成矛盾的心理。石濤雖然出入佛道，但他的精神始終牢牢佔據在儒家士人這一心理基石上（雷濤，二〇〇六：頁二六—二七），因此其出家怎麼看都有著不得已。石濤的畫作都是他自身情感的棲息地，創作出具有個性的藝術作品。

石濤提出「不似之似似也」這一理論，強調「似」與「不似」的辯證統一：「似」即客觀事物內在與外在的統一，「不似」是指不屬於被描繪對象本身所有的樣貌，而是描繪者本人感情的物化，這一角度至為深刻。畫家如果只注重在其「似」，必然會忽視個性的表現，相反來說，如果捨去客觀事物的可視性，一味追求「不似」，就有踏上玩弄筆墨的危險。「不似之似」這一繪畫原則早就被前人自覺或不自覺的運用，但從來沒有人從理論的角度來闡釋。強調「似」與「不似」在畫面中的統一，是石濤對中華繪畫理論的重大貢獻（程閩，二〇一二：頁二三八）。石濤強調在藝術創作中要有「自我」，他在〈變化章〉第三中說：「我之為我，自有我在。古之鬚眉，不能生在我之面目；古之肺腑，不能安入我之腹腸。我自發我之肺腑，揭我之鬚眉。縱有時觸著某家，是某家就我也，非我故為某家也，天然授之也，我於古何師而不化之有？」意思是說，我之所以是我，源自於自我的存在。古人的鬍鬚與眉毛不能生在我的面孔上；古人的五臟六腑不能放在我的肚子中。我自己生發出我的五臟六腑，呈現我的鬚眉，縱然有時接觸到某位大家的畫法，這是拿某位大家的畫法來完成我的畫法，不是我來完成某家的畫法，這只是天然傳授而來，我面對任何古人都應該學習效法，將其轉化成我自己，他還曾在自己的畫作《搜盡奇峰圖》的畫尾空白處題字：「此某家筆墨，此某家法派，猶盲人之示盲人，醜婦之評醜婦爾。賞鑒乎云哉？不立一法是吾宗也，不舍一法是吾旨也。」石濤的意思是說：每個繪畫家派都有其局限性，沒有絕對的好壞，不能請盲人來指點盲人，請醜婦來評論醜婦，應該盡可能向每個家派學習，不立一法就是我的歸宗，不捨一法就是我的旨趣，這與陸九淵「六經皆我注腳」的意思完全一樣。

其實，石濤的繪畫理論還是有宗旨，他稱作「一畫」，石濤的著作《苦瓜和尚畫語錄》是他一生藝術實踐經驗的總結，「一畫」就是其中的核心理論，楊成寅（一九二六—二〇一六）在《石濤美學》一書中闡釋「一畫」論中包含這些基本含義：其一指宇宙萬物的生成、存在、發展與變化的根本法則；其二指根據法則來從事繪畫工作的根本規律；其三指中國畫的主要表現手段爲一筆墨；其四指筆墨的藝術表現與其形式美的規律（程闓，二〇一二：頁二三七）。在《苦瓜和尚畫語錄．一畫章》第一中，石濤說：「一畫者，眾有之本，萬象之根。」在〈尊受章〉第四中還說：「夫一畫含萬物於中。」意即「一畫」既是萬物的根本，又包含著萬物。因此在創作字畫時，要以「一畫」作爲「字畫先有之根本」（〈兼字章〉第十七）。他還在同一章說：「立一畫之法者，蓋以無法生有法，以有法貫眾法也。」「一畫」是各種繪畫技法的根本，並且有著如同老子思想裡「無中生有」的特性：「一畫」看似虛無，實則爲繪畫的根本大法，可貫通各種有形的技法。如果不能掌握「一畫」，就無法從技法的束縛中解脫出來，石濤在〈了法章〉第二中說：「古今法障不了，由一畫之理不明。一畫明，則障不在目，而畫可從心，畫從心而障自遠矣。」如果能掌握「一畫」，眼睛就不會被技法障蔽住，繪畫的創意直接從心中生出來，障蔽自己就消失不見了。這跟敝人發展智慧諮詢的觀點具有相同的宗旨，全部中西心理諮詢的技術都可納做己用，但重點要完成這「一」，其關鍵心法就是回歸心體而產生自性。

在該書〈尊受章〉第四中，石濤提出「尊受」理論，「受」包括兩個重要層面：感覺和直覺。在石濤看來，繪畫創作應該直接面對境相，當下參取，而不應該在暗室裡獨自摸索，更不應該只在古人的捲軸裡徜徉難返。石濤尊重個人感受，這表明他重視心與物的感應關係，他提出感受對象應著重心靈去統領感官來與外物相合。「受」最深刻的層面是直覺洞見，石濤稱爲「大受」。石濤雖然再三強調「大受」的根本性特徵，但並不因此排斥較淺層次的感受，相反來說，他認爲感受推動情感的產生，使得心體聚焦於外在對象，替「大受」奠立基石（朱良志，二〇〇四：頁三〇七—三〇八）。在〈運腕章〉第六中，石濤否定傳統繪畫中追求深遠的意境而刻意營造的飄渺感，他認爲「實」與「虛」應相輔相成，纔能呈現出畫面整體的流暢。最後，石濤強調畫家要將主體性彰顯出來，畫風纔能眞正獲得確立（張雨檬，二〇二一：頁四三），尊重自我纔能進而發展出自性，石濤這些觀點相當具有心學的特徵。

朱耷童年時期接受良好的教育，早歲參加功名考試就在同輩當中脫穎而出，連當地年高德劭者均對他稱讚有加。他年輕時性格外向，口才便給，喜歡高談闊論並富於幽默感，時常使在座的客人傾倒折服。他的幽默背後有著他對藝術與命運交織苦難人生的深刻洞察，同時凸顯出他獨特人格的精神價値（徐文軍，二〇一四：頁一二一—一二四）。身爲明朝後裔，明朝滅亡後，朱耷通過繪畫抒發自己的悲憤的情感，借筆墨表達自己傲岸的個性，將大寫意花鳥畫推至空前高的水平。石濤與朱耷二人對我們當前中華寫意畫的發展影響極大（常心願、朱平，二〇二〇：頁一一）。改朝換代導致朱耷家破人亡，他冀圖避免被追殺而遁入佛門近三十年，期間內心的劇烈衝突導致他後來罹患癲狂病，療癒後還俗漂泊於世，生活窘迫孤苦（徐文軍，二〇一四：頁一二二）。朱耷發病期間，人忽而瘋癲，忽而沉鬱，他曾在門上手書一「啞」字，從此就不和人講話，而他的作品絕大多數都是在醉酒狀態中乘興完成（高居翰著，李渝譯，二〇一四：頁二〇四）。如此特殊的經歷造就出一個異乎尋常的八大山人，他的言行、詩詞與書畫很難拿正常人的邏輯去理解，朱耷「八大山人」的簽名字樣常給人「非哭非笑」與「哭笑不得」的感覺。像他那樣瑰奇異麗的繪畫極爲罕見，對後世畫壇產生極其深遠影響（張光輝，二〇一六：頁一四五）。

八大山人曾自稱其畫「廉」，意即在構圖、用筆、用墨和用色四個層面呈現出「少，簡，省」的特徵，例如在構圖上，他的畫作往往只描繪兩、三個形象，有時甚至只描繪一個形象，使得畫面留有大量空白處。八大山人用筆極簡練，寥寥幾筆就能將形象活靈活現的表現出來，有時畫一個花瓣只用七筆或八筆，兩筆就畫出一根梅枝，或者在畫山水時僅用線條勾勒出輪廓（黃思陽，二〇二〇：頁一四五—一四六）。他最重要的作品如《孤鳥圖軸》，整個畫面只有左下角的一根枯枝和一隻獨鳥用細細的爪子立於枝頭，侘寂的情景陡然升起（白瓊，二〇一八：頁一〇一一一）。在用墨來說，八大山人把寫意的手法發展到極致，他的繪畫幾乎不用墨色層層渲染，只是在很必要的地方稍加點染，意到爲止。而在用色上，八大山人的畫作除印章的朱紅色外，幾乎看不見其它色彩，他畫中的色彩主要依靠墨色的濃淡乾濕來體現。由於構圖、用筆、用墨和用色都到達高度的「廉」，使得畫面留下大量空白，然而八大山人畫作的「廉」與「空」都恰到好處，很難找到多餘的筆墨，並能營造出一種空靈的境界，帶給觀賞者無窮想象的空間（黃思陽，二〇二〇：頁一四六—一四九）。八大山人的花鳥畫非常有特點，他畫的很多動植物的外形很怪異，呈現一種反常規的方式在生長，譬如把梅花的整體植株畫成殘枝破葉，只有一隻梅花放肆盛開，反而顯得勃勃生機；或者畫面中藤蔓凌空纏繞伸出畫面，而畫在藤蔓下方的東西卻是半個巨大如同落日般的月亮，造型比例誇張到猶如幻境；他畫的花鳥蟲魚，很多無法辨識其種類名稱，魚猶如在空中游，鳥猶如在水中飛，完全不受形體與空間的制約（王安娜、鄭煒，二〇一七：頁一〇六—一〇七），呈現魔幻寫實的特徵。中國古典文人常有借物言志的傳統，常常藉由事物的某一特徵來表達自己的志趣。八大山人的花鳥作品中的禽鳥與游魚的眼睛多畫成向上翻看的樣子，反映出他「白眼看世界」的憤世與孤傲，更流露出他不甘於向清朝統治者妥協的心態（張光輝，二〇一六：頁一四七）。繪畫就是人文精神的體現，敝人覺得具備對繪畫的鑑賞與解析的素養，能從中看見自性如何呈現其間，這是認識華人本土心理極其重要的環節。

第十二章

第十二章

轉道成知：中體西用思想的蛻變與發展

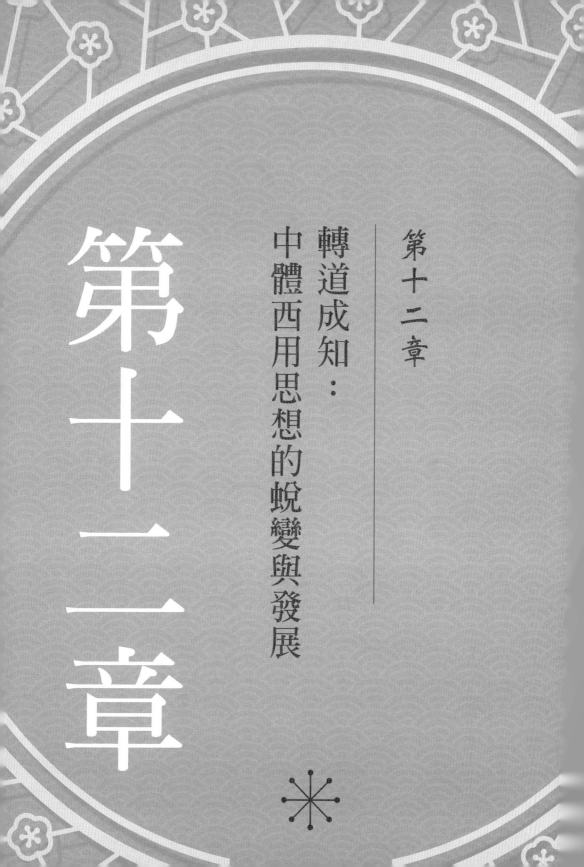

第一節　中西文化的交流

中西文化交流並不是晚至鴉片戰爭纔展開，嚴格來說，歐洲諸國開始帶著殖民角度經略亞洲，使得這種層面的中西文化交流早在明朝中葉就已發生。《中庸》第二十章說：「厚往而薄來，所以懷諸侯也。」明朝初年，明太祖（朱元璋，一三二八—一三九八）在朝貢體系中貫徹實施「厚往薄來」的原則，意即宗主國收納進貢國的貢品後，要賜予進貢國比貢品豐厚許多的禮品，以彰顯懷柔天下的王道政策。當時有相當數量的日本人卻冒充朝貢使者來到明朝騙錢，然後滯留在中國沿海成爲倭寇搶掠一空，冀圖防範倭寇，朱元璋就實施海禁政策。後來明成祖（朱棣，一三六〇—一四二四）即位，在永樂年間派遣著名的航海家三寶太監鄭和（一三七一—一四三三）率遠洋船隊七度下西洋，歷五十餘國，帶領的士兵與成員在兩萬人到三萬人間，最遠到達非洲東海岸，使得華人開始移民到東南亞生活，明成祖更派遣吏部驗封司員外郎陳誠（一三六五—一四五八）出使西域各國，加強明朝同世界各國的經濟與政治往來。明仁宗（朱高熾，一三七八—一四二五）即位僅一年，他聽從大臣的意見，覺得下西洋耗費巨大卻意義不大，於是宣佈停止。此後除明宣宗（朱瞻基，一三九九—一四三六）宣德五年（一四三一）進行一回下西洋的工作，就再沒有這類對外經略的海上航程了（傅樂成，一九七七：頁六四三－六四六）。後來倭寇更加橫行無阻，明朝加強海禁，直到明朝中後期倭患逐漸平息，纔重新開放海禁。西元十六世紀，正值地理大發現與歐洲殖民主義興起的時期，明武宗正德八年（一五一三）葡萄牙船隊首度抵達中國沿海，其停靠在珠江口岸要求上岸進行貿易，在被當地政府拒絕後，這隻船隊卻接著於正德十二年（一五一七）佔領珠江對面的屯門島，並在島上修築工事，刻立石碑來宣示「主權」。正德十六年（一五二一）與嘉靖元年（一五二二），明朝政府與葡萄牙殖民者兩度爆發屯門海戰與茜草灣海戰，結果葡萄牙戰敗。後來，明朝政府同意葡萄牙人在澳門開設洋行與建築洋房，並允許他們每年來廣州短期駐留，這是歐洲列強首度登陸並與中國接觸的起點。

相較此前華人對西洋文化間接且片段的瞭解，明朝中期而降歐洲天主教士的東來，屬於華人首度比較全面和直接的瞭解西洋文化，這種接觸一開始就面臨著各種問題，但在明朝中葉，這種問題的嚴重性尚未凸顯。天主教士帶來科學技術的最終目的是冀圖傳教，然而華人對於西洋宗教信仰本身並沒有太大興趣，卻對西洋的天文學、數學與物理學這些科技領域的知識感興趣，這種興趣來自於其實用性，但沒有興趣的主因其實不是宗教問題，而是文化問題，這種態度都跟西周而降濃郁的人文精神有關，當天主教只能接受某種信仰的外在型態，視該型態具有唯一性，來彰顯對於上帝的忠誠，則中西文化的交流就很難不發生衝突性。明神宗（朱翊鈞，一五六三－一六二〇）在位時的萬曆二十年（一五九二），羅馬教宗派出利瑪竇（MatteoRicci, 1552-1610）來中國教區工作。利瑪竇到中國後，很快就學會中文，並身著儒服，認眞鑽研儒家典籍，獲得士大夫與明神宗的信任，尤其他受到陽明後學的士人如章潢（一五二七－一六〇八）、李贄、祝世祿（一五四〇－一六一一）、焦竑（一五四〇－一六二〇）、鄒元標（一五五一－一六二四）與馮應京（一五五五－一六〇六）給予的幫忙，使得他很快融入到當時的華人社會中（黃文樹，二〇〇九）。利瑪竇向中國獻上世界地圖，並提供如自鳴鐘、日晷、西洋炮、望遠鏡與火槍這些器物當做貢品。利瑪竇還著有《西字奇跡》一書，這是用羅馬字給漢字注音的四篇文章，提供第一個用拉丁拼音注讀漢字的方案（張西平，二〇一九：頁一四二－一四三），利瑪竇不僅傳播天主教，還啓發徐光啓（一五六二－一六三三）與李之藻（一五七一－一六三〇）這些中國大臣學習西學，他同時更將中華學問回傳到西洋，做出實質的文化交流。萬曆二十一年（一五九三），利瑪竇將《四書》翻譯成拉丁文寄回義大利，使得《四書》首度在歐洲獲得出版，因此有人視利瑪竇爲歐洲第一位偉大的漢學家。

其後，金尼閣（Trigault Nicolas, 1577-1629）著《西儒耳目資》一書，同樣在講拉丁文拼音，內容比《西字奇跡》更細緻完備，這是幫忙西洋人學習漢字的最早著作，當時中國學者受其影響，方以智（一六一一－一六七一）百科全書型的著作《通雅》，就曾徵引這本書，荷蘭人佔據臺灣後，曾開設學校教授當地人學習拉丁文，當地士人的應用文件都採用拉丁文，稱爲「紅毛字」。因此，在明末清初，就已經有華人懂得使用拉丁文。天啓六年（一六二六），金尼閣效法利瑪竇的壯舉，將《五經》譯爲拉丁文，並在杭州出版（沈福偉，二〇一七：頁四一一）。順治十二年（一六五五），在南明朝做官的傳教士卜彌格（Michel Boym，1612-1659）曾使用拉丁文寫出《中醫示例》一書（又稱《中國醫學與脈經》），裡面有介紹中國古典脈學的內容，這是最早具體向西洋社會闡釋中國醫學的書，他還出版《中國植物志》這一著作，使得中華本草學獲得西傳（程雅君，二〇一五：頁七八），卜彌格甚至因支持南明而回羅馬教廷爭取支持不果，最後因勞累無法找到南明政權且無法入境，客死於越南與廣西的邊境。中華園林建築藝術，同樣在這個時期傳到歐洲各國，園林曲折多變與自然交融合一的美感，相對於西洋園林建築藝術的幾何美，彼此有著巨大的反差，一時間在歐洲蔚然風行，擅長雕刻的馬國賢（Matteo Ripa, 1692-1746），把承德避暑山莊的銅版畫帶到倫敦，替歐洲的建築設計帶來新的創意。康熙九年（一六七〇），法國國王路易十四（Louis XIV, 1638-1715）特別按照中國建築的樣貌，在凡爾賽宮（Château de Versailles）西北部營建著名的大特里亞農宮（Grand Trianon），外面裝飾著彩釉陶瓦，屋頂是青白釉瓷瓦的中國風，內裡則收藏著大量中國青花瓷器，因此被稱作「瓷宮」。由於西洋傳教士在文化交流與傳播上做出的巨大貢獻，「漢學」（sinology）逐漸發展成獨立的學科被西洋人接受，這些過程都可謂「中學西漸」。

明清交替時期的西洋傳教士，對我們華人社會最大的貢獻是傳播天文學與其相關的曆法，因為農耕需要精準的曆法。天啓至崇禎年間，相繼發生按照傳統曆法預測日食失敗的情況，於是明思宗（朱由檢，一六一一—一六四四）在宣武門內首善書院設曆局，啓用徐光啓擔任禮部尚書兼翰林院學士，由他督領耶穌會士主持修訂新曆法，並在鄧玉函（Johann Schreck, 1576-1630）、羅雅各（Giacomo Rho, 1593-1638）這些耶穌會傳教士的指導下，製造各種新穎的天文儀器，包括天球儀、地球儀、日晷與時鐘在內，後來這些儀器多被闖王李自成（一六〇六—一六四五）所毀，後來清初西洋傳教士湯若望（Johann Adam Schall von Bell, 1592-1666）與南懷仁（Ferdinand Verbiest，1623-1688）擔任欽天監第一任與第二任的監正（明清時期掌管天文曆法的官職），根據前面的科技成果重新製作。崇禎六年（一六三三），徐光啓去世後，由前陝西按察使李天經（一五七九—一六五九）繼續主持曆局的事務，再到崇禎七年（一六三四）編成《崇禎曆書》，明思宗親題「欽褒天學」匾額，表彰耶穌會士的修曆工作。西洋傳教士帶給中國大量的科技知識，如金尼閣第二回來到中國，個人就帶來科技文化類圖書七千餘部。

西洋科技對中國影響最大的領域除天文學外，還在測繪學與數學提供豐富的成果。利瑪竇冀圖贏得明神宗（朱翊鈞，一五六三—一六二〇）的好感，三度繪製出一幅世界地圖（《山海輿地圖》、《坤輿萬國全圖》與《兩儀玄覽圖》），把中國放置在地圖的中央，從此有關經緯度與五大洲的地理概念就開始傳入中國（徐永清，二〇一九：頁三三八—三四六）。龐迪我（Diego de Pantoja, 1571-1618）則專門爲明神宗編撰出《海外輿圖全說》，裡面不僅有他繪製的地圖，還附上文字說明，介紹各國風土人情。艾儒略（Giulio Aleni, 1582-1649）又於天啓三年（一六二三）編撰出《職方外紀》，這是在利瑪竇與龐迪我兩人搜集的地理資料的基礎繼續發展，其特點在於不僅有世界地圖，還有各大洲的洲圖，而且佈局已經與我們現在看的地圖極爲相似。其後還有南懷仁於康熙十三年（一六七四）繪製的《坤輿全圖》，其內容有局部出自利瑪竇與艾儒略的作品，並有新增加的資料。該圖是中國歷來中文版世界地圖集大成的作品，且首度提出小西洋的概念（即印度洋水系）。崇禎年間，衛匡國（Martino Martini, 1614-1661），綜合明朝陸應陽（生卒年不詳）的《廣輿記》與徐霞客（一五八七—一六四一）的旅行日記，還有利瑪竇這些西洋傳教士的成果，在順治十一年（一六五四）繪製出《新世界圖》、《中華帝國圖》與《中國新地圖冊》，並在歐洲出版。其中《中國新地圖冊》一度被公認係有關中國地理學最完備與精確的著作。

西洋傳教士與中國學者合譯的數學著作，最重要的當屬古希臘數學家歐幾里德（Euclid, 330B.C.-275B.C.）的《幾何原本》，由利瑪竇與徐光啓合譯其中的前六卷。徐光啓在《幾何原本雜議》中對這本書的評價很高，他說：「此書爲益，能令學理者祛其浮氣，練其精心；學事者資其定法，發其巧思；故舉世無一人不當學。」《幾何原本》建立一套從公理與定義出發，論證命題得到定理的幾何學論證方法，形成其嚴密的理則體系，該方法係西洋學問建立知識體系的典範，因此徐光啓選擇翻譯此書頗有深意，他認爲華人都應該學習西學的這種嚴謹性，去除浮躁輕率的心態，鍛鍊理則思維這一技能。徐光啓還在〈刻《同文算指》序〉中說：「算數之學特廢于近世數百年間爾，廢之緣有二：其一爲名理之儒土苴天下之實事；其一爲妖妄之術謬言數有神理，能知來藏往，靡所不效。卒於神者無一效，而實者亡一存，往昔聖人所以制世利用之大法，曾不能得之士大夫間，而術業政事，盡遜于古初遠矣。」又說：「其言道言理，既皆返本蹠實，絕去一切虛玄幻妄之說。」意即是說：徐光啓認爲中華數學不發達的原因有二：其一是宋明儒學空談心性義理的脈絡而忽視實務層面；其二是將數學運用在神秘的領域如命理學導致的後果。他認爲數學是古時候聖人治理天下極重要的實學，後人卻沒有繼承下來。這種看法在西學尚未普及於華人社會前，確實很具有震撼性與前瞻性，但在西學東漸的階段性工作完成後，我們對此還需要再經反思，如何架構出華夏學術自身的系統，讓自性重新回歸到學問探討的脈絡中，不再只是照搬西學來當作學習的主軸。利瑪竇與李之藻兩人並合譯出《同文算指》，首度介紹西洋的筆算方法，彌補中國傳統籌算與珠算的不足，此法持續沿用至今天。他們還合譯《圜容較義》，討論幾何學中圓的內接與外接問題。羅雅各則譯著有《測量全義》，將圓周率推算至小數點後二十一位。自從西洋傳教士將西洋數學傳人華人社會後，華人學者受其影響，都開始書寫有關數學的著作，譬如徐光啓所作《勾股義》，黃宗羲

（一六一〇—一六九五）則在《明夷待訪錄》中反思西洋數學中的概念方法不過是對中華古來算術的竊取和修改，尤其西洋的幾何學來源於《周髀算經》的勾股學。

《遠西奇器圖說》是中國第一部具體介紹西洋物理學和機械學的書，所列機械器物名稱多達六十六項，包括槓杆、滑車與螺旋這些古典力學內蘊的原理，係鄧玉函口授而由王徵（一五七一—一六四四）編著。王徵與西洋傳教士交往極綿密，曾受洗皈依天主教，他喜好研究物理學，自製多種機械，鄉人稱他爲諸葛孔明再生。鄧玉函本爲物理學家伽利略（Galileo di Vincenzo Bonaulti de Galilei, 1564-1642）的知交，其物理學知識或深受伽利略影響，《遠西奇器圖說》第一卷中有這段話：「重何，物每體直下，必欲到地心者是。試觀上圖，圓爲地球，甲爲地球中心，乙、丙、戊皆重物，各體各欲直下至地心方止，乃其本所故耳。譬如磁石吸鐵，鐵性就石，不論石之在上在下，在左在右，而鐵必就之者，其性然也。」每個重物不論怎麼丟最終都會落到地心，這本屬於觀察即知的事實，這本書是天啓七年（一六二七）出版，而牛頓（Isaac Newton, 1643-1727）出生於崇禎十六年（一六四三），但這說明早在牛頓出生前，歐洲社會就已存在地心引力的觀點了，牛頓被蘋果砸中纔發現地心引力這一說法顯然有錯誤。萬曆四十年（一六一二）出版的《泰西水法》一書係熊三拔（Sabbatino de Ursis, 1575-1620）與徐光啓兩人合著，這是一部水利著作，後來徐光啓著《農政全書》時，曾引用此書的內容。清朝初年的宮庭建築，如圓明園的噴水池就採用西洋的水利技術來施作。明末清初時，西洋傳教士進貢給中國皇室的貢品中，最受歡迎的是自鳴鐘，直到現在故宮中都還保存有各種樣態的鐘錶。從《遠西奇器圖說》中可讓我們看見在明朝末年，這類製作精細的機械工藝與其相關知識，就已經相當普遍在我們華人社會中流傳。

據此可知，西洋學術來到我們華人社會可區隔成兩個時期：第一期始於明萬曆中葉，到清康熙年間到達頂峰，直至乾隆中葉終止；第二期始於咸豐與同治年間的洋務運動持續到這些年正激烈在發展的中西文化衝突，預期將會是新的轉捩點，敝人這本書就是因應轉捩點後新一時期的需要而寫，希望國人重新意識到自性的重要性。清軍入關後，湯若望與南懷仁先後在清政府中擔任欽天監監正，清世祖特別信任湯若望，尊稱他「瑪法」（滿語指爺爺），免去君臣的禮節，加封他爲三品太常寺卿，賜「通玄教師」尊號，後來又授予他通政使的官位。湯若望向清政府提出舊曆的錯誤，建議採用按西洋新法制定的《崇禎曆書》，結果順治元年（一六四四）八月丙辰初一發生日食，證實新曆法預測的準確性，而往日的大統與回回兩種曆法都有誤差，於是清政府決定採用《崇禎曆書》，並改名《時憲曆》（沈福偉，二〇一七：頁三五九）。湯若望則由專家變成朝廷命官，成爲首位直接掌管欽天監的西洋傳教士。當然，湯若望會得到這樣的優待有政治的因素，中國有改朝換代即頒行新曆的傳統，而湯若望的改曆建議正結合清朝統治者的政治需要。康熙三年（一六六四），此時清聖祖尚在童年，未能親自理政，顧命大臣鰲拜（一六〇〇—一六六九）獨攬大權，依附於鰲拜且受到親睞的楊光先（一五九七—一六六九）數度上書，指控湯若望等人邪說惑眾，密謀造反，並揚言要徹底驅逐西洋人，焚毀西洋典籍，湯若望和南懷仁等一批欽天監官員被抓捕審問長達數月，期間湯若望因年齡太大支撐不住而病倒，最後欽天監官員中的五名天主教信徒被斬首；《時憲曆》被廢除，恢復《大統曆》；華人被禁止信仰天主教；散居各地的耶穌會會士被遣送至澳門。湯若望一開始被判淩遲處死，後來由於執刑前三天發生地震，孝莊太皇太后（布木布泰，一六一三—一六八八）做出干預纔免遭刑戮，最終無罪釋放。但湯若望終究沒能熬過這磨難，於一年後病死。不過，這裡要特別指出：楊光先係回族，他在《不得已．闢邪論》中指出：「寧可使中夏無好曆法，不可使中夏有西洋人。」時人很容易誤會這是漢人士大夫對西洋人的排拒，但楊光先本人並沒有參與科舉，他係信奉伊斯蘭教的回族，他和湯若望的競爭，其實是回回曆和西洋曆的競爭（譚家齊、方金平，二〇二一：頁五七—六九），並且，傳教士藉由自身的技術知識間接參與到政治鬥爭，值得深思其究竟是否有完成當年來華傳教的本衷呢？

康熙四年（一六六五），楊光先被清政府授予欽天監監正，他把監內精通西洋曆法的三十多名監官全部免職，引薦對曆法茫然無知的吳明烜（生卒年不詳）擔任欽天監監副，然而楊光先上任後主持的曆法測算頻頻出錯。康熙七年（一六六八），楊光先、吳明烜與南懷仁三人奉命推測正午日影。南懷仁三物測算均準確無誤，楊光先與吳明烜二人均有誤差。次年又命他們同時測算立春、雨水、太陰、火星與木星，結果南懷仁的測算全都準確無誤，吳明烜則全都有誤差，清聖祖於是決定再度恢復時憲曆，任南懷仁為欽天監監副，康熙十二年（一六七三）再升爲監正，聘回一批耶穌會士跟隨南懷仁從事天文曆法工作。楊光先被清聖祖赦免其罪，令其遣返回鄉，卻在路上得病死去，整件事情史稱「康熙曆獄」（譚家齊、方金平，二〇二一：頁五七－六九）。由於曆法精確與否對農業耕作影響巨大，敝人詳論此事，主要想指出這是西洋學問早期會輸入華人社會的關鍵原因，經過這件事情，清聖祖開始對西洋科技產生濃厚的興趣，深感自己如不懂這些知識，很難判斷其中的是非曲直，於是請南懷仁等幾位傳教士輪番給他講科技知識，每日雷打不動的規律聽講，如此堅持十幾年，還命皇室子弟都跟著學習，有時聖祖還親自給皇室子弟與親王大臣講課，來考察自己的理解程度，可見其係眞正關注這門學問。

清聖祖對西洋的語言與音樂同樣感興趣，曾請傳教士白晉（Joachim Bouvet, 1656-1730）等人來教他和皇子們學習拉丁文，並命徐日昇（Tomás Pereira, 1645-1708）等人編撰音樂百科著作《律呂正義》。康熙四十七年（一七〇八），在清聖祖的命令下，西洋傳教士結合中國學者組成一支測繪隊，對全國進行地理探測，耗時十年，這是當時世界上規模空前的地理探測行動，終於在康熙五十七年（一七一八）繪製成《康熙皇輿全覽圖》，這幅地圖在技術層面位於世界最前沿的位置，直到民國初年都是中國地理學與地圖學的依據，顯見華人如果想要學這些技術議題本不是問題，甚至很容易就能因認眞學習與實踐而出現重大突破。在數學領域，順治年間，薛鳳祚（一五九九－一六八〇）與穆尼閣（Jan Mikołaj Smogulecki, 1610-1656）兩人合譯《天步眞源》，首度將對數介紹到中國。康熙時期，王錫闡（一六二八—一六八二）和梅文鼎（一六三三—一七二一）比較中西在算學方法上的異同，補充西洋方法的不足，梅文鼎著有《曆算全書》，促進漢譯西洋數學與天文學這些知識在日本的傳播，梅文鼎的孫子梅瑴成（一六八一—一七六三）重新發現並復興在明朝時衰落的代數學，面對古算書多失傳不見，他特別著有《增刪算法統宗》。蒙古族數學家明安圖（一六九二—一七六五）結合中西求圓周率的方法，合成「九術」，寫出名著《割圓密率捷法》，但康熙年間傳入中國的科技知識，大都企圖滿足皇室的特別需求，並沒有在民間獲得應用和推廣，但由這些人的參與成果可知，華人並不是不能展開精確的抽象思考，只是需要有相應的條件與環境，這些屬於「術」的議題，並不跟「道」（自性）本身的探討呈現衝突性，清聖祖本人同時是程朱理學的倡導者與實踐者，「道」與「術」兩者相融無間，當然從觀念義理本身來說，朱熹主張的理學的確有可跟科學知識結合的脈絡。

清聖祖相當器重有才能的傳教士，南懷仁奉清聖祖的命令製造出能量極大的火炮，令清聖祖很讚賞，於是賞賜給他御用貂袍，並封其工部侍郎銜。南懷仁死後，清聖祖替其舉辦隆重的葬禮，並賜謚號「勤敏」，他是唯一死後得到謚號的西洋傳教士。有的傳教士還參與清政府的外交活動，如張誠（Jean-François Gerbillon, 1654-1707）與徐日昇，曾擔任使團翻譯參與清政府與沙俄的談判，白晉則被任命爲欽差，去往歐洲延聘人材，顯見當王朝的能量強大，擁有文化自信，「華夷界線」這一民族意識就不會被凸顯。清聖祖對天主教同樣採取寬鬆政策，康熙三十一年（一六九二），他下達「康熙保教令」替天主教平反，使得天主教在中國各地獲得迅速傳播，信眾達到二十五萬至三十萬人，遍佈全國十五個省區，甚至連皇室貴族都有人信教，可說是天主教在清朝傳播最興盛的時期。在清聖祖的寬鬆政策裡，天主教的能量日益壯大，其內部卻對於中國教徒應遵循的禮儀問題產生爭論，原本利瑪竇這些耶穌會士採取折衷的辦法，允許中國教徒祭天、祭祖與祭孔，而多明我會與方濟各會則覺得這是在展開偶像崇拜，顯然會違背上帝是唯一至高主宰的教旨。康熙四十三年（一七〇四），羅馬教皇裁決中國教徒祭天、祭祖與祭孔的行徑屬於異端，明令禁止，教皇特使來到中國想要頒布羅馬教皇的禁令，清聖祖則覺得這是在擾亂中國自身的法律制度，將特使遣返，可是該特使卻在返回途中擅自公佈教皇諭令，結果惹惱清聖祖，將他監禁至澳門。康熙五十八年（一七一八），羅馬教皇再度下達禁止中國信徒進行祭天、祭祖與祭孔等傳統禮儀的諭令，並派特使來到中國面見清聖祖，依然被清聖祖駁回，並下諭旨禁止天主教在廣東這些省傳教，但該諭旨並沒有被嚴格落實，留在中國的傳教士依然在各地展開傳教工作。

康熙二十年（一六八一），柏應理（Philippe Couplet, 1623-1693）回歐洲時，即帶回中文書籍四百多本，並於康熙二十六年（一六八七）在巴黎出版《中國哲學家孔子》（*Confucius Sinarum Philosophus*）。衛方濟（François No ë l, 1651-1729）則翻譯出《四書》這些儒家經典，並著有第一本《中國哲學》（*Philosophia sinica*）的著作。這些書籍都於康熙五十年（一七一一）在巴拉格出版。在歷史研究方面，衛匡國早在順治十一年（一六五四）在安特衛普出版《韃靼戰爭史》（*De bello tartarico historia*），被認爲是一部十七世紀的中國史，記錄明朝萬曆年間而降與清朝的重大戰事，主要係衛匡國的親身觀察南明戰爭經歷當背景。他接著於順治十五年（一六五八）在慕尼黑出版《中國上古史》（*Sinica Historiae decas prima, Res a gentis origine ad Christum natum in extrema Asia, sive magno Sinarum imperio gestas complexa*），介紹中國自神話時期一直到西漢哀帝元壽二年（1B.C.）的歷史。康熙四十年（一七〇一）龍華民（Niccolo Longobardi, 1559-1654）發表《關於中國宗教的幾個疑問》，這是有關中國天主教禮儀爭端的重要著作，龍華民公開其與利瑪竇完全不同的觀點，就宣教的策略而言，利瑪竇傾向於面對士大夫傳福音，不急於使其受洗歸於天主，而龍華民則採取直接向中下階層人士傳福音，並急速領人歸主的方式。在神學的認知上，兩者因對待中國禮儀問題而觀點大不相同。利瑪竇認爲只要不妨礙天主教基本信仰，不妨遷就中國的風俗習慣。他在對有關「上帝」的稱謂，還有對尊孔祭祖的問題都沒有強烈的堅持，但龍華民禁止尊孔祭祖，覺得這與崇拜偶像無異，並堅持只能使用「天主」兩字，使得其可謂是引發羅馬教皇與中國皇帝間禮儀爭端的第一人（樊洪業，一九九二：頁二七—四八）。十八世紀，歐洲出現耶穌會士編輯的巨著《關於華人的歷史、科學、藝術、風俗習慣等等的回憶錄》，多達十五卷，除傳教士外，歐洲各國的商人、探險家甚至外交官員的遊記與報告，都是當時向西洋傳播中華文化的重要橋樑，對十七世紀到十八世紀歐洲啓蒙運動的孕育產生巨大影響。

清朝在康熙後期，因爲政府疏於管理，造成大量貪汙腐敗，清世宗（愛新覺羅胤禛，一六七八－一七三五）即位後，成立會考府來專門審核國家財政經費。會考府獨立於一般財政系統外，可直接對皇帝負責，擁有很大的權柄，一旦審核出有問題的官員就會立刻進行懲治。清世宗對待貪腐毫不留情，在他的嚴厲打擊下，國庫虧空的情況逐漸獲得扭轉。清世宗還設立「軍機處」，相當於皇帝的私人秘書處，更是總覽軍政大權的最高國家機關，連內閣都無權過問。清世宗通過設立會考府與軍機處有效加強君權的高度集中。清高宗（愛新覺羅弘曆，一七一一－一七九九）即位後，對其父清世宗在位時的高壓政策做出適當的調整，重新審理雍正時期的政治遺案，藉此緩解皇室內部矛盾，使得乾隆時期成爲清朝政治能量最鼎盛的時期。然而晚年的清高宗開始驕傲自滿，加上年老體衰，逐漸喪失執政早期的敏銳與認眞，和珅（一七五〇－一七九九）藉機獲得清高宗的寵信，迅速成爲權傾朝野的人物。清朝自嘉慶時期開始由盛轉衰，嘉慶元年（一七九六），四川、陝西、河南與湖北四省交界地帶爆發白蓮教起義（又稱川楚教亂），歷時九年，波及五省，使得清朝元氣受到嚴重挫折。嘉慶四年（一七九九），清高宗去世，清仁宗（愛新覺羅顒琰，一七六〇－一八二〇）親政，和珅被查辦，其聚斂的巨額財富令人瞠目結舌，民間甚至盛傳「和珅跌倒，嘉慶吃飽」的童謠。和珅被查辦後，統治集團高層陷入政治鬥爭，清仁宗雖勤奮刻苦，卻無法扭轉清朝國祚日衰的狀態。

嘉慶二十五年（一八二〇），清仁宗在承德避暑山莊（在今河北省承德市）暴斃身亡，次子清宣宗（愛新覺羅旻寧，一七八二—一八五〇）即位。清宣宗雖有勵精圖治的志向，行事卻過於保守謹慎，無法給出有實效的改革政策。道光時期西洋正如火如荼地開展工業革命，如果當時清宣宗能抓住機會，可能中國就會發展出完全不同的命運，然而按照清宣宗的個性，他很難有把危機化成轉機的氣魄與膽識。道光二十二年（一八四二）清政府在鴉片戰爭中失敗，同年，湖北崇陽爆發由鐘人傑（一八〇三—一八四二）領導的起義，雖然很快被鎮壓，但隨後全國各地接連發生暴動，最終於咸豐元年（一八五一）醞釀出太平天國運動的爆發。清政府爲鎮壓太平天國耗時十四年，造成大量人口死亡，王朝的能量幾乎損耗殆盡，這使得清文宗（愛新覺羅奕詝，一八三一—一八六一）痛下決心進行改革，積極開展洋務運動，希望能通過學習西洋先進的科技來挽救內憂外患的局面。洋務運動發展到光緒時期，不再只追求技術，開始希望通過發展近代化的工商業來富國強兵。儘管因爲受制於西洋列強或政府官僚，導致企業管理混亂、生產效率低下，但清政府還是先後建成幾支近代化的海軍，其中北洋水師最爲強大，躋身於當時的世界海軍行列中。然而這樣強大的艦隊，卻在光緒二十年（一八九四）中日甲午戰爭中全軍覆沒，標誌著開展三十多年的洋務運動的徹底破產，更揭露出只改革技術不改革體制的弊端。技術層面的改革失敗，促使通過改變政治體制來救亡圖存的呼聲越來越高漲，康有為（一八五八—一九二七）與梁啓超這些維新派人士因此發動「戊戌變法」（又稱百日維新），卻遭到慈禧太后（葉赫那拉氏，一八三五—一九〇八）的抵制，發動政變而讓維新失敗，使得民心盡失。

清朝初葉，由於政權尚未穩固，政府採取高壓政策，譬如強制漢人剃掉頭髮改變服裝，在各地駐紮重兵防備，大興文字獄防止流言傳布。清朝的文字獄不僅在肉體上使大量無辜人士遭到迫害，對思想文化領域造成嚴重的後果，尤其自性的議題不再獲得討論，導致學者人人自危，不敢對政治發表意見，學術團體被禁止，思想被箝制，失去創新能量，學者只能閉門鑽研文本，意即對古籍進行整理、校勘、注疏與輯佚的工作，這稱作「考據學」。考據學發展到乾嘉時期變得越來越繁瑣，儒學的價值徹底停留在紙本上，失去原本闡發智慧與經世致用的意義。再者，清政府再度提倡程朱理學，用開科舉士與興辦官學的辦法來籠絡漢人士大夫，消弭其對滿人的敵對情緒。原本用來提高生命素養與闡發大道的書院教育逐漸質變成官學。執政者會提倡理學而不提倡心學，其中一個最重要的原因，就在於心學容易培養出無視世俗權威，忠於內在良知的豪傑人士，這會嚴重妨礙執政者控制百姓的頭腦（陳復，二〇〇五b：頁一四三—一四四）。像生性仁慈但喜歡理學的清聖祖（愛新覺羅玄燁，一六五四—一七二二），就不斷將寫有理學觀念的匾額與對聯賜給各地的書院，用含藏不露的手法來質變書院精神（李國鈞，一九九四：頁七七七—七七八）。

雍正元年（一七二三），嚴厲不假情面的清世宗，纔即位就命令各省查緝轄內書院，並指示只有地方官治理績效卓越，深得百姓愛戴且基於紀念原因而設立的書院可留存，其餘書院一律都得改制成義學這種教育社會失學青年的成人補習學校，使得書院精神日趨萎縮。雍正四年（一七二六），江西巡撫裴率度（一六六七—一七四〇）希望朝廷替白鹿洞書院委任掌教，吏部嚴辭回絕，清世宗更明確表示，遴選任何一個人擔任書院的老師，如果接受他教育的學生人數有限，教育惠及的範圍就極爲狹窄，如果接受他教育的學生人數很多，又無法保證教學質量。他質疑任何個人眞能產生教育的能量，如果這個人眞有這樣的能量，還不如給他一個封疆大臣的職位，讓他發揮更大的作用（陳復，二〇〇五b：頁一四五—一四七）。

清世宗的這種說法可謂「不是理由的理由」，書院教育的人數或許無法量產，但產生的效果卻不見得僅止於幾個學生，因爲當受教者的生命一旦獲得開啓，他不可能只做個自了漢，而是自會繼續往社會裡散播更多的種子。具有心性意義的教育，其本身就不是在生產工業產品，老師需要對學生投入極大的關心，用自己人格的力量潛移默化的影響學生，這本來就是一個需要長期培養的過程。乾隆元年（一七三六），清世宗病死，剛即位的清高宗就立刻承接父親的對書院的態度。《清實錄．高宗實錄》卷二十記載他說：「書院之制，所以導進人材，廣學校所不及。」這段話表面上是在全面興辦教育，實質的意思卻是說政府施政能量鞭長莫及的地區，就由各種民辦、官辦與官民合辦的書院來承擔，使得書院變相成爲各級官學的補救學校。清高宗還說書院本來是種「古侯國之學」，應該要在各地培育能供政府任命指使的人材，師生傳授教育的內容宗旨則由此出發。這種教育會有什麼深刻的內容呢？其意義只相當於現在的公務員考試。並且，清高宗與清世祖（愛新覺羅福臨，一六三八—一六六一）都採用兩手並進的政策，一來抨擊學生只想通過科舉來獲得功名利祿的心態，再者又表示要對學生的言行進行嚴格控管，這種教育其實都只是在迎合執政者的統治意志（陳復，二〇〇五b：頁一四七—一五一）。儘管距清朝滅亡已經過去百餘年，兩岸華人重視藉由各種轉型的「科舉」來增進社會地位的功利思考，直到現在依然沒有任何改變，每年大量學生要擠進大學讀書，但大學教育只教知識不教生命，使得大學生對於所學無感，消耗國家大量資金，獲得的整體效益卻很低落，這點值得我們深刻警覺，重新恢復書院辦學的精神，將其教學內容直指華人的文化心理來展開，實屬刻不容緩的重大事項。

第二節　六大關係主義論

前面談到耶穌會士來華傳教的議題，容我們現在做個反思。天主教相對於佛教來說，有個很重要的差異就是前者重視明確皈依的信仰，意即人有沒有受洗信靠上帝，對天主教而言是極其重要的事，不像佛教談的是自覺。佛教的這種傾向其實比較對應華人原本的思維習慣，因此，明朝時期的華人對西洋的傳教士會帶有輕蔑的心理，覺得這是種脫離現實的信仰。利瑪竇想把天文、曆法與算術這類知識傳播到華人社會，來向華人展示西洋文化精湛的內容，這些學問對當時的華人來說確實值得羡慕，但當時的華人對西洋人的宗教並沒有信任感，甚至因懷疑西洋人的宗教，除曆法外，將西洋的科技都跟著冷淡對待（錢穆，二〇一一：頁一九七）。西洋人傳來的科技知識都需要相當的資金，一般人不可能直接複製其技術，這就要看政府是否重視，當時的中國政府會特別請西洋傳教士來修正曆法，主因在華人向來很重視農業，而農業又跟曆法有著高度的關聯性。當時的華人對西洋科技的漠視，還有一個重要的原因在於，中國真正全面性落後於西洋的時間點，嚴格來說要晚至十八世紀末葉到十九世紀初葉，意即歐洲工業革命帶來機器世紀（the Age of Machines）後，西歐在短短一百年的時間內開始在各個領域裡大量機械化，科技獲得飛躍性的成長。利瑪竇很困惑在中國傳教爲什麼極其困難，因其踢到「鐵板」：中華歷史如此悠久綿長，文化底蘊如此深厚，總體來說其科技水平並不弱，這樣強大的綜合能量帶來的文化自信，不是西洋傳教士帶來些科技知識就能輕易動搖，尤其這背後不只是文化，更與文化背後的智慧型態有關。徐光啓在耶穌會的地位會如此高，原因就在他是第一位信仰天主教卻在朝爲官的中國士大夫，這對耶穌會來說實屬極罕見的高層歸宗案例。

當時的華人對西洋宗教的排斥，其實就是從文化心理出發產生的排斥，華人相信自性，這需要人的自覺，從而展開生命的鍛鍊；但相信上帝卻需要天的救贖，這裡面充滿著不可控制的層面，上帝要救你或不救你，其本身充滿著奧秘，甚至對華人來說，這纔是眞正不談任何道理的神秘主義，讓人不容易產生信任感。天的存在本來對華人而言是個事實，但不是轉變成具有獨斷論的教義，使得與其觀點不同的角度都不再有存在的空間，而且《聖經》的教義早在兩千餘年前就已存在，卻與後來時空環境有巨大的落差，甚至有著深度的文化差異，譬如說《聖經》記載上帝是按照自己的樣子造人，這只是個「文化概念」，這個概念本身不論你相信或不相信，都不會影響上帝存在的事實，但當其出現在《聖經》中，就被認知是神的語言，使得人們完全不能質疑，可是如果從根源處思考，華人很容易就會反思：上帝不該有聲音與形象，不受特殊型態的侷限，如此纔能無所不在，上帝怎麼有可能按照自己的形象來造人？上帝即使不會按照自己的形象造人，但這同樣不會減損天的神聖性與人的特殊性。但對《聖經》而言，你只能相信，這就是種對信仰的考驗。本來全球原住民都有自己信奉的祖靈，結果天主教與基督教禁止任何偶像崇拜，於是這些民族就放棄對自己祖先的祭祀和信仰，只相信上帝，這使得天主教與基督教的傳播通常伴隨著文化多樣性的破壞，華人很難跟著展開這種信仰背後更深層的原因：中華思想早已在內在自性的層面臻至高峰，這使得華人很難去相信有個「絕對外在的神」在指導自己的人生。但反過來看，天主教發現在華人社會傳教很不容易，於是再經准許中國的信眾祭祖，在臺灣社會，當前天主教的神父甚至常拿香在各種典禮中帶頭從事祭祀，包括中元普渡在內，這就反映出其傳播過程中面對華人社會展開的包容。現在大陸社會的天主教或基督教其信眾已有上億人，這或許是宗教信仰的一大盛事，但值得思考這個問題：現在的華人對於自性到底還有沒有深刻的認識呢？

雖然從不同文化角度來觀看，只要不能在質疑與反思中獲得理解，華人就會覺得面對上帝的信仰有著荒謬性，但不論如何，人與天的永恆對立帶來西洋文化二元對立思維（主體與客體的對立思維），這對科學發展卻極其有益，這種科學觀建立在對立思考的假設，在面對物性的研發層面頗有效益，尤其是機器的設計。但這種思維無所不在落實於生活中，其實會造成偏狹的後果，譬如說身體有問題，西醫會不斷使用儀器做各種檢查，如果沒有具體結論，只會給予消炎藥或止痛藥，而不會直接給予治療，這是在把病人對象化成客體，其檢驗就是不斷用主客對立的思維來檢視，這個過程裡醫生相信機器給出的檢測數據，而不是病人的整體生命狀態。我們不能說這種思維完全沒有意義，但中醫是通過

「望，聞，問，切」來觀看病人整體的生命狀態，包括病人的飲食習慣、心理變化、生活環境、人際交往與醫病關係都會關注，這種態度基於中華文化相信萬事萬物間都有著內在聯繫，不是割裂成互不相干的各個部門來各自對待。主客對立思維展開的檢查，始終是儀器在做檢查，而不是人在做檢查，導致病人和醫生自己的感受經常被忽略，這造成有些身心細節儀器始終檢查不出來，固然人的感覺不見得完全正確無誤，但人如果感覺到已有什麼問題，卻要拒絕自己的感受來相信儀器，這會導致很多引伸開來的醫療問題，例如有時候醫病間的矛盾不見得是病人在無理取鬧，病人對醫生的不信任背後很可能就有著檢測資料與病人感知兩者得出的內容間有著落差與鴻溝。這種狀況拿來反思心理諮詢，其實問題的性質相同，基於中華文化展開的心理諮詢，不應該把人當成客體來對待，諮詢師應該尊重當事人的感受，在深度關注當事人帶來的主客合一狀態中，替當事人設身處地尋覓出解決問題的辦法。

有學者覺得中華思想中所說的「天人合一」，應用到文藝或工藝的領域就變成「心物合一」，這種說法其實大有問題，這是把精神和物質先說成兩個對立面，然後再說它們最終該合一，但「一」（the One）如果就是指精神，其意思就變成「心物合心」，這在理則來說完全不通，此因始終只有「心生萬有」，並沒有「心物合一」，但如果說精神與物質二者不可割離彼此則沒問題。中華文化希望「物性」與「人性」能相互悅納而獲得疏通，意即中華文化的主流觀點並不把物質完全視爲全然客觀的對象，而是要去探問物質跟自己精神的關聯性，並且，我們置身於宇宙中，面對各種情境都與其發生「關係」，理解纔能從中發生，因此，敝人覺得從中華文化的角度，計有「天」（天理）、「人」（人際）、「物」（外物）與「我」（本我）這四層關係，人只有先認識本我，尤其是其含藏的自性，跟本我建立起深密的關係，將其從自我（the Ego）中超拔出來，纔能接著認識外物（the Object），認識任何外在於己身的存在，並釐清己身作爲生命的主體（subject）與客體（object）間的關係，從而架構出客體的內容，發展出有關客體的各類知識；其後纔能認識人際（the Crowd），瞭解人與人在社會裡的範圍與關係，但這並不是終點，還應該再繼續認識天理（the Heaven），瞭解宇宙有關成住壞空的生滅變化，掌握最終的實相（reality）。如果我們將關係著重在自性的認識，則只有由內部再架構出「本我關係主義」，自性的涵養首先是本我關係主義的議題，但自性本體直通宇宙本體，接著就會往外探索「物我關係主義」、「人我關係主義」與「天我關係主義」，再加上屬於外部較間接的「人物關係主義」與「天物關係主義」，整個關係主義的內涵纔能完整呈現。

這六種關係的妥善安頓，按照《大學》八條目裡的內聖四條目，就是「格物，致知，誠意，正心」在現實生活裡做工夫：面對本我首重「蛻變法則」，意即如何做纔能使得本我繼續獲得開展與超拔，這需要「誠意」，誠意的意思是指將天理往內在做收攝，澄清心靈，讓人展開意識的轉化，從而體認出自性；面對外物首重「思辨法則」，意即如何做纔能將客體建構成可被理解的知識，這需要「格物」，格物的意思是指己身意識對應的外物，釐訂客體，人意識到外物的實有，從而詳查其內容；面對天理首重「證悟法則」，意即如何做纔能對宇宙的實相徹底洞悉與應用，這需要「致知」，致知的意思是指通過認識外物的實有，獲取知識，知識幫忙人證悟天理，從而把握住存在；面對人際首重「圓融法則」，意即如何做纔能對人與人該有的規矩精確拿捏，這需要「正心」，正心的意思是指人不斷深化發掘內在，端正自性，往外應對人事而不惑，從而讓生命自如。在格物前，人處於前意識的狀態，行事不知不覺；「格物」本身則處於顯意識狀態；「致知」則處於顯意識到潛意識狀態；「誠意」則處於潛意識狀態；「正心」則再回到顯意識狀態。然而，自「正心」後，人的意識狀態就已再拔高其覺醒，從而人就能開始面對「修身，齊家，治國，平天下」的外王四條目。按照《大學》的文本脈絡來說，「正心」是指面對人際前的精神氣象；「修身」則是指面對人際後的動靜舉止，兩者雖然脈絡相同，但前面指向「心」的議題，後面指向「身」的議題，這兩者屬於「未發」與「已發」的轉軸機關。「修身」是帶著整個「格，致，誠，正」的次第來修身，使得「修身」成爲承接前四條目的基石，沒有按照這個次第來修身就會動搖到根本，這就是爲何《大學．經一章》說：「自天子以至於庶人，一是皆以修身爲本，其本亂而末治者否矣；其所厚者薄，而其所薄者厚，未之有也。」這句話的意思是說：從天下最高的統治者一直到平民百姓，都要拿修身當作生命的根本，根本如果混亂，家國天下這些後端的環節能被安頓妥當這是不可能的事情；該重視的根本不重視，卻對於後面的環節過於重視，這是沒有道理的事情（陳復，二〇一九b：頁一二五—一二六；頁一三五—一三六）。

將這六大關係主義與《大學》的次第論結合，《大學》說：「物格而後知致，知致而後意誠，意誠而後心正，心正而後身修，身修而後家齊，家齊而後國治，國治而後天下平。」釐清天物關係主義的議題就是「物格而後知致」；釐清天我關係主義的議題就是「知致而後意誠」；釐清人我關係主義的議題就是「意誠而後心正」；釐清人物關係主義的議題就是「心正而後身修」。因《大學》裡的「我」直接對應「人」，使得其「意誠而後心正」，當人物關係主義因心正而獲得對應與擴充，「身」成爲更大格局的生命，接著對應「物」就不再是本來的「物」，而開始發展齊家、治國、平天下這三個階段逐級張開的「生命世界」，這就是「內聖」後的「外王」。《大學》未曾談到物我關係主義，這是條具有西洋文化特癥的「主客對立思維」，這層關係主義對於華人開展科學概念、科學態度與科學方法更具有意義，應該落實「意誠而後客立」，讓「物」在「微觀世界」內被客體化，使得格物能順此發展其解析型的思辨脈絡（陳復，二〇一九b：頁一二六—一二八）。

沒有知識，人無法從宇宙的存在中認識這個世界的存在，譬如說，如果沒有「我」與「你」的概念就無從指稱，有「我」與「你」的對比指稱，就會讓相互指稱的「我」與「你」開始產生關係。這就是《大學》裡講的「物格而後知致」，格物就是給出詞彙，從而知道你是你，我是我，這個知道在意識層面就是致知。格物致知是個概念化的過程，意即通過格物，於是認知被概念化，人如果沒有概念化，就無從認知，例如給一個人命名爲「大明」，這就是概念化，如果概念具有模糊性，使得這個人既稱作「小明」又稱作「小剛」，就會變成認知上的錯亂，從而產生倫理問題。誠意就是純粹自己的意念，使得人自然而然接收自己獲得的這些概念，面對事情時的心理狀態有一種平衡感。當概念在意識裡產生波動，就變成意念，沒有概念的人，他的意念會很模糊不清，例如狼童對於「狼」跟「人」的界線就很模糊，其認同的是狼的思維和行徑，在致知層面形成狼會有的「概念」，於是該狼童的誠意就進入到狼的精神狀態，因此，什麼樣的致知就會導致什麼樣的誠意，很多人身心出問題就是在基礎層面沒有釐清概念，譬如有些男人如果沒有接受過兩性平權教育，對於「女人同樣是人」這一概念與事實變得很模糊，於是就導致不知道對女人應該要尊重其身體自主權，這時候該名男人就要澄清自己的意念，確認自己對待眼前這位女人的心態是否正確，而不是只要看見女人就萌發性慾，形成自己跟女人因關係錯亂帶來傷害，導致各種複雜的倫理問題。當意念獲得澄清，整個精神就進入到心靈平和的狀態，意念不會飄忽不定，這就是「意誠而後心正」。「格物，致知，誠意，正心」這是《大學》提供的工夫次第，更是一個不斷深化的過程。我們學習思想與文化，本質就是在學習思維的細膩化，當人的思維細膩化，做事情就不會那麼機械與呆板。

傳統華人會使用人的聰明智巧來催化事情的發展，卻不肯用來直接取替造化的生成，或是藉此征服造化，這使得華人不喜歡機械，常喜歡「匠心」而排斥深藏其間的「機心」，因爲機械是用人的聰明智巧來驅遣外物的生成，這恰恰是當前的華人需要謹慎面對的議題，當前的華人如果對於倫理議題再不知重視，肆無忌憚的結果就可能形成環境或整個人類的重大災難。譬如說面對「克隆人」（human cloning，或稱複製人），世界各國通常採取禁止的態度，但中國因沒有基督信仰的傳統帶來的包袱，這使得想要研究克隆人技術的西洋科學家，很容易就會得到大陸高校的經費支援來到中國做研究，通過這樣的管道來擺脫倫理的負擔。華人即便沒有西洋型態的上帝信仰，可是如果只是追求科技進展而漠視倫理反思，這同樣是華人需要警覺的課題。中國過去是個立基於農業文化的國家，著重自給自足與安和樂利，在清末遭遇西洋弱肉強食的工業文化，就變得相形見絀，這導致當時的華人遇到兩個問題：第一，如何儘快學習西洋文化的優點來牟取自身的富強，藉此抵禦西洋人的霸權，立足於世界各國而沒有自卑感；第二，如何既學到西洋文化的富強，又不會把自己的傳統文化否定掉，在中西會通的過程中，蛻變出嶄新的中華文化。第一個問題在今天已經得到相當程度的解決，但第二個問題不解決，雖然中國作爲政治實體還是存在，但如果中華文化徹底滅亡，華人只崇尚西洋文化而對自己的文化毫不關注，中國其實很難再被稱作「中國」。

華人社會是個極度看重人情與面子的社會，講話常有相當複雜的顧忌，因華人會通過思考人與人的關係來反思自己扮演的角色或發言的位置，而不是重視觀念本身的是非對錯，這固然是華人共同擁有的文化集體潛意識自然形成的結果，可是原本在宋明時期，華人還有認眞探討自性的傳統，不只藉此修養生命，更通過自性來影響社會，但這種關注傾向在今日已消失不見。華人不是沒有探討內在的需要，只是我們早已失去這種探討類型的公共語彙，使得我們不知道原來內在如何活出自性的心理議題可被討論，誤認中華文化只是很膚淺的「講關係」與「懂禮貌」。所謂探討內在如何活出自性的心理議題是指人跨越自身，產生某種對他人的同理和共情，使得對話的過程裡有著對生命的關懷，這其實並沒有那麼抽象，人只要能跨出自己的狀態，去討論別人關注的議題，從中正的觀點去理解這些討論的過程，這就是在探討自性議題，其實這就是在重新構築社會科學本土化的知識，因你只要稍微客觀探討具體的命題，可能就會得出某種抽象的觀點。人人都應該探討自性，並且人人都可客觀化探討自性，從而發展出中華本土社會科學。讓探討自性成爲從社會到學術都承認的公共議題，如此「中國」二字就可恢復其本來意涵，意即這就是「心靈的國度」。讓心體這個概念可有公共語言來理解與實踐，就是在實踐華人理想中眞正的中國，這既是舊中國，更是新中國。

大陸社會要重新恢復傳統文化，藉此提升公民素養，就要留意如何讓禮與情重新回到我們語言系統中，而不能持續只從無產階級的角度來思考，畢竟眞實的情況是說社會經由長期的發展，現在已經沒有這種階級人民的存在，大家都應該進而思考「富而好禮」的議題。日本社會直到今天，皇室貴族到菁英階層，對於敬語的使用頻率都還是很高，越南社會更是如此，敝人每回面對來自越南的學生，就會發現其無一不是使用敬語在跟敝人說話。從文化來觀察，大陸與臺灣不是單純使用簡體字和繁體字的差異，而是古典的語彙跟概念，在大陸已變成死的語言，完全在生活領域看不見，譬如書信或公文都變得極其白話，甚至會使用「敬禮」這種軍人語言，好像使用文人典雅的語言講話就是虛假做作，果真如此就會造成一種結果：在語言現象層面，大家講話極其直白且坦率，但人與人的溫情就會變得蕩然無存。但，大陸和臺灣這幾年在語文教育層面卻又來到完全相反的路，大陸社會是加強閱讀古文，而臺灣社會是減低閱讀古文，使得大陸學生的古文素養正在大幅拔高。閱讀白話文會有個難解的問題：白話文都是五四運動後的現代人所寫，這些人都深受西化影響，寫文章時常是在用個人主義的角度去寫，因此其自我意識濃厚，可是古人在寫文章時，都是從關係主義的角度來寫，因此其自性意識濃厚，當從個人主義的角度去談問題時，其它很多關係的面向就會被屏蔽掉，只讀白話文的文章，往往讀到的思想會很貧瘠而蒼白，更不容易瞭解中華文化，這是當前時空背景裡華人特有的問題。

從滿清入關而降，華夏學術一直呈現極不正常的發展（錢穆，二〇一一：頁一九六），但不僅如此，敝人更覺得這種不正常現象經民國時期直到現在都是如此。滿清統治時期的不正常是一種對思想的禁錮，學者只能去搞「文字，聲韻，訓詁」這類的注解工作，中華思想的原創精神隨著明朝的結束而結束。在這種不正常的發展過程中，首先明末清初學者因國家的滅亡，不肯屈服於滿清政府，可是這一生不得自由，只有埋頭書堆，對明朝的思想作嚴厲的反省與批評。這種討論固然有其深刻性，可是難免會太過於偏激：從黃宗羲所作的《明夷待訪錄》中就可發現：他通過發掘心學思想開創出民主思潮，這是他反省中國傳統政治制度後的觀念創發，可是王船山（一六一九－一六九二）卻對心學深惡痛絕，甚至覺得明朝滅亡的罪魁禍首就是心學。這是清朝早期一流學者發出的正反面不同意見。但經歷第二代後，因清朝數度展開文字獄，把學者的自由思考精神給消滅殆盡，而當時的西洋文化正來到工業革命開始突飛猛進發展的時候，華人就這樣白白蹉跎掉這段時期。因西洋帝國主義與資本主義的全面東來，帶來政治與經濟各種類型的侵略和壓迫，華人覺得自己要全面調整自己的文化，來應付這三千年來沒有過的大變局，卻因清朝的思想禁錮，華人早已認識不清自己文化的精髓內涵，不知道該拿什麼思想來與西洋文化做精確的對話，更沒有厚實的文化地基來正常吸納西洋文化，使得我們面臨文化全面崩解的困境。

華人社會受西洋文化影響的表現，還在於清朝末葉科學與民主逐漸變成一種公共語言，譬如我們經常會說某件事是否符合民主程序或科學程序，但完全不會意識到這件事情是否符合自性，但民主政治發展到現在，已有相當程度的質變，而科學的背後其實有著科學哲學，意即科學會受到科學哲學的發展，導致對何謂科學一直在發生變化，科學已有各種內涵與認知，早已不能簡單將其等同於實證主義的科學。舉個例證來說，在德文中，「wissenschaft」就可直接翻譯成英文的「science」，但兩者從中文來說都是「科學」，前者卻沒有專指自然科學的意涵，而是廣指各種「系統性的學問」，諸如德文中有 literaturwissenschaft（文學科學）、geschichtswissenschaft（歷史科學）、sprachwissenschaft（語言科學）、religionswissenschaft（宗教科學）這類複合詞，「wissenschaft」可與任何詞彙相結合，構成全新的複合詞，前面的詞彙就是該門科學研究的對象，這種認識與一般概念中的「science」完全不一樣。華人要對這些議題做根本性的反省，不然我們就會發現自己深受西洋文化影響，卻沒有深究到底受到哪種影響（其實是受到英文的影響），我們都喜歡講「科學」，但我們到底在講哪種科學，尤其我們對科學的認知，西洋學術的最新發展早已不再是如此，我們卻還當作是寶貝，這不是很荒謬的現象嗎？自清末民初而降，直到現在的兩岸華人社會，我們整個學術領域都呈現這種被殖民的現象，學術完全是在套用西洋學術的觀點（尤其是英美學術）來談問題，還聲稱這就是符合「科學的程序」，譬如學者都在按照西洋學術規範，競相寫學術八股文來獲得學術名望，不寫這種規格的學術論文就不是在討論學術，彷彿這樣的學術就能獲得「觀念豁免權」，藉此大講特講跟華人真實生命體驗完全無關的內容，一般人跟這種學術沒辦法產生聯繫，並進而對學術望而生畏，使得學術跟社會日漸脫節，臺灣社會在解嚴後各種層面的能量都日漸衰落，政治可凌駕於學術來決斷何謂真相，其實正就是因學術長期自身的異化導致的後果。培養能發展華夏學術的學問種子，撒播在華人社會來影響世局，讓其在合適的時間茁壯成長並開花結果，這是當前極其重要的核心議題。不能眞正認識中華文化中的自性，就無法培育出人才，當我們眞正瞭解中華學問最核心的命脈與意義，然後願意去開展這種華夏學術，就能引發學術的變革。

第三節 天人合一的思想

儘管華人在面對西洋各國的過程中經歷挫折，始終沒有辦法認同西洋列強弱肉強食的文化，這使得華人面對西洋文化常帶著扭曲的態度，看不出西洋文化最精華的內容，尤其對於其抽象理論的思考認識有限。對清末民初的中國而言，西洋文化都是帝國主義和資本主義用來侵略的工具，背後都含藏著各種陰謀詭計，華人卻不得不去學習，這就形成文化心理層面的勉強與痛苦。但對日本人而言，只要這個工具能用來富強，甚至能藉由征服別人來完成自身的富強，如此其他問題都不再是重要的問題，這使得日本學習西洋文化具有舉國一致性，沒有心理層面的負擔（錢穆，二〇一一：頁一九七—一九八）。華人和日本人這層文化心理的差異，就是王道精神與霸道精神的差異，但由於當時的中國在物質科技層面太過衰落，五四時期而降，在中國的知識圈就瀰漫著這種聲音：既然中國如此「技不如人」，那乾脆將自己傳統的中華文化全都放棄，來向西洋文化全面學習，胡適主張「全盤西化」就是在這個脈絡裡發展，蔚然成爲自由主義知識圈的主流思潮，這同樣可解釋民國三十八年（一九四九）華人知識圈對於究竟要學英美的西化，還是要學蘇俄的西化，大家共同面臨路線的大抉擇，最終華人的主體選擇蘇俄的西化，因蘇俄雖然同樣是西洋國家（或許俄人對此不見得同意），但對於中國的政治處境表達出同情與支持，這使得華人在心理層面獲得安慰，感覺能被理解與接納。

胡適帶來的負面影響，就是把歷史學當作考據學，意即把證據拼湊出形成的認知就當作科學，這是實證主義的想法，同時反映出胡適的心理困境。量子物理學有關「雙縫實驗」（double-slit experiment）的研究已經證成你不觀察粒子的時候，其是無形的能量，當你觀察它時，其就會變成你看得見的有形物質，粒子會與自身產生干涉作用，只要人想查明其路徑，干涉現象就會消失，好像其恆常知道是否有人在窺探，而只願意在沒有人看見的時候，這纔表現出神秘的自我干涉。換個角度來繼續思考，這甚至可進而說：宇宙原本不存在，只有當觀察者在觀察的那一瞬間，宇宙纔會躍然而出呈現在你眼前，這顯示出沒有意識就沒有物質，沒有意識，宇宙只是一團無形的能量，物質的宇宙來自於意識的創發，物質與意識從來不是二元對立的狀態，意識就是思想，意即思想會產生物質更會影響物質。在胡適生活的當日中國，整個社會充斥著打倒「封建迷信」的聲音，一旦有學者認眞想探討天人合一的思想，胡適本能就會覺得這是「封建迷信」，他要不就避談，要不就特別彰顯那些具有天人對立特徵的中華思想，胡適與錢穆兩位先生的差異就在這裡，錢穆過世前在〈天人合一論：中國文化對人類未來可有的貢獻〉一文中指出：「中國文化中，「天人合一」觀，雖是我早年已屢次講到，惟到最近始澈悟此一觀念實是整個中國傳統文化思想之歸宿處。」錢穆先生在該文中指出中華文化最偉大的貢獻，在於對天人關係的研究，華人是把「天」與「人」合起來看，天命就表露在人生，離開人生，就無從來講天命；離開天命，就無從來講人生。這種「天命」與「人生」合而爲一的觀念，就是華人特有的「天人合一觀」。此文完成於錢穆先生精神即將耗盡的時刻，確有發揮未盡，難免令人浩嘆（梁淑芳，二〇〇四），但這已經點出中華文化的主軸價值。從智慧諮詢的角度來說，天人合一是指人與人願意涉入到彼此具體的生命中，從而產生彼此觀念與經驗的交融，「人」這個概念不再是討論的客體，而是我們願意站在具體的生命感中討論我們共有的經驗，這就是天人合一的探討型態。而天人對立需要一種抽象的思維，意即觀察每個個體，但不涉入個體的生命內在，給予這些生命概念性的理解，這個概念就是「人」。這意謂著「你們」是自我外面的一群「人」，自我通過對於「你們」的觀看，從中總結出規律，形成自我對「你們」的認識，這就是天人對立的思維型態。

鴉片戰爭後，華人置身於文化自信崩潰的局面中，越來越覺得西洋文化超越中華文化，尤其是在自然科學的層面，沒有自信則沒有自性，自性的議題再不見聞問。中華文化關於「天下太平，世界大同」的文化理想，對於人類的長遠發展極有價值，但如果沒有深度認識西洋文化的科學哲學與相應的科學方法，經過洗禮與轉化，中華文化就會被視作古文化而被人棄置不顧，其間內蘊的文化理想更沒有辦法傳播至世界各國來替人類造福。華人因此普遍覺得中國需要加快自己西洋化（美其名稱作現代化），意即自然科學化；再者，華人還有種文化集體潛意識，意即完成自然科學化的中國，依然不能忘記將自己優異的傳統文化傳播至世界各國，促使「天下太平，世界大同」的理想獲得實踐，這是種二階段論（錢穆，二〇一一：頁一九九－二〇〇），這種文化集體潛意識發展到集體顯意識層面，就是會從民族主義的角度來觀看問題，儘管就表面而言這還是種異化，但就深層來看，其間有著階段性的不得不然。中華文化要有未來，就要對中西文化的內容與差異都有相應的瞭解，從對比中重新立基於中華文化的主體性來擘畫出屬於當前階段的嶄新面貌。

清末的改革家在思考救國策略時提出「中學為體，西學為用」的指導思想，體用關係這一議題原本來自宋明儒學討論，雖然其解釋各有不同，而我們今天要對這一思想做出更深一層的理解，冀圖更精確對應中華文化的核心內容：該「體」來自中華文化，只能指「心體」，「用」則是指心體的發作，當我們回歸其本來面目來探討，則不只可「中體西用」、「中體中用」甚至「中體混用」都不是問題（陳復，二〇二〇：頁二七九－二八四），敝人並曾提出「費依阿本德演化原則」（The Three Evolving Principles of Feyerabend），意即依據三大原則來探討，合理做出論斷某個理論始終具有科學哲學的意涵，並符合科學哲學家費依阿本德（Paul Feyerabend, 1924-1994）主張的多元主義方法論的既有脈絡：其一，該觀念已構築自成脈絡的系統，提供自具圓善的說法，這是「觀念系統原則」（The principle of Conceptual system）；其二，依循該觀念發展的實踐，經實際檢驗證實有具體效果，這是「實踐有效原則」（The Principle of Practical Effectiveness）；其三，該觀念與該實踐兩者具有高度對應與相互影響的脈絡，這是「脈絡關聯原則」（The Principle of Threaded association），依據這三大原則，系統即科學，任何詮釋只要獲得系統性的理論發展，且獲得實際驗證的效益，就可被承認其存在的眞實性與價值性（陳復，二〇二〇：頁二八五—二九一）。

這是對何謂科學更具包容性的理解，我們需要從這種角度來重新承認中華文化自來並不是沒有科學，不論是天文、曆法、數學、醫學、水利與工藝，在先秦時期的中國就有相關重要成果，在十八世紀前，中國的物質文明還是大幅超越西洋的物質文明（錢穆，二〇一一：頁二〇二—二〇四）。中國中醫科學院首席科學家，後來成爲諾貝爾醫學獎得主屠呦呦（一九三〇—），長期從事於中藥和西藥結合研究，從黃花蒿淬取創制出新型抗瘧藥「青蒿素」，挽救全球數百萬人的生命，她的發明就體現出華人特殊的思維型態，其發明對中華醫學來說是本來長期就在運用的事實，她只是根據這個事實角度展開化學分析，給其西洋醫學角度的驗證，即使這是個實證主義角度的作法，但這其實還是源自於中華人文精神產生的醫學知識給其帶來的滋養，意即這的確是個「中體西用」的歷程。從中華文化天人合一的特質來說，很難像西洋那樣爆發性的創造出工業文明，此因天人合一的思維沒辦法產生工業文明所需的大機械宇宙觀，並由此觀念展開相關研發，假如中國沒有西洋文化帶來的刺激，即便再過五百年，或許還是清朝文化的繼續延伸發展。但，既然西洋工業文明的東來已經變成事實，華人社會運用這些既有科技成果所創造的成果，繼續改良，並展開創造與發明，只要能帶給人類文明的永續發展，並不會影響中華文化本身的天人合一特徵，甚至，當前我們要面對西洋科學背後天人對立的思維，要做出精確的制衡與對應，意即在天與人的關係層面，不要再繼續採取對立性與消耗性的思維，而要有適時的引導，譬如我們如果能從傳統中，瞭解到身心健康與自然生態的平和互動有著綿密的關係，我們每個人都可對全球暖化這些氣候異常議題做出個人的貢獻，防止其繼續惡化。

西洋經歷文藝復興與地理發現，然後開始工業革命，制度層面更帶來民主思潮的發展。西洋在不斷推翻自身的歷史來取得發展，這是個極其詭異的說法，卻是無法否認的事實。原本《聖經》的教導是說，人跟神有著永恆的斷溝，人不能成爲神，到文藝復興時期人文主義開始萌芽，其不只承認人與神有著斷溝，而且聲稱既然神不管人的事，則人就應該離神越來越遠，於是就開始全面發展人的角度所能做的事情，這就使得人的理性思維被無限放大，在物的運用上，開始展開各種對象化與對立化的思考，這就替後來的工業革命打下思維基石。西洋文化這樣一路發展下去，順此產生個人主義的思維，尤其在英美兩國極其盛行，這與其清教理念有關，西洋文化細論起來並不是鐵板一塊，英美兩國與歐洲大陸不一樣，從宗教角度來觀察，歐洲大陸上的西歐、東歐與南歐各國都各有差別：東歐各國受到東正教影響比較深；西歐中德國與法國兩者又有些不一樣，德國主要信各種不同的基督新教，法國則主要信天主教；南歐主要受天主教與東正教的影響，其中西班牙更受到伊斯蘭教的影響。現在我們常見的美國個人主義所產生的生活風格，其實源自英國清教徒（Puritan）的思維，就是人要靠著自己獨立在世俗層面的奮鬥來榮耀上帝。在美國西部拓荒的過程裡，面對充滿未知與荊棘的環境，人要靠著自己來完成各種事情，這不只包括圈地來耕耘或放牧在內，更重要則是面對印第安人的殖民戰爭（或者說是滅族戰爭），於是個人主義就在這個過程裡被激化發展。

不只是華人社會，整個東亞社會都與西洋社會有著不一樣的思維習慣，東亞人向內看，西洋人向外看。東亞人喜歡在生活中用自己的親身經驗去領悟，太抽象或太理則的思想，在華人社會甚至東亞社會都很難獲得發展，西洋人在他們的哲學裡已經不斷在證成感官的不可信，於是纔會想要探索感官外的領域，這就是經驗主義（empiricism）與理性主義在哲學上的論辯議題，西洋人更相信的是概念，認爲概念具有眞實性，而感官經驗到的現象則具有虛假性。如果只相信個人意識，西洋人會認爲這是一種「唯我論」（solipsism）。西洋人更相信存在的普遍性，這個普遍性超越會變化的個人，這就是西洋人所相信其始終自存的「眞理」。西洋的科學與宗教在西洋歷史上是指向截然相反的兩個領域，但從華人的角度來看是同根同源，都是在用抽象理則向外探尋究竟，譬如說哥白尼（Nikolaj Kopernik, 1473-1543）的地動說或達爾文的進化論，在西洋社會是一件驚天動地的大事情，因這正與其宗教信仰與宗教理論的看法相反，而中國並沒有這種類型的宗教，對華人來說，這些內容只是證據確鑿的新知識而已。

而且，西洋科學的運作型態，通常伴隨著向外征服的意識而來，在追求船堅炮利的過程裡，科學獲得極致的發展，而華人的科學發明歷程通常只是實踐於社會生活中，譬如發明火藥卻常用來放煙花。華人對上帝的信仰上並沒有西洋人如此基於理性的堅持，通常都是經由情感與經驗的管道而受洗，譬如在心理極其脆弱的時刻，因該信仰的兄弟姐妹的扶持而獲得拯救感，自己跟著就產生對該信仰的情感。華人不喜歡把某個對象從外部做有如解剖學型態的討論，而是從自身的人性出發來把握物性，直入到其內裡。所謂「物性」就是人類與萬物共通的性質，該性質自然與天相通，天基於這個性質生化出萬物和人類，華人常基於萬物有靈的角度，會把物性與人性懷著齊一相通的角度看待，把自然當作有生機的完整體，喜歡談「物質的性」，不喜歡談「物質的理」（錢穆，二〇一一：頁二〇六—二〇七），譬如《中庸》第二十二章說：「唯天下至誠，為能盡其性。能盡其性，則能盡人之性。能盡人之性，則能盡物之性。能盡物之性，則可以贊天地之化育。」意思是說：人只有懷抱著最大的誠意，纔能善盡其自性，能善盡其自性，纔能善盡人性，能善盡人性，纔能善盡物性，能善盡物性，纔能進而參與整個天地的化育，這就是華人特有視野中的「人物關係主義」與「天物關係主義」。

中華文化不會因接受西洋科學的思維型態而受損，此因中國幾千年來就不斷在跟各種外來文化對話與交融，有著深厚的底蘊來包容外來文化，對華人而言，接受上帝創世說並沒有根本的困難，但反過來要讓天主教接受儒家思想就很困難，因不僅儒家思想，包括禪宗思想都有著個人從內在出發，即可獲致生命的圓滿，本來無須外求的觀點，如《孟子・告子下》說：「人皆可以爲堯舜。」《六祖壇經・般若品》第二說：「本性是佛，離性無別佛。」這種觀點無疑對特有型態的上帝信仰帶來嚴重的威脅，人如果成聖或成佛就已獲得精神的圓滿，如何還需要上帝的救贖？這就是爲什麼在明末清初時期，華夏士大夫都願意與利瑪竇交往，而耶穌會卻對利瑪竇不滿的原因，當利瑪竇接受儒家思想的自性思維，或許在核心層面已不再是西洋文化所認識的基督信仰樣貌了。儒家可談佛甚至論禪，因儒家對人世間的積極心態與佛家對內在的細緻探索沒有衝突，甚至這種對內在的細緻探索本來就是儒家思想的內聖傳統，可是佛家卻沒辦法全然接受儒家的外王觀點，如果佛家同樣來跟著談「修身，齊家，治國，平天下」，那很難接著出家修行了，甚至反而會變成儒家，這就是爲什麼明朝中期後的儒者都能包容佛家思想，佛家中人卻常會說儒家思想很淺薄的核心原因，這種儒佛會通工作直到太虛法師（一八九〇—一九四七）提倡「人間佛教」（或稱人生佛教）纔有相當的改善（太虛，二〇〇五：頁四三一）。

如果對中華文化有通盤的認識，在做智慧諮詢時就會獲得更寬闊的見解和思考，這其實是厚積薄發的過程。當前時空的智慧諮詢師或教育工作者，應該對中西文化的來龍去脈有精確的認識與理解，接著再去從事心理諮詢或生命教育工作，就不會形成見樹不見林，更不會只執著於單一的諮詢技術或教學方法，卻不懂得運用不同的技術或方法來開展諮詢或教學。當很嚴格區隔各種學術領域，然後據此判斷什麼型態是心理諮詢，什麼型態不是心理諮詢，這種思維就不是在中華文化脈絡裡展開的思考了。在華人的傳統觀念裡，沒有像西洋那樣的宗教、法律、文學、哲學、科學與藝術等各種壁壘分明的學術領域，這是中華文化不去刻意求和諧而早已和諧的狀態，這在二十世紀專業林立的背景中或許會顯得很不精確，但在二十一世紀開始強調跨領域的環境中，這種視野將會重新被學者重視與採納。中國哲學有「理一分殊」的觀點，意即道理本來一致，但在現象層面可有各種各樣變異的發展，意即掌握住這個核心的道理，然後在現象層面觸類旁通，從整體的道理融貫到各種具體的事情，譬如將自性的智慧運用到心理諮詢的實作，就是「理一分殊」的實踐，認識中華文化史其實重點在把握住「一」這一本質，意即把握住心體這個核心，然後由此開展出的中華文化，就會把各個領域打成一片，而不至於只是各種瑣碎的現象，因不再有界限，從而活在整體和諧的身心狀態裡，這就是「一」，只有「理一」，纔能如海納百川一般接納「分殊」。做心理諮詢的過程中，如果諮詢師有著厚實的素養，當事人會感覺到開展這種型態的心理諮詢師，本身有著淵博的知識跟豐富的經驗，更容易產生信任感。當具備這種理一分殊的思維習慣時，就不會因乍一聽到不同的觀點，就立刻產生心理衝突，而是可接納與調和各種差異性的說法，將其整合到自己融貫的思維裡，提供當事人最合適的諮詢內容。

中華文化的思維不是不承認分殊的事實，而是把分殊整合融貫成一片，避免掉落在分殊形成的個別現象中，這纔是中華學問的本來面目。榮格就是有著這種整合心態的學者，他研究神話、宗教、藝術與歷史，甚至探討煉金術與占星術，都不妨礙他開展心理諮詢，甚至這些角度都在滋養著其有關心理諮詢的內容，知識的廣博攝取很重要，但不要憂慮書讀不完，如果有這種憂慮，還是掉落到分殊中。當掌握到心體這個「一」，人心中就沒有掛礙了，就能進入到中華學問悠然自得的學習狀態裡。未來三十年，人工智能（artificial intelligence，縮寫爲「AI」兩字）將要大幅改變人類的生活，如果一個人只有某種分殊的技能，不能通過學習來深化自己對心體的認識，尤其掌握到技術背後的根本，從而擁有開發技術型知識的創新思維，那麼這個人很可能會被人工智能取替，陷入經濟很困窘的狀態裡。掌握住「理一」，就能不斷去調整「分殊」，做智慧諮詢就是在幫忙當事人不要掉落在「分殊」裡，不斷針對現象回歸其「理一」，從而對於分殊就有精確的安排。因此，智慧諮詢的重點不在掌握技術，而更是在把握「理一」的過程，這就需要做工夫，藉此涵養自身生命的厚度，纔有相應的智慧去整合當事人的分殊，意即整合當事人內在的分裂和衝突，諮詢技術雖然很重要，但終歸只是完成這一整合過程的工具而已，這種智慧諮詢的觀點，將極其具有前瞻性與未來性，能幫忙解決人置身在人工智能環境中面臨的各種具體問題。

中華文化能獲得永續發展，主要來自於華人對於個人與宇宙在對話過程中形成永恆的關係，這是很關鍵的事情，任何關注中華文化的現代人，他都不能不時刻關注著環境保護議題，思考怎樣的社會實踐對於環境永續發展有益，但同樣要留意不要形成教條主義的思考，從而形成荒謬的觀點。儒家要對於何謂眞實的環保需要做出大反省，提出兼顧理想與現實的主張，而不是讓極端的環保主義者不斷去提出增加社會成本卻無益於環境保護的主張，使得社會形成兩極化的發展。我們要成爲環境保護者，但不要成爲環保主義者，譬如臺灣的環保主義者常覺得，核能發電產生的核廢料沒有辦法獲得處理，強烈反對核能發電，他們卻不願承認核能發電是最乾淨的發電方法，而且佔用空間並不大，不會有碳排放的問題。這種觀點形成很荒謬的現象：因反對核能發電，臺灣不被允許再興設核能發電廠，只好擴大火力發電廠的發電，導致從中臺灣到南臺灣空氣污染極其嚴重，因呼吸系統疾病造成的死亡人數大增，而且這種決策還能經由民粹操作獲得民意的支持。有些環保主義者甚至提出一個口號「用愛發電」：因爲要愛護地球，發電要以愛爲基礎，結果現在因空氣污染導致呼吸道疾病大增，反而變成「用肺發電」。還有人提出說可用太陽能發電，可是沒有充裕的土地蓋太陽能發電板，於是他們想到利用公共墓地周圍的空地，有人建議直接在墓地上建設太陽能發電板，形成墳墓和太陽能的共生關係，於是「用肺發電」再進化到「用鬼發電」。最荒謬者，臺灣西邊的福建省東岸已有兩個核能發電廠，而且計畫還要建設兩個核能發電廠，最接近中臺灣的核能發電廠不在臺灣，而是福建省的福清核能發電廠，如果有一天福清核能發電廠不幸發生任何事故，同樣會殃及到臺灣老百姓，但這個問題從來就沒有被認眞討論。這不得不令人思考，臺灣有些環保主義者執著於反對在臺灣建核能發電廠，卻對正在發生的現實置若罔聞，他們究竟是在反對什麼？

新世代的儒家在思考中華文化的問題時，不能迴避到底怎樣纔能帶來社會永續的發展。《三國志．蜀書．先主傳》中記載有劉備遺詔中的名言：「勿以善小而不爲，勿以惡小而爲之。」保護環境人人有責，要留意自己不經意間就做出破壞環境的行徑，譬如亂丟垃圾、隨地吐痰或隨意按喇叭；更要去思考什麼樣的作法眞正能落實與環境共生；尤其要提出比較具有實踐性的主張與想法。如今氣候異常已是全球性的災難，而且極端氣候更影響到人的身心，造成人常出現各類突變與異常的生理現象，譬如說人在性的層面發生多種變化，包括男性的精子製造量在劇烈萎縮，人的生殖能正在下降，甚至有些人一出生就不幸變成「陰陽人」，同時具有男性和女性兩種生殖器。有志做個儒者，我們需要思考該怎樣面對這種生理層面不可逆轉的狀態，從中給予其倫理的安頓。如果是心理層面，譬如說人活在當前社會極其緊繃的生活節奏裡，常會做激烈的社會活動，通過這類行徑來放鬆精神，譬如窒息性愛或吸食毒品。可是這種極端行爲的背後常有極端的後果，譬如各種意外造成的死亡，帶給自己或他人無可彌補的身心傷害，這使得當前社會人出意外的機率很大，過去都會說這是「死於非命」，現在則變成見怪不怪。充斥著跟時間競賽的行爲背後，意謂著把生命暴露在極大的危險狀態裡。這些行爲背後都是來自心理的異變，如果懷著中正平和的心態來生活，就需要儘量避免從事激烈傷害身體的行爲，意即具有深刻反思的人，他不需要去參與任何挑戰極限的活動，不是什麼事情都要經歷，纔能證明自己變得成熟了，這世間的事情極其紛紜，不可能全都經歷完，況且，對於人與事如果能有一種敏銳的覺知，尤其對自己的心靈有著體會與覺察，自然就比較容易懂得愛惜難得有此肉身。守護生命的健康成長，這是智慧諮詢師自己首先要做到的事情，當你是個認眞對待自己生命的人，這時候你對別人的情況纔能有敏銳的觀察，繼而提供細緻的建議。

第四節　中華文化的未來

中華傳統學問是經世濟民的學問，旨在企圖解決眞實的人生問題與政治問題，這是華人原本面對學問的態度，無論是個人的立身處世或者進而談治國平天下，探討學問的目標就是要能實踐於社會，但今天的學者只是熱衷於寫論文發C刊或I刊，藉此來評職等換獎金，造成這種現象的源頭是從道光二十年鴉片戰爭而降，華人喪失文化自信，傳統學問受到極大衝擊所致，使得華人不再相信傳統學問能經世濟民，於是開啓這一百六十多年來華人社會逐漸被西化的歷程，民國八年（一九一九）的五四運動更是其中的高峰，尤其是學習所謂的「德先生」（democracy）和「賽先生」（science），意味著華人開始全面向西洋開展學習。如果西化有益於華人社會的現代化進程，或許這同樣是西洋文化帶給華人的巨大貢獻，可事實卻是儘管西洋文化在科技層面做出卓越的貢獻，世界卻愈發紛亂，各種政治、種族、宗教與倫理間的衝突與日俱增，自然環境更遭到嚴重破壞，帶來這些問題的元兇是西化的生活型態。如果我們相信中華文化蘊含著解決這些問題的智慧，那麼華人學術現代化的議題必然要浮出檯面，這就包含著我們要怎樣讓傳統學問重新跟華人的生命世界對接起來，從而去解決華人社會眞實面臨的生存問題、生活問題與生命問題。

漢字促使中國社會在先秦時期就獲得統一，構築成龐大的國家體系。從這裡就可看到漢字的強大統攝能量。文字會創造文化，什麼樣的文字就會型塑出什麼樣的文化，前面已指出常有一種說法：華人不擅長抽象思考，更不會論證，這樣講不是完全沒有道理。因漢字是寫意的文字，適合表達意境，不適合表達概念，可這樣的說法僅限於中國的古文，今天的華人已經在使用白話文，已經從「字」的時期進入到「詞」的時期，將數字組成一詞，就能表達抽象概念，這使得我們不能再說中文不適合做抽象概念的表達，只能說我們華人始終不喜歡抽象思考，因此「舉例來說」或「講個故事」會更讓社會大眾樂於傾聽。在白話文出現前，長篇文字並沒有如此大量的名詞，可是在現代化過程中，詞彙常出於精確定義的需要而被給出來，這就是思想變成哲學自然發展出來的結果。這種狀態有優點更有缺點，優點是使得抽象思考成爲可能，華人如果完全沒有抽象思考的素養，會導致華人只能討論具體問題，而且問題的根源和層次始終無法拉開來討論，這就是常見佛學會瞧不起儒學的原因；但缺點是說，這種抽象化的語言，跟一般人的生活經驗脫節，就像常見有人出於解決生命困惑的需要去學習哲學，結果越學越困惑，癥結就在於他學習的是抽離生活經驗的西洋哲學。長期浸泡在抽象世界裡的人，通常會呈現出不通人情的「書呆子」狀態，這是華人社會最會詬病的現象。我們要有個轉關機制，使得生命世界和微觀世界兩者可產生流動與交融，體證與論證兼具，這可幫忙我們變成一個「完整的人」。某個意義來說，我們需要把中華思想轉型成中華哲學，但我們同樣要把中華思想轉型成本土心理學。這個過程中我們不能忘記中華思想的本來面目在於體證心體，當我們能瞭解這個本來面目，我們纔能知道中華思想的哪些內容可轉成哲學的概念，哪些內容可轉成心理學的概念，這是掌握核心觀點所形成的辨識技能。

漢字常不需要添造新文字，只是把舊文字再經組合，就相當於在添造新文字，譬如原來只有「電」和「燈」，結合起來就是「電燈」，就形成一個新的概念。陳廷敬（一六三八—一七一二）編撰的《康熙字典》，總共有四萬七千零三十五字。華人應對日常生活所需的漢字最多大概爲三千七百字。大陸公佈的簡體字則有二千二百三十六字。英文的《牛津大辭典》初版收錄四十一萬個詞彙；《韋伯大詞典》第二版約收六十萬個詞彙，而且還在持續增加，顯見英文需要不斷創造新的名詞來指稱人格物的狀態。漢字是極其簡潔的文字，說中文難學的人，只是沒有進入到這個文化脈絡裡去。在戰國時期前，華人是創造文字的時期；戰國時期後，則是華人運用文字的時期；在民國而降，華人開始來到組合詞彙的時期，人是在運用文字構築對自己置身這個世界的認識，如果不能讓自己的文字變得更洗練，通過該文字來全新認識這個世界，沒辦法產生新的眼光和視野。因該世界的豐富性不是通過眼睛，而是通過語言反映出來。當人通過學習讓語言變得越來越細緻和精確，就會使得該人「觀看事情的角度」跟「解決事情的方法」都變得很不同。胡適當年說「我手寫我口」只能說是特殊情境中不得不然的變革，但不能當眞讓文字都變成口語化，如果我們完全只寫日常用語，各類觀點將無法深化，文字完全變成口語，不只概念會變得淺薄，更會顯得粗鄙無文；反過來說，如果我們能常練習把語言變成文字化，通過文字的刻畫，我們對事情的認知就會更加精確。當整個社會要開始恢復文化的涵養，重建「富而好禮」的社會，書面用語的提倡實屬根本。

當我們能不斷練習表達和書寫，就會使得我們說出來的話逐漸變成書面用語，這就是爲什麼我們聽見有文化素養的人講話，常會覺得他的表達條理清晰且精準扼要，這樣的人如果做事情的時候，應該同樣會極有效率，此因「知行合一」，兩者不可能割離。常見有些人不太愛講話，一講話就喜歡用最簡單的語言來表達他對這個世界的理解，卻顯得「沉默是金」，乍看好像保持對這個世界的距離感，就會讓自己成爲很有個性的人，但語言與文字是我們存在於世的工具，不善用這個工具，我們的存在性就無法獲得彰顯。當人的語言不清，他的作風同樣會讓人覺得模擬兩可，對事情過度簡化的語言反應，就會呈現出貧療的生命狀態。做爲智慧諮詢師，可多留意不同背景的人需要使用什麼樣的語言與文字，琢磨其表達型態，並幫忙當事人深化自己的語言與文字，藉由語言與文字來展開對己身的反思，過程中，諮詢師可帶領當事人練習寫詩，無論是新詩還是古詩，甚至可練習寫古文，都能強化當事人對自身存在性的體會，甚或使用繪畫、牌陣與沙盤等諮詢技術，讓當事人練習表達自己爲何會有這些圖像化的實踐，只要當事人願意訴說自己的感知，甚至書寫自己的感知，當事人慢慢就會發現不同的文體能幫忙人完成不同的心情和心境，這是諮詢師給予當事人深化認識自己的管道。

但，強調語言的深刻化（意即書面化），並不是說我們鼓勵人隱藏自己眞實的情感面，難道人曝曬自己的眞實情感，就是要講些粗鄙的語言嗎？完全相反，我們正是基於想鼓勵人深化認識自家生命的本來面目，纔會強調書面化的語言與文字，這種探索心體的企圖，反而更是在幫忙只會使用邏輯思維來理解事情的人，這類人的生命常欠缺邏輯外的認知型態，會很不習慣變化，而比較喜歡規律性的事情，只要稍有變化就會暴躁不安。其實世界並不會隨著個人的意志在運作，如果人的語言系統一直停留在邏輯的層面，其看見的世界，就只是他這種邏輯思維型態能看見的世界。如果該人想要突破自己的思維帶來的限制，就不能只用自己習慣的套路來理解世界，而是要讓語言與文字更細緻化，當其願意深化探索中文博大精深的內涵，就會產生療癒精神與復原生命的效益。人如果能深化自己的語言與文字，就不會那麼容易聽信政治人物的宣傳，譬如對臺灣社會而言，本來就不應該只有「藍」與「綠」兩種對立的政治思考，如果人能突破這種二元對立思維，讓自己能實質探討各種議題，就更容易看見隱藏在爭論背後的社會眞相。因此，深化華人的中文素養，對於抵抗反智與開啓民智都具有重大意義，具體深化的辦法，應該要反過來倡導學生認眞研讀文言文，文言文的素養深，白話文纔能寫得深刻且漂亮。

我們鼓勵發展中華本土社會科學就建立在這樣的背景裡，這一新領域的核心議題就在於闡發自性的義理。當我們開始面對這個議題，中華本土社會科學的範疇就開始被釐訂，其內容就更容易開展，這就是敝人撰寫《轉道成知：華人本土社會科學的突圍》這本書的原因。中華文化基於「天人合一」的整體特徵，其思想內涵長期關注在「智慧」（wisdom）而不在「知識」（knowledge），智慧內藏在「生命世界」中，知識則密布在「微觀世界」中，生命世界充滿著模糊性與變化性，人如果能對「道」有著眞實無妄的體證，則心境能自如，理事圓融無礙，無往而不怡然有得。人如果忽略知識的論證，就無法將任何具體的存在抽象化成為概念，當我們探討生命世界時，只是持續使用古老而混沌的語言，未曾將其翻新，則華夏學術將持續停留在邊緣化的位置。當前各大學的文史哲專業系所，只是針對中國的傳統學問做單一具體課題的研究，甚至其書寫型態常見文獻源流的考訂，罕見實質觀點的探討，甚至常只是平鋪直敘有如記帳般的書寫，使其文字有「文」而無「論」，很難說是符合嚴格意義的論文。儘管這些研究傳統學問的學者自己在研究的過程中自得其樂，可是這些研究跟社會科學領域中相應的理論沒辦法產生任何對話，使得其應用範圍極其有限，這是文史哲這類人文學領域的自我限縮，意即我們無法從中華思想裡架構出理論，應用於社會學、政治學、經濟學、教育學與心理學這些社會科學領域，癥結就在於華夏學問已無法對人社學術領域產生任何具有指導意義的影響，這就是學術殖民（與其後續的自我殖民）帶來的後果，甚至隱含著人文學不可討論國計民生問題的緊箍咒。架構出中華本土社會科學的重要意義，就是把智慧轉成相對應的知識，這對於華夏學術而言自然是意義非凡的「突破」。譬如《易經》裡有簡易、變易與不易這三個層面，當我們掌握《易經》的道理，我們對人世間的各種問題，在心中就會有節奏感與規律感，而不會覺得生命中充滿各種奇怪的變化，卻不知該如何面對，這種自我安頓首先需要符合「情理」（本我關係主義），這是自性涵養的主軸，接著纔會進而思考「人我關係主義」與「天我關係主義」的議題，這就是「事理」的範疇，但現代社會的運作不能只有依賴「事理」，科技在日新月異的飛速發展，這需要我們在「主客對立」的脈絡中承認「物理」（物我關係主義）的存在，這表示人需要將概念對象化成客體，通過對該一客體的研究，從而發展成認知整個世界的客觀知識。

其實早在明朝末年，當心學思潮徹底結束後，華人就面臨著再看不見原創性思想的困境。我們現在感覺做學問是在嚼文嚼字，其討論的內容「不接地氣」，這種狀況早在清朝實施文字獄，學者只能開展考據訓詁時就開始了，這導致華人的「生命世界」沒有任何能精確對應的「微觀世界」，形成學術發展脫離現實生活的狀況。學者長期自說自話與鸚鸚學舌的結果，致使高等教育早已面臨崩潰的局面：老師在假裝教，學生在假裝學，學生考完試就將自己死記硬背的內容還給老師，因爲學生覺得這些知識跟自己的人生不大有關聯，這導致人文各科系都不得不轉型，或甚至被裁撤。可是眞實情況是說，無人文則無法立國，社會科學的本土化，需要有人文知識來當樑柱支撐，將所謂的「文史哲」這類知識重組成系統化的理論，讓其蛻變成社會科學可理解與應用的學術語言，這就是解決當前學術難題亟需跨過的知識門檻。

敝人曾在《轉道成知：華人本土社會科學的突圍》書中的自序指出：敝人自身在心靈層面的體會，只有在宋明儒學尤其陽明心學中能獲得交相印證。或許是科學主義與實證主義的影響太深，不論是自由主義或保守主義的學人都沒有任何「見聞之知」可提供給敝人參考，反而是新時代運動（New Age Movement）的幾位靈性大師諸如魯道夫・史丹納（Rudolf Steiner, 1861-1925）、克里希納穆提（Jiddu Krishnamurti, 1895-1986）與阿南達慕提（Anandamurti, 1921-1990）的觀點能讓敝人意識到有關自性與空性交會的體證絕不是個人主觀的感受，而是超越主客關係的實存經驗。但最奇怪的現象莫過於這些有關於生命甚至生死的核心議題竟然不被視作學術殿堂可討論的內容，這曾經令敝人深感痛苦，基於能在學術獲得承認的現實考量，敝人不得不從而「盡棄所學」，將生命的體證放在心中，轉而學習使用社會科學的語言來寫論文。回看自己這三十年來「學三變」的歷程：從人文學（包括文史哲領域）的研究轉到心靈學的探索（包括心學在內的實際體證），經由科學哲學的重要轉折，最終發展出本土社會科學的知識論證，從來沒有抛開對於人類精神議題的關注，而且敝人深信人類終將因科技研發產品的過度供給，轉而更往內在探索，發展出心靈覺醒的世紀（陳復，二〇二一：頁二八一二九）。

中華本土社會科學背後的核心架構正是心學，正因爲有心學的體證，進而在知識的論證層面可把這些體證的內容放到本土社會科學領域裡展開相應的討論。我們或可說中華本土社會科學是心學的系統化發展，意即經由轉型，在社會科學領域裡呈現出嶄新的知識樣貌。瞭解中華本土社會科學，可幫忙我們的思考有著層次性，讓我們擁有不同角度思考問題的方法，更可幫忙我們在諸如心理諮詢等層面展開具體的社會實踐。敝人主張的「中華本土社會科學」，其實跟大陸這些年來常說的「具有中國特色的哲學社會科學」有些相通的旨趣，差異點則在於敝人眞正關注如何恢復中華文化的主體性，跟西洋學術採取平等的角度來交流與對話，不再有任何學術殖民的態度，我們的總體目標重點應該擺在如何讓中華文化通過華人的心靈覺醒而獲得復興。因此，西洋各種學術大師的觀點，都是我們討論的對象，而不是我們膜拜的對象，而我們必須針對我們具體的問題提煉出理論的高度，然後給予這些具體問題相應的解決，這其實是我們不應該有的思想怠惰，而我們今天要徹底面對這個問題。儘管這一百六十餘年來，華人社會深受西洋文化的劇烈影響，學術領域卻始終學不會西洋哲學的抽象概念思維，架構出精密的微觀世界（micro world），使得我們在各領域的學術討論都只能寫些「見樹不見林」的瑣碎議題，而無法產生第一流的學術成果，問題的癥結，正在於我們沒有科學哲學的知識背景，使得我們終究只是活在不同維度的「生命世界」（life world）中（陳復，二〇二一：頁二九－三〇），卻無法從中提煉出觀念的世界，這就像昆蟲如蟑螂始終只能活在二維空間中，而無法理解人類的三維空間。

如果只是置身在樂天知命的農業社會，活在生命世界中本不是個問題，但我們早已跨過工業革命的洗禮，更經過資訊革命的巨變，虛擬的網路已經自成完整的系統，何謂「實體」（reality）變成需要重新定義的命題，我們眼中觀看的「本土」不再只是腳踏的泥土，更包括眼前的螢幕，華人如何只能安於單純的生命世界中，對於抽象的概念思維置若罔聞呢？中華文化的天人合一特徵產生的各種文明成果，絕對是人類的瑰寶與資產，但談到回歸這種精神，如果沒有架構出更能說服知識人的脈絡與思路，則最終將無人能繼承與闡發中華文化的資產，從而活出精神的富裕安康。這就是敝人會主張：在某個階段內，我們亟需採取「主客對立」的論證辦法，來接通回「天人合一」的傳統，這其間最需要面對的學術課題就是「轉道成知」（陳復，二〇二一：頁二九－三〇），意即中華文化的核心智慧（自性），應該通過轉化歷程，能發展成社會科學的知識。

冀圖將自性（這屬於儒釋道共通的核心命題）知識化，首先就要能論證出心體的實在性，「建構實在論」（constructive realism）主張人不能認識「實在的本身」（reality itself），人只能認識「建構的實在」（constructed reality），即使如此，人終究對於實在有某種認識，接著纔能有任何建議從中出現，該認識的依據是什麼呢？再者，根據批判實在論（critical realism）的理論核心爲「先驗實在論」（transcendental realism），其主張科學研究的對象既不是經驗主義的現象，更不是人類強加於現象的建構，其屬於持續存在，並在我們知識外獨立運作的實在結構（real structure），我們如果能將心體視作實在的結構，將會是極其關鍵的「靈性轉向」（spiritual turn），這是本體論與知識論的議題，通過這種討論，讓心體獲得學術領域的承認，這件事情的完成將能促使我們發展出相應的理論，來面對各種應用型的知識。敝人從體證的角度（涵養的事實）與論證的角度（文本的事實），順其脈絡提出「精神實在論」（spirical realism）與「歷史實在論」（historical realism）來架構出「心體實在論」（nouslogical realism），意即精神實在論是指的確有大量的人獲得悟道成聖的經驗；歷史實在論是指的確有大量的人留下探討心體的文獻，藉由這兩大事實的體證與論證，來說明心體是眞實存在的議題。或許有人會質疑：儘管有人有悟道的經驗，但如何能證實這不是主觀的經驗而是客觀的經驗？請容敝人舉個例證，如果你想要討論某個物理學現象是否存在，你只能請物理學家組成的學術社群來共同討論，不論是實驗或觀測或推論，總能尋覓其中是否有共識，而不能去做民意調查，詢問全體公民的意見，因爲專業問題只能問專業意見，同樣的道理，有關心體涵養的議題，我們只能探問於思想家（或修養家）對此是否有共識（不論是藉由訪談或文獻來佐證其交集點），而不能去問完全沒有從事相關體證與論證的人。這是敝人覺得解決當前學術難題應該依據的實在論，有效打破在華人社會長期存在著「唯心主義」（idealism）與「唯物主義」（materialism）的二元對立界限（這是對中華思想的誤解和扭曲，其實是理型論和物質論，中華思想其實沒有這種西洋意義的理型論，而自有一套脈絡和架構，這個脈絡和架構是心體論），這是敝人主張「轉道成知論」最核心的內容（陳復，二〇二一：頁三〇一三一）。

現在我們華人社會已經發展到新的時間點，有機會把西洋社會最核心的思想融進中華學問內，從而構築出原創性的學問出來，中華本土社會科學就是因應解決這樣的問題而出現，這裡面最重要的觀念支柱就是本土心理學，只有依據華人眞實的文化脈絡來認識華人的心理，纔能眞正解決各種問題（包括心理問題甚至社會問題）。而且，任何學術都不應只是在象牙塔裡生長，其同樣需要在書院裡獲得生根發芽，這本來就是中華學問的發展型態，不能只有官學這一種發展，私學同樣應該獲得支持。我們更不要有什麼分別意識，而是要平情對待，如車的兩輪與鳥的雙翼，讓學問在高等教育與民間書院共同發展，甚至讓體制教育與實驗教育都獲得興設與實施，如此纔能徹底解決學術殖民與自我殖民的現象，發展出更成熟的中華本土社會科學，否則別無他法。綜觀人類文明的發展歷程，有時候會因天災人禍而進入衰落期，但這同樣意謂著嶄新的文明型態正在醞釀，在起與伏的過程中，世間並不是只有漫漫長夜，黎明終究會到來。自西元二〇二〇年一月開始爆發新冠肺炎而降，我們不幸看見無數人失去寶貴的生命，我們深刻明白：人類既有文明的運作已來到十字路口，未來該往哪裡轉折，正需要有識者集思廣益並付諸實踐。猶記得雅斯培（或譯雅斯貝爾斯，Karl Theodor Jaspers, 1883-1969）提出東西四大聖哲曾共譜「軸心世紀」（achsenzeit）的說法（雅斯貝爾斯著，李雪濤譯，二〇一八：頁七一－一二九），敝人懷著無限的樂觀，靜候人類第二個軸心世紀的到來，敝人恆常的社會角色就是做個東亞社會的知識人（過去稱作士人），更不能漠視自己的歷史責任，從起點到終點，敝人始終關注著華人社會甚至東亞社會的共同慧命，並希望能闡釋本土心理學，將中華文化已獲新生的訊息告知我的同胞，期待華人社會甚至整個東亞社會能重拾我們共同的傳統，恢復自性與自信，通過華人本土社會科學這一領域，將智慧轉成知識，替人類的未來擘畫新局。

書跋　洪荒因有精靈而成山川

本來心想本書應該屬於長銷書而不是暢銷書，對其銷路未敢有期待，但時隔一年餘，沒想到五南圖書公司就告知要再版，對此敝人深感寬慰。這本書與《聖人的丹爐：中華思想史與本土心理學》屬於姊妹作，卻係我這兩年花費時間與精神最大的一本著作。

本書屬於拙作《轉道成知：華人本土社會科學的突圍》的應用詮釋，從「中華文化的主軸在自性」出發，探討思想、文學、書法、繪畫與教育這五大田野，又回過來跟本土心理學對話，尤其還要能將敝人的理論貫通到全書內，其涉獵的範圍相當龐大，加上當年行政工作繁忙，驀然回首，能完成實覺不易。

吾妻謝筱筠女士曾仔細閱讀完全書，這回再版，除修改幅度頗大外，裡面的錯字或漏字都來自於吾妻悉心的訂正，對此我深懷感激！海峽兩岸要深化交流，臺灣不能自棄中華文化的現象於不顧，大陸則不能只圖恢復中華文化的現象，兩者都需要把握其本質，期待讀者能琢磨我字裡行間對中華本質論的反覆詮釋。

洪荒因有精靈而成山川，祈願中華文化再啓蒙人類的心靈，使得世界永保安康。

甲辰年冬月廿四陳復書跋於蘭陽平原

參考文獻

卜壽珊（Susan Bush）著，皮佳佳譯（二〇一八）。《心畫：中國文人畫五百年（典藏版）》（*Chinese Literati on Painting*）。北京：北京大學出版社。

大木康（二〇〇九）。嚴嵩・王世貞・《金瓶梅》。《中正大學中文學術年刊》，一四（二），頁一－一六。

太虛大師（二〇〇五）。怎樣來建設人間佛教。收於《太虛大師全書》（第四七冊），北京，宗教文化出版社。

尹娜、孫敬（二〇一五）。五代繪畫風格轉變對當代美術教育的影響。《美術教育研究》，一〇，頁八三。

尹健君（二〇一一）。從心理角度看原始彩陶紋飾形式美。《美與時代（上）》，三，頁四二－四四。

方勇（一九九五）。論莊子對無意識心理現象及其作用的認識。《河北師院學報（社會科學版）》，三，頁九一－九七。

方祖燊（二〇一八）。《中國繪畫史（第一卷）》。北京：九州出版社。

王太雄（二〇一四）。漢隸：中國書法藝術發展的關捩。《中國書法》，一，頁一八〇—一八一。
王安娜、鄭煒（二〇一七）。八大山人繪畫中的「反現實主義」特徵研究。《江西科技師範大學學報》，二，頁一〇三—一〇八。
王伯敏（二〇〇九）。《中國繪畫史（修訂版）》。北京：文化藝術出版社。
王志軍、張明慧、永年編著（二〇一五）。一本書讀懂中國書法。北京：中華書局。
王秀絨（二〇一一）。原型藝術治療之理念。《臺灣藝術治療學刊》，三（一），頁一—二一。
王肖（二〇二〇）。集古大成．後生津梁——清初「染香庵主」王鑒及其畫學。《榮寶齋》，一〇，頁六—六一。
王冠（二〇二一）。從《步輦圖》看中國禮儀文化的內在追求。《南京藝術學院學報（美術與設計）》，三，頁五〇—五二。
王建清（二〇一七）。《論貫休羅漢畫的繪畫美學風格》（碩士論文）。成都：四川師範大學。
王恪松（二〇〇二）。山水畫風格變異的「南宋四大家」。《河南教育學院學報（哲學社會科學版）》，二一（二），頁一〇九—一一二。
王紅霞（二〇一七）。論子夏與荀子的學術傳承。《鵝湖月刊》，五〇五（七），頁一六—二七。
王彧濃（二〇一六a）。武——論南宋四大畫家之李唐。《美與時代（中）》，二一（七），頁四七—四八。

王彧濃（二〇一六b）。林——論南宋四大畫家之劉松年。《美與時代（中）》，二一（七），頁四九—五〇。

王偉民（二〇一二）。風骨爛漫・天真縱逸——論明代祝允明的書法藝術。《榮寶齋》，一〇，頁六—五一。

王國彪（二〇一三）。韓國古代文人詩畫對《輞川圖》的接受。《國畫家》，六，頁七三—七四。

王道成（一九九〇）。《科舉史話》，臺北：國文天地雜誌社。

王穎潔（二〇一八）。淺析明代文人畫家文徵明的書畫教育背景。《美與時代（下）》，六，頁五四—五六。

王鎮中（二〇一六年四月三日）。馬祖亮島出土七千九百年前完整人骨骸。《環境資訊中心》，網頁：https://e-info.org.tw/node/75770。

王馨若（二〇一九）。《王寵的書法風格》（碩士論文）。徐州：江蘇師範大學。

尼采（Friedrich Wilhelm Nietzsche）著，黃敬甫、李柳明譯（二〇一三）。《查拉圖斯特拉如是說》（Also Sprach Zarathustra）。北京：中華書局。

田餘慶（一九九六）。《東晉門閥政治》。北京：北京大學出版社。

白瓊（二〇一八）。八大山人作品中的禪宗思想與侘寂美學。《東南大學學報（哲學社會科學版）》，二〇（S2），頁九—一三。

朱良志（二〇〇四）。《中國美學名著導讀》。北京：北京大學出版社。

何志乾（二〇〇八）。蘇軾的自我心理保健與職場解壓。《職業》，六，頁一一二—一一三。
何念龍（二〇〇二）。中國文學史上的特異景觀——「李白文化現象」闡釋。《人文雜誌》，四，頁八五—九〇。
何騏竹（二〇〇七）。杜詩「消渴症」疾病書寫之研究。《嘉義大學通識學報》，五，頁五二七—五五五。
何騏竹（二〇一四）。杜甫病後的意義治療與自我實踐。《成大中文學報》，四四，頁四三—八〇。
余永躍、王世明（二〇一二）。《科學社會主義》，六，頁一二〇—一二三。
吳安其（二〇〇九）。南島語分類研究。北京：商務印書館。
吳宗宜（二〇二一年十一月九日）。法國天主教神職人員七十年來性侵超過二十一萬六千名兒童，主教團主席道歉並下跪懺悔。關鍵評論，國際版，網頁：https://www.thenewslens.com/article/158664。
吳玥（二〇二一）。衡山仰止・風和雲停——文徵明書法藝術形成的文化土壤及個性思想分析。《蘇州教育學院學報》，三八（六），頁一〇一—一〇五。
呂少卿（二〇〇四）。論元四家繪畫美學思想。《藝術百家》，四，頁七三—七五。
呂少卿、童興強（二〇一八）。弗與世同：時代突變下漸江的清寂畫風。《美術學報》，六，頁五二—五八。
宋念申（二〇一八）。《發現東亞》，北京：新星出版社。

李仙蝶（二〇二〇）。《明王寵的書風嬗變與其審美心理的關係》（碩士論文）。泉州：泉州師範學院。
李弘祺（一九九四）。《宋代官學教育與科舉》，臺北，聯經出版公司。
李林林（二〇〇六）。《鄭板橋》。太原：山西教育出版社。
李長之（二〇一五）。《司馬遷之人格與風格》。天津：天津人民出版社。
李思奇（二〇一八）。《女史箴圖》與《列女仁智圖》的倫理美學價值論略。《大觀（論壇）》，七，頁八—九。
李星明（二〇〇一）。唐墓壁畫考識。載於周天遊（主編），《唐墓壁畫研究文集》（頁三〇七—三三二）。西安：三秦出版社。
李春燕（二〇二〇）。李清照創作的女性意識與文學品格。《文學教育（上）》，六，頁二五—二六。
李昱東（二〇一〇）。唐代科舉制度的演進。《空大人文學報》，一九，一七九—二〇八。
李娟（二〇一三）。論明代新思潮與世情小說《金瓶梅》。《太原理工大學學報（社會科學版）》，三一（四），頁七三—七六。
李家欣（一九八九）。《詩經》與民族文化心理。《江漢論壇》，二，頁五一—五五。
李海超（二〇一七）。《陽明心學與儒家現代性觀念的開展》（博士論文）。濟南：山東大學。
李益、王軍濤（二〇一九）。陽明心學與明代性靈說研究。《牡丹江大學學報》，二八（六），頁二五—二八。

李國鈞（一九九四）。《中國書院史》。長沙：湖南教育出版社。

李傳文（二〇一七）。北宋翰林圖畫院的建立及課程設置與人才培養制度考。《美術學報》，二，頁五—一一。

李楊（二〇一一）。「帝國夢」與「市井情」：《清明上河圖》中的中國故事。《中國文學學報》，二，頁八五—九八。

李夢（二〇〇四）。《論視覺藝術中的怪誕——一種文化心理學的解讀》（博士論文）。武漢：華中師範大學。

李曉潔（二〇一五）。《王陽明心學信仰及其建構與傳播研究》（碩士論文）。大連：大連理工大學。

李澤厚（二〇〇八）。《中國古代思想史論》。北京：生活・讀書・新知三聯書店。

李靜（二〇一七）。《南宋禪宗繪畫研究》（博士論文）。濟南：山東大學。

杜正勝（一九九二）。《古代社會與國家》。臺北：允晨文化實業股份有限公司。

杜忠誥（一九八八）。《書道技法一・二・三》。臺北：雄獅圖書股份有限公司。

沈笑穎（二〇一四）。從元雜劇書生形象觀照元代文人心態。《前沿》，Z5，頁二二八—二三九。

沈福偉（二〇一七）。中西文化交流史。上海：上海人民出版社。

亞里士多德（Aristotélēs）著，廖申白譯（二〇一七）。《尼各馬可倫理學》（Ethika Nikomokkeia）。北京：商務印書館，頁五六—五八。

周大爲（二〇一九）。心靈轉化之旅：以藝術創作探究「個人神話」。《臺灣藝術治療學刊》，四（二），頁一—一三。

周冉（二〇一七）。遺民之悲憫・宗室之流離「清初四僧」：時代更迭下的「非主流」創作。《國家人文歷史》，一二，頁一二〇—一二七。

周正（二〇一九）。狂士標格・才子聲名——唐寅書法藝術管窺。《中國書畫》，一〇，頁三三—四一。

周春瑩（二〇二二）。《文徵明小楷書風成因探究與啓示》（碩士論文）。沈陽：魯迅美術學院。

周龍濤（二〇一四）。論清初繪畫的兩大派系。《金田》，七，頁一七二。

宗白華（一九八一）。《美學散步》。上海：上海人民出版社。

宗思彤（二〇二一）。《〈左傳〉夢象研究》（碩士論文）。長春：吉林大學。

延新燕（二〇一〇）。《魏晉南北朝時期畫論中的形神關係——以顧愷之、謝赫爲例》（碩士論文）。西安：陝西師範大學。

林谷芳（二〇〇九）。《畫禪》。臺北：藝術家出版社。

林蔭（二〇〇六）。論徐渭繪畫的「情」性。《美與時代》，一二，頁三九—四一。

林耀盛（二〇一九）。坦塔洛斯的困題：思「反」心理學，批判社群革「心」。載於陳復與黃光國主編，《破解黃光國難題的知識論策略》（頁七九—九〇）。臺北：心理出版社。

邱實（二〇二〇）。中醫導引術對醫學生心理適應的影響機制。《心理月刊》，一七，頁六三—六五。
邵曉峰（二〇二〇）。登山窮源與髡殘山水畫的拓展。《美術觀察》，八，頁六四—六五。
金啓華（一九九六）。先秦書法流變述略。《江海學刊》，六，頁一〇一—一〇四。
金維諾（一九六〇）。閻立本與尉遲乙僧。《文物》，四，頁三九—四七。
侯本塔（二〇一四）。論唐、宋古文運動中的韓愈與歐陽修。《三峽大學學報（人文社會科學版）》，三六（S1），頁一三五—一三七。
俞劍華（二〇〇九）。《中國繪畫史》。南京：東南大學出版社。
姜洋（二〇一七）。試析唐寅書法的獨有魅力。《愛尚美術》，二，頁八四—八七。
洪允姬（二〇二一）。尋找神話的現在性——從「神話的回歸」到神話主義。《西北民族研究》，三，頁五五—六七。
約瑟夫・坎貝爾（Joseph John Campbell）著，黃玨蘋譯（二〇一六）。《千面英雄》（The Hero with a Thousand Faces）。杭州：浙江人民出版社。
胡友慧（二〇一二）。髡殘的經世思想與藝術創作實踐。《求索》，四，頁一四七—一四九。
胡素雲（二〇一七）。《清初「四王」復古繪畫思想研究》（碩士論文）。昆明：雲南師範大學。
范明華（二〇一二）。張璪「外師造化，中得心源」別解。《美與時代（下）》，六，頁五三—五七。
韋政通（一九九六）。《中國文化概論》。臺北：水牛出版社。

韋政通（二〇〇八）。《中國文化概論》。長春：吉林出版集團有限責任公司。
倪晉波（二〇〇四）。《〈史記〉的心靈世界及其藝術表現探微》（碩士論文）。蕪湖：安徽師範大學。
孫中山（二〇一一a）。《孫中山全集》。北京：中華書局。
孫中山（二〇一一b）。《三民主義》。北京：中國長安出版社。
孫利（二〇二一）。董其昌書學思想管窺。《書法》，一一，頁七四—八〇。
徐文軍（二〇一四）。八大山人的幽默及其審美特質。《贛南師範學院學報》，二，頁一二一—一二四。
徐永清（二〇一九）。《地圖簡史》。北京：商務印書館。
徐改（一九九六）。《中國古代繪畫》。北京：商務印書館。
徐媛媛（二〇一八）。《魏晉南北朝山水繪畫美育思想研究》（碩士論文）。濟南：山東藝術學院。
徐復觀（一九九四）。《中國人性論史》（先秦篇）。臺北：臺灣商務印書館。
徐新建（二〇一九）。「文學」詞變：現代中國的新文學創建。《文藝理論研究》，三九（三），頁一一—三四。
悟才（二〇二二）。墨筆勾禪意・畫趣通境界：「四僧畫派」的藝術啓示。《中國宗教》，一，頁七八—七九。
晉甜（二〇一九）。二十世紀中國畫壇對「四僧」的重識。《美術》，二，頁一三六—一三七。

殷光熹（一九九四）。李清照詞中的文化心理剖析。《思想戰線》，三，頁二八—三三。

秦運來（二〇二〇）。明代心學對明代畫學的影響探究。《美與時代（中）》，八，頁一〇—一一。

高尚仁（一九九一）。《書法心理學》，臺北：東大圖書公司。

高尚仁（二〇一〇）。書法保健與書法治療。《應用心理研究》，四六，頁七一—九一。

高居翰（James Cahill）著，李渝譯（二〇一四）。《圖說中國繪畫史》（Chinese Painting: A Pictorial History）。北京：生活・讀書・新知三聯書店。

高准（一九六九）。五代兩宋的繪畫流派與風格。《現代學苑》，六（一二），頁四九三—四九九。

勒龐（Gustave Lebon）著，高山譯（二〇一五）。《烏合之眾：大眾心理研究》（The Crowd: A Study of the Popular Mind）。北京：新世界出版社。

常心願、朱平（二〇二〇）。自我意識在明清時期繪畫中的表達探究。《美術文獻》，七，頁一〇—一一。

常衛平（二〇一八）。二〇世紀兩岸文化視野中黃君璧繪畫傳承與教育思想研究。《藝術百家》，五，頁二〇八—二一二。

張丹（二〇一〇）。從「四王」繪畫看明清中國文人山水畫的風景美學觀。《藝術百家》，二六（S2），頁二五一—二五四。

張光輝（二〇一六）。從八大山人的畫與題畫詩中看其遺民思想。《阜陽師範學院學報（社會科學版）》，五，頁一四五—一四七。
張西平（二〇一九）。遊走在中西之間：張西平自選集。鄭州：大象出版社。
張伯娟（二〇一一）。莊禪思想對王維審美心理的影響。《安徽文學（下半月）》，二，頁二九七—二九八。
張沛文（二〇二〇）。陶淵明歸隱心理的變化對其田園詩風格的影響。《名作欣賞》，三六，頁一一〇—一一一。
張肖萍（二〇二一）。力開生面的「四王」繪畫觀探析。《人文天下》，五，頁五〇—五三。
張雨檬（二〇二一）。淺析《苦瓜和尚畫語錄》中的「一畫」繪畫理論。《美術教育研究》，二，頁四二—四三。
張研研（二〇一九）。明代吳門畫派的探索與研究。《美與時代（中）》，二，頁一一—一二。
張堅（二〇一七）。從《畫禪室隨筆》看董其昌主張的書學觀。《書法》，一〇，頁一二五—一二八。
張震（二〇二〇）。祝允明和文徵明書學思想的異與同。《美術教育研究》，一八，頁四二—四四。
張學智（二〇〇〇）。《明代哲學史》。北京：北京大學出版社。
張樹昌（二〇〇七）。走向自覺的漢末——中國書法史上第一個重要轉折時期。《內蒙古大學藝術學院學報》，四（三），頁九五—九八。

張蕊青（二〇一一）。明代中葉「心學」思潮與《西遊記》。《中國文化研究》，一，頁五三—五八。
曹佳佳、張萍（二〇二一）。淺議王陽明「心學」文化產生的歷史應然和理論淵源。《漢字文化》，七，頁一九七—一九八。
曹建（二〇一四）。祝允明的心性修爲與書法風格。《中國書法》，五，頁六二—八九。
曹愛華（二〇一七）。髡殘山水畫中的遺民情懷。《藝術百家》，三，頁二一九—二二〇。
梁啓超（一九八九）。《飲冰室合集》（共計十二冊）。北京：中華書局。
梁淑芳（二〇〇四）。錢穆先生論天人合一觀初探—以〈中國文化對人類未來可有的貢獻〉爲中心的考察。《國文學誌》，八期，頁三九七—四二六。
盛詩瀾（二〇一五）。唐寅藝術思想及其書史價值再探。《中國書法》，七，頁七一—九七。
莊祖鯤（二〇一四）。李國鼎—臺灣經濟奇蹟的締造者。《舉目》，六六（三），頁四〇—四三。
閆繼翔（二〇一六）。撕裂的兩極——祝允明的人生與書法。《中國美術研究》，四，頁九四—一〇〇。
陳仲玉（二〇一三）。馬祖列島考古學的新發現——「亮島人」出土。《文化資產保存學刊》，二三，頁四九—五四。
陳安悅（二〇二一）。清初的摹古與集大成——探索「四王」山水畫中的「變」。《美術教育研究》，一六，頁二六—二七。

陳壯鷹、馬繹（二〇一八）。當代德國穆斯林移民融入方式和狀況考察。《國際觀察》，三，頁九七－一一三。
陳志偉、安玉芬（二〇一四）。明代心學與董其昌繪畫美學思想的關係。《大眾文藝》，四，頁九四－九五。
陳政見（二〇〇三）。《書法治療：理論實證與方案》。臺北：師大書苑。
陳郁夫（一九八四）。《江門學記：陳白沙及湛甘泉研究》。臺北：臺灣學生書局。
陳師曾（二〇一〇）。《中國繪畫史》。北京：中華書局。
陳振濂（二〇一八）。《中國書法理論史》。上海：上海書畫出版社。
陳振濂（二〇二〇）。《尚意書風郄視》。上海：上海書畫出版社。
陳寅恪著，劉桂生、張步洲編（一九九六）。《陳寅恪學術文化隨筆》。北京：中國青年出版社。
陳勝凱（二〇〇八）。董其昌書學思想淺識。《新美術》，四，頁八九－九二。
陳復（二〇〇五a）。《大道的眼淚：心學工夫論》。臺北：洪葉出版公司。
陳復（二〇〇五b）。《心靈的學校：書院精神與中華文化》。臺北：洪葉文化事業有限公司。
陳復（二〇〇九a）。《商周交會在齊國：齊文化與齊學術的研究》，甲編：先秦齊文化的淵源與發展。新北：花木蘭文化出版社。
陳復（二〇〇九b）。《商周交會在齊國：齊文化與齊學術的研究》，乙編：戰國齊學術的特徵與影響。新北：花木蘭文化出版社。

陳復（二〇一七）。心學心理學：心學如何在心理治療領域獲得突破與新生。《諮商心理與復健諮商學報》，三〇，頁三五—六九。

陳復（二〇一八）。《心學風雲記：王陽明帶你打土匪》。臺北：五南圖書出版公司。

陳復（二〇一九a）。黃光國難題：如何替中華文化解開戈迪安繩結。載於陳復、黃光國（主編），《破解黃光國難題的知識論策略》（頁一—二八）。新北：心理出版社。

陳復（二〇一九b）。修養心理學：黃光國儒家自我修養理論的問題。載於陳復、黃光國（主編），《破解黃光國難題的知識論策略》（頁一一九—一四四）。新北：心理出版社。

陳復（二〇二一）。《轉道成知：華人本土社會科學的突圍》。臺北：時報文化出版公司。

陳毓文（二〇一四）。五代繪畫與五代審美趣味的轉變。《九江學院學報（社會科學版）》，一，頁一〇一—一〇四。

陳義彥（一九七一）。從布衣入仕情形分析北宋布衣階層的社會流動，《思與言》，九（四），頁四八—五五。

傅斯年（二〇一二）。《民族與古代中國史》。上海：上海古籍出版社。

傅樂成（一九七七）。中國通史（下）。臺北：大中國圖書公司。

傅樂成（一九八二）。中國通史（上）。臺北：大中國圖書公司。

湯瑪士・克許（Thomas B. Kirsch）著，古麗丹、何琴、陳靜、蔡寶鴻、潘燕華、桂莉娜、王峘、陳靜涵、江雪華譯（二〇〇七）。《榮格學派的歷史》（The Jungians: A Comparative and Historical Perspective）。臺北：心靈工坊。

程紹君（二〇一六）。文徵明「古意」說對書畫創作影響新探。《美術大觀》，七，頁六八—六九。

程雅君（二〇一五）。中醫哲學史。成都：巴蜀書社。

程闓（二〇一二）。簡論石濤畫論中表達的美學思想。《都市家教（上半月）》，一，頁二三七—二三八。

覃素安（二〇一五）。《古詩十九首》：士人生命悲劇意識的變奏曲。《成都師範學院學報》，三一（四），頁六六—七〇。

雅斯貝爾斯（即雅斯培，Karl Theodor Jaspers）著，李雪濤譯（二〇一八）。《論歷史的起源與目標》（The Origin and Goal of History）。上海：華東師範大學出版社。

馮艷（二〇一〇）。荊浩《筆法記》「六要」之我見。《文學與藝術》，二（四），頁一〇六—一〇七。

黃文樹（二〇〇九）。陽明後學與利瑪竇的交往及其涵義。《漢學研究》，二七（三），頁一二七—一五八。

黃光國（二〇一七）。《儒家文化系統的主體辯證》。臺北：五南圖書出版股份有限公司。

黃光國（二〇一八）。《社會科學的理路》（第四版思源版）。新北：心理出版社。

黃明同（二〇一七）。陽明心學與中國早期思想啓蒙。《貴陽學院學報（社會科學版）》，一二（五），頁一—八。

黃思陽（二〇二〇）。八大山人繪畫的「廉」與「空」。《山東農業工程學院學報》，三七（五），頁一四五—一四九。

黃綺彥（二〇〇七）。在此岸與彼岸間徘徊——探王維「佛心儒性」的隱逸心理。《湖北教育學院學報》，二四（六），頁二〇—二二。

黑格爾（Georg Wilhelm Friedrich Hegel）著，賀麟、王太慶譯（一九五九）。《哲學史講演錄》（*Vorlesungen über die Geschichte der Philosophie*）（第一卷）。北京：商務印書館。

楊仁愷主編（二〇〇一）。《中國書畫（修訂本）》。上海：上海古籍出版社。

楊布生、彭定國（一九九七）。《書院文化》。臺北：雲龍出版社。

楊勇（二〇一二）。《兩宋畫院教育研究》（博士論文）。上海：上海大學。

楊健民（二〇一五）。《中國古代夢文化史》。北京：社會科學文獻出版社。

楊新（一九九九）。五代繪畫概述。《故宮博物院院刊》，一，頁六—一三。

楊新、班宗華、聶崇正、高居翰、郎紹君、巫鴻（一九九九）。《中國繪畫三千年》。臺北：聯經出版事業公司。

楊嘉晨（二〇二一）。《洛神賦圖》——魏晉風骨與人的自我覺醒。《美與時代（中）》，一，頁一〇—一一。

楊寬（一九九三）。《中國上古史導論》。載於顧頡剛（主編），《古史辨》第七冊。臺北：藍燈文化公司。

楊儒賓（二〇一六）。《儒門內的莊子》。臺北：聯經出版公司。

葛路（二〇〇九）。《中國畫論史》。北京：北京大學出版社。

解國旺（二〇〇一）。狂放與憂患——論李白的個性意識與悲劇心理。《殷都學刊》，三，頁六三—六六。

雷濤（二〇〇六）。《石濤繪畫美學思想中的士人精神》（博士論文）。上海：上海師範大學。

雷濤（二〇〇六）。審美原型——兒童繪畫與原始繪畫中的無意識體現。《藝術教育》，三，頁八二—八三。

榮格（Carl Gustav Jung）著，成窮、王作虹譯（二〇一四）。《分析心理學的理論與實踐（Analytical psychology：its theory and practice）》。南京：譯林出版社。

臧振華（二〇一二）。南科考古發現的稻米與小米兼論相關問題。《中國飲食文化》，八：一，頁一—二四。

趙立彬（二〇一四）。《西學驅動與本土需求：民國時期「文化學」學科建構研究》。北京：社會科學文獻出版社。

趙羽、李宗魯（二〇一二）。「杜詩療病」論。《赤峰學院學報（漢文哲學社會科學版）》，三三（九），頁一三九—一四一。

趙啓斌主編（二〇一六）。《中國歷代繪畫鑒賞》。北京：商務印書館國際有限公司。

趙順、羅茜（二〇一八）。《紅樓夢》中情志致病探討及心理治療。《中國醫學人文》，四（一〇），頁一二—一五。

劉凡凡（二〇一二）。《〈紅樓夢〉的疾病隱喻研究》（碩士論文）。安慶：安慶師範大學。

劉大傑（二〇〇六）。《中國文學發展史（中卷）》。上海：復旦大學出版社。

劉文海、龍專（二〇二〇）。馬王堆導引術對大學生心理健康的幹預研究。《武術研究》，五（七），頁一一六—一一八。

劉永亮、王力平（二〇二〇）。漸江山水畫的筆墨圖式及審美意蘊。《臺州學院學報》，四二（一），頁七七—八二。

劉益昌（二〇一二）。臺灣史前黑陶互動關係體系的初步研究。發表於「古代交換與殖民模式的跨地域比對」國際學術研討會（中央研究院人文社會科學研究中心考古學研究專題中心、Institute of Archaeology of New Caledonia and the Pacific, New Caledonia 主辦，二〇一二年九月一日至九月三日）。

劉笑敢（一九九三）。《莊子哲學及其演變》。北京：中國社會科學出版社。

劉祥航（二〇二一年三月二十四日）。一文看清美國財富分佈：富者愈富的二〇二〇年。《鉅亨網》，國際政經版，網頁：https://news.cnyes.com/news/id/4617944。

劉曉梅（二〇一七）。《「問天」文化心態與〈楚辭・天問〉》（碩士論文）。大連：遼寧師範大學。

劉曉霞、田雨瀟（二〇一一）。「吳中三子」書法比較。《滄州師範專科學校學報》，二七（四），頁四二—四五。

劉燕、舒易團（二〇一四）。文徵明書畫藝術略論。《才智》，二五，頁三〇〇。

樊洪業（一九九二）。耶穌會士與中國科學。北京：中國人民大學出版社滕福盛（二〇一四）。從魏晉南北朝看中國文化對畫論的影響。《美與時代（中）》，八，頁四六－四七。

潘天壽（二〇一九）。《中國繪畫史》。北京：商務印書館。

蔡東傑（二〇一七年十月十八日）。不完美的總統制：高度中央集權，掙紮於傳統邊緣的現代制度。《關鍵評論》，政治版。

蔡學海（二〇〇八）。《心與物的感悟——談貫休的禪畫藝術與其〈十六羅漢圖〉》（碩士論文）。西安：西安美術學院。

蔣志琴（二〇一二）。《王原祁「龍脈」說研究》。南京：江蘇人民出版社。

蔣志琴（二〇二一）。王原祁畫學龍脈的圖像特徵。《書畫世界》，六，頁二一－二五。

鄧碩（二〇二二）。從《漸江研究》看漸江。《藝術百家》，三八（一），頁七〇－七三。

鄭軍健（一九九五）。中國書法理論與先秦兩漢魏晉學術思想。《南方文壇》，四，頁五四－五六。

余志鴻（二〇〇九）。從結構主義解析先秦藝術。《藝術百家》，五，頁一二六－一三二。

魯穎（二〇二一）。漸江及其《黃山圖》冊。《中國書畫》，三，頁五四－八八。

盧輔聖（二〇一五）。《中國文人畫史（修訂版）》。上海：上海書畫出版社。

蕭百芳（一九九二）。《〈宣和畫譜〉研究——宋徽宗御藏畫目的史學精神、道教背景、與繪畫美學》（碩士論文）。臺南：國立成功大學。

鄶振明（二〇一二）。西域「凹凸畫法」在唐代畫壇的作用及表現。《中國美術》，四，一二〇—頁一二三。

錢穆（二〇一一）。《中國文化史導論》。北京：九州出版社。

錢穆（二〇一六）。《中國文學史》。成都：天地出版社。

閻莉、張春玲（二〇一一）。傣族自然農法思想探析。《中國農史》，二七（二），頁四一—四七。

戴一菲（二〇一七）。唐代山水詩的興盛與山水在繪畫中的表現——兼及「遊春圖」中山水的「淡出」。《學術研究》，一二，頁一六四—一六八。

戴春森、張西峰（二〇〇四）。「放意相物」在傳統畫論中的要義。《隴東學院學報（社會科學版）》，一五（二），頁五六—五八。

鍾玉玨（二〇一九）。近親通婚惹的禍：哈布堡家族嚴重大下巴。《中國時報》，國際版，網頁：https://www.chinatimes.com/realtimenews/20191202004246-260408?chdtv。

韓亞庭（二〇一六年九月二五日）。德國反伊斯蘭組織創辦人巴赫曼早就不住德國。《風傳媒》，國際版，網頁：https://www.storm.mg/article/169954?page=1。

韓森（Valerie Hansen）著，梁侃、鄒勁風譯（二〇〇九）。《開放的帝國：一六〇〇年前的中國歷史》（The Open Empire: A History of China to 1600）。南京：江蘇人民出版社。

魏嚴堅（二〇〇四）。唐代長安寺院的壁畫與畫家。《人文社會學報》，三，頁五九—七八。

譚家齊、方金平（二〇二一）。《天道廷審：明清司法視野下天主教的傳播與限制》。香港，香港城市大學。

顧士偉（二〇一五）。錯位與反差：論唐寅其人其書不對應關係。《中國書法》，七，頁九八—一〇七。

龔鵬程（一九九四）。《晚明思潮》。臺北，里仁書局。

欒興美（二〇一四）。禪公案的精神及禪畫藝術表現的差異性。《書畫藝術學刊》，一六，頁二一五—二四九。

Shweder, R. A., Goodnow, J., Hatano, G., LeVine, R., Markus, H., & Miller, P. (1998). *The cultural psychology of development: One mind, many mentalities*. In W. Damon (Ed.), Handbook of Child Psychology, 1, 865-937. New York: John Wiley & Sons.

Wilson, Peter H. (2009). *Europe's Tragedy: A History of the Thirty Years War*. Allen Lane.

國家圖書館出版品預行編目資料

精靈的田野：中華文化史與本土心理學／陳復著. 一一 二版. 一一 臺北市：五南圖書出版股份有限公司, 2025.02
面； 公分
ISBN 978-626-423-141-1（平裝）

1.CST：文化史 2.CST：心理學 3.CST：中國

630 114000303

1XLX

精靈的田野：
中華文化史與本土心理學

作　　者 — 陳　復（248.9）
編輯主編 — 黃文瓊
責任編輯 — 吳雨潔
封面設計 — 陳亭瑋、封怡彤
美術設計 — 姚孝慈
出 版 者 — 五南圖書出版股份有限公司
發 行 人 — 楊榮川
總 經 理 — 楊士清
總 編 輯 — 楊秀麗
地　　址：106臺北市大安區和平東路二段339號4樓
電　　話：(02)2705-5066　　傳　　真：(02)2706-6100
網　　址：https://www.wunan.com.tw
電子郵件：wunan@wunan.com.tw
劃撥帳號：01068953
戶　　名：五南圖書出版股份有限公司

法律顧問　林勝安律師

出版日期　2023年9月初版一刷
　　　　　2025年2月二版一刷
定　　價　新臺幣780元